Bilingual Dictionary

English-Bulgarian Bulgarian-English Dictionary

Compiled by
Vladka Kocheshkova

STAR Foreign Language BOOKS

© Publishers

ISBN : 978 1 908357 65 6

All rights reserved with the Publishers. No part of this publication may be reproduced or transmitted in any form or by any means, electronic, mechanical, photocopying, recording or otherwise, without the prior written permission of the Publishers.

This Edition : 2024

Published by
STAR Foreign Language BOOKS
a unit of
Star Books
56, Langland Crescent
Stanmore HA7 1NG, U.K.
info@starbooksuk.com
www.bilingualbooks.co.uk

Printed in India at
Star Print-O-Bind, New Delhi-110 020

About this Dictionary

Developments in science and technology today have narrowed down distances between countries, and have made the world a small place. A person living thousands of miles away can learn and understand the culture and lifestyle of another country with ease and without travelling to that country. Languages play an important role as facilitators of communication in this respect.

To promote such an understanding, **STAR Foreign Language BOOKS** has planned to bring out a series of bilingual dictionaries in which important English words have been translated into other languages, with Roman transliteration in case of languages that have different scripts. This is a humble attempt to bring people of the word closer through the medium of language, thus making communication easy and convenient.

Under this series of *one-to-one dictionaries*, we have published almost 59 languages, the list of which has been given in the opening pages. These have all been compiled and edited by teachers and scholars of the relative languages.

Publishers

ONE TO ONE
Bilingual Dictionaries in this Series

English-Afrikaans / Afrikaans-English	Abraham Venter
English-Albanian / Albanian-English	Theodhora Blushi
English-Amharic / Amharic-English	Girun Asanke
English-Arabic / Arabic-English	Rania-al-Qass
English-Bengali / Bengali-English	Amit Majumdar
English-Bosnian / Bosnian-English	Boris Kazanegra
English-Bulgarian / Bulgarian-English	Vladka Kocheshkova
English-Burmese (Myanmar) / Burmese (Myanmar)-English	Kyaw Swar Aung
English-Cambodian / Cambodian-English	Engly Sok
English-Cantonese / Cantonese-English	Nisa Yang
English-Chinese (Mandarin) / Chinese (Mandarin)-Eng	Y. Shang & R. Yao
English-Croatian / Croatain-English	Vesna Kazanegra
English-Czech / Czech-English	Jindriska Poulova
English-Danish / Danish-English	Rikke Wend Hartung
English-Dari / Dari-English	Amir Khan
English-Dutch / Dutch-English	Lisanne Vogel
English-Estonian / Estonian-English	Lana Haleta
English-Farsi / Farsi-English	Maryam Zaman Khani
English-French / French-English	Aurélie Colin
English-Georgian / Georgina-English	Eka Goderdzishvili
English-Gujarati / Gujarati-English	Sujata Basaria
English-German / German-English	Bicskei Hedwig
English-Greek / Greek-English	Lina Stergiou
English-Hindi / Hindi-English	Sudhakar Chaturvedi
English-Hungarian / Hungarian-English	Lucy Mallows
English-Italian / Italian-English	Eni Lamllari
English-Japanese / Japanese-English	Miruka Arai & Hiroko Nishimura
English-Korean / Korean-English	Mihee Song
English-Latvian / Latvian-English	Julija Baranovska
English-Levantine Arabic / Levantine Arabic-English	Ayman Khalaf
English-Lithuanian / Lithuanian-English	Regina Kazakeviciute
English-Malay / Malay-English	Azimah Husna
English-Malayalam - Malayalam-English	Anjumol Babu
English-Nepali / Nepali-English	Anil Mandal
English-Norwegian / Norwegian-English	Samuele Narcisi
English-Pashto / Pashto-English	Amir Khan
English-Polish / Polish-English	Magdalena Herok
English-Portuguese / Portuguese-English	Dina Teresa
English-Punjabi / Punjabi-English	Teja Singh Chatwal
English-Romanian / Romanian-English	Georgeta Laura Dutulescu
English-Russian / Russian-English	Katerina Volobuyeva
English-Serbian / Serbian-English	Vesna Kazanegra
English-Sinhalese / Sinhalese-English	Naseer Salahudeen
English-Slovak / Slovak-English	Zuzana Horvathova
English-Slovenian / Slovenian-English	Tanja Turk
English-Somali / Somali-English	Ali Mohamud Omer
English-Spanish / Spanish-English	Cristina Rodriguez
English-Swahili / Swahili-English	Abdul Rauf Hassan Kinga
English-Swedish / Swedish-English	Madelene Axelsson
English-Tagalog / Tagalog-English	Jefferson Bantayan
English-Tamil / Tamil-English	Sandhya Mahadevan
English-Thai / Thai-English	Suwan Kaewkongpan
English-Tigrigna / Tigrigna-English	Tsegazeab Hailegebriel
English-Turkish / Turkish-English	Nagme Yazgin
English-Twi / Twi-English	Nathaniel Alonsi Apadu
English-Ukrainian / Ukrainian-English	Katerina Volobuyeva
English-Urdu / Urdu-English	S. A. Rahman
English-Vietnamese / Vietnamese-English	Hoa Hoang
English-Yoruba / Yoruba-English	O. A. Temitope

STAR Foreign Language BOOKS

ENGLISH-BULGARIAN

A

a. *a.* неопределителен член *neopredelitelen chlen*
aback *adv.* назад *nazad*
abaction *n.* кражба на добитък *krazhba na dobituk*
abactor *n.* крадец *kradets*
abandon *v.t.* изоставям *izostavyam*
abase *v.t.* унижавам *ounizhavam*
abasement *n.* унижение *ounizhenie*
abash *v.t.* смущавам *smoushtavam*
abate *v.t.* утихвам *outihvam*
abatement *n.* утихване *outihvane*
abbey *n.* абатство *abatstvo*
abbreviate *v.t.* съкращавам *sukrashtavam*
abbreviation *n.* съкращение *sukrashtenie*
abdicate *v.t.* абдикирам *abdikiram*
abdication *n.* абдикация *abdikatsiya*
abdomen *n.* корем *korem*
abdominal *a.* коремен *koremen*
abduct *v.t.* похищавам *pohishtavam*
abduction *n.* похищение *pohishtenie*
abed *adv.* легнал *legnal*
aberrance *n.* отклонение *otklonenie*
abet *v.t.* подстрекавам *podstrekavam*
abetment *n.* подстрекателство *podstrekatelstvo*
abeyance *n.* временно отменяне *vremenno otmenyane*
abhor *v.t.* отвращавам се *otvrashtavam se*
abhorrence *n.* отвращение *otvrashtenie*
abide *v.i.* изчаквам *izchakvam*
abiding *a.* траен *traen*
ability *n.* способност *sposobnost*
abject *a.* презрян *prezryan*
ablaze *adv.* пламнал *plamnal*
ablactate *v.t.* отбивам *otbivam*
ablactation *n.* отбиване *otbivane*
able *a.* способен *sposoben*
ablepsy *n.* аблепсия *ablepsiya*
ablush *adv.* смутено *smouteno*
ablution *n.* очистване *ochistvane*
abnegate *v.t.* отричам *otricham*
abnegation *n.* отричане *otrichane*
abnormal *a.* анормален *anormalen*
aboard *adv.* на борда *na borda*
abode *n.* жилище *zhilishte*
abolish *v.t.* отменям *otmenyam*
abolition *v.* отмяна *otmyana*
abominable *a.* отвратителен *otvratitelen*
aboriginal *a.* туземен *touzemen*

aborigines *n. pl.* туземци *touzemtsi*
abort *v.i.* помятам *pomyatam*
abortion *n.* помятане *pomyatane*
abortive *adv.* преждевременен *prezhdevremenen*
abound *v.i.* изобилствам *izobilstvam*
about *adv.* наоколо *naokolo*
about *prep.* за *za*
above *adv.* горе *gore*
above *prep.* над *nad*
abreast *adv.* редом *redom*
abridge *v.t.* съкращавам *sukrashtavam*
abridgement *n.* съкращаване *sukrashtavane*
abroad *adv.* в чужбина *v chouzhbina*
abrogate *v.t.* анулирам *anouliram*
abrupt *a.* рязък *ryazuk*
abruption *n.* разрив *razriv*
abscess *n.* абсцес *abstses*
absonant *adj.* противоречив *protivorechiv*
abscond *v.i.* избягвам *izbyagvam*
absence *n.* отсъствие *otsustvie*
absent *a.* отсъстващ *otsustvasht*
absent *v.t.* отсъствам *otsustvam*
absolute *a.* абсолютен *absolyuten*
absolutely *adv.* абсолютно *absolyutno*

absolve *v.t.* опрощавам *oproshtavam*
absorb *v.t.* попивам *popivam*
abstain *v.i.* резюмирам *rezyumiram*
abstract *a.* абстрактен *abstrakten*
abstract *n.* откъс *otkus*
abstract *v.t.* отделям *otdelyam*
abstraction *n.* абстракция *abstraktsiya*
absurd *a.* абсурден *absourden*
absurdity *n.* абсурд *absourd*
abundance *n.* изобилие *izobilie*
abundant *a.* изобилен *izobilen*
abuse *v.t.* злоупотребявам *zlo'upotrebyavam*
abuse *n.* злоупотреба *zlo'upotreba*
abusive *a.* злоупотребяващ *zlo'upotrebyavasht*
abutted *v.* граничен *granichen*
abyss *n.* бездна *bezdna*
academic *a.* академичен *akademichen*
academy *n.* академия *akademia*
acarpous *a.* безплоден *bezploden*
accede *v.t.* встъпвам *vstupvam*
accelerate *v.t.* ускорявам *ouskoryavam*
acceleration *n.* ускорение *ouskorenie*
accent *n.* акцент *aktsent*

accent *v.t.* акцентирам
  aktsentiram
accept & приемам *priemam*
acceptable *a.* приемлив
  priemliv
acceptance *n.* приемане
  priemane
access *n.* достъп *dostup*
accession *n.* прираст *prirast*
accessory *n.* аксесоар
  aksesoar
accident *n.* злополука
  zlopolouka
accidental *a.* случаен
  slouchaen
accipitral *adj.* орлов *orlov*
acclaim *v.t.* одобрявам
  odobryavam
acclaim *n.* одобрение
  odobrenie
acclamation *n.* акламация
  aklamatsiya
acclimatise *v.t.*
  аклиматизирам
  aklimatiziram
accommodate *v.t.* пригаждам
  prigazhdam
accommodation *n.*
  настаняване *nastanyavane*
accompaniment *n.*
  съпровождане
  suprovozhdane
accompany *v.t.* съпровождам
  suprovozhdam
accomplice *n.* съучастник
  suouchastnik
accomplish *v.t.* осъществявам
  osushtestvyavam
accomplished *a.* осъществен
  osushtestven

accomplishment *n.*
  постижение *postizhenie*
accord *v.t.* съгласувам
  suglasouvam
accord *n.* съгласие *suglasie*
accordingly *adv.* съответно
  suotvetno
account *n.* сметка *smetka*
account *v.t.* отговарям
  otgovaryam
accountable *a.* отговорен
  otgovoren
accountancy *n.* счетоводство
  schetovodstvo
accountant *n.* счетоводител
  schetovoditel
accredit *v.t.* акредитирам
  akreditiram
accrementition *n.*
  разрастване на тъкан
  razrastvane na tukan
accrete *v.t.* срастваm
  srastvam
accrue *v.i.* нараствам
  narastvam
accumulate *v.t.* натрупвам
  natroupvam
accumulation *n.* натрупване
  natroupvane
accuracy *n.* точност *tochnost*
accurate *a.* точен *tochen*
accursed *a.* прокълнат
  prokulnat
accusation *n.* обвинение
  obvinenie
accuse *v.t.* обвинявам
  obvinyavam
accused *n.* обвинен *obvinen*
accustom *v.t.* привиквам
  privikvam

accustomed *a.* привикнал *priviknal*
ace *n.* асо *aso*
acentric *adj.* ацентричен *atsentrichen*
acephalous *a.* ацефален *atsefalen*
acephalus *n.* ацефал *atsefal*
acetify *v.* подкиселявам *podkiselyavam*
ache *n.* болка *bolka*
ache *v.i.* боли *boli*
achieve *v.t.* постигам *postigam*
achievement *n.* постижение *postizhenie*
achromatic *adj.* безцветен *beztsveten*
acid *a.* кисел *kisel*
acid *n.* киселина *kiselina*
acidity *n.* киселинност *kiselinnost*
acknowledge *v.* признавам *priznavam*
acknowledgement *n.* признание *priznanie*
acne *n.* акне *akne*
acorn *n.* жълъд *zhulud*
acoustic *a.* акустичен *akoustichen*
acoustics *n.* акустика *akoustika*
acquaint *v.t.* запознавам *zapoznavam*
acquaintance *n.* познанство *poznanstvo*
acquest *n.* придобит имот *pridobit imot*
acquiesce *v.i.* примирявам се *primiryavam se*
acquiescence *n.* примирение *primireniye*
acquire *v.t.* придобивам *pridobivam*
acquirement *n.* придобивка *pridobivka*
acquisition *n.* придобиване *pridobivane*
acquit *v.t.* оправдавам *opravdavam*
acquittal *n.* оправдание *opravdanie*
acre *n.* акър *akur*
acreage *n.* площ *plosht*
acrimony *n.* язвителност *yazvitelnost*
acrobat *n.* акробат *akrobat*
across *adv.* напреки *napreki*
across *prep.* през *prez*
act *n.* постъпка *postupka*
act *v.i.* действам *deystvam*
acting *n.* изпълнение *izpulnenie*
action *n.* действие *deystvie*
activate *v.t.* активирам *aktiviram*
active *a.* активен *aktiven*
activity *n.* активност *aktivnost*
actor *n.* актьор *aktyor*
actress *n.* актриса *aktrisa*
actual *a.* действителен *deystvitelen*
actually *adv.* действително *deystvitelno*
acumen *n.* съобразителност *suobrazitelnost*
acute *a.* остър *ostur*
adage *n.* поговорка *pogovorka*
adamant *a.* твърд *tvurd*
adamant *n.* елмаз *elmaz*

adapt *v.t.* приспособявам *prisposobyavam*
adaptation *n.* приспособяване *prisposobyavane*
adays *adv.* дневно *dnevno*
add *v.t.* добавям *dobavyam*
addict *v.t.* пристрастявам *pristrastyavam*
addict *n.* пристрастен *pristrasten*
addiction *n.* пристрастеност *pristrastenost*
addition *n.* добавка *dobavka*
additional *a.* допълнителен *dopulnitelen*
addle *adj.* размътен *razmuten*
address *v.t.* отправям *otpravyam*
address *n.* адрес *adres*
addressee *n.* получател *polouchatel*
adduce *v.t.* привеждам *privezhdam*
adept *n.* познавач *poznavach*
adept *a.* сведущ *svedousht*
adequacy *n.* адекватност *adekvatnost*
adequate *a.* достатъчен *dostatuchen*
adhere *v.i.* придържам *pridurzham*
adherence *n.* придържане *pridurzhane*
adhesion *n.* прилепване *prilepvane*
adhesive *n.* лепило *lepilo*
adhesive *a.* леплив *lepliv*
adhibit *v.t.* прилагам *prilagam*
adieu *n.* сбогуване *sbogouvane*
adieu *interj.* сбогом *sbogom*

adiure *v.t.* заклинам *zaklinam*
adjacent *a.* съседен *suseden*
adjective *n.* прилагателно *prilagatelno*
adjoin *v.t.* гранича *granicha*
adjourn *v.t.* отсрочвам *otsrochvam*
adjournment *n.* отсрочка *otsrochka*
adjudge *v.t.* отсъждам *otsuzhdam*
adjunct *n.* притурка *pritourka*
adjuration *n.* умоляване *oumolyavane*
adjust *v.t.* регулирам *regouliram*
adjustment *n.* регулиране *regoulirane*
administer *v.t.* ръководя *rukovodya*
administration *n.* ръководство *rukovodstvo*
administrative *a.* управителен *oupravitelen*
administrator *n.* управител *oupravitelen*
admirable *a.* възхитителен *vuzhititelen*
admiral *n.* адмирал *admiral*
admiration *n.* възхищение *vuzhishtenie*
admire *v.t.* възхищавам *vuzhishtenie*
admissible *a.* допустим *dopoustim*
admission *n.* допускане *dopouskane*
admit *v.t.* признавам *priznavam*
admittance *n.* приемане *priemane*

admonish v.t. увещавам
  ouveshtavam
admonition n. поучаване
  pouchavane
adnascent a. сраснал *srasnal*
ado n. суетене *souetene*
adobe n. кирпич *kirpich*
adolescence n. младост
  mladost
adolescent a. младежки
  mladezhki
adopt v.t. осиновявам
  osinovyavam
adoption n. осиновяване
  osinovyavane
adorable a. възхитителен
  vuzhititelen
adoration n. възхищение
  vuzhishtenie
adore v.t. обожавам
  obozhavam
adorn v.t. окичвам *okichvam*
adscititious adj. несвойствен
  nesvoystven
adscript a. крепостен селянин
  kreposten selyanin
adulation n. ласкателство
  laskatelstvo
adult a. възрастен *vuzrasten*
adult n. възрастен *vuzrasten*
adulterate v.t. фалшифицирам
  falshifitsiram
adulteration n.
  фалшификация
  falshifikatsiya
adultery n. прелюбодеяние
  prelyubodeyanie
advance v.t. напредвам
  napredvam
advance n. аванс *avans*

advancement n. напредък
  napreduk
advantage n. предимство
  predimstvo
advantage v.t.
  благоприятствам
  blagopriyatstvam
advantageous a.
  благоприятен
  blagopriyaten
advent n. пристигане
  pristigane
adventure n. приключение
  priklyuchenie
adventurous a. приключенски
  priklyuchenski
adverb n. наречие *narechie*
adverbial a. обстоятелствен
  obstoyatelstven
adversary n. неприятел
  nepriyatel
adverse a. неприятелски
  nepriyatelski
adversity n. злощастие
  zloshtastie
advert v. споменавам
  spomenavam
advertise v.t. рекламирам
  reklamiram
advertisement n. реклама
  reklama
advice n. съвет *suvet*
advisable a. препоръчителен
  preporuchitelen
advisability n.
  целесъобразност
  tselesuobraznost
advise v.t. съветвам *suvetvam*
advocacy n. застъпничество
  zastupnichestvo

advocate *n.* застъпник *zastupnik*
advocate *v.t.* застъпвам се *zastupvam se*
aerial *a.* въздушен *vuzdoushen*
aerial *n.* антена *antena*
aeriform *a.* въздухообразен *vuzdouhoobrazen*
aerify *v.t.* газирам *gaziram*
aerodrome *n.* летище *letishte*
aeronautics *n.pl.* въздухоплаване *vuzdouhoplavane*
aeroplane *n.* самолет *samolet*
aesthetic *a.* естетичен *estetichen*
aesthetics *n.pl.* естетика *estetika*
aestival *adj.* летен *leten*
afar *adv.* отдалеч *otdalech*
affable *a.* приветлив *privetliv*
affair *n.* дело *delo*
affect *v.t.* въздействам *vuzdeystvam*
affectation *n.* превземане *prevzemane*
affection *n.* привързаност *privurzanost*
affectionate *a.* привързан *privurzan*
affidavit *n.* декларация *deklaratsiya*
affiliation *n.* сдружаване *sdruzhavane*
affinity *n.* влечение *vlechenie*
affirm *v.t.* твърдя *tvurdya*
affirmation *n.* твърдение *tvurdenie*
affirmative *a.* утвърдителен *outvurditelen*

affix *v.t.* скрепвам *skrepvam*
afflict *v.t.* огорчавам *ogorchavam*
affliction *n.* нещастие *neshtastie*
affluence *n.* охолство *oholstvo*
affluent *a.* охолен *oholen*
afford *v.t.* позволявам си *pozvolyavam si*
afforest *v.t.* залесявам *zalesyavam*
affray *n.* спречкване *sprechkvane*
affront *v.t.* оскърбявам *oskurbyavam*
affront *n.* оскърбление *oskurblenie*
afield *adv.* настрана *nastrana*
aflame *adv.* пламтящ *plamtyasht*
afloat *adv.* плаващ *plavasht*
afoot *adv.* пешком *peshkom*
afore *prep.* пред *pred*
afraid *a.* уплашен *ouplashen*
afresh *adv.* наново *nanovo*
after *prep.* след *sled*
after *adv.* впоследствие *vposledstvie*
after *conj.* след като *sled kato*
after *a.* следващ *sledvasht*
afterwards *adv.* после *posle*
again *adv.* отново *otnovo*
against *prep.* срещу *sreshtou*
agamist *n.* неженен *nezhenen*
agape *adv.* зяпнал *zyapnal*
agaze *adv.* учудено *ouchoudeno*
age *n.* възраст *vuzrast*
aged *a.* възрастен *vuzrasten*
agency *n.* агенция *agentsiya*

agenda *n.* дневен ред *dneven red*
agent *n.* агент *agent*
aggravate *v.t.* влошавам *vloshavam*
aggravation *n.* влошаване *vloshavane*
aggregate *v.t.* събирам *subiram*
aggression *n.* агресия *agresiya*
aggressive *a.* агресивен *agresiven*
aggressor *n.* агресор *agresor*
aggrieve *v.t.* огорчавам *ogorchavam*
aghast *a.* потресен *potresen*
agile *a.* подвижен *podvizhen*
agility *n.* подвижност *podvizhnost*
agitate *v.t.* вълнувам *vulnouvam*
agitation *n.* вълнение *vulnenie*
agist *v.t.* грижа се за животни *grizha se za zhivotni*
aglow *adv.* пламнал *plamnal*
agnus *n.* агнец *agnets*
ago *adv.* преди *predi*
agog *a.* трескав *treskav*
agonist *n.* състезател *sustezatel*
agonize *v.t.* агонизирам *agoniziram*
agony *n.* агония *agonia*
agronomy *n.* агрономия *agronomia*
agoraphobia *n.* агорафобия *agorafobia*
agrarian *a.* аграрен *agraren*

agree *v.i.* съгласявам се *suglasyavam se*
agreeable *a.* пригоден *prigoden*
agreement *n.* споразумение *sporazoumenie*
agricultural *a.* земеделски *zemedelski*
agriculture *n.* земеделие *zemedelie*
agriculturist *n.* земеделец *zemedelets*
ague *n.* втрисане *vtrisane*
ahead *adv.* напред *napred*
aheap *adv.* вкупом *vkoupom*
aid *n.* помощ *pomosht*
aid *v.t.* помагам *pomagam*
aigrette *n.* плюмаж *plyumazh*
ail *v.t.* измъчвам *izmuchvam*
ailment *n.* неразположение *nerazpolozhenie*
aim *n.* цел *tsel*
aim *v.i.* целя *tselya*
air *n.* въздух *vuzdouh*
aircraft *n.* авиация *aviatsiya*
airy *a.* въздушен *vuzdoushen*
ajar *adv.* открехнат *otkrehnat*
akin *a.* сроден *sroden*
alacrious *adj.* пъргав *purgav*
alacrity *n.* пъргавина *purgavina*
alamort *a.* умиращ *oumirasht*
alarm *n.* аларма *alarma*
alarm *v.t.* алармирам *alarmiram*
alas *interj.* уви *ouvi*
albeit *conj.* макар *makar*
albion *n.* албион *albion*
album *n.* албум *alboum*
albumen *n.* албумин *alboumin*
alchemy *n.* алхимия *alhimia*

alcohol *n.* алкохол *alkohol*
ale *n.* бира *bira*
alegar *n.* малцов оцет *maltsov otset*
alert *a.* бдителен *bditelen*
alertness *n.* бдителност *bditelnost*
algebra *n.* алгебра *algebra*
alias *n.* псевдоним *psevdonim*
alias *adv.* наречен още *narechen oshte*
alibi *n.* алиби *alibi*
alien *a.* чуждоземен *chouzhdozemen*
alienate *v.t.* отчуждавам *otchouzhdavam*
aliferous *a.* крилат *krilat*
alight *v.i.* кацвам *katsvam*
align *v.t.* подравнявам *podravnyavam*
alignment *n.* подравняване *podravyavane*
alike *a.* подобен *podoben*
alike *adv.* подобно *podobno*
aliment *n.* прехрана *prehrana*
alimony *n.* издръжка *izdruzhka*
aline *v.* подравнявам *podravnyavam*
aliquot *n.* кратен *kraten*
alive *a.* жив *zhiv*
alkali *n.* алкали *alkali*
all *a.* всякакъв *vsyakakuv*
all *n.* всичко *vsichko*
all *adv.* напълно *napulno*
all *pron* всички *vsichki*
allay *v.t.* уталожвам *utalozhvam*
allegation *n.* заявление *zayavlenie*

allege *v.t.* заявявам *zayavyavam*
allegiance *n.* преданост *predanost*
allegorical *a.* алегоричен *alegorichen*
allegory *n.* алегория *alegoriya*
allergy *n.* алергия *alergiya*
alleviate *v.t.* облекчавам *oblekchavam*
alleviation *n.* облекчение *oblekchenie*
alley *n.* алея *aleya*
alliance *n.* съдружие *sudrouzhie*
alligator *n.* алигатор *aligator*
alliterate *v.* използвам алитерация *izpolzvam aliteratsiya*
alliteration *n.* алитерация *aliteratsiya*
allocate *v.t.* разпределям *razpredelyam*
allocation *n.* разпределяне *razpredelyane*
allot *v.t.* отпускам *otpouskam*
allotment *n.* дял *dyal*
allow *v.t.* позволявам *pozvolyavam*
allowance *n.* джаба *dazhba*
alloy *n.* сплав *splav*
allude *v.i.* загатвам *zagatvam*
alluminate *v.t.* осветявам *osvetyavam*
allure *v.t.* примамвам *primamvam*
allurement *n.* съблазън *sublazun*
allusion *n.* загатване *zagatvane*

allusive *a.* загатващ *zagatvasht*
ally *v.t.* съюзявам се *suyuzyavam se*
ally *n.* съюзник *suyuznik*
almanac *n.* алманах *almanah*
almighty *a.* всемогъщ *vsemogusht*
almond *n.* бадем *badem*
almost *adv.* почти *pochti*
alms *n.* подаяние *podayanie*
aloft *adv.* нависоко *navisoko*
alone *a.* сам *sam*
along *adv.* покрай *pokray*
along *prep.* през *prez*
aloof *adv.* настрана *nastrana*
aloud *adv.* гласно *glasno*
alp *n.* планина *planina*
alpha *n.* алфа *alfa*
alphabet *n.* азбука *azbouka*
alphabetical *a.* азбучен *azbouchen*
alpinist *n.* алпинист *alpinist*
already *adv.* вече *veche*
also *adv.* също *sushto*
altar *n.* олтар *oltar*
alter *v.t.* изменям *izmenyam*
alteration *n.* изменение *izmenenie*
altercation *n.* препирня *prepirnya*
alternate *a.* периодичен *periodichen*
alternate *v.t.* редувам *redouvam*
alternative *n.* алтернатива *alternativa*
alternative *a.* алтернативен *alternativen*
although *conj.* въпреки че *vupreki che*

altimeter *n.* алтиметър *altimetur*
altitude *n.* височина *visochina*
altivalent *adj.* антивалентен *antivalenten*
alto *n.* алт *alt*
altogether *adv.* напълно *napulno*
aluminium *n.* алуминий *alouminiy*
alumna *n.* възпитаник *vuzpitanik*
always *adv.* винаги *vinagi*
alveary *n.* кошер *kosher*
alvine *a.* коремен *koremen*
am съм *sum*
amalgam *n.* съединение *suedinenie*
amalgamate *v.t.* комбинирам *kombiniram*
amalgamation *n.* съединяване *suedinyavane*
amass *v.t.* натрупвам *natroupvam*
amateur *n.* аматьор *amatyor*
amatory *adj.* любовен *lyuboven*
amauriosis *n.* слепота *slepota*
amaze *v.t.* удивявам *oudivyavam*
amazement *n.* удивление *oudivlenie*
ambassador *n.* посланик *poslanik*
amberite *n.* амберит *amberit*
ambient *a.* окръжаващ *okruzhavasht*
ambiguity *n.* двусмисленост *dvousmislenost*
ambiguous *a.* двусмислен *dvousmislen*

ambition n. амбиция
 ambitsiya
ambitious a. амбициозен
 ambitsiozen
ambry n. килер kiler
ambulance n. линейка lineyka
ambulant adj. блуждаещ
 blouzhdaesht
ambulate v.t. странствам
 stranstvam
ambush n. засада zasada
ameliorate v.t. подобрявам
 podobryavam
amelioration n. подобрение
 podobrenie
amen interj. амин amin
amenable a. подсъден
 podsuden
amend v.t. променям
 promenyam
amendment n. промяна
 promyana
amends n.pl. удовлетворение
 oudovletvorenie
amenorrhoea n. аменорея
 amenoreya
amiability n. дружелюбност
 drouzhelyubnost
amiable a. дружелюбен
 drouzhelyuben
amicable a. дружески
 drouzheski
amid prep. посред posred
amiss adv. погрешно
 pogreshno
amity n. другарство
 drougarstvo
ammunition n. муниции
 mounitsii
amnesia n. амнезия amneziya

amnesty n. амнистия
 amnistiya
among prep. между mezhdou
amongst prep. измежду
 izmezhdou
amoral a. безнравствен
 beznravstven
amount n. сума souma
amount v.i. възлизам на
 vuzlizam na
amount v. равнявам се
 ravnyavam se
amorous a. влюбчив vlyubchiv
amour n. любов lyubov
ampere n. ампер amper
amphibious adj. земноводен
 zemnovoden
amphitheatre n. амфитеатър
 amfiteatur
ample a. изобилен izobilen
amplification n. увеличаване
 ouvelichavane
amplifier n. увеличител
 ouvelichitel
amplify v.t. увеличавам
 ouvelichavam
amuck adv. амок amok
amulet n. амулет amoulet
amuse v.t. забавлявам
 zabavlyavam
amusement n. забавление
 zabavlenie
an art неопределителен член
 neopredelitelen chlen
anabaptism n. анабаптизъм
 anabaptizum
anachronism n. анахронизъм
 anahronizum
anaclisis n. анаклитична
 депресия anaklitichna
 depresiya

anadem *n.* гирлянда *girlyanda*
anaemia *n.* анемия *anemiya*
anaesthesia *n.* анестезия *anesteziya*
anaesthetic *n.* упойка *upoyka*
anal *a.* анален *analen*
analogous *a.* аналогичен *analogichen*
analogy *n.* аналогия *analogiya*
analyse *v.t.* анализирам *analiziram*
analysis *n.* анализ *analiziram*
analyst *n.* аналитик *analitik*
analytical *a.* аналитичен *analitichen*
anamnesis *n.* анамнеза *anamneza*
anamorphous *adj.* анаморфен *anamorfen*
anarchism *n.* анархизъм *anarhizum*
anarchist *n.* анархист *anarhist*
anarchy *n.* анархия *anarhiya*
anatomy *n.* анатомия *amatomiya*
ancestor *n.* прародител *praroditel*
ancestral *a.* прародителски *praroditelski*
ancestry *n.* потекло *poteklo*
anchor *n.* котва *kotva*
anchorage *n.* закотвяне *zakotvyane*
ancient *a.* древен *dreven*
ancon *n.* лакът *lakut*
and *conj.* и *i*
androphagi *n.* андрофаги *androfagi*
anecdote *n.* анекдот *anekdot*
anemometer *n.* анемометър *anemometur*

anew *adv.* наново *nanovo*
anfractuous *adj.* криволичещ *krivolichesht*
angel *n.* ангел *angel*
anger *n.* гняв *gnyav*
angina *n.* ангина *angina*
angle *n.* ъгъл *ugul*
angle *n.* въдица *vuditsa*
angry *a.* ядосан *yadosan*
anguish *n.* терзание *terzanie*
angular *a.* ъгловат *uglovat*
anigh *adv.* наблизо *nablizo*
animal *n.* животно *zhivotno*
animate *v.t.* съживявам *suzhivyavam*
animate *a.* одушевен *osousheven*
animation *n.* оживление *ozhivlenie*
animosity *n.* неприязън *nepriyazun*
animus *n.* враждебност *vrazhdebnost*
aniseed *n.* анасон *anason*
ankle *n.* глезен *glezen*
anklet *n.* гривна за глезен *grivna za glezen*
annalist *n.* летописец *letopisets*
annals *n.pl.* летописи *letopisi*
annectant *a.* свързващ *svurzvasht*
annex *v.t.* присъединявам *prisuedinyavam*
annexation *n.* присъединяване *prisuedinyavane*
annihilate *v.t.* унищожавам *ounishtozhavam*
annihilation *n.* унищожение *ounishtozhenie*

anniversary *n.* годишнина
godishnina
announce *v.t.* обявявам
obyavyavam
announcement *n.* обявление
obyavlenie
annoy *v.t.* раздразвам
razdrazvam
annoyance *n.* раздразнение
razdraznenie
annual *a.* годишен *godishen*
annuitant *n.* рентиер *rentier*
annuity *n.* анюитет *anyuitet*
annul *v.t.* анулирам *anouliram*
annulet *n.* пръстенче
prustenche
anoint *v.t.* намазвам
namazvam
anomalous *a.* анормален
anormalen
anomaly *n.* аномалия
anomaliya
anon *adv.* веднага *vednaga*
anonymity *n.* анонимност
anonimnost
anonymity *n.* анонимен
anonimen
anonymous *a.* анонимен
anonimen
another *a.* допълнителен
dopulnitelen
answer *n.* отговор *otgovor*
answer *v.t.* отговарям
otgovaryam
answerable *a.* съответстващ
suotvetstvasht
ant *n.* мравка *mravka*
antacid *a.* противокиселинен
protivokiselinen
antagonism *n.* антагонизъм
antagonizum

antagonist *n.* антагонист
antagonist
antagonize *v.t.* провокирам
provokiram
antarctic *a.* антарктически
antarkticheski
antecede *v.t.* предшествам
predshestvam
antecedent *n.* предшестване
predshestvane
antecedent *a.* предшестващ
predshestvasht
antedate *n.* ускоряване
ouskoryavane
antelope *n.* антилопа *antilopa*
antenatal *a.* утробен *outroben*
antennae *n.* антени *anteni*
antenuptial *a.* предбрачен
predbrachen
anthem *n.* химн *himn*
anthology *n.* антология
antologiya
anthropoid *a.* човекоподобен
chovekopodoben
anti *pref.* анти *anti*
anti-aircraft *a.*
противовъздушен
protivovuzdushen
antic *n.* шут *shout*
anticardium *n.* подлъжична
област *podluzhichna oblast*
anticipate *v.t.* предчувствам
predchouvstvam
anticipation *n.* предчувствие
predchouvstvie
antidote *n.* противоотрова
protivootrova
antinomy *n.* антимон *antimon*
antipathy *n.* антипатия
antipatiya
antiphony *n.* антифон *antifon*

antipodes n. противоположности *protivopolozhnosti*
antiquarian a. антикварен *antikvaren*
antiquarian n. антиквар *antikvaren*
antiquary n. археолог *arheolog*
antiquated a. архаичен *arhaichen*
antique a. античен *antichen*
antiquity n. античност *antichnost*
antiseptic n. антисептик *antiseptik*
antiseptic a. антисептичен *antiseptichen*
antithesis n. антитеза *antiteza*
antitheist n. атеист *ateist*
antler n. еленов рог *elenov rog*
antonym n. антоним *antonim*
anus n. анус *anous*
anvil n. наковалня *nakovalnya*
anxiety a. безпокойство *bezpokoystvo*
anxious a. обезпокоен *obezpokoen*
any a. малко *malko*
any adv. изобщо *izobshto*
anyhow adv. и така *i taka*
apace adv. бързо *burzo*
apart adv. настрана *nastrana*
apartment n. апартамент *apartament*
apathy n. апатия *apatiya*
ape n. маймуна *maymouna*
ape v.t. имитирам *imitiram*
aperture n. отвърстие *otvurstie*

apex n. климакс *klimaks*
aphorism n. афоризъм *aforizum*
apiary n. пчелин *pchelin*
apiculture n. пчеларство *pchelarstvo*
apish a. маймунски *maymounski*
apnoea n. апнея *apneya*
apologize v.i. извинявам се *izvinyavam se*
apologue n. басня *basnya*
apology n. извинение *izvinenie*
apostle n. апостол *apostol*
apostrophe n. апостроф *apostrof*
apotheosis n. апотеоз *apoteoz*
apparatus n. апаратура *aparatura*
apparel n. облекло *obleklo*
apparel v.t. обличам *oblicham*
apparent a. очевиден *ocheviden*
appeal n. призив *prizov*
appeal v.t. призовавам *prizovavam*
appear v.i. появявам се *poyavyavam se*
appearance n. външност *vunshnost*
appease v.t. умирявам *oumiryavam*
appellant n. молител *molitel*
append v.t. прилагам *prilagam*
appendage n. добавка *dobavka*
appendicitis n. апендицит *apenditsit*

appendix *n.* приложение
  prilozhenie
appendix *n.* придатък *pridatuk*
appetence *n.* влечение
  vlechenie
appetent *a.* алчен *alchen*
appetite *n.* апетит *apetit*
appetite *n.* желание *zhelanie*
appetizer *n.* аператив *aperativ*
applaud *v.t.* аплодирам
  aplodiram
applause *n.* аполодисменти
  aplodismenti
apple *n.* ябълка *yabulka*
appliance *n.* уред *oured*
applicable *a.* приложим
  prilozhim
applicant *n.* кандидат
  kandidat
application *n.* кандидатура
  kandidatoura
apply *v.t.* прилагам *prilagam*
appoint *v.t.* насрочвам
  nasrochvam
appointment *n.* среща *sreshta*
apportion *v.t.* разпределям
  razpredelyam
apposite *adj.* уместен
  oumesten
apposite *a.* подхождащ
  podhozhdasht
appositely *adv.* уместно
  oumestno
approbate *v.t.* одобрявам
  odobryavam
appraise *v.t.* преценявам
  pretsenyavam
appreciable *a.* забележим
  zabelezhim
appreciate *v.t.* оценявам
  otsenyavam

appreciation *n.* оценяване
  otsenyavane
apprehend *v.t.* схващам
  shvashtam
apprehension *n.* схващане
  shvashtane
apprehensive *a.* схватлив
  shvatliv
apprentice *n.* чирак *chirak*
apprise *v.t.* уведомявам
  ouvedomyavam
approach *v.t.* приближавам се
  priblizhavam se
approach *n.* подход *podhod*
approbation *n.* одобряване
  odobryavane
appropriate *v.t.* присвоявам
  prisvoyavam
appropriate *a.* подходящ
  podhodyasht
appropriation *n.* присвояване
  prisvoyavane
approval *n.* одобрение
  odobrenie
approve *v.t.* одобрявам
  odobryavam
approximate *a.*
  приблизителен *priblizitelen*
apricot *n.* кайсия *kaysiya*
appurtenance *n.*
  принадлежност
  prinadlezhnost
apron *n.* престилка *prestilka*
apt *a.* възприемчив
  vuzpriemchiv
aptitude *n.* наклонност
  naklonnost
aquarium *n.* аквариум
  akvarioum
aquarius *n.* водолей *vodoley*

aqueduct *n.* водопровод *vodoprovod*
arable *adj.* орна *orna*
arbiter *n.* повелител *povelitel*
arbitrary *a.* своеволен *svoevolen*
arbitrate *v.t.* решавам чрез арбитраж *reshavam chrez arbitrazh*
arbitration *n.* арбитраж *arbitrazh*
arbitrator *n.* арбитър *arbitur*
arc *n.* дъга *duga*
arcade *n.* колонада *kolonada*
arch *n.* арка *arka*
arch *v.t.* свод *svod*
arch *a.* извивам *izvivam*
archaic *a.* архаичен *arhaichen*
archangel *n.* архангел *arhangel*
archbishop *n.* архиепископ *arhiepiskop*
archer *n.* стрелец *strelets*
architect *n.* архитект *arhitekt*
architecture *n.* архитектура *arhitektoura*
archives *n.pl.* архиви *arhivi*
Arctic *n.* арктичен *arktichen*
ardent *a.* пламенен *plamenen*
ardour *n.* плам *plam*
arduous *a.* изнурителен *iznouritelen*
area *n.* район *rayon*
areca *n.* арека *areka*
arefaction *n.* изсушаване *izsoushavane*
arena *n.* арена *arena*
argil *n.* глина *glina*
argue *v.t.* споря *sporya*
argument *n.* спор *spor*
argute *adj.* чевръст *chevrust*

arid *a.* изсъхнал *izsuhnal*
aries *n.* овен *oven*
aright *adv.* правилно *pravilno*
aright *adv.* нареждам *narezhdam*
arise *v.i.* издигам се *izdigam se*
aristocracy *n.* аристокрация *aristokratsiya*
aristocrat *n.* аристократ *aristokrat*
aristophanic *adj.* аристофански *aristofanski*
arithmetic *n.* аритметика *aritmetika*
arithmetical *a.* аритметичен *aritmetichen*
ark *n.* кивот *kivot*
arm *n.* ръка *ruka*
arm *v.t.* въоръжавам *vuoruzhavam*
armada *n.* армада *armada*
armament *n.* въоръжение *vuoruzhenie*
armature *n.* броня *bronya*
armistice *n.* примирие *primirie*
armlet *a.* лента *lenta*
armour *n.* ризница *riznitsa*
armoury *n.* арсенал *arsenal*
army *n.* армия *armiya*
around *prep.* около *okolo*
around *adv.* наоколо *naokolo*
arouse *v.t.* разбуждам *razbouzhdam*
arraign *v.* обвинявам *obvinyavam*
arrange *v.t.* уреждам *ourezhdam*
arrangement *n.* организиране *organizirane*
arrant *n.* същински *sushtinski*

array *v.t.* нареждам *narezhdam*
array *n.* редица *reditsa*
arrears *n.pl.* недобор *nedobor*
arrest *v.t.* арестувам *arestouvam*
arrest *n.* арест *arest*
arrival *n.* пристигане *pristigane*
arrive *v.i.* пристигам *pristigam*
arrogance *n.* арогантност *arigantnost*
arrogant *a.* арогантен *aroganten*
arrow *n.* стрелка *strelka*
arrowroot *n.* маранта *maranta*
arsenal *n.* арсенал *arsenal*
arsenic *n.* арсеник *arsenik*
arson *n.* палеж *palezh*
art *n.* изкуство *izkoustvo*
artery *n.* артерия *arteriya*
artful *a.* изкусен *izkousen*
arthritis *n.* артирит *artrit*
artichoke *n.* артишок *artishok*
article *n.* статия *statiya*
articulate *a.* разбираем *razbiraem*
artifice *n.* сръчност *sruchnost*
artificial *a.* изкуствен *izkoustven*
artillery *n.* артилерия *artileriya*
artisan *n.* занаятчия *zanayatchiya*
artist *n.* художник *houdozhnik*
artistic *a.* артистичен *artistichen*
artless *a.* непресторен *neprestoren*
as *adv.* както *kakto*
as *conj.* като *kato*
as *pron.* каквото *kakvoto*

asafoetida *n.* асафетида *asafetida*
asbestos *n.* азбест *azbest*
ascend *v.t.* изкачвам се *izkachvam se*
ascent *n.* изкачване *izkachvane*
ascertain *v.t.* установявам *oustanovyavam*
ascetic *n.* аскет *asket*
ascetic *a.* аскетичен *asketichen*
ascribe *v.t.* приписвам *pripisvam*
ash *n.* пепел *pepel*
ashamed *a.* засрамен *zasramen*
ashore *adv.* на суша *na sousha*
aside *adv.* настрана *nastrana*
aside *n.* думи, казани настрана *doumi, kazani nastrana*
asinine *a.* бездарен *bezdaren*
ask *v.t.* питам *pitam*
asleep *adv.* заспал *zaspal*
aspect *n.* аспект *aspekt*
asperse *v.* позоря *pozorya*
aspirant *n.* кандидат *kandidat*
aspiration *n.* стремеж *stremezh*
aspire *v.t.* стремя се *stremya se*
ass *n.* магаре *magare*
assail *v.* нападам *napadam*
assassin *n.* убиец *oubiets*
assassinate *v.t.* убивам *oubivam*
assassination *n.* убийство *oubiystvo*

assault *n.* нападение
napadenie
assault *v.t.* нахвърлям се
nahvurlyam se
assemble *v.t.* събирам
subiram
assembly *n.* събрание
subranie
assent *v.i.* приемам *priemam*
assent *n.* одобрение
odobrenie
assert *v.t.* твърдя *tvurdya*
assess *v.t.* оценявам
otsenyavam
assessment *n.* оценка
otsenka
asset *n.* актив *aktiv*
assibilate *v.* съскам *suskam*
assign *v.t.* възлагам *vuzlagam*
assignee *n.* правоприемник
pravopriemnik
assimilate *v.* усвоявам
ousvoyavam
assimilation *n.* усвояване
ousvoyavane
assist *v.t.* подпомагам
podpomagam
assistance *n.* подпомагане
podpomagane
assistant *n.* асистент *asistent*
associate *v.t.* асоциирам
asotsiiram
associate *a.* асоцииран
asotsiiran
associate *n.* съдружник
sudrouzhnik
association *n.* асоциация
asotsiyatsiya
assoil *v.t.* освобождавам
asvobozhdavam
assort *v.t.* сортирам *sortiram*

assuage *v.t.* смекчавам
smekchavam
assume *v.t.* предполагам
predpolagam
assumption *n.*
предположение
predpolozhenie
assurance *n.* увереност
ouverenost
assure *v.t.* уверявам
ouveryavam
astatic *a.* астатичен
astatichen
asterisk *n.* звездичка
zvezdichka
asterism *n.* звездички
zvezdichki
asteroid *a.* звездообразен
zvezdoobrazen
asthma *n.* астма *astma*
astir *adv.* раздвижен
razdvizhen
astonish *v.t.* учудвам
ouchoudvam
astonishment *n.* учудване
ouchoudvane
astound *v.t.* учуден
ouchouden
astray *adv.* заблуден
zablouden
astrologer *n.* астролог
astrolog
astrology *n.* астрология
astrologiya
astronaut *n.* астронавт
astronavt
astronomer *n.* астроном
astronom
astronomy *n.* астрономия
astronomiya

asunder *adv.* на парчета *na parcheta*
asylum *n.* приют *priyut*
at *prep.* при *pri*
atheism *n.* атеизъм *ateisum*
atheist *n.* атеист *ateist*
athirst *a.* прежаднял *prezhadnyal*
athlete *n.* атлет *atlet*
athletic *a.* атлетичен *atletichen*
athletics *n.* атлетика *atletika*
athwart *prep.* през *prezhadnyal*
atlas *n.* атлас *atlas*
atmosphere *n.* атмосфера *atmosfera*
atoll *n.* атол *atol*
atom *n.* атом *atom*
atomic *a.* атомен *atomen*
atone *v.i.* изкупувам *izkoupouvam*
atonement *n.* изкупление *izkouplenie*
atrocious *a.* зверски *zverski*
atrocity *n.* зверство *zverstvo*
attach *v.t.* привързвам *privurzvam*
attache *n.* аташе *atashe*
attachment *n.* привързаност *privurzanost*
attack *n.* атака *ataka*
attack *v.t.* атакувам *atakouvam*
attain *v.t.* достигам *dostigam*
attainment *n.* достижение *dostizhenie*
attaint *v.t.* опозорявам *opozoryavam*
attempt *v.t.* опитвам се *opitvam se*

attempt *n.* опит *opit*
attend *v.t.* съпътствам *suputstvam*
attendance *n.* обслужване *obslouzhvane*
attendant *n.* съпътстващ *suputstvasht*
attention *n.* внимание *vnimanie*
attentive *a.* внимателен *vnimatelen*
attest *v.t.* засвидетелствам *zasvidetelstvam*
attire *n.* премяна *premyana*
attire *v.t.* обличам *oblicham*
attitude *n.* становище *stanovishte*
attorney *n.* адвокат *advokat*
attract *v.t.* привличам *privlicham*
attraction *n.* привличане *privlichane*
attractive *a.* привлекателен *privlekatelen*
attribute *v.t.* приписвам *pripisvam*
attribute *n.* свойство *svoystvo*
auction *n.* наддаване *naddavane*
auction *v.t.* наддавам *naddavam*
audible *a.* доловим *dolovim*
audience *n.* публика *poublika*
audit *n.* ревизия *reviziya*
audit *v.t.* ревизирам *reviziram*
auditive *a.* слухов *slouhov*
auditor *n.* ревизор *revizor*
auditorium *n.* аудитория *auditoriya*
auger *n.* свредел *svredel*
aught *n.* нещо *neshto*

augment *v.t.* уголемявам
ougolemyavam
augmentation *n.* уголемяване
ougolemyavane
August *n.* август *avgoust*
august *n.* внушителен
vnoushitelen
aunt *n.* леля *lelya*
auriform *a.* ушен *oushen*
aurilave *n.* инструмент за
чистене на уши
inztroument za chistene na oushi
aurora *n.* зора *zora*
auspicate *v.t.* предричам
predricham
auspice *n.* поличба *polichba*
auspicious *a.* благоприятен
blagopriyaten
austere *a.* аскетичен
asketichen
authentic *a.* автентичен
avtentichen
author *n.* автор *avtor*
authoritative *a.* авторитетен
avtoriteten
authority *n.* авторитет
avtoritet
authorize *v.t.* упълномощавам
oupulnomoshtavam
autobiography *n.*
автобиография
avtobiografiya
autocracy *n.* автокрация
avtokratsiya
autocrat *n.* автократ *avtokrat*
autocratic *a.* самовластен
samovlasten
autograph *n.* автограф
avtograf

automatic *a.* автоматичен
avtomatichen
automobile *n.* автомобил
avtomobil
autonomous *a.* автономен
avtonomen
autumn *n.* есен *esen*
auxiliary *a.* помощен
pomoshten
auxiliary *n.* помощник
pomoshtnik
avale *v.t.* принизявам
prinizyavam
avail *v.t.* полезен съм *polezen sum*
available *a.* наличен *nalichen*
avarice *n.* сребролюбие
srebrolyubie
avenge *v.t.* отмъщавам
otmushtavam
avenue *n.* авеню *avenyu*
average *n.* средното *srednoto*
average *a.* среден *sreden*
average *v.t.* давам средно
davam sredno
averse *a.* несклонен
nesklonen
aversion *n.* отвращение
otvrashtenie
avert *v.t.* отблъсквам
otbluskvam
aviary *n.* птичарник *pticharnik*
aviation *n.* авиация *aviatsiya*
aviator *n.* авиатор *aviator*
avid *a.* ненаситен *nenasiten*
avidity *adv.* ненаситност
nenasitnost
avidly *adv.* ненаситно
nenasitno
avoid *v.t.* избягвам *izbyagvam*

avoidance *n.* избягване *izbyagvane*
avow *v.t.* признавам *priznavam*
avulsion *n.* отритване *otritvane*
await *v.t.* очаквам *ochakvam*
awake *v.t.* събуждам *subouzhdam*
awake *a.* буден *bouden*
award *v.t.* награждавам *nagrazhdavam*
award *n.* награда *nagrada*
aware *a.* осведомен *osvedomen*
away *adv.* далеч *dalech*
awe *n.* страхопочитание *strahopochitanie*
awful *a.* ужасен *ouzhasen*
awhile *adv.* малко *malko*
awkward *a.* непохватен *nepohvaten*
axe *n.* брадва *bradva*
axis *n.* ос *os*
axle *n.* вал *val*

B

babble *n.* бъртвеж *burtvezh*
babble *v.i.* бръщолевя *brushtolevya*
babe *n.* бебе *bebe*
babel *n.* врява *vryava*
baboon *n.* павиан *pavian*
baby *n.* бебе *bebe*
bachelor *n.* ерген *ergen*
back *n.* гръб *grub*
back *adv.* назад *nazad*
backbite *v.t.* злословя *zloslovya*

backbone *n.* гръбнак *grubnak*
background *n.* обкръжение *obkruzhenie*
backhand *n.* бекхенд *bekhend*
backslide *v.i.* отстъпвам *otstupvam*
backward *a.* назадничав *nazadnichav*
backward *adv.* назад *nazad*
bacon *n.* бекон *bekon*
bacteria *n.* бактерия *bakteriya*
bad *a.* лош *losh*
badge *n.* значка *znachka*
badger *n.* язовец *yazovets*
badly *adv.* лошо *losho*
badminton *n.* бадминтон *badminton*
baffle *v.t.* учудвам *ouchoudvam*
bag *n.* чанта *chanta*
bag *v.i.* уреждам *ourezhdam*
baggage *n.* багаж *bagazh*
bagpipe *n.* гайда *gayda*
bail *n.* поръчителство *poruchitelstvo*
bail *v.t.* освобождавам *osvobozhdavam*
bailable *a.* подлежащ на освобождаване *podlezhasht na osvobozhdavane*
bailiff *n.* пристав *pristav*
bait *n.* стръв *struv*
bait *v.t.* примамвам *primamvam*
bake *v.t.* пека *peka*
baker *n.* пекар *lekar*
bakery *n.* пекарна *pekarna*
balance *n.* баланс *balans*

balance v.t. уравновесявам *ouravnovesyavam*
balcony n. балкон *balkon*
bald a. плешив *pleshiv*
bale n. бала *bala*
bale v.t. балирам *baliram*
baleful a. пагубен *pagouben*
baleen n. китова кост *kitova kost*
ball n. топка *topka*
ballad n. балада *balada*
ballet sn. балет *balet*
balloon n. балон *balon*
ballot n. гласуване *glasouvane*
ballot v.i. гласувам *glasouvam*
balm n. мехлем *mehlem*
balsam n. балсам *balsam*
bam n. вагонетка *vagonetka*
bamboo n. бамбук *bambouk*
ban n. забрана *zabrana*
ban n. отлъчване *otluchvane*
banal a. банален *banalen*
banana n. банан *banan*
band n. лента *lenta*
bandage ~n. бинт *bint*
bandage v.t. бинтовам *bintovam*
bandit n. бандит *bandit*
bang v.t. цапвам *tsapvam*
bang n. удар *oudar*
bangle n. гривна *grivna*
banish v.t. забранявам *zabranyavam*
banishment n. забрана *zabrana*
banjo n. банджо *bandzho*
bank n. банка *banka*
bank v.t. влагам *vlagam*
banker n. банкер *banker*
bankrupt n. длъжник *dluzhnik*

bankruptcy n. банкрут *bankrout*
banner n. флаг *flag*
banquet n. банкет *banket*
banquet v.t. угощавам *ougoshtavam*
bantam n. петле *petle*
banter v.t. закачам се *zakacham se*
banter n. закачка *zakachka*
bantling n. хлапе *hlape*
banyan n. смокиня *smokinya*
baptism n. кръщаване *krushtavane*
baptize +v.t. кръщавам *krushtavam*
bar n. прът *prut*
bar v.t. преграждам *pregrazhvam*
barb n. шип *ship*
barbarian a. варварски *varvarski*
barbarian n. варварин *varvarin*
barbarism n. варварщина *varvarshtina*
barbarity n. варварство *varvarstvo*
barbarous a. безчовечност *bezchovechnost*
barbed a. бодлив *bodliv*
barber n. бръснар *brusnar*
bard n. бард *bard*
bare a. оголен *ogolen*
bare v.t. оголвам *ogolvam*
barely adv. едва *edva*
bargain n. сделка *sdelka*
bargain v.t. пазаря се *pazarya se*
barge n. шлеп *shlep*
bark n. лай *lay*

bark v.t. лая *laya*
barley n. ечемик *echemik*
barn n. хамбар *hambar*
barnacles n. щипци *shtiptsi*
barometer n. барометър *barometur*
barouche n. файтон *fayton*
barrack n. казарма *kazarma*
barrage n. бараж *barazh*
barrator n. кверулант *kveroulant*
barrel n. каца *katsa*
barren n. пустош *poustosh*
barricade n. барикада *barikada*
barrier n. бариера *bariera*
barrister n. адвокат *advokat*
barter v.t. разменям *razmenyam*
barter n. размяна *razmyana*
barton n. барион *barion*
basal a. основен *osnoven*
base n. основа *osnova*
base a. недостоен *nedostoen*
base v.t. базирам *baziram*
baseless a. безоснователен *bezosnovatelen*
basement n. сутерен *souteren*
bashful a. свенлив *svenliv*
basal a. основен *osnoven*
basic a. основен *osnoven*
basil n. босилек *bosilek*
basin n. леген *legen*
basis n. основа *osnova*
bask v.i. грея се *greya se*
basket n. кошница *koshnitsa*
basald n. базалт *bazalt*
bass n. бас *bas*
bastard n. незаконородено *nezakonorodeno*

bastard a. незаконороден *nezakonoroden*
bat n. прилеп *prilep*
bat n. бухалка *bouhalka*
bat v.i. удрям *oudryam*
batch n. партида *partida*
bath n. вана *vana*
bathe v.t. къпя се *kupya se*
baton n. жезъл *zhezul*
batsman n. батсмен *batsmen*
battalion n. батальон *batalyon*
battery n. батерия *bateriya*
battle n. битка *bitka*
battle v.i. бия се *biya se*
bawd n. сводник *svodnik*
bawl n.i. вик *vik*
bawn n. къща *kushta*
bay n. залив *zaliv*
bayard n. баядерка *bayaderka*
bayonet n. байонет *bayonet*
be v.t. съм *sum*
beach n. плаж *plazh*
beacon n. маяк *mayak*
bead n. мънисто *munisto*
beadle n. глашатай *glashatay*
beak n. клюн *klyun*
beaker n. чаша *chasha*
beam n. греда *greda*
beam v.i. излъчвам *izluchvam*
bean n. зърно *zurno*
bear n. мечка *mechka*
bear v.t. понасям *ponasyam*
beard n. брада *brada*
bearing n. отношение *otnoshenie*
beast n. звяр *zvyar*
beastly a. зверски *zverski*
beat v.t. блъскам *bluskam*
beat n. удар *oudar*

beautiful *a.* красив *krasiv*
beautify *v.t.* разкрасявам *razkrasyavam*
beauty *n.* красота *krasota*
beaver *n.* бобър *bobur*
because *conj.* защото *zashtoto*
beck *n.* повикване *povikvane*
beckon *v.t.* повиквам *povikvam*
beckon *v.t.* махвам *mahvam*
become *v.i.* случвам се *slouchvam se*
becoming *a.* подобаващ *podobavasht*
bed *n.* легло *leglo*
bedevil *v.t.* тормозя *tormozya*
bedding *n.* завивки *zavivki*
bedight *v.t.* разхубавявам *razhoubavyavam*
bed-time *n.* време за лягане *vreme za lyagane*
bee *n.* пчела *pchela*
beech *n.* бук *bouk*
beef *n.* телешко *teleshko*
beehive *n.* кошер *kosher*
beer *n.* бира *bira*
beet *n.* цвекло *tsveklo*
beetle *n.* бръмбар *brumbar*
befall *v.t.* сполетявам *spoletyavam*
before *prep.* пред *pred*
before *adv.* преди *predi*
before *conj.* преди да *predi da*
beforehand *adv.* отпреди *otpredi*
befriend *v.t.* сприятелявам се *spiyatelyavam se*
beg *v.t.* умолявам *oumolyavam*

beget *v.t.* пораждам *porazhdam*
beggar *n.* просяк *prosyak*
begin *n.* започвам *zapochvam*
beginning *n.* начало *nachalo*
begird *v.t.* опасвам *opasvam*
beguile *v.t.* подлъгвам *podlugvam*
behalf *n.* от името на *ot imeto na*
behave *v. i.* постъпвам *postupvam*
behaviour *n.* поведение *povedenie*
behead *v.t.* обезглавявам *obezglavyavam*
behind *adv.* отзад *otzad*
behind *prep.* зад *zad*
behold *v.t.* забелязвам *zabelyazvam*
being *n.* същество *sushtestvo*
belabour *v.t.* налагам *nalagam*
belated *a.* закъснял *zaklusnyal*
belch *v.t.* избухвам *izbouhvam*
belch *n.* избухване *izbouhvane*
belief *n.* вяра *vyara*
believe *v.t.* вярвам *vyarvam*
bell *n.* звънец *zvynets*
belle *n.* хубавица *houbavitsa*
bellicose *a.* войнолюбив *voynolyubiv*
belligerency *n.* войнственост *voynstvenost*
belligerent *a.* войнствен *voynstven*
belligerent *n.* воюващ *voyuvasht*

bellow v.i. муча *muoucha*
bellows n. мях *myah*
belly n. корем *korem*
belong v.i. принадлежа *prinadlezha*
belongings n. принадлежности *prinadlezhnosti*
beloved a. любим *lyubim*
beloved n. възлюбен *vuzlyuben*
below adv. отдолу *otdolou*
below prep. под *pod*
belt n. колан *kolan*
belvedere n. беседка *besedka*
bemask v.t. маскирам *maskiram*
bemire v.t. изкалям *izkalyam*
bemuse v.t. зашеметявам *zashemetyavam*
bench n. пейка *peyka*
bend n. завой *zavoy*
bend v.t. завивам *zavivam*
beneath adv. отдолу *otdolou*
beneath prep. под *pod*
benefaction n. благодеяние *blagodeyanie*
benefice n. бенефиций *benefitsiy*
beneficial a. благотворен *blagotvoren*
benefit n. полза *polza*
benefit v.t. спечелвам *spechalvam*
benevolence n. благосклонност *blagosklonnost*
benevolent a. благосклонен *blagosklonen*
benight v.t. окъснял *okusnyal*
benign adj. благ *blag*

benignly adv. благо *blago*
benison n. благословия *blagosloviya*
bent n. извивка *izvivka*
bequeath v.t. завещавам *zaveshtavam*
bereave v.t. лишавам *lishavam*
bereavement n. загуба *zagouba*
berth n. каюта *kayuta*
beside prep. до *do*
besides prep. освен *osven*
besides adv. също *sushto*
beslaver v.t. олигавям *oligavyam*
besiege v.t. обсаждам *obsazhdam*
bestow v.t. дарявам *daryavam*
bestrew v.t. наръсвам *narusvam*
bet v.i. залагам *zalagam*
bet n. залог *zalog*
betel n. индийски пипер *indiyski piper*
betray v.t. предавам *predavam*
betrayal n. предателство *predatelstvo*
betroth v.t. сгодявам *sgodyavam*
betrothal n. годеж *godezh*
better a. по-добър *po-dobur*
better adv. по-добре *po-dobre*
better v.t. подобрявам *podobryavam*
betterment n. подобрение *podobrenie*
between prep. между *mezhdou*

beverage *n.* напитка *napitka*
bewail *v.t.* оплаквам *oplakvam*
beware *v.i.* внимавам *vnimavam*
bewilder *v.t.* озадачавам *ozadachavam*
bewitch *v.t.* омагьосвам *omagyosvam*
beyond *prep.* извън *izvun*
beyond *adv.* отвъд *otvud*
bi *pref* дву *dvou*
biangular *a.* двуъглов *vdouuglov*
bias *n.* склонност *sklonnost*
bias *v.t.* повлиявам *povliyavam*
biaxial *adj.* двуосен *dvouosen*
bibber *n.* пияница *piyanitsa*
bible *n.* библия *bibliya*
bibliography *n.* библиография *bibliografiya*
bibliographer *n.* библиограф *bobliograf*
bicentenary *adj.* двестагодишен *dvestagodishen*
biceps *n.* бицепс *bitseps*
bicker *v.t.* препирам се *prepiram se*
bicycle *n.* колело *kolelo*
bid *v.t.* наддавам *naddavam*
bid *n.* наддаване *naddavane*
bidder *n.* наддаващ *naddavasht*
bide *v.t.* обитавам *obitavam*
biennial *adj* двугодишен *dvougodishen*
bier *n.* носилка *nosilka*
big *a.* голям *golyam*

bigamy *n.* двуженство *dvouzhenstvo*
bight *n.* залив *zaliv*
bigot *n.* привърженик *privurzhenik*
bigotry *n.* фанатизъм *fanatizum*
bile *n.* жлъчка *zhluchka*
bilingual *a.* двуезичен *dvouezichen*
bill *n.* сметка *smetka*
billion *n.* милиард *miliard*
billow *n.* талаз *talaz*
billow *v.i.* издувам се *izdouvam se*
bilateral *adj.* двустранен *dvoustranen*
bilk *v.t.* завличам *zavlicham*
bimestrial *adj.* двумесечен *dvoumesechen*
bimonthly *a.* двумесечен *dvoumesechen*
binary *adj.* бинарен *binaren*
bind *v.t.* връзвам *vruzvam*
binding *a.* обвързване *obvurzvane*
binocular *n.* бинокъл *boinokul*
biographer *n.* биограф *biograf*
biography *n.* биография *biografiya*
biologist *n.* биолог *biolog*
biology *n.* биология *bilogoiya*
bioscope *n.* биоскоп *bioskop*
biped *n.* двуног *dvounog*
birch *n.* бреза *breza*
bird *n.* птица *ptitsa*
birdlime *n.* птичи клей *ptichi kley*
birth *n.* раждане *razhdane*

biscuit n. бисквита *biskvita*
bisect v.t. разполовявам *razpolovyavam*
bisexual a. бисексуален *biseksualen*
bishop n. епископ *episkop*
bison n. бизон *bizon*
bisque n. порцелан *portselan*
bit n. късче *kusche*
bitch n. кучка *kouchka*
bite v.t. ухапвам *ouhapvam*
bite n. ухапване *ouhapvane*
bitter a. горчив *gorchiv*
bi-weekly adj. двуседмично *dvousedmichno*
bizarre adj. особен *osoben*
blab v. t. & i дрънкам *drunkam*
black a. черен *cheren*
blacken v.t. очерням *ochernyam*
blackmail n. изнудване *iznoudvane*
blackmail v.t. изнудвам *iznoudvam*
blacksmith n. ковач *kovach*
bladder n. мехур *mehour*
blade n. острие *ostrie*
blain n. пришка *prishka*
blame v.t. обвинявам *obvinyavam*
blame n. вина *vina*
blanch v. t. & i обезцветявам *obeztsvetyavam*
bland a. ласкав *laskav*
blank a. празен *prazen*
blank n. анулирам *anouliram*
blanket n. одеало *odealo*
blare v.t. гърмя *gurmya*
blast n. порив *poriv*
blast v.i. поразявам *porazyavam*

blaze n. пламък *plamuk*
blaze v.i. избелвам се *ozbelvam se*
bleach v.t. избелвам *izbelvam*
blear v.t. замъглен *zamuglen*
bleat n. вряскане *vryaskane*
bleat v.i. врещя *vreshtya*
bleb n. мехурче *mehourche*
bleed v.i. кървя *kurvya*
blemish n. недостатък *nedostatuk*
blend v.t. смесвам *smesvam*
blend n. смес *smes*
bless v.t. благославям *blagoslavyam*
blether v.i. глупости *glouposti*
blight n. болест *bolest*
blind a. сляп *slyap*
blindage n. блиндаж *blindazh*
blindfold v.t. завързвам очите *zavurzvam ochite*
blindness n. слепота *slepota*
blink v. t. & i мигам *migam*
bliss n. блаженство *blazhenstvo*
blister n. пришка *prishka*
blizzard n. фъртуна *furtouna*
bloc n. блок *blok*
block n. блок *blok*
block v.t. препречвам *preprechvam*
blockade n. блокада *blokada*
blockhead n. дръвник *druvnik*
blood n. кръв *kruv*
bloodshed n. кръвопролитие *kruvoprolitie*
bloody a. кървам *kurvam*
bloom n. цъфтеж *tsuftezh*
bloom v.i. цъфтя *tsuftya*
blossom n. цвят *tsvyat*

blossom *v.i.* разцъфтявам *raztsufvam*
blot *n.* петно *petno*
blot *v.t.* замацвам *zamatsvam*
blouse *n.* блуза *blousa*
blow *v.i.* удрям *oudryam*
blow *n.* удар *oudar*
blue *n.* син цвят *sin tsvyat*
blue *a.* син *sin*
bluff *v.t.* блъфирам *blufiram*
bluff *n.* блъфиране *blufirane*
blunder *n.* грешка *greshka*
blunder *v.i.* сгрешавам *sgreshavam*
blunt *a.* тъп *tup*
blur *n.* мъгла *mugla*
blurt *v.t.* избъбрям *izbubryam*
blush *n.* изчервяване *izchervyavane*
blush *v.i.* изчервявам *izchervyavam*
boar *n.* глиган *gligan*
board *n.* дъска *duska*
board *v.t.* заковавам *zakovavam*
boast *v.i.* хваля се *hvalya se*
boast *n.* похвала *pohvala*
boat *n.* лодка *lodka*
boat *v.i.* карам лодка *karam lodka*
bodice *n.* елече *eleche*
bodily *a.* телесен *telesen*
bodily *adv.* телесно *telesno*
body *n.* тяло *tyalo*
bodyguard *n.* бодигард *bodigard*
bog *n.* блато *blato*
bog *v.i.* затъвам *zatuvam*
bogle *n.* таласъм *talasum*
bogus *a.* фалшив *falshiv*

boil *n.* цирей *tsirey*
boil *v.i.* завирам *zaviram*
boiler *n.* бойлер *boyler*
bold *a.* безочлив *bezochliv*
boldness *n.* безочливост *bezochlivost*
bolt *n.* болт *bolt*
bolt *v.t.* отсявам *otsyavam*
bomb *n.* бомба *bomba*
bomb *v.t.* бомбардирам *bombardiram*
bombard *v.t.* бомбардирам *bombardiram*
bombardment *n.* бомбардиране *bombardirane*
bomber *n.* бомбардировач *bombardirovach*
bonafide *adv.* истински *istinski*
bonafide *a.* чистосърдечен *chistosurdechen*
bond *n.* облигация *obligatsiya*
bondage *n.* робство *robstvo*
bone *n.* кост *kost*
bonfire *n.* огън *ogun*
bonnet *n.* капак *kapak*
bontle *n.* клетка *kletka*
bonus *n.* премия *premiya*
book *n.* книга *kniga*
book *v.t.* резервирам *rezerviram*
book-keeper *n.* счетоводител *schetovoditel*
book-mark *n.* разделител *razdelitel*
book-seller *n.* продавач на книги *prodavach na knigi*
book-worm *n.* книжен червей *knizhen chervey*

brotherhood *n.* братство *bratstvo*
brow *n.* чело *chelo*
brown *a.* кафяв *kafyav*
brown *n.* кафяв цвят *kafyav tsvyat*
browse *n.* разглеждане *razglezhdane*
bruise *n.* натъртване *naturtvane*
bruit *n.* мълва *mulva*
brush *n.* четка *chetka*
brustle *v.t.* пуквам *poukvam*
brutal *a.* брутален *broutalen*
brute *n.* скот *skot*
bubble *n.* мехур *mehour*
bucket *n.* кофа *kofa*
buckle *n.* тока *toka*
bud *n.* пъпка *pupka*
budge *v. i. & n* шавам *shavam*
budget *n.* бюджет *byudzhet*
buff *n.* полирам *poliram*
buffalo *n.* бивол *bivol*
buffoon *n.* шут *shout*
bug *n.* буболечка *boubolechka*
bugle *n.* ловджийски рог *lovdzhiyski rog*
build *v.t.* изграждам *izgrazhdam*
build *n.* изграждане *izgrazhdane*
building *n.* сграда *sgrada*
bulb *n.* крушка *kroushka*
bulk *n.* обем *obem*
bulky *a.* обемист *obemist*
bull *n.* бик *bik*
bulldog *n.* булдог *bouldog*
bull's eye *n.* лупа *loula*
bullet *n.* куршум *kourshoum*
bulletin *n.* бюлетин *byuletin*

bullock *n.* вол *vol*
bully *n.* побойник *poboynik*
bully *v.t.* малтретирам *maltretiram*
bulwark *n.* опора *opora*
bumper *n.* броня *bronya*
bumpy *adj.* неравен *neraven*
bunch *n.* китка *kitka*
bundle *n.* вързоп *vurzop*
bungalow *n.* бунгало *boungalo*
bungle *v.t.* оплесквам *opleskvam*
bungle *n.* бъркотия *burkotiya*
bunk *n.* легло *leglo*
bunker *n.* бункер *bounker*
buoy *n.* шамандура *shamandoura*
buoyancy *n.* плавателност *plavatelnost*
burden *n.* тежест *tezhest*
burden *v.t.* товаря *tovarya*
burdensome *a.* обременяващ *obremenyavasht*
bureau *n.* бюро *byuro*
Bureacuracy *n.* бюрокрация *byurokratsiya*
bureaucrat *n.* бюрократ *byurokrat*
burglar *n.* крадец *kradets*
burglary *n.* кражба с взлом *krazhba s vzlom*
burial *n.* погребение *pogrebeniye*
burke *v.t.* задушавам *zadoushavam*
burn *v.t.* изгарям *izgaryam*
burn *n.* изгаряне *izgaryane*
burrow *n.* ровя *rovya*
burst *v. i.* пръсвам *prusvam*
burst *n.* пръсване *prusvane*

bury v.t. погребвам pogrebvam
bus n. автобус avtobous
bush n. храст hrast
business n. бизнес biznes
businessman n. бизнесмен biznesmen
bustle v.t. суетя се souetya se
busy a. зает zaet
but prep. освен osven
but conj. но no
butcher n. касапин kasapin
butcher v.t. коля kolya
butter n. масло maslo
butter v.t. лаская laskaya
butterfly n. пеперуда peperouda
buttermilk n. мътеница mutenitsa
buttock n. бут bout
button n. бутон bouton
button v.t. закопчавам zakopchavam
buy v.t. купувам koupouvam
buyer n. купувач koupouvach
buzz v.i. бръмча brumcha
buzz n. бръмчене brumchene
by prep. край kray
by adv. близо blizo
bye-bye interj. довиждане dovizhdane
by-election n. допълнителни избори dopulnitelni izbouri
bylaw, bye-law n. местен закон mesten zakon
bypass n. байпас baypas
by-product n. вторичен продукт vtorichen prodoukt
byre n. краварник kravarnik
byword n. олицетворение olitsetvoreniye

C

cab n. такси taksi
cabaret n. кабаре kabare
cabbage n. зеле zele
cabin n. колиба koliba
cabinet n. кабинет kabinet
cable n. кабел kabel
cable v.t. окабелявам okabelyavam
cache n. кеш kesh
cachet n. щемпел shtempel
cackle v.i. дърдоря durdorya
cactus n. кактус kaktous
cad n. мръсник mrusnik
cadet n. кадет kadet
cadge v.i. прося prosya
cadmium n. кадмий kadmiy
cafe n. кафене kafene
cage n. клетка kletka
cain n. братоубиец bratooubiets
cake n. торта torta
calamity n. бедствие bedstvie
calcium n. калций kaltsiy
calculate v.t. изчислявам izchislyavam
calculator n. калкулатор kalkoulator
calculation n. изчисление izchisleniye
calendar n. календар kalendar
calf n. теле tele
call v.t. обаждам се obazhdam se
call n. обаждане obazhdane
caller n. посетител posetitel
calligraphy n. калиграфия kaligrafiya
calling n. призвание prizvanie
callow adj. неопитен neopiten

callous *a.* закоравял *zakoravyal*
calm *n.* безветрие *bezvetrie*
calm *n.* спокойствие *spokoystvie*
calm *v.t.* успокоявам *ouspokoyavam*
calmative *adj.* успокоителен *ouspokoitelen*
calorie *n.* калория *kaloriya*
calumniate *v.t.* злепоставям *zlepostavyam*
camel *n.* камила *kamila*
camera *n.* камера *kamera*
camlet *n.* камлот *kamlot*
camp *n.* лагер *lager*
camp *v.i.* лагерувам *lagerouvam*
campaign *n.* кампания *kampaniya*
camphor *n.* камфор *kamfor*
can *n.* консервна кутия *konservna koutiya*
can *v.t.* мога *moga*
can *v.* имам право *imam pravo*
canal *n.* канал *kanal*
canard *n.* измама *izmama*
cancel *v.t.* отказвам *otkazvam se*
cancellation *n.* отменяне *otmenyane*
cancer *n.* рак *rak*
candid *a.* откровен *otkroven*
candidate *n.* кандидат *kandidat*
candle *n.* свещ *svesht*
candour *n.* откровеност *otkrouvenost*
candy *n.* бонбона *bonbona*
candy *v.t.* захаросвам *zaharosvam*
cane *n.* тръстика *trustika*
cane *v.t.* нашибвам *nashibvam*
canister *n.* туба *touba*
cannon *n.* оръдие *orudie*
cannonade *n. v. & t* канонада *kanonada*
canon *n.* канон *kanon*
canopy *n.* балдахин *baldahin*
canteen *n.* столова *stolova*
canter *n.* галоп *galop*
canton *n.* кантон *kanton*
cantonment *n.* разквартируване *razkvartirouvane*
canvas *n.* платно *platno*
canvass *v.t.* разискване *raziskvane*
cap *n.* каскет *kasket*
cap *v.t.* покривам *pokrivam*
capability *n.* способност *sposobnost*
capable *a.* способен *sposoben*
capacious *a.* обемист *obemist*
capacity *n.* капацитет *kapatsitet*
cape *n.* нос *nos*
capital *n.* капитал *kapital*
capital *a.* главен *glaven*
capitalist *n.* капиталистически *kapitalisticheski*
capitulate *v.t.* капитулирам *kapitouliram*
caprice *n.* каприз *kapriz*
capricious *a.* капризен *kaprizen*
Capricorn *n.* козирог *kozirog*
capsicum *n.* чушка *choushka*

capsize *v.i.* прекатурвам *prekatourvam*
capsular *adj.* капсулен *kapsoulen*
captain *n.* капитан *kapitan*
captaincy *n.* чин на капитан *chin na kapitan*
caption *n.* надпис *nadpis*
captivate *v.t.* пленявам *plenyavam*
captive *n.* пленник *plennik*
captive *a.* пленен *plenen*
captivity *n.* плен *plen*
capture *v.t.* улавям *oulavyam*
capture *n.* улавяне *oulavyane*
car *n.* кола *kola*
carat *n.* карат *karat*
caravan *n.* керван *kervan*
carbide *n.* карбид *karbid*
carbon *n.* въглерод *vuglerod*
card *n.* карта *karta*
cardamom *n.* кардамон *kardamon*
cardboard *n.* картон *karton*
cardiac *adj.* сърдечен *surdechen*
cardinal *a.* кардинален *kardinalen*
cardinal *n.* кардинал *kardinal*
care *n.* грижа *grizha*
care *v.i.* грижа се *grizha se*
career *n.* кариера *kariera*
careful *a.* внимателен *vnimatelen*
careless *a.* безгрижен *bezgrizhen*
caress *v.t.* милвам *milvam*
cargo *n.* карго *kargo*
caricature *n.* карикатура *karikatoura*
carious *adj.* кариозен *kariozen*

carl *n.* Карл *karl*
carnage *n.* сеч *sech*
carnival *n.* карнавал *karnaval*
carol *n.* песен *plesen*
carpal *adj.* свързан с китката *svurzan s kitkata*
carpenter *n.* дърводелец *durvodelets*
carpentry *n.* дърводелство *durvodelstvo*
carpet *n.* килим *kilim*
carriage *n.* вагон *vagon*
carrier *n.* превозвач *prevozvach*
carrot *n.* морков *morkov*
carry *v.t.* нося *nosya*
cart *n.* количка *kolichka*
cartage *n.* такса за превоз *taksa za prevoz*
carton *n.* картонена кутия *kartonena koutiya*
cartoon *n.* карикатура *karikatoura*
cartridge *n.* патрон *patron*
carve *v.t.* изрязвам *izryazvam*
cascade *n.* каскада *kaskada*
case *n.* случай *slouchay*
cash *n.* пари в брой *pari v broy*
cash *v.t.* осребрявам *osrebryavam*
cashier *n.* касиер *kasier*
casing *n.* обвивка *obvivka*
cask *n.* буре *boure*
casket *n.* ковчеже *kovchezhe*
cassette *n.* касета *kaseta*
cast *v.t.* хвърлям *hvurlyam*
cast *n.* ненужна вещ *nenouzhna vesht*
caste *n.* каста *kasta*

castigate v.t. наказвам nakazvam
casting n. отливка otlivka
cast-iron n. чугун chougoun
castle n. замък zamuk
castor oil n. рициново масло ritsinovo maslo
castrol n. кастрол kastrol
casual a. случаен slouchaen
casualty n. произшествие proizshestvie
cat n. котка kotka
catalogue n. каталог katalog
cataract n. катаракт katarakt
catch v.t. улавям oulavyam
catch n. улов oulov
categorical a. категоричен kategorichen
category n. категория kategoriya
cater v.i. грижа се grizha se
caterpillar n. гъсеница gusenitsa
cathedral n. катедрала katedrala
catholic a. католически katolicheski
cattle n. говеда goveda
cauliflower n. карфиол karfiol
causal a. случаен slouchaen
causality n. нещастен случай neshtasten slouchay
cause n. кауза kaouza
cause v.t. причинявам prichinyavam
causeway n. шосе shose
caustic a. каустик kaoustik
caution n. предпазливост predpazlivost
caution v.t. предпазвам predpazvam

cautious a. предпазлив predpazliv
cavalry n. кавалерия kavaleriya
cave n. пещера peshtera
cavern n. бърлога burloga
cavil v.t. заяждам се zayazhdam se
cavity n. кухина kouhina
caw n. грачене grachene
caw v.i. гракам grakam
cease v.i. преставам prestavam
ceaseless a. непрестанен neprestanen
cedar n. кедър kedur
ceiling n. таван tavan
celebrate v. t. & i. празнувам praznouvam
celebration n. празнуване praznouvane
celebrity n. знаменитост znamenitost
celestial adj. небесен nebesen
celibacy n. безбрачие bezbrachie
celibacy n. целибат tselibat
cell n. клетка kletka
cellar n. изба izba
cellular adj. клетъчен kletuchen
cement n. цимент tsiment
cement v.t. циментирам tsimentiram
cemetery n. гробище grobishte
cense v.t. кадя kadya
censer n. кадилница kadilnitsa
censor n. цензор tsenzor

censor v.t. цензурирам
tsenzouriram
censorious adj. критичен
kritichen
censorship n. цензура
tsenzoura
censure n. порицание
poritsanie
censure v.t. порицавам
poritsavam
census n. преброяване на населението *prebroyavane na naselenieto*
cent n. цент *tsent*
centenarian n. стогодишен
stogodishen
centenary n. сто години *sto godini*
centennial a. стогодишен
stogodishen
center n. център *tsentur*
centigrade a. по Целзий *po Tselziy*
centipede n. стоножка
stonozhka
central a. централен
tsentralen
centre n. център *tsentur*
centrifugal a. центробежен
tsentrobezhen
centuple n. & adj стократен
stokraten
century n. век *vek*
ceramics n. грънчарство
gruncharstvo
cerated a. покрит с восък
pokrit s vosuk
cereal n. житно растение
zhitno rastenie
cereal a. зърнен *zurnen*

cerebral adj. церебрален
tserebralen
eremonial a. официален
ofitsialen
ceremonious a. спазващ етикета *spazvasht etiketa*
ceremony n. церемония
tseremoniya
certain a. сигурен *sigouren*
certainly adv. сигуно *sigourno*
certainty n. сигурност
sigournost
certificate n. сертификат
sertifikat
certify v.t. потвърждавам
potvurzhdavam
cerumen n. ушна кал *oushna kal*
cesspool n. помийна яма
pomiyna yama
chain n. верига *veriga*
chair n. стол *stol*
chairman n. председател
predsedatel
chaise n. файтон *fayton*
challenge n. предизвикателство *predizvikatelstvo*
challenge v.t. предизвиквам
predizvikvam
chamber n. стая *staya*
chamberlain n. камерхер
kamerher
champion n. шампион
shampion
champion v.t. боря се за
borya se za
chance n. случай *sluchay*
chancellor n. канцлер *kantsler*
chancery n. отдел в съда
otdel v suda

change v.t. сменям *smenyam*
change n. промяна *promyana*
channel n. канал *kanal*
chant n. песен *pesen*
chaos n. хаос *haos*
chaotic adv. хаотичен *haotichen*
chapel n. параклис *paraklis*
chapter n. глава на книга *glava na kniga*
character n. характер *harakter*
charge v.t. зареждам *zarezhdam*
charge n. заряд *zaryad*
chariot n. колесница *kolesnitsa*
charitable a. благотворителен *blagotvoritelen*
charity n. благотворителност *blagotvoritelnost*
charm1 n. чар *char*
charm2 v.t. омайвам *omayvam*
chart n. диаграма *diagrama*
charter n. харта *harta*
chase1 v.t. ловувам *lovuvam*
chase2 n. дуло *doulo*
chaste a. целомъдрен *tselomudren*
chastity n. целомъдрие *tselomudrie*
chat1 n. разговор *razgovor*
chat2 v.i. бъбря *bubrya*
chatter v.t. бъбря *bubyra*
chauffeur n. шофьор *shofyor*
cheap a. евтин *evtin*
cheapen v.t. намалявам цена *namalyavam tsena*
cheat v.t. изигравам *izigravam*
cheat n. измама *izmama*

check v.t. проверявам *proveryavam*
check n. проверка *proverka*
checkmate v. матирам *matiram*
cheek n. буза *bouza*
cheep v.i. писукам *pisoukam*
cheer n. възклицание *vuzklitsanie*
cheer v.t. аплодирам *aplodiram*
cheerful a. весел *vesel*
cheerless a. унил *ounil*
cheese n. сирене *sirene*
chemical a. химически *himicheski*
chemical n. химикал *himikal*
chemise n. риза *riza*
chemist n. химикал *himikal*
chemistry n. химия *himiya*
cheque n. чек *chek*
cherish v.t. ценя *tsenya*
cheroot n. пура *poura*
chess n. шах *shah*
chest n. сандък *sanduk*
chestnut n. кестен *kesten*
chew v.t. сдъвквам *duvcha*
chevalier n. рицар *ritsar*
chicken n. пиле *pile*
chide v.t. гълча *gulcha*
chief a. главен *glaven*
chieftain n. вожд *vozhd*
child n. дете *dete*
childhood n. детство *detstvo*
childish a. детински *detinski*
chill n. студ *stoud*
chilli n. чили *chili*
chilly a. хладен *hladen*
chiliad n. хиляда *hilyada*
chimney n. комин *komin*

chimpanzee *n.* шимпанзе
shimpanze
chin *n.* брадичка *bradichka*
china *n.* порцелан *portselan*
chirp *v.i.* цвъртя *tsvurtya*
chirp *n.* цвъртене *tsvurtene*
chisel *n.* длето *dleto*
chisel *v.t.* вая *vaya*
chit *n.* пускам филизи *puskam filizi*
chivalrous *a.* рицарски *ritsarski*
chivalry *n.* рицарство *ritsarstvo*
chlorine *n.* хлор *hlor*
chloroform *n.* хлороформ *hloroform*
choice *n.* избор *izbor*
choir *n.* хор *hor*
choke *v.t.* задушавам *dusha*
cholera *n.* холера *holera*
chocolate *n.* шоколад *shokolad*
choose *v.t.* избирам *izbiram*
chop *v.t.* сека *seka*
chord *n.* струна *struna*
choroid *n.* хориодея *horiodeya*
chorus *n.* припев *pripev*
Christ *n.* Христос *Hristos*
Christendom *n.* християните *hristiyanite*
Christian *n.* християнин *hristiyanin*
Christian *a.* християнски *hristiyanski*
Christianity *n.* християнство *hristiyanstvo*
Christmas *n.* Коледа *Koleda*
chrome *n.* хром *hrom*
chronic *a.* хроничен *hronichen*

chronicle *n.* хроника *hronika*
chronology *n.* хронология *hronologiya*
chronograph *n.* хронограф *hronograf*
chuckle *v.i.* подсмихвам се *podsmihvam se*
chum *n.* приятел *priyatel*
church *n.* църква *tsurkva*
churchyard *n.* църковен двор *tsurkoven dvor*
churl *n.* грубиян *grubiyan*
churn *v. t. & i.* бъркам *burkam*
churn *n.* бутилка *butilka*
cigar *n.* пура *poura*
cigarette *n.* цигара *tsigara*
cinema *n.* кино *kino*
cinnabar *n.* киновар *kinovar*
cinnamon *n.* канела *kanela*
cipher, cipher *n.* шифър, цифра *shifur, tsifra*
circle *n.* кръг *krug*
circuit *n.* обиколка *obikolka*
circumfluence *n.* обграденост от вода *obgradenost ot voda*
circumspect *a.* внимателен *vnimatelen*
circular *a.* кръгъл *krugul*
circular *n.* циркуляр *tsirkoulyar*
circulate *v.i.* обикалям *obikalyam*
circulation *n.* разпространение *razprostranenie*
circumference *n.* периферия *periferiya*
circumstance *n.* обстоятелство *obstoyatelstvo*

circus n. цирк *tsirk*
cist n. ковчеже *kovchezhe*
citadel n. цитадела *tsitadela*
cite v.t. цитирам *tsitiram*
citizen n. гражданин *grazhdanin*
citizenship n. гражданство *grazhdanstvo*
citric a. лимонов *limonov*
city n. град *grad*
civic a. граждански *grazhdanski*
civics n. граждански кодекс *grazhdanski kodeks*
civil a. учтив *ouchtiv*
civilian n. цивилен *tsivilen*
civilization n. цивилизация *tsivilizatsiya*
civilize v.t. цивилизирам *tsiviliziram*
clack n. тракане *trakane*
claim n. искане *iskane*
claim v.t. изисквам *iziskvam*
claimant n. ищец *ishtets*
clamber v.i. катеря се *katerya se*
clamour n. врява *vryava*
clamour v.i. викам *vikam*
clamp n. скоба *skoba*
clandestine a. таен *taen*
clap v.i. пляскам *plyaskam*
clap n. пляскане *plyaskane*
clarify v.t. изяснявам *izyasnyavam*
clarification n. изяснение *izyasnenie*
clarion n. тръба *truba*
clarity n. яснота *yasnota*
clash n. различие *razlichie*
clash v.t. сблъсквам се *sbluskvam se*

clasp n. катарама *katarama*
class n. класа *klasa*
classic a. класически *klasicheski*
classic n класик *klasik*
classical a. традиционен *traditsionen*
classification n. класификация *klasifikatsiya*
classify v.t. класифицирам *klasifitsiram*
clause n. клауза *klaouza*
claw n. нокът *nokut*
clay n. глина *glina*
clean a. чист *chist*
clean v.t. чистя *chistya*
cleanliness n. чистота *chistota*
cleanse v.t. изчиствам *izchistvam*
clear a. ясен *yasen*
clear v.t. изяснявам *izyasnyavam*
clearance n. изчистване *izchistvane*
clearly adv. ясно *yasno*
cleft n. цепнатина *tsepnatina*
clergy n. духовенство *douhovenstvo*
clerical a. духовнически *douhovnicheski*
clerk n. чиновник *chinovnik*
clever a. умен *oumen*
clew n. кълбо прежда *kulbo prezhda*
click n. щракане *shtrakane*
client n.. клиент *klient*
cliff n. канара *kanara*
climate n. климат *klimat*

climax *n.* кулминация *koulminatsiya*
climb1 *n.* изкачване *izkachvane*
climb *v.i.* катеря се *katerya se*
cling *v.i.* прилепвам се *prilepvam se*
clinic *n.* клиника *klinika*
clink *n.* дрънкане *drunkane*
cloak *n.* мантия *mantiya*
clock *n.* часовник *chasovnik*
clod *n.* буца пръст *boutsa prust*
cloister *n.* аркада *arkada*
close *n.* край *kray*
close *a.* близък *blizuk*
close *v.t.* затварям *zatvaryam*
closet *n.* килер *kiler*
closure *n.* закриване *zakrivane*
clot *n.* съсирек *susirek*
clot *v.t.* съсирвам *susirvam*
cloth *n.* плат *plat*
clothe *v.t.* обличам *oblicham*
clothes *n.* дрехи *drehi*
clothing *n.* облекло *obleklo*
cloud *n.* облак *oblak*
cloudy *a.* облачен *oblachen*
clove *n.* скилидка *skilidka*
clown *n.* клоун *klooun*
club *n.* палка *palka*
clue *n.* указание *ukazanie*
clumsy *a.* тромав *tromav*
cluster *n.* купчина *koupchina*
cluster *v.i.* групирам се *groupiram se*
clutch *n.* сграбчване *sgrabchvane*
clutter *v.t.* разхвърлям *razhvurlyam*
coach *n.* треньор *trenyor*

coachman *n.* кочияш *kochiyash*
coal *n.* въглища *vuglishta*
coalition *n.* коалиция *koalitsiya*
coarse *a.* грубиян *groubiyan*
coast *n.* бряг *bryag*
coat *n.* палто *palto*
coating *n.* покритие *pokritie*
coax *v.t.* придумвам *pridoumvam*
cobalt *n.* кобалт *kobalt*
cobbler *n.* обущар *oboushtar*
cobra *n.* кобра *kobra*
cobweb *n.* паяжина *payazhina*
cocaine *n.* кокаин *kokain*
cock *n.* петел *petel*
cocker *v.t.* разглезвам *razglezvam*
cockle *v.i.* набръчквам се *nabruchkvam se*
cock-pit *n.* пилотска кабина *pilotska kabina*
cockroach *n.* хлебарка *hlebarka*
coconut *n.* кокос *kokos*
code *n.* код *kod*
co-education *n.* съвместно обучение *suvmestno obouchenie*
coefficient *n.* коефициент *koefitsient*
co-exist *v.i.* съществувам съвместно *sushtestvouvam suvmestno*
co-existence *n.* съвместно съществуване *suvmestno sushtestvouvane*
coffee *n.* кафе *kafe*
coffin *n.* ковчег *kovcheg*

cog *n.* зъбец *zubets*
cogent *a.* убедителен *oubeditelen*
cognate *adj.* родствен *rodstven*
cognizance *n.* осведоменост *osvedomenost*
cohabit *v.t.* съжителствам *suzhitelstvam*
coherent *a.* съгласуван *suglasouvan*
cohesive *adj.* сплотен *sploten*
coif *n.* шапчица *shapchitsa*
coin *n.* монета *moneta*
coinage *n.* сечене на пари *sechene na pari*
coincide *v.i.* съвпадам *suvpadam*
coir *n.* кокосови влакна *kokosovi vlakna*
coke *v.t.* коксувам *koksouvam*
cold *a.* студен *stouden*
cold *n.* студ *stoud*
collaborate *v.i.* сътруднича *sutroudnicha*
collaboration *n.* сътрудничество *sutroudnichestvo*
collapse *v.i.* срутвам се *sroutvam se*
collar *n.* яка *yaka*
colleague *n.* колега *kolega*
collect *v.t.* събирам *subiram*
collection *n.* сбирка *sbirka*
collective *a.* общ *obsht*
collector *n.* колекционер *kolektsioner*
college *n.* колеж *kolezh*
collide *v.i.* сблъсквам се *sbluskvam se*
collision *n.* сблъсък *sblusuk*
collusion *n.* споразумение *sporazoumenie*
colon *n.* двоеточие *dvoetochie*
colon *n.* дебело черво *debelo chervo*
colonel *n.* полковник *polkovnik*
colonial *a.* колониален *kolonialen*
colony *n.* колония *koloniya*
colour *n.* цвят *tsvyat*
colour *v.t.* оцветявам *otsvetyavam*
colter *n.* предплужник *predplouzhnik*
column *n.* колона *kolona*
coma *n.* кома *koma*
comb *n.* гребен *greben*
combat1 *n.* битка *bitka*
combat *v.t.* сражавам се *srazhavam se*
combatant1 *n.* боец *boets*
combatant *a.* боен *boen*
combination *n.* комбинация *kombinatsiya*
combine *v.t.* съчетавам *suchetavam*
come *v.i.* идвам *idvam*
comedian *n.* комедиант *komediant*
comedy *n.* комедия *komediya*
comet *n.* комета *kometa*
comfit *n.* дражета *drazheta*
comfort1 *n.* утеха *outeha*
comfort *v.t.* утешавам *outeshavam*
comfortable *a.* удобен *oudoben*
comic *a.* комичен *komichen*
comic *n.* комик *komik*

comical *a.* смешен *smeshen*
comma *n.* запетая *zapetaya*
command *n.* команда *komanda*
command *v.t.* заповядвам *zapovyadvam*
commandant *n.* командир *komandir*
commander *n.* началник *nachalnik*
commemorate *v.t.* чествам *chestvam*
commemoration *n.* честване *chestvane*
commence *v.t.* започвам *zapochvam*
commencement *n.* начало *nachalo*
commend *v.t.* препоръчвам *preporuchvam*
commendable *a.* похвален *pohvalen*
commendation *n.* похвала *pohvala*
comment *v.i.* коментирам *komentiram*
comment *n.* коментар *komentar*
commentary *n.* обяснение *obyasnenie*
commentator *n.* коментатор *komentator*
commerce *n.* търгувам *turguvam*
commercial *a.* търговски *turgovski*
commiserate *v.t.* съчувствам *suchouvstvam*
commission *n.* поръчка *poruchka*
commissioner *n.* комисар *komisar*
commissure *n.* съеднение *suedinenie*
commit *v. t.* извършвам *izvurshvam*
committee *n.* комитет *komitet*
commodity *n.* стока *stoka*
common *a.* общ *obsht*
commoner *n.* обикновен човек *obiknoven chovek*
commonplace *a.* обикновен *obiknoven*
commonwealth *n.* държава *durzhava*
commotion *n.* вълнение *vulnenie*
commove *v.t.* вълнувам *vulnouvam*
communal *a.* обществен *obshtestven*
commune *v.t.* събеседвам *subesedvam*
communicate *v.t.* общувам *obshtuvam*
communication *n.* общуване *obshtuvane*
communiqué *n.* комюнике *komyunike*
communism *n.* комунизъм *komounizum*
community *n.* общност *obshtnost*
commute *v.t.* заменям *zamenyam*
compact *a.* сбит *sbit*
compact *n.* споразумение *sporazoumenie*
companion *n.* другар *drougar*
company *n.* компания *kompaniya*

comparative *a.* сравнителен
sravnitelen
compare *v.t.* сравнявам
sravnyavam
comparison *n.* сравнение
sravnenie
compartment *n.* купе *koupe*
compass *n.* компас *kompas*
compassion *n.* съчувствие
suchouvstvie
compel *v.t.* принуждавам
prinouzhdavam
compensate *v.t.*
възнаграждавам
vuznagrazhdavam
compensation *n.*
възнаграждение
vuznagrazhdenie
compete *v.i.* състезавам се
sustezavam se
competence *n.*
компетентност
kompetentnost
competent *a.* компетентен
kompetenten
competition *n.* състезание
sustezanie
competitive *a.* конкурентен
konkurenten
compile *v.t.* съставям
sustavyam
complacent *a.* самодоволен
samodovolen
complain *v.i.* оплаквам се
oplakvam se
complaint *n.* оплакване
oplakvane
complaisance *n.* услужливост
ouslouzhlivost
complaisant *a.* услужлив
ouslouzhliv

complement *n.* допълнение
dopulnenie
complementary *a.*
допълнителен *dopulnitelen*
complete *a.* пълен *pulen*
complete *v.t.* завършвам
zavurshvam
completion *n.* завършване
zavurshvane
complex *a.* сложен *slozhen*
complex *n.* комплекс
kompleks
complexion *n.* тен *ten*
compliance *n.* съгласяване
suglasyavane
compliant *a.* услужливост
ouslouzhlivost
complicate *v.t.* усложнявам
ouslozhnyavam
complication *n.* усложнение
ouslozhnenie
compliment *n.* комплимент
kompliment
compliment *v.t.* правя
комплимент *pravya kompliment*
comply *v.i.* отстъпвам
otstupvam
component *a.* съставен
sustaven
compose *v.t.* съставям
sustavyam
composition *n.* състав *sustav*
compositor словослагател
slovoslagatel
compost *n.* смес *smes*
composure *n.* самообладание
samoobladanie
compound *n.* съединение
suedinenie
compound *a.* сложен *slozhen*

compound *n.* сложна дума
slozhna duma
compound *v.i.* смесвам
smesvam
compounder *n.* смесител
smesitel
comprehend *v.t.* схващам
shvashtam
comprehension *n.* разбиране
razbirane
comprehensive *a.* обширен
obshiren
compress *v.t.* сгъстявам
sgustyavam
compromise *n.* компромис
kompromis
compromise *v.t.* правя
компромис *pravya*
kompromis
compulsion *n.* принуда
prinouda
compulsory *a.* задължителен
zadulzhitelen
compunction *n.* угризение
ougrizenie
computation *n.* изчисляване
izchislenie
compute *v.t.* изчислявам
izchislyavam
comrade *n.* другар *drougar*
conation *n.* способност за
движение *sposobnost za*
dvizjenie
concave *a.* вдлъбнат *vdlubnat*
conceal *v.t.* прикривам
prikrivam
concede *v.t.* признавам
priznavam
conceit *n.* самонадеяност
samonadeyanost
conceive *v.t.* считам *schitam*

concentrate *v.t.*
концентрирам
kontsentriram
concentration *n.*
концентрация
kontsentraciya
concept *n.* идея *ideya*
conception *n.* възглед
vuzgled
concern *v.t.* касая *kasaya*
concern *n.* тревога *trevoga*
concert *n.* концерт *kontsert*
concert2 *v.t.* уговарям
ougovaryam
concession *n.* отстъпване
otstupvane
conch *n.* раковина *rakovina*
conciliate *v.t.* умилостивя
oumilostivya
concise *a.* сбит *sbit*
conclude *v.t.* заключавам
zakliuchavam
conclusion *n.* заключение
zakliuchenie
conclusive *a.* заключителен
zakliuchitelen
concoct *v.t.* правя отвара
pravya otvara
concoction *n.* отвара *otvara*
concord *n.* съгласие *suglasie*
concrescence *n.* срастване
srastvane
concrete *n.* бетон *beton*
concrete *a.* конкретен
konkreten
concrete *v.t.* бетонирам
betoniram
concubinage *n.* конкубинат
konkoubinat
concubine *n.* държанка
durzhanka

conculcate v.t. стъпквам
stupkvam
condemn v.t. осъждам
osuzhdam
condemnation n. осъждане
osuzhdane
condense v.t. сгъстявам
sgustyavam
condite v.t. мариновам
marinovam
condition n. условие *ouslovie*
conditional a. условен
ousloven
condole v.i. съчувствам
suchouvstvam
condolence n.
съболезнование
suboleznovanie
condonation n. опрощаване
oproshtavane
conduct n. ръководене
rukovodene
conduct v.t. ръководя
rukovodya
conductor n. диригент
dirigent
cone n. конус *konous*
confectioner n. сладкар
sladkar
confectionery n. сладкарница
sladkarnitsa
confer v.i. разговарям
razgovaryam
conference n. конференция
konferentsiya
confess v.t. признавам
priznavam
confession n. признание
priznanie
confidant n. довереник
doverenik

confide v.i. доверявам
doveryavam
confidence n. увереност
ouverenost
confident a. уверен *ouveren*
confidential a. поверителен
poveritelen
confine v.t. ограничавам
ogranichavam
confinement n. затвор *zatvor*
confirm v.t. потвърждавам
potvurzhdavam
confirmation n.
потвърждение
potvurzhdenie
confiscate v.t. конфискувам
konfiskouvam
confiscation n. конфискация
konfiskatsiya
conflict n. сблъсък *sblusuk*
conflict v.i. противореча
protivorecha
confluence n. сливане
slivane
confluent a. сливащ се
slivasht se
conformity n. съответствие
suotvetsvie
conformity n. конформизъм
konformizum
confraternity n. братство
bratstvo
confrontation n.
конфронтация
konfrontatsiya
confuse v.t. обърквам
oburkvam
confusion n. объркване
oburkvane
confute v.t. опровергавам
oprovergavam

conge *n.* освобождаване
osvobozhdavane
congenial *a.* сроден *sroden*
conglutinat *v.t.* слепващ се
slepvasht se
congratulate *v.t.* поздравявам
pozdravyavam
congratulation *n.*
поздравление *pozdravlene*
congress *n.* конгрес *kongres*
conjecture *n.* предположение
predpolozhenie
conjecture *v.t.* предполагам
predpolagam
conjugal *a.* брачен *brachen*
conjugate *v.t. & i.* спрягам
spryagam
conjunct *a.* свързан *svurzan*
conjunctiva *n.* конюнктива
konyunktiva
conjuncture *n.* ситуация
situatsiya
conjure *v.t.* призовавам
prizovavam
conjure *v.i.* умолявам
umolyavam
connect *v.t.* свързвам
svurzvam
connection *n.* връзка *vruzka*
connivance *n.* съгласие
suglasie
conquer *v.t.* завоювам
zavoyuvam
conquest *n.* завоевание
zavoevanie
conscience *n.* съвест *suvest*
conscious *a.* съзнателен
suznatelen
consecrate *v.t.* освещавам
osveshtavam

consecutive *a.*
последователен
posledovatelen
consecutively *adv.*
последователно
posledovatelno
consensus *n.* консенсус
konsensus
consent *n.* съгласие *suglasie*
consent *v.i.* съгласявам се
suglasyavam se
consent *v.t.* давам съгласие
davam suglasie
consequence *n.* последствие
posledstvie
consequent *a.*
последователен
posledovatelen
conservative *a.*
консервативен
konservativen
conservative *n.* консерватор
konservator
conserve *v.t.* запазвам
zapazvam
consider *v.t.* считам *schitam*
considerable *a.* значителен
znachitelen
considerate *a.* внимателен
vnimatelen
consideration *n.* обмисляне
obmislyane
considering *prep.* предвид
predvid
consign *v.t.* поверявам
poveryavam
consign *v.t.* влагам *vlagam*
consignment *n.* поверяване
poveryavane
consist *v.i.* състоя се *sustoya se*

consistence *n.* консистенция
konsistentsiya
consistent *a.* постоянен
postoyanen
consolation *n.* утеха *outeha*
console *v.t.* утешавам
outeshavam
consolidate *v.t.* затвърдявам
zatvurdyavam
consolidation *n.*
затвърдяване
zatvurdyavane
consonance *n.* съзвучие
suzvuchie
consonant *n.* съгласна
suglasna
consort *n.* съпруг *suproug*
conspectus *n.* резюме
rezyume
conspicuous *a.* очебиещ
ochebiesht
conspiracy *n.* конспирация
konspiratsiya
conspirator *n.* конспиратор
konspirator
conspire *v.i.* заговорнича
zagovornicha
constable *n.* полицай *politsay*
constant *a.* постоянен
postoyanen
constellation *n.* съзвездие
suzvezdie
constipation *n.* запек *zapek*
constituency *n.* избиратели
izbirateli
constituent *n.* елемент
element
constituent *a.* съставен
sustaven
constitute *v.t.* съставлявам
sustavlyavam

constitution *n.* съставяне
sustavyane
constrict *v.t.* свивам *svivam*
construct *v.t.* построявам
postroyavam
construction *n.* строителство
stroitelstvo
consult *v.t.* съветвам
suvetvam
consultation *n.* съветване
suvetvane
consume *v.t.* консумирам
konsoumiram
consumption *n.* консумиране
konsoumirane
consumption *n.*
унищожаване
ounishtozhavane
contact *n.* допир *dopir*
contact *v.t.* свързвам
svurzvam
contagious *a.* заразен
zarazen
contain *v.t.* съдържам
sudurzham
contaminate *v.t.* заразявам
zarazyavam
contemplate *v.t.* обмислям
obmislyam
contemplation *n.*
размишление *razmishlenie*
contemporary *a.* съвременен
suvremenen
contempt *n.* презрение
prezreniye
contemptuous *a.*
презрителен *prezritelen*
contend *v.i.* боря се *borya se*
content *a.* доволен *dovolen*
content *v.t.* задоволявам
zadovolyavam

content *n.* доволство
dovolstvo
content *n.* съдържание
sudurzhanie
contention *n.* спор *spor*
contentment *n.* доволство
dovolstvo
contest *v.t.* споря *sporya*
contest *n.* спор *spor*
context *n.* контекст *kontekst*
continent *n.* континент
kontinent
continental *a.* континентален
kontinentalen
contingency *n.* случайност
slouchaynost
continual *a.* непрестанен
neprestanen
continuation *n.* продължение
produlzhenie
continue *v.i.* продължавам
produlzhavam
continuity *n.* непрекъснатост
neprekusnatost
continuous *a.* непрекъснат
neprekusnat
contour *n.* контур *kontour*
contra *pref.* противореча
protivorecha
contraception *n.*
контрацепция
kontratseptsiya
contract *n.* договор *dogovor*
contract *v.t.* сключвам
договор *sklyuchvam*
dogovor
contrapose *v.t.*
противопоставям
protivopostavyam
contractor *n.* изпълнител
izpulnitel

contradict *v.t.* опровергавам
oprovergavam
contradiction *n.*
опровержение
oproverzhenie
contrary *a.* обратен *obraten*
contrast *v.t.* противопоставям
protivopostavyam
contrast *n.* противоположост
protivopolozhnost
contribute *v.t.* допринасям
doprinasyam
contribution *n.* принос *prinos*
control *n.* контрол *kontrol*
control *v.t.* контролирам
kontroliram
controller *n.* контрольор
kontrolyor
controversy *n.* противоречие
protivorechie
contuse *v.t.* контузвам
kontouzvam
conundrum *n.* загадка
zagadka
convene *v.t.* свиквам *svikvam*
convener *n.* който свиква
koyto svikva
convenience *n.* удобство
oudobstvo
convenient *a.* удобен
oudoben
convent *n.* манастир *manastir*
convention *n.* обичай *obichay*
conversant *a.* запознат
zapoznat
conversant *a.* свързан с
svurzan s
conversation *n.* разговор
razgovor
converse *v.t.* разговарям
razgovaryam

conversion n. превръщане
  prevrushtane
convert v.t. превръщам
  prevrushtam
convert n. преминал в друга вяра *preminal v drouga vyara*
convey v.t. предавам
  predavam
conveyance n. превоз *prevoz*
convict v.t. осъждам
  osuzhdam
convict n. затворник
  zatvornik
conviction n. присъда
  prisuda
convince v.t. убеждавам
  oubezhdavam
convivial a. празничен
  praznichen
convocation n. свикване
  svikvane
convoke v.t. свиквам *svikvam*
convolve v.t. навивам
  navivam
coo n. гукане *goukane*
coo v.i. гукам *goukam*
cook v.t. сготвям *gotvya*
cook n. готвач *gotvach*
cooker n. печка *pechka*
cool a. хладен *hladen*
cool v.i. охлаждам
  ohlazhdam
cooler n. охладител *ohladitel*
coolie n. водач на рикша
  vodach na riksha
co-operate v.i. сътруднича
  sutroudnicha
co-operation n. сътрудничество
  sutroudnichestvo

co-operative a. съдействащ
  sudeystvasht
co-ordinate a. равностоен
  ravnostoen
co-ordinate v.t. съгласувам
  suglasouvam
co-ordination n. съгласуване
  suglasouvane
coot n. водна кокошка *vodna kokoshka*
co-partner n. съдружник
  sudrouzhnik
cope v.i. справям се
  spravyam se
coper n. търговец на коне
  turgovets na kone
copper n. мед *med*
coppice n. горичка *gorichka*
coprology n. копрология
  koprologiya
copulate v.i. съвкупявам се
  suvkoupyavam se
copy n. копие *kopie*
copy v.t. копирам *kopiram*
coral n. корал *koral*
cord n. връв *vruv*
cordial a. сърдечен
  surdechen
corbel n. подпора *podpora*
cordate a. сърцевиден
  surtseviden
core n. ядро *yadro*
coriander n. кориандър
  koriandur
Corinth n. коринтски *korintski*
cork n. корк *kork*
cormorant n. корморан
  kormoran
corn n. зърно *zurno*
cornea n. роговица *rogovitsa*
corner n. ъгъл *ugul*

cornet *n.* фунийка *founiyka*
cornicle *n.* рогче *rogche*
coronation *n.* коронация *koronatsiya*
coronet *n.* малка корона *malka korona*
corporal *a.* телесен *telesen*
corporate *a.* фирмен *firmen*
corporation *n.* фирма *firma*
corps *n.* корпус *korpous*
corpse *n.* труп *troup*
correct *a.* правилен *pravilen*
correct *v.t.* поправям *popravyam*
correction *n.* поправка *popravka*
correlate *v.t.* съпоставям *supostavyam*
correlation *n.* съотношение *suotnoshenie*
correspond *v.i.* съответствам *suotvetstvam*
correspondence *n.* съответствие *suotvetstvie*
correspondent *n.* кореспондент *korespondent*
corridor *n.* коридор *koridor*
corroborate *v.t.* потвърждавам *potvurzhdavam*
corrosive *a.* корозивен *koroziven*
corrupt *v.t.* покварявам *pokvaryavam*
corrupt *a.* покварен *pokvaren*
corruption *n.* корупция *korouptsiya*
cosier *n.* уютен *ouyuten*

cosmetic *a.* козметичен *kozmetichen*
cosmetic *n.* козметика *kozmetika*
cosmic *a.* космически *kosmicheski*
cost *v.t.* струвам *strouvam*
cost *n.* цена *tsena*
costal *a.* крайбрежен *kraybrezhen*
cote *n.* кошара *koshara*
costly *a.* скъп *skup*
costume *n.* костюм *kostyum*
cosy *a.* уютен *uyuten*
cot *n.* детско легло *detsko leglo*
cottage *n.* къщичка *kushtichka*
cotton *n.* памук *pamouk*
couch *n.* кушетка *koushetka*
cough *n.* кашлица *kashlitsa*
cough *v.i.* кашлям *kashlyam*
council *n.* съвет *suvet*
councillor *n.* съветник *suvetnik*
counsel *n.* съвет *suvet*
counsel *v.t.* съветвам *suvetvam*
counsellor *n.* съветник *suvetnik*
count *n.* брой *broy*
count *v.t.* броя *broya*
countenance *n.* изражение *izrazhenie*
counter *n.* тезгях *tezgyah*
counter *v.t.* отблъсквам *otbluskvam*
counteract *v.t.* противодействам *protivodeystvam*

countercharge *n.*
контраобвинение
kontraobvinenie
counterfeit *a.* фалшив *falshiv*
counterfeiter *n.*
фалшификатор
falshifikator
countermand *v.t.* отменям
otmenyam
counterpart *n.* дубликат
doublikat
countersign *v.t.* заверявам
zaveryavam
countess *n.* графиня *grafinya*
countless *a.* безброен
bezbroen
country *n.* страна *strana*
county *n.* графство *grafstvo*
coup *n.* победа *pobeda*
couple *n.* двойка *dvoyka*
couple *v.t.* съединявам
suedinyavam
couplet *n.* куплет *kouplet*
coupon *n.* купон *koupon*
courage *n.* кураж *kourazh*
courageous *a.* смел *smel*
courier *n.* куриер *kourier*
course *n.* курс *kours*
court *n.* съд *sud*
court *v.t.* ухажвам
ouhazhvam
courteous *a.* учтив *ouchtiv*
courtesan *n.* куртизанка
kourtizanka
courtesy *n.* учтивост
ouchtivost
courtier *n.* придворен
pridvoren
courtship *n.* ухажване
ouhazhvane
courtyard *n.* двор *dvor*

cousin *n.* братовчед
bratovched
covenant *n.* споразумение
sporazoumenie
cover *v.t.* покривам *pokrivam*
cover *n.* потулване
potoulvane
coverlet *n.* завивка *zavivka*
covet *v.t.* ламтя *lamtya*
cow *n.* крава *krava*
cow *v.t.* сплашвам *splashvam*
coward *n.* страхливец
strahlivets
cowardice *n.* страхливост
strahlivost
cower *v.i.* снишавам се
snishavam se
cozy *a.* уютен *ouyuten*
crab *n.* рак *rak*
crack *n.* пукнатина
pouknatina
crack *v.i.* пуквам се *poukvam se*
cracker *n.* трошачка
troshachka
crackle *v.t.* пращя *prashtya*
cradle *n.* люлка *lyulka*
craft *n.* занаят *zanayat*
craftsman *n.* занаятчия
zanayatchiya
crafty *a.* хитър *hitur*
cram *v.t.* натъпквам
natupkvam
crambo *n.* игра на рими *igra na rimi*
crane *n.* жерав *zherav*
crankle *v.t.* извивам *izvivam*
crash *v.i.* срутвам се
sroutvam se
crash *n.* катастрофа
katastrofa

crass *a.* груб *groub*
crate *n.* щайга *shtayga*
crave *v.t.* жадувам *zhadouvam*
craw *n.* гуша *gousha*
crawl *v.t.* пълзя *pulzya*
crawl *n.* пълзене *pulzene*
craze *n.* мания *maniya*
crazy *a.* луд *loud*
creak *v.i.* скръцвам *skrutsvam*
creak *n.* скърцане *skurtsane*
cream *n.* сметана *smetana*
crease *n.* гънка *gunka*
create *v.t.* създавам *suzdavam*
creation *n.* творение *tvorenie*
creative *a.* творчески *tvorcheski*
creator *n.* създател *suzdatel*
creature *n.* създание *suzdanie*
credible *a.* правдоподобен *pravdopodoben*
credit *n.* доверие *doverie*
creditable *a.* похвален *pohvalen*
creditor *n.* кредитор *kreditor*
credulity *a.* доверчивост *doverchivost*
creed *n.* вероучение *veroouchenie*
creed *n.* верую *veruyu*
creek *n.* поток *potok*
creep *v.i.* лазя *lazya*
creeper *n.* увивно растение *ouvivno rastenie*
cremate *v.t.* изгарям *izgaryam*
cremation *n.* изгаряне *izgaryane*
crest *n.* било *bilo*
crevet *n.* делва *delva*

crew *n.* екипаж *ekipazh*
crib *n.* креватче *krevatche*
cricket *n.* щурец *shtourets*
crime *n.* престъпление *prestuplenie*
crimp *n.* дипла *dipla*
crimple *v.t.* мачкам *machkam*
criminal *n.* престъпник *prestupnik*
criminal *a.* престъпен *prestupen*
crimson *n.* пурпурен *pourpouren*
cringe *v.i.* свивам се *svivam se*
cripple *n.* инвалид *invalid*
crisis *n.* криза *kriza*
crisp *a.* хрускав *hrouskav*
criterion *n.* критерий *kriteriy*
critic *n.* критик *kritik*
critical *a.* критичен *kritichen*
criticism *n.* критика *kritika*
criticize *v.t.* критикувам *kritikouvam*
croak *n.* крякане *kryakane*
crockery *n.* грънци *gruntsi*
crocodile *n.* крокодил *krokodil*
croesus *n.* богаташ *bogatash*
crook *a.* кривак *krivak*
crop *n.* посев *posev*
cross *v.t.* пресичам *presicham*
cross *n.* кръст *krust*
cross *a.* напречен *naprechen*
crossing *n.* преминаване *preminavane*
crotchet *n.* прищявка *prishtyavka*

crouch v.i. навеждам се navezhdam se
crow n. гарван garvan
crow v.i. кукуригам koukourigam
crowd n. тълпа tulpa
crown n. корона korona
crown v.t. коронясвам koronyasvam
crucial a. решаващ reshavasht
crude a. груб groub
cruel a. жесток zhestok
cruelty n. жестокост zhestokost
cruise v.i. кръстосвам морета krustosvam moreta
cruiser n. крайцер kraytser
crumb n. троха troha
crumble v.t. натрошавам troshachka
crump a. удар oudar
crusade n. кръстоносен поход krustonosen pohod
crush v.t. смачквам smachkvam
crust n. кора kora
crutch n. патерица pateritsa
cry n. вик vik
cry v.i. викам vikam
cryptography n. криптография kriptografiya
crystal n. кристал kristal
cub n. кутре koutre
cube n. куб koub
cubical a. кубичен koubichen
cubiform a. кубовиден kouboviden
cuckold n. рогоносец rogonosets

cuckoo n. кукувица koukouvitsa
cucumber n. краставица krastavitsa
cudgel n. тояга toyaga
cue n. реплика replika
cuff n. маншет manshet
cuff v.t. слагам белезници slagam beleznitsi
cuisine n. кухня kouhnya
cullet n. натрошено стъкло natrosheno stuklo
culminate v.i. кулминирам koulminiram
culpable a. виновен vinoven
culprit n. обвиняем obvinyaem
cult n. култ koult
cultivate v.t. обработвам obrabotvam
cultrate a. заострен zaostren
cultural a. културен koultouren
culture n. култура koultoura
culvert n. водосток vodostok
cunning a. хитър hitur
cunning n. хитрост hitrost
cup n. чаша chasha
cupboard n. шкаф shkaf
Cupid n. Купидон Koupidon
cupidity n. алчност alchnost
curable a. излечим izlechim
curative a. лечебен lecheben
curb n. юзда yuzda
curb v.t. обуздавам obouzdavam
curcuma n. куркума kourkouma
curd n. извара izvara
cure n. лек lek
cure v.t. лекувам lekouvam

curfew n. полицейски час politseyski chas
curiosity n. любопитство lyubopitstvo
curious a. любопитен lyubopiten
curl n. къдрица kudritsa
currant n. стафида stafida
currency n. валута valouta
current n. течение techenie
current a. текущ tekousht
curriculum n. програма programa
curse n. проклятие proklyatie
curse v.t. проклинам proklinam
cursory a. бегъл begul
curt a. кратък kratuk
curtail v.t. съкращавам sukrashtavam
curtain n. перде perde
curve n. извивка izvivka
curve v.t. извивам izvivam
cushion n. възглавничка vuzglavnichka
cushion v.t. подлагам podlagam
custard n. яйчен крем yaychen krem
custodian n. попечител popechitel
custody v. попечителство popechitelstvo
custom n. обичай obichay
customary a. традиционен traditsionen
customer n. клиент klient
cut v.t. режа rezha
cut n. разрез razrez
cutis n. кожа kozha
cuvette n. съд sud

cycle n. цикъл tsikul
cyclic a. цикличен tsiklichen
cyclist n. колоездач koloezdach
cyclone n. циклон tsiklon
cyclostyle n. циклостил tsiklostil
cyclostyle v.t. циклостилирам tsiklostiliram
cylinder n. цилиндър tsilindur
cynic n. циник tsinik
cypher cypress n. цифра tsifra кипарис kiparis

D

dabble v. i. мацвам matsvam
dacoit n. обирджия obirdzhiya
dacoity n. обир obir
dad, daddy n. тате tate
daffodil n. нарцис nartsis
daft a. луд loud
dagger n. кама kama
daily a. ежедневен ezhedneven
daily adv. ежедневно ezhednevno
daily n. ежедневник ezhednevnik
dainty a. изтънчен iztunchen
dainty n. лакомство lakomstvo
dairy n. мандра mandra
dais n. подиум podioum
daisy n. маргаритка margaritka
dale n. олук olouk
dam n. язовир yazovir

damage *n.* повреда *povreda*
damage *v.t.* повреждам *povrezhdam*
dame *n.* дама *dama*
damn *v.t.* кълна *kulna*
damnation *n.* проклятие *proklyatie*
damp *a.* влажен *vlazhen*
damp *n.* влага *vlaga*
damp *v.t.* намокрям *namokryam*
damsel *n.* девойка *devoyka*
dance *n.* танц *tants*
dance *v.t.* танцувам *tantsuvam*
dandelion *n.* глухарче *glouharche*
dandle *v.t.* глезя *glezya*
dandruff *n.* пърхот *purhot*
dandy *n.* конте *konte*
danger *n.* опасност *opasnost*
dangerous *a.* опасен *opasen*
dangle *v.t.* закачам *zakacham*
dank *a.* усоен *ousoen*
dap *v.i.* топвам *topvam*
dare *v.i.* осмелявам се *osmelyavam se*
daring *n.* смелост *smelost*
daring *a.* смел *smel*
dark *a.* тъмен *tumen*
dark *n.* мрак *mrak*
darkle *v.i.* потъмнявам *potumnyavam*
darling *n.* любимец *lyubimets*
darling *a.* скъп *skup*
dart *n.* стрела *strela*
dash *v.i.* впускам се *vpouskam se*
dash *n.* тире *tire*
date *n.* дата *data*
date *v.t.* датирам *datiram*

daub *n.* мазилка *mazilka*
daub *v.t.* замазвам *zamazvam*
daughter *n.* дъщеря *dushterya*
daunt *v.t.* уплашвам *ouplashvam*
dauntless *a.* безстрашен *bezstrashen*
dawdle *v.i.* туткам се *toutkam se*
dawn *n.* зора *zora*
dawn *v.i.* зазорявам се *zazoryavam se*
day *n.* ден *den*
daze *n.* замаяност *zamayanost*
daze *v.t.* замайвам *zamayvam*
dazzle *n.* заслепяване *zaslepyavane*
dazzle *v.t.* заслепявам *zaslepyavam*
deacon *n.* дякон *dyakon*
dead *a.* мъртъв *murtuv*
deadlock *n.* безизходица *bezizhoditsa*
deadly *a.* смъртоносен *smurtonosen*
deaf *a.* глухарче *glouharche*
deal *n.* дял *dyal*
deal *v.i.* разпределям *razpredelyam*
dealer *n.* търговец *turgovets*
dealing *n.* държание *durzhanie*
dean *n.* декан *dekan*
dear *a.* скъп *skup*
dearth *n.* оскъдица *oskuditsa*
death *n.* смъртоносен *smurtonosen*

debar v.t. възпирам *vuzpiram*
debase v.t. понижавам *ponizhavam*
debate n. разискване *raziskvane*
debate v.t. споря *sporya*
debauch v.t. развращавам *razvrashtavam*
debauch n. оргия *orgiya*
debauchee n. развратник *razvratnik*
debauchery n. разврат *razvrat*
debility n. немощ *nemosht*
debit n. дебит *debit*
debit v.t. вписвам дълг *vpisvam dulg*
debris n. отломки *otlomki*
debt n. дълг *dulg*
debtor n. длъжник *dluzhnik*
decade n. десетилетие *desetiletie*
decadent a. упадъчен *oupaduchen*
decamp v.i. офейквам *ofeykvam*
decay разруха *razrouha*
decay v.i. разрушавам се *razroushavam se*
decease n. смърт *smurt*
decease v.i. умирам *oumiram*
deceit n. измама *izmama*
deceive v.t. мамя *mamya*
december n. декември *dekemvri*
decency n. приличие *prilichie*
decennary n. десетгодишен *desetgodishen*
decent a. приличен *prilichen*
deception n. заблуда *zabluda*
decide v.t. решавам *reshavam*
decillion n. дицилион *ditsilion*

decimal a. десетичен *desetichen*
decimate v.t. погубвам *pogoubvam*
decision n. решение *reshenie*
decisive a. решителен *reshitelen*
deck n. палуба *palouba*
deck v.t. слагам на палуба *slagam na palouba*
declaration n. декларация *deklaratsiya*
declare v.t. декларирам *deklariram*
decline n. спад *spad*
decline v.t. спадам *spadam*
declivous a. полегат *polegat*
decompose v.t. разпадам *razpadam*
decomposition n. разпадане *razpadane*
decontrol v.t. освобождавам от контрол *osvobozhdavam ot kontrol*
decorate v.t. украсявам *oukrasyavam*
decoration n. украса *oukrasa*
decorum n. скромност *skromnost*
decrease v.t. намалявам *namalyavam*
decrease n. понижение *ponizhenie*
decree n. указ *oukaz*
decree v.i. постановявам *postanovyavam*
decrement n. намаляване *namalyavane*
dedicate v.t. посвещавам *posveshtavam*

dedication n. посвещение
posveshtenie
deduct v.t. изваждам
izvazhdam
deed n. дело delo
deem v.i. считам schitam
deep a. дълбок dulbok
deer n. елен elen
defamation n. клевета kleveta
defame v.t. клеветя klevetya
default n. неустойка
neoustoyka
defeat n. поражение
porazhenie
defeat v.t. побеждавам
pobezhdavam
defect n. недостатък
nedostatuk
defence n. защита zashtita
defend v.t. защитавам
zashtitavam
defendant n. подсъдим
podsudim
defensive adv. отбранителен
otbranitelen
deference n. уважение
ouvazhenie
defiance n.
предизвикателство
predizvikatelstvo
deficit n. недостиг nedostig
deficient a. недостатъчен
nedostatuchen
defile n. замърсявам
zamursyavam
define v.t. определям
opredelyam
definite a. определен
opredelen
definition n. определение
opredelenie

deflation n. изпразване
izprazvane
deflect v.t. & i. отклонявам се
otklonyavam se
deft a. сръчен sruchen
degrade v.t. понижавам
ponizhavam
degree n. степен stepen
dehort v.i. разубеждавам
razubezhdavam
deist n. деист deist
deity n. божество bozhestvo
deject v.t. обезкуражавам
obezkourazhavam
dejection n. униние ouninie
delay v.t. & i. забавям се
zabavyam se
delibate v.t. вкусвам
vkousvam
deligate1 n. превръзвам
prevruzvam
delegate v.t. делегирам
delegiram
delegation n. делегация
delegatsiya
delete v.t. изтривам iztrivam
deliberate v.i. обмислям
obmislyam
deliberate a. предумишлен
predoumishlen
deliberation n. обмисляне
obmislyane
delicate a. деликатен
delikaten
delicious a. вкусен vkousen
delight n. наслада naslada
delight v.t. доставям наслада
dostavyam naslada
deliver v.t. доставям
dostavyam
delivery n. доставка dostavka

delta *n.* делта *delta*
delude *n.t.* заблуждавам *zablouzhdavam*
delusion *n.* заблуда *zablouda*
demand *n.* искане *iskane*
demand *v.t.* искам *iskam*
demarcation *n.* разграничение *razgranichenie*
dement *v.t.* подлудявам *podloudyavam*
demerit *n.* недостатък *nedostatuk*
democracy *n.* демокрация *demokratsiya*
democratic *a.* демократичен *demokratichen*
demolish *v.t.* срутвам *sroutvam*
demon *n.* демон *demon*
demonetize *v.t.* отнемам стойност *otnemam stoynost*
demonstrate *v.t.* демонстрирам *demonstriram*
demonstration *n.* демонстрация *demonstratsiya*
demoralize *v.t.* деморализирам *demoraliziram*
demur *n.* колебание *kolebanie*
demur *v.t.* противя се *protivya se*
demurrage *n.* забавяне *zabavyane*
den *n.* бърлога *burloga*
dengue *n.* вид треска *vid treska*

denial *n.* отказ *otkaz*
denote *v.i.* означавам *oznachavam*
denounce *v.t.* изобличавам *izoblichavam*
dense *a.* гъст *gust*
density *n.* гъстота *gustota*
dentist *n.* зъболекар *zubolekar*
denude *v.t.* оголвам *ogolvam*
denunciation *n.* издаване *izdavane*
deny *v.t.* отричам *otricham*
depart *v.i.* тръгвам *trugvam*
department *n.* отдел *otdel*
departure *n.* отпътуване *otputouvane*
depauperate *v.t.* закърнявам *zakurnyavam*
depend *v.i.* завися *zavisya*
dependant *n.* подчинен *podchinen*
dependence *n.* зависимост *zavisimost*
dependent *a.* подчинен *podchinen*
depict *v.t.* обрисувам *obrisouvam*
deplorable *a.* нищожен *nishtozhen*
deploy *v.t.* разгръщам *razgrushtam*
deponent *n.* депонент *deponent*
deport *v.t.* депортирам *deportiram*
depose *v.t.* свалям от длъжност *svalyam ot dluzhnost*
deposit *n.* влог *vlog*
deposit *v.t.* влагам *vlagam*

depot *n.* депо *depo*
depreciate *v.t.i.* обезценявам *obeztsenyavam*
depredate *v.t.* разрушавам *razrushavam*
depress *v.t.* потискам *potiskam*
depression *n.* депресия *depresiya*
deprive *v.t.* лишавам *lishavam*
depth *n.* дълбочина *dulbochina*
deputation *n.* пълномощие *pulnomoshtie*
depute *v.t.* делегирам *delegiram*
deputy *n.* депутат *depoutat*
derail *v.t.* дерайлирам *derayliram*
derive *v.t.* извличам *izvlicham*
descend *v.i.* произхождам *proizhozhdam*
descendant *n.* потомък *potomuk*
descent *n.* произход *proizhod*
describe *v.t.* описвам *opisvam*
description *n.* описание *opisanie*
descriptive *a.* описателен *opisatelen*
desert *v.t.* изоставям *izostavyam*
desert *n.* пустиня *poustinya*
deserve *v.t.* заслужавам *zasluzhavam*
design *v.t.* замислям *zamislyam*
design *n.* замисъл *zamisul*
desirable *a.* желан *zhelan*
desire *n.* желание *zhelanie*

desire *v.t.* желая *zhelaya*
desirous *a.* желаещ *zhelaesht*
desk *n.* бюро *byuro*
despair *n.* отчаяние *otchayanie*
despair *v.i.* отчайвам се *otchayvam se*
desperate *a.* отчаян *otchayan*
despicable *a.* жалък *zhaluk*
despise *v.t.* презирам *preziram*
despot *n.* деспот *despot*
destination *n.* посока *posoka*
destiny *n.* съдба *sudba*
destroy *v.t.* унищожавам *ounishtozhavam*
destruction *n.* унищожение *ounishtozhenie*
detach *v.t.* отделям *otdelyam*
detachment *n.* отделяне *otdelyane*
detail *n.* подробност *podrobnost*
detail *v.t.* изброявам *izbroyavam*
detain *v.t.* задържам *zadurzham*
detect *v.t.* засичам *zasicham*
detective *a.* разузнавателен *razouznavatelen*
detective *n.* детектив *detektiv*
determination *n.* решителност *reshitelnost*
determine *v.t.* определям *opredelyam*
dethrone *v.t.* детронирам *detroniram*
develop *v.t.* развивам *razvivam*

development *n.* развитие *razvitie*
deviate *v.i.* отклонявам се *otklonyavam se*
deviation *n.* отклонение *otklonenie*
device *n.* приспособление *prisposoblenie*
devil *n.* дявол *dyavol*
devise *v.t.* измислям *izmislyam*
devoid *a.* лишен *lishen*
devote *v.t.* посвещавам *posveshtavam*
devotee *n.* поклонник *poklonnik*
devotion *n.* отдаденост *otdadenost*
devour *v.t.* поглъщам *poglushtam*
dew *n.* роса *rosa*
diabetes *n.* диабет *diabet*
diagnose *v.t.* диагностицирам *diagnostitsiram*
diagnosis *n.* диагноза *diagnoza*
diagram *n.* диаграма *diagrama*
dial *n.* циферблат *tsiferblat*
dialect *n.* диалект *dialekt*
dialogue *n.* диалог *dialog*
diameter *n.* диаметър *diametur*
diamond *n.* диамант *diamant*
diarrhoea *n.* диария *diariya*
diary *n.* дневник *dnevnik*
dice *n.* зарове *zarove*
dice *v. i.* играя на зарове *igraya na zarove*
dictate *v.t.* диктувам *diktouvam*

dictation *n* диктовка *diktovka*
dictator *n.* диктатор *diktator*
diction *n.* дикция *diktsiya*
dictionary *n.* речник *rechnik*
dictum *n.* поговорка *pogovorka*
didactic *a.* поучителен *poouchitelen*
die *v.i.* умирам *oumiram*
die *n.* матрица *matritsa*
diet *n.* диета *dieta*
differ *v.i.* различавам се *razlichavam se*
difference *n.* разлика *razlika*
different *a.* различен *razlichen*
difficult *a.* труден *trouden*
difficulty *n.* трудност *troudnost*
dig *n.* копка *kopka*
dig *v.t.* копая *kopaya*
digest *v.t.* смилам *smilam*
digest *n.* извлечение *izvlechenie*
digestion *n.* храносмилане *hranosmilane*
digit *n.* цифра *tsifra*
dignify *v.t.* удостоявам *oudostoyavam*
dignity *n.* достойнство *dostoynstvo*
dilemma *n.* дилема *dilema*
diligence *n.* прилежност *prilezhnost*
diligent *a.* прилежен *prilezhen*
dilute *v.t.* разреждам *razrezhdam*
dilute *a.* разреден *razreden*
dim *a.* неясен *neyasen*

dim *v.t.* замъглявам
zamuglyavam
dimension *n.* измерение
izmerenie
diminish *v.t.* намалявам
namalyavam
din *n.* врява *vryava*
dine *v.t.* вечерям *vecheryam*
dinner *n.* вечеря *vecherya*
dip *n.* потапяне *potapyane*
dip *v.t.* топвам *topvam*
diploma *n.* диплома *diploma*
diplomacy *n.* дипломация
diplomatsiya
diplomat *n.* дипломат
diplomat
diplomatic *a.* дипломатичен
diplomatichen
dire *a.* зловещ *zlovesht*
direct *a.* пряк *pryak*
direct *v.t.* ръководя
rukovodya
direction *n.* посока *posoka*
director *n.* директор *direktor*
directory *n.* ръководство
rukovodstvo
dirt *n.* мръсотия *mrusotiya*
dirty *a.* мръсен *mrusen*
disability *n.* неспособност
nesposobnost
disable *v.t.* правя неспособен
pravya nesposoben
disabled *a.* неспособен
nesposoben
disadvantage *n.* недостатък
nedostatuk
disagree *v.i.* не съвпадам *ne suvpadam*
disagreeable *a.* неприветлив
neprivetliv

disagreement *n.* несъгласие
nesuglasie
disappear *v.i.* изчезвам
izchezvam
disappearance *n.* изчезване
izchezvane
disappoint *v.t.* разочаровам
razocharovam
disapproval *n.* неодобрение
neodobrenie
disapprove *v.t.* не одобрявам
ne odobryavam
disarm *v.t.* разоръжавам
razoruzhavam
disarmament *n.* разоръжаване
razoruzhavane
disaster *n.* бедствие *bedstvie*
disastrous *a.* бедствен
bedstven
disc *n.* диск *disk*
discard *v.t.* захвърлям
zahvurlyam
discharge *v.t.* освобождавам
osvobozhdavam
discharge *n.* разтоварване
raztovarvane
disciple *n.* ученик *ouchenik*
discipline *n.* дисциплина
distsiplina
disclose *v.t.* разкривам
razkrivam
discomfort *n.* неудобство
neoudobstvo
disconnect *v.t.* разделям
razdelyam
discontent *n.* недоволство
nedovolstvo
discontinue *v.t.* прекъсвам
prekusvam

discord *n.* несъгласие
nesuglasie
discount *n.* намаление
namalenie
discourage *v.t.*
обезкуражавам
obezkourazhavam
discourse *n.* лекция *lektsiya*
discourteous *a.* неучтив
neouchtiv
discover *v.t.* откривам
otkrivam
discovery *n.* откритие *otkritie*
discretion *n.* благоразумие
blagorazoumie
discriminate *v. t.*
дискриминирам
diskriminiram
discrimination *n.*
дискриминация
diskriminatsiya
discuss *v.t.* обсъждам
obsuzhdam
disdain *n.* презрение
prezrenie
disdain *v.t.* презирам
preziram
disease *n.* заболяване
zabolyavane
disguise *n.* маскиране
maskirane
disguise *v.t.* маскирам
maskiram
dish *n.* чиния *chiniya*
dishearten *v.t.* обезсърчавам
obezsurchavam
dishonest *a.* безчестен
bezchesten
dishonesty *n.* нечестност
nechestnost

dishonour *v.t.* опозорявам
opozoryavam
dishonour *n.* безчестие
bezchestie
dislike *v.t.* не харесвам *ne haresvam*
dislike *n.* неприязън
nepriyazun
disloyal *a.* предателски
predatelski
dismiss *v.t.* уволнявам
ouvolnyavam
dismissal *n.* уволнение
ouvolnenie
disobey *v.t.* не се подчинявам
ne se podchinyavam
disorder *n.* безредие *bezredie*
disparity *n.* несъответствие
nesuotvetstvie
dispensary *n.* амбулатория
amboulatoriya
disperse *v.t.* разпръсвам
razprusvam
displace *v.t.* размествам
razmestvam
display *v.t.* показвам
pokazvam
display *n.* излагане *izlagane*
displease *v.t.* не се харесвам
ne se haresvam
displeasure *n.* недоволство
nedovolstvo
disposal *n.* разположение
razpolozhenie
dispose *v.t.* разполагам
razpolagam
disprove *v.t.* опровергавам
oprovergavam
dispute *n.* диспут *dispout*
dispute *v.i.* споря *sporya*

disqualification n. дисквалификация *diskvalifikatsiya*
disqualify v.t. дисквалифицирам *diskvalifitsiram*
disquiet n. безпокойство *bezpokoystvo*
disregard n. пренебрежение *prenebrezhenie*
disregard v.t. пренебрегвам *prenebregvam*
disrepute n. лоша слава *losha slava*
disrespect n. неуважение *neouvazhenie*
disrupt v.t. разрушавам *razroushavam*
dissatisfaction n. неудовлетворение *neoudovletvorenie*
dissatisfy v.t. не удовлетворявам *ne oudovletvoryavam*
dissect v.t. разсичам *razsicham*
dissection n. разсичане *razsichane*
dissimilar a. различен *razlichen*
dissolve v.t. разтварям *raztvaryam*
dissuade v.t. разубеждавам *razoubezhdavam*
distance n. разстояние *razstoyanie*
distant a. далечен *dalechen*
distil v.t. дестилирам *destiliram*

distillery n. дестилационна фабрика *destilatsionna fabrika*
distinct a. различен *razlichen*
distinction n. различие *razlichie*
distinguish v.i. отличавам *otlichavam*
distort v.t. изопачавам *izopachavam*
distress n. беда *beda*
distress v.t. наскърбявам *naskurbyavam*
distribute v.t. разпространявам *razprostranyavam*
distribution n. разпространение *razprostranenie*
district n. област *oblast*
distrust n. недоверие *nedoverie*
distrust v.t. съмнявам се *sumnyavam se*
disturb v.t. смущавам *smoushtavam*
ditch n. канавка *kanavka*
ditto n. същото *sushtoto*
dive v.i. гмуркам се *gmurkam se*
dive n. гмуркане *gmurkane*
diverse a. разнообразен *raznoobrazen*
divert v.t. отклонявам се *otklonyavam se*
divide v.t. разделям *razdelyam*
divine a. божествен *bozhestven*

divinity *n.* божественост *bozhestvenost*
division *n.* разделение *razdelenie*
divorce *n.* развод *razvod*
divorce *v.t.* развеждам *razvezhdam*
divulge *v.t.* издавам *izdavam*
do *v.t.* правя *pravya*
docile *a.* схватлив *shvatliv*
dock *n.* док *dok*
doctor *n.* лекар *lekar*
doctorate *n.* докторат *doktorat*
doctrine *n.* доктрина *doktrina*
document *n.* документ *dokument*
dodge *n.* уловка *oulovka*
dodge *v.t.* избягвам *izbyagvam*
doe *n.* кошута *koshouta*
dog *n.* куче *kouche*
dog *v.t.* следя *sledya*
dogma *n.* догма *dogma*
dogmatic *a.* догматичен *dogmatichen*
doll *n.* кукла *koukla*
dollar *n.* долар *dolar*
domain *n.* владение *vladenie*
dome *n.* купол *koupol*
domestic *a.* домашен *domashen*
domestic *n.* домашна прислужница *domashna prislouzhnitsa*
domicile *n.* местожителство *mestozhitelstvo*
dominant *a.* преобладаващ *preobladavasht*
dominate *v.t.* преобладавам *preobladavam*

domination *n.* преобладаване *preobladavane*
dominion *n.* власт *vlast*
donate *v.t.* дарявам *daryavam*
donation *n.* дарение *darenie*
donkey *n.* магаре *magare*
donor *n.* донор *donor*
doom *n.* съдба *sudba*
doom *v.t.* обричам *obricham*
door *n.* врата *vrata*
dose *n.* доза *doza*
dot *n.* точка *tochka*
dot *v.t.* пунктирам *pounktiram*
double *a.* двоен *dvoen*
double *v. t.* удвоявам *oudvoyavam*
double *n.* двойно количество *dvoyno kolichestvo*
doubt *v.i.* съмнявам се *sumnyavam se*
doubt *n.* съмнение *sumnenie*
dough *n.* тесто *testo*
dove *n.* гълъб *gulub*
down *adv.* надолу *nadolou*
down *prep.* надолу по *nadolou po*
down *v.t.* свалям *svalyam*
downfall *n.* падане *padane*
downpour *n.* порой *poroy*
downright *adv.* напълно *napulno*
downright *a.* прям *pryam*
downward *a.* нанадолен *nanadolen*
downward *adv.* надолу *nadolou*
downwards *adv.* надолу *nadolou*
dowry *n.* зестра *zestra*
doze *n.* дрямка *dryamka*
doze *v.i.* дремя *dremya*

dozen *n.* дузина *douzina*
draft *v.t.* подбирам *podbiram*
draft *n.* чертеж *chertezh*
draftsman *a.* чертожник *chertozhnik*
drag *n.* флегма *flegma*
drag *v.t.* влача *vlacha*
dragon *n.* дракон *drakon*
drain *n.* тръба *truba*
drain *v.t.* отводнявам *otvodnyavam*
drainage *n.* канализация *kanalizatsiya*
dram *n.* драхма *drahma*
drama *n.* драма *drama*
dramatic *a.* драматичен *dramatichen*
dramatist *n.* драматург *dramatourg*
draper *n.* манифактурист *manifaktourist*
drastic *a.* драстичен *drastichen*
draught *n.* суша *sousha*
draw *v.t.* тегля *teglya*
draw *n.* изтегляне *izteglyane*
drawback *n.* недостатък *nedostatuk*
drawer *n.* шкафче *shkafche*
drawing *n.* картина *kartina*
drawing-room *n.* приемна *priemna*
dread *n.* страх *strah*
dread *v.t.* страхувам се *strahouvam se*
dread *a.* неприятен *nepriyaten*
dream *n.* мечта *mechta*
dream *v. i.* сънувам *sunouvam*

drench *v.t.* намокрям *namokryam*
dress *n.* облекло *obleklo*
dress *v.t.* обличам се *oblicham se*
dressing *n.* обличане *oblichane*
drill *n.* свредел *svredel*
drill *v.t.* пробивам *probivam*
drink *n.* питие *pitie*
drink *v.t.* пия *piya*
drip *n.* капене *kapene*
drip *v.i.* капя *kapya*
drive *v.t.* карам *karam*
drive *n.* пътуване *putouvane*
driver *n.* шофьор *shofyor*
drizzle *n.* дъжд *duzhd*
drizzle *v.i.* ръми *rumi*
drop *n.* капка *kapka*
drop *v.i.* капя *kapya*
drought *n.* суша *sousha*
drown *v.i.* давя се *davya se*
drug *n.* лекарство *lekarstvo*
druggist *n.* аптекар *aptekar*
drum *n.* барабан *baraban*
drum *v.i.* барабаня *barabanya*
drunkard *n.* пияница *piyanitsa*
dry *a.* сух *souh*
dry *v.i.* съхна *suhna*
dual *a.* двоен *dvoen*
duck *n.* патица *patitsa*
duck *v.i.* навеждам се *navezhdam se*
due *a.* дължим *dulzhim*
due *n.* дължимо *dulzhimo*
due *adv.* направо *napravo*
duel *n.* дуел *douel*
duel *v.i.* дуелирам се *doueliram se*
duke *n.* херцог *hertsog*

dull *a.* тъп *tup*
dull *v.t.* затъпявам *zatupyavam*
duly *adv.* надлежно *nadlezhno*
dumb *a.* безмълвен *bezmulven*
dunce *n.* тъпак *tupak*
dung *n.* тор *tor*
duplicate *a.* удвоен *oudvoen*
duplicate *n.* дубликат *doublikat*
duplicate *v.t.* удвоявам *oudvoyavam*
duplicity *n.* двуличие *dvulichie*
durable *a.* траен *traen*
duration *n.* продължителност *produlzhitelnost*
during *prep.* през *prez*
dusk *n.* сумрак *soumrak*
dust *n.* прах *prah*
dust *v.t.* наръсвам *narusvam*
duster *n.* парцал *partsal*
dutiful *a.* послушен *posloushen*
duty *n.* дълг *dulg*
dwarf *n.* джудже *dzhoudzhe*
dwell *v.i.* обитавам *obitavam*
dwelling *n.* обитаване *obitavane*
dwindle *v.t.* смалявам се *smalyavam se*
dye *v.t.* боядисвам *boyadisvam*
dye *n.* боя *boya*
dynamic *a.* динамичен *dinamichen*
dynamics *n.* динамика *dinamika*
dynamite *n.* динамит *dinamit*
dynamo *n.* динамо *dinamo*

dynasty *n.* династия *dinastiya*
dysentery *n.* дизентерия *dizenteriya*

E

each *a.* всеки *vseki*
each *pron.* всеки *vseki*
eager *a.* желаещ *zhelaesht*
eagle *n.* орел *orel*
ear *n.* ухо *ouho*
early *adv.* рано *rano*
early *a.* ранен *ranen*
earn *v.t.* печеля *pechelya*
earnest *a.* сериозен *seriozen*
earth *n.* земя *zemya*
earthen *a.* пръстен *prusten*
earthly *a.* земен *zemen*
earthquake *n.* земетресение *zemetresenie*
ease *n.* покой *pokoy*
ease *v.t.* успокоявам *ouspokoyavam*
east *n.* изток *iztok*
east *adv.* на изток *na iztok*
east *a.* източен *iztochen*
easter *n.* великден *velikden*
eastern *a.* източен *iztochen*
easy *a.* лесен *lesen*
eat *v.t.* ям *yam*
eatable *n.* храна *hrana*
eatable *a.* ядивен *yadiven*
ebb *n.* отлив *otliv*
ebb *v.i.* спадам *spadam*
ebony *n.* абанос *abanos*
echo *n.* ехо *eho*
echo *v.t.* отеквам *otekvam*
eclipse *n.* затъмнение *zatumnenie*

economic *a.* икономически *ikonomicheski*
economical *a.* икономичен *ikonomichen*
economics *n.* икономика *ikonomika*
economy *n.* икономия *ikonomiya*
edge *n.* острие *ostrie*
edible *a.* ядлив *yadliv*
edifice *n.* здание *zdanie*
edit *v.t.* редактирам *redaktiram*
edition *n.* издание *izdanie*
editor *n.* редактор *redaktor*
editorial *a.* редакторски *redaktorski*
editorial *n.* статия *statiya*
educate *v.t.* образовам *obrazovam*
education *n.* образование *obrazovanie*
efface *v.t.* заличавам *zalichavam*
effect *n.* ефект *efekt*
effect *v.t.* извършвам *izvurshvam*
effective *a.* ефективен *efektiven*
effeminate *a.* мекушав *mekoushav*
efficacy *n.* ефикасност *efikasnost*
efficiency *n.* способност *sposobnost*
efficient *a.* способен *sposoben*
effigy *n.* изображение *izobrazhenie*
effort *n.* усилие *ousilie*
egg *n.* яйце *yaytse*

ego *n.* его *ego*
egotism *n.* самоизтъкване *samoiztukvane*
eight *n.* осем *osem*
eighteen *a.* осемнадесет *osemnadeset*
eighty *n.* осемдесет *osemdeset*
either *a.*, един *edin*
either *adv.* всеки *vseki*
eject *v.t.* изхвърлям *izhvurlyam*
elaborate *v.t.* доразвивам *dorazvivam*
elaborate *a.* обстоен *obstoen*
elapse *v.t.* минавам *minavam*
elastic *a.* еластичен *elastichen*
elbow *n.* лакът *lakut*
elder *a.* по-възрастен *po-vuzrasten*
elder *n.* по-възрастният *po-vuzrastniyat*
elderly *a.* възстар *vuzstar*
elect *v.t.* избирам *izbiram*
election *n.* избори *izbori*
electorate *n.* електорат *elektorat*
electric *a.* електрически *elektricheski*
electricity *n.* електричество *elektricheski*
electrify *v.t.* наелектризирам *naelektriziram*
elegance *n.* елегантност *elegantnost*
elegant *adj.* елегантен *eleganten*
elegy *n.* елегия *elegiya*
element *n.* елемент *element*

elementary *a.* елементарен *elementaren*
elephant *n.* слон *slon*
elevate *v.t.* повдигам *povdigam*
elevation *n.* издигане *izdigane*
eleven *n.* единадесет *edinadeset*
elf *n.* елф *elf*
eligible *a.* избираем *izbiraem*
eliminate *v.t.* елиминирам *eliminiram*
elimination *n.* елиминация *eliminatsiya*
elope *v.i.* пристaвам *pristavam*
eloquence *n.* красноречие *krasnorechie*
eloquent *a.* красноречив *krasnorechiv*
else *a.* друг *drug*
else *adv.* иначе *inache*
elucidate *v.t.* изяснявам *izyasnyavam*
elude *v.t.* избягвам *izbyagvam*
elusion *n.* избягване *izbyagvane*
elusive *a.* изплъзващ се *izpluzvasht se*
emancipation *n.* еманципация *emantsipatsiya*
embalm *v.t.* балсамирам *balsamiram*
embankment *n.* дига *diga*
embark *v.t.* предприемам *predpriemam*
embarrass *v.t.* смущавам *smoushtavam*
embassy *n.* посолство *posolstvo*
embitter *v.t.* вгорчавам *vgorchavam*

emblem *n.* емблема *emblema*
embodiment *n.* въплъщение *vuplushtenie*
embody *v.t.* въплътявам *vuplutyavam*
embolden *v.t.* насърчавам *nasurchavam*
embrace *v.t.* прегръщам *pregrushtam*
embrace *n.* прегръдка *pregrudka*
embroidery *n.* бродерия *broderiya*
embryo *n.* зародиш *zarodish*
emerald *n.* смарагд *smaragd*
emerge *v.i.* появявам се *poyavyavam se*
emergency *n.* спешност *speshnost*
eminance *n.* знаменитост *znamenitost*
eminent *a.* изтъкнат *istuknat*
emissary *n.* емисар *emisar*
emit *v.t.* отделям *otdelyam*
emolument *n.* възнаграждение *vuznagrazhdenie*
emotion *n.* вълнение *vulnenie*
emotional *a.* емоционален *emotsionalen*
emperor *n.* император *imperator*
emphasis *n.* наблягане *nablyagane*
emphasize *v.t.* наблягам *nablyagam*
emphatic *a.* категоричен *kategorichen*
empire *n.* империя *imperiya*
employ *v.t.* наемам *naemam*

employee *n.* служител *sluzhitel*
employer *n.* работодател *rabotodatel*
employment *n.* работа *rabota*
empower *v.t.* упълномощавам *oupulnomoshtavam*
empress *n.* императрица *imperatritsa*
empty *a.* празен *prazen*
empty *v.* изпразвам *izprazvam*
emulate *v.t.* съревновавам се *surevnovavam se*
enable *v.t.* давам възможност на *davam vazmozhnost na*
enact *v.t.* постановявам *postanovyavam*
enamel *n.* емайл *emayl*
enamour *v.t.* очаровам *ocharovam*
encase *v.t.* покривам с *pokrivam s*
enchant *v.t.* омагьосвам *omagyosvam*
encircle *v.t.* обкръжавам *obkruzhavam*
enclose *v.t.* ограждам *obgrazhdam*
enclosure *n.* приложение *prilozhenie*
encompass *v.t.* заобикалям *zaobikalyam*
encounter *n.* схватка *shvatka*
encounter *v.t.* сблъсквам се с *sbluskvam se s*
encourage *v.t.* окуражавам *okourazhavam*
encroach *v.i.* не зачитам *ne zachitam*
encumber *v.t.* обременявам *obremenyavam*

encyclopaedia *n.* енциклопедия *entsiklopediya*
end *v.t.* свършвам *svurshvam*
end *n.* край *kray*
endanger *v.t.* застрашавам *zastrashavam*
endear *v.t.* печеля обич *pechelya obich*
endearment *n.* обич *obich*
endeavour *n.* усилие *ousilie*
endeavour *v.i.* стремя се *stremya se*
endorse *v.t.* подписвам се *podpisvam se*
endow *v.t.* дарявам *daryavam*
endurable *a.* поносим *ponosim*
endurance *n.* издръжливост *izdruzhlivost*
endure *v.t.* устоявам *oustoyavam*
enemy *n.* враг *vrag*
energetic *a.* енергичен *energichen*
energy *n.* енергия *energiya*
enfeeble *v.t.* омаломощавам *omalomoshtavam*
enforce *v.t.* привеждам в сила *privezhdam v sila*
enfranchise *v.t.* оправомощавам *opravomoshtavam*
engage *v.t.* задължавам се *zadulzhavam se*
engagement *n.* задължение *zadulzhenie*
engine *n.* двигател *dvigatel*
engineer *n.* инженер *inzhener*
English *n.* английски *angliyski*

engrave *v.t.* гравирам
graviram
engross *v.t.* завладявам
zavladyavam
engulf *v.t.* поглъщам
poglushtam
enigma *n.* енигма *enigma*
enjoy *v.t.* радвам се на
radvam se na
enjoyment *n.* удоволствие
udovolstvie
enlarge *v.t.* увеличавам се
uvelichavam se
enlighten *v.t.* осветлявам
osvetlyavam
enlist *v.t.* участвам в
ouchastvam v
enliven *v.t.* оживявам
ozhivyavam
enmity *n.* враждебност
vrazhdebnost
ennoble *v.t.* облагородявам
oblagorodyavam
enormous *a.* огромен
ogromen
enough *a.* достатъчен
dostatuchen
enough *adv.* достатъчно
dostatuchno
enrage *v.t.* вбесявам
vbesyavam
enrapture *v.t.* захласвам
zahlasvam
enrich *v.t.* обогатявам
obogatyavam
enrol *v.t.* записвам *zalisvam*
enshrine *v.t.* пазя свято *pazya svyato*
enslave *v.t.* поробвам
porobvam

ensue *v.i.* произтичам
proizticham
ensure *v.t.* осигурявам
osiguryavam
entangle *v.t.* заплитам
zaplitam
enter *v.t.* влизам *vlizam*
enterprise *n.* предприятие
predpriyatie
entertain *v.t.* забавлявам
zabavlyavam
entertainment *n.* забавление
zabavlenie
enthrone *v.t.* превъзнасям
prevuznasyam
enthusiasm *n.* ентусиазъм
entousiazum
enthusiastic *a.* ентусиазиран
entousiaziran
entice *v.t.* примамвам
primamvam
entire *a.* цял *tsyal*
entirely *adv.* напълно *napulno*
entitle *v.t.* оправомощавам
opravomoshtavam
entity *n.* същество *sushtestvo*
entomology *n.* ентомология
entomologiya
entrails *n.* вътрешности
vutreshnosti
entrance *n.* вход *vhod*
entrap *v.t.* впримчвам
vprimchvam
entreat *v.t.* умолявам
oumolyavam
entreaty *n.* молба *molba*
entrust *v.t.* поверявам
poveryavam
entry *n.* влизане *vlizane*
enumerate *v.t.* изброявам
izbroyavam

envelop v.t. обвивам *obvivam*
envelope n. плик *plik*
enviable a. завиден *zaviden*
envious a. завистлив *zavistliv*
environment n. окръжение *okruzhenie*
envy n. завист *zavist*
envy v.t. завиждам *zavizhdam*
epic n. епопея *epopeya*
epidemic n. епидемия *epidemiya*
epigram n. епиграма *epigrama*
epilepsy n. епилепсия *epilepsiya*
epilogue n. епилог *epilog*
episode n. епизод *epizod*
epitaph n. епитаф *epitaf*
epoch n. епоха *epoha*
equal a. равен *raven*
equal v.t. равнявам се на *ravnyavam se na*
equal n. равен *raven*
equality n. равенство *ravenstvo*
equalize v.t. изравнявам *izravnyavam*
equate v.t. уравнявам *ouravnyavam*
equation n. уравнение *ouravnenie*
equator n. екватор *ekvator*
equilateral a. равностранен *ravnostranen*
equip v.t. снабдявам *snabdyavam*
equipment n. екипиране *ekipirane*
equitable a. справедлив *spravedliv*

equivalent a. еквивалентен *ekvivalenten*
equivocal a. двусмислен *dvousmislen*
era n. ера *era*
eradicate v.t. изкоренявам *izkorenyavam*
erase v.t. заличавам *zalichavam*
erect v.t. издигам *izdigam*
erect a. изправен *izpraven*
erection n. издигане *izdigane*
erode v.t. еродирам *erodiram*
erosion n. ерозия *eroziya*
erotic a. еротичен *erotichen*
err v.i. греша *gresha*
errand n. поръчка *poruchka*
erroneous a. грешен *greshen*
error n. грешка *greshka*
erupt v.i. изригвам *izrigvam*
eruption n. изригване *izrigvane*
escape n. бягство *byagstvo*
escape v.i. избягвам *izbyagvam*
escort n. ескорт *eskort*
escort v.t. ескортирам *eskortiram*
especial a. особен *osoben*
essay n. есе *ese*
essay v.t. опитвам *opitvam*
essayist n. есеист *eseist*
essence n. същност *sushtnost*
essential a. основен *osnoven*
establish v. t. установявам *oustanovyavam*
establishment n. учреждение *ouchrezhdenie*
estate n. имот *imot*
esteem n. почит *pochit*
esteem v.t. почитам *pochitam*

estimate n. оценка *otsenka*
estimate v.t. преценявам *pretsenyavam*
estimation n. преценка *pretsenka*
etcetera adv. и така нататък / *taka natatuk*
eternal a. вечен *vechen*
eternity n. вечност *vechnost*
ether n. етер *eter*
ethical a. етичен *etichen*
ethics n. етика *etika*
etiquette n. етикет *etiket*
etymology n. етимология *etimologiya*
eunuch n. евнух *evnouh*
evacuate v.t. евакуирам *evakouiram*
evacuation n. евакуация *evakouatsiya*
evade v.t. изплъзвам се *izpluzvam se*
evaluate v.t. оценявам *otsenyavam*
evaporate v.i. изпарявам се *izparyavam se*
evasion n. отбягване *otbyagvane*
even a. гладък *gladuk*
even v.t. изравнявам *izravnyavam*
even adv. дори *dori*
evening n. вечер *vecher*
event n. събитие *subitie*
eventually adv. накрая *nakraya*
ever adv. винаги *vinagi*
evergreen a. вечнозелен *vechnozelen*
evergreen n. шлагер *shlager*

everlasting a. безспирен *bezspiren*
every a. всеки *vseki*
evict v.t. отнемам *otnemam*
eviction n. отнемане *otnemane*
evidence n. доказателство *dokazatelstvo*
evident a. очевиден *ocheviden*
evil n. зло *zlo*
evil a зъл *zul*
evoke v.t. предизвиквам *predizvikvam*
evolution n. еволюция *evolyutsiya*
evolve v.t. развивам се *razvivam se*
ewe n. овца *ovtsa*
exact a. точен *tochen*
exaggerate v. t. преувеличавам *preouvelichavam*
exaggeration n. преувеличение *preouvilichenie*
exalt v.t. величая *velichaya*
examination n. изследване *izsledvane*
examine v.t. изследвам *izsledvam*
examinee n. изпитван *izpitvan*
examiner n. изпитващ *izpitvasht*
example n. пример *primer*
excavate v. t. копая *kopaya*
excavation n. изкопаване *izkopavane*
exceed v.t. превишавам *previshavam*

excel *v.i.* превъзхождам
prevuzhozhdam
excellence *n.* превъзходство
prevuzhodstvo
excellency *n.* превъзходителство
prevuzhoditelstvo
excellent *a.* отличен *otlichen*
except *v.t.* изключвам
izklyuchvam
except *prep.* освен *osven*
exception *n.* изключение
izklyuchenie
excess *n.* излишък *izlishuk*
excess *a.* прекален *prekalen*
exchange *n.* размяна
razmyana
exchange *v.t.* разменям
razmenyam
excise *n.* акциз *aktsiz*
excite *v.t.* възбуждам
vuzbouzhdam
exclaim *v.i.* възкликвам
vuzklikvam
exclamation *n.* възклицание
vuzklitsanie
exclude *v.t.* отхвърлям
othvurlyam
exclusive *a.* изключителен
izklyuchitelen
excommunicate *v.t.* отлъчвам
otluchvam
excursion *n.* екскурзия
ekskourziya
excuse *v.t.* извинявам
izvinyavam se
excuse *n.* извинение
izvinenie
execute *v.t.* изпълнявам
izpulnyavam

execution *n.* изпълнение
izpulnenie
executioner *n.* екзекутор
ekzekoutor
exempt *v.t.* освобождавам
osvobozhdavam
exempt *a* освободен
osvoboden
exercise *n.* упражнение
ouprazhnenie
exercise *v.t.* упражнявам
ouprazhnyavam
exhaust *v. t.* изтощавам
iztoshtavam
exhibit *n.* експонат *eksponat*
exhibit *v.t.* показвам
pokazvam
exhibition *n.* изложение
izlozhenie
exile *n.* изгнание *izgnanie*
exile *v.t.* заточавам
zatochavam
exist *v.i.* съществувам
sushtestvouvam
existence *n.* съществуване
sushtestvouvane
exit *n.* изход *izhod*
expand *v.t.* разширявам се
razshiryavam se
expansion *n.* разширение
razshirenie
ex-parte *a.* едностранчив
ednostranchiv
ex-parte *adv.* пристрастно
pristrastno
expect *v.t.* очаквам *ochakvam*
expectation *n.* очакване
ochakvane
expedient *a.* целесъобразен
tselesuobrazen

expedite *v.t.* експедирам
ekspediram
expedition *n.* експедиция
ekspeditsiya
expel *v.t.* отстранявам
otstranyavam
expend *v.t.* изразходвам
izrazhodvam
expenditure *n.* разход *razhod*
expense *n.* разноски *raznoski*
expensive *a.* скъп *skup*
experience *n.* опит *opit*
experience *v.t.* изпитвам
izpitvam
experiment *n.* експеримент
eksperiment
expert *a.* опитен *opiten*
expert *n.* експерт *ekspert*
expire *v.i.* изтичам *izticham*
expiry *n.* изтичане *iztichane*
explain *v.t.* обяснявам
obyasnyavane
explanation *n.* обяснение
obyasnenie
explicit *a.* изричен *izrichen*
explode *v. t.* експлодирам
eksplodiram
exploit *n.* подвиг *podvig*
exploit *v.t.* експлоатирам
eksploatiram
exploration *n.* проучване
proouchvane
explore *v.t.* проучвам
proouchvane
explosion *n.* експлозия
eksploziya
explosive *n.* експлозив
eksploziv
explosive *a.* експлозивен
eksploziven

exponent *n.* експонент
eksponent
export *n.* експорт *eksport*
export *v. t.* експортирам
eksportiram
expose *v.t.* излагам *izlagam*
express *v. t.* изразявам
izrazyavam
express *a.* експресен
ekspresen
express *n.* експрес *ekspres*
expression *n.* израз *izraz*
expressive *a.* изразителен
izrazitelen
expulsion *n.* експулсиране
ekspoulsirane
extend *v.t.* простирам се
prostiram se
extent *n.* степен *stepen*
external *a.* външен *vunshen*
extinct *a.* изчезнал *izcheznal*
extinguish *v.t.* гася *gasya*
extol *v.t.* възхвалявам
vuzhvalyavam
extra *a.* допълнителен
dopulnitelen
extra *adv.* допълнително
dopulnitelno
extract *n.* екстракт *ekstrakt*
extract *v.t.* извличам
izvlicham
extraordinary *a.* необикновен
neobiknoven
extravagance *n.*
екстравагантност
ekstravagantnost
extravagant *a.* екстравагантен
ekstravaganten
extreme *a.* краен *kraen*
extreme *n.* крайност *kraynost*

extremist *n.* екстремист *ekstremist*
exult *v.i.* ликувам *likouvam*
eye *n.* око *oko*
eyeball *n.* очна ябълка *ochna yabulka*
eyelash *n.* мигла *migla*
eyelet *n.* дупчица *doupchitsa*
eyewash *n.* течност за очи *technost za ochi*

F

fable *n.* басня *basnya*
fabric *n.* тъкан *tukan*
fabricate *v.t.* фабрикувам *fabrikuvam*
fabrication *n.* производство *proizvodstvo*
fabulous *a.* баснословен *basnosloven*
facade *n.* фасада *fasada*
face *n.* лице *litse*
face *v.t.* заставам срещу *zastavam sreshtu*
facet *n.* фасет *faset*
facial *a.* лицев *litsev*
facile *a.* лесен *lesen*
facilitate *v.t.* улеснявам *oulesnyavam*
facility *n.* улеснение *oulesnenie*
fac-simile *n.* факсимиле *faksimile*
fact *n.* факт *fakt*
faction *n.* фракция *fraktsiya*
factious *a.* фракционен *fraktsionen*
factor *n.* фактор *faktor*
factory *n.* фабрика *fabrika*

faculty *n.* факултет *fakultet*
fad *n.* каприз *kapriz*
fade *v.i.* заглъхвам *zagluhvam*
faggot *n.* сноп *snop*
fail *v.i.* пропадам *propadam*
failure *n.* неуспех *neuspeh*
faint *a.* слаб *slab*
faint *v.i.* припадам *pripadam*
fair *a.* честен *chesten*
fair *n.* панаир *panair*
fairly *adv.* честно *chestno*
fairy *n.* фея *feya*
faith *n.* вяра *vyara*
faithful *a.* верен *veren*
falcon *n.* сокол *sokol*
fall *v.i.* падам *padam*
fall *n.* падане *padane*
fallacy *n.* заблуда *zabluda*
fallow *n.* угар *ougar*
false *a.* фалшив *falshiv*
falter *v.i.* залитам *zalitam*
fame *n.* слава *slava*
familiar *a.* познат *poznat*
family *n.* семейство *semeystvo*
famine *n.* глад *glad*
famous *a.* прочут *prochut*
fan *n.* фен *fen*
fanatic *a.* фанатичен *fanatichen*
fanatic *n.* фанатик *fanatik*
fancy *n.* фантазия *fantaziya*
fancy *v.t.* представям си *predstavyam si*
fantastic *a.* фантастичен *fantastichen*
far *adv.* далеч *dalech*
far *a.* далечен *dalechen*
far *n.* надалеч *nadalech*
farce *n.* фарс *fars*

fare n. такса taksa
farewell n. прощаване proshtavane
farewell interj. сбогом sbogom
farm n. ферма ferma
farmer n. фермер fermer
fascinate v.t. очаровам ocharovam
fascination n. очарование ocharovanie
fashion n. мода moda
fashionable a. модерен moderen
fast a. бърз burz
fast adv. бързо burzo
fast n. постене postene
fast v.i. постя postya
fasten v.t. завързвам zavurzvam
fat a. дебел debel
fat n. мазнина maznina
fatal a. фатален fatalen
fate n. съдба sudba
father n. баща bashta
fathom v.t. схващам shvashtam
fathom n. клафтер klafter
fatigue n. умора oumora
fatigue v.t. уморявам oumoryavam
fault n. дефект defekt
faulty a. дефектен defekten
fauna n. фауна faouna
favour1 n. услуга ouslouga
favour v.t. спомагам spomagam
favourable a. благоприятен blagopriyaten
favourite a. любим lyubim

favourite n. любимец lyubimets
fear n. страх strah
fear v.i. страхувам се strahouvam se
fearful a. страшен strashen
feasible a. изпълним izpulnim
feast n. празненство praznenstvo
feast v.i. пирувам pirouvam
feat n. подвиг podvig
feather n. перо pero
feature n. черта cherta
February n. февруари fevrouari
federal a. федерален federalen
federation n. федерация federatsiya
fee n. хонорар honorar
feeble a. немощен nemoshten
feed v.t. храня hranya
feed n. хранене hranene
feel v.t. чувствам chuvstvam
feeling n. чувство chuvstvo
feign v.t. симулирам simouliram
felicitate v.t. поздравлявам pozdravlyavam
felicity n. блаженство blazhenstvo
fell v.t. повалям povalyam
fellow n. другар drougar
female a. женски zhenski
female n. жена zhena
feminine a. женски zhenski
fence n. ограда ograda
fence v.t. заграждам zagrazhdam
fend v.t. парирам pariram

ferment *n.* фермент *ferment*
ferment *v.t.* ферментирам *fermentiram*
fermentation *n.* ферментация *fermentatsiya*
ferocious *a.* свиреп *svirep*
ferry *n.* ферибот *feribot*
ferry *v.t.* пренасям *prenasyam*
fertile *a.* плодороден *plodoroden*
fertility *n.* плодородие *plodorodie*
fertilize *v.t.* торя *torya*
fertilizer *n.* тор *tor*
fervent *a.* жарък *zharuk*
fervour *n.* жар *zhar*
festival *n.* фестивал *festival*
festive *a.* тържествен *turzhestven*
festivity *n.* тържественост *turzhestvenost*
festoon *n.* гирлянда *girlyanda*
fetch *v.t.* донасям *donasyam*
fetter *n.* окови *okovi*
fetter *v.t.* оковавам *okovavam*
feud *n.* феод *feod*
feudal *a.* феодален *feodalen*
fever *n.* треска *treska*
few *a.* малко *malko*
fiasco *n.* фиаско *fiasko*
fibre *n.* фибра *fibra*
fickle *a.* непостоянен *nepostoyanen*
fiction *n.* фикция *fiktsiya*
fictitious *a.* въображаем *vuobrazhaem*
fiddle *n.* цигулка *tsigulka*
fiddle *v.i.* свиря *svirya*
fidelity *n.* преданост *predanost*

fie *interj* фу *fou*
field *n.* поле *pole*
fiend *n.* дявол *dyavol*
fierce *a.* свиреп *svirep*
fiery *a.* пламтящ *plamtyasht*
fifteen *n.* петнадесет *petnadeset*
fifty *n.* петдесет *petdeset*
fig *n.* смокиня *smokinya*
fight *n.* борба *borba*
fight *v.t.* боря се *borya se*
figment *n.* измислица *izmislitsa*
figurative *a.* фигуративен *figurativen*
figure *n.* фигура *figura*
figure *v.t.* представям си *predstavyam si*
file *n.* файл *fayl*
file *v.t.* регистрирам *registriram*
file *n.* пила *pila*
file *v.t.* пиля *pilya*
file *n.* редица *reditsa*
file *v.i.* дефилирам *defiliram*
fill *v.t.* пълня *pulnya*
film *n.* филм *film*
film *v.t.* филмирам *filmiram*
filter *n.* филтър *filtur*
filter *v.t.* филтрирам *filtriram*
filth *n.* мръсотия *mrusotiya*
filthy *a.* мръсен *mrusen*
fin *n.* перка *perka*
final *a.* последен *posleden*
finance *n.* финанси *finansi*
finance *v.t.* финансирам *finansiram*
financial *a.* финансов *fianansov*
financier *n.* финансист *fiannsist*

find v.t. намирам *namiram*
fine n. глоба *globa*
fine v.t. глобявам *globyavam*
fine a. фин *fin*
finger n. пръст *prust*
finger v.t. пипам *pipam*
finish v.t. свършвам *svurshvam*
finish n. финиш *finish*
finite a. ограничен *ogranichen*
fir n. ела *ela*
fire n. огън *ogun*
fire v.t. паля *palya*
firm a. твърд *tvurd*
firm n. фирма *firma*
first a. пръв *pruv*
first n. начало *nachalo*
first adv. първо *purvo*
fiscal a. фискален *fiskalen*
fish n. риба *riba*
fish v.i. ловя риба *lovya riba*
fisherman n. рибар *ribar*
fissure n. цепка *tsepka*
fist n. юмрук *yumrouk*
fistula n. фистула *fistoula*
fit v.t. съответствам *suotvetstvam*
fit a. годен *goden*
fit n. нагаждане *nagazhdane*
fitful a. променлив *promenliv*
fitter n. техник *tehnik*
five n. пет *pet*
fix v.t. закрепявам *zakrepyavam*
fix n. дилема *dilema*
flabby a. отпуснат *otpousnat*
flag n. флаг *flag*
flagrant a. очебиен *ochebien*
flame n. пламък *plamuk*
flame v.i. пламвам *plamvam*
flannel n. фланела *flanela*

flare v.i. лумвам *loumvam*
flare n. лумване *loumvane*
flash n. блясък *blyasuk*
flash v.t. блясвам *blyasvam*
flask n. манерка *manerka*
flat a. плосък *plosuk*
flat n. плоскост *ploskost*
flatter v.t. лаская *laskaya*
flattery n. ласкателство *laskatelstvo*
flavour n. вкус *vkous*
flaw n. недостатък *nedostatuk*
flea n. бълха *bulha*
flee v.i. бягам *byagam*
fleece n. руно *rouno*
fleece v.t. обирам *obiram*
fleet n. флота *flota*
flesh n. плът *plut*
flexible a. гъвкав *guvkav*
flicker n. блещукане *bleshtukane*
flicker v.t. блещукам *bleshtoukam*
flight n. полет *polet*
flimsy a. крехък *krehuk*
fling v.t. захвърлям *zahvurlyam*
flippancy n. фриволност *frivolnost*
flirt n. флирт *flirt*
flirt v.i. флиртувам *flirtouvam*
float v.i. нося се *nosya se*
flock n. стадо *stado*
flock v.i. трупам се *troupam se*
flog v.t. шибам *shibam*
flood n. наводнение *navodnenie*
flood v.t. наводнявам *navodnyavam*

floor *n.* под *pod*
floor *v.t.* надвивам *nadvivam*
flora *n.* флора *flora*
florist *n.* цветар *tsvetar*
flour *n.* брашно *brashno*
flourish *v.i.* разцъфтявам *raztsuftyavam*
flow *n.* поток *potok*
flow *v.i.* тека *teka*
flower *n.* цвете *tsvete*
flowery *a.* цветист *tsvetist*
fluent *a.* плавен *plaven*
fluid *a.* течен *techen*
fluid *n.* флуид *flouid*
flush *v.i.* бликвам *blikvam*
flush *n.* струя *strouya*
flute *n.* флейта *fleyta*
flute *v.i.* свиря *svirya*
flutter *n.* развяване *razvyavane*
flutter *v.t.* вея се *veya se*
fly *n.* муха *mouha*
fly *v.i.* летя *letya*
foam *n.* пяна *pyana*
foam *v.t.* пеня се *penya se*
focal *a.* фокусен *fokousen*
focus *n.* фокус *fokous*
focus *v.t.* фокусирам *fokousiram se*
fodder *n.* фураж *fourazh*
foe *n.* душман *doushman*
fog *n.* мъгла *mugla*
foil *v.t.* осуетявам *osouetyavam*
fold *n.* гънка *gunka*
fold *v.t.* сгъвам *sguvam*
foliage *n.* шума *shouma*
follow *v.t.* следвам *sledvam*
follower *n.* последовател *posledovatel*

folly *n.* безразсъдство *bezrazsudstvo*
foment *v.t.* подбуждам *podbouzhdam*
fond *a.* любвеобилен *lyubveobilen*
fondle *v.t.* милвам *milvam*
food *n.* храна *hrana*
fool *n.* глупак *gloupak*
foolish *a.* глупав *gloupav*
foolscap *n.* гугла *gougla*
foot *n.* стъпало *stupalo*
for *prep.* за *za*
for *conj.* защото *zashtoto*
forbid *v.t.* забранявам *zabranyavam*
force *n.* сила *sila*
force *v.t.* принуждавам *prinouzhdavam*
forceful *a.* мощен *moshten*
forcible *a.* насилствен *nasilstven*
forearm *n.* ръка *ruka*
forearm *v.t.* въоражавам се *vuorazhavam se*
forecast *n.* предвиждане *predvizhdane*
forecast *v.t.* предвиждам *predvizhdam*
forefather *n.* прадядо *pradyado*
forefinger *n.* показалец *pokazalets*
forehead *n.* чело *chelo*
foreign *a.* чужд *chouzhd*
foreigner *n.* чужденец *chouzhdenets*
foreknowledge *n.* предвиждане *predvizhdane*

foreleg *n.* преден крак *preden krak*
forelock *n.* кичур *kichour*
foreman *n.* бригадир *brigadir*
foremost *a.* челен *chelen*
forenoon *n.* предобед *predobed*
forerunner *n.* предтеча *predtecha*
foresee *v.t.* предугаждам *predougazhdam*
foresight *n.* предсказване *predskazvane*
forest *n.* гора *gora*
forestall *v.t.* предугаждам *predougazhdam*
forester *n.* лесничей *lesnichey*
forestry *n.* лесовъдство *lesovudstvo*
foretell *v.t.* предричам *predricham*
forethought *n.* предвидливост *predvidlivost*
forever *adv.* завинаги *zavinagi*
forewarn *v.t.* предупреждавам *predouprezhdavam*
foreword *n.* предговор *predgovor*
forfeit *v.t.* загубвам *zagoubvam*
forfeit *n.* неустойка *neoustoyka*
forfeiture *n.* конфискация *konfiskatsiya*
forge *n.* ковачница *kovachnitsa*
forge *v.t.* подправям *podpravyam*
forgery *n.* фалшификация *falshifikatsiya*

forget *v.t.* забравям *zabravyam*
forgetful *a.* разсеян *razseyan*
forgive *v.t.* прощавам *proshtavam*
forgo *v.t.* отказвам се *otkazvam se*
forlorn *a.* безнадежден *beznadezhden*
form *n.* форма *forma*
form *v.t.* формирам *formiram*
formal *a.* формален *formalen*
format *n.* формат *format*
formation *n.* формация *formatsiya*
former *a.* бивш *bivsh*
former *pron* първият *purviyat*
formerly *adv.* преди *predi*
formidable *a.* страшен *strashen*
formula *n.* формула *formoula*
formulate *v.t.* формулирам *formuliram*
forsake *v.t.* изоставям *izostavyam*
forswear *v.t.* отричам се *otricham se*
fort *n.* форт *fort*
forte *n.* форте *forte*
forth *adv.* напред *napred*
forthcoming *a.* предстоящ *predstoyasht*
forthwith *adv.* незабавно *nezabavno*
fortify *v.t.* усилвам *ousilvam*
fortitude *n.* твърдост *tvurdost*
fort-night *n.* две седмици *dve sedmitsi*
fortress *n.* крепост *krepost*
fortunate *a.* щастлив *shtastliv*

fortune *n.* щастие *shtastie*
forty *n.* четиридесет *chetirideset*
forum *n.* форум *forum*
forward *a.* преден *preden*
forward *adv.* напред *napred*
forward *v.t.* изпращам *izprashtam*
fossil *n.* фосил *fosil*
foster *v.t.* питая *pitaya*
foul *a.* противен *protiven*
found *v.t.* основавам *osnovavam*
foundation *n.* фондация *fondatsiya*
founder *n.* основател *osnovatel*
foundry *n.* леярна *leyarna*
fountain *n.* фонтан *fontan*
four *n.* четири *chetiri*
fourteen *n.* четиринадесет *chetirinadeset*
fowl *n.* птица *ptitsa*
fowler *n.* птицеловец *ptitselovets*
fox *n.* лисица *lisitsa*
fraction *n.* частица *chastitsa*
fracture *n.* счупване *schoupvane*
fracture *v.t.* счупвам се *schoupvam se*
fragile *a.* чуплив *choupliv*
fragment *n.* фрагмент *fragment*
fragrance *n.* ухание *ouhanie*
fragrant *a.* ароматен *aromaten*
frail *a.* крехък *krehuk*
frame *v.t.* оформявам *oformyavam*
frame *n.* рамка *ramka*

franchise *n.* франчайз *franchayz*
frank *a.* искрен *iskren*
frantic *a.* безумен *bezoumen*
fraternal *a.* братски *bratski*
fraternity *n.* братство *bratstvo*
fratricide *n.* братоубиец *bratooubiets*
fraud *n.* измама *izmama*
fraudulent *a.* мошенически *moshenicheski*
fraught *a.* изпълнен *izpulnen*
fray *n.* свада *svada*
free *a.* свободен *svoboden*
free *v.t.* освобождавам *osvobozhdavam*
freedom *n.* свобода *svoboda*
freeze *v.i.* замръзвам *zamruzvam*
freight *n.* товар *tovar*
French *a.* френски *frenski*
French *n.* французин *frantsouzln*
frenzy *n.* безумие *bezoumie*
frequency *n.* честота *chestota*
frequent *n.* чест *chest*
fresh *a.* пресен *presen*
fret *n.* разяждане *razyazhdane*
fret *v.t.* разяждам *razyazhdam*
friction *n.* триене *triene*
Friday *n.* петък *petuk*
fridge *n.* хладилник *hladilnik*
friend *n.* приятел *priyatel*
fright *n.* уплаха *ouplaha*
frighten *v.t.* изплашвам *izplashvam*
frigid *a.* въздържан *vuzdurzhan*

frill *n.* набор *nabor*
fringe *n.* ресна *resna*
fringe *v.t.* опасвам *opasvam*
frivolous *a.* лекомислен *lekomislen*
frock *n.* расо *raso*
frog *n.* жаба *zhaba*
frolic *n.* веселие *veselie*
frolic *v.i.* веселя се *veselya se*
from *prep.* от *ot*
front *n.* предна част *predna chast*
front *a.* преден *preden*
front *v.t.* гледам към *gledam kum*
frontier *n.* граница *granitsa*
frost *n.* мраз *mraz*
frown *n.* намръщване *namrushtvane*
frown *v.i.* мръщя се *mrushtya se*
frugal *a.* пестелив *pesteliv*
fruit *n.* плод *plod*
fruitful *a.* плодотворен *plodotvoren*
frustrate *v.t.* осуетявам *osouetyavam*
frustration *n.* възпрепятстване *vuzprepyatstvane*
fry *v.t.* пържа *purzha*
fry *n.* пържено *purzheno*
fuel *n.* гориво *gorivo*
fugitive *a.* избягъл *izbyagul*
fugitive *n.* беглец *beglets*
fulfil *v.t.* изпълнявам *izpulnyavam*
fulfilment *n.* изпълнение *izpulnenie*
full *a.* пълен *pulen*

full *adv.* напълно *napulno*
fullness *n.* пълнота *pulnota*
fully *adv.* изцяло *iztsyalo*
fumble *v.i.* бърникам *burnikam*
fun *n.* забавление *zabavlenie*
function *n.* функция *founktsiya*
function *v.i.* функционирам *founktsioniram*
functionary *n.* деятел *deyatel*
fund *n.* фонд *fond*
fundamental *a.* фундаментален *foundamentalen*
funeral *n.* погребение *pogrebenie*
fungus *n.* гъба *guba*
funny *n.* смешен *smeshen*
fur *n.* козина *kozina*
furious *a.* яростен *yarosten*
furl *v.t.* свивам *svivam*
furlong *n.* фърлонг *furlong*
furnace *n.* пещ *pesht*
furnish *v.t.* снабдявам *snabdyavam*
furniture *n.* мебел *mebel*
furrow *n.* бразда *brazda*
further *adv.* по-нататък *ponatatuk*
further *a.* по-нататъшен *ponatatushen*
further *v.t.* придвижвам *pridvizhvam*
fury *n.* ярост *yarosten*
fuse *v.t.* възпламенявам *vuzplamenyavam*
fuse *n.* фитил *fitil*
fusion *n.* стопяване *stopyavane*

fuss *n.* безпокойство *bezpokoystvo*
fuss *v.i.* тревожа се *trevozha se*
futile *a.* безплоден *bezploden*
futility *n.* безполезност *bezpoleznost*
future *a.* бъдещ *budesht*
future *n.* бъдеще *budeshte*

G

gabble *v.i.* дърдоря *durdorya*
gadfly *n.* овод *ovod*
gag *v.t.* запушвам *zapoushvam*
gag *n.* запушалка *zapoushalka*
gaiety *n.* веселба *veselba*
gain *v.t.* печеля *pechelya*
gain *n.* печалба *pechalba*
gainsay *v.t.* отричам *otricham*
gait *n.* походка *pohodka*
galaxy *n.* галактика *galaktika*
gale *n.* вихър *vihur*
gallant *a.* храбър *hrabur*
gallant *n.* поклонник *poklonnik*
gallantry *n.* храброст *hrabrost*
gallery *n.* галерия *galeriya*
gallon *n.* галон *galon*
gallop *n.* галоп *galop*
gallop *v.t.* галопирам *galopiram*
gallows *n..* бесилка *besilka*
galore *adv.* в изобилие *v izobilie*
galvanize *v.t.* галванизирам *galvaniziram*

gamble *v.i.* играя комар *igraya komar*
gamble *n.* комар *komar*
gambler *n.* комарджия *komardzhiya*
game *n.* игра *igra*
game *v.i.* играя комар *igraya komar*
gander *n.* гъсок *gusok*
gang *n.* банда *banda*
gangster *n.* гангстер *gangster*
gap *n.* пролука *prolouka*
gape *v.i.* зея *zeya*
garage *n.* гараж *garazh*
garb *n.* носия *nosiya*
garb *v.t.* обличам *oblicham*
garbage *n.* отпадъци *otpadutsi*
garden *n.* градина *gradina*
gardener *n.* градинар *gradinar*
gargle *v.i.* правя гаргара *pravya gaqrgara*
garland *n.* гирлянда *girlyanda*
garland *v.t.* увенчавам *ouvenchavam*
garlic *n.* чесън *chesun*
garment *n.* дреха *dreha*
garter *n.* жартиер *zhartier*
gas *n.* газ *gaz*
gasket *n.* уплътнител *ouplutnitel*
gasp *n.* издихание *izdihanie*
gasp *v.i.* задъхвам се *zaduhvam se*
gassy *a.* газообразен *gazoobrazen*
gastric *a.* гастритен *gastriten*
gate *n.* врата *vrata*
gather *v.t.* събирам *subiram*

gaudy *a.* ярък *yaruk*
gauge *n.* мярка *myarka*
gauntlet *n.* ръкавица *rukavitsa*
gay *a.* весел *vesel*
gaze *v.t.* втренчвам се *vtrenchvam se*
gaze *n.* поглед *pogled*
gazette *n.* вестник *vestnik*
gear *n.* механизъм *mehanizum*
geld *v.t.* кастрирам *kastriram*
gem *n.* скъпоценност *skupotsennost*
gender *n.* род *rod*
general *a.* общ *obsht*
generally *adv.* обикновено *obiknoveno*
generate *v.t.* генерирам *generiram*
generation *n.* поколение *pokolenie*
generator *n.* генератор *generator*
generosity *n.* щедрост *shtedrost*
generous *a.* щедър *shtedur*
genius *n.* гений *geniy*
gentle *a.* добър *dobur*
gentleman *n.* джентълмен *dzhentulmen*
gentry *n.* произход *proizhod*
genuine *a.* истински *istinski*
geographer *n.* географ *geograf*
geographical *a.* географски *geografski*
geography *n.* география *geografiya*
geological *a.* геоложки *geolozhki*

geologist *n.* геолог *geolog*
geology *n.* геология *geologiya*
geometrical *a.* геометричен *geometrichen*
geometry *n.* геометрия *geometriya*
germ *n.* микроб *mikrob*
germicide *n.* антибактериално средство *antibakterialno sredstvo*
germinate *v.i.* напъпвам *napupvam*
germination *n.* никнене *niknene*
gerund *n.* герундий *geroundiy*
gesture *n.* жест *zhest*
get *v.t.* вземам *vzemam*
ghastly *a.* ужасен *ouzhasen*
ghost *n.* дух *douh*
giant *n.* гигантски *gigantski*
gibbon *n.* гибон *gibon*
gibe *v.i.* подигравам се *podigravam se*
gibe *n.* подигравка *podigravka*
giddy *a.* замаян *zamayan*
gift *n.* дар *dar*
gifted *a.* надарен *nadaren*
gigantic *a.* гигантски *gigantski*
giggle *v.i.* кикотя се *kikotya se*
gild *v.t.* позлатявам *pozlatyavam*
gilt *n.* позлата *pozlata*
ginger *n.* джинджифил *dzhindzhifil*
giraffe *n.* жираф *zhiraf*
gird *v.t.* опасвам *opasvam*
girder *n.* греда *greda*

girdle *n.* пояс *poyas*
girdle *v.t.* препасвам *prepasvam*
girl *n.* момиче *momiche*
girlish *a.* момичешки *momicheshki*
gist *n.* същина *sushtina*
give *v.t.* давам *davam*
glacier *n.* глетчер *gletcher*
glad *a.* доволен *dovolen*
gladden *v.t.* радвам *radvam se*
glamour *n.* чар *char*
glance *n.* поглед *pogled*
glance *v.i.* поглеждам *poglezhdam*
gland *n.* жлеза *zheleza*
glare *n.* блясък *blyasuk*
glare *v.i.* блестя *blestya*
glass *n.* стъкло *stuklo*
glaucoma *n.* глаукома *glaoukoma*
glaze *v.t.* остъклявам *ostuklyavam*
glaze *n.* глазура *glazura*
glazier *n.* стъклар *stuklar*
glee *n.* ликуване *likouvane*
glide *v.t.* плъзгам се *pluzgam se*
glider *n.* безмоторен самолет *bezmotoren samolet*
glimpse *n.* зърване *zurvane*
glitter *v.i.* искря *iskrya*
glitter *n.* искрене *iskren*
global *a.* глобален *globalen*
globe *n.* земя *zemya*
gloom *n.* мрак *mrak*
gloomy *a.* мрачен *mrachen*
glorification *n.* възхвала *vuzhvala*
glorify *v.t.* славя *slavya*

glorious *a.* славен *slaven*
glory *n.* слава *slava*
gloss *n.* лъскавина *luskavina*
glossary *n.* глосар *glosar*
glossy *a.* лъскав *luskav*
glove *n.* ръкавица *rukavitsa*
glow *v.i.* грея *greya*
glow *n.* жарава *zharava*
glucose *n.* гликоза *glyukoza*
glue *n.* лепило *lepilo*
glut *v.t.* пресищам *presishtam*
glut *n.* пресищане *presishtane*
glutton *n.* лакомец *lakomets*
gluttony *n.* лакомия *lakomiya*
glycerine *n.* глицерин *glitserin*
go *v.i.* отивам *otivam*
goad *n.* подтик *podtik*
goad *v.t.* подтиквам *podtikvam*
goal *n.* цел *tsel*
goat *n.* коза *koza*
gobble *n.* крясък *kryasuk*
goblet *n.* бокал *bokal*
god *n.* бог *bog*
goddess *n.* богиня *boginya*
godhead *n.* божество *bozhestvo*
godly *a.* набожен *nabozhen*
godown *n.* склад *sklad*
godsend *n.* божи дар *bozhi dar*
goggles *n.* очила *ochila*
gold *n.* злато *zlato*
golden *a.* златен *zlaten*
goldsmith *n.* златар *zlatar*
golf *n.* голф *golf*
gong *n.* гонг *gong*
good *a.* добър *dobur*

good *n.* добро *dobro*
good-bye *interj.* довиждане *dovizhdane*
goodness *n.* добрина *dobrina*
goodwill *n.* доброжелателност *dobrozhelatelnost*
goose *n.* гъска *guska*
gooseberry *n.* цариградско грозде *tsatigradsko grozde*
gorgeous *a.* великолепен *velikolepen*
gorilla *n.* горила *gorila*
gospel *n.* госпел *gospel*
gossip *n.* клюка *klyuka*
gourd *n.* кратуна *kratouna*
gout *n.* подагра *podagra*
govern *v.t.* управлявам *oupravlyavam*
governance *n.* управление *oupravlenie*
governess *n.* гувернантка *gouvernantka*
government *n.* правителство *pravitelstvo*
governor *n.* управител *oupravitel*
gown *n.* рокля *roklya*
grab *v.t.* сграбчвам *sgrabchvam*
grace *n.* грация *gratsiya*
grace *v.t.* украсявам *oukrasyavam*
gracious *a.* благ *blag*
gradation *n.* градация *gradatsiya*
grade *n.* степен *stepen*
grade *v.t.* степенувам *stepenuvam*
gradual *a.* постепенен *postepenen*

graduate *v.i.* завършвам *zavurshvam*
graduate *n.* висшист *vishist*
graft *n.* присадка *prisadka*
graft *v.t.* присаждам *prisazhdam*
grain *n.* зърно *zurno*
grammar *n.* граматика *gramatika*
grammarian *n.* граматик *gramatik*
gramme *n.* грам *gram*
gramophone *n.* грамофон *gramofon*
grannary *n.* хамбар *hambar*
grand *a.* голям *golyam*
grandeur *n.* величие *velichie*
grant *v.t.* давам *davam*
grant *n.* дар *dar*
grape *n.* гроздово зърно *grozdovo zurno*
graph *n.* график *grafik*
graphic *a.* графичен *grafichen*
grapple *n.* кука *kouka*
grapple *v.i.* улавям *oulavyam*
grasp *v.t.* хващам *hvashtam*
grasp *n.* хватка *hvatka*
grass *n.* трева *treva*
grate *n.* решетка *reshetka*
grate *v.t.* стържа *sturzha*
grateful *a.* благодарен *blagodaren*
gratification *n.* задоволяване *zadovolyavane*
gratis *adv.* гратис *gratis*
gratitude *n.* признателност *priznatelnost*
gratuity *n.* подарък *podaruk*
grave *n.* гроб *grob*
grave *a.* важен *vazhen*

gravitate v.i. гравитирам *gravitiram*
gravitation n. гравитация *gravitatsiya*
gravity n. сериозност *serioznost*
graze v.i. закачам *zakacham*
graze n. закачане *zakachvane*
grease n. грес *gres*
grease v.t. смазвам *smazvam*
greasy a. мазен *mazen*
great a. велик *velik*
greed n. алчност *alchnost*
greedy a. алчен *alchen*
Greek n. грък *gruk*
Greek a. гръцки *grutski*
green a. зелен *zelen*
green n. поляна *polyana*
greenery n. зеленина *zelenina*
greet v.t. приветствам *privetstvam*
grenade n. граната *granata*
grey a. сив *siv*
greyhound n. хрътка *hrutka*
grief n. мъка *muka*
grievance n. неправда *nepravda*
grieve v.t. скърбя *skurbya*
grievous a. печален *pechalen*
grind v.i. меля *melya*
grinder n. мелничка *melnichka*
grip v.t. стисвам *stisvam*
grip n. стискане *stiskane*
groan v.i. стена *stena*
groan n. стон *ston*
grocer n. бакалин *bakalin*
grocery n. бакалия *bakaliya*

groom n. младоженец *mladozhenets*
groom v.t. подготвям *podgotvyam*
groove n. жлеб *zhleb*
groove v.t. правя жлеб *pravya zhleb*
grope v.t. опипвам *opipvam*
gross n. бруто *brouto*
gross a. брутен *brouten*
grotesque a. нелеп *nelep*
ground n. земя *zemya*
group n. група *groupa*
group v.t. групирам *grupiram*
grow v.t. раста *rasta*
grower n. производител *proizvoditel*
growl v.i. ръмжа *rumzha*
growl n. ръмжене *rumzhene*
growth n. растеж *rastezh*
grudge v.t. зловиди ми се *zlovidi mi se*
grudge n. яд *yad*
grumble v.i. роптая *roptaya*
grunt n. грухтене *grouhtene*
grunt v.i. грухтя *grouhtya*
guarantee n. гаранция *garantsiya*
guarantee v.t. гарантирам *garantiram*
guard v.i. пазя *pazya*
guard n. охрана *ohrana*
guardian n. настойник *nastoynik*
guava n. гуава *gouava*
guerilla n. партизанин *partizanin*
guess n. догадка *dogadka*
guess v.i. гадая *gadaya*
guest n. гост *gost*

guidance n. ръководство rukovodstvo
guide v.t. ръководя rukovodya
guide n. водач vodach
guild n. гилдия gildiya
guile n. коварство kovarstvo
guilt n. вина vina
guilty a. виновен vinoven
guise n. облик oblik
guitar n. китара kitara
gulf n. залив zaliv
gull n. чайка chayka
gull n. балама balama
gull v.t. баламосвам balamosvam
gulp n. гълтам gultam
gum n. смола smola
gun n. пушка poushka
gust n. порив poriv
gutter n. улей ouley
guttural a. гърлен gurlen
gymnasium n. гимназия gimnaziya
gymnast n. гимнастик gimnastik
gymnastic a. гимнастически gimnasticheski
gymnastics n. гимнастика gimnastika

H

habeas corpus n. призоваване prizovavane
habit n. навик navik
habitable a. обитаем obitaem
habitat n. хабитат habitat
habitation n. обитаване obitavane

habituate v.t. привиквам privikvam
hack v.t. кълцам kultsam
hag n. старуха starouha
haggard a. измъчен izmuchen
haggle v.i. пазаря се pazarya se
hail n. градушка gradoushka
hail v.i. вали град vali grad
hail v.t. приветствувам privetstvouvam
hair n. коса kosa
hale a. як yak
half n. половина polovina
half a. половин polovina
hall n. зала zala
hallmark n. клеймо kleymo
hallow v.t. освещавам osveshtavam
halt v.t. спирам spiram
halt n. спирка spirka
halve v.t. разполовявам razpolovyavam
hamlet n. селце seltse
hammer n. чук chouk
hammer v.t. чукам choukam
hand n. ръка ruka
hand v.t. подавам podavam
handbill n. позив poziv
handbook n. справочник spravochnik
handcuff n. белезник beleznik
handcuff v.t. слагам белезници slagam beleznitsi
handful n. шепа shepa
handicap v.t. преча на precha na
handicap n. пречка prechka

handicraft *n.* занаят *zanayat*
handiwork *n.* изделие *izdelie*
handkerchief *n.* кърпа *kurpa*
handle *n.* дръжка *druzhka*
handle *v.t.* справям се *spravyam se*
handsome *a.* красив *krasiv*
handy *a.* сръчен *sruchen*
hang *v.t.* закачам *zakacham*
hanker *v.i.* жадувам *zhadouvam*
haphazard *a.* случаен *slouchaen*
happen *v.t.* случвам се *slouchbam se*
happening *n.* случка *slouchka*
happiness *n.* щастие *shtastie*
happy *a.* щастлив *shtastliv*
harass *v.t.* тормозя *tormozya*
harassment *n.* тормоз *tormoz*
harbour *n.* пристанище *pristanishte*
harbour *v.t.* приютявам *priyutyavam*
hard *a.* труден *trouden*
harden *v.t.* втърдявам се *vtvurdyavam se*
hardihood *n.* смелост *smelost*
hardly *adv.* едва *edva*
hardship *n.* трудност *troudnost*
hardy *a.* дързък *durzuk*
hare *n.* заек *zaek*
harm *n.* вреда *vreda*
harm *v.t.* вредя *vreda*
harmonious *a.* хармоничен *harmonichen*
harmonium *n.* хармониум *harmonioum*
harmony *n.* хармония *harmoniya*
harness *n.* збруя *zbrouya*
harness *v.t.* впрягам *vpryagam*
harp *n.* арфа *arfa*
harsh *a.* рязък *ryazuk*
harvest *n.* жътва *zhutva*
haverster *n.* жътвар *zhutvar*
haste *n.* бързане *burzane*
hasten *v.i.* бързам *burzam*
hasty *a.* бърз *burz*
hat *n.* шапка *shapka*
hatchet *n.* томахавка *tomahavka*
hate *n.* омраза *omraza*
hate *v.t.* мразя *mrazya*
haughty *a.* надменен *nadmenen*
haunt *v.t.* витая *vitaya*
haunt *n.* свърталище *svurtalishte*
have *v.t.* имам *imam*
haven *n.* убежище *oubezhishte*
havoc *n.* опустошение *opoustoshenie*
hawk *n.* ястреб *yastreb*
hawker *n.* ловец със соколи *lovets sus sokoli*
hawthorn *n.* глог *glog*
hay *n.* сено *seno*
hazard *n.* опасност *opasnost*
hazard *v.t.* рискувам *riskouvam*
haze *n.* омара *omara*
hazy *a.* замъглен *zamuglen*
he *pron.* той *toy*
head *n.* глава *glava*
head *v.t.* тръгвам *trugvam*

headache *n.* главоболие *glavobolie*
heading *n.* заглавие *zaglavie*
headlong *adv.* стремително *stremitelno*
headstrong *a.* своеволен *svoevolen*
heal *v.i.* лекувам *lekouvam*
health *n.* здраве *zdrave*
healthy *a.* здрав *zdrav*
heap *n.* куп *koup*
heap *v.t.* трупам *troupam*
hear *v.t.* чувам *chouvam*
hearsay *n.* мълва *mulva*
heart *n.* сърце *curtse*
hearth *n.* огнище *ognishte*
heartily *adv.* сърдечно *surdechno*
heat *n.* топлина *toplina*
heat *v.t.* нагрявам *nagryavam*
heave *v.i.* повдигам *povdigam*
heaven *n.* рай *ray*
heavenly *a.* небесен *nebesen*
hedge *n.* плет *plet*
hedge *v.t.* ограждам *ograzhdam*
heed *v.t.* внимание *vnimanie*
heed *n.* обръщам внимание *obrushtam vnimanie*
heel *n.* пета *peta*
hefty *a.* мускулест *mouskoulest*
height *n.* височина *visochina*
heighten *v.t.* издигам *izdigam*
heinous *a.* гнусен *gnousen*
heir *n.* наследник *naslednik*
hell *a.* ад *ad*
helm *n.* кормило *kormilo*
helmet *n.* шлем *shlem*
help *v.t.* помагам *pomagam*
help *n.* помощ *pomosht*

helpful *a.* полезен *polezen*
helpless *a.* безпомощен *bezpomoshten*
helpmate *n.* съпруг *suproug*
hemisphere *n.* полукълбо *poloukulbo*
hemp *n.* коноп *konop*
hen *n.* кокошка *kokoshka*
hence *adv.* следователно *sledovatelno*
henceforth *adv.* отсега нататък *otsega natatuk*
henceforward *adv.* отсега нататък *otsega natatuk*
henchman *n.* оръженосец *oruzhenosets*
henpecked *a.* под чехъл *pod chehul*
her *pron.* нея *neya*
her *a.* неин *nein*
herald *n.* пратеник *pratenik*
herald *v.t.* известявам *izvestyavam*
herb *n.* билка *bilka*
herculean *a.* херкулесовски *herkoulesovski*
herd *n.* стадо *stado*
herdsman *n.* говедар *govedar*
here *adv.* тук *touk*
hereabouts *adv.* наблизо *nablizo*
hereafter *adv.* оттук нататък *ot touk natatuk*
hereditary *n.* наследствен *nasledstven*
heredity *n.* наследственост *nasledstvenost*
heritable *a.* наследяем *nasledyavam*
heritage *n.* наследство *nasledstvo*

hermit *n.* отшелник *otshelnik*
hermitage *n.* килия *kiliya*
hernia *n.* херния *herniya*
hero *n.* герой *geroy*
heroic *a.* героичен *geroichen*
heroine *n.* героиня *geroinya*
heroism *n.* героизъм *geroizum*
herring *n.* херинга *heringa*
hesitant *a.* колеблив *kolebliv*
hesitate *v.i.* колебая се *kolebaya se*
hesitation *n.* колебание *kolebanie*
hew *v.t.* сека *seka*
heyday *n.* развет *razvet*
hibernation *n.* хибернация *hibernatziya*
hiccup *n.* хълцане *hultsane*
hide *n.* кожа *kozha*
hide *v.t.* крия се *kriya se*
hideous *a.* грозен *grozen*
hierarchy *n.* йерархия *yerarhiya*
high *a.* висок *visok*
highly *adv.* високо *visoko*
Highness *n.* височество *visochestvo*
highway *n.* магистрала *magistrala*
hilarious *a.* весел *vesel*
hilarity *n.* веселост *veselost*
hill *n.* хълм *hulm*
hillock *n.* могила *mogila*
him *pron.* него *nego*
hinder *v.t.* преча *precha*
hindrance *n.* пречка *prechka*
hint *n.* намек *namek*
hint *v.i.* намеквам *namekvam*
hip *n.* бедро *bedro*
hire *n.* наем *naem*

hire *v.t.* наемам *naemam*
hireling *n.* наемник *naemnik*
his *pron.* негов *negov*
hiss *n.* съскане *suskane*
hiss *v.i.* съскам *suskam*
historian *n.* историк *istorik*
historic *a.* исторически *istoricheski*
historical *a.* исторически *istoricheski*
history *n.* история *istoriya*
hit *v.t.* удрям *oudryam*
hit *n.* удар *oudar*
hitch *n.* затруднение *zatroudnenie*
hither *adv.* насам *nasam*
hitherto *adv.* досега *dosega*
hive *n.* кошер *kosher*
hoarse *a.* дрезгав *drezgav*
hoax *n.* измама *izmama*
hoax *v.t.* излъгвам *izlugvam*
hobby *n.* хоби *hobi*
hobby-horse *n.* конче *konche*
hockey *n.* хокей *hokey*
hoist *v.t.* вдигам *vdigam*
hold *n.* хващане *hvashtane*
hold *v.t.* държа *durzha*
hole *n.* дупка *doupka*
hole *v.t.* пробивам *probivam*
holiday *n.* празник *praznik*
hollow *a.* кух *kouh*
hollow *n.* кухина *kouhina*
hollow *v.t.* дълбая *dulbaya*
holocaust *n.* холокост *holokost*
holy *a.* свят *svyat*
homage *n.* почит *pochit*
home *n.* дом *dom*
homicide *n.* убийство *oubiystvo*

homoeopath *n.* хомеопат *homeopat*
homeopathy *n.* хомеопатия *homeopatiya*
homogeneous *a.* хомогенен *homogenen*
honest *a.* честен *chesten*
honesty *n.* честност *chestnost*
honey *n.* мед *med*
honeycomb *n.* восъчна пита *vosuchna pita*
honeymoon *n.* меден месец *meden mesets*
honorarium *n.* хонорар *honorar*
honorary *a.* почетен *pocheten*
honour *n.* чест *chest*
honour *v.t.* уважавам *ouvaghavam*
honourable *a.* почтен *pochten*
hood *n.* качулка *kachoulka*
hoodwink *v.t.* мамя *mamya*
hoof *n.* копито *kopito*
hook *n.* кука *kouka*
hooligan *n.* хулиган *houligan*
hoot *n.* бухане *bouhane*
hoot *v.i.* бухам *bouham*
hop *v.i.* подскачам *podskacham*
hop *n.* скок *skok*
hope *v.t.* надявам се *nadyavam se*
hope *n.* надежда *nadezhda*
hopeful *a.* обещаващ *obeshtavasht*
hopeless *a.* безнадежден *beznadezhden*
horde *n.* орда *orda*

horizon *n.* хоризонт *horizont*
horn *n.* рог *rog*
hornet *n.* стършел *sturshel*
horrible *a.* ужасен *ouzhasen*
horrify *v.t.* ужасявам *ouzhasyavam*
horror *n.* ужас *ouzhas*
horse *n.* кон *kon*
horticulture *n.* градинарство *gradinarstvo*
hose *n.* маркуч *markouch*
hosiery *n.* трикотаж *trikotazh*
hospitable *a.* гостоприемен *gostopriemen*
hospital *n.* болница *bolnitsa*
hospitality *n.* гостоприемност *gostopriemstnost*
host *n.* домакин *domakin*
hostage *n.* заложник *zalozhnik*
hostel *n.* хостел *hostel*
hostile *a.* враждебен *vrazhdeben*
hostility *n.* враждебност *vrazhdebnost*
hot *a.* горещ *goresht*
hotchpotch *n.* тюрлюгювеч *tyurlyugyuvech*
hotel *n.* хотел *hotel*
hound *n.* хрътка *hrutka*
hour *n.* час *chas*
house *n.* къща *kushta*
house *v.t.* подслонявам *podslonyavam*
how *adv.* как *kak*
however *adv.* както и *kakto i*
however *conj.* обаче *obache*
howl *v.t.* вия *viya*
howl *n.* вой *voy*
hub *n.* главина *glavina*
hubbub *n.* глъч *gluch*

huge *a.* огромен *ogromen*
hum *v.i.* бръмча *brumcha*
hum *n.* бръмчене *brumchene*
human *a.* човешки *choveshki*
humane *a.* хуманен *houmanen*
humanitarian *a.* хуманитарен *houmanitaren*
humanity *n.* хуманност *houmannost*
humanize *v.t.* очовечавам *ochovechavam*
humble *a.* скромен *skromen*
humdrum *a.* скучен *skouchen*
humid *a.* влажен *vlazhen*
humidity *n.* влага *vlaga*
humiliate *v.t.* унижавам *ounizhavam*
humiliation *n.* унижение *ounizhenie*
humility *n.* смирение *smirenie*
humorist *n.* хуморист *houmorist*
humorous *a.* хумористичен *houmoristichen*
humour *n.* хумор *houmor*
hunch *n.* гърбица *gurbitsa*
hundred *n.* сто *sto*
hunger *n.* глад *glad*
hungry *a.* гладен *gladen*
hunt *v.t.* ловувам *lovouvam*
hunt *n.* ловувам *lovouvam*
hunter *n.* ловец *lovets*
huntsman *n.* ловджия *lovdzhiya*
hurdle1 *n.* препятствие *prepyatstvie*
hurdle2 *v.t.* прескачам препятствие *preskacham prepyatstvie*

hurl *v.t.* запращам *zaprashtam*
hurrah *interj.* ура *oura*
hurricane *n.* ураган *ouragan*
hurry *v.t.* бързам *burzam*
hurry *n.* бързане *burzane*
hurt *v.t.* наранявам *naranyavam*
hurt *n.* болка *bolka*
husband *n.* съпруг *suprug*
husbandry *n.* домакинство *domakinstvo*
hush *n.* затишие *zatishie*
hush *v.i.* смълчавам се *smulchavam se*
husk *n.* люспа *lyuspa*
husky *a.* люспест *lyuspest*
hut *n.* колиба *koliba*
hyaena, hyena *n.* хиена *hiena*
hybrid *a.* хибриден *hibriden*
hybrid *n.* хибрид *hibrid*
hydrogen *n.* водород *vodorod*
hygiene *n.* хигиена *higiena*
hygienic *a.* хигиеничен *higienichen*
hymn *n.* химн *himn*
hyperbole *n.* хипербола *hiperbola*
hypnotism *n.* хипноза *hipnoza*
hypnotize *v.t.* хипнотизирам *hipnotiziram*
hypocrisy *n.* лицемерие *litsemerie*
hypocrite *n.* лицемер *litsemer*
hypocritical *a.* лицемерен *litsemeren*
hypothesis *n.* хипотеза *hipoteza*

hypothetical *a.* хипотетичен *hipotetichen*
hysteria *n.* истерия *isteriya*
hysterical *a.* истеричен *isterichen*

I

I *pron.* аз *az*
ice *n.* лед *led*
iceberg *n.* айсберг *aysberg*
icicle *n.* висулка *visoulka*
icy *a.* заледен *zaleden*
idea *n.* идея *ideya*
ideal *a.* идеален *idealen*
ideal *n.* идеал *idealen*
idealism *n.* идеализъм *idealizum*
idealist *n.* идеалист *idealist*
idealistic *a.* идеалистичен *idealistichen*
idealize *v.t.* идеализирам *idealiziram*
identical *a.* идентичен *identichen*
indentification *n.* идентификация *identifikaciya*
identify *v.t.* идентифицирам *identifitsiram*
identity *n.* самоличност *samolichnost*
idiocy *n.* идиотия *idiotiya*
idiom *n.* идиом *idiom*
idiomatic *a.* идиоматичен *idiomatichen*
idiot *n.* идиот *idiot*
idiotic *a.* идиотски *idiotski*
idle *a.* бездеен *bezdeen*

idleness *n.* безделие *bezdelie*
idler *n.* лентяй *lentyay*
idol *n.* идол *idol*
idolater *n.* идолопоклонник *idolopoklonnik*
if *conj.* ако *ako*
ignoble *a.* низък *nizuk*
ignorance *n.* невежество *nevezhestvo*
ignorant *a.* незнаещ *neznaesht*
ignore *v.t.* игнорирам *ignoriram*
ill *a.* болен *bolen*
ill *adv.* зле *zle*
ill *n.* зло *zlo*
illegal *a.* незаконен *nezakonen*
illegibility *n.* нечетливост *nechetlivost*
illegible *a.* нечетлив *nechetliv*
illegitimate *a.* нелигитимен *neligitimen*
illicit *a.* непозволен *nepozvolen*
illiteracy *n.* неграмотност *negramotnost*
illiterate *a.* неграмотен *negramoten*
illness *n.* болест *bolest*
illogical *a.* нелогичен *nelogichen*
illuminate *v.t.* илюминирам *ilyuminiram*
illumination *n.* илюминация *ilyuminatsiya*
illusion *n.* илюзия *ilyuziya*
illustrate *v.t.* илюстрирам *ilyustriram*

illustration n. илюстрация
ilyustratsiya
image n. образ *obraz*
imagery n. образност
obraznost
imaginary a. въображаем
vuobrazhaem
imagination n. въображение
vuobrazhenie
imaginative a. с богато
въображение *s bogato
vuobrazhenie*
imagine v.t. въобразявам си
vuobrazyavam si
imitate v.t. имитирам *imitiram*
imitation n. имитация
imitatsiya
imitator n. имитатор *imitator*
immaterial a. нематериален
nematerialen
immature a. незрял *nezryal*
immaturity n. незрялост
nezryalost
immeasurable a. неизмерим
neizmerim
immediate a непосредствен
neposredstven
immemorial a. незапомнен
nezapomnen
immense a. безмерен
bezmeren
immensity n. безмерност
bezmernost
immerse v.t. потопявам
potopyavam
immersion n. потапяне
potapyane
immigrant n. имигрант
imigrant
immigrate v.i. имигрирам
imigriram

immigration n. имиграция
imigratsiya
imminent a. надвиснал
nadvisnal
immodest a. нескромен
neskromen
immodesty n. нескромност
neskromnost
immoral a. неморален
nemoralen
immorality n. неморалност
nemoralnosr
immortal a. безсмъртен
bezsmurten
immortality n. безсмъртие
bezsmurtie
immortalize v.t.
обезсмъртявам
obezsmurtyavam
immovable a. недвижим
nedvizhim
immune a. неприкосновен
neprikosnoven
immunity n. имунитет
imounitet
immunize v.t. имунизирам
imouniziram
impact n. удар *oudar*
impart v.t. придавам
pridavam
impartial a. безпристрастен
bezpristrasten
impartiality n.
безпристрастност
bezpristrastnost
impassable a. непроходим
neprohodim
impasse n. безизходно
положение *bezizhodno
polozhenie*

impatience *n.* нетърпение
neturpenie
impatient *a.* нетърпелив
neturpeliv
impeach *v.t.* обвинявам
obvinyavam
impeachment *n.* импийчмънт
impiychmunt
impede *v.t.* спъвам *spuvam*
impediment *n.* спънка *spunka*
impenetrable *a.* непроницаем
nepronitsaem
imperative *a.* наложителен
nalozhitlen
imperfect *a.* несъвършен
nesuvarshen
imperfection *n.*
несъвършенство
nesuvurshenstvo
imperial *a.* имперски *imperski*
imperialism *n.* империализъм
imperializum
imperil *v.t.* излагам на
опасност *izlagam na opasnost*
imperishable *a.* нетленен
netlenen
impersonal *a.* безличен
bezlichen
impersonate *v.t.*
олицетворявам
olitsetvoryavam
impersonation *n.*
олицетворение
olitsetvorenie
impertinence *n.* наглост
naglost
impertinent *a.* нагъл *nagul*
impetuosity *n.* стремителност
stemitelnost

impetuous *a.* стремителен
stremitelen
implement *n.* сечиво *sechivo*
implement *v.t.* осъществявам
osushtestvyavam
implicate *v.t.* замесвам
zamesvam
implication *n.* замесване
zamesvane
implicit *a.* косвен *kosven*
implore *v.t.* умолявам
oumolyavam
imply *v.t.* предполагам
predpolagam
impolite *a.* неучтив *neouchtiv*
import *v.t.* внасям *vnasyam*
import *n.* внос *vnos*
importance *n.* важност
vlazhnost
important *a.* важен *vazhen*
impose *v.t.* налагам *nalagam*
imposing *a.* внушителен
vnoushtelen
imposition *n.* налагане
nalagane
impossibility *n.*
невъзможност
nevuzmozhnost
impossible *a.* невъзможен
nevuzmozhen
impostor *n.* самозванец
samozvanets
imposture *n.* измама *izmama*
impotence *n.* безсилие
bezsilie
impotent *a.* безсилен
bezsilen
impoverish *v.t.* обеднявам
obednyavam

impracticability *n.*
неизпълнимост
neizpulnimost
impracticable *a.* неизпълним
neizpulnim
impress *v.t.* впечатлявам
vpechatlyavam
impression *n.* впечатление
vpechatlenie
impressive *a.* впечатляващ
vpechatlyavasht
imprint *v.t.* отпечатвам
otpechatvam
imprint *n.* отпечатък
otpechatuk
imprison *v.t.* затварям
zatvaryam
improper *a.* неуместен
neoumesten
impropriety *n.* неуместност
neoumestno
improve *v.t.* подобрявам
podobryavam
improvement *n.* подобрение
podobrenie
imprudence *n.* безсрамие
bezsramie
imprudent *a.* безсрамен
bezsramen
impulse *n.* импулс *impouls*
impulsive *a.* импулсивен
impoulsiven
impunity *n.* безнаказаност
beznakazanost
impure *a.* нечист *nechist*
impurity *n.* нечистотия
nechistotiya
impute *v.t.* приписвам
pripisvam
in *prep.* в *v.*

inability *n.* неспособност
nesposobnost
inaccurate *a.* неточен
netochen
inaction *n.* бездействие
bezdeystvie
inactive *a.* недеен *nedeen*
inadmissible *a.* недопустим
nedopoustim
inanimate *a.* недушевен
nedousheven
inapplicable *a.* неприложим
neprilozhim
inattentive *a.* невнимателен
nevnimatelen
inaudible *a.* недоловим
nedolovim
inaugural *a.* встъпителен
vstupitelen
inauguration *n.* встъпване в длъжност *vstupvane v dluzhnost*
inauspicious *a.* злокобен
zlokoben
inborn *a.* вроден *vroden*
incalculable *a.* неизчислим
neizchislim
incapable *a.* неспособен
nesposoben
incapacity *n.* неспособност
nesposobnost
incarnate *a.* въплътен
vupluten
incarnate *v.t.* въплъщавам
vuplushtavam
incarnation *n.* въплъщение
vuplushtenie
incense *v.t.* сърдя *surdya*
incense *n.* тамян *tamyan*
incentive *n.* подбуда
podbouda

inception n. начало *nachalo*
inch n. инч *inch*
incident n. инцидент *intsident*
incidental a. инцидентен *intsidenten*
incite v.t. подбуждам *podbouzhdam*
inclination n. наклонност *naklonnost*
incline v.i. клоня *klonya*
include v.t. включвам *vklyuchvam*
inclusion n. включване *vklyuchvane*
inclusive a. включващ *vklyuchvasht*
incoherent a. несвързан *nesvurzan*
income n. приход *pihod*
incomparable a. несравним *nesravnim*
incompetent a. некомпетентен *nekompetenten*
incomplete a. непълен *nepulen*
inconsiderate a. егоистичен *egoistichen*
inconvenient a. неудобен *neoudoben*
incorporate v.t. обединявам *obedinyavam*
incorporate a. обединен *obedinen*
incorporation n. обединяване *obedinyavane*
incorrect a. неправилен *nepravilen*
incorrigible a. непоправим *nepopravim*

incorruptible a. неподкупен *nepodkoupen*
increase v.t. увеличавам *ouvelichavam*
increase n. увеличение *ouvelichenie*
incredible a. невероятен *neveroyaten*
increment n. прираст *prirast*
incriminate v.t. инкриминирам *inkriminiram*
incubate v.i. мътя *mutya*
inculcate v.t. внедрявам *vnedryavam*
incumbent n. титуляр *titoulyar*
incumbent a. възложен *vuzlozhen*
incur v.t. навличам си *navlicham si*
incurable a. нелечим *nelechim*
indebted a. задлъжнял *zadluzhnyal*
indecency n. непочтеност *nepochtennost*
indecent a. непочтен *nepochten*
indecision n. нерешителност *nereshitelnost*
indeed adv. наистина *naistina*
indefensible a. незащитим *nezashtitim*
indefinite a. неопределен *neopredelen*
indemnity n. обезщетение *obezshtetenie*
independence n. независимост *nezavisimost*

independent *a.* независим *nezavisim*
indescribable *a.* неописуем *neopisouem*
index *n.* индекс *indeks*
Indian *a.* индийски *indiyski*
indicate *v.t.* индикирам *indikiram*
indication *n.* индикация *indikatsiya*
indicative *a.* показателен *pokazatelen*
indicator *n.* индикатор *indikator*
indict *v.t.* обвинявам *obvinyavam*
indictment *n.* обвинение *obvinenie*
indifference *n.* безразличие *bezrazlichie*
indifferent *a.* безразличен *bezrazlichen*
indigenous *a.* местен *mesten*
indigestible *a.* несмилаем *nesmilaem*
indigestion *n.* неасимилираност *neasimiliranost*
indignant *a.* възмутен *vuzmouten*
indignation *n.* възмущение *vuzmoushtenie*
indigo *n.* индиго *indigo*
indirect *a.* индиректен *indirekten*
indiscipline *n.* недисциплинираност *nedistsipliniranost*
indiscreet *a.* недискретен *nediskreten*

indiscretion *n.* недискретност *nediskretnost*
indiscriminate *a.* безразборен *bezrazboren*
indispensable *a.* належащ *nalezhasht*
indisposed *a.* неразположен *nerazpolozhen*
indisputable *a.* неоспорим *neosporim*
indistinct *a.* неясен *neyasen*
individual *a.* индивидуален *individoualen*
individualism *n.* индивидуализъм *individoualizum*
individuality *n.* индивидуалност *individoualnost*
indivisible *a.* неделим *nedelim*
indolent *a.* ленив *leniv*
indomitable *a.* неукротим *neoukrotim*
indoor *a.* вътрешен *vutreshen*
indoors *adv.* вътре *vutre*
induce *v.t.* предизвиквам *predizvikvam*
inducement *n.* стимул *stimoul*
induct *v.t.* въвеждам в длъжност *vuvezhdam v dluzhnot*
induction *n.* въвеждане в длъжност *vuvezhdane v dluzhnost*
indulge *v.t.* задоволявам *zadovolyavam*
indulgence *n.* задоволеност *zadovolenost*

indulgent *a.* снизходителен *snizhoditelnost*
industrial *a.* промишлен *promishlen*
industrious *a.* работлив *rabotliv*
industry *n.* промишленост *promishlenost*
ineffective *a.* неефективен *neefektiven*
inert *a.* инертен *inerten*
inertia *n.* инерция *inertsiya*
inevitable *a.* неизбежен *neizbezhen*
inexact *a.* неточен *netochen*
inexorable *a.* неумолим *neoumolin*
inexpensive *a.* евтин *evtin*
inexperience *n.* неопитност *neopitnost*
inexplicable *a.* необясним *neobyasnim*
infallible *a.* непогрешим *nepogreshim*
infamous *a.* позорен *pozoren*
infamy *n.* позор *pozor*
infancy *n.* детство *detstvo*
infant *n.* малолетен *maloleten*
infanticide *n.* детеубийство *deteoubiystvo*
infantile *a.* инфантилен *infantilen*
infantry *n.* пехота *pehota*
infatuate *v.t.* замайвам *zamayvam*
infatuation *n.* заслепение *zaslepenie*
infect *v.t.* заразявам *zarazyavm*

infection *n.* инфекция *infektsiya*
infectious *a.* заразен *zarazen*
infer *v.t.* заключавам *zaklyuchavam*
inference *n.* подразбиране *podrazbirane*
inferior *a.* низш *nizsh*
inferiority *n.* малоценност *malotsennost*
infernal *a.* адски *adcki*
infinite *a.* безкраен *bezkraen*
infinity *n.* безкрайност *bezkraynost*
infirm *a.* немощен *nemoshten*
infirmity *n.* немощ *nemosht*
inflame *v.t.* възпламенявам *vuzplamenyavam*
inflammable *a.* запалим *zapalim*
inflammation *n.* запалване *zapalvane*
inflammatory *a.* възбудителен *vuzbouditelen*
inflation *n.* инфлация *inflatsiya*
inflexible *a.* непреклонен *nepreklonen*
inflict *v.t.* нанасям *nanasyam*
influence *n.* влияние *vliyanie*
influence *v.t.* влияя *vliyaya*
influential *a.* влиятелен *vliyatelen*
influenza *n.* грип *grip*
influx *n.* наплив *napliv*
inform *v.t.* информирам *informiram*
informal *a.* неформален *nefornalen*

information *n.* информация
informatsiya
informative *a.* информативен
informativen
informer *n.* информатор
informator
infringe *v.t.* нарушавам
naroushavam
infringement *n.* нарушение
naroushenie
infuriate *v.t.* разярявам
razyaryavam
infuse *v.t.* вливам *vlivam*
infusion *n.* наливане *nalivane*
ingrained *a.* вкоренен
vkotenen
ingratitude *n.*
неблагодарност
neblagodarnost
ingredient *n.* съставка
sustavka
inhabit *v.t.* обитавам
obitavam
inhabitable *a.* обитаем
obitaem
inhabitant *n.* обитател
obitatel
inhale *v.i.* вдишвам *vdishvam*
inherent *a.* присъщ *prisusht*
inherit *v.t.* наследявам
nasledyavam
inheritance *n.* наследство
nasledstvo
inhibit *v.t.* збранявам
zabranyavam
inhibition *n.* забрана *zabrana*
inhospitable *a.*
негостоприемен
negostopriemen
inhuman *a.* безчовечен
bezchovechen

inimical *a.* неприязнен
nepriyaznen
inimitable *a.* неподражаем
nepodrazhaem
initial *a.* първоначален
purvonachalen
initial *n.* инициал *initsial*
initial *v.t.* парафирам
parafiram
initiate *v.t.* започвам
zapochvam
initiative *n.* инициатива
initsiativa
inject *v.t.* инжектирам
inzhektiram
injection *n.* инжекция
inzhektsiya
injudicious *a.* неразумен
nerazoumen
injunction *n.* разпореждане
razporezhdane
injure *v.t.* ощетявам
oshtetyavam
injurious *a.* вреден *vreden*
injury *n.* вреда *vreda*
injustice *n.* несправедливост
nespravedlivost
ink *n.* мастило *mastilo*
inkling *n.* намек *namek*
inland *a.* вътрешен
vutreshen
inland *adv.* към вътрешността
kum vutreshnostta
in-laws *n.* сватове *svatove*
inmate *n.* обитател *obitatel*
inmost *a.* най-вътрешен *nay-vutreshen*
inn *n.* хан *han*
innate *a.* вроден *vroden*
inner *a.* вътрешен *vutreshen*

innermost *a.* най-вътрешен *nay-vutreshen*
innings *n.* ред *red*
innocence *n.* невинност *nevinnost*
innocent *a.* невинен *nevinen*
innovate *v.t.* иновирам *inoviram*
innovation *n.* нововъведение *novovuvedenie*
innovator *n.* новатор *novator*
innumerable *a.* безброен *bezbroen*
inoculate *v.t.* ваксинирам *vaksiniram*
inoculation *n.* ваксинация *vaksinatsiya*
inoperative *a.* недействащ *nedeystvasht*
inopportune *a.* ненавременен *nenavremenen*
input *n.* принос *prinos*
inquest *n.* следствие *sledstvie*
inquire *v.t.* разследвам *razsledvam*
inquiry *n.* разследване *razsledvane*
inquisition *n.* разпит *razpit*
inquisitive *a.* любознателен *lyuboznatelen*
insane *a.* ненормален *nenormalen*
insanity *n.* лудост *ludost*
insatiable *a.* ненаситен *nenasiten*
inscribe *v.t.* надписвам *nadpisvam*
inscription *n.* надпис *nadpis*
insect *n.* насекомо *nasekomo*

insecticide *n.* инсектицид *insektitsid*
insecure *a.* несигурен *nesigouren*
insecurity *n.* несигурност *nesigournost*
insensibility *n.* безчувственост *bezchuvstvenost*
insensible *a.* нечувствителен *nechouvstvitelen*
inseparable *a.* неделим *nedelim*
insert *v.t.* вмъквам *vmukvam*
insertion *n.* вмъкване *vmukvane*
inside *n.* вътрешна част *vutreshna chast*
inside *prep.* във *vuv*
inside *a.* вътрешен *butreshen*
inside *adv.* вътре *vutre*
insight *n.* проницателност *pronitsatelnost*
insignificance *n.* незначителност *neznachitelnost*
insignificant *a.* незначителен *neznachitelen*
insincere *a.* неискрен *neiskren*
insincerity *n.* неискреност *neiskrenost*
insinuate *v.t.* намеквам *namekvam*
insinuation *n.* намек *namek*
insipid *a.* блудкав *bloudkav*
insipidity *n.* блудкавост *bloudkavost*
insist *v.t.* настоявам *nastoyavam*

insistence *n.* настоятелност
nastoyatelnost
insistent *a.* настоятелен
nastoyatelen
insolence *n.* наглост *naglost*
insolent *a.* нагъл *nagul*
insoluble *n.* неразтворим
neraztvorim
insolvency *n.*
несъстоятелност
nastoyatelnost
insolvent *a.* фалирал *faliral*
inspect *v.t.* проверявам
proveryavam
inspection *n.* инспекция
inspektsiya
inspector *n.* инспектор
inspektor
inspiration *n.* вдъхновение
vduhnovenie
inspire *v.t.* вдъхновявам
vduhnovyavam
instability *n.* несстабилност
nestabilnost
install *v.t.* инсталирам
instaliram
installation *n.* инсталиране
instalirane
instalment *n.* вноска *vnoska*
instance *n.* пример *primer*
instant *n.* миг *mig*
instant *a.* незабавен
nezabaven
instantaneous *a.* мигновен
mignoven
instantly *adv.* мигновено
mignovenno
instigate *v.t.* подстрекавам
podstrekavam

instigation *n.*
подстрекателство
podstrekatelstvo
instil *v.t.* насаждам
nasazhdam
instinct *n.* инстинкт *instinkt*
instinctive *a.* инстинктивен
instinktiven
institute *n.* институт *institout*
institution *n.* институция
institoutsiya
instruct *v.t.* инструктирам
instrouktiram
instruction *n.* инструкция
instrouktsiya
instructor *n.* инструктор
instrouktor
instrument *n.* инструмент
instroument
instrumental *a.*
инструментален
instroumentalen
instrumentalist *n.*
инструменталист
instroumentalist
insubordinate *a.*
недисциплиниран
nedistsipliniranost
insubordination *n.*
неподчинение
nepodchinenie
insufficient *a.* недостатъчен
nedostatuchen
insular *a.* изолиран *izoliran*
insularity *n.* изолираност
izoliranost
insulate *v.t.* изолирам
izoliram
insulation *n.* изолация
izolatsiya
insulator *n.* изолатор *izolator*

insult *n.* обида *obida*
insult *v.t.* обиждам *obizhdam*
insupportable *a.* непоносим
neponosim
insurance *n.* застраховка
zastrahovka
insure *v.t.* застраховам
zastrahovam
insurgent *a.* въстанически
vuzstanicheski
insurgent *n.* въстаник
vustanik
insurmountable *a.*
непреодолим *nepreodolim*
insurrection *n.* въстание
vustanie
intact *a.* непокътнат
nepokutnat
intangible *a.* неосезаем
neosezaem
integral *a.* неразделен
nerazdelen
integrity *n.* цялост *tsyalost*
intellect *n.* интелект *intelekt*
intellectual *a.* интелектуален
intelektoualen
intellectual *n.* интелектуалец
intelektoualets
intelligence *n.*
интелектуалност
intelektoualnost
intelligent *a.* интелигентен
inteligenten
intelligentsia *n.* интелегенция
inteligentsiya
intelligible *a.* понятен
ponyaten
intend *v.t.* възнамерявам
vuznameryavam
intense *a.* силен *silen*

intensify *v.t.* усилвам
ousilvam
intensity *n.* интензивност
intenzivnost
intensive *a.* интензивен
intenziven
intent *n.* намерение
namerenie
intent *a.* склонен *sklonen*
intention *n.* намерение
nameenie
intentional *a.* умишлен
oumishlen
intercept *v.t.* пресичам
presicham
interception *n.* пресичане
presichane
interchange *n.* обмен *obmen*
interchange *v.* обменям
obmenyam
intercourse *n.* общуване
obshtuvane
interdependence *n.*
взаимозависимост
vzaimozavisimost
interdependent *a.* взаимно
зависим *vzaimno zavisim*
interest *n.* интерес *interes*
interested *a.* заинтересуван
zainteresouvan
interesting *a.* интересен
interesen
interfere *v.i.* намесвам се
namesvam se
interference *n.* намеса
namesa
interim *n.* промеждутък
promezhdoutuk
interior *a.* вътрешен
vutreshen

interior *n.* вътрешност
vutreshnost
interjection *n.* възклицание
vuaklitsanie
interlock *v.t.* съединявам се
suedinyavam se
interlude *n.* антракт *antrakt*
intermediary *n.* посредник
posrednik
intermediate *a.* междинен
mezhdinen
interminable *a.* нескончаем
neskonchaem
intermingle *v.t.* смесвам
smesvam
intern *v.t.* интернирам
interniram
internal *a.* вътрешен
vutreshen
international *a.*
международен
mezhynaron
interplay *n.* взаимодействие
vzaimodeystvie
interpret *v.t.* тълкувам
tulkuvam
interpreter *n.* преводач
prevodach
interrogate *v.t.* разпитвам
razpitvam
interrogation *n.* разпит *razpit*
interrogative *a.*
въпросителен *vuprositelen*
interrogative *n.* въпрос
vuprositelen
interrupt *v.t.* прекъсвам
prekusvam
interruption *n.* прекъсване
prekusvane
intersect *v.t.* пресичам
presicham

intersection *n.* пресечка
presechka
interval *n.* интервал *interval*
intervene *v.i.* интервенирам
interveniram
intervention *n.* интервенция
interventsiya
interview *n.* интервю *intervyu*
interview *v.t.* интервюирам
intervyuiram
intestinal *a.* чревен *cherven*
intestine *n.* черво *chervo*
intimacy *n.* интимност
intimnost
intimate *a.* интимен *intimen*
intimate *v.t.* подмятам
podmyatam
intimation *n.* подмятане
podmyatane
intimidate *v.t.* сплашвам
splashvam
intimidation *n.* заплашване
zaplashvane
into *prep.* в *v.*
intolerable *a.* непоносим
prenosim
intolerance *n.*
нетолерантност
netolerantnost
intolerant *a.* нетолерантен
netoleranten
intoxicant *n.* упойка *upoyka*
intoxicate *v.t.* упоявам
upoyavam
intoxication *n.* интоксикация
intoksikatsiya
intransitive *a.* *(verb)*
непреходен *neprehoen*
interpid *a.* неустрашим
neustrashim

intrepidity *n.* неустрашимост
naystrashimost
intricate *a.* заплетен *zapleten*
intrigue *v.t.* заинтригувам
zaintrigouvam
intrigue *n.* интрига *intriga*
intrinsic *a.* свойствен
voystven
introduce *v.t.* представям
predstavyam
introduction *n.* представяне
predstavyane
introductory *a.* встъпителен
vstupitelen
introspect *v.i.* вглъбявам се
vglubyavam se
introspection *n.*
интроспекция *intrspektsiya*
intrude *v.t.* натрапвам се
natrapvam se
intrusion *n.* натрапване
natrapvane
intuition *n.* интуиция
intouitsiya
intuitive *a.* интуитивен
intouativen
invade *v.t.* нахлувам
nahlouvam
invalid *a.* невалиден
nevaliden
invalid *a.* неработоспособен
nerabotosposoben
invalid *n.* инвалид *invalid*
invalidate *v.t.* обезсилвам
obezsilvam
invaluable *a.* безценен
beztsenen
invasion *n.* нашествие
nashestvie
invective *n.* хули *houli*

invent *v.t.* изобретявам
izobretyavam
invention *n.* изобретение
izobretenie
inventive *a.* изобретателен
izobretatelen
inventor *n.* изобретател
izobretatelen
invert *v.t.* преобръщам
preobrushtam
invest *v.t.* инвестирам
investiram
investigate *v.t.* разследвам
razsledvam
investigation *n.* разследване
razsledvane
investment *n.* инвестиция
investitsiya
invigilate *v.t.* дежуря
dezhourya
invigilation *n.* дежурство
dezhourstvo
invigilator *n.* дежурен
dezhouren
invincible *a.* непобедим
nepobedim
inviolable *a.* ненарушим
nenaroushim
invisible *a.* невидим *nevidim*
invitation *v.* покана *pokana*
invite *v.t.* каня *kanya*
invocation *n.* призив *priziv*
invoice *n.* фактура *faktoura*
invoke *v.t.* произовавам
prizovavam
involve *v.t.* въвличам
vuvlicham
inward *a.* обърнат навътре
oburnat na vutre
inwards *adv.* навътре *navutre*
irate *a.* разлютен *razlyuten*

ire *n.* гняв *gnyav*
Irish *a.* ирландски *irlandski*
Irish *n.* ирландец *irlandets*
irksome *a.* досаден *dosaden*
iron *n.* желязо *zhelyazo*
iron *v.t.* гладя *gladya*
ironical *a.* ироничен *ironichen*
irony *n.* ирония *ironiya*
irradiate *v.i.* сияя *siyaya*
irrational *a.* неразумен *nerazoumen*
irreconcilable *a.* несъвместим *nesuvmestim*
irrecoverable *a.* невъзстановим *nevuzstanovim*
irrefutable *a.* неоспорим *neosporim*
irregular *a.* нередовен *neredoven*
irregularity *n.* нередовност *neredovnost*
irrelevant *a.* ирелевантен *irelevanten*
irrespective *a.* неотнасящ се *neotnasyasht se*
irresponsible *a.* безотговорен *bezotgovoren*
irrigate *v.t.* напоявам *napoyavam*
irrigation *n.* напояване *napoyavane*
irritable *a.* раздразнителен *razdraznitelen*
irritant *a.* дразнещ *draznesht*
irritant *n.* дразнител *draznitel*
irritate *v.t.* дразня *draznya*
irritation *n.* раздразнение *razdraznenie*
irruption *n.* нахлуване *nahlouvane*

island *n.* остров *ostrov*
isle *n.* остров *ostrov*
isobar *n.* изобар *izobar*
isolate *v.t.* изолирам *izoliram*
isolation *n.* изолация *izolatsiya*
issue *v.i.* издавам *izdavam*
issue *n.* издание *izdanie*
it *pron.* то *to*
Italian *a.* италиански *italianski*
Italian *n.* италианец *italianets*
italic *a.* курсивен *koursiven*
italics *n.* курсив *koursiv*
itch *n.* сърбеж *surbezh*
itch *v.i.* сърби ме *surbi me*
item *n.* точка *tochka*
ivory *n.* слонова кост *slonova kost*
ivy *n.* бръшлян *brushlyan*

J

jab *v.t.* ръгам *rugam*
jabber *v.t.* дърдоря *durdorya*
jack *n.* крик *krik*
jack *v.t.* вдигам с крик *vdigam s krik*
jackal *n.* чакал *chakal*
jacket *n.* яке *yake*
jade *n.* нефрит *nefrit*
jail *n.* затвор *zatvor*
jailer *n.* тъмничар *tumnichar*
jam *n.* задръстване *zadrustvane*
jam *v.t.* задръствам *zadrustvam*
jar *n.* буркан *bourkan*
jargon *n.* жаргон *zhargon*

jasmine, jessamine *n.* жасмин *zhasmin*
jaundice *n.* предубеждение *predoubezhenie*
jaundice *v.t.* предубеден съм *predoubeden sum*
javelin *n.* копие *kopie*
jaw *n.* челюст *chelyust*
jay *n.* сойка *soyka*
jealous *a.* ревнив *revniv*
jealousy *n.* ревност *revnivost*
jean *n.* плат *plat*
jeer *v.i.* подигравам се *podigravam se*
jelly *n.* желе *zhele*
jeopardize *v.t.* застрашавам *zastrashavam*
jeopardy *n.* опасност *opasnost*
jerk *n.* смотаняк *smotanyak*
jerkin *n.* палто *palto*
jerky *a.* друсане *drousane*
jersey *n.* жарсе *zharse*
jest *n.* шега *shega*
jest *v.i.* шегувам се *shegouvam se*
jet *n.* самолет *samolet*
Jew *n.* евреин *evrein*
jewel *n.* скъпоценност *skupotsennost*
jewel *v.t.* украсявам *oukrasyavam*
jeweller *n.* бижутер *bizhouter*
jewellery *n.* бижута *bizouta*
jingle *n.* дрънчене *drunchene*
jingle *v.i.* дрънча *druncha*
job *n.* работа *rabota*
jobber *n.* аферист *aferist*
jobbery *n.* афера *afera*
jocular *a.* духовит *douhovit*

jog *v.t.* сбутвам *sboutvam*
join *v.t.* присъединявам се *prisuedinyavam se*
joiner *n.* столар *stolar*
joint *n.* сглобка *sglobka*
jointly *adv.* съвместно *suvmestimo*
joke *n.* смешка *smeshka*
joke *v.i.* шегувам се *shegouvam se*
joker *n.* шегаджия *shegadzhiya*
jollity *n.* веселба *veselba*
jolly *a.* весел *vesel*
jolt *n.* друсане *drousane*
jolt *v.t.* друсам се *drousam se*
jostle *n.* блъскам се *bluskam se*
jostle *v.t.* блъскане *bluskane*
jot *n.* йота *yota*
jot *v.t.* драсвам *drasvam*
journal *n.* журнал *zhournal*
journalism *n.* журнализъм *zhournalizum*
journalist *n.* журналист *hornalist*
journey *n.* пътуване *putouvane*
journey *v.i.* пътувам *putouvam*
jovial *a.* приветлив *privetliv*
joviality *n.* приветливост *privetlivost*
joy *n.* радост *radost*
joyful, joyous *n.* радостен *radosten*
jubilant *a.* ликуващ *likouvasht*
jubilation *n.* ликуване *likouvane*
jubilee *n.* юбилей *yubiley*

judge *n.* съдия *suduya*
judge *v.i.* съдя *sudiya*
judgement *n.* присъда *prisuda*
judicature *n.* правораздаване *pravorazdavane*
judicial *a.* съдебен *sudeben*
judiciary *n.* съдийство *sudiustvo*
judicious *a.* здравомислещ *zdravomislesht*
jug *n.* кана *kana*
juggle *v.t.* жонглирам *zhongliram*
juggler *n.* жонгльор *zhonglyor*
juice *n.* сок *sok*
juicy *a.* сочен *sochen*
jumble *n.* бъркотия *burkotiya*
jumble *v.t.* разбърквам *razburkvam*
jump *n.* скок *skok*
jump *v.i.* скачам *skacham*
junction *n.* кръстовище *krustovishe*
juncture *n.* свързване *svurzvne*
jungle *n.* джунгла *dzhoungla*
junior *a.* младши *mladshi*
junior *n.* младши *mladshi*
junk *n.* вехтории *vehtorii*
jupiter *n.* юпитер *yupiter*
jurisdiction *n.* юрисдикция *yurisdiktsiya*
jurisprudence *n.* юриспруденция *yurisprudentsiya*
jurist *n.* юрист *yurist*
juror *n.* съдия *sudiya*
jury *n.* съдебен състав *sudeben sustav*

juryman *n.* съдебен заседател *sudeben zasedatel*
just *a.* справедлив *spravedliv*
just *adv.* само *samo*
justice *n.* правосъдие *pravozudie*
justifiable *a.* оправдан *opravdan*
justification *n.* оправдаване *opravdanie*
justify *v.t.* оправдавам *opravdavam*
justly *adv.* справедливо *spravedlivo*
jute *n.* юта *yuta*
juvenile *a.* непълнолетен *nepulnoleten*

K

keen *a.* страстен *strasten*
keenness *n.* страстност *strastnost*
keep *v.t.* пазя *pazya*
keeper *n.* пазач *pazach*
keepsake *n.* спомен *spomen*
kennel *n.* колибка *kolibka*
kerchief *n.* кърпа *kurpa*
kernel *n.* ядка *yadka*
kerosene *n.* керосин *kerosin*
ketchup *n.* кетчуп *ketchoup*
kettle *n.* чайник *chaynik*
key *n.* ключ *klyuch*
key *v.t.* настройвам *nastroyvam*
kick *n.* ритник *ritnik*
kick *v.t.* ритам *ritam*
kid *n.* дете *dete*

kidnap v.t. отвличам otvlicham
kidney n. бъбрек bubrek
kill v.t. убивам oubivam
kill n. убийство oubiystvo
kiln n. пещ pesht
kin n. род rod
kind n. вид vid
kind a. мил mil
kindergarten ; n. дестка градина detska grsdins
kindle v.t. разпалвам razpalvam
kindly adv. любезно lyubezno
king n. крал kral
kingdom n. кралство kralstvo
kinship n. роднинство rodninstvo
kiss n. целувка tselouvka
kiss v.t. целувам tselouvam
kit n. екипировка ekipirovka
kitchen n. кухня kouhnya
kite n. хвърчило hvurchilo
kith n. близки blizki
kitten n. коте kote
knave n. мошеник moshenik
knavery n. мошеничество moshenichestvo
knee n. коляно kolyano
kneel v.i. коленича kolenicha
knife n. нож nozh
knight n. рицар ritsar
knight v.t. давам рицарско звание davam ritsarsko zvanie
knit v.t. плета pleta
knock v.t. чукам choukam
knot n. възел vuzel
knot v.t. връзвам възел vruzvam vuzel
know v.t. знам znam

knowledge n. знания znaniya

L

label n. етикет etiket
label v.t. слагам етикет slagam etiket
labial a. лабилен labilen
laboratory n. лаборатория laboratoriya
laborious a. изтощителен iztoshten
labour n. труд troud
labour v.i. трудя се troudya se
laboured a. тежък tezhuk
labourer n. работник rabotnik
labyrinth n. лабиринт labirint
lac, lakh n. лакей lakey
lace n. ширит shirit
lace v.t. сплитам splitam
lacerate v.t. раздирам razdiram
lachrymose a. сълзлив sulzliv
lack n. липса lipsa
lack v.t. липсва ми lipsva mi
lackey n. лакей lakey
lacklustre a. помътен pomuten
laconic a. лаконичен lakonichen
lactate v.i. кърмя kurmya
lactometer n. млекомер mlekomer
lactose n. лактоза laktoza
lacuna n. празнота praznota
lacy a. тантелен tantelen
lad n. момък momuk

ladder *n.* стълба *stulba*
lade *v.t.* товаря *tovarya*
ladle *n.* черпак *cherpak*
ladle *v.t.* гребя *grebya*
lady *n.* дама *dama*
lag *v.i.* изоставям *izostavam*
laggard *n.* пипкав човек *pipkav chovek*
lagoon *n.* лагуна *lagouna*
lair *n.* бърлога *burloga*
lake *n.* езеро *ezero*
lama *n.* лама *lama*
lamb *n.* агне *agne*
lambaste *v.t.* критикувам *kritikouvam*
lame *a.* куц *kouts*
lame *v.t.* осакатявам *osakatyavam*
lament *v.i.* жалея *zhaleya*
lament *n.* жалба *zhalba*
lamentable *a.* печален *pechalen*
lamentation *n.* ридание *ridanie*
lambkin *n.* агънце *aguntse*
laminate *v.t.* ламинирам *laminiram*
lamp *n.* лампа *lampa*
lampoon *n.* памфлет *pamflet*
lampoon *v.t.* пиша памфлет *pisha pamflet*
lance *n.* пика *pika*
lance *v.t.* пронизвам с пика *pronizvam s pika*
lancer *n.* улан *oulan*
lancet *a.* ланцет *lanchet*
land *n.* земя *zemya*
land *v.i.* приземявам се *prizemyavam se*
landing *n.* кацане *katsane*
landscape *n.* пейзаж *peyzazh*

lane *n.* пътно платно *putno platno*
language *n.* език *ezik*
languish *v.i.* слабея *slabeya*
lank *a.* дългурест *dulgourest*
lantern *n.* фенер *fener*
lap *n.* скут *skout*
lapse *v.i.* обезсилвам се *obezsilvam se*
lapse *n.* пропуск *propousk*
lard *n.* свинска мас *svinska mas*
large *a.* голям *golyam*
largesse *n.* щедрост *shtedrost*
lark *n.* чучулига *chouchouliga*
lascivious *a.* похотлив *pohotliv*
lash *a.* бия с камшик *biya s kamshik*
lash *n.* камшик *kamshik*
lass *n.* мома *moma*
last1 *a.* последен *posleden*
last *adv.* накрая *nakraya*
last *v.i.* продължавам *produlzhavam*
last *n.* последен *posleden*
lastly *adv.* накрая *nakraya*
lasting *a.* дълготраен *dulgotraen*
latch *n.* резе *reze*
late *a.* късен *kusen*
late *adv.* късно *kusno*
lately напоследък *naposleduk*
latent *a.* латентен *latenten*
lath *n.* летва *letva*
lathe *n.* струг *stroug*
lathe *n.* струговам *strougovam*
lather *n.* пяна *pyana*
latitude *n.* ширина *shirina*
latrine *n.* клозет *klozet*

latter *a.* втори *vtori*
lattice *n.* решетка *reshetka*
laud *v.t.* хваля *hvalya*
laud *n.* похвала *pohvala*
laudable *a.* похвален *pohvalen*
laugh *n.* смях *smyah*
laugh *v.i.* смея се *smeya se*
laughable *a.* смешен *smeshen*
laughter *n.* смях *smyah*
launch *v.t.* пускам в ход *pouskam v hod*
launch *n.* пускане в ход *poskane v hod*
launder *v.t.* пера *pera*
laundress *n.* перачка *perachka*
laundry *n.* пералня *peralnya*
laurel *n.* лаври *lavri*
laureate *a.* лавров *lavrov*
laureate *n.* лауреат *laoureat*
lava *n.* лава *lava*
lavatory *n.* тоалетна *toaletna*
lavender *n.* лавандула *lavandoula*
lavish *a.* изобилен *izobilen*
lavish *v.t.* прахосвам *prahosvam*
law *n.* закон *zakon*
lawful *a.* законен *zakonen*
lawless *a.* беззаконен *bezzakonen*
lawn *n.* морава *morava*
lawyer *n.* адвокат *advokat*
lax *a.* немарлив *nemarliv*
laxative *n.* разхлабително *razhlabitelno*
laxative *a.* разхлабителен *razhlabitelen*

laxity *n.* отпуснатост *otpousnatost*
lay *v.t.* поставям *postavyam*
lay *a.* светски *svetski*
lay *n.* балада *balada*
layer *n.* слой *sloy*
layman *n.* лаик *laik*
laze *v.i.* мързелувам *murzelouvam*
laziness *n.* мързел *murzel*
lazy *n.* мързелив *murzeliv*
lea *n.* поле *pole*
leach *v.t.* накисвам *nakisvam*
lead *n.* олово *olovo*
lead *v.t.* водя *vodya*
lead *n.* ръководство *rukovodstvo*
leaden *a.* оловен *oloven*
leader *n.* лидер *lider*
leadership *n.* водачество *vodachestvo*
leaf *n.* лист *list*
leaflet *n.* брошура *broshoura*
leafy *a.* листат *listat*
league *n.* лига *liga*
leak *n.* дупка *doupka*
leak *v.i.* тека *teka*
leakage *n.* теч *tech*
lean *n.* наклон *naklon*
lean *v.i.* облягам се *oblyagam se*
leap *v.i.* скачам *skacham*
leap *n.* скок *skok*
learn *v.i.* уча *oucha*
learned *a.* учен *ouchen*
learner *n.* учащ се *ouchasht*
learning *n.* учене *ouchene*
lease *n.* наем *naem*
lease *v.t.* наемам *naemam*
least *a.* най-малък *nay-maluk*

least *adv.* най-малко *naymalko*
leather *n.* кожа *kozha*
leave *n.* позволение *pozvolenie*
leave *v.t.* заминавам *zaminavam*
lecture *n.* лекция *lektsiya*
lecture *v.* чета лекция *cheta lektsiya*
lecturer *n.* лектор *lektor*
ledger *n.* счетоводна книга *schetovodns kniga*
lee *n.* завет *zavet*
leech *n.* пиявица *piyavitsa*
leek *n.* праз лук *praz louk*
left *a.* ляв *lyav*
left *n.* левица *levitsa*
leftist *n.* левичар *levichar*
leg *n.* крак *krak*
legacy *n.* завещание *zaveshtanie*
legal *a.* законен *zakonen*
legality *n.* законност *zakonnost*
legalize *v.t.* легализирам *legaliziram*
legend *n.* легенда *legenda*
legendary *a.* легендарен *legendaren*
leghorn *n.* легхорн *leghorn*
legible *a.* четлив *chetliv*
legibly *adv.* четливо *chetlivo*
legion *n.* легион *legion*
legionary *n.* легионерски *legionerski*
legislate *v.i.* законодателствувам *zakonodatelstvouvam*

legislation *n.* законодателство *zakonodatelstvo*
legislative *a.* законодателен *zakonodatelen*
legislator *n.* законодател *zakonodatel*
legislature *n.* законодателна власт *zakonodatelna vlast*
legitimacy *n.* легитимност *legitimnost*
legitimate *a.* легитимен *legitimen*
leisure *n.* свободно време *svobodno vreme*
leisure *a.* свободен от работа *svoboden ot rabota*
leisurely *a.* бавен *baven*
leisurely *adv.* бавно *bavno*
lemon *n.* лимон *limon*
lemonade *n.* лимонада *limonada*
lend *v.t.* давам на заем *davam na zaem*
length *n.* дължина *dulzhina*
lengthen *v.t.* удължавам *oydulzhavam*
lengthy *a.* проточен *protochen*
lenience, leniency *n.* снизходителност *snishoditelnost*
lenient *a.* снизходителен *snishoditelen*
lens *n.* леща *leshta*
lentil *n.* леща *leshta*
Leo *n.* лъв *luv*
leonine *a.* лъвски *luvski*
leopard *n.* леопард *leopard*
leper *n.* прокажен *prokazhen*
leprosy *n.* проказа *prokza*

leprous *a.* прокажен *prokazhen*
less *a.* по-малък *po-maluk*
less *n.* по-малко *po-malko*
less *adv.* по-малко *po-malko*
less *prep.* без *bezzakonen*
lessee *n.* наемател *naematel*
lessen *v.t.* намалявам *namalyavam*
lesser *a.* по-малък *po-maluk*
lesson *n.* урок *ourok*
lest *conj.* за да не *za da ne*
let *v.t.* оставям *ostavyam*
lethal *a.* летален *leten*
lethargic *a.* летаргичен *letargichen*
lethargy *n.* летаргия *letargiya*
letter *n.* писмо *pismo*
level *n.* ниво *nivo*
level *a.* равен *raven*
level *v.t.* заравнявам *zaravnyavam*
lever *n.* лост *lost*
lever *v.t.* повдигам с лост *povdiam lost*
leverage *n.* опорна точка *oporna tochka*
levity *n.* лекомислие *lekomislie*
levy *v.t.* вземам данък *vzmam danuk*
levy *n.* облагане *oblagane*
lewd *a.* похотлив *pohotliv*
lexicography *n.* лексикография *leksikografiya*
lexicon *n.* речник *rechnik*
liability *n.* отговорност *otgovornost*
liable *a.* отговорен *ctvoren*
liaison *n.* връзка *vruzka*

liar *n.* лъжец *luzhets*
libel *n.* клевета *klevta*
libel *v.t.* клеветя *klevetya*
liberal *a.* либерален *liberalen*
liberalism *n.* либерализъм *liberalizum*
liberality *n.* либералност *liberalnost*
liberate *v.t.* освобождавам *osvobozhdavam*
liberation *n.* освобождаване *osvobozhdavane*
liberator *n.* освободител *osvoboditel*
libertine *n.* развратник *razvratnik*
liberty *n.* свобода *svoboda*
librarian *n.* библиотекар *bibliotekar*
library *n.* библиотека *biblioteka*
licence *n.* лиценз *litsenz*
license *v.t.* лицензирам *litsenziram*
licensee *n.* лицензант *litsenzant*
licentious *a.* безнравствен *beznravstven*
lick *v.t.* лижа *lizha*
lick *n.* лизане *lizane*
lid *n.* капак *kapka*
lie *v.i.* лъжа *luzha*
lie *v.i.* лежа *lezha*
lie *n.* лъжа *luzha*
lien *n.* запазено право *zapazeno pravo*
lieu *n.* наместо *namesto*
lieutenant *n.* лейтенант *leytenant*
life *n.* живот *zhivot*

lifeless a. безжизнен
bezzhiznen
lifelong a. доживотен
dozhivoten
lift n. лифт lift
lift v.t. повдигам povdigam
light n. светлина svetlina
light a. лек lek
light v.t. запалвам zapalvam
lighten v.i. осветявам
osvetyavam
lighter n. запалвам zapalvam
lightly adv. леко lekomislie
lightening n. светкавица
svetkavitsa
lignite n. лигнит lignit
like a. подобен podoben
like n. влечение vlechenie
like v.t. харесвам haresvam
like prep. като kato
likelihood n. вероятност
veroyatnost
likely a. вероятен veroyaten
liken v.t. уподобявам
oupodobyavam
likeness n. сходство
shodstvo
likewise adv. подобно
podobno
liking n. симпатия simpatiya
lilac n. люляк lyulyak
lily n. лилия liliya
limb n. крайник kraynik
limber v.t. раздвижвам
razdvizhvam
limber n. подвижен podvizhen
lime n. вар var
lime v.t. варосвам varosvam
lime n. лимон limon
limelight n. светлина на
сцена svetlina na scena

limit n. лимит limit
limit v.t. ограничавам
ogranichavam
limitation n. ограничение
ogranichenie
limited a. ограничен
ogranichenie
limitless a. безграничен
bezgranichen
line n. линия liniya
line v.t. разчертавам
razchertavam
line v.t. нареждам
narezhdam
lineage n. потекло poteklo
linen n. бельо belyoo
linger v.i. бавя се bavya se
lingo n. жаргон zhargon
lingua franca n. смесен език
smesen ezik
lingual a. езиков ezikov
linguist n. лингвист lingvist
linguistic a. лингвинистичен
lingvistichen
linguistics n. лингвистика
lingvistika
lining n. подплата podplata
link n. връзка vruzka
link v.t. съединявам
suedinyavam
linseed n. ленено семе
leneno seme
lintel n. щурц shtourts
lion n. лъв luv
lioness n. лъвица luvitsa
lip n. устна ustna
liquefy v.t. втечнявам се
vtechnyavam
liquid a. течен techen
liquid n. течност technost

liquidate *v.t.* ликвидирам *likvidiram*
liquidation *n.* ликвидация *likvidatsiya*
liquor *n.* алкохол *alkohol*
lisp *v.t.* фъфля *fuflya*
lisp *n.* фъфлене *fuflene*
list *n.* списък *spisuk*
list *v.t.* изброявам *izbroyavam*
listen *v.i.* слушам *slousham*
listener *n.* слушател *sloushatel*
listless *a.* равнодушен *ravnodoushen*
lists *n.* арена *arena*
literacy *n.* грамотност *gramotnost*
literal *a.* буквален *boukvalen*
literary *a.* летературен *literatour*
literate *a.* грамотен *gramoten*
literature *n.* литература *literatoura*
litigant *n.* страна по дело *strana po delo*
litigate *v.t.* съдя се *sudya se*
litigation *n.* съдебен спор *sudeben spor*
litre *n.* литър *litur*
litter *n.* безпорядък *bezporyaduk*
litter *v.t.* разхвърлям *razhvurlyam*
litterateur *n.* литератор *literator*
little *a.* малък *maluk*
little *adv.* малко *malko*
little *n.* малко *malko*
littoral *a.* крайбрежен *kraybrezhen*

liturgical *a.* литургичен *liturgichen*
live *v.i.* живея *zhiveya*
live *a.* жив *zhiv*
livelihood *n.* прехрана *prehrana*
lively *a.* жизнен *zhiznen*
liver *n.* черен дроб *cheren drob*
livery *n.* ливрея *livreya*
living *a.* живеещ *zhiveesht*
living *n.* издръжка *izdruzhka*
lizard *n.* гущер *goushter*
load *n.* товар *tovar*
load *v.t.* товаря *tovarya*
loadstar *n.* полярна звезда *polyarna zvezda*
loadstone *n.* магнетит *magnetit*
loaf *n.* самун *samoun*
loaf *v.i.* хойкам *hoykam*
loafer *n.* безделник *bezdelnik*
loan *n.* заем *zaem*
loan *v.t.* заемам *zaemam*
loath *a.* нежелаещ *nezhelaesht*
loathe *v.t.* ненавиждам *nenavizhdam*
loathsome *a.* отвратителен *otvratitelen*
lobby *n.* лоби *lobi*
lobe *n.* изпъкналост *izpuknalost*
lobster *n.* рак *rak*
local *a.* местен *mesten*
locale *n.* място *myasto*
locality *n.* местност *mestnost*
localize *v.t.* ограничавам *ogranichavam*
locate *v.t.* локализирам *lokaliziram*

location *n.* местоположение *mestopolozhenie*
lock *n.* брава *brava*
lock *v.t.* заключвам *zaklyuchvam*
lock *n.* кичур *kichour*
locker *n.* чекмедже *chekmedzhe*
locket *n.* медальон *medalyoon*
locomotive *n.* локомотив *lokomotiv*
locus *n.* място *myasto*
locust *n.* рожков *rozhkov*
locution *n.* израз *izraz*
lodge *n.* жилище *zhilishte*
lodge *v.t.* подслонявам *podslonyavam*
lodging *n.* квартира *kvartira*
loft *n.* таван *tavan*
lofty *a.* извисен *izvisen*
log *n.* дневник *dnevnik*
logarithm *n.* логаритъм *logaritum*
loggerhead *n.* тъпак *tupak*
logic *n.* логика *logika*
logical *a.* логичен *logichen*
logician *n.* логик *logik*
loin *n.* слабини *slabini*
loiter *v.i.* разтакавам се *raztakavam se*
loll *v.i.* увисвам *ouvisvam*
lollipop *n.* бонбон *bonbon*
lone *a.* сам *sam*
loneliness *n.* самота *samota*
lonely *a.* самотен *samoten*
lonesome *a.* унил *ounil*
long *a.* дълъг *dulug*
long *adv* дълго *dulgo*
long *v.i.* копнея *kopneya*

longevity *n.* дълголетие *dulgoletie*
longing *n.* копнеж *kopnezh*
longitude *n.* дължина *dulzhina*
look *v.i.* гледам *gledam*
look *n.* поглед *pogled*
loom *n.* стан *stan*
loom *v.i.* задавам се *zadavam se*
loop *n.* клуп *kloyp*
loop-hole *n.* амбразура *ambrazoura*
loose *a.* хлабав *hlabav*
loose *v.t.* разхлабвам *razhlabvam*
loosen *v.t.* развързвам *razvurzvam*
loot *n.* плячка *plyachka*
loot *v.i.* плячкосвам *plyachkosvam*
lop *v.t.* режа *rezha*
lop *n.* отсечена част *otsechena chast*
lord *n.* лорд *lord*
lordly *a.* лордски *lordski*
lordship *n.* господарство *gospodarstvo*
lore *n.* знания *znaniya*
lorry *n.* камион *kamion*
lose *v.t.* губя *goubya*
loss *n.* загуба *zagouba*
lot *n.* жребие *zhrebie*
lot *n* парцел *partsel*
lotion *n.* лосион *losion*
lottery *n.* лотария *lotariya*
lotus *n.* лотус *lotous*
loud *a.* висок *visok*
lounge *v.i.* излежавам се *izlezhavam se*
lounge *n.* салон *salon*

louse *n.* въшка *vushka*
lovable *a.* обичлив *obichliv*
love *n.* любов *lyubov*
love *v.t.* обичам *obicham*
lovely *a.* прелестен *prelesten*
lover *n.* любовник *lyubovnik*
loving *a.* любещ *lyubesht*
low *a.* нисък *nisuk*
low *adv.* ниско *nisko*
low *v.i.* муча *moucha*
low *n.* ниско ниво *nisko nivo*
lower *v.t.* спускам *spouskam*
lowliness *n.* незначителност *neznachitelnost*
lowly *a.* незначителен *neznachitelen*
loyal *a.* лоялен *loyalen*
loyalist *n.* лоялист *loyalist*
loyalty *n.* лоялност *loyalnost*
lubricant *n.* лубрикант *loubrikant*
lubricate *v.t.* смазвам *smazvam*
lubrication *n.* смазка *smazka*
lucent *a.* блестящ *blestyasht*
lucerne *n.* люцерна *lyutserna*
lucid *a.* ясен *yasen*
lucidity *n.* яснота *aysnota*
luck *n.* късмет *kusmet*
luckily *adv.* за късмет *za kusmet*
luckless *a.* без късмет *bez kusmet*
lucky *a.* късметлия *kusmetliya*
lucrative *a.* доходен *dohoden*
lucre *n.* печалба *pechalba*
luggage *n.* багаж *bagazh*
lukewarm *a.* равнодушен *ravnodoushen*
lull *v.t.* успокоявам *ouspokoyavam*
lull *n.* затишие *zatishie*
lullaby *n.* приспивна песен *prispivna pesen*
luminary *n.* светило *svetilo*
luminous *a.* сияен *siyaen*
lump *n.* буца *boutsa*
lump *v.t.* смесвам *smesvam*
lunacy *n.* лудост *loudost*
lunar *a.* лунен *lounen*
lunatic *n.* лунатик *lounatik*
lunatic *a.* луд *loud*
lunch *n.* обед *obed*
lunch *v.i.* обядвам *obyadvam*
lung *n.* бял дроб *byal drob*
lunge *n.* нападане *napadenie*
lunge *v.i.* удрям *oudryam*
lurch *n.* залитане *zalitane*
lurch *v.i.* залитам *zalitam*
lure *n.* примамка *primamka*
lure *v.t.* примамвам *primamvam*
lurk *v.i.* тая се *taya se*
luscious *a.* сладък *sladuk*
lush *a.* сочен *sochen*
lust *n.* похотлив *pohotliv*
lustful *a.* похотлив *pohotliv*
lustre *n.* лъскавина *luskavina*
lustrous *a.* лъскав *luskav*
lusty *a.* як *yak*
lute *n.* лютня *lyutnya*
luxuriance *n.* изобилие *izobilie*
luxuriant *a.* тучен *touchen*
luxurious *a.* луксозен *louksosen*
luxury *n.* лукс *louks*
lynch *v.t.* линчувам *linchouvam*
lyre *n.* лира *lira*

lyric *a.* лиричен *lirichen*
lyric *n.* лирика *lirika*
lyrical *a.* прочувствен *prochouvstven*
lyricist *n.* лирик *lirik*

M

magical *a.* магически *magicheski*
magician *n.* магьосник *magyoosnik*
magisterial *a.* съдийски *sudiyski*
magistracy *n.* съдийство *sudiystvo*
magistrate *n.* магистрат *magistrat*
magnanimity *n.* великодушие *velikodoushie*
magnanimous *a.* великодушен *velikodoushen*
magnate *n.* магнат *magnat*
magnet *n.* магнит *magnit*
magnetic *a.* магнетичен *magnetichen*
magnetism *n.* магнетизъм *magnetizum*
magnificent *a.* великолепен *velikolepen*
magnify *v.t.* увеличавам *ouvelichavam*
magnitude *n.* величина *velichina*
magpie *n.* сврака *cvraka*
mahogany *n.* махагон *mahagon*

mahout *n.* водач на слон *vodach na slon*
maid *n.* прислужница *prislouzhnitsa*
maiden *n.* мома *moma*
maiden *a.* неомъжена *neomuzhena*
mail *n.* поща *poshta*
mail *v.t.* изпращам по поща *izprashtam po poshta*
mail *n.* ризница *riznitsa*
main *a.* главен *glaven*
main *n.* главна част *glavna chast*
mainly *adv.* главно *glavno*
mainstay *n.* устои *oustoi*
maintain *v.t.* поддържам *poddurzham*
maintenance *n.* поддръжка *poddruzhka*
maize *n.* царевица *tsarevitsa*
majestic *a.* величествен *velichestven*
majesty *n.* величество *velichestvo*
major *a.* важен *vazhen*
major *n.* пълнолетен *pulnoleten*
majority *n.* мнозинство *mnozinstvo*
make *v.t.* правя *pravya*
make *n.* модел *model*
maker *n.* творец *tvorets*
mal adjustment *n.* неприспособеност *neprisposobenost*
mal administration *n.* лошо управление *losho oupravlenie*
malady *n.* болест *bolest*
malaria *n.* малария *malariya*

maladroit *a.* тромав *tromav*
malafide *a.* недобросъвестен *nedobrosuvesten*
malafide *adv.* недобросъвестно *nedobrosuvestno*
malaise *n.* неразположение *nerazpolozhenie*
malcontent *a.* недоволство *nedovolstvo*
malcontent *n.* недоволник *nedovolnik*
male *a.* мъжки *muzhki*
male *n.* мъж *muzh*
malediction *n.* проклятие *proklyatie*
malefactor *n.* злодей *zlodey*
maleficent *a.* пагубен *pagouben*
malice *n.* злоба *zloba*
malicious *a.* злобен *zloben*
malign *v.t.* злепоставям *zlepostavyam*
malign *a.* злостен *zlosten*
malignancy *n.* зловредност *zlovrednost*
malignant *a.* зловреден *zlovreden*
malignity *n.* злостност *zlostnost*
malleable *a.* ковък *kovuk*
malmsey *n.* малвазия *malvaziya*
malnutrition *n.* недохранване *nedohranvane*
malpractice *n.* нарушение *naroushenie*
malt *n.* малц *malts*
mal-treatment *n.* малтретиране *maltretirane*
mamma *n.* мама *mama*

mammal *n.* бозайник *bozaynik*
mammary *a.* гръден *gruden*
mammon *n.* мамон *mamon*
mammoth *n.* мамут *mamout*
mammoth *a.* гигантски *gigantski*
man *n.* човек *chovek*
man *v.t.* набирам хора *nabiram hora*
manage *v.t.* управлявам *oupravlyavam*
manageable *a.* управляем *oypravlyaem*
management *n.* управление *oupravlenie*
manager *n.* мениджър *menidzhur*
managerial *a.* управителски *oupravitelski*
mandate *n.* мандат *mandat*
mandatory *a.* задължителен *zadulzhitelen*
mane *n.* грива *griva*
manes *n.* дух *douh*
manful *a.* мъжествен *muzhestven*
manganese *n.* манган *mangan*
manger *n.* ясли *yasli*
mangle *v.t.* обезобразявам *obezobrazyavam*
mango *n* манго *mango*
manhandle *v.t.* товаря ръчно *tovarya puchno*
manhole *n.* гърловина *gurlovina*
manhood *n.* мъжественост *muzhestvenost*
mania *n.* мания *maniya*
maniac *n.* маниак *maniyak*

manicure *n.* маникюр *manikyur*
manifest *a.* явен *yaven*
manifest *v.t.* показвам *pokazvam*
manifestation *n.* проява *proyava*
manifesto *n.* манифест *manifest*
manifold *a.* разнороден *raznorodem*
manipulate *v.t.* манипулирам *manipouliram*
manipulation *n.* манипулация *manipouliram*
mankind *n.* човечество *chovechestvo*
manlike *a.* мъжки *muzhki*
manliness *n.* смелост *smelost*
manly *a.* решителен *reshitelen*
manna *n.* манна *manna*
mannequin *n.* манекен *maneken*
manner *n.* начин *nachin*
mannerism *n.* маниерност *maniernost*
mannerly *a.* възпитан *vuzpitan*
manoeuvre *n.* маневра *manevra*
manoeuvre *v.i.* маневрирам *manevriram*
manor *n.* имение *imenie*
manorial *a.* господарски *gospodarski*
mansion *n.* замък *zamuk*
mantel *n.* обшивка *obshivka*
mantle *n.* мантия *mantiya*
mantle *v.t.* намятам *namyatam*

manual *a.* ръчен *ruchen*
manual *n.* наръчник *naruchnik*
manufacture *v.t.* произвеждам *proizvezhdam*
manufacture *n.* производство *proizvodstvo*
manufacturer *n.* производител *proizvoditel*
manumission *n.* освобождаване *osvobozhdavane*
manumit *v.t.* освобождавам *osvobozhdavam*
manure *n.* тор *top*
manure *v.t.* наторявам *natoryavam*
manuscript *n.* ръкопис *rukopis*
many *a.* многоброен *mnogobroen*
map *n* карта *karta*
map *v.t.* правя карта *pravya karta*
mar *v.t.* помрачавам *pomrachavam*
marathon *n.* маратон *maraton*
maraud *v.i.* мародерствам *maroderstvam*
marauder *n.* мародер *maroder*
marble *n.* мрамор *mramor*
march *n.* предел *predel*
march *n.* поход *pohod*
march *v.i.* ходя *hodya*
mare *n.* кобила *kobila*
margarine *n.* маргарин *margarin*
margin *n.* марж *marzh*

marginal *a.* маргинален *marginalen*
marigold *n.* невен *neven*
marine *a.* морски *morski*
mariner *n.* моряк *moryak*
marionette *n.* марионетка *marionetka*
marital *a.* съпружески *suprouzheski*
maritime *a.* морски *morski*
mark *n.* знак *znak*
mark *v.t.* отбелязвам *otbelyazvam*
marker *n.* маркер *marker*
market *n.* пазар *Pazar*
market *v.t.* продавам *prodavam*
marketable *a.* продаваем *prodavam*
marksman *n.* добър стрелец *dobur strelets*
marl *n.* мергел *mergel*
marmalade *n.* мармалад *marmalad*
maroon *n.* кестеняв цвят *kestenyav tsyat*
maroon *a.* кестеняв *kestenyav*
maroon *v.t.* скитам се *skitam se*
marriage *n.* брак *brak*
marriageable *a.* за женене *za zhenene*
marry *v.t.* женя се *zhenya se*
Mars *n.* Марс *Mars*
marsh *n.* мочур *mochour*
marshal *n* маршал *marshal*
marshal *v.t* строявам *stroyavam*
marshy *a.* мочурлив *mochourliv*

marsupial *n.* двуутробен *dvououtroben*
mart *n.* тържище *turzhishte*
marten *n.* бялка *byalka*
martial *a.* военен *voenen*
martinet *n.* тиранин *tiranin*
martyr *n.* мъченик *muchenik*
martyrdom *n.* мъченичество *muchenichestvo*
marvel *n.* чудо *choudo*
marvel *v.i.* чудя се *choudya se*
marvellous *a.* чуден *chouden*
mascot *n.* муска *mouska*
masculine *a.* юначен *yunachen*
mash *n.* пюре *pyure*
mash *v.t.* стривам *strivam*
mask *n.* маска *maska*
mask *v.t.* маскирам *maskiram*
mason *n.* масон *mason*
masonry *n.* зидария *zidariya*
masquerade *n.* маскарад *maskarad*
mass *n.* маса *masa*
mass *v.i.* трупам се *troupam se*
massacre *n.* клане *klane*
massacre *v.t.* коля *kolya*
massage *n.* масаж *masazh*
massage *v.t.* масажирам *masazhiram*
masseur *n.* масажист *masazhist*
massive *a.* масивен *masiven*
massy *a.* едър *edur*
mast *n.* мачта *machta*
master *n.* майстор *maystor*
master *v.t.* надвивам *nadvivam*
masterly *a.* майсторски *maystorski*

masterpiece *n.* шедьовър *shedyoovur*
mastery *n.* господство *gospodstvo*
masticate *v.t.* дъвча *duvcha*
masturbate *v.i.* мастурбирам *mastourbiram*
mat *n.* черга *cherga*
matador *n.* матадор *matador*
match *n.* кибрит *kibrit*
match *v.i.* подбирам *podbiram*
match *n.* подобен *podoben*
matchless *a.* несравним *nesravnim*
mate *n.* мат *mat*
mate *v.t.* матирам *matiram*
mate *n.* другар *drougar*
mate *v.t.* съчетавам се *suchetavam se*
material *a.* материален *materialen*
material *n.* материал *material*
materialism *n.* материализъм *materializum*
materialize *v.t.* материализирам *materializiram*
maternal *a.* майчин *maychin*
maternity *n.* майчинство *maychinstvo*
mathematical *a.* математичен *matematichen*
mathematician *n.* математик *matematik*
mathematics *n* математика *matematika*
matinee *n.* матине *matine*
matriarch *n.* матриарх *matriarh*

matricidal *a.* майкоубийствен *maykooubiystven*
matricide *n.* майкоубийство *maykooubiystvo*
matriculate *v.t.* приемам в университет *priem v ouniversitet*
matriculation *n.* записване в университет *zapisvane v ouniversitet*
matrimonial *a.* брачен *brachen*
matrimony *n.* брак *brak*
matrix *n.* матрица *matritsa*
matron *n.* матрона *matrona*
matter *n.* материя *materiya*
matter *v.i.* има значение *ima znachenie*
mattock *n.* кирка *kirka*
mattress *n.* дюшек *dyushek*
mature *a.* зрял *zryal*
mature *v.i.* узрявам *ouzryavam*
maturity *n.* зрялост *zryalost*
maudlin *a.* сълзлив *sulzliv*
maul *n.* чук *chouk*
maul *v.t.* мачкам *machkam*
maulstick *n.* мущабел *moushtabel*
maunder *v.t.* унасям се *ounasyam se*
mausoleum *n.* мавзолей *mavzoley*
mawkish *a.* сладникав *sladnikav*
maxilla *n.* челюст *chelyust*
maxim *n.* максима *maksima*
maximize *v.t.* максимизирам *maksimiziram*
maximum *a.* максимален *maksimalen*

maximum *n.* максимум
maksimoum
May *n.* май *may*
may *v.* мога *moga*
mayor *n.* кмет *kmet*
maze *n.* лабиринт *labirint*
me *pron.* мен *men*
mead *n.* медовина *medovina*
meadow *n.* ливада *livada*
meagre *a.* мършав *murshav*
meal *n.* ядене *yadene*
mealy *a.* брашнен *brashnen*
mean *a.* среден *sreden*
mean *n.* среда *sreda*
mean *v.t.* означавам
oznachavam
meander *v.i.* извивам се
izvivam se
meaning *n.* значение
znachenie
meaningful *a.* смислен
smislen
meaningless *a.* безмислен
bezmislen
meanness *n.* низост *nizost*
means *n.* средство *sredstvo*
meanwhile *adv.*
междувременно
mezhdouvremenno
measles *n.* морбили *morbili*
measurable *a.* измерим
izmerim
measure *n.* мярка *myarka*
measure *v.t.* меря *merya*
measureless *a.* неизмерим
neizmerim
measurement *n.* мярка
myarka
meat *n.* месо *meso*
mechanic *n.* механик
mehanik

mechanic *a.* механичен
mehanichen
mechanical *a.* машинен
mashinen
mechanics *n.* механика
mehanika
mechanism *n.* механизъм
mehanizum
medal *n.* медал *medal*
medallist *n.* медалист
medalist
meddle *v.i.* меся се *mesya se*
medieval *a.* средновековен
srednovekoven
medievalism *a.*
средновековие
srednovekovie
median *a.* среден *sreden*
mediate *v.i.* посреднича
posrednicha
mediation *n.* посредничество
posrednichestvo
mediator *n.* посредник
posrednik
medical *a.* медицински
meditsinski
medicament *n.* медикамент
medikament
medicinal *a.* лечебен
lecheben
medicine *n.* медицина
meditsina
medico *n.* доктор *doktor*
mediocre *a.* посредствен
posredstven
mediocrity *n.* посредственост
posredstvenost
meditate *v.t.* размишлявам
razmishlyavam
meditation *n.* размисъл
razmisul

meditative *a.* съзерцателен *suzertsatelen*
medium *n.* медиум *medium*
medium *a.* междинен *mezhdinen*
meek *a.* смирен *smiren*
meet *a.* подобаващ *podobavasht*
meet *v.t.* срещам *sreshtam*
meeting *n.* среща *sreshta*
megalith *n.* мегалит *megalit*
megalithic *a.* мегалитен *megaliten*
megaphone *n.* мегафон *megafon*
melancholia *n.* меланхолия *melanholiya*
melancholic *a.* меланхоличен *melanholichen*
melancholy *n.* потиснатост *potisnatost*
melancholy *adj.* потиснат *potisnat*
melee *n.* меле *mele*
meliorate *v.t.* подобрявам *podobryavam*
mellow *a.* узрял *ouzryal*
melodious *a.* мелодичен *melodichen*
melodrama *n.* мелодрама *melodrama*
melodramatic *a.* мелодраматичен *melodramatichen*
melody *n.* мелодия *melodiya*
melon *n.* пъпеш *pupesh*
melt *v.i.* топя *topya*
member *n.* член *chlen*
membership *n.* членство *chlenstvo*

membrane *n.* мембрана *membrana*
memento *n.* спомен *spomen*
memoir *n.* мемоар *memoar*
memorable *a.* паметен *pameten*
memorandum *n.* меморандум *memorandoum*
memorial *n.* паметник *pametnik*
memorial *a.* в памет на *v pamet na*
memory *n.* памет *pamet*
menace *n.* заплаха *zaplaha*
menace *v.t.* заплашвам *zaplashvam*
mend *v.t.* поправям *popravyam*
mendacious *a.* лъжлив *luzhliv*
menial *a.* робски *robski*
menial *n.* роб *rob*
meningitis *n.* менингит *meningit*
menopause *n.* менопауза *menopaouza*
menses *n.* мензис *menzis*
menstrual *a.* менструален *menstroualen*
menstruation *n.* менструация *menstrouatsiya*
mental *a.* умствен *oumstven*
mentality *n.* разсъдък *razsuduk*
mention *n.* споменаване *spomenavane*
mention *v.t.* споменавам *spomenavam*
mentor *n.* ментор *mentor*
menu *n.* меню *menyu*

mercantile *a.* меркантилен *merkantilen*
mercenary *a.* користен *koristen*
mercerise *v.t.* мерсеризирам *merseriziram*
merchandise *n.* стока *stoka*
merchant *n.* търговец *turgovets*
merciful *a.* милостив *milostiv*
merciless *a.* безмилостен *bezmilosten*
mercurial *a.* живачен *zhivachen*
mercury *n.* живак *zhivak*
mercy *n.* милост *milost*
mere *a.* обикновен *obiknoven*
merge *v.t.* сливам се *slivam se*
merger *n.* сливане *slivane*
meridian *a.* меридиан *meridian*
merit *n.* заслуга *zaslouga*
merit *v.t.* заслужавам *zaslouzhavam*
meritorious *a.* похвален *pohvalen*
mermaid *n.* морска сирена *morska sirena*
merman *n.* тритон *triton*
merriment *n.* веселие *veselie*
merry *a.* весел *vesel*
mesh *n.* бримка *brimka*
mesh *v.t.* впримчвам *vprimchvam*
mesmerism *n.* месмеризъм *mesmerizum*
mesmerize *v.t.* хипнотизирам *hipnotiziram*
mess *n.* бъркотия *burkotiya*

mess *v.i.* разхвърлям *razhvurlyam*
message *n.* съобщение *suobshtenie*
messenger *n.* пратеник *pratenik*
messiah *n.* месия *mesiya*
Messrs *n.* Господа *Gospoda*
metabolism *n.* метаболизъм *metabolizum*
metal *n.* метал *metal*
metallic *a.* метален *metalen*
metallurgy *n.* металургия *metalourgiya*
metamorphosis *n.* метаморфоза *metamorfoza*
metaphor *n.* метафора *metafora*
metaphysical *a.* метафизически *metafizicheski*
metaphysics *n.* метафизика *metafizika*
mete *v.t.* раздавам *razdavam*
meteor *n.* метеор *meteor*
meteoric *a.* метеоритен *meteoriten*
meteorologist *n.* метеоролог *meteorolog*
meteorology *n.* метеорология *meteorologiya*
meter *n.* измервателен уред *izmervatelen oured*
method *n.* метод *metod*
methodical *a.* методичен *metodichen*
metre *n.* метър *metur*
metric *a.* метричен *metrichen*
metrical *a.* метров *metrov*

metropolis *n.* метрополис
metropolis
metropolitan *a.* столичен
stolichen
metropolitan *n.* столичан
stolichan
mettle *n.* нрав *nrav*
mettlesome *a.* неустрашим
neoustrashim
mew *v.i.* мяуча *myaoucha*
mew *n.* мяукане *myaoukane*
mezzanine *n.* мецанин
metsanin
mica *n.* слюда *slyuda*
microfilm *n.* микрофилм
mikrofilm
micrology *n.* микрология
mikrologiya
micrometer *n.* микрометър
mikrometur
microphone *n.* микрофон
mikrofon
microscope *n.* микроскоп
mikroskop
microscopic *a.*
микроскопичен
mikroskopichen
microwave *n.* микровълна
mikrovulna
mid *a.* среден *sreden*
midday *n.* обед *obed*
middle *a.* среден *sreden*
middle *n.* среда *sreda*
middleman *n.* посредник
posrednik
middling *a.* второстепенен
vtorostepen
midget *n.* дребосък *drebosuk*
midland *n.* вътрешност
vutreshnost

midnight *n.* полунощ
polounosht
mid-off *n.* от средата *ot sredata*
mid-on *n.* на средата *na sredata*
midriff *n.* диафрагма
diafragma
midst среда *sreda*
midsummer *n.* среда на лятото *sreda na lyatoto*
midwife *n.* акушерка
akousherka
might *n.* мощ *mosht*
mighty *a.* могъщ *mogusht*
migraine *n.* мигрена *migrena*
migrant *n.* преселник
preselnik
migrate *v.i.* преселвам се
preselvam se
migration *n.* преселване
preselvane
milch *a.* доен *doen*
mild *a.* мек *mek*
mildew *n.* плесен *plesen*
mile *n.* миля *milya*
mileage *n.* километраж
kilometrazh
milestone *n.* километричен камък *kilometrichen kamuk*
milieu *n.* обществена среда
obshtestvena sreda
militant *a.* войнствен
voynstven
militant *n* боец *boets*
military *a.* военен *voenen*
military *n.* войска *voyska*
militate *v.i.* воювам *voyuvam*
militia *n.* милиция *militsiya*
milk *n.* мляко *mlyako*
milk *v.t.* доя *doya*

milky *a.* млечен *mlechen*
mill *n.* мелница *melnitsa*
mill *v.t.* меля *melya*
millennium *n.* хилядолетие *hilyadoletie*
miller *n.* мелничар *melnitchar*
millet *n.* просо *proso*
milliner *n.* шапкарка *shapkarka*
milliner *n.* галантерист *galanterist*
millinery *n.* шапкарство *shapkarstvo*
million *n.* милион *milion*
millionaire *n.* милионер *milioner*
millipede *n.* стонога *stonoga*
mime *n.* мим *mim*
mime *v.i.* мимик съм *mimik*
mimesis *n.* мимикрия *mimikriya*
mimic *a.* мимически *mimicheski*
mimic *n.* имитатор *imitator*
mimic *v.t.* подражавам на *podrazhavam*
mimicry *n.* мимикрия *mimikriya*
minaret *n.* минаре *minare*
mince *v.t.* кълцам *kultsam*
mind *n.* ум *oum*
mind *v.t.* обръщам внимание на *obrushtam vnimanie na*
mindful *a.* изпълнителен *izpulnitelen*
mindless *a.* глупав *gloupav*
mine *pron.* мой *may*
mine *n.* мина *minare*
miner *n.* миньор *minyoor*
mineral *n.* минерал *mineral*

mineral *a.* минерален *mineralen*
mineralogist *n.* минеролог *minerolog*
mineralogy *n.* минерология *minerologiya*
mingle *v.t.* смесвам се *smesvam se*
miniature *n.* миниатюра *miniyatyura*
miniature *a.* миниатюрен *miniyatyuren*
minim *n.* дребосък *drebosuk*
minimal *a.* минимален *minimalen*
minimize *v.t.* минимизирам *minimiziram*
minimum *n.* минимум *minimoum*
minimum *a.* минимален *minimalen*
minion *n.* миньон *minyoon*
minister *n.* министър *ministur*
minister *v.i.* съдействувам *sudeystvouvam*
ministrant *a.* обслужващ *obslouzhvasht*
ministry *n.* министерство *ministerstvo*
mink *n.* норка *norka*
minor *a.* по-малък *po-maluk*
minor *n.* непълнолетен *nepulnoleten*
minority *n.* малцинствс *malcinstvo*
minster *n.* църква *tsurkva*
mint *n.* джоджен *dzhodzhen*
mint *n* монетен двор *moneten dvor*
mint *v.t.* сека пари *seka pari*

minus *prep.* минус *minous*
minus *a.* отрицателен *otritsatelen*
minus *n.* минус *minous*
minuscule *a.* минускул *minouskoul*
minute *a.* дребен *dreben*
minute *n.* минута *minouta*
minutely *adv.* ежеминутен *ezheminouten*
minx *n.* хубостница *houbostnitsa*
miracle *n.* чудо *choudo*
miraculous *a.* чудотворен *choudotvoren*
mirage *n.* мираж *mirazh*
mire *n.* тиня *tinya*
mire *v.t.* потъвам в тиня *potuvam v tinya*
mirror *n.* огледало *ogledalo*
mirror *v.t.* отразявам *otrazyavam*
mirth *n.* веселие *veselie*
mirthful *a.* весел *vesel*
misadventure *n.* злополука *zlopolouka*
misalliance *n.* неравен брак *neraven brak*
misanthrope *n.* мизантроп *mizantrop*
misapplication *n.* погрешно използване *pogreshno izpolsvane*
misapprehend *v.t.* зле разбирам *zle razbiram*
misapprehension *n.* недоразумение *nedorazoumenie*
misappropriate *v.t.* злоупотребявам *zlooupotrebyavam*

misappropriation *n.* злоупотреба *zloupotreba*
misbehave *v.i.* държа се зле *durzha se zle*
misbehaviour *n.* лошо държане *losho durzhane*
misbelief *n.* заблуда *zablouda*
miscalculate *v.t.* пресмятам грешно *presmyatam greshno*
miscalculation *n.* погрешна сметка *pogreshna smetka*
miscall *v.t.* хуля *houlya*
miscarriage *n.* помятане *pomyatane*
miscarry *v.i.* помятам *pomyatam*
miscellaneous *a.* смесен *smesen*
miscellany *n.* смес *smes*
mischance *n.* злополука *zloupolouka*
mischief *n.* пакост *pakost*
mischievous *a.* пакостен *pakosten*
misconceive *v.t.* зле разбирам *zle razbiram*
misconception *n.* недоразумение *nedorasoumenie*
misconduct *n.* лошо поведение *losho povedenie*
misconstrue *v.t.* погрешно тълкувам *pogreshno tulkouvane*
miscreant *n.* мерзавец *merzavets*
misdeed *n.* злодеяние *zlodeyanie*

misdemeanour *n.* простъпка *prostupka*
misdirect *v.t.* зле осведомявам *zle osvedomen*
misdirection *n.* ,неправилни указания *nepravilni oukazaniya*
miser *n.* скъперник *skupernik*
miserable *a.* нещастен *neshtasten*
miserly *a.* свидлив *svidliv*
misery *n.* нещастие *neshtastie*
misfire *v.i.* засичам *zasicham*
misfit *n.* лошо скроен *losho skroen*
misfortune *n.* беда *beda*
misgive *v.t.* предчувствам беда *predchouvstvam*
misgiving *n.* опасение *opasenie*
misguide *v.t.* заблуждавам *zablouzhdavam*
mishap *n.* злополука *zloupolouka*
misjudge *v.t.* зле преценявам *zle pretsenyavam*
mislead *v.t.* измамвам *izmamvam*
mismanagement *n.* лошо ръководство *losho rukovodstvo*
mismatch *v.t.* не съвпадам *ne suvpadam*
misnomer *n.* грешно название *greshno nazvanie*
misplace *v.t.* погрешно поставям *pogreshno postavyam*

misprint *n.* печатна грешка *pechatna greshka*
misprint *v.t.* погрешно отпечатвам *pogreshno otpechatvam*
misrepresent *v.t.* представям невярно *predstavyam nevyarno*
misrule *n.* управлявам зле *oupravlyavam zle*
miss *n.* несполучлив удар *nespolouchliv oudar*
miss *v.t.* пропускам *propouskam*
missile *n.* ракета *raketa*
mission *n.* мисия *misiya*
missionary *n.* мисионер *misioner*
missis, missus *n..* мисис *misis*
missive *n.* послание *poslanie*
mist *n.* мъгла *mugla*
mistake *n.* грешка *greshka*
mistake *v.t.* бъркам *burkam*
mister *n.* мистър *mistur*
mistletoe *n.* имел *imel*
mistreat *d* малтретирам *maltretiram*
mistress *n.* господарка *gospodarka*
mistrust *n.* недоверие *nedoverie*
mistrust *v.t.* подозирам *podoziram*
misty *a.* мъглив *mugliv*
misunderstand *v.t.* погрешно разбирам *pogreshno razbiram*
misunderstanding *n.* недоразумение *nedorazoumenie*

misuse *n.* неправилна
употреба *nepravilna
oupotreba*
misuse *v.t.* употребявам
неправилно
oupotrebyavam nepravilno
mite *n.* червей *chervey*
mite *n.* лепта *lepta*
mithridate *n.* противоотрова
protivootrova
mitigate *v.t.* смекчавам
smekchavam
mitigation *n.* смекчаване
smekchavane
mitre *n.* митра *mitra*
mitten *n.* ръкавица *rukavitsa*
mix *v.i.* смесвам *smesvam*
mixture *n.* смес *smes*
moan *v.i.* стена *stena*
moan *n.* стон *ston*
moat *n.* ров *rov*
moat *v.t.* заграждам с ров
zagrazhdam s rov
mob *n.* тълпа *tulpa*
mob *v.t.* тълпя се *tulpya se*
mobile *a.* мобилен *mobilen*
mobility *n.* мобилност
mobilnost
mobilize *v.t.* мобилизирам
mobiliziram
mock *v.i.* подигравам
podigravam
mock *adj.* мним *mnim*
mockery *n.* подигравка
podigravka
modality *n.* модалност
modalnost
mode *n.* способ *sposob*
model *n.* модел *model*
model *v.t.* моделирам
modeliram

moderate *a.* умерен
oumeren
moderate *v.t.* утихвам
outihvam
moderation *n.* умереност
oumerenost
modern *a.* модерен *moderen*
modernity *n.* новост *novost*
modernize *v.t.* модернизирам
moderniziram
modest *a.* скромен *skromen*
modesty *n.* скромност
skromnost
modicum *n.* малко
количество *malko
kolichestvo*
modification *n.* модификация
modifikatsiya
modify *v.t.* модифицирам
modifitsiram
modulate *v.t.* модулирам
moudouliram
moll *v.l.* трепя се *trepya se*
moist *a.* влажен *vlazhen*
moisten *v.t.* навлажнявам
navlazhnyavam
moisture *n.* влага *vlaga*
molar *n.* кътник *kutnik*
molar *a.* кътен *kuten*
molasses *n.* меласа *melasa*
mole *n.* бенка *benka*
molecular *a.* молекулярен
molekoulyaren
molecule *n.* молекула
molekoula
molest *v.t.* задявам
zadyavam
molestation *n.* задяване
zadyavane
molten *a.* стопен *stopen*
moment *n.* момент *moment*

momentary *a.* моментен
momenten
momentous *a.* важен *vazhen*
momentum *n.* момент
moment
monarch *n.* монарх *monarh*
monarchy *n.* монархия
monyahinya
monastery *n.* манастир
manastir
monasticism *n.* монашество
monashestvo
Monday *n.* понеделник
ponedelnik
monetary *a.* монетен
moneten
money *n.* пари *pari*
monger *n.* продавач
prodavach
mongoose *n.* мангуста
mangousta
mongrel *a.* мелез *melez*
monitor *n.* монитор *monitor*
monitory *a.* наставнически
nastavnicheski
monk *n.* монах *monarh*
monkey *n.* маймуна
maymouna
monochromatic *a.*
едноцветен *ednotsveten*
monocle *n.* монокъл *monokul*
monocular *a.* монокулярен
monokoulyaren
monody *n.* монодия
monodiya
monogamy *n.* моногамия
monogamiya
monogram *n.* монограм
monogram
monograph *n.* монография
monografiya

monogynous *a.* моногамен
monogamen
monolatry *n.* поклонение
pokolenie
monolith *n.* монолит *monolit*
monologue *n.* монолог
monolog
monopolist *n.* монополист
monopolist
monopolize *v.t.*
монополизирам
monopolizum
monopoly *n.* монопол
monopol
monosyllable *n.* едносрична
дума *ednosrichna douma*
monosyllabic *a.* едносричен
ednosrichen
monotheism *n.* монотеизъм
monoteizum
monotheist *n.* монотеист
monoteist
monotonous *a.* монотонен
monotonen
monotony *n.* монотонност
monotonnost
monsoon *n.* мусон *mouson*
monster *n.* чудовище
choudovishte
monstrous *a.* чудовищен
choudovishten
monostrous *n.* скучен
skouchen
month *n.* месец *mesets*
monthly *a.* месечен
mesechen
monthly *adv.* месечно
mesechno
monthly *n.* месечно списание
mesechno spisanie

monument n. паметник
pametnik
monumental a.
монументален
monoumentalen
moo v.i. муча moucha
mood n. настроение
nastroenie
moody a. навъсен navusen
moon n. луна louna
moor n. бърдо burdo
moor v.t. завързвам zavurzan
moorings n. място за акустиране myasto za akoustitane
moot n. упражнение ouprazhnenie
mop n. четка chetka
mop v.t. бърша bursha
mope v.i. унивам ounivam
moral a. морален moralen
moral n. морал moralen
morale n. дух douh
moralist n. моралист moralist
morality n. нравственост nravstvenost
moralize v.t. морализирам moraliziram
morbid a. болезнен boleznen
morbidity n. болезненост boleznenost
more a. повече poveche
more adv. повече poveche
moreover adv. още повече oshte poveche
morganatic a. морганитичен morganitichen
morgue n. морга morga
moribund a. умиращ oumirasht
morning n. утро outro

moron n. слабоумен slabooumen
morose a. мрачен mrachen
morphia n. морфин morfin
morrow n. утрин outrin
morsel n. хапка hapka
mortal a. смъртен smurten
mortal n. простосмъртен prostosmurten
mortality n. смъртност smurtnost
mortar v.t. измазвам izmazvam
mortgage n. ипотека ipoteka
mortgage v.t. ипотекирам ipotekiram
mortagagee n. ипотекарен кредитор ipotekaren kreditor
mortgator n. ипотекарен длъжник ipotkaren dluznik
mortify v.t. сподавям spodavyam
mortuary n. погребален pogrebalen
mosaic n. мозайка mozayka
mosque n. джамия dzhamiya
mosquito n. комар komar
moss n. мъх myh
most a. най-много nay-mnogo
most adv. най-много nay-mnogo
most n. най-много nay-mnogo
mote n. прашинка prashinka
motel n. мотел motel
moth n. молец molets
mother n. майка mayka
mother v.t. майчинствам maychinstvam
motherhood n. майчинство maychinstvo

motherlike *a.* майчински *maychinski*
motherly *a.* матерински *materinski*
motif *n.* мотив *moutiv*
motion *n.* движение *dvizhenie*
motion *v.i.* давам знак *davam znak*
motionless *a.* неподвижен *nepodvizhen*
motivate *v.* мотивирам *moutiviram*
motivation *n.* мотивация *motivatsiya*
motive *n.* мотив *motiv*
motley *a.* пъстър *pustur*
motor *n.* мотор *motor*
motor *v.i.* пътувам с кола *putouvam s kola*
motorist *n.* моторист *motorist*
mottle *n.* петно *petno*
motto *n.* мото *moto*
mould *n.* пръст *prust*
mould *v.t.* моделирам *modeliram*
mould *n.* калъп *kalup*
mould *n.* плесен *plesen*
mouldy *a.* плесенясъл *plesenyasul*
moult *v.i.* линея *lineya*
mound *n.* могила *mogila*
mount *n.* възвишение *vuzvishenie*
mount *v.t.* качвам се *kachvam se*
mount *n.* яздене *yazdene*
mountain *n.* планина *planina*
mountaineer *n.* планинар *planinar*
mountainous *a.* планински *planinski*
mourn *v.i.* жалея *zhelaya*
mourner *n.* опечален *opechalen*
mournful *n.* печален *pechalen*
mourning *n.* траур *traour*
mouse *n.* мишка *mishka*
moustache *n.* мустак *moustak*
mouth *n.* уста *ousta*
mouth *v.t.* гримаснича *grimasnicha*
mouthful *n.* хапка *hapka*
movable *a.* движим *dvizhim*
movables *n.* вещи *veshti*
move *n.* преместване *premestvane*
move *v.t.* местя се *mestya se*
movement *n.* движение *dvizhenie*
mover *n.* движеща сила *dvizheshta sila*
movies *n.* кино *kino*
mow *v.t.* кося *kosya*
much *a* много *mnogo*
much *adv.* много *mnogo*
mucilage *n.* клей *kley*
muck *n.* боклук *boklouk*
mucous *a.* слизест *slizest*
mucus *n.* слуз *slouz*
mud *n.* калъп *kalup*
muddle *n.* бъркотия *burkotiya*
muddle *v.t.* разбърквам *razburkvam*
muffle *v.t.* овивам *ovivam*
muffler *n.* шал *shal*
mug *n.* халба *halba*

muggy *a.* задушен *zadoushen*
mulatto *n.* мулат *moulat*
mulberry *n.* черница *chernitsa*
mule *n.* муле *moule*
mulish *a.* инат *inat*
mull *n.* забърканост *zaburkanost*
mull *v.t.* забърквам *zaburkvam*
mullah *n.* молла *molla*
mullion *n.* колона на прозорец *kolona na prozorets*
multifarious *a.* разновиден *raznoviden*
multiform *n.* разнороден *raznoroden*
multilateral *a.* многостранен *mnogostranen*
multiparous *a.* многодетен *mnogodeten*
multiple *a.* многократен *mnogokraten*
multiple *n.* кратно *kratno*
multiped *n.* многокрак *mnogokratno*
multiplex *a.* сложен *slozhen*
multiplicand *n.* множимо *mnozhimo*
multiplication *n.* умножение *oumnozhenie*
multiplicity *n.* многочисленост *mnogochislenost*
multiply *v.t.* умножавам *oumnozhavam*
multitude *n.* множество *mnozhestvo*
mum *a.* мълчалив *mulchaliv*

mum *n.* мама *mama*
mumble *v.i.* мънкам *munkam*
mummer *n.* кукер *kouker*
mummy *n.* мумия *moumiya*
mummy *n.* мама *mama*
mumps *n.* заушки *zaushki*
munch *v.t.* мляскам *mlyaskam*
mundane *a.* земен *zemen*
municipal *a.* общински *obshtinski*
municipality *n.* община *obshtina*
munificent *a.* щедър *shtedur*
muniment *n.* документ *dokoument*
munitions *n.* муниции *mounitsii*
mural *a.* стенен *stenen*
mural *n.* стенопис *senopis*
murder *n.* убийство *oubiistvo*
murder *v.t.* убивам *oubivam*
murderer *n.* убиец *oubiets*
murderous *a.* убийствен *oubiistven*
murmur *n.* мърморене *murmorene*
murmur *v.t.* мърморя *murmorya*
muscle *n.* мускул *mouskoul*
muscovite *n.* московчанин *moskovchanin*
muscular *a.* мускулен *mouskoulen*
muse *v.i.* размишлявам *razmishlyavam*
muse *n.* муза *mouza*
museum *n.* музей *mouzey*
mush *n.* каша *kasha*
mushroom *n.* гъба *guba*
music *n.* музика *mouzika*

musical *a.* музикален *mouzikalen*
musician *n.* музикант *mouzikant*
musk *n.* мускус *mouskous*
musket *n.* мускет *mousket*
musketeer *n.* мускетар *mousketar*
muslin *n.* муселин *mouselin*
must *v.* трябва *tryabva*
must *n.* нещо необходимо *neshto neobhodimo*
must *n.* мухъл *mouhul*
mustache *n.* мустак *moustak*
mustang *n.* мустанг *moustang*
mustard *n.* горчица *gorchitsa*
muster *v.t.* събирам *subiram*
muster *n.* сбор *sbor*
musty *a.* мухлясъл *mouhlyasul*
mutation *n.* мутация *moutatsiya*
mutative *a.* мутантен *moutanten*
mute *a.* ням *nyamat*
mute *n.* ням *nyam*
mutilate *v.t.* осакатявам *osakatyavam*
mutilation *n.* осакатяване *osakatyavane*
mutinous *a.* метежен *metezhen*
mutiny *n.* метеж *metezh*
mutiny *v.i.* бунтувам се *bountouvam se*
mutter *v.i.* мънкам *munkam*
mutton *n.* овнешко месо *ovneshko*
mutual *a.* взаимен *vzaimen*
muzzle *n.* дуло *doulo*

muzzle *v.t.* слагам намордник *slagam namordnik*
my *a.* мой *moy*
myalgia *n.* миалгия *mialgiya*
myopia *n.* късогледство *kusogledstvo*
myopic *a.* късоглед *kusogled*
myosis *n.* незабравка *nezabravka*
myriad *n.* милиарди *miliardi*
myriad *a.* неизброим *neizbroim*
myrrh *n.* смирна *smirna*
myrtle *n.* мирта *mirta*
myself *pron.* себе си *sebe si*
mysterious *a.* мистериозен *misteriozen*
mystery *n.* мистерия *misteriya*
mystic *a.* мистичен *mistichen*
mystic *n.* мистика *mistika*
mysticism *n.* мистицизъм *mistitsizum*
mystify *v.t.* озадачавам *ozadachavam*
myth *n.* мит *mit*
mythical *a.* митичен *mitichen*
mythological *a.* митологичен *mitologichen*
mythology *n.* митология *mitologiya*

N

nab *v.t.* докопвам *dokopvam*
nabob *n.* богаташ *bogatash*
nadir *n.* надир *nadir*
nag *n.* натякване *natyakvane*
nag *v.t.* натяквам *natuakvam*

nail n. нокът *nokut*
nail v.t. кова *kova*
naive a. наивен *naiven*
naivete n. наивност *naivnost*
naivety n. наивност *naivnost*
naked a. гол *gol*
name n. име *ime*
name v.t. наричам *naricham*
namely adv. именно *imenno*
namesake n. съименник *suimennik*
nap v.i. дремвам *dremvam*
nap n. дрямка *dryamka*
nap n. мъх *muh*
nape n. тил *til*
napkin n. салфетка *salfetka*
narcissism n. нарцисизъм *nartsisizum*
narcissus n. нарцис *nartsis*
narcosis n. наркоза *narkoza*
narcotic n. наркотик *narkotik*
narrate v.t. разказвам *razkazvam*
narration n. разказване *razkazvane*
narrative n. разказвателен *razkazvatelen*
narrative a. разказ *razkaz*
narrator n. разказвач *razkazvach*
narrow a. тесен *tesen*
narrow v.t. стеснявам *stesnuavam*
nasal a. носов *nosov*
nasal n. носов звук *nosov zvouk*
nascent a. зараждащ се *zarazhdasht se*
nasty a. противен *protiven*
natal a. рожден *rozhden*
natant a. плуващ *plouvasht*

nation n. нация *natsiya*
national a. национален *natsionalen*
nationalism n. национализъм *natsionalizum*
nationalist n. националист *natsionalist*
nationality n. националност *natsionalnost*
nationalization n. национализация *natsionalizatsiya*
nationalize v.t. национализирам *natsionaliziran*
native a. роден *roden*
native n. местен жител *mesten zhitel*
nativity n. рождение *rozhdenie*
natural a. естествен *estestven*
naturalist n. натуралист *natouralist*
naturalize v.t. натурализирам *natouraliziram*
naturally adv. естествено *estestveno*
nature n. природа *priroda*
naughty a. непослушен *neposloushen*
nausea n. гадене *gadene*
nautic(al) a. морски *morski*
naval a. флотски *flotski*
nave n. неф *neft*
navigable a. плавателен *plavatelen*
navigate v.i. навигирам *navigiram*
navigation n. навигация *navigatsiya*

navigator *n.* навигатор *navigator*
navy *n.* флота *flota*
nay *adv.* даже *dazhe*
neap *a.* най-нисък *nay-nisuk*
near *a.* близък *blizuk*
near *prep.* бизо до *blizo do*
near *adv.* близо *blizo do*
near *v.i.* наближавам *nablizhavam*
nearly *adv.* почти *pochti*
neat *a.* спретнат *spretnat*
nebula *n.* мъглявина *muglyavina*
necessary *n.* необходимост *neobhodimost*
necessary *a.* необходим *neobhodim*
necessitate *v.t.* налагам *nalagam*
necessity *n.* нужда *nouzhda*
neck *n.* врат *vrat*
necklace *n.* огърлица *ogurlitsa*
necklet *n.* гердан *gerdan*
necromancer *n.* чародей *charodey*
necropolis *n.* некропол *nekropol*
nectar *n.* нектар *nektar*
need *n.* нужда *nouzhda*
need *v.t.* нуждая се от *nouzhdaya se ot*
needful *a.* потребен *potreben*
needle *n.* игла *igla*
needless *a.* ненужен *nenouzhen*
needs *adv.* непременно *nepremenno*
needy *a.* беден *beden*
nefandous *a.* зъл *zul*

nefarious *a.* нечестив *nechestiv*
negation *n.* отрицание *otritsanie*
negative *a.* отрицателен *otritsatelen*
negative *n.* отказ *otkaz*
negative *v.t.* отказвам *otkazvam*
neglect *v.t.* пренебрегвам *prenebregvam*
neglect *n.* пренебрегване *prenebregvane*
negligence *n.* небрежност *nebrezhnost*
negligent *a.* небрежен *nebrezhen*
negligible *a.* незначителен *neznachitelen*
negotiable *a.* договорим *dogovorim*
negotiate *v.t.* договарям *dogovaryam*
negotiation *n.* договаряне *dogovaryane*
negotiator *n.* посредник *posrednik*
negress *n.* негърка *negurka*
negro *n.* негър *negurka*
neigh *v.i.* цвиля *tsvilya*
neigh *n.* цвилене *tsvilene*
neighbour *n.* съсед *sused*
neighbourhood *n.* съседство *susedstvo*
neighbourly *a.* добросъседски *dobresusedski*
neither *conj.* нито *nito*
nemesis *n.* възмездие *vuzmezdie*
neolithic *a.* неолитен *neoliten*

neon n. неон *neon*
nephew n. племенник *plemennik*
nepotism n. семейственост *semeystvenost*
Neptune n. Нептун *Neptoun*
Nerve n. нерв *nerv*
nerveless a. вял *vyal*
nervous a. нервен *nerven*
nescience n. неведение *nevedenie*
nest n. гнездо *gnezdo*
nest v.t. гнездя *gnezdya*
nether a. долен *dolen*
nestle v.i. сгушвам се *sgoushvam se*
nestling n. голишарче *golisharche*
net n. мрежа *mrezha*
net v.t. хващам с мрежа *hvashtam s mrezha*
net a. нетен *neten*
net v.t. получавам доход *polouchavam dohod*
nettle n. коприва *kopriva*
nettle v.t. жегвам *zhegvam*
network n. мрежа *mrezha*
neurologist n. невролог *nevrolog*
neurology n. неврология *nevrologiya*
neurosis n. невроза *nevroza*
neuter a. непреходен *neprehoden*
neuter n. среден род *sreden rod*
neutral a. неутрален *neoutralen*
neutralize v.t. неутрализирам *neoutraliziram*
neutron n. неутрон *neoutron*

never adv. никога *nikoga*
nevertheless conj. въпреки това *vupreki tova*
new a. нов *nov*
news n. новина *novina*
next a. следващ *sledvasht*
next adv. после *posle*
nib n. писец *pisets*
nibble v.t. гризя *grizya*
nibble n. гризене *grizene*
nice a. приятен *priyaten*
nicety n. прецизност *pretsiznost*
niche n. ниша *nisha*
nick n. точен момент *tochen moment*
nickel n. никел *nikel*
nickname n. прякор *pryakor*
nickname v.t. давам прякор *davam pryakor*
nicotine n. никотин *nikotin*
niece n. племенница *plemennitsa*
niggard n. скъперник *skupernik*
niggardly a. стиснат *stisnat*
nigger n. негър *negurka*
nigh adv. наблизо *nablizo*
nigh prep. близо до *blizo do*
night n. нощ *nosht*
nightingale n. славей *slavey*
nightly adv. всяка нощ *vsyaka nosht*
nightmare n. кошмар *koshmar*
nightie n. нощничка *noshtnichka*
nihilism n. нихилизъм *nihilizum*
nil n. нула *noula*
nimble a. пъргав *purgav*

nimbus *n.* ореол *oreol*
nine *n.* девет *devet*
nineteen *n.* деветнадесет *devetnadeset*
nineteenth *a.* деветнадесети *devetnadeseti*
ninetieth *a.* деветдесети *devetdeseti*
ninth *a.* девети *deveti*
ninety *n.* деветдесет *devetdeseti*
nip *v.t.* щипя *shtipya*
nipple *n.* зърно *zurno*
nitrogen *n.* азот *azot*
no *a.* никакъв *nikakuv*
no *adv.* не *ne*
no *n.* отрицание *otritsanie*
nobility *n.* благородство *blagorodstvo*
noble *a.* благороден *blagoroden*
noble *n.* благородник *blagorodnik*
nobleman *n.* дворянин *dvoryanin*
nobody *pron.* никой *nikoy*
nocturnal *a.* нощен *noshten*
nod *v.i.* кимам *kimam*
node *n.* възел *vuzel*
noise *n.* шум *shoum*
noisy *a.* шумен *shoumen*
nomad *n.* номад *nomad*
nomadic *a.* номадски *nomadski*
nomenclature *n.* номенклатура *nomenklatoura*
nominal *a.* номинален *nominalen*
nominate *v.t.* номинирам *nominiran*

nomination *n.* номинация *nominatsiya*
nominee *n.* номинат *nominat*
non-alignment *n.* несъответствие *nesuotvetstvie*
nonchalance *n.* равнодушие *ravnodoushie*
nonchalant *a.* равнодушен *ravnoudoushen*
none *pron.* никой *nikoy*
none *adv.* никак *nikak*
nonentity *n.* небитие *nebitie*
nonetheless *adv.* въпреки това *vupreki tova*
nonpareil *a.* безподобен *bezpodoben*
nonpareil *n.* уникум *ouikoum*
nonplus *v.t.* смущавам *smoushtavam*
nonsense *n.* безмислица *bezsmislitsa*
nonsensical *a.* нелеп *nelep*
nook *n.* кът *kut*
noon *n.* пладне *pladne*
noose *n.* клуп *kloup*
noose *v.t.* правя клуп *pravya kloup*
nor *conj.* нито *nito*
norm *n.* норма *norma*
norm *n.* образец *obrazets*
normal *a.* нормален *normalen*
normalcy *n.* нормалност *normalnost*
normalize *v.t.* нормализирам *normaliziram*
north *n.* север *sever*
north *a.* северен *severen*
north *adv.* на север *na sever*
northerly *a.* северен *severen*

northerly adv. към север kum sever
northern a. северен severen
nose n. нос nos
nose v.t. мириша mirisha
nosegay n. китка kitka
nosey a. любопитен lyubopiten
nosy a. нахален nahalen
nostalgia n. носталгия nostalgiya
nostril n. ноздра nozdra
nostrum n. разковниче razkovniche
not adv. не ne
notability n. знаменитост znamenitost
notable a. бележит belezhit
notary n. нотариус notarius
notation n. нотация notatsiya
notch n. рязка ryazka
note n. бележка belezhka
note v.t. забелязвам zabelyazvam
noteworthy a. забележителен zabelezhitelen
nothing n. нищожество nishtozhestvo
nothing adv. нищо nishto
notice a. известие izvestie
notice v.t. забелязвам zabelyazvam
notification n. съобщение suobshtenie
notify v.t. осведомявам osvedomyavam
notion n. понятие ponyatie
notional a. умозрителен umouzritelen
notoriety n. именитост imenitost

notorious a. всеизвестен vseizvestnost
notwithstanding prep. въпреки vupreki
notwithstanding adv. все пак vse pak
notwithstanding conj. макар че makar che
nought n. нищо nishto
noun n. съществително име sushtstvitelno ime
nourish v.t. храня hranya
nourishment n. хранене hranene
novel a. нов nov
novel n. роман roman
novelette n. повест povest
novelist n. романист romanist
novelty n. новост novost
november n. ноември noemvri
novice n. послушник posloushnik
now adv. сега sega
now conj. като kato
nowhere adv. никъде nikude
noxious a. вредителен vreditelen
nozzle n. дюза dyuza
nuance n. нюанс nyuans
nubile a. за женене za zhenene
nuclear a. ядрен yadren
nucleus n. ядро yadro
nude a. гол gol
nude` n. нудист noudist
nudity n. нудизъм noudizum
nudge v.t. сбутвам sboutvam
nugget n. къс злато kus zlato
nuisance n. досада dosada

null *a.* недействителен *nedeystvitelen*
nullification *n.* анулиране *anoulirane*
nullify *v.t.* анулирам *anouliram*
numb *a.* вцепенен *vtsepenen*
number *n.* брой *broy*
number *v.t.* броя *broya*
numberless *a.* безброен *bezbroen*
numeral *a.* числен *chislen*
numerator *n.* номератор *nomerator*
numerical *a.* числен *chislen*
numerous *a.* многоброен *mnogobroen*
nun *n.* монахиня *monahinya*
nunnery *n.* метох *metoh*
nuptial *a.* брачен *brachen*
nuptials *n.* сватба *svatba*
nurse *n.* медицинска сестра *meditsinska sestra*
nurse *v.t.* кърмя *kurmya*
nursery *n.* ясли *yasli*
nurture *n.* отглеждане *otglezhdane*
nurture *v.t.* отглеждам *otglezhdam*
nut *n.* орех *oreh*
nutrition *n.* храна *hrana*
nutritious *a.* хранителен *hranitelen*
nutritive *a.* питателен *pitatelen*
nuzzle *v.* душа *dousha*
nylon *n.* найлон *naylon*
nymph *n.* нимфа *nimfa*

O

oak *n.* дъб *dub*
oar *n.* лопата *lopata*
oarsman *n.* гребец *grebets*
oasis *n.* оазис *oazis*
oat *n.* овес *oves*
oath *n.* клетва *kletva*
obduracy *n.* закоравялост *zakoravyalost*
obdurate *a.* закоравял *zakoravyal*
obedience *n.* подчинение *podchinenie*
obedient *a.* покорен *pokoren*
obeisance *n.* преклонение *preklonenie*
obesity *n.* охраненост *ohranenost*
obey *v.t.* подчинявам се *podchinyavam se*
obituary *a.* некролог *nevrolog*
object *n.* предмет *predmet*
object *v.t.* възразявам *vuzrazyavam*
objection *n.* възражение *vuzrazhene*
objectionable *a.* нежелателен *nezhelatelen*
objective *n.* цел *tsel*
objective *a.* обективен *obektiven*
oblation *n.* жертвоприношение *zhertvoprinoshenie*
obligation *n.* задължение *zadulzhenie*
obligatory *a.* задължителен *zadulzhitelen*

oblige v.t. задължавам zadulzhavam
oblique a. полегат polegat
obliterate v.t. заличавам zalichavam
obliteration n. заличаване zalichavane
oblivion n. забвение zabavlenie
oblivious a. забравил zabravil
oblong a. продълговат produlgovat
oblong n. продълговата фигура produlgovata figoura
obnoxious a. противен protiven
obscene a. гнусен gnousen
obscenity n. гнусотия gnousotiya
obscure a. смътен smuten
obscure v.t. засенчвам zasenchvam
obscurity n. мъглявост mygluavost
observance n. съблюдаване sublyudavane
observant a. наблюдателен nablyudavam
observation n. наблюдение nablyudenie
observatory n. обсерватория observatoriya
observe v.t. наблюдавам nablyudavam
obsess v.t. обземам obzemam
obsession n. мания maniya
obsolete a. старомоден staromoden

obstacle n. пречка prechka
obstinacy n. упорство ouporstvo
obstinate a. упорит ouporit
obstruct v.t. препятствувам prepyatstvouvam
obstruction n. препятствие prepyatstvie
obstructive a. обструктивен obstrouktiven
obtain v.t. придобивам pridobivam
obtainable a. добиваем dobivaem
obtuse a. тъп tup
obvious a. очевиден ocheviden
occasion n. случай slouchay
occasion v.t. давам повод davam povod
occasional a. случаен slouchaen
occasionally adv. понякога ponyakoga
occident n. Западът Zapadut
occidental a. западен zpaden
occult a. окултен okoulten
occupancy n. владение vldenie
occupant n. обитател obittel
occupation n. работа rabota
occupier n. наемател naematel
occupy v.t. заемам zaem
occur v.i. случвам се slouchvam e
occurrence n. случка slouchka
ocean n. океан okean
oceanic a. океански okeanski

octagon *n.* осмоъгълник *osmougulnik*
octangular *a.* осмоъгълен *osmougulen*
octave *n.* октава *oktava*
October *n.* октомври *oktomvri*
octogenarian *a.* осемдесетгодишен *osemgodishen*
octogenarian *n.* осемдесетгодишник *osemgodishnik*
octroi *n.* октроа *oktora*
ocular *a.* очен *ochen*
oculist *n.* очен лекар *ochen lekar*
odd *a.* нечетен *necheten*
oddity *n.* странност *strannost*
odds *n.* шанс *shans*
ode *n.* ода *oda*
odious *a.* омразен *omrazen*
odium *n.* ненавист *nenavist*
odorous *a.* ароматен *aromaten*
odour *n.* аромат *aromaten*
offence *n.* нарушение *naroushenie*
offend *v.t.* нарушавам *naroushvam*
offender *n.* нарушител *naroushitel*
offensive *a.* обиден *obiden*
offensive *n.* офанзива *ofanziva*
offer *v.t.* предлагам *pdlagam*
offer *n.* оферта *oerta*
offering *n.* предлагане *predlagane*
office *n.* офис *ofis*
officer *n.* служещ *slouzhesht*
official *a.* официален *ofitsialen*
official *n.* длъжностно лице *dluzhnostno litse*
officially *adv.* официално *ofitsialno*
officiate *v.i.* изпълнявам задължения *izpulnyavam zadulzheniya*
officious *a.* официозен *ofitsiozen*
offing *n.* открито море *otkrito more*
offset *v.t.* компенсирам за *kompensiram*
offset *n.* начало *nachalo*
offshoot *n.* издънка *izdunka*
offspring *n.* потомство *potomstvo*
oft *adv.* често *chesto*
often *adv.* често *chesto*
ogle *v.t.* гледам влюбено *gledam vlyubeno*
ogle *n.* влюбен поглед *vlyuben pogled*
oil *n.* петрол *petrol*
oil *v.t.* смазвам *smazvam*
oily *a.* мазен *mazem*
ointment *n.* мехлем *mehlem*
old *a.* стар *star*
oligarchy *n.* олигархия *oligarhiya*
olive *n.* маслина *maslina*
olympiad *n.* олимпиада *olimpiada*
omega *n.* омега *omega*
omelette *n.* омлет *omlet*
omen *n.* поличба *polichba*
ominous *a.* злокобен *zlokoben*

omission *n.* пропуск
propousk
omit *v.t.* пропускам
propouskam
omnipotence *n.*
всемогъщество
vsemogushtestvo
omnipotent *a.* всемогъщ
vsemogushtestvo
omnipresence *n.*
вездесъщност
vezdesushtnost
omnipresent *a.* вездесъщ
vezdesusht
omniscience *n.* всезнание
vseznanie
omniscient *a.* всеведущ
vsevedousht
on *prep.* на *na*
on *adv.* за *za*
once *adv.* веднъж *vednuzh*
one *a.* един *edin*
one *pron.* един *edin*
oneness *n.* единство *edinstvo*
onerous *a.* обременителен
obremenitelen
onion *n.* лук *louk*
on-looker *n.* зрител *zritelen*
only *a.* единствен *edinstven*
only *adv.* само *samo*
only *conj.* само че *samo che*
onomatopoeia *n.*
звукоподражание
zvoukopodrazhanie
onrush *n.* устрем *oustrem*
onset *n.* нападение *napadnie*
onslaught *n.* пристъп *pristup*
onus *n.* бреме *brme*
onward *a.* напред *napred*
onwards *adv.* напред *napred*
ooze *n.* отвара *otvara*

ooze *v.i.* процеждам се
protsezhdam
opacity *n.* непрозрачност
neprozrachnost
opal *n.* опал *opal*
opaque *a.* непрозрачен
neprozrachen
open *a.* отворен *otvoren*
open *v.t.* отварям *otvaryam*
opening *n.* отвор *otvor*
openly *adv.* открито *otkrito*
opera *n.* опера *opera*
operate *v.t.* оперирам
operiram
operation *n.* операция
operatsiya
operative *a.* операционен
operatsionen
operator *n.* оператор
operator
opine *v.t.* считам *schitam*
opinion *n.* мнение *mnenie*
opium *n.* опиум *opioum*
opponent *n.* опонент *oponent*
opportune *a.* навременен
nvrmenen
opportunism *n.* опортюнизъм
oportyunizum
opportunity *n.* възможност
vuzmozhnost
oppose *v.t.* противопоставям
се *protivopostavyam se*
opposite *a.* срещу *sreshtu*
opposition *n.* опозиция
opozitsiya
oppress *v.t.* потискам
potiskam
oppression *n.* потисничество
potisnichestvo
oppressive *a.* потискащ
potiskasht

oppressor *n.* потисник *potisnik*
opt *v.i.* избирам *izbiram*
optic *a.* оптичен *optichen*
optician *n.* оптик *optik*
optimism *n.* оптимизъм *optimizum*
optimist *n.* оптимист *optimit*
optimistic *a.* оптимистичен *optimistichen*
optimum *n.* оптимум *opioum*
optimum *a.* оптимален *optimalen*
option *n.* опция *optsiya*
optional *a.* опционален *optsionalen*
opulence *n.* разкош *razkosh*
opulent *a.* богат *bogat*
oracle *n.* оракул *orakoul*
oracular *a.* пророчески *prorocheski*
oral *a.* устен *ousten*
orally *adv.* устно *oustno*
orange *n.* портокал *portokal*
orange *a.* оранжев *oranzhev*
oration *n.* реч *rech*
orator *n.* оратор *orator*
oratorical *a.* ораторски *oratorski*
oratory *n.* риторика *ritorika*
orb *n.* кълбо *kulbo*
orbit *n.* орбита *orbita*
orchard *n.* овощна градина *ovoshtna gradina*
orchestra *n.* оркестър *orkrstur*
orchestral *a.* оркестрален *orkrstralen*
ordeal *n.* изпитание *izpitanie*
order *n.* ред *red*

order *v.t.* заповядвам на *zapovyadvam*
orderly *a.* системен *sistemen*
orderly *n.* ординарец *ordinarets*
ordinance *n.* декрет *dekret*
ordinarily *adv.* обикновено *obiknoveno*
ordinary *a.* обикновен *obiknoven*
ordnance *n.* оръдия *orudiya*
ore *n.* руда *rouda*
organ *n.* орган *organ*
organic *a.* органичен *ogranichen*
organism *n.* организъм *organizum*
organization *n.* организация *organizatsiya*
organize *v.t.* организирам *organiziram*
orient *n.* ориент *orient*
orient *v.t.* насочвам *nasichvam*
oriental *a.* ориентален *orientalen*
oriental *n.* ориенталец *orientalets*
orientate *v.t.* ориентирам *orientiram*
origin *n.* произход *proizhod*
original *a.* оригинален *originalen*
original *n.* оригинал *original*
originality *n.* оригиналност *originalnost*
originate *v.t.* произлизам *proizlizam*
originator *n.* създател *suzdatel*

ornament *n.* орнамент
ornament
ornament *v.t.* декорирам
dekoriram
ornamental *a.* орнаментален
ornamentalen
ornamentation *n.* декорация
dekoratsiya
orphan *n.* сирак *sirak*
orphan *v.t.* осиротявам
osirotyavam
orphanage *n.* сиропиталище
siropitalishte
orthodox *a.* ортодоксален
ortodoksalen
orthodoxy *n.* ортодоксалност
ortodoksalnost
oscillate *v.i.* трептя *treptya*
oscillation *n.* трептене
treperene
ossify *v.t.* вкостенявам се
vkostenyavam se
ostracize *v.t.* пращам на
заточение *prashtam na
zatochenie*
ostrich *n.* щраус *shtraous*
other *a.* друг *droug*
other *pron.* друг *droug*
otherwise *adv.* иначе *inache*
otherwise *conj.* друг *droug*
otter *n.* видра *vidra*
ottoman *n.* отоманин
otomanin
ounce *n.* унция *ountsiya*
our *pron.* наш *nash*
oust *v.t.* изтиквам *iztikvam*
out *adv.* вън *vun*
out-balance *v.t.*
превъзхождам
prevuzhozhdam

outbid *v.t.* наддавам над
naddavam nad
outbreak *n.* избухване
izbouhvane
outburst *n.* изблик *izblik*
outcast *n.* изгнаник *izgnanik*
outcast *a.* прокуден
prokouden
outcome *n.* изход *izhod*
outcry *a.* надвиквам
nadvikvam
outdated *a.* остарял *ostaryal*
outdo *v.t.* надминавам
nadminavam
outdoor *a.* навън *navyn*
outer *a.* външен *vunshen*
outfit *n.* оборудване
oboroudvane
outfit *v.t.* оборудеам се
oboroudvam se
outgrow *v.t.* надраствам
nadrastvam
outhouse *n.* барака *baraka*
outing *n.* разходка *razhodka*
outlandish *a.* чудат *choudat*
outlaw *n.* разбойник
razboynik
outlaw *v.t.* обявявам извън
закона *obyavyavam izvun
zakona*
outline *n.* очертание
ochertanie
outline *v.t.* очертавам
ochertavam
outlive *v.i.* надживявам
nadzhivyavam
outlook *n.* перспектива
perspektiva
outmoded *a.* старомоден
staromoden

outnumber *v.t.* превъзхождам по брой *prevuzhoxhdam po broy*
outpatient *n.* амбулаторно болен *amboulatorno bolen*
outpost *n.* аванпост *avanpost*
output *n.* дебит *debit*
outrage *n.* безчинство *bezchinstvo*
outrage *v.t.* престъпвам закона *prestupvam zakona*
outright *adv.* прямо *pryamo*
outright *a.* пълен *pulen*
outrun *v.t.* изпреварвам *izprevarvam*
outset *n.* начало *nachalo*
outshine *v.t.* затъмнявам *zatumnyavam*
outside *a.* външен *vunshen*
outside *n.* навън *navun*
outside *adv.* навън *navun*
outside *prep.* вън от *vun ot*
outsider *n.* аутсайдер *aoutsayer*
outsize *a.* с необикновен размер *s neobiknoven razmer*
outskirts *n.pl.* покрайнини *pokraynini*
outspoken *a.* открит *otkrit*
outstanding *a.* изтъкнат *iztuknat*
outward *a.* повърхностен *povurhnosten*
outward *adv.* навън *navun*
outwards *adv.* навън *navun*
outwardly *adv.* външно *vunshno*
outweigh *v.t.* тежа повече от *tezha poveche*

outwit *v.t.* надхитрям *nadhitryam*
oval *a.* овален *ovalen*
oval *n.* овал *ovalen*
ovary *n.* яйчник *yaychnik*
ovation *n.* овация *ovatsiya*
oven *n.* фурна *fourna*
over *prep.* над *nad*
over *adv.* оттатък *ottatuk*
over *n.* излишък *izlishuk*
overact *v.t.* престаравам се *prestaravam se*
overall *n.* престилка *prestilka*
overall *a.* пълен *pulen*
overawe *v.t.* наплашвам *naplashvam*
overboard *adv.* извън борда *izvun borda*
overburden *v.t.* претоварвам *pretovarvam*
overcast *a.* заоблачен *zaoblachavam*
overcharge *v.t.* надвземам *nadvzemam*
overcharge *n.* висока цена *visoka tsena*
overcoat *n.* палто *palto*
overcome *v.t.* преодолявам *preodolyavam*
overdo *v.t.* прекалявам *prekalyavam*
overdose *n.* свръхдоза *svruhdoza*
overdose *v.t.* предозирам *tredoziram*
overdraft *n.* овърдрафт *ovurdraft*
overdraw *v.t.* превишавам кредита *previshavam kredita*

overdue *a.* просрочен *prosrochen*
overhaul *v.t.* преглеждам *preglezhdam*
overhaul *n.* ревизия *reviziya*
overhear *v.t.* дочувам *dochouvam*
overjoyed *a.* обрадван *obradvan*
overlap *v.t.* застъпвам се *zastupvam*
overlap *n.* застъпване *zastupvane*
overleaf *adv.* на гърба *na gurba*
overload *v.t.* претоварвам *pretovavam*
overload *n.* свръхтовар *svruhtovar*
overlook *v.t.* недоглеждам *nedoglezhdam*
overnight *adv.* предишната нощ *predishnta nosht*
overnight *a.* нощен *noshten*
overpower *v.t.* побеждавам *pobezhdavam*
overrate *v.t.* надценявам *nadtsenyavam*
overrule *v.t.* отхвърлям *othvurlyam*
overrun *v.t* преливам *prelivam*
oversee *v.t.* надзиравам *nadziravam*
overseer *n.* надзирател *nadziratel*
overshadow *v.t.* засенчвам *zasenchvam*
oversight *n.* надзор *nadzor*
overt *a.* открит *otkrit*

overtake *v.t.* настигам *nastigam*
overthrow *v.t.* повалям *povalyam*
overthrow *n.* поражение *porazhenie*
overtime *adv.* извънредно *izvunredno*
overtime *n.* извънредна работа *izvunredna rabota*
overture *n.* увертюра *ouvertyura*
overwhelm *v.t.* заливам *zalivam*
overwork *v.i.* преуморявам се *preoumoryavam*
overwork *n.* преумора *preoumora*
owe *v.t* дължа *dulzha*
owl *n.* бухал *bouhal*
own *a.* собствен *sobstven*
own *v.t* притежавам *pritezhavam*
owner *n.* собственик *sobstvenik*
ownership *n.* собственост *sobstvenost*
ox *n.* вол *vol*
oxygen *n.* кислород *kislorod*
oyster *n.* стрида *strida*

P

pace *n.* крачка *krachka*
pace *v.i.* крача *krachka*
pacific *a.* тих *tih*
pacify *v.t.* успокоявам *ouspokoyavam*
pack *n.* пакет *paket*

pack v.t. опаковам opakovam
package n. пакетиране paketirane
packet n. пратка pratka
packing n. опаковане opakovane
pact n. пакт pakt
pad n. тампон tampon
pad v.t. тампонирам tamponiram
padding n. вата vrata
paddle v.i. бъркам burkam
paddle n. бъркалка burkalka
paddy n. оризище orizishte
page n. страница streanitsa
page v.t. номерирам nomeriram
pageant n. процесия protsesiya
pageantry n. гарндиозност grandioznost
pagoda n. пагода pagoda
pail n. кофа kofa
pain n. болка bolka
pain v.t. боли boli
painful a. болезнен boleznen
painstaking a. старателен staratelen
paint n. боя boya
paint v.t. рисувам risouvam
painter n. художник houdozhnik
painting n. картина kartina
pair n. чифт chift
pair v.t. образувам двойка obrazouvam dvoyka
pal n. приятел priyatel
palace n. дворец dvorets
palanquin n. паланкин palankin
palatable a. вкусен vkousen

palatal a. палателен platen
palate n. небце nebtse
palatial a. дворцов dvortsov
pale n. кол kol
pale a. блед bled
pale v.i. бледнея bledneya
palette n. палитра palitra
palm n. длан dlan
palm v.t. докосвам dokosvam
palm n. палма palma
palmist n. хиромант hiromant
palmistry n. хиромантия hiromantiya
palpable a. осезаем osezaem
palpitate v.i. пулсирам poulsiram
palpitation n. пулсиране poulsirane
palsy n. паралич paralich
paltry a. нищожен nishtozhen
pamper v.t. угаждам ougazhdam
pamphlet n. памфлет pamflet
pamphleteer n. памфлетист pamfletist
panacea n. панацеа panatseya
pandemonium n. вертеп vertep
pane n. стъкло stuklo
panegyric n. панегирик panegirik
panel n. панел panel
panel v.t. облицовам oblitsovam
pang n. спазма spazma
panic n. паника panika
panorama n. панорама panorama
pant v.i. задъхвам се zaduhvam se

pant *n.* задъхване *zaduhvane*
pantaloon *n.* смешник *smeshnik*
pantheism *n.* пантеизъм *panteizum*
pantheist *n.* пантеист *panteist*
panther *n.* пантера *pantera*
pantomime *n.* пантомима *pantomima*
pantry *n.* килер *kiler*
papacy *n.* папство *papstvo*
papal *a.* папски *papski*
paper *n.* хартия *hartiya*
par *n.* равенство *ravenstvo*
parable *n.* притча *pritcha*
parachute *n.* парашут *parashout*
parachutist *n.* парашутист *parashoutist*
parade *n.* парад *parad*
parade *v.t.* парадирам *paradiram*
paradise *n.* рай *ray*
paradox *n.* парадокс *paradoks*
paradoxical *a.* парадоксален *paradoksalen*
paraffin *n.* парафин *parafin*
paragon *n.* образец *obraxets*
paragraph *n.* параграф *paragraf*
parallel *a.* успореден *ousporeden*
parallel *v.t.* съответствувам *suotvetstvam*
parallelism *n.* успоредност *ousporednost*
parallelogram *n.* успоредник *ousporednik*

paralyse *v.t.* парализирам *paraliziram*
paralysis *n.* парализа *paraliza*
paralytic *a.* паралитичен *paralitichen*
paramount *n.* върховен *vurhoven*
paramour *n.* любовник *lyubovnik*
paraphernalia *n. pl* принадлежности *prinadlezhnost*
paraphrase *n.* парафраза *parafraza*
paraphrase *v.t.* парафразирам *parafraziram*
parasite *n.* паразит *parazit*
parcel *n.* парцел *partsel*
parcel *v.t.* разпределям *razpredelyam*
parch *v.t.* пресъхвам *presuhvam*
pardon *v.t.* извинявам *izvinyavam*
pardon *n.* извинение *izvinenie*
pardonable *a.* простим *prostim*
parent *n.* родител *roditel*
parentage *n.* потекло *poteklo*
parental *a.* родителски *roditelski*
parenthesis *n.* вмъкната дума *vmuknata douma*
parish *n.* енория *enoriya*
parity *n.* равенство *ravenstvo*
park *n.* парк *park*
park *v.t.* паркирам *parkiram*
parlance *n.* говор *govor*

parley *n.* разискване *razkusvane*
parley *v.i.* разисквам *raziskvam*
parliament *n.* парламент *parlament*
parliamentarian *n.* парламентарист *parlamentarist*
parliamentary *a.* парламентарен *parlamentaren*
parlour *n.* приемна *priemna*
parody *n.* пародия *parodiya*
parody *v.t.* пародирам *parodiram*
parole *n.* честна дума *chestna douma*
parole *v.t.* освобождавам условно *osvobozhdavam ouslovno*
parricide *n.* отцеубиец *ottseoubiets*
parrot *n.* папагал *papagal*
parry *v.t.* парирам *paradiram*
parry *n.* париране *parirane*
parson *n.* викарий *vikariy*
part *n.* част *chast*
part *v.t.* разделям *razdelyam*
partake *v.i.* участвам *ouchastvam*
partial *a.* частичен *chastichen*
partiality *n.* пристрастие *pristrastie*
participate *v.i.* участвам *ouchastvam*
participant *n.* участник *ouchastnik*
participation *n.* участие *ouchastie*
particle *a.* частица *chastitsa*

particular *a.* специален *spetsialen*
particular *n.* подробност *podrobnost*
partisan *n.* партизанин *partizanin*
partisan *a.* фанатичен *fanatichen*
partition *n.* деление *delenie*
partition *v.t.* деля *delya*
partner *n.* съдружник *sudrouzhnik*
partnership *n.* съдружие *sudrouzhie*
party *n.* партия *partiya*
pass *v.i.* минавам *minavam*
pass *n.* преминаване *preminavane*
passage *n.* преход *prehod*
passenger *n.* пътник *putnik*
passion *n.* страст *strast*
passionate *a.* страстен *strasten*
passive *a.* пасивен *pasiven*
passport *n.* паспорт *pasport*
past *a.* минал *minal*
past *n.* минало *minalo*
past *prep.* покрай *pokray*
paste *n.* тесто *testo*
paste *v.t.* залепвам *zalepvam*
pastel *n.* пастел *pastel*
pastime *n.* забавление *zabavlenie*
pastoral *a.* пасторален *pastoralen*
pasture *n.* пасище *pasishte*
pasture *v.t.* паса *pasa*
pat *v.t.* потупвам *potoupvam*
pat *n.* потупване *potoupvane*
pat *adv.* навреме *navreme*
patch *v.t.* кърпя *kupya*

patch *n.* кръпка *krupka*
patent *a.* очевиден *ocheviden*
patent *n.* патент *patent*
patent *v.t.* патентовам *patentovam*
paternal *a.* бащински *bashtinski*
path *n.* пътека *puteka*
pathetic *a.* патетичен *papetichen*
pathos *n.* патос *patos*
patience *n.* търпение *turpenie*
patient *a.* търпелив *turpeliv*
patient *n.* пациент *patsient*
patricide *n.* отцеубийство *otseoubiystvo*
patrimony *n.* наследство *nasledstvo*
patriot *n.* патриот *patriot*
patriotic *a.* патриотичен *patriotichen*
partiotism *n.* патриотизъм *patriotizum*
patrol *v.i.* патрулирам *patrouliram*
patrol *n.* патрул *patroul*
patron *n.* патрон *patron*
patronage *n.* патронаж *patronazh*
patronize *v.t.* покровителствувам *pokrovitelstvouvam*
pattern *n.* образец *obrazets*
paucity *n.* малочисленост *malochislenost*
pauper *n.* бедняк *bednyak*
pause *n.* пауза *paouza*
pause *v.i.* спирам *spiram*
pave *v.t.* павирам *paviram*

pavement *n.* настилка *nastilka*
pavilion *n.* павилион *pavilion*
paw *n.* лапа *lapa*
paw *v.t.* докосвам с лапа *dokosvam s lapa*
pay *v.t.* плащам *plashtam*
pay *n.* плащане *plashtane*
payable *a.* платим *platim*
payee *n.* получател *polouchatel*
payment *n.* плащане *plashtane*
pea *n.* грах *grah*
peace *n.* мир *mir*
peaceable *a.* миролюбив *mirolyubiv*
peaceful *a.* мирен *miren*
peach *n.* праскова *praskova*
peacock *n.* паун *paoun*
peahen *n.* женски паун *zhenski paoun*
peak *n.* връх *vruh*
pear *n.* круша *krousha*
pearl *n.* перла *perla*
peasant *n.* селянин *selyanin*
peasantry *n.* селячество *selyachestvo*
pebble *n.* камъче *kamuche*
peck *n.* клъвване *kluvvane*
peck *v.i.* клъва *kulva*
peculiar *a.* особен *osoben*
peculiarity *n.* особеност *osobenost*
pecuniary *a.* паричен *parichen*
pedagogue *n.* педагог *pedagog*
pedagogy *n.* педагогика *pedagogika*
pedal *n.* педал *pedal*

pedal *v.t.* натискам педал *natiskam pedal*
pedant *n.* педант *pedant*
pedantic *n.* педантичен *pedantichen*
pedantry *n.* педантичност *pedantichnost*
pedestal *n.* пиедестал *piedestal*
pedestrian *n.* пешеходец *peshehodets*
pedigree *n.* родословие *rodoslovie*
peel *v.t.* беля *belya*
peel *n.* кора *kora*
peep *v.i.* надничам *nadnicham*
peep *n.* надничане *ndnichane*
peer *n.* равен *raven*
peerless *a.* несравним *nesravnim*
peg *n.* клечка *klechka*
peg *v.t.* закрепям с клечка *zakrepyam s klechka*
pelf *n.* богатство *bogatstvo*
pell-mell *adv.* безразборно *bezrazborno*
pen *n.* химикалка *himikalka*
pen *v.t.* пиша *pisha*
penal *a.* наказателен *nakazatelen*
penalize *v.t.* наказвам *nakazvam*
penalty *n.* наказание *nakazanie*
pencil *n.* молив *moliv*
pencil *v.t.* пиша *pisha*
pending *prep.* до *do*
pending *a.* висящ *visyasht*
pendulum *n.* махало *mahalo*

penetrate *v.t.* прониквам *pronikvam*
penetration *n.* проникване *pronikvane*
penis *n.* пенис *penis*
penniless *a.* беден *beden*
penny *n.* пени *peni*
pension *n.* пенсия *pensiya*
pension *v.t.* отпускам пенсия *otpouskam pensiya*
pensioner *n.* пенсионер *pensioner*
pensive *a.* замислен *zamislen*
pentagon *n.* петоъгълник *petougulnik*
peon *n.* пеон *peon*
people *n.* хора *hora*
people *v.t.* заселвам *zaselvam*
pepper *n.* пипер *piper*
pepper *v.t.* посипвам *posipvam*
per *prep.* по *po*
perambulator *n.* детска количка *detska kolichka*
perceive *v.t.* възприемам *vuzpriemam*
perceptible *adj.* доловим *dolovim*
per cent *adv.* процент *protsent*
percentage *n.* процент *protent*
perception *n.* възприемане *vuzpriemane*
perceptive *a.* възприемчив *vuzpiemchiv*
perch *n.* прът *prut*
perch *v.i.* курдисвам се *kourdisvam se*

perennial *a.* целогодишен
tselogodishen
perennial *n.* многогодишник
mnogogodishen
perfect *a.* съвършен
suvurshen
perfect *v.t.*
усъвършенствувам
ousuvurshenstvouvam
perfection *n.* съвършенство
suvurshenstvo
perfidy *n.* коварство
kovarstvo
perforate *v.t.* перфорирам
perforiram
perforce *adv.* по
необходимост *po*
neobhodimost
perform *v.t.* изпълнявам
izpulnyavam
performance *n.* изпълнение
ispulnenie
performer *n.* изпълнител
izpulnitel
perfume *n.* парфюм *parfyum*
perfume *v.t.* парфюмирам
parfyumiram
perhaps *adv.* може би
mozhe bi
peril *n.* опасност *opasnost*
peril *v.t.* излагам на опасност
izlagam na opasnost
perilous *a.* опасен *opasen*
period *n.* период *period*
periodical *n.* периодично
издание *periodichno*
izdanie
periodical *a.* периодичен
peiodichen
periphery *n.* периферия
perifriya

perish *v.i.* загивам *zagivam*
perishable *a.* нетраен
netraen
perjure *v.i.*
лъжесвидетелствувам
luzhesvidetelstvouvam
perjury *n.*
лъжесвидетелствуване
luzhesvidetelstvouvouvane
permanence *n.* неизменност
neizmennost
permanent *a.* постоянен
postoyanen
permissible *a.* допустим
dopouskam
permission *n.* позволение
pozvolenie
permit *v.t.* позволявам
pozvolyavam
permit *n.* разрешение
razreshenie
permutation *n.* пермутация
permoutatsiya
pernicious *a.* гибелен *gibelen*
perpendicular *a.*
перпендикулярен
perpendikoulyaren
perpendicular *n.*
перпендикуляр
perpendikoulyar
perpetual *a.* вечен *vechen*
perpetuate *v.t.* увековечавам
ouvekovechavam
perplex *v.t.* обърквам
oburkvam
perplexity *n.* затруднение
zatroudnenie
persecute *v.t.* преследвам
presledvam
persecution *n.* преследване
presledvane

perseverance n. постоянство
 postoyanstvo
persevere v.i. постоянствувам
 postoyanstvouvam
persist v.i. упорствувам
 ouporstvam
persistence n. упорство
 ouporstvo
persistent a. упорит ouporit
person n. лице litse
personage n. персонаж
 personazh
personal a. личен lichen
personality n. личност
 lichnost
personification n.
 персонификация
 personifikatsiya
personify v.t.
 персонифицирам
 personifitsiram
personnel n. персонал
 personal
perspective n. перспектива
 perspektiva
perspiration n. потене potene
perspire v.i. потя се potya se
persuade v.t. убеждавам
 oubeghdavam
persuasion n. убеждение
 oubezhdenie
pertain v.i. спадам spadam
pertinent a. уместен
 oumesten
perturb v.t. обезпокоявам
 obezpokoyvam
perusal n. прочит prochit
peruse v.t. чета cheta
pervade v.t. разпространявам
 се razprostranyavam

perverse a. перверзен
 pervezen
perversion n. перверзия
 perverziya
perversity n. перверзност
 perverznost
pervert v.t. изопачавам
 izopachavam
pessimism n. песимизъм
 pesimizum
pessimist n. песимист
 pesimist
pessimistic a. песимистичен
 pesimistichen
pest n. напаст napast
pesticide n. пестицид pestitsd
pestilence n. епидемия
 epidemiya
pet n. домашен любимец
 domashen lyubimets
pet v.t. галя galya
petal n. венчелистче
 venchelistche
petition n. петиция petitsiya
petition v.t. отправям петиция
 otpravyam petitsiya
petitioner n. просител prositel
petrol n. бензин benzin
petroleum n. нефт neft
petticoat n. фуста fousta
petty a. дребен dreben
petulance n. сприхавост
 sprihavost
petulant a. сприхав sprihav
phantom n. фантом fantom
pharmacy n. фармацевтика
 farmatseft
phase n. фаза faza
phenomenal a. феноменален
 fenomenalen

phenomenon *n.* феномен
fenomen
phial *n.* стъкленица
stuklenitsa
philanthropic *a.*
филантропически
filantropicheski
philanthropist *n.* филантроп
filantrop
philanthropy *n.* филантропия
filantropiya
philological *a.* филологичен
filologichen
philologist *n.* филолог *filolog*
philology *n.* филология
filologiya
philosopher *n.* философ
filosof
philosophical *a.* философски
filosofski
philosophy *n.* философия
filosofiya
phone *n.* телефон *telefon*
phonetic *a.* фонетичен
fonetichen
phonetics *n.* фонетика
fonetika
phosphate *n.* фосфат *fosfat*
phosphorus *n.* фосфор *fosfor*
photo *n.* фото *foto*
photograph *v.t.*
фотографирам *fotografiya*
photograph *n.* снимка *cnimka*
photographer *n.* фотограф
fotograf
photographic *a.*
фотографичен
fotografichen
photography *n.* фотография
fotorafiya
phrase *n.* фраза *fraza*

phrase *v.t.* изразявам
izrazyavam
phraseology *n.* фразеология
frazeologiya
physic *n.* лекарство
lekarstvo
physic *v.t.* давам лекарство
davam lekarstvo
physical *a.* физически
fizicheski
physician *n.* лекар *lekar*
physicist *n.* физик *fizik*
physics *n.* физика *fizika*
physiognomy *n.* физиономия
fizionomiya
physique *n.* телосложение
teloslozhenie
pianist *n.* пианист *pianist*
piano *n.* пиано *piano*
pick *v.t.* избирам *izbiram*
pick *n.* избор *izbor*
picket *n.* кол *kol*
picket *v.t.* закрепвам с кол
zakrepvam s kol
pickle *n.* саламура
salamoura
pickle *v.t.* мариновам
marinovam
picnic *n.* пикник *piknik*
picnic *v.i.* устройвам пикник
oustroyvam piknik
pictorical *a.* изобразителен
izobrazitelen
picture *n.* картина *kartina*
picture *v.t.* изобразявам
izobrazyavam
picturesque *a.* живописен
zhivopisen
piece *n.* парче *parche*
piece *v.t.* съединявам
suedinyavam

pierce v.t. пронизвам pronizvam
piety n. благочестие blagochestie
pig n. прасе prase
pigeon n. гълъб gulub
pigmy n. пигмей pigmey
pile n. куп koup
pile v.t. трупам troupam
piles n. хемороиди hemoroidi
pilfer v.t. обирам obiram
pilgrim n. пилгрим pilgrim
pilgrimage n. поклонничество poklonnichestvo
pill n. хапче hapche
pillar n. колона kolona
pillow n. възглавница vuzglavnitsa
pillow v.t. облягам на oblyagam na
pilot n. пилот pilot
pilot v.t. направлявам napravlyavam
pimple n. пъпка pupka
pin n. карфица karfitsa
pin v.t. забождам zabozhdam
pinch v.t. изнудвам iznoudvam
pinch v. щипя shtipya
pine n. бор bor
pine v.i. вехна vehna
pineapple n. ананас ananas
pink n. карамфил karamfil
pink a. розов rozov
pinkish a. розовичък rozovichuk
pinnacle n. апогей apogey
pioneer n. пионер pioner
pioneer v.t. проправям път popravyam put
pious a. набожен nabozhen

pipe n. тръба truba
pipe v.i. свиря svirya
piquant a. пикантен pikanten
piracy n. пиратство piratstvo
pirate n. пират piratstvo
pirate v.t. пиратствувам piratstvouvam
pistol n. пистолет pistolet
piston n. бутало boutalo
pit n. ров rov
pit v.t. поставям в яма postavyam v yama
pitch n. подаване podavane
pitch v.t. подавам podavam
pitcher n. пичър pichur
piteous a. жалък zhaluk
pitfall n. трап trap
pitiable a. клет klet
pitiful a. жалостив zhalostiv
pitiless a. безжалостен bezzhalosten
pitman n. миньор minyoor
pittance n. подаяние podayanie
pity n. милост milost
pity v.t. съжалявам suzhalyavam
pivot n. ос os
pivot v.t. въртя се vurtya se
playcard n. карта за игра karta za igra
place n. място myasto
place v.t. поставям postavyam
placid a. спокоен spokoen
plague a. чума chouma
plague v.t. поразявам porazyavam
plain a. ясен yasen
plain n. поле pole
plaintiff n. ищец ishtets

plan *n.* план *plan*
plan *v.t.* планирам *planiram*
plane *n.* равнина *ravnina*
plane *v.t.* рея се *reya se*
plane *a.* равнинен *ravninen*
plane *n.* самолет *samolet*
planet *n.* планета *planeta*
planetary *a.* планетарен *planetaren*
plank *n.* дъска *duska*
plank *v.t.* обшивам *obshivam*
plant *n.* растение *rastenie*
plant *v.t.* садя *sadya*
plantain *n.* живовляк *zhivovlyak*
plantation *n.* плантация *plantatsiya*
plaster *n.* мазилка *mazilka*
plaster *v.t.* мажа *mazha*
plate *n.* пластинка *plastinka*
plate *v.t.* обковавам *obkovavam*
plateau *n.* плато *plato*
platform *n.* платформа *platforma*
platonic *a.* платоничен *platonichen*
platoon *n.* взвод *vzvod*
play *n.* игра *igra*
play *v.i.* играя *igraya*
player *n.* играч *igrach*
plea *n.* молба *molba*
plead *v.i.* пледирам *plediram*
pleader *n.* молител *molitel*
pleasant *a.* приятен *priyaten*
pleasantry *n.* шеговитост *shegovitost*
please *v.t.* харесвам се на *haresvam se na*
pleasure *n.* удовлоствие *oudovolstvie*

plebiscite *n.* плебисцит *plebistsit*
pledge *n.* залог *zalog*
pledge *v.t.* залагам *zalagam*
plenty *n.* множество *mnozhestvo*
plight *n.* положение *polozhenie*
plod *v.i.* бъхтя се *buhtya se*
plot *n.* парцел *partsel*
plot *v.t.* заговорнича *zagovornitcha*
plough *n.* плуг *ploug*
plough *v.i.* ора *ora*
ploughman *n.* орач *orach*
pluck *v.t.* отскубвам *otskoubvam*
pluck *n.* скубене *skoubene*
plug *n.* щепсел *shtepsel*
plug *v.t.* поставям в щепсел *postavyam v shtepsel*
plum *n.* слива *sliva*
plumber *n.* водопроводчик *vodoprovodchik*
plunder *v.t.* грабя *grabya*
plunder *n.* грабеж *grabezh*
plunge *v.t.* плонжирам *plonzhiram*
plunge *n.* плонж *plonzh*
plural *a.* множествен *mnozhestven*
plurality *n.* множественост *mnozhestvenost*
plus *a.* допълнителен *dopulnitelen*
plus *n.* плюс *plyus*
ply *v.t.* отрупвам *otroupvam*
ply *n.* пласт *plast*
pneumonia *n.* пневмония *pnevmoniya*
pocket *n.* джоб *dzhob*

pocket v.t. слагам в джоба *slagam v dzhoba*
pod n. пашкул *pashkoul*
poem n. поема *poema*
poesy n. поезия *poeziya*
poet n. поет *poet*
poetaster n. стихоплетец *stihopletets*
poetess n. поетеса *poetesa*
poetic a. поетичен *poetichen*
poetics n. поетика *poetika*
poetry n. поезия *poeziya*
poignacy n. трогателност *trogatelnost*
poignant a. трогателен *trogatelen*
point n. точка *tochka*
point v.t. соча *socha*
poise v.t. уравновесявам *ouravnovesyavam*
poise n. равновесие *ravnovesie*
poison n. отрова *otrova*
poison v.t. отравям *otravyam*
poisonous a. отровен *otroven*
poke v.t. мушкам *moushvam*
poke n. мушване *moushvane*
polar n. полярен *polyaren*
pole n. полюс *polyus*
police n. полиция *politsiya*
policeman n. полицай *politsay*
policy n. политика *politika*
polish v.t. полирам *poliram*
polish n. полировка *polirovka*
polite a. учтив *ouchtiv*
pliteness n. учтивост *ouchtivost*
politic a. ловък *lovuk*

political a. политически *politicheski*
politician n. политика *politika*
politics n. политика *politika*
polity n. държава *durzhava*
poll n. гласуване *glasouvane*
poll v.t. гласувам *glasouvam*
pollen n. полен *polen*
pollute v.t. замърсявам *zamursyavam*
pollution n. замърсяване *zamursyavane*
polo n. поло *polo*
polygamous a. полигамен *poligamen*
polygamy n. полигамия *poligamiya*
polyglot1 n. полиглот *poliglot*
polyglot2 a. многоезичен *mnogoezichen*
polytechnic a. политехнически *politehnika*
polytechnic n. политехника *politehnika*
polytheism n. политеизъм *politeizum*
polytheist n. политеист *politeist*
polytheistic a. политеистичен *politeistichen*
pomp n. пищност *pishtnost*
pomposity n. помпозност *pompoznost*
pompous a. помпозен *pompozen*
pond n. водоем *vodoem*
ponder v.t. обмислям *obmislyam*
pony n. пони *poni*
poor a. беден *beden*

pop v.i. пукам *poukam*
pop n. пукот *poukot*
pope n. папа *papa*
poplar n. топола *topola*
poplin n. поплин *poplin*
populace n. народ *narod*
popular a. популярен *popoulyaren*
popularity n. популярност *popoulyarnost*
popularize v.t. популяризирам *popoulyariziram*
populate v.t. заселвам *zaselvam*
population n. население *naselenie*
populous a. гъсто населен *gusto naselen*
porcelain n. порцелан *portselan*
porch n. вход *vhod*
pore n. пора *pora*
pork n. свинско месо *svinsko meso*
porridge n. овесена каша *ovesena kasha*
port n. пристанище *pristanishte*
portable a. преносим *prenosim*
portage n. превоз *prevoz*
portal n. портал *portal*
portend v.t. предвещавам *predveshtavam*
porter n. носач *nosatch*
portfolio n. портфолио *portfolio*
portico n. портик *portik*
portion n. дял *dyal*
portion v.t. деля *delya*

portrait n. портрет *portret*
portraiture n. обрисовка *obrisovka*
portray v.t. обрисувам *obrsouvam*
portrayal n. обрисуване *obrisouvane*
pose v.i. позирам *poziram*
pose n. поза *poza*
position n. позиция *pozitsiya*
position v.t. позиционирам *pozitsioniram*
positive a. положителен *polozhitelen*
possess v.t. притежавам *pritezhavam*
possession n. притежание *pritezhanie*
possibility n. възможност *vuzmozhnost*
possible a. възможен *vuzmozhen*
post n. пост *post*
post v.t. назначавам *naznachavam*
post n. поща *poshta*
post v.t. пращам писмо *prashtam pismo*
post adv. обявявам *obyavyavam*
postage n. пощенски разноски *poshtenski raznoski*
postal a. пощенски *poshtenski*
post-date v.t. постдатирам *postdatiram*
poster n. плакат *plakat*
posterity n. потомство *potomstvo*

posthumous *a.* посмъртен
posmurten
postman *n.* пощальон
poshtalyon
postmaster *n.* пощенски
началник *poshtenski
nachalnik*
post-mortem *a.* следсмъртен
sledsmurten
post-mortem *n.* аутопсия
aoutopsiya
post-office *n.* поща *poshta*
postpone *v.t.* отлагам
otlagam
postponement *n.* отлагане
otlagane
postscript *n.* постскриптум
postkriptoum
posture *n.* стойка *stoyka*
pot *n.* тенджера *tendzhera*
pot *v.t.* готвя в тенджера
gotvya v tendzhera
potash *n.* поташ *potash*
potassium *n.* калий *kaliy*
potato *n.* картоф *kartof*
potency *n.* сила *sila*
potent *a.* потентен *potenten*
potential *a.* потенциален
potentsialen
potential *n.* потенциал
potentsial
pontentiality *n.*
потенциалност
potentsialnost
potter *n.* грънчар *grunchar*
pottery *n.* керамика *keramika*
pouch *n.* торбичка *torbichka*
poultry *n.* домашни птици
domashni ptitsi
pounce *v.i.* нападам
napadam

pounce *n.* нападение
napadenie
pound *n.* паунд *paound*
pound *v.t.* стривам *strivam*
pour *v.i.* наливам *nalivam*
poverty *n.* бедност *bednost*
powder *n.* прах *prah*
powder *v.t.* поръсвам
porusvam
power *n.* власт *vlast*
powerful *a.* могъщ *mogusht*
practicability *n.*
осъществимост
osushtestvimost
practicable *a.* осъществим
osushtestvim
practical *a.* практичен
praktichen
practice *n.* практика *praktika*
practise *v.t.* практикувам
praktikouvam
practitioner *n.* практикуващ
лекар *praktikouvasht lekar*
pragmatic *a.* прагматичен
pragmatichen
pragmatism *n.* прагматизъм
pragmatizum
praise *n.* похвала *pohvala*
praise *v.t.* хваля *hvalya*
praiseworthy *a.* похвален
pohvalen
prank *n.* лудория *loudoriya*
prattle *v.i.* бъбря *bubrya*
prattle *n.* бърборене
burborene
pray *v.i.* моля се *molya se*
prayer *n.* молитва *molitva*
preach *v.i.* проповядвам
propovyadvam
preacher *n.* проповедник
propovednik

preamble *n.* преамбюл
preambyul
precaution *n.* предпазна
мярка *predpazna myarka*
precautionary *a.* предпазен
predpazen
precede *v.* предхождам
predhozhdam
precedence *n.* предимство
predimstvo
precedent *n.* прецедент
pretsedent
precept *n.* наставление
nastavlenie
preceptor *n.* наставник
nastavnik
precious *a.* ценен *tsenen*
precis *n.* резюме *rezyume*
precise *a.* прецизен *pretsizen*
precision *n.* прецизност
pretsiznost
precursor *n.* предтеча
predtecha
predecessor *n.*
предшественик
predshestvenik
predestination *n.*
предопределение
predopredelenie
predetermine *v.t.*
предопределям
predopredelyam
predicament *n.* затруднение
zatroudnenie
predicate *n.* твърдя *tvurdya*
predict *v.t.* предсказвам
predskazvam
prediction *n.* предсказание
predskazanie

predominance *n.*
преобладание
preobladanie
predominant *a.* доминиращ
dominirasht
predominate *v.i.*
преобладавам
preobladavam
pre-eminence *n.*
превъзходство
prevuzhodstvo
pre-eminent *a.* превъзходен
prevuzhoden
preface *n.* предговор
predgovor
preface *v.t.* започвам
zapochvam
prefect *n.* префект *prefekt*
prefer *v.t.* предпочитам
predpochitam
preference *n.* предпочитание
predpochitanie
preferential *a.*
преференциален
preferentsialen
prefix *n.* представка
predstavka
prefix *v.t.* слагам пред
slagam pred
pregnancy *n.* бременност
bremennost
pregnant *a.* бременна
bremenna
prehistoric *a.* праисторически
praistoricheski
prejudice *n.* предразсъдък
predrazsuduk
prelate *n.* прелат *prelat*
preliminary *a.* предварителен
predvaritelen
preliminary *n.* увод *ouvod*

prelude *n.* прелюдия
prelyudiya
prelude *v.t.* въвеждам
vuvezhdam
premarital *a.* предбрачен
predbrachen
premature *a.*
преждевременен
prezhdevremenen
premeditate *v.t.* обмислям
предварително *obmislyam*
predvaritelno
premeditation *n.*
преднамереност
prednamerenost
premier *a.* първи *purvi*
premier *n.* премиер *premier*
premiere *n.* премиера
premiera
premium *n.* премия *premiya*
premonition *n.* предчувствие
predchuvstvie
preoccupation *n.*
замисленост *zamislenost*
preoccupy *v.t.* занимавам
zaminavam
preparation *n.* подготовка
podgotovka
preparatory *a.* подготвителен
podgotvitelen
prepare *v.t.* подготвям
podgotvyam
preponderance *n.* превес
preves
preponderate *v.i.*
надвишавам *nadvishavam*
preposition *n.* предлог
predlog
prerequisite *a.* необходим
neobhodim

prerequisite *n.* предпоставка
predpostavka
prerogative *n.* прерогатив
prerogativ
prescience *n.* далновидност
dalnovidnost
prescribe *v.t.* предписвам
predpisvam
prescription *n.* предписание
predpisanie
presence *n.* присъствие
prisustvie
present *a.* присъстващ
prisustvasht
present *n.* подарък *podaruk*
present *v.t.* представям
predstavyam
presentation *n.* презентация
prezentatsiya
presently *adv.* понастоящем
ponastoyashtem
preservation *n.* запазване
zapazvane
preservative *n.* презерватив
prezervativ
preservative *a.* предпазващ
predpazvasht
preserve *v.t.* запазвам
zapazvam
preserve *n.* резерват *rezervat*
preside *v.i.*
председателствам
predsedatelstvam
president *n.* президент
prezident
presidential *a.* президентски
prezidentski
press *v.t.* притискам *pritiskam*
press *n.* преса *presa*
pressure *n.* натиск *natisk*

pressurize v.t. херметизирам hermetiziram
prestige n. престиж prestizh
prestigious a. престижен prestizhen
presume v.t. предполагам predpolagam
presumption n. презумпция prezumptsiya
presuppose v.t. приемам priemam
presupposition n. предположение predplozhenie
pretence n. преструвка prestrouvka
pretend v.t. претендирам pretendiram
pretension n. претенция pretentsiya
pretentious a. претенциозен pretentsiozen
pretext n. претекст pretekst
prettiness n. хубост hibost
pretty a. хубав hubav
pretty adv. доста dosta
prevail v.i. преодолявам preodolyavam
prevalance n. преобладаване preobladavane
prevalent a. преобладаващ preobladavasht
prevent v.t. предотвратявам predotvratyavam
prevention n. предотвратяване predotvratyavane
preventive a. превантивен prevantiven
previous a. предишен predishen

prey n. плячка plyachka
prey v.i. ловя lovya
price n. цена tsena
price v.t. оценявам otsenyavam
prick n. шип ship
prick v.t. бода boda
pride n. гордост gordost
pride v.t. гордея се gordeya se
priest n. свещеник sveshtenik
priestess n. жрица zhritsa
priesthood n. духовенство douhovenstvo
prima facie adv. на пръв поглед na pruv pogled
primarily adv. главно glavno
primary a. първостепенен purvostepenen
prime a. първоначален purvonachalen
prime n. начало nachalo
primer n. буквар boukvar
primeval a. прастар prastar
primitive a. примитивен primitiven
prince n. принц prints
princely a. разкошен razkoshen
princess n. принцеса printsesa
principal n. ръководител rukovoditel
principal a. главен glaven
principle n. принцип printsip
print v.t. печатам pechatam
print n. печат pechat
printer n. принтер printer
prior a. по-раншен po ranshen
prior n. приор prior

prioress *n.* игуменка
igoumenka
priority *n.* приоритет *prioritet*
prison *n.* затвор *zatvor*
prisoner *n.* затворник
zatvornik
privacy *n.* уединение
ouedinenie
private *a.* частен *chasten*
privation *n.* лишение *lishenie*
privilege *n.* привилегия
privilegiya
prize *n.* награда *nagrada*
prize *v.t.* ценя *tsenya*
probability *n.* вероятност
veroyatnost
probable *a.* вероятен
veroyaten
probably *adv.* вероятно
veroyatno
probation *n.* пробация
probatsiya
probationer *n.* условно
осъден *ouslovno osuden*
probe *v.t.* проучвам
proouchvam
probe *n.* сонда *sonda*
problem *n.* проблем *problem*
problematic *a.*
проблематичен
problematichen
procedure *n.* процедура
protsedoura
proceed *v.i.* продължавам
produlzhavam
proceeding *n.* постъпка
postupka
proceeds *n.* постъпления
postupleniya
process *n.* процес *protses*

procession *n.* процесия
protsesiya
proclaim *v.t.* провъзгласявам
provuzglasyavam
proclamation *n.* прокламация
proklamatsiya
proclivity *n.* наклонност
naklonnost
procrastinate *v.i.* бавя се
bavya se
procrastination *n.* бавене
bavene
proctor *n.* адвокат *advokat*
procure *v.t.* придобивам
pridobivam
procurement *n.* придобиване
pridobivane
prodigal *a.* разточителен
raztochitelen
prodigality *n.* разточителство
raztochitelstvo
produce *v.t.* произвеждам
proizvezhdam
produce *n.* продукция
prodouktsiya
product *n.* продукт *prodoukt*
production *n.* производство
proizvodstvo
productive *a.* продуктивен
prodouktiven
productivity *n.*
производителност
proizvoditelnost
profane *a.* непосветен
neposveten
profane *v.t.* осквернявам
oskvernyavam
profess *v.t.* практикувам
praktikouvam
profession *n.* професия
profesiya

professional *a.*
  професионален
  profesionalen
professor *n.* професор
  profesor
proficiency *n.* вещина
  veshtina
proficient *a.* вещ *vesht*
profile *n.* профил *profil*
profile *v.t.* профилирам
  profiliram
profit *n.* печалба *pechalba*
profit *v.t.* печеля *pechelya*
profitable *a.* изгоден *izgoden*
profiteer *n.* спекулант
  spekoulant
profiteer *v.i.* спекулирам
  spekouliram
profligacy *n.* разврат *razvrat*
profligate *a.* развратен
  razvraten
profound *a.* дълбок *dulbok*
profundity *n.* дълбочина
  dulbochina
profuse *a.* изобилен *izobilen*
profusion *n.* изобилие *izobilie*
progeny *n.* потомство
  potomstvo
programme *n.* програма
  programa
programme *v.t.* програмирам
  programiram
progress *n.* прогрес *progres*
progress *v.i.* напредвам
  napredvam
progressive *a.* прогресивен
  progresiven
prohibit *v.t.* забранявам
  zabranyavam
prohibition *n.* забрана
  zabrana

prohibitive *a.* възпиращ
  vuzpirasht
prohibitory *a.* забранителен
  zabranitelen
project *n.* проект *proekt*
project *v.t.* проектирам
  proektiram
projectile *n.* граната *granata*
projectile *a.* метателен
  metatelen
projection *n.* проекция
  proektsiya
projector *n.* проектант
  proektant
proliferate *v.i.*
  разпространявам се
  razprostranyavam se
proliferation *n.*
  разпространение
  razprostranenie
prolific *a.* плодовит *plodovit*
prologue *n.* пролог *prolog*
prolong *v.t.* удължавам
  oudulzhavam
prolongation *n.* продължение
  produlzhenie
prominence *n.* знаменитост
  znamenitost
prominent *a.* знаменит
  znamenit
promise *n.* обещание
  obeshtanie
promise *v.t.* обещавам
  obeshtavam
promising *a.* обещаващ
  obeshtavasht
promissory *a.* съдържащ
  обещание *sudurzhasht*
  obeshtanie
promote *v.t.* промоцирам
  promotsiram

promotion *n.* промоция
promotsiya
prompt *a.* бърз *burz*
prompt *v.t.* подтиквам
podtikvam
prompter *n.* който подтиква
koyto podtikva
prone *a.* проснат *prosnat*
pronoun *n.* местоимение
mestoimenie
pronounce *v.t.* произнасям
proiznasyam
pronunciation *n.*
произношение
proiznoshenie
proof *n.* доказателство
dokazatelstvo
proof *a.* непроницаем
nepronitsaem
prop *n.* подпора *podpora*
prop *v.t.* подпирам *podpiram*
propaganda *n.* пропаганда
propaganda
propagandist *n.* пропагандист
propagandist
propagate *v.t.* плодя се
plodya se
propagation *n.* плодене
plodene
propel *v.t.* тласкам напред
tlaskam napred
proper *a.* правилен *pravilen*
property *n.* имот *imot*
prophecy *n.* пророчество
prorochestvo
prophesy *v.t.* пророкувам
prorokouvam
prophet *n.* пророк *prorok*
prophetic *a.* пророчески
prorocheski

proportion *n.* пропорция
proportsiya
proportion *v.t.* съгласувам
suglasouvam
proportional *a.*
пропорционален
proportsionalen
proportionate *a.* съразмерен
surazmeren
proposal *n.* предложение
predlozhenie
propose *v.t.* предлагам
predlagam
proposition *n.* твърдение
tvurdenie
propound *v.t.* излагам
izlagam
proprietary *a.* собственически
sobstvenicheski
proprietor *n.* собственик
sobstvenik
propriety *n.* уместност
oumestnost
prorogue *v.t.* отсрочвам
otsrochvam
prosaic *a.* прозаичен
prozaichen
prose *n.* проза *proza*
prosecute *v.t.* давам под съд
davam pod sud
prosecution *n.* обвинение
obvinenie
prosecutor *n.* прокурор
prokouror
prosody *n.* прозодия
prozodiya
prospect *n.* перспективи
perspektivi
prospective *a.* предстоящ
predstoyasht

prospsectus n. проспект
prospekt
prosper v.i. просперирам
prosperiram
prosperity n. проспериране
prosperirane
prosperous a. проспериращ
prosperirasht
prostitute n. проститутка
prostitoutka
prostitute v.t. проституирам
prostitouiram
prostitution n. проституция
prostitoutsiya
prostrate a. повален *povalen*
prostrate v.t. повалям
povalyam
prostration n. поваляне
povalyane
protagonist n. протагонист
protagonist
protect v.t. пазя *pazya*
protection n. защита *zashtita*
protective a. защитен
zashtiten
protector n. протектор
protektor
protein n. протеин *protein*
protest n. протест *protest*
protest v.i. протестирам
protestiram
protestation n. протестация
protestatsiya
prototype n. прототип
prototip
proud a. горд *gord*
prove v.t. доказвам
dokazvam
proverb n. пословица
poslovitsa

proverbial a. пословичен
poslovichen
provide v.i. предоставям
predostavyam
providence n. провидение
providenie
provident a. предвидлив
predvidliv
providential a. навременен
navremenen
province n. провинция
provintsiya
provincial a. провинциален
provintsialen
provincialism n. провинциализъм
provintsializum
provision n. предвиждане
predvizhdane
provisional a. временен
vremenen
proviso n. условие *ouslovie*
provocation n. провокация
provokatsiya
provocative a. провокативен
provokativen
provoke v.t. провокирам
provokiram
prowess n. доблест *doblest*
proximate a. най-близък *nay blizuk*
proximity n. близост *blizost*
proxy n. пълномощие
pulnomoshtie
prude n. превзета жена
prevzeta zhena
prudence n. благоразумие
blagorazoumie
prudent a. благоразумен
blagorazoumen

prudential *a.* предпазлив *predpazliv*
prune *v.t.* кастря *kastrya*
pry *v.i.* надничам *nadnicham*
psalm *n.* псалм *psalm*
pseudonym *n.* псевдоним *psevdonim*
psyche *n.* душа *dousha*
psychiatrist *n.* психиатър *psihiatur*
psychiatry *n.* психиатрия *psihiatriya*
psychic *a.* психичен *psihichen*
psychological *a.* психологичен *psihologichen*
psychologist *n.* психолог *psiholog*
psychology *n.* психология *psihologiya*
psychopath *n.* психопат *psihopat*
psychosis *n.* психоза *psihoza*
psychotherapy *n.* психотерапия *psihoterapiya*
puberty *n.* пубертет *poubertet*
public *a.* публичен *poublichen*
public *n.* общество *obshtestvo*
publication *n.* публикуване *poublikouvane*
publicity *n.* публичност *poublichnost*
publicize *v.t.* рекламирам *reklamiram*
publish *v.t.* публикувам *poublikouvam*
publisher *n.* издател *izdatel*
pudding *n.* пудинг *pouding*
puddle *n.* локва *lokva*
puddle *v.t.* меся *mesya*
puerile *a.* момчешки *momcheshki*
puff *n.* полъх *poluh*
puff *v.i.* пухтя *pouhtya*
pull *v.t.* дърпам *durpam*
pull *n.* дърпане *durpane*
pulley *n.* скрипец *skripets*
pullover *n.* пуловер *poulover*
pulp *n.* пулпа *poulpa*
pulp *v.t.* смилам *smilam*
pulpit *a.* амвон *amvon*
pulpy *a.* кашав *kashav*
pulsate *v.i.* треперя *treperya*
pulsation *n.* пулсиране *poulsirane*
pulse *n.* пулс *pouls*
pulse *v.i.* пулсирам *poulsiram*
pulse *n* варива *variva*
pump *n.* помпа *pompa*
pump *v.t.* помпам *pompam*
pumpkin *n.* тиква *tikva*
pun *n.* игрословица *igroslovitsa*
pun *v.i.* играя на думи *igraya na doumi*
punch *n.* удар *oudar*
punch *v.t.* удрям *oudryam*
punctual *a.* точен *tochen*
punctuality *n.* точност *tochnost*
punctuate *v.t.* пунктуирам *pounktouiram*
punctuation *n.* пунктуация *pounktouatsiya*
puncture *n.* спукване *spoukvane*

puncture v.t. спуквам се spoukvam se
pungency n. язвителност yazvitelnost
pungent a. язвителен yazvitelen
punish v.t. наказвам nakazvam
punishment n. наказание nakazanie
punitive a. наказателен nakazatelen
puny a. хилав hilav
pupil n. зеница zenitsa
puppet n. кукла koukla
puppy n. кутре koutre
purblind n. кьорав kyoorav
purchase n. покупка pokoupka
purchase v.t. купувам koupouvam
pure a. чист chist
purgation n. прочистване prochistvane
purgative n. пургатив pourgativ
purgative a. разслабителен razslabitelen
purgatory n. чистилище chistilishte
purge v.t. прочиствам prochistvam
purification n. пречистване prechistvane
purify v.t. пречиствам prechistvam
purist n. пурист pourist
puritan n. пуритан pouritan
puritanical a. пуритански pouritanski
purity n. чистота chistota

purple a./n. пурпур pourpour
purport n. цел tsel
purport v.t. означавам oznachavam
purpose n. намерение namerenie
purpose v.t. възнамерявам vuznameryavam
purposely adv. нарочно narochno
purr n. мъркане murkane
purr v.i. мъркам murkam
purse n. портмоне portmone
purse v.t. свивам svivam
pursuance n. изпълнение izpulnenie
pursue v.t. преследвам presledvam
pursuit n. преследване presledvane
purview n. обсег obseg
pus n. гной gnoy
push v.t. бутам boutam
push n. тласък tlasuk
put v.t. слагам slagam
puzzle n. загадка zagadka
puzzle v.t. озадачавам ozadachavam
pygmy n. пигмей pigmey
pyorrhoea n. пиорея pioreya
pyramid n. пирамида piramida
pyre n. клада klada
python n. питон piton

Q

quack v.i. крякам kryakam
quack n. крякане kryakane

quackery *n.* шарлатанство *sharlatanstvo*
quadrangle *n.* четириъгълник *chetiriugulnik*
quadrangular *a.* четириъгълен *chetiriugulen*
quadrilateral *a. & n.* четиристранен *chetiristranen*
quadruped *n.* четириного *chetirinogo*
quadruple *a.* четворен *chetvoren*
quadruple *v.t.* учетворявам *ouchetvoryavam*
quail *n.* пъдпъдък *pudpuduk*
quaint *a.* чудат *choudat*
quake *v.i.* треса се *tresa se*
quake *n.* тръс *trus*
qualification *n.* квалификация *kvalifikatsiya*
qualify *v.i.* квалифицирам *kvalifitsiram*
qualitative *a.* качествен *kachestven*
quality *n.* качество *kachestvo*
quandary *n.* затруднение *zatroudnenie*
quantitative *a.* количествен *kolichestven*
quantity *n.* количество *kolichestvo*
quantum *n.* пай *pay*
quarrel *n.* кавга *kavga*
quarrel *v.i.* карам се *karam se*
quarrelsome *a.* свадлив *svadliv*
quarry *n.* кариера *kariera*
quarry *v.i.* вадя от кариера *vadya ot kariera*
quarter *n.* четвърт *chetvurt*

quarter *v.t.* разделям на четири *razdelyam na chetiri*
quarterly *a.* тримесечен *trimesechen*
queen *n.* кралица *kralitsa*
queer *a.* съмнителен *sumnitelen*
quell *v.t.* уталожвам *outalozhvam*
quench *v.t.* потискам *potiskam*
query *n.* въпрос *vupros*
query *v.t.* питам се *pitam se*
quest *n.* дирене *direne*
quest *v.t.* търся *tursya*
question *n.* въпрос *vupros*
question *v.t.* питам *pitam*
questionable *a.* съмнителен *sumnitelen*
questionnaire *n.* въпросник *vuprosnik*
queue *n.* опашка *opashka*
quibble *n.* двусмислица *dvousmislitsa*
quibble *v.i.* заяждам се *zayazhdam se*
quick *a.* бърз *burz*
quick *n.* живец *zhivets*
quicksand *n.* плаващ пясък *plavasht pyasuk*
quicksilver *n.* живак *zhivak*
quiet *a.* тих *tih*
quiet *n.* спокойствие *spokoystvie*
quiet *v.t.* успокоявам *ouspokoyavam*
quilt *n.* юрган *yurgan*
quinine *n.* хинин *hinin*
quintessence *n.* квинтесенция *kvintesentsiya*

quit v.t. ватирам vatiram
quite adv. съвсем suvsem
quiver n. трепет trepet
quiver v.i. треперя treperya
quixotic a. донкихотски donkihotski
quiz n. тест test
quiz v.t. препитвам prepitvam
quorum n. кворум kvoroum
quota n. квота kvota
quotation n. цитат tsitat
quote v.t. цитирам tsitiram
quotient n. частно число chastno chislo

R

rabbit n. заек zaek
rabies n. бяс byas
race n. надпревара nadprevara
race v.i. надбягвам се nadbyagvam se
racial a. расов rasov
racialism n. расизъм rasizum
rack v.t. тормозя tormozya
rack n. лавица lavitsa
racket n. рекет reket
radiance n. сияние siyanie
radiant a. лъчист luchist
radiate v.t. излъчвам izluchvam
radiation n. радиация radiatsiya
radical a. радикален radikalen
radio n. радио radio
radio v.t. предавам по радио predavam po radio

radish n. репичка repichka
radium n. радий radiy
radius n. радиус radious
rag n. парцал partsal
rag v.t. гълча gulcha
rage n. ярост yarost
rage v.i. беснея besneya
raid n. набег nabeg
raid v.t. нахлувам nahlouvam
rail n. релса relsa
rail v.t. поставям релси postavyam relsi
raling n. перила perila
raillery n. задявка zadyavka
railway n. железен път zhelezen put
rain v.i. вали дъжд vali duzhd
rain n. дъжд duzhd
rainy a. дъждовен duzhdoven
raise v.t. вдигам vdigam
raisin n. стафиди stafidi
rally v.t. сплотявам се splotyavam se
rally n. обединяване obedinyavane
ram n. овен oven
ram v.t. трамбовам trambovam
ramble v.t. разхождам се razhozhdam se
ramble n. разходка razhodka
rampage v.i. буйствувам bouystvouvam
rampage n. буйство bouystvo
rampant a. буен bouen
rampart n. укрепление oukreplenie
rancour n. ненавист nenavist
random a. случаен slouchaen
range v.t. сортирам sortiram
range n. обхват obhvat

ranger *n.* рейнджър
  reyndzhur
rank *n.* ранг *rang*
rank *v.t.* заемам място
  zaemam myasto
rank *a.* отявлен *otyavlen*
ransack *v.t.* обискирам
  obiskiram
ransom *n.* откуп *otkoup*
ransom *v.t.* откупвам
  otkoupvam
rape *n.* изнасилване
  iznasilvane
rape *v.t.* изнасилвам
  iznasilvam
rapid *a.* бърз *burz*
rapidity *n.* бързина *burzina*
rapier *n.* рапира *rapira*
rapport *n.* разбирателство
  razbiratelstvo
rapt *a.* унесен *ounesen*
rapture *n.* възторг *vuztorg*
rare *a.* рядък *ryaduk*
rascal *n.* мошеник *moshenik*
rash *a.* прибързан *priburzan*
rat *n.* плъх *pluh*
rate *v.t.* оценявам
  otsenyavam
rate *n.* мярка *myarka*
rather *adv.* по-скоро *po skoro*
ratify *v.t.* ратифицирам
  ratifitsiram
ratio *n.* съотношение
  suotnoshenie
ration *n.* дажба *dazhba*
rational *a.* рационален
  ratsionalen
rationale *n.* обосновка
  obosnovka
rationality *n.* рационалност
  ratsionalnolst

rationalize *v.t.* разсъждавам
  разумно *razsuzhdavam
  razoumno*
rattle *v.i.* тропам *tropam*
rattle *n.* тропот *tropot*
ravage *n.* опустошение
  opoustoshenie
ravage *v.t.* опустошавам
  opoustoshavam
rave *v.i.* беснея *besneya*
raven *n.* гарван *garvan*
ravine *n.* дефиле *defile*
raw *a.* суров *sourov*
ray *n.* лъч *luch*
raze *v.t.* събарям *subaryam*
razor *n.* бръснач *brusnach*
reach *v.t.* стигам *stigam*
react *v.i.* реагирам *reagiram*
reaction *n.* реакция *reaktsiya*
reactionary *a.* реакционен
  reaktsionen
read *v.t.* чета *cheta*
reader *n.* читател *chitatel*
readily *adv.* охотно *ohotno*
readiness *n.* готовност
  gotovnost
ready *a.* готов *gotov*
real *a.* истински *istinski*
realism *n.* реализъм
  realizum
realist *n.* реалист *realist*
realistic *a.* реалистичен
  realistik
reality *n.* реалност *realnost*
realization *n.* реализация
  realizatsiya
realize *v.t.* съзнавам
  suznavam
really *adv.* наистина *naistina*
realm *n.* царство *tsarstvo*
ream *n.* купища *koupishta*

reap v.t. жъна *zhuna*
reaper n. жътвар *zhutvar*
rear n. тил *til*
rear v.t. вдигам се *vdigam se*
reason n. причина *prichina*
reason v.i. разсъждавам *razsuzhdavam*
reasonable a. разумен *razoumen*
reassure v.t. уверявам *ouveryavam*
rebate n. отстъпка *otstupka*
rebel v.i. бунтувам се *bountouvam se*
rebel n. бунтовник *bountovnik*
rebellion n. въстание *vustanie*
rebellious a. бунтарски *bountarski*
rebirth n. прераждане *prerazhdane*
rebound v.i. отскачам *otskacham*
rebound n. рикоширане *rikoshirane*
rebuff n. неуспех *neouspeh*
rebuff v.t. отказвам *otkazvam*
rebuke v.t. мъмря *mumrya*
rebuke n. мъмрене *mumrene*
recall v.t. отзовавам *otzovavam*
recall n. отзоваване *otzovavane*
recede v.i. оттеглям се *otteglyam se*
receipt n. получаване *polouchavane*
receive v.t. получавам *polouchavam*

receiver n. получател *polouchatel*
recent a. скорошен *skoroshen*
recently adv. наскоро *naskoro*
reception n. получаване *polouchavane*
receptive a. схватлив *shvatliv*
recess n. оттегляне *otteglyane*
recession n. рецесия *retsesiya*
recipe n. рецепта *retsepta*
recipient n. получател *polouchatel*
reciprocal a. реципрочен *retsiprochen*
reciprocate v.t. отвръщам *otvrushtam*
recital n. рецитал *retsital*
recitation n. декламиране *deklamirane*
recite v.t. рецитирам *retsitiram*
reckless a. дързък *durzuk*
reckon v.t. смятам *smyatam*
reclaim v.t. изисквам обратно *iziskvam obratno*
reclamation n. възстановяване *vuzstanovyavane*
recluse n. отшелник *otshelnik*
recognition n. разпознаване *razpoznavane*
recognize v.t. разпознавам *razpoznavam*
recoil v.i. отскачам *otskacham*
recoil ч отскачане *otskachane*

recollect v.t. спомням си
  spomnyam si
recollection n. припомняне
  pripomnyane
recommend v.t. препоръчвам
  preporuchvam
recommendation n.
  препоръка *preporuka*
recompense v.t.
  обезщетявам
  obezshtetyavam
recompense n. обезщетение
  obezshtetenie
reconcile v.t. помирявам
  pomiryavam
reconciliation n. помирение
  pomirenie
record v.t. записвам
  zapisvam
record n. документ
  dokoument
recorder n. писар *pisar*
recount v.t. преброявам
  повторно *prebroyavam
  povtorno*
recoup v.t. компенсирам
  kompensiram
recourse n. прибягване до
  pribyagvane do
recover v.t. възстановявам
  vuzstanovyavam
recovery n. възстановяване
  vuzstanovyavane
recreation n. отмора *otmora*
recruit n. нов член *nov chlen*
recruit v.t. вербувам
  verbouvam
rectangle n. правоъгълник
  pravougulnik
rectangular a. правоъгълен
  pravougulen

rectification n. пречистване
  prechistvane
rectify v.i. пречиствам
  prechistvam
rectum n. ректум *rektoum*
recur v.i. повтарям *povtaryam*
recurrence n. повтаряне
  povtaryane
recurrent a. повтарящ се
  povtaryasht se
red a. червен *cherven*
red n. червен цвят *cherven
  tsvyat*
redden v.t. почервенявам
  pochervenyavam
reddish a. червеникав
  chervenikav
redeem v.t. откупвам
  otkoupvam
redemption n. изкупление
  izkouplenie
redouble v.t. удвоявам
  oudvoyavam
redress v.t. поправям
  popravyam
redress n. поправяне
  popravyane
reduce v.t. намалявам
  namalyavam
reduction n. намаление
  namalenie
redundance n. излишък
  izlishuk
redundant a. излишен
  izlishen
reel n. макара *makara*
reel v.i. въртя се *vurtya se*
refer v.t. отнасям се
  otnasyam se
referee n. рефер *refer*
reference n. справка *spravka*

referendum *n.* референдум
referendoum
refine *v.t.* рафинирам
rafiniram
refinement *n.* рафиниране
rafinirane
refinery *n.* рафинерия
rafineriya
reflect *v.t.* отразявам
otrazyavam
reflection *n.* отразяване
otrazyavane
reflective *a.* рефлективен
reflektiven
reflector *n.* рефлектор
reflektor
reflex *n.* рефлекс *refleks*
reflex *a.* рефлекторен
reflektoren
reflexive *a.* възвратен
vuzvraten
reform *v.t.* реформирам
reformiram
reform *n.* реформа *reforma*
reformation *n.* реформация
reformatsiya
reformatory *n.* изправител
izpravitel
reformatory *a.* реформаторски
reformatorski
reformer *n.* реформатор
reformator
refrain *v.i.* въздържам се
vuzdurzham se
refrain *n.* рефрен *refren*
refresh *v.t.* освежавам
osvezhavam
refreshment *n.* освежаване
osvezhavane

refrigerate *v.t.* охлаждам
ohlazhdam
refrigeration *n.* охлаждане
ohlazhdane
refrigerator *n.* хладилник
hladilnik
refuge *n.* подслон *podslon*
refugee *n.* бежанец
bezhanets
refulgence *n.* сияние *siyanie*
refulgent *a.* сияещ *siyaesht*
refund *v.t.* изплащам
izplashtam
refund *n.* плащане *plashtane*
refusal *n.* отказ *otkaz*
refuse *v.t.* отказвам
otkazvam
refuse *n.* отпадъци *otpadutsi*
refutation *n.* опровержение
oproverzhenie
refute *v.t.* опровергавам
oprovergavam
regal *a.* царски *tsarski*
regard *v.t.* считам *schitane*
regard *n.* зачитане *zachitane*
regenerate *v.t.* регенерирам
regeneriram
regeneration *n.* регенерация
regeneratsiya
regicide *n.* цареубийство
tsareoubiystvo
regime *n.* режим *rezhim*
regiment *n.* полк *polk*
regiment *v.t.* командувам
komandouvam
region *n.* район *rayon*
regional *a.* районен *rayonen*
register *n.* регистър *registur*
register *v.t.* регистрирам
registriram

registrar *n.* регистратор *registrator*
registration *n.* регистрация *registratsiya*
registry *n.* регистратура *registratoura*
regret *v.i.* съжалявам *suzhalyavam*
regret *n.* съжаление *suzhalenie*
regular *a.* редовен *redoven*
regularity *n.* редовност *redovnost*
regulate *v.t.* регулирам *regouliram*
regulation *n.* наредба *naredba*
regulator *n.* регулатор *regoulator*
rehabilitate *v.t.* реабилитирам *reabilitiram*
rehabilitation *n.* реабилитация *reabilitatsiya*
rehearsal *n.* репетиция *repetitsiya*
rehearse *v.t.* репетирам *repetiram*
reign *v.i.* царувам *tsarouvam*
reign *n.* царуване *tsarouvane*
reimburse *v.t.* плащам *plashtam*
rein *n.* повод *povod*
rein *v.t.* слагам поводи *slagam povodi*
reinforce *v.t.* армирам *armiram*
reinforcement *n.* армировка *armirovka*
reinstate *v.t.* възстановявам в права *vuzstanovyavam v prava*

reinstatement *n.* възстановяване *vuzstanovyavane*
reiterate *v.t.* повтарям *povtaryam*
reiteration *n.* повтаряне *povtaryane*
reject *v.t.* отхвърлям *othvurlyam*
rejection *n.* отхвърляне *othvurlyane*
rejoice *v.i.* ликувам *likouvam*
rejoin *v.t.* връщам се пак *vrushtam se pak*
rejoinder *n.* отговор *otgovor*
rejuvenate *v.t.* подмладявам *podmladyavam*
rejuvenation *n.* подмладяване *podmladyavane*
relapse *v.i.* отново изпадам *otnovo izpadam*
relapse *n.* повторно изпадане *povtorno izdanie*
relate *v.t.* свързвам *svurzvam*
relation *n.* връзка *vruzka*
relative *a.* отнасящ се *otnasyasht se*
relative *n.* роднина *rodnina*
relax *v.t.* отпускам се *otpouskam se*
relaxation *n.* отпускане *otpouskane*
relay *n.* реле *rele*
relay *v.t.* предавам *predavam*
release *v.t.* освобождавам *osvobozhdavam*
release *n.* освобождение *osvobozhdenie*
relent *v.i.* омеквам *omekvam*

relentless *a.* неумолим
neoumolim
relevance *n.* уместност
oumestnost
relevant *a.* уместен *oumesten*
reliable *a.* надежден
nadezhden
reliance *n.* упование
oupovanie
relic *n.* реликва *relikva*
relief *n.* облекчение
oblekchenie
relieve *v.t.* облекчавам
oblekchavam
religion *n.* религия *religiya*
religious *a.* религиозен
religiozen
relinquish *v.t.* изоставям
izostavyam
relish *v.t.* харесвам
haresvam
relish *n.* наслада *naslada*
reluctance *n.* неохота
neohota
reluctant *a.* неохотен
neohoten
rely *v.i.* разчитам *razchitam*
remain *v.i.* оставам *ostavam*
remainder *n.* остатък *ostatuk*
remains *n.* останки *ostanki*
remand *v.t.* връщам в
затвора *vrushtam v zatvora*
remand *n.* връщане в затвора
vrushtane v zatvora
remark *n.* забележка
zabelezhka
remark *v.t.* забелязвам
zabelyazvam
remarkable *a.* забележителен
zabelezhitelen
remedial *a.* лековит *lekovit*

remedy *n.* лекарство
lekarstvo
remedy *v.t.* подобрявам
podobryavam
remember *v.t.* спомням си
spomnyam si
remembrance *n.* спомен
spomen
remind *v.t.* напомням
napomnyam
reminder *n.* напомняне
napomnyane
reminiscence *n.* спомен
spomen
reminiscent *a.* напомнящ
napomnyasht
remission *n.* прошка *psoshka*
remit *v.t.* превеждам сума
prevezhdam souma
remittance *n.* превеждане на
сума *prevezhdane na
souma*
remorse *n.* угризение
ougrizenie
remote *a.* далечен *dalechen*
removable *a.* сменяем
smenyaem
removal *n.* премахване
premahvane
remove *v.t.* премахвам
premahvam
remunerate *v.t.*
възнаграждавам
vuznagrazhdavam
remuneration *n.*
възнаграждение
vuznagrazhdenie
remunerative *a.* доходен
dohoden
renaissance *n.* ренесанс
renesans

render v.t. давам davam
rendezvous n. среща sreshta
renew v.t. подновявам podnovyavam
renewal n. подновяване podnovyavane
renounce v.t. отказвам се от otkazvam se ot
renovate v.t. реновирам renoviram
renovation n. реновация renovatsiya
renown n. слава slava
renowned a. прославен proslaven
rent n. наем naem
rent v.t. наемам naemam
renunciation n. отказване otkazvane
repair v.t. поправям popravyam
repair n. поправка popravka
reparable a. поправим popravim
repartee n. остроумие ostrooumie
repatriate v.t. репатрирам repatriram
repatriate n. репатриран repatriran
repatriation n. репатриране repatrirane
repay v.t. плащам plashtam
repayment n. плащане plashtane
repeal v.t. отменям otmenyam
repeal n. отменяне otmenyane
repeat v.t. повтарям povtaryam

repel v.t. отблъсквам otbluskvam
repellent a. отблъскващ otbluskvash
repellent n. отблъскващо средство otbluskvashto sredstvo
repent v.i. разкайвам се razkayvam se
repentance n. разкаяние razkayanie
repentant a. разкаян razkayan
repercussion n. отзвук otzvouk
repetition n. повторение povtorenie
replace v.t. заменям zamenyam
replacement n. замяна zamyana
replenish v.t. попълвам populvam
replete a. напълнен napulnen
replica n. реплика replika
reply v.i. отговарям otgovaryam
reply n. отговор otgovor
report v.t. докладвам dokladvam
report n. доклад doklad
reporter n. репортер reporter
repose n. почивка pochivka
repose v.i. почивам pochivam
repository n. хранилище hranilishte
represent v.t. представям predstavyam
representation n. представяне predstavyane

representative n. представител *predstavitel*
representative a. представителен *predstavitelen*
repress v.t. репресирам *represiram*
repression n. репресия *represiya*
reprimand n. порицание *poritsanie*
reprimand v.t. порицавам *poritsavam*
reprint v.t. преиздавам *preizdavam*
reprint n. ново издание *novo izdanie*
reproach v.t. упреквам *ouprekvam*
reproach n. упрек *ouprek*
reproduce v.t. възпроизвеждам *vuzproizvezhdam*
reproduction n. репродукция *reprodouktsiya*
reproductive a. репродуктивен *reprodouktiven*
reproof n. мъмрене *mumrene*
reptile n. влечуго *vlechougo*
republic n. република *repoublika*
republican a. републикански *repoublikanski*
republican n. републиканец *repoublikanets*
repudiate v.t. отричам *otricham*
repudiation n. отричане *otrichane*

repugnance n. антипатия *antipatiya*
repugnant a. противен *protiven*
repulse v.t. отблъсквам *otbluskvam*
repulse n. отблъскване *otbluskvane*
repulsion n. отвращение *otvrashtenie*
repulsive a. отвратителен *otvratitelen*
reputation n. репутация *repoutatsiya*
repute v.t. считам *schitam*
repute n. реноме *renome*
request v.t. моля *molya*
request n. молба *molba*
requiem n. реквием *rekviem*
require v.t. изисквам *iziskvam*
requirement n. изискване *iziskvane*
requisite a. изискван *iziskvan*
requiste n. реквизит *rekvizit*
rquisition n. нареждане *narezhdane*
requisition v.t. реквизирам *rekviziram*
requite v.t. отплащам се *otplashtam se*
rescue v.t. спасявам *spasyavam*
rescue n. спасение *spasenie*
research v.i. изследвам *izsledvam*
research n. изследване *izsledvane*
resemblance n. прилика *prilika*

resemble v.t. приличам
  prilicham
resent v.t. негодувам
  negodiuvam
resentment n. негодувание
  negodouvanie
reservation n. резерва
  rezerva
reserve v.t. запазвам
  zapazvam
rservoir n. резервоар
  rezervoar
reside v.i. живея *zhiveya*
residence n. местожителство
  mestozhitelstvo
resident a. местен *mesten*
resident n. жител *zhitel*
residual a. остатъчен
  ostatuchen
residue n. остатък *ostatuk*
resign v.t. отказвам се
  otkazvam se
resignation n. оставка
  ostavka
resist v.t. съпротивявам се
  suprotivlyavam se
resistance n. съпротива
  suprotiva
resistant a. резистентен
  rezistenten
resolute a. решителен
  reshitelen
resolution n. решение
  reshenie
resolve v.t. решавам
  reshavam
resonance n. резонанс
  rezonans
resonant a. резонантен
  rezonanten

resort v.i. прибягвам
  pribyagvam
resort n. прибежище
  pribezhishte
resound v.i. отеквам *otekvam*
resource n. ресурс *resours*
resourceful a. находчив
  nahodchiv
respect v.t. уважавам
  ouvazhavam
respect n. уважение
  ouvazhenie
respectful a. почтителен
  pochtitelen
respective a. съответен
  suotveten
respiration n. дишане
  dishane
respire v.i. дишам *disham*
resplendent a. блестящ
  blestyasht
respond v.i. отговарям
  otgovaryam
respondent n. ответник
  otvetnik
response n. отговор *otgovor*
responsibility n. отговорност
  otgovornost
responsible a. отговорен
  otgovoren
rest v.i. почивам *pochivam*
rest n. почивка *pochivka*
restaurant n. ресторант
  restorant
restive a. неспокоен
  nespokoen
restoration n.
  възстановяване
  vuzstanovyavane
restore v.t. възстановявам
  vuzstanovyavam

restrain v.t. въздържам
vuzdurzham
restrict v.t. ограничавам
ogranichavam
restriction n. ограничение
ogranichenie
restrictive a. ограничителен
ogranichitelen
result v.i. резултирам
rezoultiram
result n. резултат *rezoultat*
resume v.t. подновявам
podnovyavane
resume n. резюме *rezyume*
resumption n. подновяване
podnovyavane
resurgence n. съживяване
suzhivyavane
resurgent a. съживяващ
suzhivyavasht
retail v.t. продавам *prodavam*
retail n. продажба *prodazhba*
retail adv. на дребно *na drebno*
retail a. на дребно *na drebno*
retailer n. търговец на дребно
turgovets na drebno
retain v.t. задържам
zadurzham
retaliate v.i. отплащам
otplashtam
retaliation n. отплата *otplata*
retard v.t. преча *precha*
retardation n. пречене
prechene
retention n. задържане
zadurzhane
retentive a. задържащ
zadurzhasht
reticence n. сдържаност
sdurzhanost

reticent a. сдържан *sdurzhan*
retina n. ретина *retina*
retinue n. свита *svita*
retire v.i. оттеглям се
otteglyam se
retirement n. оттегляне
otteglyane
retort v.t. отвръщам
otvrushtam
retort n. отплата *otplata*
retouch v.t. ретуширам
retoushiram
retrace v.t. проследявам
prosledyavam
retread v.t. регенерирам
regeneriram
retread n. регенерирана гума
regenerirana gouma
retreat v.i. отстъпвам
otstupvam
retrench v.t. съкращавам
sukrashtavam
retrenchment n. съкращение
sukrashtenie
retrieve v.t. възвръщам си
vuzvrushtam si
retrospect n. поглед назад
pogled nazad
retrospection n.
ретроспекция
retrospektsiya
retrospective a.
ретроспективен
retrospektiven
return v.i. връщам *vrushtam*
return n. връщане *vrushtane*
revel v.i. пирувам *piruvam*
revel n. пир *pir*
revelation n. откровение
otkrovenie

reveller *n.* гуляйджия *goulyaydzhiya*
revelry *n.* гуляй *goulyay*
revenge *v.t.* отмъщавам *otmushtavam*
revenge *n.* отмъщение *otmushtenie*
revengeful *a.* отмъстителен *otmustitelen*
revenue *n.* доход *dohod*
revere *v.t.* почитам *pochitam*
reverence *n.* преподобие *prepodobie*
reverend *a.* преподобен *prepodoben*
reverent *a.* почтителен *pochtitelen*
reverential *a.* почтителен *pochtitelen*
reverie *n.* блян *blyan*
reversal *n.* обръщане *obrushtane*
reverse *a.* обратен *obraten*
reverse *n.* обръщане *obrushtane*
reverse *v.t.* обръщам *obrushtam*
reversible *a.* обратим *obratim*
revert *v.i.* връщам се *vrushtam se*
review *v.t.* преглеждам *preglezhdam*
review *n.* преглед *pregled*
revise *v.t.* ревизирам *reviziram*
revision *n.* ревизия *reviziya*
revival *n.* съживяване *suzhivyavane*
revive *v.i.* съживявам *suzhivyavam*

revocable *a.* отменяем *otmenyaem*
revocation *n.* отменяне *otmenyane*
revoke *v.t.* отменям *otmenyam*
revolt *v.i.* въставам *vustavam*
revolt *n.* въстание *vustanie*
revolution *n.* революция *revolyutsiya*
revolutionary *a.* революционен *revolyutsionen*
revolutionary *n.* революционер *revolyutsioner*
revolve *v.i.* въртя *vurtya*
revolver *n.* револвер *revolver*
reward *n.* награда *nagrada*
reward *v.t.* награждавам *nagrazhdavam*
rhetoric *n.* реторика *retorika*
rhetorical *a.* риторичен *ritorichen*
rheumatic *a.* ревматичен *revmatichen*
rheumatism *n.* ревматизъм *revmatizum*
rhinoceros *n.* носорог *nosorog*
rhyme *n.* рима *rima*
rhyme *v.i.* римувам *rimouvam*
rhymester *n.* стихоплетец *stihopletets*
rhythm *b.* ритъм *ritum*
rhythmic *a.* ритмичен *ritmichen*
rib *n.* ребро *rebro*
ribbon *n.* лента *lenta*
rice *n.* ориз *oriz*

rich *a.* богат *bogat*
riches *n.* богатство *bogatstvo*
richness *a.* изобилие *izobilie*
rick *n.* куп *koup*
rickets *n.* рахитизъм *rahitichen*
rickety *a.* рахитичен *rahitichen*
rickshaw *n.* рикша *riksha*
rid *v.t.* отървавам *oturvavam*
riddle *n.* загадка *zagadka*
riddle *v.i.* отгатвам *otgatvam*
ride *v.t.* яздя *yazdya*
ride *n.* езда *ezda*
rider *n.* ездач *ezdach*
ridge *n.* хребет *hrebet*
ridicule *v.t.* осмивам *osmivam*
ridicule *n.* присмех *prismeh*
ridiculous *a.* смешен *smeshen*
rifle *v.t.* разтършувам *razturshouvam*
rifle *n.* пушка *poushka*
rift *n.* цепнатина *tsepnatina*
right *a.* правилен *pravilen*
right *adv* направо *napravo*
right *n.* право *pravo*
right *v.t.* изправям *izpravyam se*
righteous *a.* праведен *praveden*
rigid *a.* твърд *tvurd*
rigorous *a.* строг *strog*
rigour *n.* строгост *strogost*
rim *n.* ръб *rub*
ring *n.* пръстен *prusten*
ring *v.t.* звъня *zvunya*
ringlet *n.* букла *boukla*
ringworm *n.* трихофития *trihofitiya*

rinse *v.t.* плакна *plakna*
riot *n.* бунт *bount*
riot *v.t.* бунтувам се *bountouvam se*
rip *v.t.* разпарям *razparyam*
ripe *a.* зрял *zryal*
ripen *v.i.* узрявам *ouzryavam*
ripple *n.* ромол *romolya*
ripple *v.t.* ромоля *romolya*
rise *v.* издигам се *izdigam se*
rise *n.* издигане *izdigane*
risk *v.t.* рискувам *riskouvam*
risk *n.* риск *riskovan*
risky *a.* рискован *riskovan*
rite *n.* обред *obred*
ritual *n.* ритуал *ritoual*
ritual *a.* ритуален *ritoualen*
rival *n.* съперник *supernik*
rival *v.t.* съпернича с *supernicha*
rivalry *n.* съперничество *supernichestvo*
river *n.* река *reka*
rivet *n.* нит *nit*
rivet *v.t.* занитвам *zanitvam*
rivulet *n.* поточе *potoche*
road *n.* път *put*
roam *v.i.* скитам *skitam*
roar *n.* рев *rev*
roar *v.i.* рева *reva*
roast *v.t.* пека *peka*
roast *a.* печен *pecheno*
roast *n.* печено *pecheno*
rob *v.t.* ограбвам *ograbvam*
robber *n.* грабител *grabitel*
robbery *n.* грабеж *grabezh*
robe *n.* роба *roba*
robe *v.t.* обличам *oblicham*
robot *n.* робот *robot*
robust *a.* силен *silen*
rock *v.t.* люлея *lyuleya*

rock *n.* скала *skala*
rocket *n.* ракета *raketa*
rod *n.* прът *prut*
rodent *n.* гризач *grizach*
roe *n.* сърна *surna*
rogue *n.* мошеник *moshenik*
roguery *n.* мошеничество *moshenichestvo*
roguish *a.* мошенически *moshenicheski*
role *n.* роля *rolya*
roll *n.* руло *roulo*
roll *v.i.* търкалям *turkalyam*
roll-call *n.* проверка *proverka*
roller *n.* валяк *valyak*
romance *n.* романс *romans*
romantic *a.* романтичен *romantichen*
romp *v.i.* лудувам *loudouvam*
romp *n.* немирник *nemirnik*
rood *n.* разпятие *razpyatie*
roof *n.* покрив *pokriv*
roof *v.t.* покривам *pokrivam*
rook *n.* врана *vrana*
rook *v.t.* мамя *mamya*
room *n.* стая *staya*
roomy *a.* просторен *prostoren*
roost *n.* кокошарник *kokosharnik*
roost *v.i.* лягам си *lyagam si*
root *n.* корен *koren*
root *v.i.* вкоренявам се *vkorenyavam se*
rope *n.* въже *vuzhe*
rope *v.t.* връзвам *vruzvam*
rosary *n.* розариум *rozarium*
rose *n.* роза *roza*
roseate *a.* розов *rozov*
rostrum *n.* трибуна *tribouna*
rosy *a.* розов *rozov*

rot *n.* гниене *gniene*
rot *v.i.* гния *gniya*
rotary *a.* въртящ *vurtyasht*
rotate *v.i.* въртя се *vurtya se*
rotation *n.* въртене *vurtene*
rote *n.* механична дейност *mehanichna deynost*
rouble *n.* рубла *roubla*
rough *a.* груб *groub*
round *a.* кръгъл *krugul*
round *adv.* около *okolo*
round *n.* кръг *krug*
round *v.t.* закръглям *zakruglyam*
rouse *v.i.* събуждам *subouzhdam*
rout *v.t.* разгромявам *razgromyavam*
rout *n.* разгром *razgrom*
route *n.* маршрут *marshrut*
routine *n.* рутина *routina*
routine *a.* рутинен *routinen*
rove *v.i.* странствам *stranstvam*
rover *n.* скитник *skitnik*
row *n.* ред *red*
row *v.t.* нареждам *narezhdam*
row *n.* шум *shoum*
row *n.* шумен *shoumen*
rowdy *a.* буен *bouen*
royal *a.* кралски *kralski*
royalist *n.* монархист *monarhist*
royalty *n.* кралска особа *kralska osoba*
rub *v.t.* трия *triya*
rub *n.* триене *triene*
rubber *n.* гума *gouma*
rubbish *n.* смет *smet*
rubble *n.* чакъл *chakul*
ruby *n.* рубин *roubin*

rude *a.* грубиянски *groubiyanski*
rudiment *n.* зачатък *zachatuk*
rudimentary *a.* елементарен *elementaren*
rue *v.t.* скърбя за *skurbya za*
rueful *a.* печален *pechalen*
ruffian *n.* главорез *glavorez*
ruffle *v.t.* надиплям *nadiplyam*
rug *n.* килимче *kilimche*
rugged *a.* неравен *neraven*
ruin *n.* развалина *razvalina*
ruin *v.t.* разрушавам *razroushavam*
rule *n.* власт *vlast*
rule *v.t.* владея *vladeya*
ruler *n.* владетел *vladetel*
ruling *n.* управление *oupravlenie*
rum *n.* ром *rom*
rum *a.* странен *stranen*
rumble *v.i.* боботя *bobotya*
rumble *n.* тътен *tuten*
ruminant *a.* преживен *prezhiven*
ruminant *n.* преживно животно *prezhivno zhivotno*
ruminate *v.i.* преживям *prezhivyam*
rumination *n.* преживяне *prezhivyane*
rummage *v.i.* претършувам *preturshuvam*
rummage *n.* претършуване *preturshuvane*
rummy *n.* пияница *piyanitsa*
rumour *n.* слух *slouh*
rumour *v.t.* пускам слух *pouskam slouh*

run *v.i.* тичам *ticham*
run *n.* работа *rabota*
rung *n.* степенка *stepenka*
runner *n.* бегач *begach*
rupee *n.* рупия *roupiya*
rupture *n.* разкъсване *razkusvane*
rupture *v.t.* разкъсвам се *razkusvam se*
rural *a.* провинциален *provintsialen*
ruse *n.* уловка *oulovka*
rush *n.* бързане *burzane*
rush *v.t.* втурвам се *vtourvam se*
rush *n.* прилив *priliv*
rust *n.* ръжда *ruzhda*
rust *v.i.* ръждясвам *ruzhdyasvam*
rustic *a.* недодялан *nedodyalan*
rustic *n.* селянин *selyanin*
rusticate *v.t.* живея на село *zhiveya na selo*
rustication *n.* уединяване *ouedinyavane*
rusticity *n.* простота *prostota*
rusty *a.* ръждив *ruzhdiv*
rut *n.* бразда *brazda*
ruthless *a.* безжалостен *bezzhalosten*
rye *n.* ръж *ruzh*

S

sabbath *n.* сабат *sabat*
sabotage *n.* саботаж *sabotazh*
sabotage *v.t.* саботирам *sabotiram*

sabre *n.* сабя *sabya*
sabre *v.t.* съсичам *susicham*
saccharin *n.* захарин *zaharin*
saccharine *a.* сладникав *sladnikav*
sack *n.* торба *torba*
sack *v.t.* слагам в торба *slagam v torba*
sacrament *n.* тайнство *taynstvo*
sacred *a.* свещен *sveshten*
sacrifice *n.* жертва *zhertva*
sacrifice *v.t.* жертвам *zhertvam*
sacrificial *a.* жертвен *zhertven*
sacrilege *n.* светотатство *svetotatstvo*
sacrilegious *a.* светотатствен *svetotatstven*
sacrosanct *a.* свещен *sveshten*
sad *a.* тъжен *tuzhen*
sadden *v.t.* натъжавам *natuzhavam*
saddle *n.* седло *sedlo*
saddle *v.t.* оседлавам *osedlavam*
sadism *n.* садизъм *sadizum*
sadist *n.* садист *sadist*
safe *a.* безопасен *bezopasen*
safe *n.* сейф *seyf*
safeguard *n.* гаранция *garantsiya*
safety *n.* безопасност *bezopasnost*
saffron *n.* шафран *shafran*
saffron *a.* шафранов *shafranov*

sagacious *a.* проницателен *pronitsatelen*
sagacity *n.* проницателност *pronitsatelnost*
sage *n.* мъдрец *mudrets*
sage *a.* мъдър *mudur*
sail *n.* корабно платно *korabno platno*
sail *v.i.* отплавам *otplavam*
sailor *n.* моряк *moryak*
saint *n.* светия *svetiya*
saintly *a.* свят *svyat*
sake *n.* полза *polza*
salable *a.* продаваем *prodavaem*
salad *n.* салата *salata*
salary *n.* заплата *zaplata*
sale *n.* продажба *prodazhba*
salesman *n.* продавач *prodavach*
salient *a.* очебиен *ochebien*
saline *a.* солен *solen*
salinity *n.* соленост *solenost*
saliva *n.* слюнка *slyunka*
sally *n.* излет *izlet*
sally *v.i.* отправям се *otpravyam se*
saloon *n.* салон *salon*
salt *n.* сол *sol*
salt *v.t.* соля *solya*
salty *a.* солен *solen*
salutary *a.* благотворен *blagotvoren*
salutation *n.* поздрав *pozdrav*
salute *v.t.* приветствам *privetstvam*
salute *n.* поздрав *pozdrav*
salvage *n.* спасение *spasenie*
salvage *v.t.* спасявам *spasyavam*

salvation *n.* избавление *izbavlenie*
same *a.* същ *susht*
sample *n.* проба *proba*
sample *v.t.* вземам проба *vzemam proba*
sanatorium *n.* санаториум *sanatorium*
sanctification *n.* освещаване *osveshtavane*
sanctify *v.t.* освещавам *osveshtavam*
sanction *n.* санкция *sanktsiya*
sanction *v.t.* санкционирам *sanktsioniram*
sanctity *n.* освещавам *osveshtavam*
sanctuary *n.* светилище *svetilishte*
sand *n.* пясък *pyasuk*
sandal *n.* сандал *sandal*
sandalwood *n.* сандалово дърво *sandalovo durvo*
sandwich *n.* сандвич *sandvich*
sandwich *v.t.* слагам по средата *slagam po sredata*
sandy *a.* пясъчен *pyasuchen*
sane *a.* здравомислещ *zdravomislesht*
sanguine *a.* сангвиничен *sangvinichen*
sanitary *a.* санитарен *sanitaren*
sanity *n.* разсъдливост *razsudlivost*
sap *n.* мъзга *muzga*
sap *v.t.* изсмуквам *izsmoukvam*
sapling *n.* фиданка *fidanka*
sapphire *n.* сапфир *sapfir*

sarcasm *n.* сарказъм *sarkazum*
sarcastic *a.* саркастичен *sarkastichen*
sardonic *a.* язвителен *yazvitelen*
satan *n.* сатана *satana*
satchel *n.* чанта *chanta*
satellite *n.* сателит *satelit*
satiable *a.* задоволим *zadovolim*
satiate *v.t.* насищам *nasishtam*
satiety *n.* преситеност *presitenost*
satire *n.* сатира *satira*
satirical *a.* сатиричен *satirichen*
satirist *n.* сатирик *satirik*
satirize *v.t.* осмивам *osmivam*
satisfaction *n.* удовлетворение *oudovletvorenie*
satisfactory *a.* задоволителен *zadovolitelen*
satisfy *v.t.* удовлетворявам *oudovletvoryavam*
saturate *v.t.* пропивам *propivam*
saturation *n.* насищане *nasishtane*
Saturday *n.* събота *subota*
sauce *n.* сос *sos*
saucer *n.* чинийка *chiniyka*
saunter *v.t.* шляя се *shlyaya se*
savage *a.* див *div*
savage *n.* дивак *divak*
savagery *n.* диващина *divashtina*

save v.t. спасявам *spasyavam*
save prep. освен *osven*
saviour n. спасител *spasitel*
savour n. вкус *vkous*
savour v.t. вкусвам *vkousvam*
saw n. трион *trion*
saw v.t. режа *rezha*
say v.t. казвам *kazvam*
say n. последна дума *posledna douma*
scabbard n. ножница *nozhnitsa*
scabies n. краста *krasta*
scaffold n. платформа *platforma*
scale n. люспа *lyuspa*
scale v.t. лющя се *lyushtya se*
scalp n. скалп *skalp*
scamper v.i. подскачам *podskacham*
scamper n. галоп *galop*
scan v.t. разглеждам *razglezhdam*
scandal n. скандал *skandal*
scandalize v.t. скандализирам *skandaliziram*
scant a. недостатъчен *nedostatuchen*
scanty a. оскъден *oskuden*
scapegoat n. изкупителна жертва *izkoupitelna zhertva*
scar n. белег *beleg*
scar v.t. оставям белег *ostavyam beleg*
scarce a. оскъден *oskuden*
scarcely adv. едва *edva*
scarcity n. оскъдица *oskuditsa*
scare n. уплаха *ouplaha*

scare v.t. плаша *plasha*
scarf n. шал *shal*
scatter v.t. разпръсквам *razpruskvam*
scavenger n. боклукчия *boklaukchiya*
scene n. сцена *stsena*
scenery n. пейзаж *peyzazh*
scenic a. живописен *zhivopisen*
scent n. ухание *ouhanie*
scent v.t. парфюмирам *parfyumiram*
sceptic n. скептик *skeptik*
sceptical a. скептичен *skeptichen*
scepticism n. скептицизъм *skeptitsizum*
sceptre n. скиптър *skiptur*
schedule n. разписание *razpisanie*
schedule v.t. определям *opredelyam*
scheme n. схема *shema*
scheme v.i. планирам *planiram*
schism n. разкол *razkol*
scholar n. учен *ouchen*
scholarly a. академичен *akademichen*
scholarship n. стипендия *stipendiya*
scholastic a. схоластичен *sholastichen*
school n. училище *ouchilishte*
science n. наука *naouka*
scientific a. научен *naouchen*
scientist n. учен *ouchen*
scintillate v.i. искря *iskrya*
scintillation n. искрене *iskrene*

scissors *n.* ножица *nozhitsa*
scoff *n.* подигравка *podigravka*
scoff *v.i.* подигравам се *podigravam se*
scold *v.t.* карам се *karam se*
scooter *n.* мотопед *motoped*
scope *n.* обхват *obhvat*
scorch *v.t.* обгарям *obgaryam*
score *n.* резултат *razoultat*
score *v.t.* печеля *pechelya*
scorer *n.* голмайстор *golmaystor*
scorn *n.* презрение *prezrenie*
scorn *v.t.* презирам *preziram*
scorpion *n.* скорпион *skorpion*
Scot *n.* шотландец *shotlandets*
scotch *a.* шотландски *shotlandski*
scotch *n.* шотландско уиски *shotlandsko ouiski*
scot-free *a.* невредим *nevredim*
scoundrel *n.* мошеник *moshenik*
scourge *n.* бич *bich*
scourge *v.t.* мъча *mucha*
scout *n.* разузнавач *razouznavach*
scout *v.i.* разузнавам *razouznavam*
scowl *v.i.* мръщя се *mrushtya se*
scowl *n.* мръщене *mrushtene*
scramble *v.i.* катеря се *katerya se*
scramble *n.* катерене *katerene*
scrap *n.* парче *parche*

scratch *n.* драскотина *draskotina*
scratch *v.t.* драскам *draskam*
scrawl *v.t.* надрасквам *nadraskvam*
scrawl *n.* нечетлив почерк *nechetliv pocherk*
scream *v.i.* пищя *pishtya*
scream *n.* писък *pisuk*
screen *n.* параван *paravan*
screen *v.t.* преграждам *pregrazhdam*
screw *n.* винт *vint*
screw *v.t.* завинтвам *zavintvam*
scribble *v.t.* надрасквам *nadraskvam*
scribble *n.* драсканица *draskanitsa*
script *n.* ръкопис *rukopis*
scripture *n.* Библия *bibliya*
scroll *n.* свитък *svituk*
scrutinize *v.t.* разглеждам *razglezhdam*
scrutiny *n.* разглеждане *razglezhdane*
scuffle *n.* боричкане *borichkane*
scuffle *v.i.* боричкам се *borichkam se*
sculptor *n.* скулптор *skoulptor*
sculptural *a.* пластичен *plastichen*
sculpture *n.* скулптура *skoulptoura*
scythe *n.* коса за косене *kosa za kosene*
scythe *v.t.* кося *kosya*
sea *n.* море *more*
seal *n.* тюлен *tyulen*

seal *n.* печат *pechat*
seal *v.t.* запечатвам *zapechatvam*
seam *n.* шеф *shef*
seam *v.t.* съшивам *sushivam*
seamy *a.* мръсен *mrusen*
search *n.* търсене *tursene*
search *v.t.* търся *tursya*
season *n.* сезон *sezon*
season *v.t.* овкусявам *obkousyavam*
seasonable *a.* навременен *navremenen*
seasonal *a.* сезонен *sezonen*
seat *n.* седалка *sedalka*
seat *v.t.* настанявам *nastanyavam*
secede *v.i.* отделям се *otdelyam se*
secession *n.* отделяне *otdelyane*
secessionist *n.* отцепник *ottsepnik*
seclude *v.t.* изолирам *izoliram*
secluded *a.* изолиран *izoliran*
seclusion *n.* изолиране *izolirane*
second *a.* втори *vtori*
second *n.* секунда *sekounda*
second *v.t.* подкрепям *podkrepyam*
secondary *a.* второстепенен *vtorostepenen*
seconder *n.* застъпник *zastupnik*
secrecy *n.* тайнственост *taynstvenost*
secret *a.* таен *taen*
secret *n.* тайна *tayna*

secretariat (e) *n.* секретариат *sekretariat*
secretary *n.* секретар *sekretar*
secrete *v.t.* отделям се *otdelyam se*
secretion *n.* секреция *sekretsiya*
secretive *a.* потаен *potaen*
sect *n.* секта *sekta*
sectarian *a.* сектант *sektant*
section *n.* част *chast*
sector *n.* сектор *sektor*
secure *a.* сигурен *osigouren*
secure *v.t.* осигурявам *osigouryavam*
security *n.* сигурност *sigournost*
sedan *n.* седан *sedan*
sedate *a.* спокоен *spokoen*
sedate *v.t.* давам успокоително *davam ouspokoitelno*
sedative *a.* успокоителен *ouspokoitelen*
sedative *n.* успокоително *ouspokoitelno*
sedentary *a.* седнал *sednal*
sediment *n.* утайка *outayka*
sedition *n.* размирици *razmiritsi*
seditious *a.* бунтарски *bountarski*
seduce *n.* съблазнявам *sublaznyavam*
seduction *n.* съблазняване *sublaznyavane*
seductive *a.* съблазнителен *sublaznitelen*
see *v.t.* виждам *vizhdam*
seed *n.* семе *seme*

seed v.t. давам семе *davam seme*
seek v.t. търся *tursya*
seem v.i. изглеждам *izglezhdam*
seemly a. привиден *prividen*
seep v.i. просмуквам се *prosmoukvam se*
seer n. пророк *prorok*
seethe v.i. кипя *kipya*
segment n. част *chast*
segment v.t. деля *delya*
segregate v.t. отделям *otdelyam*
segregation n. отлъчване *otluchvane*
seismic a. сеизмичен *seizmichen*
seize v.t. сграбчвам *sgrabchvam*
seizure n. конфискация *konfiskatsiya*
seldom adv. рядко *ryadko*
select v.t. избирам *izbiram*
select a. подбран *podbran*
selection n. подбор *podbor*
selective a. селективен *selekiven*
self n. същина *sushtina*
selfish a. егоистичен *egoistichen*
selfless a. самоотвержен *samootverzhen*
sell v.t. продавам *prodavam*
seller n. продавач *prodavach*
semblance n. образ *obraz*
semen n. сперма *sperma*
semester n. семестър *semestur*
seminal a. семенен *semenen*
seminar n. семинар *seminar*

senate n. сенат *senat*
senator n. сенатор *senator*
senatorial a. сенаторски *senatorski*
senatorial a. сенатски *senatski*
send v.t. изпращам *izprashtam*
senile a. грохнал *grohnal*
senility n. грохналост *grohnalost*
senior a. старши *starshi*
senior n. възрастен *vuzrasten*
seniority n. старшинство *starshinstvo*
sensation n. усещане *ouseshtane*
sensational a. сензационен *senzatsionen*
sense n. чувство *chuvstvo*
sense v.t. усещам *ouseshtam*
senseless a. безчувствен *bezchouvstven*
sensibility n. разум *razoum*
sensible a. разумен *razoumen*
sensitive a. чувствителен *chuvstvitelen*
sensual a. чувствен *chuvstven*
sensualist n. сладострастник *sladostrastnik*
sensuality n. сладострастие *sladostrastie*
sensuous a. естетичен *estetichen*
sentence n. присъда *prisuda*
sentence v.t. осъждам *osuzhdam*

sentience *n.* чувствителност
chouvstvitelnost
sentient *a.* чувствителен
chouvstvitelen
sentiment *n.* чувство
chouvstvo
sentimental *a.*
сантиментален
santimentalen
sentinel *n.* страж *strazh*
sentry *n.* часови *chasovi*
separable *a.* отделим *otdelim*
separate *v.t.* отделям
otdelyam
separate *a.* отделен *otdelen*
separation *n.* раздяла
razdyala
sepsis *n.* сепсис *sepsis*
September *n.* септември
septemvri
septic *a.* септичен *septichen*
sepulchre *n.* гроб *grob*
sepulture *n.* погребение
pogrebenie
sequel *n.* продължение
produlzhenie
sequence *n.* поредица
poreditsa
sequester *v.t.* уединявам се
ouedinyavam se
serene *a.* спокоен *spokoen*
serenity *n.* спокойствие
spokoystvie
serf *n.* крепостник *krepostnik*
serge *n.* серж *serzh*
sergeant *n.* сержант *serzhant*
serial *a.* сериен *serien*
serial *n.* сериал *serial*
series *n.* поредица *poreditsa*
serious *a.* сериозен *seriozen*

sermon *n.* проповед
propoved
sermonize *v.i.* проповядвам
propovyadvam
serpent *n.* змия *zmiya*
serpentine *n.* серпентина
serpentina
servant *n.* слуга *slouga*
serve *v.t.* служа *slouzha*
serve *n.* подаване *podavane*
service *n.* служба *slouzhba*
service *v.t.* обслужвам
obslouzhvam
serviceable *a.* полезен
polezen
servile *a.* робски *robski*
servility *n.* угодничество
ougodnichestvo
session *n.* заседание
zasedanie
set *v.t.* поставям *postavyam*
set *a.* определен *opredelen*
set *n.* комплект *komplekt*
settle *v.i.* настанявам се
nastanyavam se
settlement *n.* селище *selishte*
settler *n.* заселник *zaselnik*
seven *n.* седем *sedem*
seven *a.* седем *sedem*
seventeen *n., a* седемнадесет
sedemnadeset
seventeenth *a.*
седемнадесети
sedemnadeseti
seventh *a.* седми *sedmi*
seventieth *a.* седемдесети
sedemdeseti
seventy *n., a* седемдесет
sedemdeset
sever *v.t.* разделям
razdelyam

several *a.* няколко *nyakolko*
severance *n.* разделяне *razdelyane*
severe *a.* суров *sourov*
severity *n.* суровост *sourovost*
sew *v.t.* шия *shiya*
sewage *n.* отпадна вода *otpadna voda*
sewer *n.* канал *kanal*
sewerage *n.* канализация *kanalizatsiya*
sex *n.* секс *seks*
sexual *a.* сексуален *seksualen*
sexuality *n.* сексуалност *seksualnost*
sexy *n.* сексапилен *seksapilen*
shabby *a.* дрипав *dripav*
shackle *n.* окови *okovi*
shackle *v.t.* оковавам *okovavam*
shade *n.* сянка *syanka*
shade *v.t.* засенчвам *zasenchvam*
shadow *n.* сянка *syanka*
shadow *v.t.* загатвам *zagatvam*
shadowy *a.* неясен *neyasen*
shaft *n.* прът *prut*
shake *v.i.* клатя се *klatya se*
shake *n.* разклащане *razklashtane*
shaky *a.* треперлив *treperliv*
shallow *a.* плитък *plituk*
sham *v.i.* преструвам се *prestrouvam se*
sham *n.* преструвка *prestrouvka*
sham *a.* престорен *prestoren*

shame *n.* срам *sram*
shame *v.t.* засрамвам *zasramvam*
shameful *a.* срамен *sramen*
shameless *a.* безсрамен *bezsramen*
shampoo *n.* шампоан *shampoan*
shampoo *v.t.* мия *miya*
shanty *a.* колиба *koliba*
shape *n.* форма *forma*
shape *v.t.* оформям *oformyam*
shapely *a.* строен *stroen*
share *n.* дял *dyal*
share *v.t.* споделям *spodelyam*
share *n.* акция *aktsiya*
shark *n.* акула *akoula*
sharp *a.* остър *ostur*
sharp *adv.* точно *tochno*
sharpen *v.t.* наточвам *natochvam*
sharpener *n.* острилка *ostrilka*
sharper *n.* мошеник *moshenik*
shatter *v.t.* разбивам *razbivam*
shave *v.t.* бръсна *brusna*
shave *n.* бръснене *brusnene*
shawl *n.* шал *shal*
she *pron.* тя *tya*
sheaf *n.* сноп *snop*
shear *v.t.* лишавам *lishavam*
shears *n. pl.* ножици *nozhitsi*
shed *v.t.* сменям козина *smenyam kozina*
shed *n.* било *bilo*
sheep *n.* овца *ovtsa*
sheepish *a.* стеснителен *stesnitelen*
sheer *a.* явен *yaven*

sheet *n.* лист *list*
sheet *v.t.* покривам *pokrivam*
shelf *n.* лавица *lavitsa*
shell *n.* черупка *cheroupka*
shell *v.t.* лющя *lyushtya*
shelter *n.* подслон *podslon*
shelter *v.t.* подслонявам *podslonyavam*
shelve *v.t.* слагам на полица *slagam na politsa*
shepherd *n.* пастир *pastir*
shield *n.* щит *shtit*
shield *v.t.* защитавам *zashtitavam*
shift *v.t.* променям *promenyam*
shift *n.* промяна *promyana*
shifty *a.* променлив *promenliv*
shilling *n.* шилинг *shiling*
shilly-shally *v.i.* колебая *kolebaya*
shilly-shally *n.* нерешителност *nereshitelnost*
shin *n.* пищял *pishtyal*
shine *v.i.* светя *svetya*
shine *n.* светлина *svetlina*
shiny *a.* лъскав *luskav*
ship *n.* кораб *korab*
ship *v.t.* товаря *tovarya*
shipment *n.* пратка *pratka*
shire *n.* графство *grafstvo*
shirk *v.t.* изплъзвам се *izpluzvam se*
shirker *n.* кръшкач *krushkach*
shirt *n.* риза *riza*
shiver *v.i.* треперя *treperya*
shoal *n.* плитчина *plitchina*
shoal *n.* рибен пасаж *riben pasazh*

shock *n.* шок *shok*
shock *v.t.* шокирам *shokiram*
shoe *n.* обувка *obouvka*
shoe *v.t.* обувам *obouvam*
shoot *v.t.* стрелям *strelyam*
shoot *n.* стрелба *strelba*
shop *n.* магазин *magazin*
shop *v.i.* пазарувам *pazarouvam*
shore *n.* бряг *bryag*
short *a.* къс *kus*
short *adv.* кратко *kratko*
shortage *n.* недостиг *nedostig*
shortcoming *n.* недостатък *nedostatuk*
shorten *v.t.* скъсявам *skusyavam*
shortly *adv.* скоро *skoro*
shorts *n. pl.* панталонки *pantalonki*
shot *n.* изстрел *izstrel*
shoulder *n.* рамо *ramo*
shoulder *v.t.* изблъсквам *izbluskvam*
shout *n.* вик *vik*
shout *v.i.* викам *vikam*
shove *v.t.* бутам *boutam*
shove *n.* тласък *tlasuk*
shovel *n.* лопата *lopata*
shovel *v.t.* копая *kopaya*
show *v.t.* показвам *pokazvam*
show *n.* шоу *shou*
shower *n.* преваляване *prevalyavane*
shower *v.t.* изливам се *izlivam se*
shrew *n.* зла жена *zla zhena*
shrewd *a.* умен *oumen*
shriek *n.* писък *pisuk*
shriek *v.i.* пищя *pishtyal*

shrill *a.* писклив *pisklif*
shrine *n.* светилище *svetilishte*
shrink *v.i.* свивам се *svivam se*
shrinkage *n.* свиване *svivane*
shroud *n.* саван *savan*
shroud *v.t.* увивам в саван *ouvivam v savan*
shrub *n.* храст *hrast*
shrug *v.t.* свивам рамене *svivam ramene*
shrug *n.* свиване *svivane*
shudder *v.i.* тръпна *trupna*
shudder *n.* потръпване *potrupvane*
shuffle *v.i.* тътря се *tutrya se*
shuffle *n.* тътрене *tutrene*
shun *v.t.* отбягвам *otbyagvam*
shunt *v.t.* премествам *premestvam*
shut *v.t.* затварям *zatvaryam*
shutter *n.* капак *kapak*
shuttle *n.* совалка *sovalka*
shuttle *v.t.* снова *snova*
shuttlecock *n.* спорен въпрос *sporen vupros*
shy *n.* подплашване *podplashvane*
shy *v.i.* плаша се *plasha se*
sick *a.* болен *bolen*
sickle *n.* сърп *surp*
sickly *a.* болнав *bolnav*
sickness *n.* болест *bolest*
side *n.* страна *strana*
side *v.i.* вземам страна *vzemam strana*
siege *n.* обсада *obsada*
siesta *n.* следобедна почивка *sledobedna pochivka*
sieve *n.* сито *sito*

sieve *v.t.* пресявам *presyavam*
sift *v.t.* отсявам *otsyavam*
sigh *n.* въздишка *vuzdishka*
sigh *v.i.* въздишам *vuzdisham*
sight *n.* зрение *zrenie*
sight *v.t.* виждам *vizhdam*
sightly *a.* леко *leko*
sign *n.* знак *znak*
sign *v.t.* подписвам се *podpisvam se*
signal *n.* сигнал *signal*
signal *a.* изключителен *izklyuchitelen*
signal *v.t.* сигнализирам *signaliziram*
signatory *n.* подписващ *podpisvasht*
signature *n.* подпис *podpis*
significance *n.* значение *znachenie*
significant *a.* значителен *znachitelen*
signification *n.* смисъл *smisul*
signify *v.t.* изразявам *izrazyavam*
silence *n.* мълчание *mulchanie*
silence *v.t.* смълчавам *smulchavam*
silencer *n.* заглушител *zaglushitel*
silent *a.* мълчалив *mulchaliv*
silhouette *n.* силует *silouet*
silk *n.* коприна *koprina*
silken *a.* подмазващ се *podmazvasht se*
silky *a.* коприен *koprinen*
silly *a.* глупав *gloupav*
silt *n.* тиня *tinya*

silt v.t. затлачвам zatlachvam
silver n. сребро srebro
silver a. сребърен sreburen
silver v.t. посребрявам posrebryavam
similar a. подобен podoben
similarity n. прилика prilika
simile n. сравнение sravnenie
similitude n. подобие podobie
simmer v.i. къкря kukrya
simple a. обикновен obiknoven
simpleton n. глупак gloupak
simplicity n. простота prostota
simplification n. опростяване oprostyavane
simplify v.t. опростявам oprostyavam
simultaneous a. едновременен ednovremenen
sin n. грях gryah
sin v.i. прегрешавам pregreshavam
since prep. от otsyavam
since conj. тъй като tuy kato
since adv. оттогава ottogava
sincere a. искрен iskren
sincerity n. искреност iskrenost
sinful a. грешен greshen
sing v.i. пея peya
singe v.t. опърлям opurlyam
singe n. опърляне opurlyane
singer n. певец pevets
single a. единствен edinstven
single n. сингъл singul
single v.t. избирам izbiram

singular a. единствено число edinstveno chislo
singularity n. странност strannost
singularly adv. изключително izklyuchitelno
sinister a. зловещ zlovesht
sink v.i. потъвам potuvam
sink n. мивка mivka
sinner n. грешник greshnik
sinuous a. криволичещ krivolichesht
sip v.t. отпивам otpivam
sip n. глътка glutka
sir n. господин gospodin
siren n. сирена sirena
sister n. сестра sestra
sisterhood n. сестринство sestrinstvo
sisterly a. сестрински sestrinski
sit v.i. сядам syadam
site n. място myasto
situation n. ситуация sitouatsiya
six n., a. шест shest
sixteen n., a. шестнадесет shestnadeset
sixteenth a. шестнадесети shestnadeseti
sixth a. шести shesti
sixtieth a. шестдесети shestdeseti
sixty n., a. шестдесет shestdeset
sizable a. измерим izmerim
size n. размер razmer
size v.t. класирам klasiram
sizzle v.i. пращя prashta
sizzle n. пращене prashtene
skate n. кънка kunka

skate v.t. карам кънки karam kunki
skein n. бъркотия burkotiya
skeleton n. скелет skelet
sketch n. скица skitsa
sketch v.t. скицирам skitsiram
sketchy a. бегъл begul
skid v.i. плъзгам се pluzgam se
skid n. занасяне zanasyane
skilful a. сръчен sruchen
skill n. умение oumenie
skin n. кожа kozha
skin v.t. одирам odiram
skip v.i. скачам skacham
skip n. скок skok
skipper n. който скача koyto skacha
skirmish n. схватка shvatka
skirmish v.t. влизам в схватка vlizam v shvatka
skirt n. пола pola
skirt v.t. заобикалям zaobikalyam
skit n. пародия parodiya
skull n. череп cherep
sky n. небе nebe
sky v.t. хвърлям нависоко hvurlyam navisoko
slab n. плоча plocha
slack a. отпуснат otpousnat
slacken v.t. отслабвам otslabvam
slacks n. работни дрехи rabotni drehi
slake v.t. утолявам outolyavam
slam v.t. хлопвам hlopvam
slam n. хлопване hlopvane
slander n. клевета kleveta
slander v.t. клеветя klevetya

slanderous a. клеветнически klevetnicheski
slang n. жаргон zhargon
slant v.t. наклонявам naklonyavam
slant n. наклон naklon
slap n. шамар shamar
slap v.t. зашлевявам zashlevyavam
slash v.t. разсичам razsicham
slash n. разрез razrez
slate n. плоча plocha
slattern n. мърла murla
slatternly a. немарлив nemarliv
slaughter n. клане klane
slaughter v.t. избивам izbivam
slave n. роб rob
slave v.i. робувам robouvam
slavery n. робство robstvo
slavish a. робски robski
slay v.t. убивам oubivam
sleek a. гладък gladuk
sleep v.i. спя spya
sleep n. сън sun
sleeper n. спящ човек spyasht chovek
sleepy a. сънен sunen
sleeve n. ръкав rukav
sleight n. ловкост lovkost
slender n. строен stroen
slice n. парче parche
slice v.t. режа rezha
slick a. ловък lovuk
slide v.i. плъзгам се pluzgam se
slide n. плъзгане pluzgane
slight a. малък maluk

slight *n.* пренебрежение *prenebrezhenie*
slight *v.t.* пренебрегвам *prenebregvam*
slim *a.* слаб *slab*
slim *v.i.* пазя диета *pazya dieta*
slime *n.* слуз *slouz*
slimy *a.* слузест *slouzest*
sling *n.* прашка *prashka*
slip *v.i.* подхлъзвам се *podhluzvam se*
slip *n.* подхлъзване *podhluzvane*
slipper *n.* пантоф *pantof*
slippery *a.* хлъзгав *hluzgav*
slipshod *a.* немарлив *nemarliv*
slit *n.* разрез *razrez*
slit *v.t.* разрязвам *razryazvam*
slogan *n.* девиз *deviz*
slope *n.* наклон *naklon*
slope *v.i.* наклонявам се *naklonyavam se*
sloth *n.* мързел *murzel*
slothful *n.* мързелив *murzeliv*
slough *n.* тресавище *tresavishte*
slough *n.* отчаяние *otchayanie*
slough *v.t.* сменям *smenyam*
slovenly *a.* небрежен *nebrezhen*
slow *a.* бавен *baven*
slow *v.i.* забавям се *zabavyam se*
slowly *adv.* бавно *bavno*
slowness *n.* бавност *bavnost*
sluggard *n.* мързеливец *murzelivets*
sluggish *a.* муден *mouden*
sluice *n.* шлюз *shlyuz*
slum *n.* беден квартал *beden kvartal*
slumber *v.i.* спя *spya*
slumber *n.* сън *sun*
slump *n.* рязко падане *ryazko padane*
slump *v.i.* падам рязко *padam ryazko*
slur *n.* клевета *kleveta*
slush *n.* киша *kisha*
slushy *a.* кишав *kishav*
slut *n.* уличница *oulichnitsa*
sly *a.* хитър *hitur*
smack *n.* звучна целувка *zvouchna tselouvka*
smack *v.i.* блъсвам се *blusvam se*
smack *n.* плющене *plyushtene*
smack *n.* плесница *plesnitsa*
smack *v.t.* плясвам *plyasvam*
small *a.* малък *maluk*
small *n.* бельо *belyoo*
smallness *n.* незначителност *neznachitelnost*
smallpox *n.* вариола *variola*
smart *a.* умер *oumer*
smart *v.i.* смъдя *smudya*
smart *n.* смъдене *smudene*
smash *v.t.* счупвам *schoupvam*
smash *n.* счупване *schoupvane*
smear *v.t.* намазвам *namazvam*
smear *n.* петно *petno*
smell *n.* мирис *miris*
smell *v.t.* мириша *mirisha*
smelt *v.t.* топя *topya*
smile *n.* усмивка *ousmivka*

smile v.i. усмихвам се ousmihvam se
smith n. ковач kovach
smock n. престилка prestilka
smog n. смог smog
smoke n. пушек poushek
smoke v.i. пуша pousha
smoky a. пушещ poushesht
smooth a. гладък gladuk
smooth v.t. приглаждам priglazhdam
smother v.t. потушавам potoushavam
smoulder v.i. тлея tleya
smug a. самодоволен samodovolen
smuggle v.t. контрабандирам kontrabandiram
smuggler n. контрабандист kontrabandist
snack n. похапване pohapvane
snag n. пречка prechka
snail n. охлюв ohlyuv
snake n. змия zmiya
snake v.i. извивам се izvivam se
snap v.t. счупвам schoupvam
snap n. щракване shtrakvane
snap a. необмислен neobmislen
snare n. капан kapan
snare v.t. улавям в капан oulavyam v kapan
snarl n. ръмжене rumzhene
snarl v.i. ръмжа rumzha
snatch v.t. грабвам grabvam
snatch n. грабване grabvane
sneak v.i. промъквам се promukvam se
sneak n. доносник donosnik

sneer v.i. надсмивам се nadsmivam se
sneer n. подигравателна усмивка podigravatelna ousmivka
sneeze v.i. кихам kiham
sneeze n. кихане kihane
sniff v.i. подсмърчам podsmurcham
sniff n. подсмърчане podsmurchane
snob n. сноб snob
snobbery n. снобизъм snobizum
snobbish a. снобски snobski
snore v.i. хъркам hurkam
snore n. хъркане hurkane
snort v.i. пръхтя pruhtya
snort n. пръхтене pruhtene
snout n. зурла zourla
snow n. сняг snyag
snow v.i. вали сняг vali snyag
snowy a. снежен snezhen
snub v.t. пренебрегвам prenebregvam
snub n. обида obida
snuff n. емфие emfie
snug n. усамотено място ousamoteno myasto
so adv. така taka
so conj. значи znachi
soak v.t. кисна kisna
soak n. накисване nakisvane
soap n. сапун sapoun
soap v.t. сапунисвам sapounisvam
soapy a. сапунен sapounen
soar v.i. извисявам се izvisyavam se
sob v.i. ридая ridaya
sob n. ридание ridanie

sober a. трезвен trezven
sobriety n. трезвеност trezvenost
sociability n. общителност obshtitelnost
sociable a. общителен obshtitelen
social a. обществен obshtestven
socialism n. социализъм sotsializum
socialist n. социалист sotsialist
society n. общество obshtestvo
sociology n. социология sotsiologiya
sock n. чорап chorap
socket n. контакт kontakt
sod n. чим chim
sodomite n. содомит sodomit
sodomy n. содомия sodomiya
sofa n. канапе kanape
soft a. мек mek
soften v.t. омекотявам omekotyavam
soil n. почва pochva
soil v.t. торя torya
sojourn v.i. пребивавам prebivavam
sojourn n. пребиваване prebivavane
solace v.t. утешавам outeshavam
solace n. утеха outeha
solar a. слънчев slunchev
solder n. спойка spoyka
solder v.t. споявам spoyavam
soldier n. войник voynik
soldier v.i. служа войник slouzha voynik

sole n. подметка podmetka
sole v.t. слагам подметка slagam podmetka
sole a. единствен edinstven
solemn a. тържествен turzhestven
solemnity n. тържественост turzhestvenost
solemnize v.t. чествам chestvam
solicit v.t. моля molya
solicitation n. молене molene
solicitor n. адвокат advokat
solicitious a. загрижен zagrizhen
solicitude n. загриженост zagrizhenost
solid a. твърд tvurd
solid n. твърдо вещество tvurdo veshtestvo
solidarity n. солидарност solidarnost
soliloquy n. монолог monolog
solitary a. самотен samoten
solitude n. самота samota
solo n. соло solo
solo a. солов solov
solo adv. солово solovo
soloist n. солист solist
solubility n. разтворимост raztvorimost
soluble a. разтворим raztvorim
solution n. разтвор raztvor
solve v.t. разрешавам razreshavam
solvency n. платежоспособност platezhosposobnost
solvent a. платежоспособен platezhosposoben

solvent n. разтворител *raztvoritel*
sombre a. мрачен *mrachen*
some a. някакъв *nyakakuv*
some pron. малко *malko*
somebody pron. някой *nyakoy*
somebody n. важен човек *vazhen chovek*
somehow adv. някак *nyakak*
someone pron. някой *nyakoy*
somersault n. салто *salto*
somersault v.i. правя салто *pravya salto*
something pron. нещо *neshto*
something adv. нещо като *neshto kato*
sometime adv. някога *nyakoga*
sometimes adv. понякога *ponyakoga*
somewhat adv. малко *malko*
somewhere adv. някъде *nyakude*
somnambulism n. сомнамбулизъм *somnamboulizum*
somnambulist n. сомнабул *somnamboul*
somnolence n. сънливост *sunlivost*
somnolent n. сънлив *sunliv*
son n. син *sin*
song n. песен *pesen*
songster n. певец *pevets*
sonic a. звуков *zvoukov*
sonnet n. сонет *sonet*
sonority n. звучност *zvouchnost*
soon adv. скоро *skoro*
soot n. сажди *sazhdi*
soot v.t. покривам със сажди *pokrivam sus sazhdi*
soothe v.t. успокоявам *ouspokoyavam*
sophism n. софизъм *sofizum*
sophist n. софист *sofist*
sophisticate v.t. извъртам *izvurtam*
sophisticated a. изискан *iziskan*
sophistication n. изисканост *iziskanost*
sorcerer n. магьосник *magyoosnik*
sorcery n. магия *magiya*
sordid a. мръсен *mrusen*
sore a. възпален *vuzpalen*
sore n. възпаление *vuzpalenie*
sorrow n. тъга *tuga*
sorrow v.i. тъгувам *tugouvam*
sorry a. съжаляващ *suzhalyavasht*
sort n. сорт *sort*
sort v.t. сортирам *sortiram*
soul n. душа *dousha*
sound a. здрав *zdrav*
sound v.i. звуча *zvoucha*
sound n звук *zvouk*
soup n. супа *soupa*
sour a. кисел *kisel*
sour v.t. вгорчавам *vgorchavam*
source n. източник *iztochnik*
south n. юг *yug*
south a. южен *yuzhen*
south adv. южно *yuzhno*
southerly a. южен *yuzhen*
southern a. южен *yuzhen*
souvenir n. сувенир *souvenir*

sovereign *n.* суверен
souveren
sovereign *a.* суверенен
souverenen
sovereignty *n.* суверенитет
souverenitet
sow *v.t.* сея *seya*
sow *n.* свиня *svinya*
space *n.* пространство
prostranstvo
space *v.t.* разреждам
razrezhdam
spacious *a.* просторен
prostoren
spade *n.* лопата *lopata*
spade *v.t.* копая *kopaya*
span *n.* период *period*
span *v.t.* измервам *izmervam*
Spaniard *n.* испанец *ispanets*
spaniel *n.* шпаньол
shpanyool
Spanish *a.* испански *ispanski*
Spanish *n.* испански език
ispanski ezik
spanner *n.* гаечен ключ
gaechen klyuch
spare *v.t.* отделям *otdelyam*
spare *a.* свободен *svoboden*
spare *n.* резервна част
rezervna chast
spark *n.* искра *iskra*
spark *v.i.* искря *iskrya*
spark *n.* проблясък
problyasuk
sparkle *v.i.* блестя *blestya*
sparkle *n.* блясък *blyasuk*
sparrow *n.* врабче *vrabche*
sparse *a.* рядък *ryaduk*
spasm *n.* спазъм *spazum*
spasmodic *a.* спазматичен
spazmatichen

spate *n.* прииждане
priizhdane
spatial *a.* пространствен
prostranstven
spawn *n.* хайвер *hayver*
spawn *v.i.* размножавам се
razmnozhavam se
speak *v.i.* говоря *govorya*
speaker *n.* говорител
govoritel
spear *n.* копие *kopie*
spear *v.t.* пронизвам
pronizvam
spearhead *n.* връх на копие
vruh na kopie
spearhead *v.t.* водя *vodya*
special *a.* специален
spetsialen
specialist *n.* специалист
spetsialist
speciality *n.* специалност
spetsialnost
specialization *n.*
специализация
spetsializatsiya
specialize *v.i.* специализирам
spetsializiram
species *n.* вид *vid*
specific *a.* специфичен
spetsifichen
specification *n.*
спецификация
spetsifikatsiya
specify *v.t.* определям
opredelyam
specimen *n.* спесимен
spesimen
speck *n.* петънце *petuntse*
spectacle *n.* гледка *gledka*
spectacular *a.* грандиозен
grandiozen

spectator n. зрител *zritel*
spectre n. привидение *prividenie*
speculate v.i. спекулирам *spekouliram*
speculation n. спекулация *spekoulatsiya*
speech n. реч *rech*
speed n. скорост *skorost*
speed v.i. бързам *burzam*
speedily adv. бързо *burzo*
speedy a. бърз *burz*
spell n. магия *magiya*
spell v.t. спелувам *spelouvam*
spell n. период *period*
spend v.t. харча *harcha*
spendthrift n. прахосник *prahosnik*
sperm n. сперма *sperma*
sphere n. сфера *sfera*
spherical a. сферичен *sferichen*
spice n. подправка *podpravka*
spice v.t. подправям *podpravyam*
spicy a. пикантен *pikanten*
spider n. паяк *payak*
spike n. острие *ostrie*
spike v.t. пробождам *probozhdam*
spill v.i. разливам се *razlivam se*
spill n. разлив *razliv*
spin v.i. въртя се *vurtya se*
spin n. въртене *vurtene*
spinach n. спанак *spanak*
spinal a. гръбначен *grubnachen*
spindle n. вретено *vreteno*
spine n. гръбнак *grubnak*

spinner n. предач *predach*
spinster n. стара мома *stara moma*
spiral n. спирала *spirala*
spiral a. спирален *spiralen*
spirit n. дух *douh*
spirited a. енергичен *energichen*
spiritual a. духовен *douhoven*
spiritualism n. спиритуализъм *spiritoualizum*
spiritualist n. спиритуалист *spiritoualist*
spirituality n. духовност *douhovnost*
spit v.i. плюя *plyuya*
spit n. плюнка *plyunka*
spite n. злоба *zloba*
spittle n. плюнка *plyunka*
spittoon n. плювалник *plyuvalnik*
splash v.i. пръскам се *pruskam se*
splash n. пръскане *pruskane*
spleen n. далак *dalak*
splendid a. великолепен *velikolepen*
splendour n. великолепие *velikolepie*
splinter n. треска *treska*
splinter v.t. разцепвам *raztsepvam*
split v.i. разделям се *razdelyam se*
split n. разделение *razdelenie*
spoil v.t. развалям *razvalyam*
spoil n. плячка *plyachka*
spoke n. спица *spitsa*
spokesman n. говорител *govoritel*

sponge *n.* гъба *guba*
sponge *v.t.* измивам с гъба *izmivam s guba*
sponsor *n.* спонсор *sponsor*
sponsor *v.t.* спонсорирам *sponsoriram*
spontaneity *n.* спонтанност *spontannost*
spontaneous *a.* спонтанен *spontanen*
spoon *n.* лъжица *luzhitsa*
spoon *v.t.* загребвам *zagrebvam*
spoonful *n.* една лъжица *edna luzhitsa*
sporadic *a.* спорадичен *sporadichen*
sport *n.* спорт *sport*
sport *v.i.* нося *nosya*
sportive *a.* игрив *igriv*
sportsman *n.* спортист *sportist*
spot *n.* петно *petno*
spot *v.t.* изцапвам *iztsapvam*
spotless *a.* безупречен *bezouprechen*
spousal *n.* съпружески *suprouzheski*
spouse *n.* съпруг/а *suproug/a*
spout *n.* струя *strouya*
spout *v.i.* струя *strouya*
sprain *n.* навяхване *navyahvane*
sprain *v.t.* навяхвам *navyahvam*
spray *n.* спрей *sprey*
spray *n.* пръска *pruska*
spray *v.t.* пръскам *pruskam*
spread *v.i.* разпространявам се *razprostranyavam se*
spread *n.* разпространение *razprostranenie*
spree *n.* веселба *veselba*
sprig *n.* клонче *klonche*
sprightly *a.* жив *zhiv*
spring *v.i.* скачам *skacham*
spring *n.* скок *skok*
sprinkle *v.t.* поръсвам *porusvam*
sprint *v.i.* пробягвам *probyagvam*
sprint *n.* спринт *sprint*
sprout *v.i.* никна *nikna*
sprout *n.* издънка *izdunka*
spur *n.* шпора *shpora*
spur *v.t.* пришпорвам *prishporvam*
spurious *a.* фалшив *falshiv*
spurn *v.t.* отхвърлям *othvurlyam*
spurt *v.i.* бликвам *blikvam*
spurt *n.* изблик *izblik*
sputnik *n.* спътник *sputnik*
sputum *n.* храчки *hrachki*
spy *n.* шпионин *shpionin*
spy *v.i.* шпионирам *shpioniram*
squad *n.* взвод *vzvod*
squadron *n.* ескадрон *eskadron*
squalid *a.* мизерен *mizeren*
squalor *n.* мизерия *mizeriya*
squander *v.t.* прахосвам *prahosvam*
square *n.* квадрат *kvadrat*
square *a.* квадратен *kvadraten*
square *v.t.* правя квадратен *peavya kvadraten*
squash *v.t.* мачкам *machkam*
squash *n.* каша *kasha*

squat v.i. клякам *klyakam*
squeak v.i. писукам *pisoukam*
squeak n писък *pisuk*
squeeze v.t. стискам *stiskam*
squint v.i. кривоглед съм *krivogled sum*
squint n. кривогледство *krivogledstvo*
squire n. дворянин *dvoryanin*
squirrel n. катерица *kateritsa*
stab v.t. промушвам *promoushvam*
stab n. бодеж *bodezh*
stability n. стабилност *stabilnost*
stabilization n. стабилизиране *stabilizirane*
stabilize v.t. стабилизирам *stabiliziram*
stable a. стабилен *stabilen*
stable n. конюшня *konyushnya*
stable v.t. държа в конюшня *durzha v konyushnya*
stadium n. стадион *stadion*
staff n. персонал *personal*
staff v.t. осигурявам персонал *osigouryavam personal*
stag n. елен *elen*
stage n. сцена *stsena*
stage v.t. поставям на сцена *postavyam na stsena*
stagger v.i. клатушкам се *klatoushkam se*
stagger n. клатушкане *klatoushkane*
stagnant a. в застой *v zastoy*
stagnate v.i. в застой съм *v zastoy sum*
stagnation n. стагнация *stagnatsiya*
staid a. сериозен *seriozen*
stain n. петно *petno*
stain v.t. цапам *tsapam*
stainless a. неръждаем *neruzhdaem*
stair n. стъпало *stupalo*
stake n. дял *dyal*
stake v.t. рискувам *riskouvam*
stale a. несвеж *nesvezh*
stale v.t. изхабявам *izhabyavam*
stalemate n. пат *pat*
stalk n. стъбло *stublo*
stalk v.i. крача *kracha*
stalk n. походка *pohodka*
stall n. сергия *sergiya*
stall v.t. отлагам *otlagam*
stallion n. жребец *zhrebets*
stalwart a. предан *predan*
stalwart n. привърженик *privurzhenik*
stamina n. издръжливост *izdruzhlivost*
stammer v.i. заеквам *zaekvam*
stammer n. заекване *zaekvane*
stamp n. печат *pechat*
stamp v.i. стъпквам *stupkvam*
stampede n. паника *panika*
stampede v.i. паникьосвам *panikyosvam*
stand v.i. стоя *stoya*
stand n. щанд *shtand*
standard n. стандарт *standart*
standard a. стандартен *standarten*

standardization *n.*
стандартизация
standartizatsiya
standardize *v.t.*
стандартизирам
standartiziram
standing *n.* позиция *pozitsiya*
standpoint *n.* становище
stanovishte
standstill *n.* застой *zastoy*
stanza *n.* строфа *strofa*
staple *n.* скоба *skoba*
staple *a.* основен *osnoven*
star *n.* звезда *zvezda*
star *v.t.* осейвам *oseyvam*
starch *n.* нишесте *nisheste*
starch *v.t.* колосвам
kolosvam
stare *v.i.* вторачвам се
vtorachvam se
stare *n.* поглед *pogled*
stark *n.* гол *gol*
stark *adv.* напълно *napulno*
starry *a.* звезден *zvezden*
start *v.t.* започвам
zapochvam
start *n.* старт *start*
startle *v.t.* стряскам
stryaskam
starvation *n.* гладуване
gladouvane
starve *v.i.* гладувам
gladouvam
state *n.* държава *durzhava*
state *v.t.* заявявам
zayavyavam
stateliness *n.* тържественост
turzhestvenost
stately *a.* тържествен
turzhestven

statement *n.* изявление
izyavlenie
statesman *n.* държавник
durzhavnik
static *n.* статичен *statichen*
statics *n.* статика *statika*
station *n.* станция *stantsiya*
station *v.t.* поставям
postavyam
stationary *a.* неподвижен
nepodvizhen
stationer *n.* книжар *knizhar*
stationery *n.* канцеларски
материали *kantselarski
materiali*
statistical *a.* статистически
statisticheski
statistician *n.* статистик
statistik
statistics *n.* статистика
statistika
statue *n.* статуя *statouya*
stature *n.* ръст *rust*
status *n.* статус *statous*
statute *n.* закон *zakon*
statutory *a.* установен със
закон *oustanoven sus
zakon*
staunch *a.* предан *predan*
stay *v.i.* оставам *ostavam*
stay *n.* престой *prestoy*
steadfast *a.* непоколебим
nepokolebim
steadiness *n.* стабилност
stabilnost
steady *a.* стабилен *stabilen*
steady *v.t.* стабилизирам
stabiliziram
steal *v.i.* крада *krada*
stealthily *adv.* безшумно
bezshoumno

steam n. пара para
steam v.i. пускам пара pouskam para
steamer n. параход parahod
steed n. кон kon
steel n. стомана stomana
steep a. стръмен strumen
steep v.t. накисвам nakisvam
steeple n. камбанария kambanariya
steer v.t. управлявам oupravlyavam
stellar a. звезден zvezden
stem n. стъбло stublo
stem v.i. преча precha
stench n. смрад smrad
stencil n. шаблон shablon
stencil v.i. нанасям шарка nanasyam sharka
stenographer n. стенограф stenograf
stenography n. стенография stenografiya
step n. стъпка stupka
step v.i. стъпвам stupvam
steppe n. степ step
stereotype n. стереотип stereotip
stereotype v.t. стереотипирам stereotipiram
stereotyped a. стереотипен stereotipen
sterile a. стерилен sterilen
sterility n. стерилитет sterilitet
sterilization n. стерилизиране sterilizirane
sterilize v.t. стерилизирам steriliziram
sterling a. истински istinski

sterling n. лира стерлинг lira sterling
stern a. строг strog
stern n. кърма kurma
stethoscope n. стетоскоп stetoskop
stew n. яхния yahniya
stew v.t. задушавам zadoushavam
steward n. стюард styuard
stick n. прът prut
stick v.t. лепя lepya
sticker n. лепенка lepenka
stickler n. педант pedant
sticky n. лепкав lepkav
stiff n. твърд tvurd
stiffen v.t. втвърдявам vtvurdyavam
stifle v.t. задушавам zadoushavam
stigma n. стигма stigma
still a. тих tih
still adv. още oshte
still v.t. дестилирам destiliram
still n. дестилатор destilator
stillness n. тишина tishina
stilt n. кокили kokili
stimulant n. стимулант stimoulant
stimulate v.t. стимулирам stimouliram
stimulus n. стимул stimoul
sting v.t. жиля zhilya
sting n. ужилване ouzhilvane
stingy a. стиснат stisnat
stink v.i. смърдя smurdya
stink n. смрад smrad
stipend n. възнаграждение vuznagrazhdenie
stipulate v.t. уговарям ougovaryam

stipulation n. уговаряне ougovaryane
stir v.i. движа се dvizha se
stirrup n. стреме streme
stitch n. шев shev
stitch v.t. шия shiya
stock n. запас zapas
stock v.t. снабдявам snabdyavam
stock a. наличен nalichen
stocking n. чорап chorap
stoic n. стоик stoik
stoke v.t. подклаждам podklazhdam
stoker n. огняр ognyar
stomach n. стомах stomah
stomach v.t. търпя turpya
stone n. камък kamuk
stone v.t. замервам zamervam
stony a. каменист kamenist
stool n. табуретка tabouretka
stoop v.i. прегърбвам се pregurbvam se
stoop n. прегърбване pregurbvane
stop v.t. спирам spiram
stop n. край kray
stoppage n. спиране spirane
storage n. съхранение suhranenie
store n. запас zapas
store v.t. складирам skladiram
storey n. етаж etazh
stork n. щъркел shturkel
storm n. буря bourya
storm v.i. бушувам boushouvam
stormy a. бурен bouren
story n. история istoriya

stout a. пълен pulen
stove n. печка pechka
stow v.t. прибирам pribiram
straggle v.i. влача се vlacha se
straggler n. който изостава koyto izostava
straight a. прав prav
straight adv. право pravo
straighten v.t. изправям izpravyam
straightforward a. недвусмислен nedvousmislen
straightway adv. незабавно nezabavno
strain v.t. напрягам napryagam
strain n. напрежение naprezhenie
strait n. пролив proliv
straiten v.t. затруднявам zatroudnyavam
strand v.i. засядам zasyadam
strand n. кичур kichour
strange a. странен stranen
stranger n. непознат nepoznat
strangle v.t. задушавам zadoushavam
strangulation n. задушаване zadoushavane
strap n. ремък remuk
strap v.t. вързвам vurzvam
stratagem n. хитрост hitrost
strategic a. стратегически strategicheski
strategist n. стратег strateg
strategy n. стратегия strategiya

stratum *n.* пласт *plast*
straw *n.* сламка *slamka*
strawberry *n.* ягода *yagoda*
stray *v.i.* скитам *skitam*
stray *a.* бездомен *bezdomen*
stray *n.* изгубено животно *izgoubeno zhivotno*
stream *n.* поток *potok*
stream *v.i.* тека *teka*
streamer *n.* транспарант *transparant*
streamlet *n.* поточе *potoche*
street *n.* улица *oulitsa*
strength *n.* сила *sila*
strengthen *v.t.* подсилвам *podsilvam*
strenuous *a.* изнурителен *iznouritelen*
stress *n.* ударение *oudarenie*
stress *v.t.* наблягам *nablyagam*
stretch *v.t.* разтягам *raztyagam*
stretch *n.* разтягане *raztyagane*
stretcher *n.* носилка *nosilka*
strew *v.t.* разпръсвам *razprusvam*
strict *a.* стриктен *strikten*
stricture *n.* осъждане *osuzhdane*
stride *v.i.* крача *kracha*
stride *n.* крачка *krachka*
strident *a.* свистящ *svistyasht*
strife *n.* конфликт *konflikt*
strike *v.t.* стачкувам *stachkouvam*
strike *n.* стачка *stachka*
striker *n.* стачник *stachnik*
string *n.* връв *vruv*

string *v.t.* привързвам *privurzvam*
stringency *n.* строгост *strogost*
stringent *a.* строг *strog*
strip *n.* ивица *ivitsa*
strip *v.t.* свалям *svalyam*
stripe *n.* райе *raye*
stripe *v.t.* раирам *rairam*
strive *v.i.* стремя се *stremya se*
stroke *n.* удар *oudar*
stroke *v.t.* милвам *milvam*
stroke *n.* милване *milvane*
stroll *v.i.* разхождам се *razhozhdam se*
stroll *n.* разходка *razhodka*
strong *a.* силен *silen*
stronghold *n.* крепост *krepost*
structural *a.* структурен *strouktouren*
structure *n.* структура *strouktoura*
struggle *v.i.* мъча се *mucha se*
struggle *n.* усилие *ousilie*
strumpet *n.* проститутка *prostitoutka*
strut *v.i.* перча се *percha se*
strut *n.* наперена походка *naperena pohodka*
stub *n.* пън *pun*
stubble *n.* набола брада *nabola brada*
stubborn *a.* инат *inat*
stud *n.* кабър *kabur*
stud *v.t.* осейвам *oseyvam*
student *n.* ученик *ouchenik*
studio *n.* студио *stoudio*
studious *a.* прилежен *prilezhen*

study *v.i.* уча *oucha*
study *n.* кабинет *kabinet*
stuff *n.* материал *material*
stuff *v.t.* пълня *pulnya*
stuffy *a.* задушен *zadoushen*
stumble *v.i.* залитам *zalitam*
stumble *n.* залитане *zalitane*
stump *n.* пън *pun*
stump *v.t.* кастря *kastrya*
stun *v.t.* смайвам *smayvam*
stunt *v.t.* изпълнявам каскада *izpulnyavam kaskada*
stunt *n.* каскада *kaskada*
stupefy *v.t.* изумявам *izoumyavam*
stupendous *a.* изумителен *izoumitelen*
stupid *a.* глупав *gloupav*
stupidity *n.* глупост *gloupost*
sturdy *a.* як *yak*
sty *n.* кочина *kochina*
stye *n.* ечемик на окото *echemik na okoto*
style *n.* стил *stil*
subdue *v.t.* намалявам *namalyavam*
subject *n.* предмет *predmet*
subject *a.* подчинен *podchinen*
subject *v.t.* подчинявам *podchinyavam*
subjection *n.* подчиняване *podchinyavane*
subjective *a.* субективен *soubektiven*
sub judice *a.* следствена тайна *sledstvena tayna*
subjugate *v.t.* поробвам *porobvam*

subjugation *n.* поробване *porobvane*
sublet *v.t.* преотдавам под наем *preotdavam pod naem*
sublimate *v.t.* пречиствам *prechistvam*
sublime *a.* възвишен *vuzvishen*
sublime *n.* възвишеното *vuzvishenoto*
sublimity *n.* възвишеност *vuzvishenost*
submarine *n.* подводница *podvodnitsa*
submarine *a.* подводен *podvoden*
submerge *v.i.* потапям се *potapyam se*
submission *n.* подаване *podavane*
submissive *a.* смирен *smiren*
submit *v.t.* подавам *podavam*
subordinate *a.* подчинен *podchinen*
subordinate *n.* подчинен *podchinen*
subordinate *v.t.* подчинявам *podchinyavam*
subordination *n.* подчинение *podchinenie*
subscribe *v.t.* абонирам *aboniram*
subscription *n.* абонамент *abonament*
subsequent *a.* последващ *posledvasht*
subservience *n.* раболепие *rabolepie*
subservient *a.* раболепен *rabolepen*

subside v.i. утихвам *outihvam*
subsidiary a. спомагателен *spomagatelen*
subsidize v.t. субсидирам *soubsidiram*
subsidy n. субсидия *soubsidiya*
subsist v.i. препитавам се *prepitavam se*
subsistence n. препитание *prepitanie*
substance n. вещество *veshtestvo*
substantial a. значителен *znachitelen*
substantially adv. значително *znachitelno*
substantiate v.t. доказвам *dokazvam*
substantiation n. доказване *dokazvane*
substitute n. заместител *zamestitel*
substitute v.t. замествам *zamestvam*
substitution n. заместване *zamestvane*
subterranean a. подземен *podzemen*
subtle n. нежен *nezhen*
subtlety n. нежност *nezhnost*
subtract v.t. изваждам *izvazhdam*
subtraction n. изваждане *izvazhdane*
suburb n. предградие *predgradie*
suburban a. от предградията *ot predgradiyata*
subversion n. събаряне *subaryane*

subversive a. подривен *podriven*
subvert v.t. събарям *subaryam*
succeed v.i. успявам *ouspyavam*
success n. успех *ouspeh*
successful a. успешен *ouspeshen*
succession n. наследяване *nasledyavane*
successive a. следващ *sledvasht*
successor n. наследник *naslednik*
succour n. помощ *pomosht*
succour v.t. помагам *pomagam*
succumb v.i. поддавам се *poddavam se*
such a. подобен *podoben*
such pron. такъв *takuv*
suck v.t. смуча *smoucha*
suck n. смучене *smouchene*
suckle v.t. кърмя *kurmya*
sudden n. внезапен *vnezapen*
suddenly adv. внезапно *vnezapno*
sue v.t. съдя *sudya*
suffer v.t. понасям *ponasyam*
suffice v.i. стигам *stigam*
sufficiency n. достатъчност *dostatuchnost*
sufficient a. достатъчен *dostatuchen*
suffix n. наставка *nastavka*
suffix v.t. прибавям *pribavyam*
suffocate v.t. удушавам *oudoushavam*

suffocation n. удушаван
 oudoushavan
suffrage n. избирателно
 право izbiratelno pravo
sugar n. захар zahar
sugar v.t. подслаждам
 podslazhdam
suggest v.t. предлагам
 predlagam
suggestion n. предложение
 predlozhenie
suggestive a. подтикващ
 podtikvasht
suicidal a. самоубийствен
 samooubiystven
suicide n. самоубийство
 samooubiystvo
suit n. костюм kostyum
suit v.t. подхождам
 podhozhdam
suitability n. уместност
 oumestnost
suitable a. подходящ
 podhodyasht
suite n. комплект komplekt
suitor n. кандидат-жених
 kandidat-zhenih
sullen a. мрачен mrachen
sulphur n. сяра syara
sulphuric a. серен seren
sultry a. душен doushen
sum n. сума souma
sum v.t. сумирам soumiram
summarily adv. неочаквано
 neochakvano
summarize v.t. обобщавам
 obobshtavam
summary n. обобщение
 obobshtenie
summary a. неочакван
 neochakvan

summer n. лято lyato
summit n. връх vruh
summon v.t. призовавам
 prizovavam
summons n. призовка
 prizovka
sumptuous a. разкошен
 razkoshen
sun n. слънце sluntse
sun v.t. грея се greya se
Sunday n. неделя nedelya
sunder v.t. разделям
 razdelyam
sundry a. различен razlichen
sunny a. слънчев slunchev
sup v.i. вечерям vecheryam
superabundance n.
 свръхизобилие
 svruhizobilie
superabundant a.
 изобилстващ izobilstvasht
superb a. превъзходен
 prevuzhoden
superficial a. повърхностен
 povurhnosten
superficiality n.
 повърхностност
 povurhnostnost
superfine a. префинен
 prefinen
superfluity n. излишък
 izlishuk
superfluous a. излишен
 izlishen
susperhuman a.
 свръхчовешки
 svruhchoveshki
superintend v.t. надзиравам
 nadziravam
superintendence n. надзор
 nadzor

superintendent *n.* надзирател
nadziratel
superior *a.* превъзхождащ
prevuzhozhdasht
superiority *n.* превъзходство
prevuzhodstvo
superlative *a.* превъзходен
prevuzhoden
superlative *n.* суперлатив
souperlativ
superman *n.* свръхчовек
svruhchovek
supernatural *a.* свръхестествен
svruhestestven
supersede *v.t.* заменям
zamenyam
supersonic *a.* свръхзвуков
svruhzvoukov
superstition *n.* суеверие
soueverie
superstitious *a.* суеверен
soueveren
supertax *n.* данък *danuk*
supervise *v.t.* надзиравам
nadziravam
supervision *n.* контрол
kontrol
supervisor *n.* надзирател
nadziratel
supper *n.* вечеря *vecherya*
supple *a.* гъвкав *guvkav*
supplement *n.* допълнение
dopulnenie
supplement *v.t.* допълвам
dopulvam
supplementary *a.*
допълнителен *dopulnitelen*
supplier *n.* доставчик
dostavchik

supply *v.t.* снабдявам
snabdyavam
supply *n.* снабдяване
snabdyavane
support *v.t.* подкрепям
podkrepyam
support *n.* подкрепа *podkrepa*
suppose *v.t.* предполагам
predpolagam
supposition *n.*
предположение
predpolozhenie
suppress *v.t.* потъпквам
potupkvam
suppression *n.* потъпкване
potupkvane
supremacy *n.* върховенство
vurhovenstvo
supreme *a.* върховен
vurhoven
surcharge *n.* глоба *globa*
surcharge *v.t.* начитам
nachitam
sure *a.* сигурен *sigouren*
surely *adv.* сигурно *sigourno*
surety *n.* сигурност
sigournost
surf *n.* прибой *priboy*
surface *n.* повърхност
povurhnost
surface *v.i.* изплувам
izplouvam
surfeit *n.* излишък *izlishuk*
surge *n.* вълна *vulna*
surge *v.i.* надигам се
nadigam se
surgeon *n.* хирург *hirourg*
surgery *n.* хирургия
hirourgiya
surmise *n.* догадка *dogadka*

surmise *v.t.* предполагам *predpolagam*
surmount *v.t.* преодолявам *preodolyavam*
surname *n.* фамилия *familiya*
surpass *v.t.* надминавам *nadminavam*
surplus *n.* излишък *izlishuk*
surprise *n.* изненада *iznenada*
surprise *v.t.* изненадвам *iznenadvam*
surrender *v.t.* отстъпвам *otstupvam*
surrender *n.* отстъпване *otstupvane*
surround *v.t.* заобикалям *zaobikalyam*
surroundings *n.* околности *okolnosti*
surtax *n.* допълнителен данък *dopulnitelen danuk*
surveillance *n.* наблюдение *nablyudenie*
survey *n.* проучване *proouchvane*
survey *v.t.* проучвам *proouchvam*
survival *n.* оцеляване *otselyavane*
survive *v.i.* оцелявам *otselyavam*
suspect *v.t.* подозирам *podoziram*
suspect *a.* подозрителен *podozritelen*
suspect *n.* заподозрян *zapodozryan*
suspend *v.t.* прекратявам *prekratyavam*
suspense *n.* напрежение *naprezhenie*
suspension *n.* прекратяване *prekratyavane*
suspicion *n.* подозрение *podozrenie*
suspicious *a.* подозрителен *podozritelen*
sustain *v.t.* издържам *izdurzham*
sustenance *n.* издръжка *izdruzhka*
swagger *v.i.* перча се *percha se*
swagger *n.* перчене *perchene*
swallow *v.t.* гълтам *gultam*
swallow *n.* глътка *glutka*
swallow *n.* лястовица *lyastovitsa*
swamp *n.* блато *blato*
swamp *v.t.* наводнявам *navodnyavam*
swan *n.* лебед *lebed*
swarm *n.* рояк *royak*
swarm *v.i.* тълпя се *tulpya se*
swarthy *a.* мургав *mourgav*
sway *v.i.* люлея се *lyuleya se*
sway *n.* люлеене *lyuleene*
swear *v.t.* заклевам *zaklevam*
sweat *n.* клетва *kletva*
sweat *v.i.* потя се *potya se*
sweater *n.* пуловер *poulover*
sweep *v.i.* минавам *minavam*
sweep *n.* замах *zamah*
sweeper *n.* чистач *chistach*
sweet *a.* сладък *sladuk*
sweet *n.* сладкиш *sladkish*
sweeten *v.t.* подслаждам *podslazhdam*
sweetmeat *n.* бонбон *bonbon*
sweetness *n.* сладост *sladost*

swell v.i. отичам *oticham*
swell n. оток *otok*
swift a. бърз *burz*
swim v.i. плувам *plouvam*
swim n. плуване *plouvane*
swimmer n. плувец *plouvets*
swindle v.t. измамвам *izmamvam*
swindle n. измама *izmama*
swindler n. измамник *izmamnik*
swine n. свиня *svinya*
swing v.i. люшкам се *lyushkam se*
swing n. люшкане *lyushkane*
swiss n. швейцарец *shveytsarets*
swiss a. швейцарски *shveytsarski*
switch n. електрически ключ *elektricheski klyuch*
switch v.t. включвам *vklyuchvam*
swoon n. припадък *pripaduk*
swoon v.i. припадам *pripadam*
swoop v.i. спускам се *spouskam se*
swoop n. спускане *spouskane*
sword n. меч *mech*
sycamore n. явор *yavor*
sycophancy n. подлизурство *podlizourstvo*
sycophant n. подлизурко *podlizourko*
syllabic n. сричков *srichkov*
syllable n. сричка *srichka*
syllabus n. конспект *konspekt*
sylph n. въздушен дух *vuzdoushen douh*
sylvan a. горски *gorski*
symbol n. символ *simvol*

symbolic a. символичен *simvolichen*
symbolism n. символизъм *simvolizum*
symbolize v.t. символизирам *simvoliziram*
symmetrical a. симетричен *simetrichen*
symmetry n. симетрия *simetriya*
sympathetic a. съчувстващ *suchouvstvasht*
sympathize v.i. съчувствам *suchouvstvam*
sympathy n. съчувствие *suchouvstvie*
symphony n. симфония *simfoniya*
symposium n. симпозиум *simpozioum*
symptom n. симптом *simptom*
symptomatic a. симптоматичен *simptomatichen*
synonym n. синоним *sinonim*
synonymous a. синонимен *sinonimen*
synopsis n. резюме *rezyume*
syntax n. синтаксис *sintaksis*
synthesis n. синтез *sintez*
synthetic a. синтетичен *sintetichen*
synthetic n. синтетичен материал *sintetichen material*
syringe n. спринцовка *sprintsovka*
syringe v.t. инжектирам *inzhektiram*
syrup n. сироп *sirop*

system *n.* система *sistema*
systematic *a.* систематичен *sistematichen*
systematize *v.t.* систематизирам *sistematiziram*

T

table *n.* маса *masa*
table *v.t.* поставям *postavyam*
tablet *n.* таблет *tablet*
taboo *n.* табу *tabou*
taboo *a.* забранен *zabranen*
taboo *v.t.* забранявам *zabranyavam*
tabular *a.* табличен *tablichen*
tabulate *v.t.* съставям таблица *sustavyam tablitsa*
tabulation *n.* таблични данни *tablichni danni*
tabulator *n.* табулатор *taboulator*
tacit *a.* подразбиращ се *podrazbirasht se*
taciturn *a.* мълчалив *mulchaliv*
tackle *n.* принадлежности *prinadlezhnosti*
tackle *v.t.* подхващам *podhvashtam*
tact *n.* такт *takt*
tactful *a.* тактичен *taktichen*
tactician *n.* тактик *taktik*
tactics *n.* тактика *taktika*
tactile *a.* осезателен *osezatelen*
tag *n.* етикет *etiket*
tag *v.t.* маркирам *markiram*

tail *n.* опашка *opashka*
tailor *n.* шивач *shivach*
tailor *v.t.* шия *shiya*
taint *n.* петно *petno*
taint *v.t.* опетнявам *opetnyavam*
take *v.t.* вземам *vzemam*
tale *n.* приказка *prikazka*
talent *n.* талант *talant*
talisman *n.* талисман *talisman*
talk *v.i.* говоря *govorya*
talk *n.* разговор *razgovor*
talkative *a.* приказлив *prikazliv*
tall *a.* висок *visok*
tallow *n.* лой *loy*
tally *n.* пресмятане *presmyatane*
tally *v.t.* пресмятам *presmyatam*
tamarind *n.* тамаринд *tamarind*
tame *a.* опитомен *opitomen*
tame *v.t.* опитомявам *opitomyavam*
tamper *v.i.* подправям *podpravyam*
tan *v.i.* загарям *zagaryam*
tan *n.* загар *zagar*
tangent *n.* тангенс *tangens*
tangible *a.* осезаем *osezaem*
tangle *n.* възел *vuzel*
tangle *v.t.* заплитам *zaplitam*
tank *n.* цистерна *tsisterna*
tanker *n.* танкер *tanker*
tanner *n.* кожар *kozhar*
tannery *n.* табакхана *tabakhana*
tantalize *v.t.* измъчвам *izmuchvam*

tantamount *a.* равностоен *ravnostoen*
tap *n.* кран *kran*
tap *v.t.* източвам *iztochvam*
tape *n.* лента *lenta*
tape *v.t.* записвам *zapisvam*
taper *v.i.* изострям се *izostryam se*
taper *n.* свещица *sveshtitsa*
tapestry *n.* гоблен *goblen*
tar *n.* катран *katran*
tar *v.t.* насмолявам *nasmolyavam*
target *n.* цел *tsel*
tariff *n.* тарифа *tarifa*
tarnish *v.t.* опетнявам *opetnyavam*
task *n.* задача *zadacha*
task *v.t.* задавам *zadavam*
taste *n.* вкус *vkous*
taste *v.t.* вкусвам *vkousvam*
tasteful *a.* с вкус *s vkous*
tasty *a.* вкусен *vkousen*
tatter *n.* дрипа *dripa*
tatter *v.t.* раздърпвам *razdurpvam*
tattoo *n.* татуировка *tatouirovka*
tattoo *v.i.* татуирам се *tatouiram se*
taunt *v.t.* подигравам се *podigravam se*
taunt *n.* подигравка *podigravka*
tavern *n.* кръчма *kruchma*
tax *n.* данък *danuk*
tax *v.t.* облагам *oblagam*
taxable *a.* облагаем *oblagaem*
taxation *n.* облагане *oblagane*

taxi *n.* такси *taksi*
taxi *v.i.* рулирам *rouliram*
tea *n.* чай *chay*
teach *v.t.* преподавам *prepodavam*
teacher *n.* учител *ouchitel*
teak *n.* тик *tik*
team *n.* екип *ekip*
tear *v.t.* късам *kusam*
tear *n.* разкъсване *razkusvane*
tear *n.* сълза *sulza*
tearful *a.* разплакан *razplakan*
tease *v.t.* дразня *draznya*
teat *n.* цица *tsitsa*
technical *n.* техническа терминология *tehnicheska terminologiya*
technicality *n.* техническа подробност *tehnicheska podrobnost*
technician *n.* техник *tehnik*
technique *n.* техника *tehnika*
technological *a.* технологичен *tehnologichen*
technologist *n.* технолог *tehnolog*
technology *n.* технология *tehnologiya*
tedious *a.* скучен *skouchen*
tedium *n.* скука *skouka*
teem *v.i.* гъмжа *gumzha*
teenager *n.* тийнейджър *tiyneydzhur*
teens *n. pl.* възраст между 13 и 19 години *vuzrast mezhdou 13 i 19 godini*
teethe *v.i.* никнат ми зъби *niknat mi zubi*

teetotal *a.* трезвен *trezven*
teetotaller *n.* трезвеник *trezvenik*
telecast *n.* предаване *predavane*
telecast *v.t.* предавам *predavam*
telecommunications *n.* телекомуникации *telekomounikatsii*
telegram *n.* телеграма *telegrama*
telegraph *n.* телеграф *telegraf*
telegraph *v.t.* телеграфирам *telegrafiram*
telegraphic *a.* телеграфен *telegrafen*
telegraphist *n.* телеграфист *telegrafist*
telegraphy *n.* телеграфия *telegrafiya*
telepathic *a.* телепатичен *telepatichen*
telepathist *n.* телепат *telepat*
telepathy *n.* телепатия *telepatiya*
telephone *n.* телефон *telefon*
telephone *v.t.* телефонирам *telefoniram*
telescope *n.* телескоп *teleskop*
telescopic *a.* телескопичен *teleskopichen*
televise *v.t.* предавам *predavam*
television *n.* телевизия *televiziya*
tell *v.t.* казвам *kazvam*
teller *n.* касиер *kasier*
temper *n.* характер *harakter*

temper *v.t.* темперирам *temperiram*
temperament *n.* темперамент *temperament*
temperamental *a.* темпераментен *temperamenten*
temperance *n.* умереност *oumerenost*
temperate *a.* умерен *oumeren*
temperature *n.* температура *temperatoura*
tempest *n.* буря *bourya*
tempestuous *a.* бурен *bouren*
temple *n.* храм *hram*
temple *n* слепоочие *slepoochie*
temporal *a.* слепоочен *slepoochen*
temporary *a.* временен *vremenen*
tempt *v.t.* изкушавам *izkoushavam*
temptation *n.* изкушение *izkoushenie*
tempter *n.* изкусител *izkousitel*
ten *n.* десет *deset*
tenable *a.* стабилен *stabilen*
tenacious *a.* упорит *ouporit*
tenacity *n.* упоритост *ouporitost*
tenancy *n.* наемане *naemane*
tenant *n.* наемател *naematel*
tend *v.i.* клоня *klonya*
tendency *n.* склонност *sklonnost*
tender *n.* оферта *oferta*
tender *v.t.* предлагам *predlagam*

tender n. болногледач
   bolnogledach
tender a. крехък krehuk
tenet n. принцип printsip
tennis n. тенис tenis
tense n. глаголно време
   glagolno vreme
tense a. напрегнат napregnat
tension n. напрегнатост
   napregnatost
tent n. палатка palatka
tentative a. предварителен
   predvaritelen
tenure n. владение vladenie
term n. срок srok
term v.t. определям
   opredelyam
terminable a. срочен srochen
terminal a. краен kraen
terminal n. терминал terminal
terminate v.t. прекратявам
   prekratyavam
termination n. прекратяване
   prekratyavane
terminological a.
   терминологичен
   terminologichen
terminology n. терминология
   terminologiya
terminus n. крайна гара
   krayna gara
terrace n. тераса terasa
terrible a. ужасен ouzhasen
terrier n. териер terier
terrific a. ужасяващ
   ouzhasyavasht
terrify v.t. ужасявам
   ouzhasyavam
territorial a. териториален
   teritorialen

territory n. територия
   teritoriya
terror n. ужас ouzhas
terrorism n. тероризъм
   terorizum
terrorist n. терорист terorist
terrorize v.t. тероризирам
   teroriziram
terse a. сбит sbit
test v.t. тествам testvam
test n. тест test
testament n. завещание
   zaveshtanie
testicle n. тестис testis
testify v.i. свидетелствам
   svidetelstvam
testimonial n. атестат atestat
testimony n. показания
   pokazaniya
tete-a-tete n. насаме nasame
tether n. въже vuzhe
tether v.t. завързвам
   zavurzvam
text n. текст tekst
textile a. текстилен tekstilen
textile n. текстил tekstil
textual a. текстов tekstov
texture n. текстура tekstoura
thank v.t. благодаря
   blagodarya
thanks n. благодарност
   blagodarnost
thankful a. благодарен
   blagodaren
thankless a. неблагодарен
   neblagodaren
that a. този tozi
that dem. pron. този tozi
that rel. pron. който koyto
that adv. така taka
that conj. че che

thatch *n.* сламен покрив *slamen pokriv*
thatch *v.t.* покривам със слама *pokrivam sus slama*
thaw *v.i.* топя се *topya se*
thaw *n.* топене *topene*
theatre *n.* театър *teatur*
theatrical *a.* театрален *teatralen*
theft *n.* кражба *krazhba*
their *a.* техен *tehen*
theirs *pron.* техен *tehen*
theism *n.* теизъм *teizum*
theist *n.* вярващ *vyarvasht*
them *pron.* тях *tyah*
thematic *a.* тематичен *tematichen*
theme *n.* тема *tema*
then *adv.* тогава *togava*
then *a.* тогавашен *togavashen*
thence *adv.* оттам *ottam*
theocracy *n.* теокрация *teokratsiya*
theologian *n.* теолог *teolog*
theological *a.* теологически *teologicheski*
theology *n.* теология *teologiya*
theorem *n.* теорема *teorema*
theoretical *a.* теоретичен *teoretichen*
theorist *n.* теоретик *teoretik*
theorize *v.i.* теоретизирам *teoretiziram*
theory *n.* теория *teoriya*
therapy *n.* терапия *terapiya*
there *adv.* там *tam*
thereabouts *adv.* приблизително *priblizitelno*
thereafter *adv.* оттогава насам *ottogava nasam*
thereby *adv.* от това *ot tova*
therefore *adv.* следователно *sledovatelno*
thermal *a.* термичен *termichen*
thermometer *n.* термометър *termometur*
thermos (flask) *n.* термос *termos*
thesis *n.* теза *teza*
thick *a.* гъст *gust*
thick *n.* гъста част *gusta chast*
thick *adv.* гъсто *gusto*
thicken *v.i.* сгъстявам *sgustyavam*
thicket *n.* гъсталак *gustalak*
thief *n.* крадец *kradets*
thigh *n.* бедро *bedro*
thimble *n.* напръстник *naprustnik*
thin *a.* тънък *tunuk*
thin *v.t.* изтънявам *iztunyavam*
thing *n.* нещо *neshto*
think *v.t.* мисля *mislya*
thinker *n.* мислител *mislitel*
third *a.* трети *treti*
third *n.* третина *tretina*
thirdly *adv.* трето *treto*
thirst *n.* жажда *zhazhda*
thirst *v.i.* жаден съм *zhaden sum*
thirsty *a.* жаден *zhaden*
thirteen *n.* тринадесет *trinadeset*
thirteen *a.* тринадесет *trinadeset*
thirteenth *a.* тринадесети *trinadeseti*

thirtieth *a.* тридесети *trideseti*
thirtieth *n.* една тридесета *edna trideseta*
thirty *n.* тридесет *trideset*
thirty *a.* тридесет *trideset*
thistle *n.* магарешки бодил *magareshki bodil*
thither *adv.* натам *natam*
thorn *n.* бодил *bodil*
thorny *a.* бодлив *bodliv*
thorough *a.* пълен *pulen*
thoroughfare *n.* проход *prohod*
though *conj.* въпреки че *vupreki che*
though *adv.* обаче *obache*
thought *n.* мисъл *misul*
thoughtful *a.* замислен *zamislen*
thousand *n.* хиляда *hilyada*
thousand *a.* хиляда *hilyada*
thrall *n.* роб *rob*
thralldom *n.* робство *robstvo*
thrash *v.t.* бия *biya*
thread *n.* конец *konets*
thread *v.t.* вдявам *vdyavam*
threadbare *a.* износен *iznosen*
threat *n.* заплаха *zaplaha*
threaten *v.t.* заплашвам *zaplashvam*
three *n.* три *tri*
three *a.* три *tri*
thresh *v.t.* вършея *vursheya*
thresher *n.* вършач *vurshach*
threshold *n.* праг *prag*
thrice *adv.* трижди *trizhdi*
thrift *n.* пестеливост *pestelivost*
thrifty *a.* пестелив *pesteliv*

thrill *n.* треперене *treperene*
thrill *v.t.* разтрепервам *raztrepervam*
thrive *v.i.* треперя *treperya*
throat *n.* гърло *gurlo*
throaty *a.* гърлен *gurlen*
throb *v.i.* туптя *touptya*
throb *n.* туптене *touptene*
throe *n.* мъка *muka*
throne *n.* трон *tron*
throne *v.t.* превъзнасям *prevuznasyam*
throng *n.* тълпа *tulpa*
throng *v.t.* претъпквам *pretupkvam*
throttle *n.* гръклян *gruklyan*
throttle *v.t.* душа *dousha*
through *prep.* през *prez*
through *adv.* изцяло *iztsyalo*
through *a.* директен *direkten*
throughout *adv.* напълно *napulno*
throughout *prep.* през *prez*
throw *v.t.* хвърлям *hvurlyam*
throw *n.* хвърляне *hvurlyane*
thrust *v.t.* натиквам *natikvam*
thrust *n.* тикане *tikane*
thud *n.* тупване *toupvane*
thud *v.i.* тупвам *toupvam*
thug *n.* бандит *bandit*
thumb *n.* палец *palets*
thumb *v.t.* прелиствам *prelistvam*
thump *n.* удар *oudar*
thump *v.t.* удрям *oudryam*
thunder *n.* гръмотевица *grumotevitsa*
thunder *v.i.* гърмя *gurmya*
thunderous *a.* гръмотевичен *grumotevichen*

Thursday *n.* четвъртък *chetvurtuk*
thus *adv.* така *taka*
thwart *v.t.* преча *precha*
tiara *n.* тиара *tiara*
tick *n.* калъф *kaluf*
tick *v.i.* тиктакам *tiktakam*
ticket *n.* билет *bilet*
tickle *v.t.* гъделичкам *gudelichkam*
ticklish *a.* гъделичкащ *gudelichkasht*
tidal *a.* приливен *priliven*
tide *n.* прилив *priliv*
tidings *n. pl.* вести *vesti*
tidiness *n.* подреденост *podredenost*
tidy *a.* подреден *podreden*
tidy *v.t.* подреждам *podrezhdam*
tie *v.t.* връзвам *vurzvam*
tie *n.* връзка *vruzka*
tier *n.* ниво *nivo*
tiger *n.* тигър *tigur*
tight *a.* стегнат *stegnat*
tighten *v.t.* стягам *styagam*
tigress *n.* тигрица *tigritsa*
tile *n.* плочка *plochka*
tile *v.t.* покривам с плочки *pokrivam s plochki*
till *prep.* до *do*
till *n. conj.* докато *dokato*
till *v.t.* обработвам *obrabotvam*
tilt *v.i.* накланям се *naklanyam se*
tilt *n.* наклон *naklon*
timber *n.* дървесина *durvesina*
time *n.* време *vreme*
time *v.t.* записвам *zapisvam*

timely *a.* навременен *navremenen*
timid *a.* плашлив *plashliv*
timidity *n.* плашливост *plashlivost*
timorous *a.* стеснителен *stesnitelen*
tin *n.* ламарина *lamarina*
tin *v.t.* консервирам *konserviram*
tincture *n.* оттенък *ottenuk*
tincture *v.t.* багря *bagrya*
tinge *n.* нюанс *nyuans*
tinge *v.t.* обагрям *obagryam*
tinker *n.* калайджия *kalaydzhiya*
tinsel *n.* сърма *surma*
tint *n.* цвят *tsvyat*
tint *v.t.* оцветявам *otsvetyavam*
tiny *a.* малък *maluk*
tip *n.* бакшиш *bakshish*
tip *v.t.* давам бакшиш *davam bakshish*
tip *n.* съвет *suvet*
tip *v.t.* съветвам *suvetvam*
tip *n.* крайче *krayche*
tip *v.t.* слагам край *slagam kray*
tipsy *a.* пийнал *piynal*
tirade *n.* тирада *tirada*
tire *v.t.* измарям *izmaryam*
tiresome *a.* изморителен *izmoritelen*
tissue *n.* тъкан *tukan*
titanic *a.* титаничен *titanichen*
tithe *n.* десятък *desyatuk*
title *n.* титла *titla*
titular *a.* номинален *nominalen*
toad *n.* жаба *zhaba*

toast n. тост *tost*
toast v.t. припичам *pripicham*
tobacco n. тютюн *tyutyun*
today adv. днес *dnes*
today n. днес *dnes*
toe n. пръст *prust*
toe v.t. заковавам *zakovavam*
toffee n. карамел *karamel*
toga n. тога *toga*
together adv. заедно *zaedno*
toil n. трепене *trepene*
toil v.i. трепя се *trepya se*
toilet n. тоалетна *toaletna*
toils n. pl. примка *primka*
token n. символ *simvol*
tolerable a. търпим *turpim*
tolerance n. толерантност *tolerantnost*
tolerant a. толерантен *toleranten*
tolerate v.t. толерирам *toleriram*
toleration n. толериране *tolerirane*
toll n. такса *taksa*
toll n. жертви *zhertvi*
toll v.t. звъня *zvunya*
tomato n. домат *domat*
tomb n. гроб *grob*
tomboy n. мъжкарана *muzhkarana*
tomcat n. котарак *kotarak*
tome n. том *tom*
tomorrow n. утре *outre*
tomorrow adv. утре *outre*
ton n. тон *ton*
tone n. музикален тон *mouzikalen ton*
tone v.t. настройвам *nastroyvam*
tongs n. pl. щипци *shtiptsi*

tongue n. език *ezik*
tonic a. ободряващ *obodryavasht*
tonic n. тоник *tonik*
to-night n. тази вечер *tazi vecher*
tonight adv. довечера *dovechera*
tonne n. тон (1000кг) *ton (1000kg)*
tonsil n. сливица *slivitsa*
tonsure n. тонзура *tonzoura*
too adv. също *sushto*
tool n. инструмент *instroument*
tooth n. зъб *zub*
toothache n. зъбобол *zubobol*
toothsome a. апетитен *apetiten*
top n. връх *vruh*
top v.t. надминавам *nadminavam*
top n. капак *kapak*
topaz n. топаз *topaz*
topic n. тема *tema*
topical a. актуален *aktoualen*
topographer n. топограф *topograf*
topographical a. топографски *topografski*
topography n. топография *topografiya*
topple v.i. прекатурвам се *prekatourvam se*
topsy turvy a. наопаки *naopaki*
topsy turvy adv. наопаки *naopaki*
torch n. факел *fakel*

torment n. мъчение muchenie
torment v.t. измъчвам izmuchvam
tornado n. торнадо tornado
torpedo n. торпедо torpedo
torpedo v.t. торпилирам torpiliram
torrent n. порой poroy
torrential a. пороен poroen
torrid a. зноен znoen
tortoise n. костенурка kostenourka
tortuous a. усукан ousoukan
torture n. изтезание iztezanie
torture v.t. изтезавам iztezavam
toss v.t. хвърлям hvurlyam
toss n. хвърляне hvurlyane
total a. общ obsht
total n. сбор sbor
total v.t. сумирам soumiram
totality n. цялост tsyalost
touch v.t. докосвам dokosvam
touch n. докосване dokosvane
touchy a. обидчив obidchiv
tough a. як yak
toughen v.t. закалявам zakalyavam
tour n. обиколка obikolka
tour v.i. обикалям obikalyam
tourism n. туризъм tourizum
tourist n. турист tourist
tournament n. турнир tournir
towards prep. към kum
towel n. хавлия havliya
towel v.t. избърсвам izbursvam
tower n. кула koula
tower v.i. издигам се izdigam se
town n. град grad
township n. район rayon
toy n. играчка igrachka
toy v.i. играя си igraya si
trace n. следа sleda
trace v.t. проследявам prosledyavam
traceable a. проследим prosledim
track n. следа sleda
track v.t. следя sledya
tract n. пространство prostranstvo
tract n. тракт trakt
traction n. теглене teglene
tractor n. трактор traktor
trade n. търговия turgoviya
trade v.i. търгувам turgouvam
trader n. търговец tugovets
tradesman n. занаятчия zanayatchiya
tradition n. традиция traditsiya
traditional a. традиционен traditsionen
traffic n. трафик trafik
traffic v.i. търгувам turgouvam
tragedian n. трагик tragik
tragedy n. трагедия tragediya
tragic a. трагичен tragichen
trail n. следа sleda
trail v.t. следя sledya
trailer n. ремарке remarke
train n. влак vlak
train v.t. тренирам treniram
trainee n. стажант stazhant
training n. тренинг trening
trait n. особеност osobenost

traitor *n.* предател *predatel*
tram *n.* трамвай *tramvay*
trample *v.t.* тъпча *tupcha*
trance *n.* транс *trans*
tranquil *a.* спокоен *spokoen*
tranquility *n.* спокойствие *spokoystvie*
tranquillize *v.t.* успокоявам *ouspokoyavam*
transact *v.t.* сключвам *sklyuchvam*
transaction *n.* сделка *sdelka*
transcend *v.t.* превъзхождам *prevuzhozhdam*
transcendent *a.* превъзходен *prevuzhoden*
transcribe *v.t.* написвам *napisvam*
transcription *n.* транскрипция *transkriptsiya*
transfer *n.* прехвърляне *prehvurlyane*
transfer *v.t.* прехвърлям *prehvurlyam*
transferable *a.* прехвърляем *prehvurlyaem*
transfiguration *n.* преобразяване *preobrazyavane*
transfigure *v.t.* преобразявам *preobrazyavam*
transform *v.* превръщам *prevrushtam*
transformation *n.* превръщане *prevrushtane*
transgress *v.t.* престъпвам *prestupvam*
transgression *n.* престъпване *prestupvane*
transit *n.* преминаване *preminavane*

transition *n.* преход *prehod*
transitive *a.* преходен *prehoden*
transitory *a.* мимолетен *mimoleten*
translate *v.t.* превеждам *prevezhdam*
translation *n.* превод *prevod*
transmigration *n.* преселение *preselenie*
transmission *n.* предаване *predavane*
transmit *v.t.* предавам *predavam*
transmitter *n.* предавател *predavatel*
transparent *a.* прозрачен *prozrachen*
transplant *v.t.* пресаждам *presazhdam*
transport *v.t.* транспортирам *transportiram*
transport *n.* транспорт *transport*
transportation *n.* транспортиране *transportirane*
trap *n.* капан *kapan*
trap *v.t.* впримчвам *vprimchvam*
trash *n.* боклук *boklouk*
travel *v.i.* пътувам *putouvam*
travel *n.* пътуване *putouvane*
traveller *n.* пътник *putnik*
tray *n.* поднос *podnos*
treacherous *a.* предателски *predatelski*
treachery *n.* предателство *predatelstvo*
tread *v.t.* настъпвам *nastupvam*

tread n. стъпка *stupka*
treason n. измяна *izmyana*
treasure n. съкровище *sukrovishte*
treasure v.t. ценя *tsenya*
treasurer n. ковчежник *kovchezhnik*
treasury n. съкровищница *sukrovishtnitsa*
treat v.t. третирам *tretiram*
treat n. почерпка *pocherpka*
treatise n. трактат *traktat*
treatment n. третиране *tretirane*
treaty n. договор *dogovor*
tree n. дърво *durvo*
trek v.i. преселвам се *preselvam se*
trek n. преселване *preselvane*
tremble v.i. треперя *treperya*
tremendous a. огромен *ogromen*
tremor n. тремор *tremor*
trench n. канавка *kanavka*
trench v.t. окопавам *okopavam*
trend n. тенденция *tendentsiya*
trespass v.i. злоупотребявам *zvooupotrebyavam*
trespass n. правонарушение *pravonaroushenie*
trial n. опит *opit*
triangle n. триъгълник *triugulnik*
triangular a. триъгълен *triugulen*
tribal a. племенен *plemenen*
tribe n. племе *pleme*

tribulation n. страдание *stradanie*
tribunal n. трибунал *tribounal*
tributary n. приток *pritok*
tributary a. приточен *pritochen*
trick n. трик *trik*
trick v.t. измамвам *izmamvam*
trickery n. измама *izmama*
trickle v.i. капя *kapya*
trickster n. мошеник *moshenik*
tricky a. туден *touden*
tricolour a. трибагрен *tribagren*
tricolour n. трибагреник *tribagrenik*
tricycle n. триколка *trikolka*
trifle n. дреболия *dreboliya*
trifle v.i. играя си *igraya si*
trigger n. спусък *spousuk*
trim a. подреден *podreden*
trim n. порядък *poryaduk*
trim v.t. подреждам *podrezhdam*
trinity n. троица *troitsa*
trio n. трио *trio*
trip v.t. спъвам се *spuvam se*
trip n. спъване *spuvane*
tripartite a. тристранен *tristranen*
triple a. троен *troen*
triple v.t., утроявам *outroyavam*
triplicate a. троен *troen*
triplicate n. трипликат *triplikat*
triplicate v.t. утроявам *outroyavam*
triplication n. утрояване *outroyavane*

tripod n. триножник *trinozhnik*
triumph n. триумф *trioumf*
triumph v.i. триумфирам *trioumfiram*
triumphal a. триумфален *trioumfalen*
triumphant a. триумфиращ *trioumfirasht*
trivial a. тривиален *trivialen*
troop n. тълпа *tulpa*
troop v.i. тълпя се *tulpya se*
trooper n. кавалерист *kavalerist*
trophy n. трофей *trofey*
tropic n. тропик *tropik*
tropical a. тропически *tropicheski*
trot v.i. яздя тръс *yazdya trus*
trot n. тръс *trus*
trouble n. тревога *trevoga*
trouble v.t. тревожа *trevozha*
troublesome a. тревожен *trevozhen*
troupe n. трупа *troupa*
trousers n. pl панталони *pantaloni*
trowel n. мистрия *mistriya*
truce n. примирие *primirie*
truck n. камион *kamion*
true a. истински *istinski*
trump n. коз *koz*
trump v.t. цакам *tsakam*
trumpet n. тромпет *trompet*
trumpet v.i. тръбя *trubya*
trunk n. ствол *stvol*
trust n. доверие *doverie*
trust v.t. доверявам *doveryavam*
trustee n. попечител *popechitel*
trustful a. доверчив *doverchiv*
trustworthy a. надежден *nadezhden*
trusty n. надежден *nadezhden*
truth n. истина *istina*
truthful a. правдив *pravdiv*
try v.i. опитвам *opitvam*
try n. опит *opit*
trying a. мъчителен *muchitelen*
tryst n. среща *sreshta*
tub n. вана *vana*
tube n. тръба *truba*
tuberculosis n. туберколоза *touberkoloza*
tubular a. тръбен *truben*
tug v.t. дръпвам *drupvam*
tuition n. обучение *obouchenie*
tumble v.i. катурвам се *katourvam se*
tumble n. катурване *katourvane*
tumbler n. акробат *akrobat*
tumour n. тумор *toumor*
tumult n. безредица *bezreditsa*
tumultuous a. безреден *bezreden*
tune n. мелодия *melodiya*
tune v.t. настройвам *nastroyvam*
tunnel n. тунел *tounel*
tunnel v.i. прокарвам тунел *prokarvam tounel*
turban n. тюрбан *tyurban*
turbine n. турбина *tourbina*
turbulence n. турбуленция *tourboulentsiya*

turbulent *a.* турбулентен *tourboulenten*
turf *n.* торф *torf*
turkey *n.* пуйка *pouyka*
turmeric *n.* куркума *kourkouma*
turmoil *n.* бъркотия *burkotiya*
turn *v.i.* обръщам се *obrushtam se*
turn *n.* завой *zavoy*
turner *n.* стругар *strougar*
turnip *n.* ряпа *ryapa*
turpentine *n.* терпентин *terpentin*
turtle *n.* костенурка *kostenourka*
tusk *n.* бивник *bivnik*
tussle *n.* бой *boy*
tussle *v.i.* бия се *biya se*
tutor *n.* възпитател *vuzpitatel*
tutorial *a.* наставнически *nastavnicheski*
tutorial *n.* консултация *konsoultatsiya*
twelfth *a.* дванадесети *dvanadeseti*
twelfth *n.* дванадесета част *dvanadeseta chast*
twelve *n.* дванадесет *dvanadeset*
twelve *n.* дванадесет *dvanadeset*
twentieth *a.* двадесети *dvadeseti*
twentieth *n.* двадесета част *dvadeseta chast*
twenty *a.* двадесет *dvadeset*
twenty *n.* двадесет *dvadeset*
twice *adv.* дваж *dvazh*
twig *n.* клонче *klonche*

twilight *n.* полумрак *poloumrak*
twin *n.* близнак *bliznak*
twin *a.* еднакъв *ednakuv*
twinkle *v.i.* блещукам *bleshtoukam*
twinkle *n.* блещукане *bleshtoukane*
twist *v.t.* навехвам *navehvam*
twist *n.* навехване *navehvane*
twitter *n.* чуруликане *chouroulikane*
twitter *v.i.* чуруликам *chouroulikam*
two *n.* двама *dvama*
two *a.* две *dve*
twofold *a.* двоен *dvoen*
type *n.* тип *tip*
type *v.t.* печатам *pechatam*
typhoid *n.* коремен тиф *koremen tif*
typhoon *n.* тайфун *tayfoun*
typhus *n.* тиф *tif*
typical *a.* типичен *tipichen*
typify *v.t.* изобразявам *izobrazyavam*
typist *n.* машинописец *mashinopisets*
tyranny *n.* тирания *tiraniya*
tyrant *n.* тиран *tiran*
tyre *n.* гума *gouma*

U

udder *n.* виме *vime*
uglify *v.t.* загрозявам *zagrozyavam*
ugliness *n.* грозота *grozota*
ugly *a.* грозен *grozen*

ulcer n. язва yazva
ulcerous a. язвен yazven
ulterior a. отвъден otvaden
ultimate a. краен kraen
ultimately adv. накрая nakraya
ultimatum n. ултиматум oultimatoum
umbrella n. чадър chadur
umpire n. арбитър arbitur
umpire v.t., посреднича posrednicha
unable a. неспособен nesposoben
unanimity n. единодушие edinodoushie
unanimous a. единодушен edinodoushen
unaware a. неосведомен neosvedomen
unawares adv. ненадейно nenadeyno
unburden v.t. облекчавам oblekchavam
uncanny a. тайнствен taynstven
uncertain a. несигурен nesogouren
uncle n. чичо chicho
uncouth a. непохватен nepohvaten
under prep. под pod
under adv. отдолу otdolou
under a. долен dolen
undercurrent n. скрито течение skrito techenie
underdog n. нефаворит nefavorit
undergo v.t. претърпявам pretarpyavam
undergraduate n. студент stoudent
underhand a. потаен potaen
underline v.t. подчертавам podchertavam
undermine v.t. подкопавам podkopavam
underneath adv. отдолу otdolou
underneath prep. под pod
understand v.t. разбирам razbiram
undertake v.t. предприемам predpriemam
undertone n. полутон polouton
underwear n. бельо belyo
underworld n. ад ad
undo v.t. развалям razvalyam
undue a. неподходящ nepodhodyasht
undulate v.i. вълнувам vulnouvam
undulation n. вълнение vulnenie
unearth v.t. изравям izravyam
uneasy a. неловък nelovuk
unfair a. нечестен nechesten
unfold v.t. разгъвам razguvam
unfortunate a. злочест zlochest
ungainly a. тромав tromav
unhappy a. нещастен neshtasten
unification n. обединяване obedinyavane
union n. съюз suyuz
unionist n. юнионист yunionist
unique a. уникален ounikalen

unison *n.* унисон *ounison*
unit *n.* единица *edinitsa*
unite *v.t.* обединявам *obedinyavam*
unity *n.* единство *edinstvo*
universal *a.* универсален *ouniversalen*
universality *n.* универсалност *ouniversalnost*
universe *n.* вселена *vselena*
university *n.* университет *ouniversitet*
unjust *a.* несправедлив *nespravedliv*
unless *conj.* освен *osven*
unlike *a.* рзличен *razlichen*
unlike *prep.* противно на *protivno na*
unlikely *a.* невероятен *neveroyaten*
unmanned *a.* безпилотен *bezpiloten*
unmannerly *a.* невъзпитан *nevuzpitan*
unprincipled *a.* безпринципен *bezprintsipen*
unreliable *a.* ненадежден *nenadezhden*
unrest *n.* неспокойствие *nespokoystvie*
unruly *a.* буен *bouen*
unsettle *v.t.* рзмествам *razmestvam*
unsheathe *v.t.* изваждам от ножницата *izvazhdam ot nozhnitsata*
until *prep.* допреди *dopredi*
until *conj.* докато *dokato*
untoward *a.* неблагоприятен *neblagopriyaten*

unwell *a.* неразположен *nerazpolozhen*
unwittingly *adv.* несъзнателно *nesuznatelno*
up *adv.* горен *goren*
up *prep.* нагоре *nagore*
upbraid *v.t.* упреквам *ouprekvam*
upheaval *n.* катаклизъм *kataklizam*
uphold *v.t.* поддържам *poddurzham*
upkeep *n* поддържане *poddurzhane*
uplift *v.t.* издигам *izdigam*
uplift *n.* оживление *ozhivlenie*
upon *prep.* на *na*
upper *a.* горен *goren*
upright *a.* прав *prav*
uprising *n.* въстание *vustanie*
uproar *n.* врява *vryava*
uproarious *a.* гръмогласен *grumoglasen*
uproot *v.t.* изкоренявам *izkorenyavam*
upset *v.t.* разстройвам *razstroyvam*
upshot *n.* последица *posleditsa*
upstart *n.* парвеню *parvenyu*
up-to-date *a.* модерен *moderen*
upward *a.* нанагорен *nanagoren*
upwards *adv.* нанагоре *nanagoren*
urban *a.* градски *gradski*
urbane *a.* изискан *iziskan*
urbanity *n.* изисканост *iziskanost*

urchin n. хлапак *hlapak*
urge v.t. подтиквам *podtikvam*
urge n. подтик *podtik*
urgency n. спешност *speshnost*
urgent a. спешен *speshen*
urinal n. подлога *podloga*
urinary a. пикочен *pikochen*
urinate v.i. уринирам *uriniram*
urination n. уриниране *urinirane*
urine n. урина *urina*
urn n. урна *urna*
usage n. употреба *oupotreba*
use n. полза *polza*
use v.t. употребявам *oupotrebyavam*
useful a. полезен *polezen*
usher n. разпоредител *razporeditel*
usher v.t. водя *vodya*
usual a. обикновен *obiknoven*
usually adv. обикновено *obiknoveno*
usurer n. лихвар *lihvar*
usurp v.t. узурпирам *ouzourpiram*
usurpation n. узурпиране *ouzourpirane*
usury n. лихварство *lihvarstvo*
utensil n. прибор *pribor*
uterus n. утроба *outroba*
utilitarian a. утилитарен *outilitaren*
utility n. полза *polza*
utilization n. оползотворяване *opolzotvoryavane*
utilize v.t. оползотворявам *opolzotvoryavam*

utmost a. пределен *predelen*
utmost n. предел *predel*
utopia n. утопиа *outopia*
utopian a. утопичен *outopichen*
utter v.t. произнасям *proiznasyam*
utter a. пълен *pulen*
utterance n. изказване *izkazvane*
utterly adv. напълно *napulno*

V

vacancy n. празнина *praznina*
vacant a. незает *nezaet*
vacate v.t. освобождавам *osvobozhdavam*
vacation n. ваканция *vakantsiya*
vaccinate v.t. ваксинирам *vaksiniram*
vaccination n. ваксинация *vaksinatsiya*
vaccinator n. ваксинатор *vaksinator*
vaccine n. ваксина *vaksina*
vacillate v.i. люлея *lyuleya*
vacuum n. вакуум *vakououm*
vagabond n. скитник *skitnik*
vagabond a. скитнически *skitnicheski*
vagary n. приумица *prioumitsa*
vagina n. вагина *vagina*
vague a. неясен *neyasen*
vagueness n. неяснота *neyasnota*
vain a. празен *prazen*

vainglorious *a.* тщеславен
  tshteslaven
vainglory *n.* тщеславие
  tshteslavie
vainly *adv.* напразно
  naprazno
vale *n.* дол *dol*
valiant *a.* доблестен
  doblesten
valid *a.* валиден *validen*
validate *v.t.* потвърждавам
  potvarzhdavam
validity *n.* валидност
  validnost
valley *n.* долина *dolina*
valour *n.* доблест *doblest*
valuable *a.* ценен *tsenen*
valuation *n.* оценка *otsenka*
value *n.* стойност *stoynost*
value *v.t.* ценя *tsenya*
valve *n.* клапа *klapa*
van *n.* фургон *fourgon*
vanish *v.i.* изчезвам
  izchezvam
vanity *n.* суета *soueta*
vanquish *v.t.* превъзмогвам
  prevuzmogvam
vaporize *v.t.* изпарявам
  izparyavam
vaporous *a.* парообразен
  paroobrazen
vapour *n.* изпарения
  izpareniya
variable *a.* променлив
  promenliv
variance *n.* вариране *varirane*
variation *n.* разновидност
  raznovidnost
varied *a.* разнообразен
  raznoobrazen

variety *n.* разнообразие
  raznoobrazie
various *a.* разни *razni*
varnish *n.* лак *lak*
varnish *v.t.* лакирам *lakiram*
vary *v.t.* разнообразявам
  raznoobrazyavam
vasectomy *n.* вазектомия
  vazektomiya
vaseline *n.* вазелин *vazelin*
vast *a.* необятен *neobyaten*
vault *n.* изба *izba*
vault *n.* скок *skok*
vault *v.i.* прескачам
  preskacham
vegetable *n.* зеленчук
  zelenchuk
vegetable *a.* растителен
  rastitelen
vegetarian *n.* вегетарианец
  vegetarianets
vegetarian *a.* вегетариански
  vegetarianski
vegetation *n.* растителност
  rastitelnost
vehemence *n.* страстност
  strastnost
vehement *a.* страстен
  strasten
vehicle *n.* автомобил
  avtomobil
vehicular *a.* превозен
  prevozen
veil *n.* було *boulo*
veil *v.t.* забулвам *zaboulvam*
vein *n.* вена *vena*
velocity *n.* скорост *skorost*
velvet *n.* кадифе *kadife*
velvety *a.* кадифен *kadifen*
venal *a.* продажен *prodazhen*

venality *n.* продажност
prodazhnost
vendor *n.* продавач
prodavach
venerable *a.* почитан
pochitan
venerate *v.t.* почитам
pochitam
veneration *n.* почит *pochit*
vengeance *n.* отмъщение
otmashtenie
venial *a.* извинителен
izvinitelen
venom *n.* отрова *otrova*
venomous *a.* отровен *otroven*
vent *n.* отвор *otvor*
ventilate *v.t.* проветрявам
provetryavam
ventilation *n.* проветряване
provetryavane
ventilator *n.* вентилатор
ventilator
venture *n.* авантюра
avantyura
venture *v.t.* дръзвам *druzvam*
venturesome *a.* дързък
durzuk
venturous *a.* рискован
riskovan
venue *n.* сборище *sborishte*
veracity *n.* правдивост
pravdivost
verendah *n.* веранда *veranda*
verb *n.* глагол *glagol*
verbal *a.* устен *ousten*
verbally *adv.* устно *oustno*
verbatim *a.* дословен
dosloven
verbatim *adv.* дословно
doslovno

verbose *a.* многословен
mnogosloven
verbosity *n.* многословие
mnogoslovie
verdant *a.* незрял *nezryal*
verdict *n.* решение *reshenie*
verge *n.* предел *predel*
verification *n.* потвърждение
potvarzhdenie
verify *v.t.* потвърждавам
potvarzhdavam
verisimilitude *n.*
правдоподобност
pravdopodobnost
veritable *a.* истински *istinski*
vermillion *n.* цинобър
tsinobur
vermillion *a.* яркочервен
yarkocherven
vernacular *n.* диалект *dialekt*
vernacular *a.* роден *roden*
vernal *a.* пролетен *proleten*
versatile *a.* многостранен
mnogostranen
versatility *n.* многостранност
mnogostrannost
verse *n.* стих *stih*
versed *a.* изкусен *izkousen*
versification *n.*
стихосложение
stihoslozhenie
versify *v.t.* пиша стихове
pisha stihove
version *n.* версия *versiya*
versus *prep.* срещу *sreshtu*
vertical *a.* вертикален
vertikalen
verve *n.* живост *zhivost*
very *a.* много *mnogo*
vessel *n.* съд *sud*
vest *n.* жилетка *zhiletka*

vest *v.t.* обличам *oblicham*
vestige *n.* следа *sleda*
vestment *n.* одежда *odezhda*
veteran *n.* ветеран *veteran*
veteran *a.* опитен *opiten*
veterinary *a.* ветеринарен *veterinaren*
veto *n.* вето *veto*
veto *v.t.* отхвърлям *othvurlyam*
vex *v.t.* дразня *draznya*
vexation *n.* дразнене *draznene*
via *prep.* през *prez*
viable *a.* осъществим *osushtestvim*
vial *n.* шишенце *shishentse*
vibrate *v.i.* трептя *treptya*
vibration *n.* вибрация *vibratsiya*
vicar *n.* викарий *vikariy*
vicarious *a.* косвен *kosven*
vice *n.* порок *porok*
viceroy *n.* вицекрал *vitsekral*
vice-versa *adv.* обратно *obratno*
vicinity *n.* околност *okolnost*
vicious *a.* порочен *porochen*
vicissitude *n.* превратност *prevratnost*
victim *n.* жертва *zhertva*
victimize *v.t.* измъчвам *izmuchvam*
victor *n.* победител *pobeditel*
victorious *a.* победен *pobeden*
victory *n.* победа *pobeda*
victuals *n. pl* провизии *provizii*
vie *v.i.* съпернича *supernicha*
view *n.* гледка *gledka*
view *v.t.* гледам *gledam*

vigil *n.* бдение *bdenie*
vigilance *n.* бдителност *bditelnost*
vigilant *a.* бдителен *bditelen*
vigorous *a.* силен *silen*
vile *a.* низък *nizuk*
vilify *v.t.* оклеветявам *oklevetyavam*
villa *n.* вила *vila*
village *n.* село *selo*
villager *n.* селянин *selyanin*
villain *n.* злодей *zlodey*
vindicate *v.t.* защитавам *zashtitavam*
vindication *n.* застъпничество *zastunichestvo*
vine *n.* лоза *loza*
vinegar *n.* оцет *otset*
vintage *n.* гроздобер *grozdober*
violate *v.t.* нарушавам *narushavam*
violation *n.* нарушаване *narushavane*
violence *n.* насилие *nasilie*
violent *a.* насилствен *nasilstven*
violet *n.* виолетка *violetka*
violin *n.* цигулка *tsigulka*
violinist *n.* цигулар *tsigular*
virgin *n.* девица *devitsa*
virgin *n.* девственица *devstvenitsa*
virginity *n.* девственост *devstvenost*
virile *a.* възмъжал *vuzmuzhal*
virility *n.* мъжественост *muzhestvenost*
virtual *a.* виртуален *virtualen*
virtue *n.* добродетел *dobrodetel*

virtuous *a.* добродетелен *dobrodetelen*
virulence *n.* вирулентност *virulentnost*
virulent *a.* вирулентен *virulenten*
virus *n.* вирус *virus*
visage *n.* образ *obraz*
visibility *n.* видимост *vidimost*
visible *a.* видим *vidim*
vision *n.* зрение *zrenie*
visionary *a.* въображаем *vuobrazhaem*
visionary *n.* мечатател *mechtatel*
visit *n.* посещение *poseshtenie*
visit *v.t.* посещавам *poseshtavam*
visitor *n.* посетител *posetitel*
vista *n.* перспектива *perspektiva*
visual *a.* зрителен *zritelen*
visualize *v.t.* онагледявам *onagledyavam*
vital *a.* жизнен *zhiznen*
vitality *n.* жизненост *zhiznenost*
vitalize *v.t.* оживявам *ozhivyavam*
vitamin *n.* витамин *vitamin*
vitiate *v.t.* развалям *razvalyam*
vivacious *a.* оживен *ozhiven*
vivacity *n.* оживеност *ozhivenost*
viva-voce *adv.* устно *ustno*
viva-voce *a.* устен *usten*
viva-voce *n.* устен изпит *usten izpit*
vivid *a.* ярък *yaruk*

vixen *n.* лисица *lisitsa*
vocabulary *n.* речник *rechnik*
vocal *a.* гласов *glasov*
vocalist *n.* певец *pevets*
vocation *n.* призвание *prizvanie*
vogue *n.* мода *moda*
voice *n.* глас *glasov*
voice *v.t.* произнасям *proiznasyam*
void *a.* празен *prazen*
void *v.t.* изпразвам *izprazvam*
void *n.* празнота *praznota*
volcanic *a.* вулканичен *voulkanichen*
volcano *n.* вулкан *voulkan*
volition *n.* воля *volya*
volley *n.* залп *zalp*
volley *v.t.* изстрелвам *izstrelvam*
volt *n.* волт *volt*
voltage *n.* волтаж *voltazh*
volume *n.* обем *obem*
voluminous *a.* обемист *obemist*
voluntarily *adv.* доброволно *dobrovolno*
voluntary *a.* доброволен *dobrovolen*
volunteer *n.* доброволец *dobrovolets*
volunteer *v.t.* доброволствам *dobrovolstvam*
voluptuary *n.* сластолюбец *slastolyubets*
voluptuous *a.* сладострастен *sladostrasten*
vomit *v.t.* повръщам *povrushtam*
vomit *n.* повръщано *povrushtano*

voracious *a.* изгладнял *izgladnyal*
votary *n.* монах *monah*
vote *n.* глас *glas*
vote *v.i.* гласувам *glasouvam*
voter *n.* гласоподавател *glasopodavatel*
vouch *v.i.* гарантирам *garantiram*
voucher *n.* поръчител *poruchitel*
vouchsafe *v.t.* удостоявам *udostoyavam*
vow *n.* обет *obet*
vow *v.t.* заклевам *zaklevam*
vowel *n.* гласна *glasna*
voyage *n.* пътуване *putouvane*
voyage *v.i.* пътешествам *puteshestvam*
voyager *n.* пътник *putnik*
vulgar *a.* вулгарен *voulgaren*
vulgarity *n.* вулгарност *voulgarnost*
vulnerable *a.* уязвим *ouyazvim*
vulture *n.* лешояд *leshoyad*

W

wade *v.i.* нагазвам *nagazvam*
waddle *v.i.* клатушкам се *klatoushkam se*
waft *v.t.* нося *nosya*
waft *n.* полъх *poluh*
wag *v.i.* поклащам се *poklashtam se*
wag *n.* въртене *vurtene*
wage *v.t.* провеждам *provezhdam*

wage *n.* заплата *zaplata*
wager *n.* облог *oblog*
wager *v.i.* обзалагам *obzalagam*
wagon *n.* фургон *fourgon*
wail *v.i.* ридая *ridaya*
wail *n.* ридания *ridaniya*
wain *n.* кола *kola*
waist *n.* кръст *krust*
waistband *n.* пояс *poyas*
waistcoat *n.* жилетка *zhiletka*
wait *v.i.* чакам *zhakam*
wait *n.* чакане *zhakane*
waiter *n.* сервитьор *servityor*
waitress *n.* сервитьорка *servityorka*
waive *v.t.* отказвам *otkazvam*
wake *v.t.* събуждам *sabuzhdam*
wake *n.* събор *subor*
wake *n.* бдение *bdenie*
wakeful *a.* безсънен *bezsunen*
walk *v.i.* вървя *vurvya*
walk *n.* разходка *razhodka*
wall *n.* стена *stena*
wall *v.t.* ограждам *ograzhdam*
wallet *n.* портфейл *portfeyl*
wallop *v.t.* бия *biya*
wallow *v.i.* въргалям се *vurgalyam se*
walnut *n.* орех *oreh*
walrus *n.* морж *morxh*
wan *a.* блед *bled*
wand *n.* жезъл *zhezul*
wander *v.i.* скитам *skitam*
wane *v.i.* намалявам *namalyavam*
wane *n.* намаляване *namalyavane*
want *v.t.* искам *iskam*

want *n.* желание *zhelanie*
wanton *a.* буен *buen*
war *n.* война *voyna*
war *v.i.* воювам *voyuvam*
warble *v.i.* чуруликам *chouroulikam*
warble *n.* чуруликане *chouroulikane*
warbler *n.* пойна птица *poyna ptitsa*
ward *n.* повереник *poverenik*
ward *v.t.* защитавам *zashtitavam*
warden *n.* пазач *pazach*
warder *n.* надзирател *nadziratel*
wardrobe *n.* гардероб *garderob*
wardship *n.* опека *opeka*
ware *n.* изделия *izdeliya*
warehouse *v.t.* склад *sklad*
warfare *n.* воюване *voyuvane*
warlike *a.* войнствен *voynstven*
warm1 *a.* топъл *topul*
warm *v.t.* затоплям *zatoplyam*
warmth *n.* топлина *toplina*
warn *v.t.* предупреждавам *predouprezhdavam*
warning *n.* предупреждение *predouprezhdenie*
warrant *n.* гаранция *garantsiya*
warrant *v.t.* гарантирам *garantiram*
warrantee *n.* гарантиран *garantiran*
warrantor *n.* гарант *garant*
warranty *n.* гаранция *garantsiya*

warren *n.* развъдник *razvudnik*
warrior *n.* войн *voyn*
wart *n.* брадавица *bradavitsa*
wary *a.* внимателен *vnimatelen*
wash *v.t.* мия *miya*
wash *n.* миене *miene*
washable *a.* изпираем *izpiraem*
washer *n.* мияч *miyach*
wasp *n.* оса *osa*
waspish *a.* раздразнителен *razdraznitelen*
wassail *n.* гощавка *goshtavka*
wastage *n.* загуба *zaguba*
waste *a.* непотребен *nepotreben*
waste *n.* прахосване *prahosvane*
waste *v.t.* прахосвам *prahosvam*
wasteful *a.* разточителен *raztochitelen*
watch *v.t.* наблюдавам *nablyudavam*
watch *n.* страж *strazh*
watchful *a.* бдителен *bditelen*
watchword *n.* лозунг *lozoung*
water *n.* вода *voda*
water *v.t.* мокря *mokrya*
waterfall *n.* водопад *vodopad*
water-melon *n.* диня *dinya*
waterproof *a.* непромокаем *nepromokaem*
waterproof *n.* мушама *mushama*
waterproof *v.t.* импрегнирам *impregniram*

watertight *a.* непромокаем *nepromokaem*
watery *a.* воднист *vodnist*
watt *n.* ват *vat*
wave *n.* вълна *vulna*
wave *v.t.* развявам *razvyavam*
waver *v.i.* колебая се *kolebaya se*
wax *n.* восък *vosuk*
wax *v.t.* излъсквам *izluskvam*
way *n.* път *put*
wayfarer *n.* пътник *putnik*
waylay *v.t.* причаквам *prichakvam*
wayward *a.* капризен *kaprizen*
weak *a.* слаб *slab*
weaken *v.t. & i* отслабвам *otslabvam*
weakling *n.* болнав *bolnav*
weakness *n.* слабост *slabost*
weal *n.* благоденствие *blagodenstvie*
wealth *n.* богатство *bogatstvo*
wealthy *a.* богат *bogat*
wean *v.t.* отбивам *otbivam*
weapon *n.* оръжие *oruzhie*
wear *v.t.* нося *nosya*
weary *a.* изморен *izmoren*
weary *v.t. & i* уморявам *oumoryavam*
weary *a.* уморителен *oumoritelen*
weary *v.t.* досаждам *dosazhdam*
weather *n.* време *vreme*
weather *v.t.* проветрявам *provetryavam*
weave *v.t.* тъка *tuka*
weaver *n.* тъкач *tukach*

web *n.* паяжина *payazhina*
webby *a.* мрежовиден *mrezhoviden*
wed *v.t.* венчавам *venchavam*
wedding *n.* сватба *svatba*
wedge *n.* клин *klin*
wedge *v.t.* разцепвам *raztsepvam*
wedlock *n.* брак *brak*
Wednesday *n.* сряда *sryada*
weed *n.* плевел *plevel*
weed *v.t.* плевя *plevya*
week *n.* седмица *sedmitsa*
weekly *a.* седмичен *sedmichen*
weekly *adv.* седмично *sedmichno*
weekly *n.* седмичник *sedmichnik*
weep *v.i.* ридая *ridaya*
weevil *n.* гъгрица *gugritsa*
weigh *v.t.* тежа *tezha*
weight *n.* тегло *teglo*
weightage *n.* надбавки *nadbavki*
weighty *a.* тежък *tezhuk*
weir *n.* бент *bent*
weird *a.* странен *stranen*
welcome *a.* приветстван *privetstvan*
welcome *n.* приветствие *privetstvie*
welcome *v.t.* приветствам *privetstvam*
weld *v.t.* заварявам *zavaryavam*
weld *n.* заварка *zavarka*
welfare *n.* благополучие *blagopolouchie*
well *a.* добър *dobur*
well *adv.* добре *dobre*

well *n.* кладенец *kladenets*
well *v.i.* бликам *blikam*
wellignton *n.* гумени ботуши *dumeni botoushi*
well-known *a.* известен *izvesten*
well-read *a.* начетен *nacheten*
well-timed *a.* навременен *navremenen*
well-to-do *a.* състоятелен *sustoyatelen*
welt *n.* кант *kant*
welter *n.* бъркотия *burkotiya*
wen *n.* липома *lipoma*
wench *n.* момиче *momiche*
west *n.* запад *zapad*
west *a.* западен *zapaden*
west *adv.* на запад *na zapad*
westerly *a.* западен *zapaden*
westerly *adv.* западно *zapadno*
western *a.* западен *zapaden*
wet *a.* мокър *mokur*
wet *v.t.* намокрям *namokryam*
wetness *n.* мокрота *mokrota*
whack *v.t.* фрасвам *frasvam*
whale *n.* кит *kit*
wharfage *n.* такса *taksa*
what *a.* какъв *kakuv*
what *pron.* какъвто *kauvto*
what *interj.* който *koyto*
whatever *pron.* каквото и *kakvoto i*
wheat *n.* жито *zhito*
wheedle *v.t.* придумвам *pridoumvam*
wheel *a.* колело *kolelo*
wheel *v.t.* карам *karam*
whelm *v.t.* заливам *zalivam*
whelp *n.* хлапе *hlape*

when *adv.* когато *kogato*
when *conj.* когато *kogato*
whence *adv.* откъдето *otkudeto*
whenever *adv. conj* когато *kogato*
where *adv.* къде *kude*
where *conj.* където *kudeto*
whereabout *adv.* откъде *otkude*
whereas *conj.* докато *dokato*
whereat *conj.* при което *pri koeto*
wherein *adv.* в което *v koeto*
whereupon *conj.* след това *sled tova*
wherever *adv.* където и да е *kudeto i da e*
whet *v.t.* точа *tocha*
whether *conj.* дали *dali*
which *pron.* който *koyto*
which *a.* кой *koy*
whichever *pron* който *koyto*
whiff *n.* полъх *poluh*
while *n.* време *vreme*
while *conj.* докато *dokato*
while *v.t.* прекарвам *prekarvam*
whim *n.* прищявка *prishtyavka*
whimper *v.i.* скимтя *skimtya*
whimsical *a.* капризен *kaprizen*
whine *v.i.* хленча *hlencha*
whine *n.* хленч *hlench*
whip *v.t.* бия *biya*
whip *n.* камшик *kamshik*
whipcord *n.* габардин *gabardin*
whir *n.* бръмчене *brumchene*
whirl *n.i.* въртя се *vurtya se*

whirl *n.* въртене *vurtene*
whirligig *n.* пумпал *poumpal*
whirlpool *n.* водовъртеж *vodovurtezh*
whirlwind *n.* вихрушка *vihroushka*
whisk *v.t.* размахвам *razmahvam*
whisk *n.* размахване *razmahvane*
whisker *n.* мустак *moustak*
whisky *n.* уиски *ouiski*
whisper *v.t.* шепна *shepna*
whisper *n.* шепот *shepot*
whistle *v.i.* свиря *svirya*
whistle *n.* свирка *svirka*
white *a.* бял *byal*
white *n.* бяло *byalo*
whiten *v.t.* побелявам *pobelyavam*
whitewash *n.* бадана *badana*
whitewash *v.t.* варосвам *varosvam*
whither *adv.* накъде *nakude*
whitish *a.* белезникав *beleznikav*
whittle *v.t.* дялам *dyalam*
whiz *v.i.* фуча *foucha*
who *pron.* кой *koy*
whoever *pron.* който и да *koyto i da*
whole *a.* цял *tsyal*
whole *n.* цялост *tsyalost*
whole-hearted *a.* предан *predan*
wholesale *n.* търговия на едро *turgoviya na edro*
wholesale *a.* търговски *turgovski*
wholesale *adv.* търговско *turgovsko*
wholesaler *n.* търговец *turgovets*
wholesome *a.* здрав *zdrav*
wholly *adv.* изцяло *iztsyalo*
whom *pron.* когото *kogoto*
whore *n.* блудница *bloudnitsa*
whose *pron.* чийто *chiyto*
why *adv.* защо *zashto*
wick *n.* фитил *fitil*
wicked *a.* грешен *greshen*
wicker *n.* ракита *rakita*
wicket *n.* вратичка *vratichka*
wide *a.* широк *shirok*
wide *adv.* широко *shiroko*
widen *v.t.* разширявам *razshiryavam*
widespread *a.* разпространен *razprostranen*
widow *n.* вдовица *vdovitsa*
widow *v.t.* овдовявам *ovdovyavam*
widower *n.* вдовец *vdovets*
width *n.* ширина *shirina*
wield *v.t.* владея *vladeya*
wife *n.* съпруга *suprouga*
wig *n.* перука *perouka*
wight *n.* създание *syzdanie*
wigwam *n.* колиба *koliba*
wild *a.* див *div*
wilderness *n.* пустош *poustosh*
wile *n.* хитрина *hitrina*
will *n.* воля *volya*
will *v.t.* желая *zhelaya*
willing *a.* склонен *sklonen*
willingness *n.* готовност *gotovnost*
willow *n.* върба *vurba*
wily *a.* хитър *hitur*
wimble *n.* забрадка *zabradka*

wimple n. покривало pokrivalo
win v.t. печеля pechelya
win n. победа pobeda
wince v.i. трепвам trepvam
winch n. лебедка lebedka
wind n. вятър vyatur
wind v.t. подушвам podoushvam
wind v.t. лъкатуша lukatousha
windbag n. празнодумец praznodoumets
winder n. навивач navivach
windlass v.t. брашпил brashpil
windmill n. вятърна мелница vyaturna melnitsa
window n. прозорец prozorets
windy a. ветровит vetrovit
wine n. вино vino
wing n. крило krilo
wink v.i. мигам migam
wink n. мигане migane
winner n. победител pobeditel
winnow v.t. отвявам otvyavam
winsome a. очарователен ocharovatelen
winter n. зима zima
winter v.i. зимувам zimouvam
wintry a. зимен zimen
wipe v.t. бърша bursha
wipe n. избърсване izbursvane
wire n. жица zhitsa
wire v.t. свързвам с жица svyrzvam s zhitsa

wireless a. безжичен bezzhichen
wireless n. радиоапарат radioaparat
wiring n. електрическа инсталация elektricheska instalatsiya
wisdom n. мъдрост mudrost
wisdom-tooth n. мъдрец mudrets
wise a. мъдър mudur
wish n. желание zhelanie
wish v.t. желая zhelaya
wishful a. желаещ zhelaesht
wisp n. хватка hvatka
wistful a. ръжен ruzhen
wit n. ум oum
witch n. магьосница magyosnitsa
witchcraft n. магьосничество madyosnichestvo
witchery n. магьосничество magyosnichestvo
with prep. с s
withal adv. освен osven
withdraw v.t. оттеглям се otteglyam se
withdrawal n. оттегляне otteglyane
withe n. пръчка ptuchka
wither v.i. загубвам си zagoubvam si
withhold v.t. не давам ne davam
within prep. вътре vutre
within adv. вътрешно vutreshno
within n. вътрешност vutreshnost
without prep. без bez
without adv. отвън otvun

without *n.* външност *vunshnost*
withstand *v.t.* издържам *izdurzham*
witless *a.* глупав *gloupav*
witness *n.* свидетел *svidetel*
witness *v.i.* свидетелствам *svidetelstvam*
witticism *n.* остроумие *ostrooumie*
witty *a.* остроумен *ostrooumen*
wizard *n.* магьосник *magyosnik*
wobble *v.i.* клатя се *klatya se*
woe *n.* злочестина *zlochestina*
woebegone *a.* тъжен *tuzhen*
woeful *n.* злочестина *zlochestina*
wolf *n.* вълк *vulk*
woman *n.* жена *zhena*
womanhood *n.* зрялост *zryalost*
womanish *n.* женствен *zhenstven*
womanise *v.t.* изнежвам *iznezhvam*
womb *n.* матка *matka*
wonder *n* чудо *choudo*
wonder *v.i.* чудя се *choudya se*
wonderful *a.* чудесен *choudesen*
wondrous *a.* чуден *chouden*
wont *a.* свикнал *sviknal*
wont *n.* обичай *obichay*
wonted *a.* обичаен *obichayen*
woo *v.t.* придумвам *pridoumvam*
wood *n.* дървесина *durvesina*

woods *n.* гора *gora*
wooden *a.* дървен *durven*
woodland *n.* гори *gori*
woof *n.* вой на куче *voy na kouche*
wool *n.* вълна *vulna*
woollen *a.* вълнен *vulnen*
woollen *n.* вълнена дреха *vulnena dreha*
word *n.* дума *douma*
word *v.t.* изразявам устно *izrazyavam oustno*
wordy *a.* многословен *mnogosloven*
work *n.* работа *rabota*
work *v.t.* работя *rabotya*
workable *a.* използваем *izpolzvaem*
workaday *a.* делничен *delnichen*
worker *n.* работник *rabotnik*
workman *n.* занаятчия *zanayatchiya*
workmanship *n.* майсторство *maystorstvo*
workshop *n.* работилница *rabotilnitsa*
world *n.* свят *svyat*
worldling *n.* материалист *materialist*
worldly *a.* материален *materialen*
worm *n.* червей *chervey*
wormwood *n.* пелин *pelin*
worn *a.* износен *iznosen*
worry *n.* тревога *trevoga*
worry *v.i.* тревожа се *trevozha se*
worsen *v.t.* влошавам *vloshavam*
worship *n.* почит *pochit*

worship v.t. почитам pochitam
worshipper n. богомолец bogomolets
worst n. най-лошото nayloshoto
worst a. най-лош nay-losh
worst v.t. надвивам nadvivam
worsted n. камгарна прежда kamgarna prezhda
worth n. стойност stoynost
worth a. струвам stouvam
worthless a. безполезен bezpolezen
worthy a. достоен dostoen
would-be a. който твърди, че е koyto tvurdi che e
wound n. рана rana
wound v.t. ранявам ranyavam
wrack n. разруха razrouha
wraith n. видение videnie
wrangle v.i. карам се karam se
wrangle n. кавга kavga
wrap v.t. увивам ouvivam
wrap n. наметка nametka
wrapper n. халат halat
wrath n. гняв gnyav
wreath n. венец venets
wreathe v.t. свивам svivam
wreck n. разрушение razroushenie
wreck v.t. разрушавам razroushavam
wreckage n. руини rouini
wrecker n. вредител vreditel
wren n. мушитрънче moushitrunche
wrench n. изкълчване izkulchvane
wrench v.t. извивам izvivam

wrest v.t. изопачавам izopachavam
wrestle v.i. боря се borya se
wrestler n. борец borets
wretch n. нещастник neshtastnik
wretched a. нещастен neshtasten
wrick n. разтягам raztyagam
wriggle v.i. гърча се gurcha se
wriggle n. гърчене gurchene
wring v.t. изстисквам izstiskvam
wrinkle n. бръчка bruchka
wrinkle v.t. набръчквам nabruchkvam
wrist n. китка kitka
writ n. нареждане narezhdane
write v.t. пиша pisha
writer n. писател pisatel
wrlthe v.l. превивам се previvam se
wrong a. грешен greshen
wrong adv. грешно greshno
wrong v.t. оклеветявам oklevetyavam
wrongful a. неправилен nepravilen
wry a. изкривен izkriven

X

xerox n. ксерокс kseroks
xerox v.t. ксерографирам kserografiram
Xmas n. Коледа Koleda
x-ray n. рентген rentgen
x-ray a. рентгенов rentgenov

x-ray *v.t.* снемам на ренген *snemam na rentgen*
xylophagous *a.* дървояден *durvoyaden*
xylophilous *a.* дърворастящ *durvorastyasht*
xylophone *n.* ксилофон *ksilofon*

Y

yacht *n.* яхта *yahta*
yacht *v.i.* пътувам с яхта *putouvam s yahta*
yak *n.* як *yak*
yap *v.i.* лая *laya*
yap *n.* джавкане *dzhavkane*
yard *n.* двор *dvor*
yarn *n.* прежда *prezhda*
yawn *v.i.* прозявам се *prozyavam se*
yawn *n.* прозявка *prozyavka*
year *n.* година *godina*
yearly *a.* годишен *godishen*
yearly *adv.* годишно *godishno*
yearn *v.i.* копнея *kopneya*
yearning *n.* копнеж *kopnezh*
yeast *n.* мая *maya*
yell *v.i.* провиквам се *provikvam se*
yell *n.* вик *vik*
yellow *a.* жълт *zhult*
yellow *n.* жълто *zhulta*
yellow *v.t.* жълтея *zhulteya*
yellowish *a.* жълтеникав *zhultenikav*
Yen *n.* йен *yen*

yeoman *n.* чифликчия *chiflikchiya*
yes *adv.* да *da*
yesterday *n.* вчера *vchera*
yesterday *adv.* вчерашен *vcherashen*
yet *adv.* все още *vse oshte*
yet *conj.* обаче *obache*
yield *v.t.* донасям *donasyam*
yield *n.* реколта *rekolta*
yoke *n.* хомот *homot*
yoke *v.t.* впрягам с хомот *vpryagam s homot*
yolk *n.* жълтък *zhaluk*
younder *a.* тамошен *tamoshen*
younder *adv.* натам *natam*
young *a.* млад *mlad*
young *n.* младеж *mladezh*
youngster *n.* дете *dete*
youth *n.* младост *mladost*
youthful *a.* младежки *mladezhki*

Z

zany *a.* клоун *klooun*
zeal *n.* усърдие *ousurdie*
zealot *n.* фанатик *fanatik*
zealous *a.* фанатичен *fanatichen*
zebra *n.* зебра *zebra*
zenith *n.* зенит *zenit*
zephyr *n.* полъх *poluh*
zero *n.* нула *noula*
zest *n.* сладост *sladost*

zigzag *n.* зигзаг *zigzag*
zigzag *a.* зигзагообразен *zigzagoobrazen*
zigzag *v.i.* криволича *krivolicha*
zinc *n.* цинк *tsink*
zip *n.* цип *tsip*
zip *v.t.* отварям цип *otvaryam tsip*
zodiac *n.* зодиак *zodiak*
zonal *a.* зонален *zonalen*
zone *n.* зона *zona*
zoo *n.* зоопарк *zoopark*
zoological *a.* зоологически *zoologicheski*
zoologist *n.* зоолог *zoolog*
zoology *n.* зоология *zoologiya*
zoom *n.* бръмчене *brumchene*
zoom *v.i.* мащабирам *mashtabiram*

BULGARIAN-ENGLISH

A

abanos *n.* абанос *ebony*
abatstvo *n.* абатство *abbey*
abdikatsiya *n.* абдикация *abdication*
abdikiram *v.t.* абдикирам *abdicate*
ablepsiya *n.* аблепсия *ablepsy*
abonament *n.* абонамент *subscription*
aboniram *v.t.* абонирам *subscribe*
absolyuten *a.* абсолютен *absolute*
absolyutno *adv.* абсолютно *absolutely*
absourd *n.* абсурд *absurdity*
absourden *a.* абсурден *absurd*
abstrakten *a.* абстрактен *abstract*
abstraktsiya *n.* абстракция *abstraction*
abstses *n.* абсцес *abscess*
ad *a.* ад *hell*
ad *n.* ад *underworld*
adcki *a.* адски *infernal*
adekvatnost *n.* адекватност *adequacy*
admiral *n.* адмирал *admiral*
adres *n.* адрес *address*
advokat *n.* адвокат *attorney*
advokat *n.* адвокат *barrister*
advokat *n.* адвокат *lawyer*
advokat *n.* адвокат *proctor*
advokat *n.* адвокат *solicitor*
afera *n.* афера *jobbery*
aferist *n.* аферист *jobber*
aforizum *n.* афоризъм *aphorism*
agent *n.* агент *agent*
agentsiya *n.* агенция *agency*
agne *n.* агне *lamb*
agnets *n.* агнец *agnus*
agonia *n.* агония *agony*
agoniziram *v.t.* агонизирам *agonize*
agorafobia *n.* агорафобия *agoraphobia*
agraren *a.* аграрен *agrarian*
agresiven *a.* агресивен *aggressive*
agresiya *n.* агресия *aggression*
agresor *n.* агресор *aggressor*
agronomia *n.* агрономия *agronomy*
aguntse *n.* агънце *lambkin*
akademia *n.* академия *academy*
akademichen *a.* академичен *academic*
akademichen *a.* академичен *scholarly*
aklamatsiya *n.* акламация *acclamation*
aklimatiziram *v.t.* аклиматизирам *acclimatise*
akne *n.* акне *acne*
ako *conj.* ако *if*
akoula *n.* акула *shark*
akousherka *n.* акушерка *midwife*
akoustichen *a.* акустичен *acoustic*
akoustika *n.* акустика *acoustics*
akreditiram *v.t.* акредитирам *accredit*
akrobat *n.* акробат *acrobat*
akrobat *n.* акробат *tumbler*
aksesoar *n.* аксесоар *accessory*
aktiv *n.* актив *asset*
aktiven *a.* активен *active*

aktiviram *v.t.* активирам activate
aktivnost *n.* активност activity
aktoualen *a.* актуален topical
aktrisa *n.* актриса actress
aktsent *n.* акцент accent
aktsentiram *v.t* акцентирам accent
aktsiya *n.* акция share
aktsiz *n.* акциз excise
aktyor *n.* актьор actor
akur *n.* акър acre
akvarioum *n.* аквариум aquarium
alarma *n.* аларма alarm
alarmiram *v.t.* алармирам alarm
albion *n.* албион albion
alboum *n.* албум album
alboumin *n.* албумин albumen
alchen *a.* алчен appetent
alchen *a.* алчен greedy
alchnost *n.* алчност cupidity
alchnost *n.* алчност greed
alegorichen *a.* алегоричен allegorical
alegoriya *n.* алегория allegory
alergiya *n.* алергия allergy
aleya *n.* алея alley
alfa *n.* алфа alpha
algebra *n.* алгебра algebra
alhimia *n.* алхимия alchemy
alibi *n.* алиби alibi
aligator *n* алигатор alligator
aliteratsiya *n.* алитерация alliteration
alkali *n.* алкали alkali
alkohol *n.* алкохол alcohol
alkohol *n.* алкохол liquor
almanah *n.* алманах almanac
alouminiy *n.* алуминий aluminium

alpinist *n.* алпинист alpinist
alt *n.* алт alto
alternativa *n.* алтернатива alternative
alternativen *a.* алтернативен alternative
altimetur *n.* алтиметър altimeter
amatomiya *n.* анатомия anatomy
amatyor *n.* аматьор amateur
amberit *n.* амберит amberite
ambitsiozen *a.* амбициозен ambitious
ambitsiya *n.* амбиция ambition
amboulatoriya *n.* амбулатория dispensary
amboulatorno bolen *n.* амбулаторно болен outpatient
ambrazoura *n.* амбразура loophole
amenoreya *n.* аменорея amenorrhoea
amfiteatur *n.* амфитеатър amphitheatre
amin *interj.* амин amen
amneziya *n.* амнезия amnesia
amnistiya *n.* амнистия amnesty
amok *adv.* амок amuck
amoulet *n.* амулет amulet
amper *n.* ампер ampere
amvon *a.* амвон pulpit
anabaptizum *n.* анабаптизъм anabaptism
anahronizum *n.* анахронизъм anachronism
anaklitichna depresiya *n.* анаклитична депресия anaclisis
analen *a.* анален anal

analitichen *a.* аналитичен *analytical*
analitik *n.* аналитик *analyst*
analiziram *v.t.* анализирам *analyse*
analiziram *n.* анализ *analysis*
analogichen *a.* аналогичен *analogous*
analogiya *n.* аналогия *analogy*
anamneza *n.* анамнеза *anamnesis*
anamorfen *adj* анаморфен *anamorphous*
ananas *n.* ананас *pineapple*
anarhist *n.* анархист *anarchist*
anarhiya *n.* анархия *anarchy*
anarhizum *n.* анархизъм *anarchism*
anason *n.* анасон *aniseed*
androfagi *n.* андрофаги *androphagi*
anekdot *n.* анекдот *anecdote*
anemiya *n.* анемия *anaemia*
anemometur *n.* анемометър *anemometer*
anesteziya *n.* анестезия *anaesthesia*
angel *n.* ангел *angel*
angina *n.* ангина *angina*
angliyski *n.* английски *English*
anomaliya *n.* аномалия *anomaly*
anonimen *n.* анонимен *anonymity*
anonimen *a.* анонимен *anonymous*
anonimnost *n.* анонимност *anonymity*
anormalen *a.* анормален *abnormal*
anormalen *a.* анормален *anomalous*
anouliram *v. t.* анулирам *abrogate*
anouliram *v.t.* анулирам *annul*
anouliram *n.* анулирам *blank*
anouliram *v.t.* анулирам *nullify*
anoulirane *n.* анулиране *nullification*
anous *n.* анус *anus*
antagonist *n.* антагонист *antagonist*
antagonizum *n.* антагонизъм *antagonism*
antarkticheski *a.* антарктически *antarctic*
antena *n.* антена *aerial*
anteni *n.* антени *antennae*
anti *pref.* анти *anti*
antibakterialno sredstvo *n.* антибактериално средство *germicide*
antichen *a.* античен *antique*
antichnost *n.* античност *antiquity*
antifon *n.* антифон *antiphony*
antikvaren *a.* антикварен *antiquarian*
antikvaren *n.* антиквар *antiquarian*
antilopa *n.* антилопа *antelope*
antimon *n.* антимон *antinomy*
antipatiya *n.* антипатия *antipathy*
antipatiya *n.* антипатия *repugnance*
antiseptichen *a.* антисептичен *antiseptic*
antiseptik *n.* антисептик *antiseptic*

antiteza *n.* антитеза *antithesis*
antivalenten *adj* антивалентен *altivalent*
antologiya *n.* антология *anthology*
antonim *n.* антоним *antonym*
antrakt *n.* антракт *interlude*
anyuitet *n.* анюитет *annuity*
aoutopsiya *n.* аутопсия *post-mortem*
aoutsayer *n.* аутсайдер *outsider*
aparatura *n.* апаратура *apparatus*
apartament *n.* апартамент *apartment*
apatiya *n.* апатия *apathy*
apenditsit *n.* апендицит *appendicitis*
aperativ *n.* аператив *appetizer*
apetit *n.* апетит *appetite*
apetiten *a.* апетитен *toothsome*
aplodiram *v.t.* аплодирам *applaud*
aplodiram *v. t.* аплодирам *cheer*
aplodismenti *n.* аполодисменти *applause*
apneya *n.* апнея *apnoea*
apogey *n.* апогей *pinnacle*
apostol *n.* апостол *apostle*
apostrof *n.* апостроф *apostrophe*
apoteoz *n.* апотеоз *apotheosis*
aptekar *n.* аптекар *druggist*
arbitrazh *n.* арбитраж *arbitration*
arbitur *n.* арбитър *arbitrator*
arbitur *n.* арбитър *umpire*
areka *n* арека *areca*
arena *n* арена *arena*
arena *n.* арена *lists*

arest *n.* арест *arrest*
arestouvam *v.t.* арестувам *arrest*
arfa *n.* арфа *harp*
arhaichen *a.* архаичен *antiquated*
arhaichen *a.* архаичен *archaic*
arhangel *n.* архангел *archangel*
arheolog *n.* археолог *antiquary*
arhiepiskop *n.* архиепископ *archbishop*
arhitekt *n.* архитект *architect*
arhitektoura *n.* архитектура *architecture*
arhivi *n.pl.* архиви *archives*
arigantnost *n.* арогантност *arrogance*
aristofanski *adj* аристофански *aristophanic*
aristokrat *n.* аристократ *aristocrat*
aristokratsiya *n.* аристокрация *aristocracy*
aritmetichen *a.* аритметичен *arithmetical*
aritmetika *n.* аритметика *arithmetic*
arka *n.* арка *arch*
arkada *n.* аркада *cloister*
arktichen *n.* арктичен *Arctic*
armada *n.* армада *armada*
armiram *v.t.* армирам *reinforce*
armirovka *n.* армировка *reinforcement*
armiya *n.* армия *army*
aroganten *a.* арогантен *arrogant*
aromaten *a.* ароматен *fragrant*
aromaten *a.* ароматен *odorous*
aromaten *n.* аромат *odour*
arsenal *n.* арсенал *armoury*

arsenal *n.* арсенал *arsenal*
arsenik *n.* арсеник *arsenic*
arteriya *n.* артерия *artery*
artileriya *n.* артилерия *artillery*
artishok *n.* артишок *artichoke*
artistichen *a.* артистичен *artistic*
artrit *n.* артирит *arthritis*
asafetida *n.* асафетида *asafoetida*
asistent *n.* асистент *assistant*
asket *n.* аскет *ascetic*
asketichen *a.* аскетичен *ascetic*
asketichen *a.* аскетичен *austere*
aso *n.* асо *ace*
asotsiiram *v.t.* асоциирам *associate*
asotsiiran *a.* асоцииран *associate*
asotsiyatsiya *n.* асоциация *association*
aspekt *n.* аспект *aspect*
astatichen *a.* астатичен *astatic*
astma *n.* астма *asthma*
astrolog *n.* астролог *astrologer*
astrologiya *n.* астрология *astrology*
astronavt *n.* астронавт *astronaut*
astronom *n.* астроном *astronomer*
astronomiya *n.* астрономия *astronomy*
asvobozhdavam *v.t.* освобождавам *assoil*
ataka *n.* атака *attack*
atakouvam *v.t.* атакувам *attack*
atashe *n.* аташе *attache*
ateist *n.* атеист *antitheist*
ateist *n.* атеист *atheist*
ateisum *n.* атеизъм *atheism*
atestat *n.* атестат *testimonial*

atlas *n.* атлас *atlas*
atlet *n.* атлет *athlete*
atletichen *a.* атлетичен *athletic*
atletika *n.* атлетика *athletics*
atmosfera *n.* атмосфера *atmosphere*
atol *n.* атол *atoll*
atom *n.* атом *atom*
atomen *a.* атомен *atomic*
atsefal *n.* ацефал *acephalus*
atsefalen *a.* ацефален *acephalous*
atsentrichen *adj.* ацентричен *acentric*
auditoriya *n.* аудитория *auditorium*
avanpost *n.* аванпост *outpost*
avans *n.* аванс *advance*
avantyura *n.* авантюра *venture*
avenyu *n.* авеню *avenue*
avgoust *n.* август *August*
aviator *n.* авиатор *aviator*
aviatsiya *n.* авиация *aircraft*
aviatsiya *n.* авиация *aviation*
avtentichen *a.* автентичен *authentic*
avtobiografiya *n.* автобиография *autobiography*
avtobous *n.* автобус *bus*
avtograf *n.* автограф *autograph*
avtokrat *n.* автократ *autocrat*
avtokratsiya *n.* автокрация *autocracy*
avtomatichen *a.* автоматичен *automatic*
avtomobil *n.* автомобил *automobile*
avtomobil *n.* автомобил *vehicle*
avtonomen *a.* автономен *autonomous*

avtor *n.* автор *author*
avtoritet *n.* авторитет *authority*
avtoriteten *a.* авторитетен *authoritative*
aysberg *n.* айсберг *iceberg*
aysnota *n.* яснота *lucidity*
az *pron.* аз *I*
azbest *n.* азбест *asbestos*
azbouchen *a.* азбучен *alphabetical*
azbouka *n.* азбука *alphabet*
azot *n.* азот *nitrogen*

B

badana *n.* бадана *whitewash*
badem *n.* бадем *almond*
badminton *n.* бадминтон *badminton*
bagazh *n.* багаж *baggage*
bagazh *n.* багаж *luggage*
bagrya *v.t.* багря *tincture*
bakalin *n.* бакалин *grocer*
bakaliya *n.* бакалия *grocery*
bakshish *n.* бакшиш *tip*
bakteriya *n.* бактерия *bacteria*
bala *n.* бала *bale*
balada *n.* балада *ballad*
balada *n.* балада *lay*
balama *n.* балама *gull*
balamosvam *v.t* баламосвам *gull*
balans *n.* баланс *balance*
baldahin *n.* балдахин *canopy*
balet *n.* балет *ballet*
baliram *v.t.* балирам *bale*
balkon *n.* балкон *balcony*
balon *n.* балон *balloon*
balsam *n.* балсам *balsam*

balsamiram *v.t.* балсамирам *embalm*
bambouk *n.* бамбук *bamboo*
banalen *a.* банален *banal*
banan *n.* банан *banana*
banda *n.* банда *gang*
bandit *n.* бандит *bandit*
bandit *n.* бандит *thug*
bandzho *n.* банджо *banjo*
banka *n.* банка *bank*
banker *n.* банкер *banker*
banket *n.* банкет *banquet*
bankrout *n.* банкрут *bankruptcy*
baraban *n.* барабан *drum*
barabanya *v.i.* барабаня *drum*
baraka *n.* барака *outhouse*
barazh *n.* бараж *barrage*
bard *n.* бард *bard*
bariera *n.* бариера *barrier*
barikada *n.* барикада *barricade*
barion *n.* барион *barton*
barometur *n* барометър *barometer*
bas *n.* бас *bass*
bashta *n.* баща *father*
bashtinski *a.* бащински *paternal*
basnosloven *a.* баснословен *fabulous*
basnya *n.* басня *apologue*
basnya *n.* басня *fable*
batalyon *n.* батальон *battalion*
bateriya *n.* батерия *battery*
batsmen *n.* батсмен *batsman*
baven *a.* бавен *leisurely*
baven *a.* бавен *slow*
bavene *n.* бавене *procrastination*
bavno *adv.* бавно *leisurely*
bavno *adv.* бавно *slowly*

bavnost n. бавност slowness
bavya se v.i. бавя се linger
bavya se v.i. бавя се procrastinate
bayaderka n. баядерка bayard
bayonet n. байонет bayonet
baypas n. байпас bypass
bazalt n. базалт basald
baziram v.t. базирам base
bdenie n. бдение vigil
bdenie n. бдение wake
bditelen a. бдителен alert
bditelen a. бдителен vigilant
bditelen a. бдителен watchful
bditelnost n. бдителност alertness
bditelnost n. бдителност vigilance
bebe n. бебе babe
bebe n. бебе baby
beda n. беда distress
beda n. беда misfortune
beden a. беден needy
beden a. беден penniless
beden a. беден poor
beden kvartal n. беден квартал slum
bednost n. бедност poverty
bednyak n. бедняк pauper
bedro n. бедро hip
bedro n. бедро thigh
bedstven a. бедствен disastrous
bedstvie n. бедствие calamity
bedstvie n. бедствие disaster
begach n. бегач runner
beglets n. беглец fugitive
begul a. бегъл cursory
begul a. бегъл sketchy
bekhend n. бекхенд backhand
bekon n. бекон bacon

beleg n. белег scar
belezhit a. бележит notable
belezhka n. бележка note
beleznik n. белезник handcuff
beleznikav a. белезникав whitish
belya v.t. беля peel
belyo n. бельо underwear
belyoo n. бельо linen
belyoo n. бельо small
benefitsiy n. бенефиций benefice
benka n. бенка mole
bent n. бент weir
benzin n. бензин petrol
besedka n. беседка belvedere
besedka n. беседка bower
besilka n. бесилка gallows
besneya v.i. беснея rage
besneya v.i. беснея rave
beton n. бетон concrete
betoniram v. t бетонирам concrete
bez prep. без without
bez kusmet a. без късмет luckless
bezbrachie n. безбрачие celibacy
bezbroen a. безброен countless
bezbroen a. безброен innumerable
bezbroen a. безброен numberless
bezchesten a. безчестен dishonest
bezchestie n. безчестие dishonour
bezchinstvo n. безчинство outrage
bezchouvstven a. безчувствен senseless

bezchovechen a. безчовечен
inhuman
bezchovechnost a.
безчовечност *barbarous*
bezchuvstvenost n.
безчувственост *insensibility*
bezdaren a. бездарен *asinine*
bezdeen a. бездеен *idle*
bezdelie n. безделие *idleness*
bezdelnik n. безделник *loafer*
bezdeystvie n. бездействие
inaction
bezdna n. бездна *abyss*
bezdomen a. бездомен *stray*
bezgranichen a. безграничен
limitless
bezgrizhen a. безгрижен
careless
bezhanets n. бежанец *refugee*
bezizhoditsa n. безизходица
deadlock
bezizhodno polozhenie n.
безизходно положение
impasse
bezkraen a. безкраен *infinite*
bezkraynost n. безкрайност
infinity
bezlichen a. безличен
impersonal
bezmeren a. безмерен
immense
bezmernost n. безмерност
immensity
bezmilosten a. безмилостен
merciless
bezmislen a. безмислен
meaningless
bezmotoren samolet n.
безмоторен самолет *glider*
bezmulven a. безмълвен *dumb*

beznadezhden a. безнадежден
forlorn
beznadezhden a. бенадежден
hopeless
beznakazanost n.
безнаказаност *impunity*
beznravstven a. безнравствен
amoral
beznravstven a. безнравствен
licentious
bezochliv a. безочлив *bold*
bezochlivost n. безочливост
boldness
bezopasen a. безопасен *safe*
bezopasnost n. безопасност
safety
bezosnovatelen a.
безосновател *baseless*
bezotgovoren a. безотговорен
irresponsible
bezoumen a. безумен *frantic*
bezoumie n. безумие *frenzy*
bezouprechen a. безупречен
spotless
bezpiloten a. безпилотен
unmanned
bezploden a. безплоден
acarpous
bezploden a. безплоден *futile*
bezpodoben a. безподобен
nonpareil
bezpokoystvo a. безпокойство
anxiety
bezpokoystvo n. безпокойство
disquiet
bezpokoystvo n. безпокойство
fuss
bezpolezen a. безполезен
worthless
bezpoleznost n. безполезност
futility

bezpomoshten a. безпомощен helpless
bezporyaduk n. безпорядък litter
bezprintsipen a. безпринципен unprincipled
bezpristrasten a. безпристрастен impartial
bezpristrastnost n. безпристрастност impartiality
bezrazboren a. безразборен indiscriminate
bezrazborno adv. безразборно pell-mell
bezrazlichen a. безразличен indifferent
bezrazlichie n. безразличие indifference
bezrazsudstvo n. безразсъдство folly
bezreden a. безреден tumultuous
bezredie n. безредие disorder
bezreditsa n. безредица tumult
bezshoumno adv. безшумно stealthily
bezsilen a. безсилен impotent
bezsilie n. безсилие impotence
bezsmislitsa n. безмислица nonsense
bezsmurten a. безсмъртен immortal
bezsmurtie n. безсмъртие immortality
bezspiren a. безспирен everlasting
bezsramen a. безсрамен imprudent
bezsramen a. безсрамен shameless

bezsramie n. безсрамие imprudence
bezstrashen a безстрашен dauntless
bezsunen a. безсънен wakeful
beztsenen a. безценен invaluable
beztsveten adj безцветен achromatic
bezvetrie n. безветрие calm
bezzakonen a. беззаконен lawless
bezzakonen prep. без less
bezzhalosten a. безжалостен pitiless
bezzhalosten a. безжалостен ruthless
bezzhichen a. безжичен wireless
bezzhiznen a. безжизнен lifeless
bibliografiya n. библиография bibliography
biblioteka n. библиотека library
bibliotekar n. библиотекар librarian
bibliya n. библия bible
bibliya n. Библия scripture
bich n. бич scourge
bik n. бик bull
bilet n. билет ticket
bilka n. билка herb
bilo n. било crest
bilo n. било shed
bilogoiya n. биология biology
binaren adj. бинарен binary
bint ~n. бинт bandage
bintovam v.t бинтовам bandage
biograf n. биограф biographer
biografiya n. биография biography

biolog *n.* биолог *biologist*
bioskop *n.* биоскоп *bioscope*
bira *n.* бира *ale*
bira *n.* бира *beer*
biseksualen *a.* бисексуален *bisexual*
biskvita *n.* бисквита *biscuit*
bitka *n.* битка *battle*
bitka *n.* битка *combat1*
bitseps *n.* бицепс *biceps*
bivnik *n.* бивник *tusk*
bivol *n.* бивол *buffalo*
bivsh *a* бивш *former*
biya *v.t.* бия *thrash*
biya *v.t.* бия *wallop*
biya *v.t.* бия *whip*
biya s kamshik *a.* бия с камшик *lash*
biya se *v. i.* бия се *battle*
biya se *v.i.* бия се *tussle*
bizhouter *n.* бижутер *jeweller*
biznes *n.* бизнес *business*
biznesmen *n.* бизнесмен *businessman*
bizon *n.* бизон *bison*
bizouta *n.* бижута *jewellery*
blag *adj.* благ *benign*
blag *a.* благ *gracious*
blago *adv.* благо *benignly*
blagochestie *n.* благочестие *piety*
blagodaren *a.* благодарен *grateful*
blagodaren *a.* благодарен *thankful*
blagodarnost *n.* благодарност *thanks*
blagodarya *v.t.* благодаря *thank*
blagodat *n.* благодат *boon*

blagodenstvie *n.* благоденствие *weal*
blagodeyanie *n.* благодеяние *benefaction*
blagopolouchie *n.* благополучие *welfare*
blagopriyaten *a.* благоприятен *advantageous*
blagopriyaten *a.* благоприятен *auspicious*
blagopriyaten *a.* благоприятен *favourable*
blagopriyatstvam *v.t.* благоприятствам *advantage*
blagorazoumen *a.* благоразумен *prudent*
blagorazoumie *n.* благоразумие *discretion*
blagorazoumie *n.* благоразумие *prudence*
blagoroden *a.* благороден *noble*
blagorodnik *n.* благородник *noble*
blagorodstvo *n.* благородство *nobility*
blagosklonen *a.* благосклонен *benevolent*
blagosklonnost *n.* благосклонност *benevolence*
blagoslavyam *v. t* благославям *bless*
blagosloviya *n.* благословия *benison*
blagotvoren *a.* благотворен *beneficial*
blagotvoren *a.* благотворен *salutary*
blagotvoritelen *a.* благотворителен *charitable*

blagotvoritelnost *n.*
благотворителност *charity*
blato *n.* блато *bog*
blato *n.* блато *swamp*
blazhenstvo *n.* блаженство *bliss*
blazhenstvo *n.* блаженство *felicity*
bled *a.* блед *pale*
bled *a.* блед *wan*
bledneya *v.i.* бледнея *pale*
bleshtoukam *v.t* блещукам *flicker*
bleshtoukam *v.i.* блещукам *twinkle*
bleshtoukane *n.* блещукане *twinkle*
bleshtukane *n.* блещукане *flicker*
blestya *v.i.* блестя *glare*
blestya *v.i.* блестя *sparkle*
blestyasht *a.* блестящ *brilliant*
blestyasht *a.* блестящ *lucent*
blestyasht *a.* блестящ *resplendent*
blikam *v.i.* бликам *well*
blikvam *v.i* бликвам *flush*
blikvam *v.i.* бликвам *spurt*
blindazh *n.* блиндаж *blindage*
blizki *n.* близки *kith*
bliznak *n.* близнак *twin*
blizo *adv.* близо *by*
blizo do *prep.* бизо до *near*
blizo do *adv.* близо *near*
blizo do *prep.* близо до *nigh*
blizost *n.* близост *proximity*
blizuk *a.* близък *close*
blizuk *a.* близък *near*
blok *n.* блок *bloc*
blok *n.* блок *block*
blokada *n.* блокада *blockade*

bloudkav *a.* блудкав *insipid*
bloudkavost *n.* блудкавост *insipidity*
bloudnitsa *n.* блудница *whore*
blousa *n.* блуза *blouse*
blouzhdaesht *adj.* блуждаещ *ambulant*
blufiram *v. t.* блъфирам *bluff*
blufirane *n.* блъфиране *bluff*
bluskam *v. t.* блъскам *beat*
bluskam se *n.* блъскам се *jostle*
bluskane *v.t.* блъскане *jostle*
blusvam se *v.i.* блъсвам се *smack*
blyan *n.* блян *reverie*
blyasuk *n.* блясък *brilliance*
blyasuk *n.* блясък *flash*
blyasuk *n.* блясък *glare*
blyasuk *n.* блясък *sparkle*
blyasvam *v.t.* блясвам *flash*
bobliograf *n.* библиограф *bibliographer*
bobotya *v.i.* боботя *rumble*
bobur *n.* бобър *beaver*
boda *v.t.* бода *prick*
bodezh *n.* бодеж *stab*
bodigard *n.* бодигард *bodyguard*
bodil *n.* бодил *thorn*
bodliv *a.* бодлив *barbed*
bodliv *a.* бодлив *thorny*
boen *a.* боен *combatant*
boets *n.* боец *combatant1*
boets *n.* боец *militant*
bog *n.* бог *god*
bogat *a.* богат *opulent*
bogat *a.* богат *rich*
bogat *a.* богат *wealthy*
bogat po rozhdeniye *a.* богат по рождение *born rich*

bogatash *n.* богаташ *croesus*
bogatash *n.* богаташ *nabob*
bogatstvo *n.* богатство *pelf*
bogatstvo *n.* богатство *riches*
bogatstvo *n.* богатство *wealth*
boginya *n.* богиня *goddess*
bogomolets *n.* богомолец *worshipper*
boinokul *n.* бинокъл *binocular*
bokal *n.* бокал *goblet*
boklouk *n.* боклук *muck*
boklouk *n.* боклук *trash*
bokloukchiya *n.* боклукчия *scavenger*
boks *n.* бокс *boxing*
bolen *a.* болен *ill*
bolen *a.* болен *sick*
bolest *n.* болест *blight*
bolest *n.* болест *illness*
bolest *n.* болест *malady*
bolest *n.* болест *sickness*
boleznen *a.* болезнен *morbid*
boleznen *a.* болезнен *painful*
boleznenost *n.* болезненост *morbidity*
boli *v.i.* боли *ache*
boli *v.t.* боли *pain*
bolka *n.* болка *ache*
bolka *n.* болка *hurt*
bolka *n.* болка *pain*
bolnav *a.* болнав *sickly*
bolnav *n.* болнав *weakling*
bolnitsa *n.* болница *hospital*
bolnogledach *n.* болногледач *tender*
bolt *n.* болт *bolt*
bomba *n.* бомба *bomb*
bombardiram *v. t.* бомбардирам *bomb*
bombardiram *v. t.* бомбардирам *bombard*

bombardirane *n.* бомбардиране *bombardment*
bombardirovach *n.* бомбардировач *bomber*
bonbon *n.* бонбон *lollipop*
bonbon *n.* бонбон *sweetmeat*
bonbona *n.* бонбона *candy*
bor *n.* бор *pine*
borba *n.* борба *fight*
bordey *n.* бордей *brothel*
borets *n.* борец *wrestler*
borichkam se *v.i.* боричкам се *scuffle*
borichkane *n.* боричкане *scuffle*
borya se *v.i.* боря се *contend*
borya se *v.t.* боря се *fight*
borya se *v.i.* боря се *wrestle*
borya se za *v.t.* боря се за *champion*
bosilek *n.* босилек *basil*
botanika *n.* ботаника *botany*
botoush *n.* ботуш *boot*
boubolechka *n.* бубoлечка *bug*
bouden *a.* буден *awake*
bouen *a.* буен *rampant*
bouen *a.* буен *rowdy*
bouen *a.* буен *unruly*
bouhal *n.* бухал *owl*
bouhalka *n.* бухалка *bat*
bouham *v.i.* бухам *hoot*
bouhane *n.* бухане *hoot*
bouk *n.* бук *beech*
bouket *n.* букет *bouquet*
boukla *n.* букла *ringlet*
boukvalen *a.* буквален *literal*
boukvar *n.* буквар *primer*
bouldog *n.* булдог *bulldog*
boulka *n.* булка *bride*
boulo *n.* було *veil*
boulyon *n.* бульон *broth*

boungalo n. бунгало bungalow
bounker n. бункер bunker
bount n. бунт riot
bountarski a. бунтарски rebellious
bountarski a. бунтарски seditious
bountouvam se v.i. бунтувам се mutiny
bountouvam se v.i. бунтувам се rebel
bountouvam se v.t. бунтувам се riot
bountovnik n. бунтовник rebel
boure n. буре cask
bouren a. бурен stormy
bouren a. бурен tempestuous
bourkan n. буркан jar
bourya n. буря storm
bourya n. буря tempest
boushouvam v.i. бушувам storm
bout n. бут buttock
boutalo n. бутало piston
boutam v.t. бутам push
boutam v.t. бутам shove
boutilirovach n. бутилировач bottler
boutilka n. бутилка bottle
bouton n. бутон button
boutsa n. буца lump
boutsa prust n. буца пръст clod
bouystvo n. буйство rampage
bouystvouvam v.i. буйствувам rampage
bouza n. буза cheek
boy n. бой tussle
boya n. боя dye
boya n. боя paint
boyadisvam v.t. боядисвам dye
boykot n. бойкот boycott

boykotiram v. t. бойкотирам boycott
boyler n. бойлер boiler
bozaynik n. бозайник mammal
bozhestven a. божествен divine
bozhestvenost n. божественост divinity
bozhestvo n. божество deity
bozhestvo n. божество godhead
bozhi dar n. божи дар godsend
brachen a. брачен conjugal
brachen a. брачен matrimonial
brachen a. брачен nuptial
brada n. брада beard
bradavitsa n. брадавица wart
bradichka n. брадичка chin
bradva n. брадва axe
brak n. брак marriage
brak n. брак matrimony
brak n. брак wedlock
brashnen a. брашнен mealy
brashno n. брашно flour
brashpil v.t. брашпил windlass
brat n. брат brother
bratooubiets n. братоубиец cain
bratooubiets n. братоубиец fratricide
bratovched n. братовчед cousin
bratski a. братски fraternal
bratstvo n. братство brotherhood
bratstvo n. братство confraternity
bratstvo n. братство fraternity
brava n. брава lock
braylovo pismo n брайлово писмо braille
brazda n. бразда furrow
brazda n. бразда rut

bremenna *a.* бременна *pregnant*
bremennost *n.* бременност *pregnancy*
breza *n.* бреза *birch*
brigada *n.* бригада *brigade*
brigaden general *n.* бригаден генерал *brigadier*
brigadir *n.* бригадир *foreman*
brimka *n.* бримка *mesh*
britanski *adj.* британски *british*
briz *n.* бриз *breeze*
brme *n.* бреме *onus*
broderiya *n.* бродерия *embroidery*
brokat *n.* брокат *brocade*
brokoli *n.* броколи *broccoli*
bronya *n.* броня *armature*
bronya *n.* броня *bumper*
bronz *n.* бронз *bronze*
broshoura *n.* брошура *brochure*
broshoura *n.* брошура *leaflet*
broutalen *a.* брутален *brutal*
brouten *a.* брутен *gross*
brouto *n.* бруто *gross*
broy *n.* брой *count*
broy *n.* брой *number*
broya *v.t.* броя *count*
broya *v.t.* броя *number*
bruchka *n.* бръчка *wrinkle*
brumbar *n.* бръмбар *beetle*
brumcha *v. i.* бръмча *buzz*
brumcha *v. i.* бръмча *hum*
brumchene *n.* бръмчене *buzz*
brumchene *n.* бръмчене *hum*
brumchene *n.* бръмчене *whir*
brumchene *n.* бръмчене *zoom*
brushlyan *n.* бръшлян *ivy*
brushtolevya *v.i.* бръщолевя *babble*
brusna *v.t.* бръсна *shave*

brusnach *n.* бръснач *razor*
brusnar *n.* бръснар *barber*
brusnene *n.* бръснене *shave*
bryag *n.* бряг *coast*
bryag *n.* бряг *shore*
bubrek *n.* бъбрек *kidney*
bubrya *v. i.* бъбря *chat2*
bubrya *v.i.* бъбря *prattle*
bubyra *v.t.* бъбря *chatter*
budesht *a.* бъдещ *future*
budeshte *n.* бъдеще *future*
buen *a.* буен *wanton*
buhtya se *v.i.* бъхтя се *plod*
bulha *n.* бълха *flea*
burborene *n.* бърборене *prattle*
burdo *n.* бърдо *moor*
burkalka *n* бъркалка *paddle*
burkam *v. t. & i.* бъркам *churn*
burkam *v.t.* бъркам *mistake*
burkam *v.i.* бъркам *paddle*
burkotiya *n.* бъркотия *bungle*
burkotiya *n.* бъркотия *jumble*
burkotiya *n.* бъркотия *mess*
burkotiya *n.* бъркотия *muddle*
burkotiya *n.* бъркотия *skein*
burkotiya *n.* бъркотия *turmoil*
burkotiya *n.* бъркотия *welter*
burloga *n.* бърлога *cavern*
burloga *n.* бърлога *den*
burloga *n.* бърлога *lair*
burnikam *v.i.* бърникам *fumble*
bursha *v.t.* бърша *mop*
bursha *v.t.* бърша *wipe*
burtvezh *n.* бъртвеж *babble*
burz *adj.* бърз *brisk*
burz *a.* бърз *fast*
burz *a.* бърз *hasty*
burz *a.* бърз *prompt*
burz *a.* бърз *quick*
burz *a.* бърз *rapid*
burz *a.* бърз *swift*

burz *a.* бърз *speedy*
burzam *v.i.* бързам *hasten*
burzam *v.t.* бързам *hurry*
burzam *v.i.* бързам *speed*
burzane *n.* бързане *haste*
burzane *n.* бързане *hurry*
burzane *n.* бързане *rush*
burzina *n.* бързина *rapidity*
burzo *adv.* бързо *apace*
burzo *adv.* бързо *fast*
burzo *adv.* бързо *speedily*
butilka *n.* бутилка *churn*
butreshen *a.* вътрешен *inside*
byagam *v.i.* бягам *flee*
byagstvo *n.* бягство *escape*
byal *a.* бял *white*
byal drob *n.* бял дроб *lung*
byalka *n.* бялка *marten*
byalo *n.* бяло *white*
byas *n.* бяс *rabies*
byudzhet *n.* бюджет *budget*
byuletin *n.* бюлетин *bulletin*
byuro *n.* бюро *burcau*
byuro *n.* бюро *desk*
byurokrat *n.* бюрократ *bureaucrat*
byurokratsiya *n.* бюрокрация *Bureacuracy*

C

chadur *n.* чадър *umbrella*
chakal *n.* чакал *jackal*
chakul *n.* чакъл *rubble*
chanta *n.* чанта *bag*
chanta *n.* чанта *satchel*
char *n.* чар *charm1*
char *n.* чар *glamour*

charodey *n.* чародей *necromancer*
chas *n.* час *hour*
chasha *n* чаша *beaker*
chasha *n.* чаша *cup*
chasovi *n.* часови *sentry*
chasovnik *n.* часовник *clock*
chast *n.* част *part*
chast *n.* част *section*
chast *n.* част *segment*
chasten *a.* частен *private*
chastichen *a.* частичен *partial*
chastitsa *n.* частица *fraction*
chastitsa *a.* частица *particle*
chastno chislo *n.* частно число *quotient*
chay *n.* чай *tea*
chayka *n.* чайка *gull*
chaynik *n.* чайник *kettle*
che *conj.* че *that*
chek *n.* чек *cheque*
chekmedzhe *n.* чекмедже *locker*
chelen *a* челен *foremost*
chelo *n.* чело *brow*
chelo *n.* чело *forehead*
chelyust *n.* челюст *jaw*
chelyust *n.* челюст *maxilla*
cheren *a.* черен *black*
cheren drob *n.* черен дроб *liver*
cherep *n.* череп *skull*
cherga *n.* черга *mat*
chernitsa *n.* черница *mulberry*
cheroupka *n.* черупка *shell*
cherpak *n.* черпак *ladle*
cherta *n.* черта *feature*
chertezh *n.* чертеж *draft*
chertozhnik *a.* чертожник *draftsman*
cherven *a.* чревен *intestinal*
cherven *a.* червен *red*

cherven tsvyat *n.* червен цвят
  red
chervenikav *a.* червеникав
  reddish
chervey *n.* червей *mite*
chervey *n.* червей *worm*
chervo *n.* черво *intestine*
chest *n.* чест *frequent*
chest *n.* чест *honour*
chesten *a.* честен *fair*
chesten *a.* честен *honest*
chestna douma *n.* честна дума
  parole
chestno *adv.* честно *fairly*
chestnost *n.* честност *honesty*
chesto *adv.* често *oft*
chesto *adv.* често *often*
chestota *n.* честота *frequency*
chestvam *v.t.* чествам
  commemorate
chestvam *v.t.* чествам
  solemnize
chestvane *n.* честване
  commemoration
chesun *n.* чесън *garlic*
cheta *v.t.* чета *peruse*
cheta *v.t.* чета *read*
cheta lektsiya *v* чета лекция
  lecture
chetina *n* четина *bristle*
chetiri *n.* четири *four*
chetirideset *n.* четиридесет
  forty
chetirinadeset *n.*
  четиринадесет *fourteen*
chetirinogo *n.* четириного
  quadruped
chetiristranen *a. & n.*
  четиристранен *quadrilateral*
chetiriugulen *a.* четириъгълен
  quadrangular

chetiriugulnik *n.*
  четириъгълник *quadrangle*
chetka *n.* четка *brush*
chetka *n.* четка *mop*
chetliv *a.* четлив *legible*
chetlivo *adv.* четливо *legibly*
chetvoren *a.* четворен
  quadruple
chetvurt *n.* четвърт *quarter*
chetvurtuk *n.* четвъртък
  Thursday
chevrust *adj.* чевръст *argute*
chicho *n.* чичо *uncle*
chiflikchiya *n.* чифликчия
  yeoman
chift *n.* чифт *pair*
chili *n.* чили *chilli*
chim *n.* чим *sod*
chin na kapitan *n.* чин на
  капитан *captaincy*
chiniya *n.* чиния *dish*
chiniyka *n.* чинийка *saucer*
chinovnik *n.* чиновник *clerk*
chirak *n.* чирак *apprentice*
chislen *a.* числен *numeral*
chislen *a.* числен *numerical*
chist *a.* чист *clean*
chist *a.* чист *pure*
chistach *n.* чистач *sweeper*
chistilishte *n.* чистилище
  purgatory
chistosurdechen *a.*
  чистосърдечен *bonafide*
chistota *n.* чистота *cleanliness*
chistota *n.* чистота *purity*
chistya *v.t.* чистя *clean*
chitatel *n.* читател *reader*
chiyto *pron.* чийто *whose*
chlen *n.* член *member*
chlenstvo *n.* членство
  membership

chorap *n.* чорап *sock*
chorap *n.* чорап *stocking*
chouchouliga *n.* чучулига *lark*
choudat *a.* чудат *outlandish*
choudat *a.* чудат *quaint*
chouden *a.* чуден *marvellous*
chouden *a.* чуден *wondrous*
choudesen *a.* чудесен *wonderful*
choudo *n.* чудо *marvel*
choudo *n.* чудо *miracle*
choudo *n.* чудо *wonder*
choudotvoren *a.* чудотворен *miraculous*
choudovishte *n.* чудовище *monster*
choudovishten *a.* чудовищен *monstrous*
choudya se *v.i.* чудя се *marvel*
choudya se *v.i.* чудя се *wonder*
chougoun *n.* чугун *cast-iron*
chouk *n.* чук *hammer*
chouk *n.* чук *maul*
choukam *v.t.* чукам *hammer*
choukam *v.t.* чукам *knock*
chouma *a.* чума *plague*
choupene *n.* чупене *breakage*
choupliv *a.* чуплив *fragile*
choupya *v.t.* чупя *break*
chouroulikam *v.i.* чуруликам *twitter*
chouroulikam *v.i.* чуруликам *warble*
chouroulikane *n.* чуруликане *twitter*
chouroulikane *n.* чуруликане *warble*
choushka *n.* чушка *capsicum*
chouvam *v.t.* чувам *hear*
chouvstvitelen *a.* чувствителен *sentient*

chouvstvitelnost *n.* чувствителност *sentience*
chouvstvo *n.* чувство *sentiment*
chouzhd *a.* чужд *foreign*
chouzhdenets *n.* чужденец *foreigner*
chouzhdozemen *a.* чуждоземен *alien*
chovechestvo *n.* човечество *mankind*
chovek *n.* човек *man*
chovekopodoben *a.* човекоподобен *anthropoid*
choveshki *a.* човешки *human*
chuvstvam *v.t.* чувствам *feel*
chuvstven *a.* чувствен *sensual*
chuvstvitelen *a.* чувствителен *sensitive*
chuvstvo *n.* чувство *feeling*
chuvstvo *n.* чувство *sense*
cnimka *n.* снимка *photograph*
curtse *n.* сърце *heart*
cvraka *n.* сврака *magpie*

D

da *adv.* да *yes*
dalak *n.* далак *spleen*
dalech *adv.* далеч *away*
dalech *adv.* далеч *far*
dalechen *a.* далечен *distant*
dalechen *a.* далечен *far*
dalechen *a.* далечен *remote*
dali *conj.* дали *whether*
dalnovidnost *n.* далновидност *prescience*
dama *n.* дама *dame*
dama *n.* дама *lady*
danuk *n.* данък *supertax*

danuk *n.* данък *tax*
dar *n.* дар *gift*
dar *n.* дар *grant*
darenie *n.* дарение *donation*
daryavam *v. t.* дарявам *bestow*
daryavam *v. t.* дарявам *donate*
daryavam *v. t.* дарявам *endow*
data *n.* дата *date*
datiram *v. t.* датирам *date*
davam *v.t.* давам *give*
davam *v.t.* давам *grant*
davam *v.t.* давам *render*
davam bakshish *v.t.* давам бакшиш *tip*
davam lekarstvo *v.t.* давам лекарство *physic*
davam na zaem *v.t.* давам на заем *lend*
davam ouspokoitelno *v.t.* давам успокоително *sedate*
davam pod sud *v.t.* давам под съд *prosecute*
davam povod *v.t* давам повод *occasion*
davam pryakor *v.t.* давам прякор *nickname*
davam ritsarsko zvanie *v.t.* давам рицарско звание *knight*
davam seme *v.t.* давам семе *seed*
davam sredno *v.t.* давам средно *average*
davam suglasie *v.t.* давам съгласие *consent*
davam vazmozhnost na *v.t.* давам възможност на *enable*
davam znak *v.i.* давам знак *motion*
davya se *v.i.* давя се *drown*
dazhba *n.* дажба *allowance*

dazhba *n.* дажба *ration*
dazhe *adv.* даже *nay*
debel *a.* дебел *fat*
debelo chervo *n.* дебело черво *colon*
debit *n.* дебит *debit*
debit *n.* дебит *output*
defekt *n.* дефект *fault*
defekten *a.* дефектен *faulty*
defile *n.* дефиле *ravine*
defiliram *v.i.* дефилирам *file*
deist *n.* деист *deist*
dekan *n.* декан *dean*
dekemvri *n.* декември *december*
deklamirane *n.* декламиране *recitation*
deklaratsiya *n.* декларация *affidavit*
deklaratsiya *n.* декларация *declaration*
deklariram *v.t.* декларирам *declare*
dekoratsiya *n.* декорация *ornamentation*
dekoriram *v.t.* декорирам *ornament*
dekret *n.* декрет *ordinance*
delegatsiya *n.* делегация *delegation*
delegiram *v.t.* делегирам *delegate*
delegiram *v.t.* делегирам *depute*
delenie *n.* деление *partition*
delikaten *a.* деликатен *delicate*
delnichen *a.* делничен *workaday*
delo *n.* дело *affair*
delo *n.* дело *deed*
delta *n.* делта *delta*

delva n. делва crevet
delya v.t. деля partition
delya v.t. деля portion
delya v.t. деля segment
demokratichen a. демократичен democratic
demokratsiya n. демокрация democracy
demon n. демон demon
demonstratsiya n. демонстрация demonstration
demonstriram v.t. демонстрирам demonstrate
demoraliziram v.t. деморализирам demoralize
den n. ден day
depo n. депо depot
deponent n. депонент deponent
deportiram v.t. депортирам deport
depoutat n. депутат deputy
depresiya n. депресия depression
derayliram v.t. дерайлирам derail
deset n. десет ten
desetgodishen n. десетгодишен decennary
desetichen a. десетичен decimal
desetiletie n. десетилетие decade
despot n. деспот despot
destilator n. дестилатор still
destilatsionna fabrika n. дестилационна фабрика distillery
destiliram v.t. дестилирам distil
destiliram v.t. дестилирам still
desyatuk n. десятък tithe
dete n. дете child
dete n. дете kid
dete n. дете youngster
detektiv n. детектив detective
deteoubiystvo n. детеубийство infanticide
detinski a. детински childish
detroniram v.t. детронирам dethrone
detska grsdins n. дестка градина kindergarten ;
detska kolichka n. детска количка perambulator
detsko leglo n. детско легло cot
detstvo n. детство childhood
detstvo n. детство infancy
devet n. девет nine
devetdeseti a. деветдесети ninetieth
devetdeseti n. деветдесет ninety
deveti a. девети ninth
devetnadeset n. деветнадесет nineteen
devetnadeseti a. деветнадесети nineteenth
devitsa n. девица virgin
deviz n. девиз slogan
devoyka n. девойка damsel
devstvenitsa n. девственица virgin
devstvenost n. девственост virginity
deyatel n. деятел functionary
deystvam v.i. действам act
deystvie n. действие action
deystvitelen a. действителен actual
deystvitelno adv. действително actually
dezhouren n. дежурен invigilator

dezhourstvo *n.* дежурство
  invigilation
dezhourya *v.t.* дежуря *invigilate*
diabet *n.* диабет *diabetes*
diafragma *n.* диафрагма *midriff*
diagnostitsiram *v.t.*
  диагностицирам *diagnose*
diagnoza *n.* диагноза *diagnosis*
diagrama *n.* диаграма *chart*
diagrama *n.* диаграма *diagram*
dialekt *n.* диалект *dialect*
dialekt *n.* диалект *vernacular*
dialog *n.* диалог *dialogue*
diamant *n.* диамант *diamond*
diametur *n.* диаметър *diameter*
diariya *n.* диария *diarrhoea*
dieta *n.* диета *diet*
diga *n.* дига *embankment*
diktator *n* диктатор *dictator*
diktouvam *v.t.* диктувам *dictate*
diktovka *n.* диктовка *dictation*
diktsiya *n.* дикция *diction*
dilema *n.* дилема *dilemma*
dilema *n.* дилема *fix*
dinamichen *a* динамичен
  dynamic
dinamika *n.* динамика *dynamics*
dinamit *n.* динамит *dynamite*
dinamo *n.* динамо *dynamo*
dinastiya *n.* династия *dynasty*
dinya *n.* диня *water-melon*
dipla *n.* дипла *crimp*
diploma *n.* диплома *diploma*
diplomat *n.* дипломат *diplomat*
diplomatichen *a.* дипломатичен
  diplomatic
diplomatsiya *n.* дипломация
  diplomacy
direkten *a.* директен *through*
direktor *n.* директор *director*
direne *n.* дирене *quest*

dirigent *n.* диригент *conductor*
disham *v.i.* дишам *breathe*
disham *v.i.* дишам *respire*
dishane *n.* дишане *respiration*
disk *n.* диск *disc*
diskriminatsiya *n.*
  дискриминация
  discrimination
diskriminiram *v.t.*
  дискриминирам *discriminate*
diskvalifikatsiya *n.*
  дисквалификация
  disqualification
diskvalifitsiram *v.t.*
  дисквалифицирам *disqualify*
dispout *n.* диспут *dispute*
distsiplina *n.* дисциплина
  discipline
ditsilion *n.* дицилион *decillion*
div *a.* див *savage*
div *a.* див *wild*
divak *n.* дивак *savage*
divashtina *n.* диващина
  savagery
dizenteriya *n.* дизентерия
  dysentery
dlan *n.* длан *palm*
dleto *n.* длето *chisel*
dluzhnik *n.* длъжник *bankrupt*
dluzhnik *n.* длъжник *debtor*
dluzhnostno litse *n.*
  длъжностно лице *official*
dnes *adv.* днес *today*
dnes *n.* днес *today*
dneven red *n.* дневен ред
  agenda
dnevnik *n.* дневник *diary*
dnevnik *n.* дневник *log*
dnevno *adv.* дневно *adays*
do *prep.* до *beside*
do *prep.* до *pending*

do *prep.* до *till*
dobavka *n.* добавка *addition*
dobavka *n.* добавка *appendage*
dobavyam *v.t.* добавям *add*
dobivaem *a.* добиваем *obtainable*
doblest *n.* доблест *prowess*
doblest *n.* доблест *valour*
doblesten *a.* доблестен *valiant*
dobre *adv.* добре *well*
dobresusedski *a.* добросъседски *neighbourly*
dobrina *n.* добрина *goodness*
dobro *n.* добро *good*
dobrodetel *n.* добродетел *virtue*
dobrodetelen *a.* добродетелен *virtuous*
dobrovolen *a.* доброволен *voluntary*
dobrovolets *n.* доброволец *volunteer*
dobrovolno *adv.* доброволно *voluntarily*
dobrovolstvam *v.t.* доброволствам *volunteer*
dobrozhelatelnost *n.* доброжелателност *goodwill*
dobur *a.* добър *gentle*
dobur *a.* добър *good*
dobur *a.* добър *well*
dobur strelets *n.* добър стрелец *marksman*
dochouvam *v.t.* дочувам *overhear*
doen *a.* доен *milch*
dogadka *n.* догадка *guess*
dogadka *n.* догадка *surmise*
dogma *n.* догма *dogma*
dogmatichen *a* догматичен *dogmatic*

dogovaryam *v.t.* договарям *negotiate*
dogovaryane *n.* договаряне *negotiation*
dogovor *n.* договор *contract*
dogovor *n.* договор *treaty*
dogovorim *a.* договорим *negotiable*
dohod *n.* доход *revenue*
dohoden *a.* доходен *lucrative*
dohoden *a.* доходен *remunerative*
dok *n.* док *dock*
dokato *n. conj.* докато *till*
dokato *conj* докато *until*
dokato *conj.* докато *whereas*
dokato *conj.* докато *while*
dokazatelstvo *n.* доказателство *evidence*
dokazatelstvo *n.* доказателство *proof*
dokazvam *v.t.* доказвам *prove*
dokazvam *v.t.* доказвам *substantiate*
dokazvane *n.* доказване *substantiation*
doklad *n.* доклад *report*
dokladvam *v.t.* докладвам *report*
dokopvam *v.t.* докопвам *nab*
dokosvam *v.t.* докосвам *palm*
dokosvam *v.t.* докосвам *touch*
dokosvam s lapa *v.t.* докосвам с лапа *paw*
dokosvane *n.* докосване *touch*
dokoument *n.* документ *muniment*
dokoument *n.* документ *record*
doktor *n.* доктор *medico*
doktorat *n.* докторат *doctorate*
doktrina *n.* доктрина *doctrine*

dokument *n* документ
document
dol *n.* дол vale
dolar *n.* долар dollar
dolen *a.* долен nether
dolen *a.* долен under
dolina *n.* долина valley
dolovim *a* доловим audible
dolovim *adj* доловим
perceptible
dom *n.* дом home
domakin *n.* домакин host
domakinstvo *n.* домакинство
husbandry
domashen *a.* домашен
domestic
domashen lyubimets *n.*
домашен любимец pet
domashna prislouzhnitsa *n.*
домашна прислужница
domestic
domashni ptitsi *n.* домашни
птици poultry
domat *n.* домат tomato
dominirasht *a.* доминиращ
predominant
donasyam *v.t.* донасям bring
donasyam *v.t.* донасям fetch
donasyam *v.t.* донасям yield
donkihotski *a.* донкихотски
quixotic
donor *n.* донор donor
donosnik *n.* доносник sneak
dopir *n.* допир contact
dopouskam *a.* допустим
permissible
dopouskane *n.* допускане
admission
dopoustim *a.* допустим
admissible
dopredi *prep.* допреди until

doprinasyam *v. t* допринасям
contribute
dopulnenie *n.* допълнение
complement
dopulnenie *n.* допълнение
supplement
dopulnitelen *a.* допълнителен
additional
dopulnitelen *a.* допълнителен
another
dopulnitelen *a.* допълнителен
complementary
dopulnitelen *a.* допълнителен
extra
dopulnitelen *a.* допълнителен
plus
dopulnitelen *a.* допълнителен
supplementary
dopulnitelen danuk *n.*
допълнителен данък surtax
dopulnitelni izbouri *n.*
допълнителни избори by-election
dopulnitelno *adv.*
допълнително extra
dopulvam *v.t.* допълвам
supplement
dorazvivam *v.t.* доразвивам
elaborate
dori *adv.* дори even
dosada *n.* досада nuisance
dosaden *a.* досаден irksome
dosazhdam *v.t.* досаждам
weary
dosega *adv.* досега hitherto
dosloven *a.* дословен verbatim
doslovno *adv.* дословно
verbatim
dosta *adv.* доста pretty
dostatuchen *a.* достатъчен
adequate

dostatuchen *a.* достатъчен
  enough
dostatuchen *a.* достатъчен
  sufficient
dostatuchno *adv.* достатъчно
  enough
dostatuchnost *n.* достатъчност
  sufficiency
dostavchik *n.* доставчик
  supplier
dostavka *n.* доставка *delivery*
dostavyam *v.t.* доставям *deliver*
dostavyam naslada *v.t.*
  доставям наслада *delight*
dostigam *v.t.* достигам *attain*
dostizhenie *n.* достижение
  attainment
dostoen *a.* достоен *worthy*
dostoynstvo *n.* достойнство
  dignity
dostup *n.* достъп *access*
doublikat *n.* дубликат
  counterpart
doublikat *n.* дубликат *duplicate*
douel *n.* дуел *duel*
doueliram se *v.i.* дуелирам се
  duel
douh *n.* дух *ghost*
douh *n.* дух *manes*
douh *n.* дух *morale*
douh *n.* дух *spirit*
douhoven *a.* духовен *spiritual*
douhovenstvo *n.* духовенство
  clergy
douhovenstvo *n.* духовенство
  priesthood
douhovit *a.* духовит *jocular*
douhovnicheski *a.*
  духовнически *clerical*
douhovnost *n.* духовност
  spirituality

doulo *n.* дуло *chase2*
doulo *n.* дуло *muzzle*
douma *n.* дума *word*
doumi, kazani nastrana *n.*
  думи, казани настрана *aside*
doupchitsa *n.* дупчица *eyelet*
doupka *n.* дупка *hole*
doupka *n.* дупка *leak*
dousha *v.* душа *nuzzle*
dousha *n.* душа *psyche*
dousha *n.* душа *soul*
dousha *v.t.* душа *throttle*
doushen *a.* душен *sultry*
doushman *n.* душман *foe*
douzina *n.* дузина *dozen*
dovechera *adv.* довечера
  tonight
doverchiv *a.* доверчив *trustful*
doverchivost *a.* доверчивост
  credulity
doverenik *n.* довереник
  confidant
doverie *n.* доверие *credit*
doverie *n.* доверие *trust*
doveryavam *v.i.* доверявам
  confide
doveryavam *v.t.* доверявам
  trust
dovizhdane *interj.* довиждане
  bye-bye
dovizhdane *interj.* довиждане
  good-bye
dovolen *a.* доволен *content*
dovolen *a.* доволен *glad*
dovolstvo *n.* доволство *content*
dovolstvo *n.* доволство
  contentment
doya *v.t.* доя *milk*
doza *n.* доза *dose*
dozhivoten *a.* доживотен
  lifelong

drahma n. драхма dram
drakon n. дракон dragon
drama n. драма drama
dramatichen a. драматичен dramatic
dramatourg n. драматург dramatist
draskam v.t. драскам scratch
draskanitsa n. драсканица scribble
draskotina n. драскотина scratch
drastichen a. драстичен drastic
drasvam v.t. драсвам jot
drazheta n. дражета comfit
draznene n. дразнене vexation
draznesht a. дразнещ irritant
draznitel n. дразнител irritant
draznya v.t. дразня irritate
draznya v.t. дразня tease
draznya v.t. дразня vex
dreben a. дребен minute
dreben a. дребен petty
dreboliya n. дреболия trifle
drebosuk n. дребосък midget
drebosuk n. дребосък minim
dreha n. дреха garment
drehi n. дрехи clothes
dremvam v.i. дремвам nap
dremya v.i. дремя doze
dreven a. древен ancient
drezgav a. дрезгав hoarse
dripa n. дрипа tatter
dripav a. дрипав shabby
droug a. друг other
droug pron. друг other
droug conj. друг otherwise
drougar n. другар companion
drougar n. другар comrade
drougar n. другар fellow
drougar n. другар mate
drougarstvo n. другарство amity
drousam se v.t. друсам се jolt
drousane a. друсане jerky
drousane n. друсане jolt
drouzhelyuben a. дружелюбен amiable
drouzhelyubnost n. дружелюбност amiability
drouzheski a. дружески amicable
drug a. друг else
druncha v.i. дрънча jingle
drunchene n. дрънчене jingle
drunkam v.t. & i дрънкам blab
drunkane n. дрънкане clink
drupvam v.t. дръпвам tug
druvnik n. дръвник blockhead
druzhka n. дръжка handle
druzvam v.t. дръзвам venture
dryamka n. дрямка doze
dryamka n. дрямка nap
dub n. дъб oak
duga n. дъга arc
duh n. дъх breath
dulbaya v.t. дълбая hollow
dulbochina n. дълбочина depth
dulbochina n. дълбочина profundity
dulbok a. дълбок deep
dulbok a. дълбок profound
dulg n. дълг debt
dulg n. дълг duty
dulgo adv. дълго long
dulgoletie n. дълголетие longevity
dulgotraen a. дълготраен lasting
dulgourest a. дългурест lank
dulug a. дълъг long
dulzha v.t. дължа owe

dulzhim *a.* дължим *due*
dulzhimo *n.* дължимо *due*
dulzhina *n.* дължина *length*
dulzhina *n.* дължина *longitude*
dumeni botoushi *n.* гумени ботуши *wellignton*
duno *n.* дъно *bottom*
durdorya *v.i.* дърдоря *cackle*
durdorya *v.i.* дърдоря *gabble*
durdorya *v.t.* дърдоря *jabber*
durpam *v.t.* дърпам *pull*
durpane *n.* дърпане *pull*
durven *a.* дървен *wooden*
durvesina *n.* дървесина *timber*
durvesina *n.* дървесина *wood*
durvo *n.* дърво *tree*
durvodelets *n.* дърводелец *carpenter*
durvodelstvo *n.* дърводелство *carpentry*
durvorastyasht *a.* дърворастящ *xylophilous*
durvoyaden *a.* дървояден *xylophagous*
durzha *v.t.* държа *hold*
durzha se zle *v.i.* държа се зле *misbehave*
durzha v konyushnya *v.t.* държа в конюшня *stable*
durzhanie *n.* държание *dealing*
durzhanka *n.* държанка *concubine*
durzhava *n.* държава *commonwealth*
durzhava *n.* държава *polity*
durzhava *n.* държава *state*
durzhavnik *n.* държавник *statesman*
durzuk *a.* дързък *hardy*
durzuk *a.* дързък *reckless*
durzuk *a.* дързък *venturesome*

dusha *v.t.* задушавам *choke*
dushterya *n.* дъщеря *daughter*
duska *n.* дъска *board*
duska *n.* дъска *plank*
duvcha *v.t.* сдъвквам *chew*
duvcha *v.t.* дъвча *masticate*
duzhd *n.* дъжд *drizzle*
duzhd *n.* дъжд *rain*
duzhdoven *a.* дъждовен *rainy*
dvadeset *a.* двадесет *twenty*
dvadeset *n.* двадесет *twenty*
dvadeseta chast *n.* двадесета част *twentieth*
dvadeseti *a.* двадесети *twentieth*
dvama *n.* двама *two*
dvanadeset *n.* дванадесет *twelve*
dvanadeset *n.* дванадесет *twelve*
dvanadeseta chast *n.* дванадесета част *twelfth*
dvanadeseti *a.* дванадесети *twelfth*
dvazh *adv.* дваж *twice*
dve *a.* две *two*
dve sedmitsi *n.* две седмици *fort-night*
dvestagodishen *adj.* двестагодишен *bicentenary*
dvigatel *n.* двигател *engine*
dvizha se *v.i.* движа се *stir*
dvizhenie *n.* движение *motion*
dvizhenie *n.* движение *movement*
dvizheshta sila *n.* движеща сила *mover*
dvizhim *a.* движим *movable*
dvoen *a.* двоен *double*
dvoen *a.* двоен *dual*
dvoen *a.* двоен *twofold*

dvoetochie n. двоеточие colon
dvor n. двор courtyard
dvor n. двор yard
dvorets n. дворец palace
dvortsov a. дворцов palatial
dvoryanin n. дворянин nobleman
dvoryanin n. дворянин squire
dvou pref дву bi
dvouezichen a двуезичен bilingual
dvougodishen adj. двугодишен biennial
dvoumesechen adj. двумесечен bimestrial
dvoumesechen a. двумесечен bimonthly
dvounog n. двуног biped
dvouosen adj. двуосен biaxial
dvououtroben n. двуутробен marsupial
dvousedmichno adj. двуседмично bi-weekly
dvousmislen a. двусмислен ambiguous
dvousmislen a. двусмислен equivocal
dvousmislenost n. двусмисленост ambiguity
dvousmislitsa n. двусмислица quibble
dvoustranen adj. двустранен bilateral
dvouzhenstvo n. двуженство bigamy
dvoyka n. двойка couple
dvoyno kolichestvo n. двойно количество double
dvulichie n. двуличие duplicity
dyakon n. дякон deacon
dyal n. дял allotment

dyal n. дял deal
dyal n. дял portion
dyal n. дял share
dyal n. дял stake
dyalam v.t. дялам whittle
dyavol n. дявол devil
dyavol n. дявол fiend
dyavol go vzel n. дявол го взел botheration
dyushek n. дюшек mattress
dyuza n. дюза nozzle
dzhamiya n. джамия mosque
dzhavkane n. джавкане yap
dzhentulmen n. джентълмен gentleman
dzhindzhifil n. джинджифил ginger
dzhob n. джоб pocket
dzhodzhen n. джоджен mint
dzhoudzhe n. джудже dwarf
dzhoungla n. джунгла jungle

E

echemik n. ечемик barley
echemik na okoto n. ечемик на окото stye
edin a. един either
edin a. един one
edin pron. един one
edinadeset n. единадесет eleven
edinitsa n. единица unit
edinodoushen a. единодушен unanimous
edinodoushie n. единодушие unanimity
edinstven a. единствен only
edinstven a. единствен single

edinstven *a.* единствен *sole*
edinstveno chislo *a.*
 единствено число *singular*
edinstvo *n.* единство *oneness*
edinstvo *n.* единство *unity*
edna luzhitsa *n.* една лъжица *spoonful*
edna trideseta *n.* една тридесета *thirtieth*
ednakuv *a.* еднакъв *twin*
ednosrichen *a.* едносричен *monosyllabic*
ednosrichna douma *n.* едносрична дума *monosyllable*
ednostranchiv *a.* едностранчив *ex-parte*
ednotsveten *a.* едноцветен *monochromatic*
ednovremenen *a.* едновременен *simultaneous*
edur *a.* едър *massy*
edva *adv.* едва *barely*
edva *adv.* едва *hardly*
edva *adv.* едва *scarcely*
efekt *n.* ефект *effect*
efektiven *a.* ефективен *effective*
efikasnost *n.* ефикасност *efficacy*
ego *n.* его *ego*
egoistichen *a.* егоистичен *inconsiderate*
egoistichen *a.* егоистичен *selfish*
eho *n.* ехо *echo*
ekip *n.* екип *team*
ekipazh *n.* екипаж *crew*
ekipirane *n.* екипиране *equipment*
ekipirovka *n.* екипировка *kit*

ekskourziya *n.* екскурзия *excursion*
ekspediram *v.t.* експедирам *expedite*
ekspeditsiya *n.* експедиция *expedition*
eksperiment *n.* експеримент *experiment*
ekspert *n.* експерт *expert*
eksploatiram *v.t.* експлоатирам *exploit*
eksplodiram *v.t.* експлодирам *explode*
eksploziv *n.* експлозив *explosive*
eksploziven *a.* експлозивен *explosive*
eksploziya *n.* експлозия *explosion*
eksponat *n.* експонат *exhibit*
eksponent *n.* експонент *exponent*
eksport *n.* експорт *export*
eksportiram *v.t.* експортирам *export*
ekspoulsirane *n.* експулсиране *expulsion*
ekspres *n.* експрес *express*
ekspresen *a* експресен *express*
ekstrakt *n.* екстракт *extract*
ekstravaganten *a.* екстравагантен *extravagant*
ekstravagantnost *n.* екстравагантност *extravagance*
ekstremist *n.* екстремист *extremist*
ekvator *n.* екватор *equator*
ekvivalenten *a.* еквивалентен *equivalent*

ekzekoutor *n.* екзекутор *executioner*
ela *n.* ела *fir*
elastichen *a.* еластичен *elastic*
eleche *n.* елече *bodice*
eleganten *adj.* елегантен *elegant*
elegantnost *n.* елегантност *elegance*
elegiya *n.* елегия *elegy*
elektorat *n.* електорат *electorate*
elektricheska instalatsiya *n.* електрическа инсталация *wiring*
elektricheski *a.* електрически *electric*
elektricheski *n.* електричество *electricity*
elektricheski klyuch *n.* електрически ключ *switch*
element *n.* елемент *constituent*
element *n.* елемент *element*
elementaren *a.* елементарен *elementary*
elementaren *a.* елементарен *rudimentary*
elen *n.* елен *deer*
elen *n.* елен *stag*
elenov rog *n.* еленов рог *antler*
elf *n.* елф *elf*
eliminatsiya *n.* елиминация *elimination*
eliminiram *v.t.* елиминирам *eliminate*
elmaz *n.* елмаз *adamant*
emantsipatsiya *n.* еманципация *emancipation*
emayl *n.* емайл *enamel*
emblema *n.* емблема *emblem*
emfie *n.* емфие *snuff*

emisar *n.* емисар *emissary*
emotsionalen *a.* емоционален *emotional*
energichen *a.* енергичен *energetic*
energichen *a.* енергичен *spirited*
energiya *n.* енергия *energy*
enigma *n.* енигма *enigma*
enoriya *n.* енория *parish*
entomologiya *n.* ентомология *entomology*
entousiaziran *a.* ентусиазиран *enthusiastic*
entousiazum *n.* ентусиазъм *enthusiasm*
entsiklopediya *n.* енциклопедия *encyclopaedia*
epidemiya *n.* епидемия *epidemic*
epidemiya *n.* епидемия *pestilence*
epigrama *n.* епиграма *epigram*
epilepsiya *n.* епилепсия *epilepsy*
epilog *n.* епилог *epilogue*
episkop *n.* епископ *bishop*
epitaf *n.* епитаф *epitaph*
epizod *n.* епизод *episode*
epoha *n.* епоха *epoch*
epopeya *n.* епопея *epic*
era *n.* ера *era*
ergen *n.* ерген *bachelor*
erodiram *v.t.* еродирам *erode*
erotichen *a.* еротичен *erotic*
eroziya *n.* ерозия *erosion*
ese *n.* есе *essay*
eseist *n.* есеист *essayist*
esen *n.* есен *autumn*
eskadron *n.* ескадрон *squadron*
eskort *n.* ескорт *escort*

eskortiram v.t. ескортирам escort
estestven a. естествен natural
estestveno adv. естествено naturally
estetichen a. естетичен aesthetic
estetichen a. естетичен sensuous
estetika n.pl. естетика aesthetics
etazh n. етаж storey
eter n. етер ether
etichen a. етичен ethical
etika n. етика ethics
etiket n. етикет etiquette
etiket n. етикет label
etiket n. етикет tag
etimologiya n. етимология etymology
evakouatsiya n. евакуация evacuation
evakouiram v.t. евакуирам evacuate
evnouh n. евнух eunuch
evolyutsiya n. еволюция evolution
evrein n. евреин Jew
evtin a. евтин cheap
evtin a. евтин inexpensive
ezda n. езда ride
ezdach n. ездач rider
ezero n. езеро lake
ezhedneven a. ежедневен daily
ezhednevnik n. ежедневник daily
ezhednevno adv. ежедневно daily
ezheminouten adv. ежеминутен minutely
ezik n. език language

ezik n. език tongue
ezikov a. езиков lingual

F

fabrika n. фабрика factory
fabrikuvam v.t. фабрикувам fabricate
fakel n. факел torch
faksimile n. факсимиле facsimile
fakt n. факт fact
faktor n. фактор factor
faktoura n. фактура invoice
fakultet n. факултет faculty
faliral a. фалирал insolvent
falshifikator n. фалшификатор counterfeiter
falshifikatsiya n. фалшификация adulteration
falshifikatsiya n. фалшификация forgery
falshifitsiram v.t. фалшифицирам adulterate
falshiv a. фалшив bogus
falshiv a. фалшив counterfeit
falshiv a. фалшив false
falshiv a. фалшив spurious
familiya n. фамилия surname
fanatichen a. фанатичен fanatic
fanatichen a. фанатичен partisan
fanatichen a. фанатичен zealous
fanatik n. фанатик fanatic
fanatik n. фанатик zealot
fanatizum n. фанатизъм bigotry

fantastichen *a.* фантастичен *fantastic*
fantaziya *n.* фантазия *fancy*
fantom *n.* фантом *phantom*
fauna *n.* фауна *fauna*
farmatseft *n.* фармацевтика *pharmacy*
fars *n.* фарс *farce*
fasada *n.* фасада *facade*
faset *n.* фасет *facet*
fatalen *a.* фатален *fatal*
fayl *n.* файл *file*
fayton *n.* файтон *barouche*
fayton *n.* файтон *chaise*
faza *n.* фаза *phase*
federalen *a.* федерален *federal*
federatsiya *n.* федерация *federation*
fen *n.* фен *fan*
fener *n.* фенер *lantern*
fenomen *n.* феномен *phenomenon*
fenomenalen *a.* феноменален *phenomenal*
feod *n.* феод *feud*
feodalen *a.* феодален *feudal*
feribot *n.* ферибот *ferry*
ferma *n.* ферма *farm*
ferment *n.* фермент *ferment*
fermentatsiya *n.* ферментация *fermentation*
fermentiram *v.t.* ферментирам *ferment*
fermer *n.* фермер *farmer*
festival *n.* фестивал *festival*
fevrouari *n.* февруари *February*
feya *n.* фея *fairy*
fianansov *a.* финансов *financial*
fiannsist *n.* финансист *financier*
fiasko *n.* фиаско *fiasco*
fibra *n.* фибра *fibre*

fidanka *n.* фиданка *sapling*
figura *n.* фигура *figure*
figurativen *a.* фигуративен *figurative*
fiktsiya *n.* фикция *fiction*
filantrop *n.* филантроп *philanthropist*
filantropicheski *a.* филантропически *philanthropic*
filantropiya *n.* филантропия *philanthropy*
film *n.* филм *film*
filmiram *v.t.* филмирам *film*
filolog *n.* филолог *philologist*
filologichen *a.* филологичен *philological*
filologiya *n.* филология *philology*
filosof *n.* философ *philosopher*
filosofiya *n.* философия *philosophy*
filosofski *a.* философски *philosophical*
filtriram *v.t.* филтрирам *filter*
filtur *n.* филтър *filter*
fin *a.* фин *fine*
finansi *n.* финанси *finance*
finansiram *v.t.* финансирам *finance*
finish *n.* финиш *finish*
firma *n.* фирма *corporation*
firma *n.* фирма *firm*
firmen *a.* фирмен *corporate*
fiskalen *a.* фискален *fiscal*
fistoula *n.* фистула *fistula*
fitil *n.* фитил *fuse*
fitil *n.* фитил *wick*
fizicheski *a.* физически *physical*
fizik *n.* физик *physicist*

fizika n. физика physics
fizionomiya n. физиономия physiognomy
flag n. флаг banner
flag n. флаг flag
flanela n. фланела flannel
flegma n. флегма drag
fleyta n. флейта flute
flirt n. флирт flirt
flirtouvam v.i флиртувам flirt
flora n. флора flora
flota n. флота fleet
flota n. флота navy
flotski a. флотски naval
flouid n. флуид fluid
fokous n. фокус focus
fokousen a. фокусен focal
fokousiram se v.t. фокусирам focus
fond n. фонд fund
fondatsiya n. фондация foundation
fonetichen a. фонетичен phonetic
fonetika n. фонетика phonetics
fontan n. фонтан fountain
forma n. форма form
forma n. форма shape
formalen a. формален formal
format n. формат format
formatsiya n. формация formation
formiram v.t. формирам form
formoula n формула formula
formuliram v.t формулирам formulate
fort n. форт fort
forte n. форте forte
forum n. форум forum
fosfat n. фосфат phosphate
fosfor n. фосфор phosphorus

fosil n. фосил fossil
foto n. фото photo
fotograf n. фотограф photographer
fotografichen a. фотографичен photographic
fotografiya v.t. фотографирам photograph
fotorafiya n. фотография photography
fou interj фу fie
foucha v.i. фуча whiz
foundamentalen a. фундаментален fundamental
founiyka n. фунийка cornet
founktsioniram v.i функционирам function
founktsiya n. функция function
fourazh n. фураж fodder
fourgon n. фургон van
fourgon n. фургон wagon
fourna n. фурна oven
fousta n. фуста petticoat
fragment n. фрагмент fragment
fraktsionen a. фракционен factious
fraktsiya n. фракция faction
franchayz n. франчайз franchise
frantsouzin n. французин French
frasvam v.t. фрасвам whack
fraza n. фраза phrase
frazeologiya n. фразеология phraseology
frenski a. френски French
frivolnost n. фриволност flippancy
fuflene n. фъфлене lisp
fuflya v.t. фъфля lisp
furlong n. фърлонг furlong

furtouna n. фъртуна blizzard

G

gabardin n. габардин whipcord
gadaya v.i гадая guess
gadene n. гадене nausea
gaechen klyuch n. гаечен ключ spanner
galaktika n. галактика galaxy
galanterist n. галантерист milliner
galeriya n. галерия gallery
galon n. галон gallon
galop n. галоп canter
galop n. галоп gallop
galop n. галоп scamper
galopiram v.t. галопирам gallop
galvaniziram v.t. галванизирам galvanize
galya v.t. галя pet
gangster n. гангстер gangster
garant n. гарант warrantor
garantiram v.t. гарантирам guarantee
garantiram v.i. гарантирам vouch
garantiram v.t. гарантирам warrant
garantiran n. гарантиран warrantee
garantsiya n. гаранция guarantee
garantsiya n. гаранция safeguard
garantsiya n. гаранция warrant
garantsiya n. гаранция warranty
garazh n. гараж garage

garderob n. гардероб wardrobe
garvan n. гарван crow
garvan n. гарван raven
gastriten a. гастритен gastric
gasya v.t гася extinguish
gayda n. гайда bagpipe
gaz n. газ gas
gaziram v.t. газирам aerify
gazoobrazen a. газообразен gassy
generator n. генератор generator
generiram v.t. генерирам generate
geniy n. гений genius
geograf n. географ geographer
geografiya n. география geography
geografski a. географски geographical
geolog n. геолог geologist
geologiya n. геология geology
geolozhki a. геоложки geological
geometrichen a. геометричен geometrical
geometriya n. геометрия geometry
gerdan n. гердан necklet
geroichen a. героичен heroic
geroinya n. героиня heroine
geroizum n. героизъм heroism
geroundiy n. герундий gerund
geroy n. герой hero
gibelen a. гибелен pernicious
gibon n. гибон gibbon
gigantski n. гигантски giant
gigantski a. гигантски gigantic
gigantski a гигантски mammoth
gildiya n. гилдия guild

gimnasticheski *a.* гимнастически *gymnastic*
gimnastik *n.* гимнастик *gymnast*
gimnastika *n.* гимнастика *gymnastics*
gimnaziya *n.* гимназия *gymnasium*
girlyanda *n.* гирлянда *anadem*
girlyanda *n.* гирлянда *festoon*
girlyanda *n.* гирлянда *garland*
glad *n.* глад *famine*
glad *n.* глад *hunger*
gladen *a.* гладен *hungry*
gladouvam *v.i.* гладувам *starve*
gladouvane *n.* гладуване *starvation*
gladuk *a.* гладък *even*
gladuk *a.* гладък *sleek*
gladuk *a.* гладък *smooth*
gladya *v.t.* гладя *iron*
glagol *n.* глагол *verb*
glagolno vreme *n.* глаголно време *tense*
glaoukoma *n.* глаукома *glaucoma*
glas *n.* глас *vote*
glashatay *n.* глашатай *beadle*
glasna *n.* гласна *vowel*
glasno *adv.* гласно *aloud*
glasopodavatel *n.* гласоподавател *voter*
glasouvam *v.i.* гласувам *ballot*
glasouvam *v.t.* гласувам *poll*
glasouvam *v.i.* гласувам *vote*
glasouvane *n.* гласуване *ballot*
glasouvane *n.* гласуване *poll*
glasov *a.* гласов *vocal*
glasov *n.* глас *voice*
glava *n.* глава *head*
glava na kniga *n.* глава на книга *chapter*

glaven *a.* главен *capital*
glaven *a.* главен *chief*
glaven *a.* главен *main*
glaven *a.* главен *principal*
glavina *n.* главина *hub*
glavna chast *n* главна част *main*
glavno *adv.* главно *mainly*
glavno *adv.* главно *primarily*
glavobolie *n.* главоболие *headache*
glavolomen *n* главоломен *breakneck*
glavorez *n.* главорез *ruffian*
glazura *n.* глазура *glaze*
gledam *v.i* гледам *look*
gledam *v.t.* гледам *view*
gledam kum *v.t.* гледам към *front*
gledam vlyubeno *v.t.* гледам влюбено *ogle*
gledka *n.* гледка *spectacle*
gledka *n.* гледка *view*
gletcher *n.* глетчер *glacier*
glezen *n.* глезен *ankle*
glezya *v.t.* глезя *dandle*
gligan *n.* глиган *boar*
glina *n.* глина *argil*
glina *n.* глина *clay*
glitserin *n.* глицерин *glycerine*
globa *n.* глоба *fine*
globa *n.* глоба *surcharge*
globalen *a.* глобален *global*
globyavam *v.t.* глобявам *fine*
glog *n.* глог *hawthorn*
glosar *n.* глосар *glossary*
glouharche *n.* глухарче *dandelion*
glouharche *a.* глухарче *deaf*
gloupak *n.* глупак *fool*
gloupak *n.* глупак *simpleton*

gloupav *a.* глупав *foolish*
gloupav *a.* глупав *mindless*
gloupav *a.* глупав *silly*
gloupav *a.* глупав *stupid*
gloupav *a.* глупав *witless*
gloupost *n.* глупост *stupidity*
glouposti *v.i.* глупости *blether*
gluch *n.* глъч *hubbub*
glutka *n.* глътка *sip*
glutka *n.* глътка *swallow*
glyukoza *n.* гликоза *glucose*
gmurkam se *v.i.* гмуркам се *dive*
gmurkane *n.* гмуркане *dive*
gnezdo *n.* гнездо *nest*
gnezdya *v.t.* гнездя *nest*
gniene *n.* гниене *rot*
gniya *v.i.* гния *rot*
gnousen *a.* гнусен *heinous*
gnousen *a.* гнусен *obscene*
gnousotiya *n.* гнусотия *obscenity*
gnoy *n.* гной *pus*
gnyav *n.* гняв *anger*
gnyav *n.* гняв *ire*
gnyav *n.* гняв *wrath*
goblen *n.* гоблен *tapestry*
goden *a.* годен *fit*
godezh *n.* годеж *betrothal*
godina *n.* година *year*
godishen *a.* годишен *annual*
godishen *a.* годишен *yearly*
godishnina *n.* годишнина *anniversary*
godishno *adv.* годишно *yearly*
gol *a.* гол *naked*
gol *a.* гол *nude*
gol *n.* гол *stark*
golf *n.* голф *golf*
golisharche *n.* голишарче *nestling*

golmaystor *n.* голмайстор *scorer*
golyam *a.* голям *big*
golyam *a.* голям *grand*
golyam *a.* голям *large*
gong *n.* гонг *gong*
gora *n.* гора *forest*
gora *n.* гора *woods*
gorchitsa *n.* горчица *mustard*
gorchiv *a.* горчив *bitter*
gord *a.* горд *proud*
gordeya se *v.t.* гордея се *pride*
gordost *n.* гордост *pride*
gore *adv.* горе *above*
goren *adv.* горен *up*
goren *a.* горен *upper*
goresht *a.* горещ *hot*
gori *n.* гори *woodland*
gorichka *n.* горичка *coppice*
gorila *n.* горила *gorilla*
gorivo *n.* гориво *fuel*
gorski *a.* горски *sylvan*
goshtavka *n.* гощавка *wassail*
gospel *n.* госпел *gospel*
Gospoda *n.* Господа *Messrs*
gospodarka *n.* господарка *mistress*
gospodarski *a.* господарски *manorial*
gospodarstvo *n.* господарство *lordship*
gospodin *n.* господин *sir*
gospodstvo *n.* господство *mastery*
gost *n.* гост *guest*
gostopriemen *a.* гостоприемен *hospitable*
gostopriemstnost *n.* гостоприемност *hospitality*
gotov *a.* готов *ready*

gotovnost *n.* готовност
 readiness
gotovnost *n.* готовност
 willingness
gotvach *n.* готвач *cook*
gotvya *v.t.* сготвям *cook*
gotvya v tendzhera *v.t.* готвя в тенджера *pot*
gouava *n.* гуава *guava*
goubya *v.t.* губя *lose*
gougla *n.* гугла *foolscap*
goukam *v.i.* гукам *coo*
goukane *n.* гукане *coo*
goulyay *n.* гуляй *revelry*
goulyaydzhiya *n.* гуляйджия *reveller*
gouma *n.* гума *rubber*
gouma *n.* гума *tyre*
gousha *n.* гуша *craw*
goushter *n.* гущер *lizard*
gouvernantka *n.* гувернантка *governess*
goveda *n.* говеда *cattle*
govedar *n.* говедар *herdsman*
govor *n.* говор *parlance*
govoritel *n.* говорител *speaker*
govoritel *n.* говорител *spokesman*
govorya *v.i.* говоря *speak*
govorya *v.i.* говоря *talk*
grabezh *n.* грабеж *plunder*
grabezh *n.* грабеж *robbery*
grabitel *n.* грабител *robber*
grabvam *v.t.* грабвам *snatch*
grabvane *n.* грабване *snatch*
grabya *v.t.* грабя *plunder*
grachene *n.* грачене *caw*
grad *n.* град *city*
grad *n.* град *town*
gradatsiya *n.* градация *gradation*

gradina *n.* градина *garden*
gradinar *n.* градинар *gardener*
gradinarstvo *n.* градинарство *horticulture*
gradoushka *n.* градушка *hail*
gradski *a.* градски *urban*
grafichen *a.* графичен *graphic*
grafik *n.* график *graph*
grafinya *n.* графиня *countess*
grafstvo *n.* графство *county*
grafstvo *n.* графство *shire*
grah *n.* грах *pea*
grakam *v.i.* гракам *caw*
gram *n.* грам *gramme*
gramatik *n.* граматик *grammarian*
gramatika *n.* граматика *grammar*
gramofon *n.* грамофон *gramophone*
gramoten *a.* грамотен *literate*
gramotnost *n.* грамотност *literacy*
granata *n.* граната *grenade*
granata *n.* граната *projectile*
grandiozen *a.* грандиозен *spectacular*
grandioznost *n.* гарндиозност *pageantry*
granicha *v.t.* гранича *adjoin*
granicha *v.t.* гранича *border*
granichen *v.* граничен *abutted*
granitsa *n.* граница *border*
granitsa *n.* граница *boundary*
granitsa *n.* граница *frontier*
gratis *adv.* гратис *gratis*
gratsiya *n.* грация *grace*
graviram *v.t.* гравирам *engrave*
gravitatsiya *n.* гравитация *gravitation*

gravitiram v.i. гравитирам gravitate
grazhdanin n. гражданин citizen
grazhdanski a. граждански civic
grazhdanski kodeks n. граждански кодекс civics
grazhdanstvo n. гражданство citizenship
greben n. гребен comb
grebets n. гребец oarsman
grebya v.t. гребя ladle
greda n. греда beam
greda n. греда girder
gres n. грес grease
gresha v.i. греша err
greshen a. грешен erroneous
greshen a. грешен sinful
greshen a. грешен wicked
greshen a. грешен wrong
greshka n. грешка blunder
greshka n. грешка error
greshka n. грешка mistake
greshnik n. грешник sinner
greshno adv. грешно wrong
greshno nazvanie n. грешно название misnomer
greya v.i. грея glow
greya se v.i. грея се bask
greya se v.t. грея се sun
grimasnicha v.t. гримаснича mouth
grip n. грип influenza
griva n. грива mane
grivna n. гривна bangle
grivna n гривна bracelet
grivna za glezen n. гривна за глезен anklet
grizach n. гризач rodent
grizene n гризене nibble
grizha n. грижа care
grizha se v.i. грижа се care

grizha se v.i. грижа се cater
grizha se za zhivotni v.t. грижа се за животни agist
grizya v.t. гризя nibble
grob n. гроб grave
grob n. гроб sepulchre
grob n. гроб tomb
grobishte n. гробище cemetery
grohnal a. грохнал senile
grohnalost n. грохналост senility
groub a. груб crass
groub a. груб crude
groub a. груб rough
groubiyan n. грубиян boor
groubiyan a. грубиян coarse
groubiyanski a. грубиянски rude
grouhtene n. грухтене grunt
grouhtya v.i. грухтя grunt
groupa n. група group
groupiram se v.i. групирам се cluster
grozdober n. гроздобер vintage
grozdovo zurno n. гроздово зърно grape
grozen a. грозен hideous
grozen a. грозен ugly
grozota n. грозота ugliness
grub n. гръб back
grubiyan n. грубиян churl
grubnachen a. гръбначен spinal
grubnak n. гръбнак backbone
grubnak n. гръбнак spine
grud n. гръд bosom
grud n. гръд breast
gruden a. гръден mammary
gruk n. грък Greek
gruklyan n. гръклян throttle

grumoglasen *a.* гръмогласен *uproarious*
grumotevichen *a.* гръмотевичен *thunderous*
grumotevitsa *n.* гръмотевица *thunder*
grunchar *n.* грънчар *potter*
gruncharstvo *n.* грънчарство *ceramics*
gruntsi *n.* грънци *crockery*
grupiram *v.t.* групирам *group*
grutski *a.* гръцки *Greek*
gryah *n.* грях *sin*
guba *n.* гъба *fungus*
guba *n.* гъба *mushroom*
guba *n.* гъба *sponge*
gudelichkam *v.t.* гъделичкам *tickle*
gudelichkasht *a.* гъделичкащ *ticklish*
gugritsa *n.* гъгрица *weevil*
gulcha *v.t.* гълча *chide*
gulcha *v.t.* гълча *rag*
gultam *n.* гълтам *gulp*
gultam *v.t.* гълтам *swallow*
gulub *n.* гълъб *dove*
gulub *n.* гълъб *pigeon*
gumzha *v.i.* гъмжа *teem*
gunka *n.* гънка *crease*
gunka *n.* гънка *fold*
gurbitsa *n.* гърбица *hunch*
gurcha se *v.i.* гърча се *wriggle*
gurchene *n.* гърчене *wriggle*
gurlen *a.* гърлен *guttural*
gurlen *a.* гърлен *throaty*
gurlo *n.* гърло *throat*
gurlovina *n.* гърловина *manhole*
gurmya *v.t.* гърмя *blare*
gurmya *v.i.* гърмя *thunder*

gusenitsa *n.* гъсеница *caterpillar*
guska *n.* гъска *goose*
gusok *n.* гъсок *gander*
gust *a.* гъст *dense*
gust *a.* гъст *thick*
gusta chast *n.* гъста част *thick*
gustalak *n.* гъсталак *thicket*
gusto *adv.* гъсто *thick*
gusto naselen *a.* гъсто населен *populous*
gustota *n.* гъстота *density*
guvkav *a.* гъвкав *flexible*
guvkav *a.* гъвкав *supple*

H

habitat *n.* хабитат *habitat*
halat *n.* халат *wrapper*
halba *n.* халба *mug*
hambar *n.* хамбар *barn*
hambar *n.* хамбар *grannary*
han *n.* хан *inn*
haos *n.* хаос *chaos*
haotichen *adv.* хаотичен *chaotic*
hapche *n.* хапче *pill*
hapka *n.* хапка *morsel*
hapka *n.* хапка *mouthful*
harakter *n.* характер *character*
harakter *n.* характер *temper*
harcha *v.t.* харча *spend*
haresvam *v.t.* харесвам *like*
haresvam *v.t.* харесвам *relish*
haresvam se na *v.t.* харесвам се на *please*
harmonichen *a.* хармоничен *harmonious*
harmonioum *n.* хармониум *harmonium*

harmoniya *n.* хармония *harmony*
harta *n.* харта *charter*
hartiya *n.* хартия *paper*
havliya *n.* хавлия *towel*
hayver *n.* хайвер *spawn*
hemoroidi *n.* хемороиди *piles*
heringa *n.* херинга *herring*
herkoulesovski *a.* херкулесовски *herculean*
hermetiziram *v.t.* херметизирам *pressurize*
herniya *n.* херния *hernia*
hertsog *n.* херцог *duke*
hibernatziya *n.* хибернация *hibernation*
hibost *n.* хубост *prettiness*
hibrid *n.* хибрид *hybrid*
hibriden *a.* хибриден *hybrid*
hiena *n.* хиена *hyaena, hyena*
higiena *n.* хигиена *hygiene*
higienichen *a.* хигиеничен *hygienic*
hilav *a.* хилав *puny*
hilyada *n.* хиляда *chiliad*
hilyada *n.* хиляда *thousand*
hilyada *a* хиляда *thousand*
hilyadoletie *n.* хилядолетие *millennium*
himicheski *a.* химически *chemical*
himikal *n.* химикал *chemical*
himikal *n.* химикал *chemist*
himikalka *n.* химикалка *pen*
himiya *n.* химия *chemistry*
himn *n.* химн *anthem*
himn *n.* химн *hymn*
hinin *n.* хинин *quinine*
hiperbola *n.* хипербола *hyperbole*

hipnotiziram *v.t.* хипнотизирам *hypnotize*
hipnotiziram *v.t.* хипнотизирам *mesmerize*
hipnoza *n.* хипноза *hypnotism*
hipotetichen *a.* хипотетичен *hypothetical*
hipoteza *n.* хипотеза *hypothesis*
hiromant *n.* хиромант *palmist*
hiromantiya *n.* хиромантия *palmistry*
hirourg *n.* хирург *surgeon*
hirourgiya *n.* хирургия *surgery*
hitrina *n.* хитрина *wile*
hitrost *n.* хитрост *cunning*
hitrost *n.* хитрост *stratagem*
hitur *a.* хитър *crafty*
hitur *a.* хитър *cunning*
hitur *a.* хитър *sly*
hitur *a.* хитър *wily*
hlabav *a.* хлабав *loose*
hladen *a.* хладен *chilly*
hladen *a.* хладен *cool*
hladilnik *n.* хладилник *fridge*
hladilnik *n.* хладилник *refrigerator*
hlapak *n.* хлапак *urchin*
hlape *n.* хлапе *bantling*
hlape *n.* хлапе *whelp*
hlebarka *n.* хлебарка *cockroach*
hleben *a.* хлебен *breaden*
hlench *n.* хленч *whine*
hlencha *v.i.* хленча *whine*
hlopvam *v.t.* хлопвам *slam*
hlopvane *n.* хлопване *slam*
hlor *n.* хлор *chlorine*
hloroform *n.* хлороформ *chloroform*
hluzgav *a.* хлъзгав *slippery*
hlyab *n.* хляб *bread*

hobi *n.* хоби *hobby*
hodya *v.i.* ходя *march*
hokey *n.* хокей *hockey*
holera *n.* холера *cholera*
holokost *n.* холокост *holocaust*
homeopat *n.* хомеопат *homoeopath*
homeopatiya *n.* хомеопатия *homeopathy*
homogenen *a.* хомогенен *homogeneous*
homot *n.* хомот *yoke*
honorar *n.* хонорар *fee*
honorar *n.* хонорар *honorarium*
hor *n.* хор *choir*
hora *n.* хора *people*
horiodeya *n.* хориодея *choroid*
horizont *n.* хоризонт *horizon*
hornalist *n.* журналист *journalist*
hostel *n.* хостел *hostel*
hotel *n.* хотел *hotel*
houbavitsa *n.* хубавица *belle*
houbostnitsa *n.* хубостница *minx*
houdozhnik *n.* художник *artist*
houdozhnik *n.* художник *painter*
houli *n.* хули *invective*
houligan *n.* хулиган *hooligan*
houlya *v.t.* хуля *miscall*
houmanen *a.* хуманен *humane*
houmanitaren *a.* хуманитарен *humanitarian*
houmannost *n.* хуманност *humanity*
houmor *n.* хумор *humour*
houmorist *n.* хуморист *humorist*
houmoristichen *a.* хумористичен *humorous*

hoykam *v.i.* хойкам *loaf*
hrabrost *n.* храброст *gallantry*
hrabur *a.* храбър *gallant*
hrachki *n.* храчки *sputum*
hram *n.* храм *temple*
hrana *n.* храна *eatable*
hrana *n.* храна *food*
hrana *n.* храна *nutrition*
hranene *n.* хранене *feed*
hranene *n.* хранене *nourishment*
hranilishte *n.* хранилище *repository*
hranitelen *a.* хранителен *nutritious*
hranosmilane *n.* храносмилане *digestion*
hranya *v.t.* храня *feed*
hranya *v.t.* храня *nourish*
hrast *n.* храст *bush*
hrast *n.* храст *shrub*
hrebet *n.* хребет *ridge*
hristiyanin *n.* християнин *Christian*
hristiyanite *n.* християните *Christendom*
hristiyanski *a.* християнски *Christian*
hristiyanstvo *n.* християнство *Christianity*
Hristos *n.* Христос *Christ*
hrom *n.* хром *chrome*
hronichen *a.* хроничен *chronic*
hronika *n.* хроника *chronicle*
hronograf *n.* хронограф *chronograph*
hronologiya *n.* хронология *chronology*
hrouskav *a.* хрускав *crisp*
hrutka *n.* хрътка *greyhound*
hrutka *n.* хрътка *hound*

hubav *a.* хубав *pretty*
hulm *n.* хълм *hill*
hultsane *n.* хълцане *hiccup*
hurkam *v.i.* хъркам *snore*
hurkane *n.* хъркане *snore*
hvalba *n.* хвалба *brag*
hvalya *v.i.* хваля *brag*
hvalya *v.t.* хваля *laud*
hvalya *v.t.* хваля *praise*
hvalya se *v.i.* хваля се *boast*
hvashtam *v.t.* хващам *grasp*
hvashtam s mrezha *v.t.*
  хващам с мрежа *net*
hvashtane *n.* хващане *hold*
hvatka *n.* хватка *grasp*
hvatka *n.* хватка *wisp*
hvurchilo *n.* хвърчило *kite*
hvurlyam *v. t.* хвърлям *cast*
hvurlyam *v.t.* хвърлям *throw*
hvurlyam *v.t.* хвърлям *toss*
hvurlyam navisoko *v.t.*
  хвърлям нависоко *sky*
hvurlyane *n.* хвърляне *throw*
hvurlyane *n.* хвърляне *toss*

I

i *conj.* и *and*
i dvete *a.* и двете *both*
i dvete *pron.* и двете *both*
i dvete *conj.* и двете *both*
i taka *adv.* и така *anyhow*
I taka natatuk *adv.* и така
  нататък *etcetera*
idealen *a.* идеален *ideal*
idealen *n.* идеал *ideal*
idealist *n.* идеалист *idealist*
idealistichen *a.* идеалистичен
  idealistic

idealiziram *v.t.* идеализирам
  idealize
idealizum *n.* идеализъм
  idealism
identichen *a.* идентичен
  identical
identifikaciya *n.*
  идентификация
  indentification
identifitsiram *v.t.*
  идентифицирам *identify*
ideya *n.* идея *concept*
ideya *n.* идея *idea*
idiom *n.* идиом *idiom*
idiomatichen *a.* идиоматичен
  idiomatic
idiot *n.* идиот *idiot*
idiotiya *n.* идиотия *idiocy*
idiotski *a.* идиотски *idiotic*
idol *n.* идол *idol*
idolopoklonnik *n.*
  идолопоклонник *idolater*
idvam *v.i.* идвам *come*
igla *n.* игла *needle*
ignoriram *v.t.* игнорирам *ignore*
igoumenka *n.* игуменка
  prioress
igra *n.* игра *game*
igra *n.* игра *play*
igra na rimi *n.* игра на рими
  crambo
igrach *n.* играч *player*
igrachka *n.* играчка *toy*
igraya *v.i.* играя *play*
igraya komar *v.i.* играя комар
  gamble
igraya komar *v.i* играя комар
  game
igraya na doumi *v.i.* играя на
  думи *pun*

igraya na zarove v. i. играя на зарове dice
igraya si v.i. играя си toy
igraya si v.i играя си trifle
igriv a. игрив sportive
igroslovitsa n. игрословица pun
ikonomichen a. икономичен economical
ikonomicheski a. икономически economic
ikonomika n. икономика economics
ikonomiya n. икономия economy
ilyuminatsiya n. илюминация illumination
ilyuminiram v.t. илюминирам illuminate
ilyustratsiya n. илюстрация illustration
ilyustriram v.t. илюстрирам illustrate
ilyuziya n. илюзия illusion
ima znachenie v.i. има значение matter
imam v.t. имам have
imam pravo v. имам право can
ime n. име name
imel n. имел mistletoe
imenie n. имение manor
imenitost n. именитост notoriety
imenno adv. именно namely
imigrant n. имигрант immigrant
imigratsiya n. имиграция immigration
imigriram v.i. имигрирам immigrate
imitator n. имитатор imitator
imitator n. имитатор mimic
imitatsiya n. имитация imitation
imitiram v.t. имитирам ape
imitiram v.t. имитирам imitate
imot n. имот estate
imot n. имот property
imounitet n. имунитет immunity
imouniziram v.t. имунизирам immunize
imperator n. император emperor
imperatritsa n. императрица empress
imperializum n. империализъм imperialism
imperiya n. империя empire
imperski a. имперски imperial
impiychmunt n. импийчмънт impeachment
impouls n. импулс impulse
impoulsiven a. импулсивен impulsive
impregniram v.t. импрегнирам waterproof
inache adv. иначе else
inache adv. иначе otherwise
inat a. инат mulish
inat a. инат stubborn
inch n. инч inch
indeks n. индекс index
indigo n. индиго indigo
indikator n. индикатор indicator
indikatsiya n. индикация indication
indikiram v.t. индикирам indicate
indirekten a. индиректен indirect
individoualen a. индивидуален individual

individoualizum n. индивидуализъм *individualism*
individoualnost n. индивидуалност *individuality*
indiyski a. индийски *Indian*
indiyski piper n. индийски пипер *betel*
inerten a. инертен *inert*
inertsiya n. инерция *inertia*
infantilen a. инфантилен *infantile*
infektsiya n. инфекция *infection*
inflatsiya n. инфлация *inflation*
informativen a. информативен *informative*
informator n. информатор *informer*
informatsiya n. информация *information*
informiram v.t. информирам *inform*
initsial n. инициал *initial*
initsiativa n. инициатива *initiative*
inkriminiram v.t. инкриминирам *incriminate*
inoviram v.t. иновирам *innovate*
insektitsid n. инсектицид *insecticide*
inspektor n. инспектор *inspector*
inspektsiya n. инспекция *inspection*
instaliram v.t. инсталирам *install*
instalirane n. инсталиране *installation*
instinkt n. инстинкт *instinct*

instinktiven a. инстинктивен *instinctive*
institout n. институт *institute*
institoutsiya n. институция *institution*
instrouktiram v.t. инструктирам *instruct*
instrouktor n. инструктор *instructor*
instrouktsiya n. инструкция *instruction*
instroument n. инструмент *instrument*
instroument n. инструмент *tool*
instroumentalen a. инструментален *instrumental*
instroumentalist n. инструменталист *instrumentalist*
intelekt n. интелект *intellect*
intelektoualen a. интелектуален *intellectual*
intelektoualets n. интелектуалец *intellectual*
intelektoualnost n. интелектуалност *intelligence*
inteligenten a. интелигентен *intelligent*
inteligentsiya n. интелегенция *intelligentsia*
intenziven a. интензивен *intensive*
intenzivnost n. интензивност *intensity*
interes n. интерес *interest*
interesen a. интересен *interesting*
interniram v.t. интернирам *intern*
interval n. интервал *interval*

interveniram v.i. интервенирам *intervene*
interventsiya n. интервенция *intervention*
intervyu n. интервю *interview*
intervyuiram v.t. интервюирам *interview*
intimen a. интимен *intimate*
intimnost n. интимност *intimacy*
intoksikatsiya n. интоксикация *intoxication*
intouativen a. интуитивен *intuitive*
intouitsiya n. интуиция *intuition*
intriga n. интрига *intrigue*
intrspektsiya n. интроспекция *introspection*
intsident n. инцидент *incident*
intsidenten a. инцидентен *incidental*
invalid n. инвалид *cripple*
invalid n. инвалид *invalid*
investiram v.t. инвестирам *invest*
investitsiya n. инвестиция *investment*
inzhektiram v.t. инжектирам *inject*
inzhektiram v.t. инжектирам *syringe*
inzhektsiya n. инжекция *injection*
inzhener n. инженер *engineer*
inztrount za chistene na oushi n. инструмент за чистене на уши *aurilave*
ipoteka n. ипотека *mortgage*
ipotekaren kreditor n. ипотекарен кредитор *mortagagee*
ipotekiram v.t. ипотекирам *mortgage*
ipotkaren dluznik n. ипотекарен длъжник *mortgator*
irelevanten a. ирелевантен *irrelevant*
irlandets n. ирландец *Irish*
irlandski a. ирландски *Irish*
ironichen a. ироничен *ironical*
ironiya n. ирония *irony*
ishtets n. ищец *claimant*
ishtets n. ищец *plaintiff*
iskam v.t искам *demand*
iskam v.t. искам *want*
iskane n. искане *claim*
iskane n. искане *demand*
iskra n. искра *spark*
iskren a. искрен *frank*
iskren n. искрене *glitter*
iskren a. искрен *sincere*
iskrene n. искрене *scintillation*
Iskrenost n. искреност *sincerity*
iskrya v.i. искря *glitter*
iskrya v.i. искря *scintillate*
iskrya v.i. искря *spark*
ispanets n. испанец *Spaniard*
ispanski a. испански *Spanish*
ispanski ezik n. испански език *Spanish*
ispulnenie n. изпълнение *performance*
isterichen a. истеричен *hysterical*
isteriya n. истерия *hysteria*
istina n. истина *truth*
istinski adv. истински *bonafide*
istinski a. истински *genuine*
istinski a. истински *real*
istinski a. истински *sterling*
istinski a. истински *true*

istinski a. истински veritable
istoricheski a. исторически historic
istoricheski a. исторически historical
istorik n. историк historian
istoriya n. история history
istoriya n. история story
istuknat a. изтъкнат eminent
italianets n. италианец Italian
italianski a. италиански Italian
ivitsa n. ивица strip
izba n. изба cellar
izba n. изба vault
izbavlenie n. избавление salvation
izbelvam v.t. избелвам bleach
izbiraem a. избираем eligible
izbiram v.t. избирам choose
izbiram v.t избирам elect
izbiram v.i. избирам opt
izbiram v.t. избирам pick
izbiram v.t. избирам select
izbiram v.t. избирам single
izbirateli n. избиратели constituency
izbiratelno pravo n. избирателно право suffrage
izbivam v.t. избивам slaughter
izblik n. изблик outburst
izblik n. изблик spurt
izbluskvam v.t. изблъсквам shoulder
izbor n. избор choice
izbor n. избор pick
izbori n избори election
izbouhvam v.t. избухвам belch
izbouhvane n избухване belch
izbouhvane n. избухване outbreak
izbroyavam v.t изброявам detail

izbroyavam v.t. изброявам enumerate
izbroyavam v.t. изброявам list
izbubryam v.t избъбрям blurt
izbursvam v.t. избърсвам towel
izbursvane n. избърсване wipe
izbyagul a. избягъл fugitive
izbyagvam v.i избягвам abscond
izbyagvam v.t. избягвам avoid
izbyagvam v.t. избягвам dodge
izbyagvam v.t. избягвам elude
izbyagvam v.i. избягвам escape
izbyagvane n. избягване avoidance
izbyagvane n. избягване elusion
izchakvam v.i. изчаквам abide
izchervyavam v.i. изчервявам blush
izchervyavane n. изчервяване blush
izcheznal a. изчезнал extinct
izchezvam v.i. изчезвам disappear
izchezvam v.i. изчезвам vanish
izchezvane n. изчезване disappearance
izchislenie n. изчисляване computation
izchisleniye n. изчисление calculation
izchislyavam v.t. изчислявам calculate
izchislyavam v.t. изчислявам compute
izchistvam v.t. изчиствам cleanse
izchistvane n. изчистване clearance
izdanie n. издание edition

izdanie *n.* издание *issue*
izdatel *n.* издател *publisher*
izdavam *v.t.* издавам *divulge*
izdavam *v.i.* издавам *issue*
izdavane *n.* издаване *denunciation*
izdelie *n.* изделие *handiwork*
izdeliya *n.* изделия *ware*
izdigam *v.t.* издигам *erect*
izdigam *v.t.* издигам *heighten*
izdigam *v.t.* издигам *uplift*
izdigam se *v.i.* издигам се *arise*
izdigam se *v.* издигам се *rise*
izdigam se *v.i.* издигам се *tower*
izdigane *n.* издигане *elevation*
izdigane *n.* издигане *erection*
izdigane *n.* издигане *rise*
izdihanie *n.* издихание *gasp*
izdouvam se *v.i.* издувам се *billow*
izdruzhka *n.* издръжка *alimony*
izdruzhka *n.* издръжка *living*
izdruzhka *n.* издръжка *sustenance*
izdruzhlivost *n.* издръжливост *endurance*
izdruzhlivost *n.* издръжливост *stamina*
izdunka *n.* издънка *offshoot*
izdunka *n.* издънка *sprout*
izdurzham *v.t.* издържам *sustain*
izdurzham *v.t.* издържам *withstand*
izgaryam *v.t.* изгарям *burn*
izgaryam *v.t.* изгарям *cremate*
izgaryane *n.* изгаряне *burn*
izgaryane *n.* изгаряне *cremation*
izgladnyal *a.* изгладнял *voracious*

izglezhdam *v.i.* изглеждам *seem*
izgnanie *n.* изгнание *exile*
izgnanik *n.* изгнаник *outcast*
izgoden *a.* изгоден *profitable*
izgoubeno zhivotno *n* изгубено животно *stray*
izgrazhdam *v. t* изграждам *build*
izgrazhdane *n.* изграждане *build*
izhabyavam *v.t.* изхабявам *stale*
izhod *n.* изход *exit*
izhod *n.* изход *outcome*
izhvurlyam *v.t.* изхвърлям *eject*
izigravam *v.t.* изигравам *cheat*
iziskan *a.* изискан *sophisticated*
iziskan *a.* изискан *urbane*
iziskanost *n.* изисканост *sophistication*
iziskanost *n.* изисканост *urbanity*
iziskvam *v.t.* изисквам *claim*
iziskvam *v.t.* изисквам *require*
iziskvam obratno *v.t.* изисквам обратно *reclaim*
iziskvan *a.* изискван *requisite*
iziskvane *n.* изискване *requirement*
izkachvam se *v.t.* изкачвам се *ascend*
izkachvane *n.* изкачване *ascent*
izkachvane *n.* изкачване *climb1*
izkalyam *v.t.* изкалям *bemire*
izkazvane *n.* изказване *utterance*
izklyuchenie *n.* изключение *exception*
izklyuchitelen *a.* изключителен *exclusive*

izklyuchitelen *a.* изключителен signal
izklyuchitelno *adv.* изключително singularly
izklyuchvam *v.t.* изключвам except
izkopavane *n.* изкопаване excavation
izkorenyavam *v.t.* изкоренявам eradicate
izkorenyavam *v.t.* изкоренявам uproot
izkoupitelna zhertva *n.* изкупителна жертва scapegoat
izkouplenie *n.* изкупление atonement
izkouplenie *n.* изкупление redemption
izkoupouvam *v.i.* изкупувам atone
izkousen *a.* изкусен artful
izkousen *a.* изкусен versed
izkoushavam *v.t.* изкушавам tempt
izkoushenie *n.* изкушение temptation
izkousitel *n.* изкусител tempter
izkoustven *a.* изкуствен artificial
izkoustvo *n.* изкуство art
izkriven *a.* изкривен wry
izkulchvane *n.* изкълчване wrench
izlagam *v.t.* излагам expose
izlagam *v.t.* излагам propound
izlagam na opasnost *v.t.* излагам на опасност imperil
izlagam na opasnost *v.t.* излагам на опасност peril
izlagane *n.* излагане display
izlechim *a.* излечим curable

izlet *n.* излет sally
izlezhavam se *v.i.* излежавам се lounge
izlishen *a.* излишен redundant
izlishen *a.* излишен superfluous
izlishuk *n.* излишък excess
izlishuk *n.* излишък over
izlishuk *n.* излишък redundance
izlishuk *n.* излишък superfluity
izlishuk *n.* излишък surfeit
izlishuk *n.* излишък surplus
izlivam se *v.t.* изливам се shower
izlozhenie *n.* изложение exhibition
izluchvam *v.i.* излъчвам beam
izluchvam *v.t.* излъчвам broadcast
izluchvam *v.t.* излъчвам radiate
izluchvane *n.* излъчване broadcast
izlugvam *v.t.* излъгвам hoax
izluskvam *v.t.* излъсквам wax
izmama *n.* измама canard
izmama *n.* измама cheat
izmama *n.* измама deceit
izmama *n.* измама fraud
izmama *n.* измама hoax
izmama *n.* измама imposture
izmama *n.* измама swindle
izmama *n.* измама trickery
izmamnik *n.* измамник swindler
izmamvam *v.t.* измамвам mislead
izmamvam *v.t.* измамвам swindle
izmamvam *v.t.* измамвам trick
izmaryam *v.t.* измарям tire
izmazvam *v.t.* измазвам mortar

izmenenie *n.* изменение
alteration
izmenyam *v.t.* изменям *alter*
izmerenie *n.* измерение
dimension
izmerim *a.* измерим
measurable
izmerim *a.* измерим *sizable*
izmervam *v.t.* измервам *span*
izmervatelen oured *n.*
измервателен уред *meter*
izmezhdou *prep.* измежду
amongst
izmislitsa *n.* измислица *figment*
izmislyam *v. t* измислям *devise*
izmivam s guba *v.t.* измивам с
гъба *sponge*
izmoren *a.* изморен *weary*
izmoritelen *a.* изморителен
tiresome
izmuchen *a.* измъчен *haggard*
izmuchvam *v.t.* измъчвам *ail*
izmuchvam *v.t.* измъчвам
tantalize
izmuchvam *v.t.* измъчвам
torment
izmuchvam *v.t.* измъчвам
victimize
izmyana *n.* измяна *treason*
iznasilvam *v.t.* изнасилвам
rape
iznasilvane *n.* изнасилване
rape
iznenada *n.* изненада *surprise*
iznenadvam *v.t.* изненадвам
surprise
iznezhvam *v.t.* изнежвам
womanise
iznosen *a.* износен *threadbare*
iznosen *a.* износен *worn*

iznoudvam *v.t.* изнудвам
blackmail
iznoudvam *v.t.* изнудвам *pinch*
iznoudvane *n* изнудване
blackmail
iznouritelen *a.* изнурителен
arduous
iznouritelen *a.* изнурителен
strenuous
izobar *n.* изобар *isobar*
izobilen *a.* изобилен *abundant*
izobilen *a.* изобилен *ample*
izobilen *a.* изобилен *lavish*
izobilen *a.* изобилен *profuse*
izobilie *n.* изобилие *abundance*
izobilie *n.* изобилие *luxuriance*
izobilie *n.* изобилие *profusion*
izobilie *a.* изобилие *richness*
izobilstvam *v.i.* изобилствам
abound
izobilstvasht *a.* изобилстващ
superabundant
izoblichavam *v.t.* изобличавам
denounce
izobrazhenie *n.* изображение
effigy
izobrazitelen *a.* изобразителен
pictorical
izobrazyavam *v.t.* изобразявам
picture
izobrazyavam *v.t.* изобразявам
typify
izobretatelen *a.* изобретателен
inventive
izobretatelen *n.* изобретател
inventor
izobretenie *n.* изобретение
invention
izobretyavam *v.t.* изобретявам
invent
izobshto *adv.* изобщо *any*

izolator n. изолатор insulator
izolatsiya n. изолация insulation
izolatsiya n. изолация isolation
izoliram v.t. изолирам insulate
izoliram v.t. изолирам isolate
izoliram v.t. изолирам seclude
izoliran a. изолиран insular
izoliran a. изолиран secluded
izolirane n. изолиране seclusion
izoliranost n. изолираност insularity
izopachavam v.t. изопачавам distort
izopachavam v.t. изопачавам pervert
izopachavam v.t. изопачавам wrest
izostavam v.i. изоставам lag
izostavyam v.t. изоставям abandon
izostavyam v.t. изоставям desert
izostavyam v.t. изоставям forsake
izostavyam v.t. изоставям relinquish
izostryam se v.i. изострям се taper
izoumitelen a. изумителен stupendous
izoumyavam v.t. изумявам stupefy
izpareniya n. изпарения vapour
izparyavam v.t. изпарявам vaporize
izparyavam se v.i. изпарявам се evaporate
izpiraem a. изпираем washable
izpitanie n. изпитание ordeal

izpitvam v.t. изпитвам experience
izpitvan n. изпитван examinee
izpitvasht n. изпитващ examiner
izplashtam v.t. изплащам refund
izplashvam v.t. изплашвам frighten
izplouvam v.i. изплувам surface
izpluzvam se v.t. изплъзвам се evade
izpluzvam se v.t. изплъзвам се shirk
izpluzvasht se a. изплъзващ се elusive
izpolzvaem a. използваем workable
izpolzvam aliteratsiya v. използвам алитерация alliterate
izprashtam v.t. изпращам forward
izprashtam v.t. изпращам send
izprashtam po poshta v.t. изпращам по поща mail
izpraven a. изправен erect
izpravitel n. изправител reformatory
izpravyam v.t. изправям straighten
izpravyam se v.t. изправям right
izprazvam v. изпразвам empty
izprazvam v.t. изпразвам void
izprazvane n. изпразване deflation
izprevarvam v.t. изпреварвам outrun
izpuknalost n. изпъкналост lobe
izpulnen a. изпълнен fraught

izpulnenie *n.* изпълнение *acting*
izpulnenie *n.* изпълнение *execution*
izpulnenie *n.* изпълнение *fulfilment*
izpulnenie *n.* изпълнение *pursuance*
izpulnim *a.* изпълним *feasible*
izpulnitel *n.* изпълнител *contractor*
izpulnitel *n.* изпълнител *performer*
izpulnitelen *a.* изпълнителен *mindful*
izpulnyavam *v.t.* изпълнявам *execute*
izpulnyavam *v.t.* изпълнявам *fulfil*
izpulnyavam *v.t.* изпълнявам *perform*
izpulnyavam kaskada *v.t.* изпълнявам каскада *stunt*
Izpulnyavam zadulzheniya *v.i.* изпълнявам задължения *officiate*
izravnyavam *v.t.* изравнявам *equalize*
izravnyavam *v.t.* изравнявам *even*
izravyam *v.t.* изравям *unearth*
izraz *n.* израз *expression*
izraz *n.* израз *locution*
izrazhenie *n.* изражение *countenance*
izrazhodvam *v.t.* изразходвам *expend*
izrazitelen *a.* изразителен *expressive*
izrazyavam *v.t.* изразявам *express*
izrazyavam *v.t.* изразявам *phrase*
izrazyavam *v.t.* изразявам *signify*
izrazyavam oustno *v.t* изразявам устно *word*
izrichen *a.* изричен *explicit*
izrigvam *v.i.* изригвам *erupt*
izrigvane *n.* изригване *eruption*
izryazvam *v.t.* изрязвам *carve*
izsledvam *v.t.* изследвам *examine*
izsledvam *v.i.* изследвам *research*
izsledvane *n.* изследване *examination*
izsledvane *n.* изследване *research*
izsmoukvam *v.t.* изсмуквам *sap*
izsoushavane *n.* изсушаване *arefaction*
izstiskvam *v.t.* изстисквам *wring*
izstrel *n.* изстрел *shot*
izstrelvam *v.t.* изстрелвам *volley*
izsuhnal *a.* изсъхнал *arid*
izteglyane *n.* изтегляне *draw*
iztezanie *n.* изтезание *torture*
iztezavam *v.t.* изтезавам *torture*
izticham *v.i.* изтичам *expire*
iztichane *n.* изтичане *expiry*
iztikvam *v.t.* изтиквам *oust*
iztochen *a.* източен *east*
iztochen *a.* източен *eastern*
iztochnik *n.* източник *source*
iztochvam *v.t.* източвам *tap*
iztok *n* изток *east*
iztoshtavam *v.t.* изтощавам *exhaust*
iztoshten *a.* изтощителен *laborious*

iztrivam v.t. изтривам delete
iztsapvam v.t. изцапвам spot
iztsyalo adv. изцяло fully
iztsyalo adv. изцяло through
iztsyalo adv. изцяло wholly
iztuknat a. изтъкнат outstanding
iztunchen a. изтънчен dainty
iztunyavam v.t. изтънявам thin
izvara n. извара curd
izvazhdam v.t. изваждам deduct
izvazhdam v.t. изваждам subtract
izvazhdam ot nozhnitsata v.t. изваждам от ножницата unsheathe
izvazhdane n. изваждане subtraction
izvesten a. известен well-known
izvestie a. известие notice
izvestyavam v.t известявам herald
izvinenie n. извинение apology
izvinenie n. извинение excuse
izvinenie n. извинение pardon
izvinitelen a. извинителен venial
izvinyavam v.t. извинявам pardon
izvinyavam se v.i. извинявам се apologize
izvinyavam se v.t извинявам excuse
izvisen a. извисен lofty
izvisyavam se v.i. извисявам се soar
izvivam a. извивам arch
izvivam v.t. извивам crankle
izvivam v.t. извивам curve
izvivam v.t. извивам wrench

izvivam se v.i. извивам се meander
izvivam se v.i. извивам се snake
izvivka n. извивка bent
izvivka n. извивка curve
izvlechenie n. извлечение digest
izvlicham v.t. извличам derive
izvlicham v.t. извличам extract
izvun prep. извън beyond
izvun borda adv. извън борда overboard
izvunredna rabota n. извънредна работа overtime
izvunredno adv. извънредно overtime
izvurshvam v.t. извършвам commit
izvurshvam v.t. извършвам effect
izvurtam v.t. извъртам sophisticate
izyasnenie n. изяснение clarification
izyasnyavam v.t. изяснявам clarify
izyasnyavam v.t. изяснявам clear
izyasnyavam v.t. изяснявам elucidate
izyavlenie n. изявление statement

K

kabare n. кабаре cabaret
kabel n. кабел cable
kabina n. кабина booth

kabinet *n.* кабинет *cabinet*
kabinet *n.* кабинет *study*
kabur *n.* кабър *stud*
kachestven *a.* качествен *qualitative*
kachestvo *n.* качество *quality*
kachoulka *n.* качулка *hood*
kachvam se *v.t.* качвам се *mount*
kadet *n.* кадет *cadet*
kadife *n.* кадифе *velvet*
kadifen *a.* кадифен *velvety*
kadilnitsa *n.* кадилница *censer*
kadmiy *n.* кадмий *cadmium*
kadya *v.t.* кадя *cense*
kafe *n.* кафе *coffee*
kafene *n.* кафене *cafe*
kafyav *a.* кафяв *brown*
kafyav tsvyat *n.* кафяв цвят *brown*
kak *adv.* как *how*
kakto *adv.* както *as*
kakto i *adv.* както и *however*
kaktous *n.* кактус *cactus*
kakuv *a.* какъв *what*
kakvoto *pron.* каквото *as*
kakvoto i *pron.* каквото и *whatever*
kalaydzhiya *n.* калайджия *tinker*
kalendar *n.* календар *calendar*
kaligrafiya *n.* калиграфия *calligraphy*
kaliy *n.* калий *potassium*
kalkoulator *n.* калкулатор *calculator*
kaloriya *n.* калория *calorie*
kaltsiy *n.* калций *calcium*
kaluf *n.* калъф *tick*
kalup *n.* калъп *mould*
kalup *n.* калъп *mud*

kama *n.* кама *dagger*
kambanariya *n.* камбанария *steeple*
kamenist *a.* каменист *stony*
kamera *n.* камера *camera*
kamerher *n.* камерхер *chamberlain*
kamfor *n.* камфор *camphor*
kamgarna prezhda *n.* камгарна прежда *worsted*
kamila *n.* камила *camel*
kamion *n.* камион *lorry*
kamion *n.* камион *truck*
kamlot *n.* камлот *camlet*
kampaniya *n.* кампания *campaign*
kamshik *n.* камшик *lash*
kamshik *n.* камшик *whip*
kamuche *n.* камъче *pebble*
kamuk *n.* камък *stone*
kana *n.* кана *jug*
kanal *n.* канал *canal*
kanal *n.* канал *channel*
kanal *n.* канал *sewer*
kanalizatsiya *n.* канализация *drainage*
kanalizatsiya *n.* канализация *sewerage*
kanape *n.* канапе *sofa*
kanara *n.* канара *cliff*
kanavka *n.* канавка *ditch*
kanavka *n.* канавка *trench*
kandidat *n.* кандидат *applicant*
kandidat *n.* кандидат *aspirant*
kandidat *n.* кандидат *candidate*
kandidatoura *n.* кандидатура *application*
kandidat-zhenih *n.* кандидат-жених *suitor*
kanela *n.* канела *cinnamon*
kanon *n.* канон *canon*

kanonada *n.v. & t.* канонада cannonade
kant *n.* кант welt
kanton *n.* кантон canton
kantselarski materiali *n.* канцеларски материали stationery
kantsler *n.* канцлер chancellor
kanya *v.t.* каня invite
kaoustik *a.* каустик caustic
kaouza *n.* кауза cause
kapak *n.* капак bonnet
kapak *n.* капак top
kapan *n.* капан snare
kapan *n.* капан trap
kapatsitet *n.* капацитет capacity
kapene *n.* капене drip
kapital *n.* капитал capital
kapitalisticheski *n.* капиталистически capitalist
kapitan *n.* капитан captain
kapitouliram *v.t.* капитулирам capitulate
kapka *n.* капка drop
kapka *n.* капак lid
kapriz *n.* каприз caprice
kapriz *n* каприз fad
kaprizen *a.* капризен capricious
kaprizen *a.* капризен wayward
kaprizen *a.* капризен whimsical
kapsoulen *adj* капсулен capsular
kapya *v.i.* капя drip
kapya *v.i.* капя drop
kapya *v.i.* капя trickle
karam *v.t.* карам drive
karam *v.t.* карам wheel
karam kunki *v.t.* карам кънки skate
karam lodka *v.i.* карам лодка boat

karam se *v.t.* карам се brangle
karam se *v.i.* карам се quarrel
karam se *v.t.* карам се scold
karam se *v.i.* карам се wrangle
karamel *n.* карамел toffee
karamfil *n.* карамфил pink
karanitsa *v.i. & n.* караница brawl
karat *n.* карат carat
karbid *n.* карбид carbide
kardamon *n.* кардамон cardamom
kardinal *n.* кардинал cardinal
kardinalen *a.* кардинален cardinal
karfiol *n.* карфиол cauliflower
karfitsa *n.* карфица pin
kargo *n.* карго cargo
kariera *n.* кариера career
kariera *n.* кариера quarry
karikatoura *n.* карикатура caricature
karikatoura *n.* карикатура cartoon
kariozen *adj.* кариозен carious
karl *n.* Карл carl
karnaval *n.* карнавал carnival
karta *n.* карта card
karta *n.* карта map
karta za igra *n.* карта за игра playcard
kartina *n* картина drawing
kartina *n.* картина painting
kartina *n.* картина picture
kartof *n.* картоф potato
karton *n.* картон cardboard
kartonena koutiya *n* картонена кутия carton
kasapin *n.* касапин butcher
kasaya *v. t* касая concern
kaseta *n.* касета cassette

kasha *n.* каша *mush*
kasha *n.* каша *squash*
kashav *a.* кашав *pulpy*
kashlitsa *n.* кашлица *cough*
kashlyam *v.i.* кашлям *cough*
kasier *n.* касиер *cashier*
kasier *n.* касиер *teller*
kaskada *n.* каскада *cascade*
kaskada *n.* каскада *stunt*
kasket *n.* каскет *cap*
kasta *n.* каста *caste*
kastriram *v.t.* кастрирам *geld*
kastrol *n.* кастрол *castrol*
kastrya *v.t.* кастря *prune*
kastrya *v.t* кастря *stump*
kataklizam *n.* катаклизъм *upheaval*
katalog *n.* каталог *catalogue*
katarakt *n.* катаракт *cataract*
katarama *n.* катарама *clasp*
katastrofa *n.* катастрофа *crash*
katedrala *n.* катедрала *cathedral*
kategorichen *a.* категоричен *categorical*
kategorichen *a.* категоричен *emphatic*
kategoriya *n.* категория *category*
katerene *n.* катерене *scramble*
kateritsa *n.* катерица *squirrel*
katerya se *v.i.* катеря се *clamber*
katerya se *v.i.* катеря се *climb*
katerya se *v.i.* катеря се *scramble*
kato *conj.* като *as*
kato *prep.* като *like*
kato *conj.* като *now*
katolicheski *a.* католически *catholic*

katourvam se *v.i.* катурвам се *tumble*
katourvane *n.* катурване *tumble*
katran *n.* катран *tar*
katsa *n.* каца *barrel*
katsane *n.* кацане *landing*
katsvam *v.i.* кацвам *alight*
kauvto *pron.* какъвто *what*
kavalerist *n.* кавалерист *trooper*
kavaleriya *n.* кавалерия *cavalry*
kavga *n.* кавга *quarrel*
kavga *n.* кавга *wrangle*
kaysiya *n.* кайсия *apricot*
kayuta *n.* каюта *berth*
kazarma *n.* казарма *barrack*
kazvam *v.t.* казвам *say*
kazvam *v.t.* казвам *tell*
kedur *n.* кедър *cedar*
kepenk *n.* кепенк *shutter*
keramika *n.* керамика *pottery*
kerosin *n.* керосин *kerosene*
kervan *n.* керван *caravan*
kesh *n.* кеш *cache*
kesten *n.* кестен *chestnut*
kestenyav *a.* кестеняв *maroon*
kestenyav tsyat *n.* кестеняв цвят *maroon*
ketchoup *n.* кетчуп *ketchup*
kibrit *n.* кибрит *match*
kichour *n.* кичур *forelock*
kichour *n.* кичур *lock*
kichour *n.* кичур *strand*
kiham *v.i.* кихам *sneeze*
kihane *n* кихане *sneeze*
kikotya se *v.i.* кикотя се *giggle*
kiler *n.* килер *ambry*
kiler *n.* килер *closet*
kiler *n.* килер *pantry*
kilim *n.* килим *carpet*

kilimche *n.* килимче *rug*
kiliya *n.* килия *hermitage*
kilometrazh *n.* километраж *mileage*
kilometrichen kamuk *n.* километричен камък *milestone*
kimam *v.i.* кимам *nod*
kino *n.* кино *cinema*
kino *n.* кино *movies*
kinovar *n.* киновар *cinnabar*
kiparis кипарис
kipya *v.i.* кипя *seethe*
kirka *n.* кирка *mattock*
kirpich *n.* кирпич *adobe*
kisel *a.* кисел *acid*
kisel *a.* кисел *sour*
kiselina *n.* киселина *acid*
kiselinnost *n.* киселинност *acidity*
kisha *n.* киша *slush*
kishav *a.* кишав *slushy*
kislorod *n.* кислород *oxygen*
kisna *v.t.* кисна *soak*
kit *n.* кит *whale*
kitara *n.* китара *guitar*
kitka *n* китка *bunch*
kitka *n.* китка *nosegay*
kitka *n.* китка *wrist*
kitova kost *n.* китова кост *baleen*
kivot *n.* кивот *ark*
klada *n.* клада *pyre*
kladenets *n.* кладенец *well*
klafter *n* клафтер *fathom*
klane *n.* клане *massacre*
klane *n.* клане *slaughter*
klaouza *n.* клауза *clause*
klapa *n.* клапа *valve*
klasa *n.* класа *class*

klasicheski *a* класически *classic*
klasifikatsiya *n* класификация *classification*
klasifitsiram *v.t.* класифицирам *classify*
klasik *n.* класик *classic*
klasiram *v.t.* класирам *size*
klatoushkam se *v.i.* клатушкам се *stagger*
klatoushkam se *v.i.* клатушкам се *waddle*
klatoushkane *n.* клатушкане *stagger*
klatya se *v.i.* клатя се *shake*
klatya se *v.i* клатя се *wobble*
klechka *n.* клечка *peg*
klet *a.* клет *pitiable*
kletka *n.* клетка *bontle*
kletka *n.* клетка *cage*
kletka *n.* клетка *cell*
kletuchen *adj.* клетъчен *cellular*
kletva *n.* клетва *oath*
kletva *n.* клетва *sweat*
kleveta *n.* клевета *defamation*
kleveta *n.* клевета *slander*
kleveta *n.* клевета *slur*
klevetnicheski *a.* клеветнически *slanderous*
klevetya *v.t.* клеветя *defame*
klevetya *v.t.* клеветя *libel*
klevetya *v.t.* клеветя *slander*
klevta *n.* клевета *libel*
kley *n.* клей *mucilage*
kleymo *n.* клеймо *hallmark*
klient *n.* клиент *client*
klient *n.* клиент *customer*
klimaks *n.* климакс *apex*
klimat *n.* климат *climate*
klin *n.* клин *wedge*
klinika *n.* клиника *clinic*

klon *n.* клон *bough*
klon *n.* клон *branch*
klonche *n.* клонче *sprig*
klonche *n.* клонче *twig*
klonya *v.i.* клоня *incline*
klonya *v.i.* клоня *tend*
klooun *n.* клоун *clown*
klooun *a.* клоун *zany*
kloup *n.* клуп *noose*
kloyp *n.* клуп *loop*
klozet *n.* клозет *latrine*
kluvvane *n.* клъвване *peck*
klyakam *v.i.* клякам *squat*
klyuch *n.* ключ *key*
klyuka *n.* клюка *gossip*
klyun *n.* клюн *beak*
kmet *n.* кмет *mayor*
kniga *n.* книга *book*
knizhar *n.* книжар *stationer*
knizhen chervey *n.* книжен червей *book-worm*
knizhka *n.* книжка *booklet*
koalitsiya *n.* коалиция *coalition*
kobalt *n.* кобалт *cobalt*
kobila *n.* кобила *mare*
kobra *n.* кобра *cobra*
kochina *n.* кочина *sty*
kochiyash *n.* кочияш *coachman*
kod *n.* код *code*
koefitsient *n.* коефициент *coefficient*
kofa *n.* кофа *bucket*
kofa *n.* кофа *pail*
kogato *adv.* когато *when*
kogato *conj.* когато *when*
kogato *adv. conj.* когато *whenever*
kogoto *pron.* когото *whom*
kokain *n.* кокаин *cocaine*
kokili *n.* кокили *stilt*
kokos *n.* кокос *coconut*

kokosharnik *n.* кокошарник *roost*
kokoshka *n.* кокошка *hen*
kokosovi vlakna *n.* кокосови влакна *coir*
koksouvam *v.t.* коксувам *coke*
kol *n.* кол *pale*
kol *n.* кол *picket*
kola *n.* кола *car*
kola *n.* кола *wain*
kolan *n.* колан *belt*
kolebanie *n.* колебание *demur*
kolebanie *n.* колебание *hesitation*
kolebaya *v.i.* колебая *shilly-shally*
kolebaya se *v.i.* колебая се *hesitate*
kolebaya se *v.i.* колебая се *waver*
kolebliv *a.* колеблив *hesitant*
Koleda *n.* Коледа *Christmas*
Koleda *n.* Коледа *Xmas*
kolega *n.* колега *colleague*
kolektsioner *n.* колекционер *collector*
kolelo *n.* колело *bicycle*
kolelo *a.* колело *wheel*
kolenicha *v.i.* коленича *kneel*
kolesnitsa *n.* колесница *chariot*
kolezh *n.* колеж *college*
koliba *n.* колиба *cabin*
koliba *n.* колиба *hut*
koliba *a.* колиба *shanty*
koliba *n.* колиба *wigwam*
kolibka *n.* колибка *kennel*
kolichestven *a.* количествен *quantitative*
kolichestvo *n.* количество *quantity*
kolichka *n.* количка *cart*

koloezdach *n.* колоездач *cyclist*
kolona *n.* колона *column*
kolona *n.* колона *pillar*
kolona na prozorets *n.* колона на прозорец *mullion*
kolonada *n.* колонада *arcade*
kolonialen *a* колониален *colonial*
koloniya *n.* колония *colony*
kolosvam *v.t.* колосвам *starch*
kolya *v.t.* коля *butcher*
kolya *v.t.* коля *massacre*
kolyano *n.* коляно *knee*
koma *n.* кома *coma*
komanda *n.* команда *command*
komandir *n.* командир *commandant*
komandouvam *v.t.* командувам *regiment*
komar *n.* комар *gamble*
komar *n.* комар *mosquito*
komardzhiya *n.* комарджия *gambler*
kombinatsiya *n.* комбинация *combination*
kombiniram *v.t.* комбинирам *amalgamate*
komediant *n.* комедиант *comedian*
komediya *n.* комедия *comedy*
komentar *n.* коментар *comment*
komentator *n.* коментатор *commentator*
komentiram *v.i.* коментирам *comment*
kometa *n.* комета *comet*
komichen *a.* комичен *comic*
komik *n.* комик *comic*
komin *n.* комин *chimney*
komisar *n.* комисар *commissioner*
komitet *n.* комитет *committee*
komounizum *n.* комунизъм *communism*
kompaniya *n.* компания *company*
kompas *n.* компас *compass*
kompensiram *v.t.* компенсирам за *offset*
kompensiram *v.t.* компенсирам *recoup*
kompetenten *a.* компетентен *competent*
kompetentnost *n.* компетентност *competence*
kompleks *n.* комплекс *complex*
komplekt *n.* комплект *set*
komplekt *n.* комплект *suite*
kompliment *n.* комплимент *compliment*
kompromis *n.* компромис *compromise*
komyunike *n.* комюнике *communiqué*
kon *n.* кон *horse*
kon *n.* кон *steed*
konche *n.* конче *hobby-horse*
konets *n.* конец *thread*
konferentsiya *n.* конференция *conference*
konfiskatsiya *n.* конфискация *confiscation*
konfiskatsiya *n.* конфискация *forfeiture*
konfiskatsiya *n.* конфискация *seizure*
konfiskouvam *v.t.* конфискувам *confiscate*
konflikt *n.* конфликт *strife*
konformizum *n.* конформизъм *conformity*

konfrontatsiya n.
конфронтация confrontation
kongres n. конгрес congress
konkoubinat n. конкубинат
concubinage
konkreten a. конкретен
concrete
konkurenten a. конкурентен
competitive
konop n. коноп hemp
konous n. конус cone
konsensus n. консенсус
consensus
konservativen a.
консервативен conservative
konservator n. консерватор
conservative
konserviram v.t. консервирам
tin
konservna koutiya n.
консервна кутия can
konsistentsiya n. консистенция
consistence
konsoultatsiya n. консултация
tutorial
konsoumiram v.t. консумирам
consume
konsoumirane n. консумиране
consumption
konspekt n. конспект syllabus
konspirator n. конспиратор
conspirator
konspiratsiya n. конспирация
conspiracy
kontakt n. контакт socket
konte n. конте dandy
kontekst n. контекст context

kontinent n. континент
continent

kontinentalen a. континентален
continental
kontour n. контур contour
kontouzvam v.t. контузвам
contuse
kontrabandiram v.t.
контрабандирам smuggle
kontrabandist n.
контрабандист smuggler
kontraobvinenie n.
контраобвинение
countercharge
kontratseptsiya n.
контрацепция contraception
kontrol n. контрол control
kontrol n. контрол supervision
kontroliram v.t. контролирам
control
kontrolyor n. контрольор
controller
kontsentraciya n.
концентрация concentration
kontsentriram v.t.
концентрирам concentrate
kontsert n. концерт concert
konyunktiva n. конюнктива
conjunctiva
konyushnya n конюшня stable
kopaya v.t. копая dig
kopaya v.t. копая excavate
kopaya v.t. копая shovel
kopaya v.t. копая spade
kopie n. копие copy
kopie n. копие javelin
kopie n. копие spear
kopiram v.t. копирам copy
kopito n. копито hoof
kopka n. копка dig
kopneya v.i копнея long
kopneya v.i. копнея yearn
kopnezh n. копнеж longing

kopnezh *n.* копнеж *yearning*
koprina *n.* коприна *silk*
koprinen *a.* коприннен *silky*
kopriva *n.* коприва *nettle*
koprologiya *n.* копрология *coprology*
kora *n.* кора *crust*
kora *n.* кора *peel*
korab *n.* кораб *ship*
korabno platno *n.* корабно платно *sail*
koral *n.* корал *coral*
korem *n.* корем *abdomen*
korem *n.* корем *belly*
koremen *a.* коремен *abdominal*
koremen *a.* коремен *alvine*
koremen tif *n.* коремен тиф *typhoid*
koren *n.* корен *root*
korespondent *n.* кореспондент *correspondent*
koriandur *n.* кориандър *coriander*
koridor *n.* коридор *corridor*
korintski *n.* коринтски *Corinth*
koristen *a.* користен *mercenary*
kork *n.* корк *cork*
kormilo *n.* кормило *helm*
kormoran *n.* корморан *cormorant*
korona *n.* корона *crown*
koronatsiya *n.* коронация *coronation*
koronyasvam *v.t.* коронясвам *crown*
korouptsiya *n.* корупция *corruption*
koroziven *a.* корозивен *corrosive*
korpous *n.* корпус *corps*
kosa *n.* коса *hair*

kosa za kosene *n.* коса за косене *scythe*
koshara *n.* кошара *cote*
kosher *n.* кошер *alveary*
kosher *n.* кошер *beehive*
kosher *n.* кошер *hive*
koshmar *n.* кошмар *nightmare*
koshnitsa *n.* кошница *basket*
koshouta *n.* кошута *doe*
kosmicheski *a.* космически *cosmic*
kost *n.* кост *bone*
kostenourka *n.* костенурка *tortoise*
kostenourka *n.* костенурка *turtle*
kostyum *n.* костюм *costume*
kostyum *n.* костюм *suit*
kosven *a.* косвен *implicit*
kosven *a.* косвен *vicarious*
kosya *v.t.* кося *mow*
kosya *v.t.* кося *scythe*
kotarak *n.* котарак *tomcat*
kote *n.* коте *kitten*
kotka *n.* котка *cat*
kotva *n.* котва *anchor*
koub *n.* куб *cube*
koubichen *a.* кубичен *cubical*
kouboviden *a.* кубовиден *cubiform*
kouche *n.* куче *dog*
kouchka *n.* кучка *bitch*
kouh *a.* кух *hollow*
kouhina *n.* кухина *cavity*
kouhina *n.* кухина *hollow*
kouhnya *n.* кухня *cuisine*
kouhnya *n.* кухня *kitchen*
kouka *n.* кука *grapple*
kouka *n.* кука *hook*
kouker *n.* кукер *mummer*
koukla *n.* кукла *doll*

koukla n. кукла puppet
koukourigam v.i. кукуригам crow
koukouvitsa n. кукувица cuckoo
koula n. кула tower
koulminatsiya n. кулминация climax
koulminiram v.i. кулминирам culminate
koult n. култ cult
koultoura n. култура culture
koultouren a културен cultural
koup n. куп heap
koup n. куп pile
koup n. куп rick
koupa n. купа bowl
koupchina n. купчина cluster
koupe n. купе compartment
Koupidon n. Купидон Cupid
koupishta n. купища ream
kouplet n. куплет couplet
koupol n. купол dome
koupon n. купон coupon
koupouvach n. купувач buyer
koupouvam v.t. купувам buy
koupouvam v.t. купувам purchase
kourazh n. кураж courage
kourdisvam se v.i. курдисвам се perch
kourier n. куриер courier
kourkouma n. куркума curcuma
kourkouma n. куркума turmeric
kours n. курс course
kourshoum n. куршум bullet
koursiv n. курсив italics
koursiven a. курсивен italic
kourtizanka n. куртизанка courtesan
koushetka n. кушетка couch
koutiya n. кутия box

koutre n кутре cub
koutre n. кутре puppy
kouts a. куц lame
kova v.t. кова nail
kovach n. ковач blacksmith
kovach n. ковач smith
kovachnitsa n. ковачница forge
kovarstvo n. коварство guile
kovarstvo n. коварство perfidy
kovcheg n. ковчег coffin
kovchezhe n. ковчеже casket
kovchezhe n. ковчеже cist
kovchezhnik n. ковчежник treasurer
kovuk a. ковък malleable
koy a. кой which
koy pron. кой who
koyto interj. който what
koyto pron. който which
koyto pron. който whichever
koyto rel. pron. който that
koyto i da pron. който и да whoever
koyto izostava n. който изостава straggler
koyto podtikva n. който подтиква prompter
koyto skacha n. който скача skipper
koyto svikva n. който свиква convener
koyto tvurdi che e a. който твърди, че е would-be
koz n. коз trump
koza n. коза goat
kozha n. кожа cutis
kozha n. кожа hide
kozha n. кожа leather
kozha n. кожа skin
kozhar n. кожар tanner
kozina n. козина fur

kozirog *n.* козирог *Capricorn*
kozmetichen *a.* козметичен *cosmetic*
kozmetika *n.* козметика *cosmetic*
kracha *v.i.* крача *stalk*
kracha *v.i.* крача *stride*
krachka *n.* крачка *pace*
krachka *v.i.* крача *pace*
krachka *n.* крачка *stride*
krada *v.i.* крада *steal*
kradets *n.* крадец *abactor*
kradets *n.* крадец *burglar*
kradets *n.* крадец *thief*
kraen *a* краен *extreme*
kraen *a.* краен *terminal*
kraen *a.* краен *ultimate*
krak *n.* крак *leg*
kral *n.* крал *king*
kralitsa *n.* кралица *queen*
kralska osoba *n.* кралска особа *royalty*
kralski *a.* кралски *royal*
kralstvo *n.* кралство *kingdom*
kran *n.* кран *tap*
krasiv *a.* красив *beautiful*
krasiv *a.* красив *handsome*
krasnorechie *n.* красноречие *eloquence*
krasnorechiv *a.* красноречив *eloquent*
krasota *n.* красота *beauty*
krasta *n.* краста *scabies*
krastavitsa *n.* краставица *cucumber*
kraten *n.* кратен *aliquot*
kratko *adv.* кратко *short*
kratkost *n.* краткост *brevity*
kratno *n.* кратно *multiple*
kratouna *n.* кратуна *gourd*
kratuk *a.* кратък *brief*

kratuk *a.* кратък *curt*
krava *n.* крава *cow*
kravarnik *n.* краварник *byre*
kray *prep* край *by*
kray *n.* край *close*
kray *n.* край *end*
kray *n.* край *stop*
kraybrezhen *a.* крайбрежен *costal*
kraybrezhen *a.* крайбрежен *littoral*
krayche *n.* крайче *tip*
krayna gara *n.* крайна гара *terminus*
kraynik *n.* крайник *limb*
kraynost *n.* крайност *extreme*
kraytser *n.* крайцер *cruiser*
krazhba *n.* кражба *theft*
krazhba na dobituk *n.* кражба на добитък *abaction*
krazhba s vzlom *n.* кражба с взлом *burglary*
kreditor *n.* кредитор *creditor*
krehuk *a.* крехък *brittle*
krehuk *a.* крехък *flimsy*
krehuk *a.* крехък *frail*
krehuk *a* крехък *tender*
krepost *n.* крепост *fortress*
krepost *n.* крепост *stronghold*
kreposten selyanin *a.* крепостен селянин *adscript*
krepostnik *n.* крепостник *serf*
krevatche *n.* креватче *crib*
krik *n.* крик *jack*
krilat *a.* крилат *aliferous*
krilo *n.* крило *wing*
kriptografiya *n.* криптография *cryptography*
kristal *n.* кристал *crystal*
kriteriy *n.* критерий *criterion*

kritichen *adj.* критичен *censorious*
kritichen *a.* критичен *critical*
kritik *n.* критик *critic*
kritika *n.* критика *criticism*
kritikouvam *v.t.* критикувам *criticize*
kritikouvam *v.t.* критикувам *lambaste*
krivak *a.* кривак *crook*
krivogled sum *v.i.* кривоглед съм *squint*
krivogledstvo *n.* кривогледство *squint*
krivolicha *v.i.* криволича *zigzag*
krivolichesht *adj.* криволичещ *anfractuous*
krivolichesht *a.* криволичещ *sinuous*
kriya se *v.t.* крия се *hide*
kriza *n.* криза *crisis*
krokodil *n.* крокодил *crocodile*
krousha *n.* круша *pear*
kroushka *n.* крушка *bulb*
kruchma *n.* кръчма *tavern*
krug *n.* кръг *circle*
krug *n.* кръг *round*
krugul *a.* кръгъл *circular*
krugul *a.* кръгъл *round*
krupka *n.* кръпка *patch*
krushkach *n.* кръшкач *shirker*
krushtavam *v.t.* кръщавам *baptize*
krushtavane *n.* кръщаване *baptism*
krust *n.* кръст *cross*
krust *n.* кръст *waist*
krustonosen pohod *n.* кръстоносен поход *crusade*
krustosvam moreta *v.i.* кръстосвам морета *cruise*
krustovishe *n.* кръстовище *junction*
kruv *n.* кръв *blood*
kruvoprolitie *n.* кръвопролитие *bloodshed*
kryakam *v.i.* крякам *quack*
kryakane *n.* крякане *croak*
kryakane *n* крякане *quack*
kryasuk *n.* крясък *gobble*
kserografiram *v.t.* ксерографирам *xerox*
kseroks *n.* ксерокс *xerox*
ksilofon *n.* ксилофон *xylophone*
kude *adv.* къде *where*
kudeto *conj.* където *where*
kudeto i da e *adv.* където и да е *wherever*
kudritsa *n.* къдрица *curl*
kukrya *v.i.* къкря *simmer*
kulbo *n.* кълбо *orb*
kulbo prezhda *n.* кълбо прежда *clew*
kulna *v.t.* кълна *damn*
kultsam *v.t.* кълцам *hack*
kultsam *v.t.* кълцам *mince*
kulva *v.i.* кълва *peck*
kum *prep.* към *towards*
kum sever *adv.* към север *northerly*
kum vutreshnostta *adv.* към вътрешността *inland*
kunka *n.* кънка *skate*
kupya *v.t.* кърпя *patch*
kupya se *v.t.* къпя се *bathe*
kurma *n.* кърма *stern*
kurmya *v.i.* кърмя *lactate*
kurmya *v.t* кърмя *nurse*
kurmya *v.t.* кърмя *suckle*
kurpa *n.* кърпа *handkerchief*
kurpa *n.* кърпа *kerchief*

kurvam *a.* кървам *bloody*
kurvya *v.i.* кървя *bleed*
kus *a.* къс *short*
kus zlato *n.* къс злато *nugget*
kusam *v.t.* късам *tear*
kusche *n.* късче *bit*
kusen *a.* късен *late*
kushta *n.* къща *bawn*
kushta *n.* къща *house*
kushtichka *n.* къщичка *cottage*
kusmet *n.* късмет *luck*
kusmetliya *a.* късметлия *lucky*
kusno *adv.* късно *late*
kusogled *a.* късоглед *myopic*
kusogledstvo *n.* късогледство *myopia*
kut *n.* кът *nook*
kuten *a.* кътен *molar*
kutnik *n.* кътник *molar*
kvadrat *n.* квадрат *square*
kvadraten *a.* квадратен *square*
kvalifikatsiya *n.* квалификация *qualification*
kvalifitsiram *v.i.* квалифицирам *qualify*
kvartira *n.* квартира *lodging*
kveroulant *n.* керулант *barrator*
kvintesentsiya *n.* квинтесенция *quintessence*
kvoroum *n.* кворум *quorum*
kvota *n.* квота *quota*
kyoorav *n.* кьорав *purblind*

L

labilen *a.* лабилен *labial*
labirint *n.* лабиринт *labyrinth*
labirint *n.* лабиринт *maze*

laboratoriya *n.* лаборатория *laboratory*
lager *n.* лагер *camp*
lagerouvam *v.i.* лагерувам *camp*
lagouna *n.* лагуна *lagoon*
laik *n.* лаик *layman*
lak *n.* лак *varnish*
lakey *n.* лакей *lac, lakh*
lakey *n.* лакей *lackey*
lakiram *v.t.* лакирам *varnish*
lakomets *n.* лакомец *glutton*
lakomiya *n.* лакомия *gluttony*
lakomstvo *n.* лакомство *dainty*
lakonichen *a.* лаконичен *laconic*
laktoza *n.* лактоза *lactose*
lakut *n.* лакът *ancon*
lakut *n.* лакът *elbow*
lama *n.* лама *lama*
lamarina *n.* ламарина *tin*
laminiram *v.t.* ламинирам *laminate*
lampa *n.* лампа *lamp*
lamtya *v.t.* ламтя *covet*
lanchet *a.* ланцет *lancet*
laoureat *n.* лауреат *laureate*
lapa *n.* лапа *paw*
laskatelstvo *n.* ласкателство *adulation*
laskatelstvo *n.* ласкателство *flattery*
laskav *a.* ласкав *bland*
laskaya *v.t.* лаская *butter*
laskaya *v.t.* лаская *flatter*
latenten *a.* латентен *latent*
lava *n.* лава *lava*
lavandoula *n.* лавандула *lavender*
lavitsa *n.* лавица *rack*
lavitsa *n.* лавица *shelf*

lavri *n.* лаври *laurel*
lavrov *a.* лавров *laureate*
lay *n.* лай *bark*
laya *v.t.* лая *bark*
laya *v.i.* лая *yap*
lazya *v.i.* лазя *creep*
lebed *n.* лебед *swan*
lebedka *n.* лебедка *winch*
lecheben *a.* лечебен *curative*
lecheben *a.* лечебен *medicinal*
led *n.* лед *ice*
legaliziram *v.t.* легализирам *legalize*
legen *n.* леген *basin*
legenda *n.* легенда *legend*
legendaren *a.* легендарен *legendary*
leghorn *n.* легхорн *leghorn*
legion *n.* легион *legion*
legionerski *n.* легионерски *legionary*
legitimen *a.* легитимен *legitimate*
legitimnost *n.* легитимност *legitimacy*
leglo *n.* легло *bed*
leglo *n.* легло *bunk*
legnal *adv.* легнал *abed*
lek *n.* лек *cure*
lek *a.* лек *light*
lekar *n.* лекар *baker*
lekar *n.* лекар *doctor*
lekar *n.* лекар *physician*
lekarstvo *n.* лекарство *drug*
lekarstvo *n.* лекарство *physic*
lekarstvo *n.* лекарство *remedy*
leko *a.* леко *sightly*
lekomislen *a.* лекомислен *frivolous*
lekomislie *n.* лекомислие *levity*
lekomislie *adv.* леко *lightly*

lekouvam *v.t.* лекувам *cure*
lekouvam *v.i.* лекувам *heal*
lekovit *a.* лековит *remedial*
leksikografiya *n.* лексикография *lexicography*
lektor *n.* лектор *lecturer*
lektsiya *n.* лекция *discourse*
lektsiya *n.* лекция *lecture*
lelya *n.* леля *aunt*
leneno seme *n.* ленено семе *linseed*
leniv *a.* ленив *indolent*
lenta *a.* лента *armlet*
lenta *n.* лента *band*
lenta *n.* лента *ribbon*
lenta *n.* лента *tape*
lentyay *n.* лентяй *idler*
leopard *n.* леопард *leopard*
lepenka *n.* лепенка *sticker*
lepilo *n.* лепило *adhesive*
lepilo *n.* лепило *glue*
lepkav *n.* лепкав *sticky*
lepliv *a.* леплив *adhesive*
lepta *n.* лепта *mite*
lepya *v.t.* лепя *stick*
lesen *a.* лесен *easy*
lesen *a.* лесен *facile*
leshoyad *n.* лешояд *vulture*
leshta *n.* леща *lens*
leshta *n.* леща *lentil*
lesnichey *n.* лесничей *forester*
lesovudstvo *n.* лесовъдство *forestry*
letargichen *a.* летаргичен *lethargic*
letargiya *n.* летаргия *lethargy*
leten *adj.* летен *aestival*
leten *a.* летален *lethal*
letishte *n.* летище *aerodrome*
letopisets *n.* летописец *annalist*
letopisi *n.pl.* летописи *annals*

letva *n.* летва *lath*
letya *v.i.* летя *fly*
levichar *n.* левичар *leftist*
levitsa *n.* левица *left*
leyarna *n.* леярна *foundry*
leytenant *n.* лейтенант *lieutenant*
lezha *v.i.* лежа *lie*
liberalen *a.* либерален *liberal*
liberalizum *n.* либерализъм *liberalism*
liberalnost *n.* либералност *liberality*
lichen *a.* личен *personal*
lichnost *n.* личност *personality*
lider *n.* лидер *leader*
lift *n.* лифт *lift*
liga *n.* лига *league*
lignit *n.* лигнит *lignite*
lihvar *n.* лихвар *usurer*
lihvarstvo *n.* лихварство *usury*
likouvam *v.i.* ликувам *exult*
likouvam *v.i.* ликувам *rejoice*
likouvane *n.* ликуване *glee*
likouvane *n.* ликуване *jubilation*
likouvasht *a.* ликуващ *jubilant*
likvidatsiya *n.* ликвидация *liquidation*
iikvidiram *v.t.* ликвидирам *liquidate*
liliya *n.* лилия *lily*
limit *n.* лимит *limit*
limon *n.* лимон *lemon*
limon *n.* лимон *lime*
limonada *n.* лимонада *lemonade*
limonov *a.* лимонов *citric*
linchouvam *v.t.* линчувам *lynch*
lineya *v.i.* линея *moult*
lineyka *n.* линейка *ambulance*
lingvist *n.* лингвист *linguist*

lingvistichen *a.* лингвистичен *linguistic*
lingvistika *n.* лингвистика *linguistics*
liniya *n.* линия *line*
lipoma *n.* липома *wen*
lipsa *n.* липса *lack*
lipsva mi *v.t.* липсва ми *lack*
lira *n.* лира *lyre*
lira sterling *n.* лира стерлинг *sterling*
lirichen *a.* лиричен *lyric*
lirik *n.* лирик *lyricist*
lirika *n.* лирика *lyric*
lishavam *v.t.* лишавам *bereave*
lishavam *v.t.* лишавам *deprive*
lishavam *v.t.* лишавам *shear*
lishen *a.* лишен *devoid*
lishenie *n.* лишение *privation*
lisitsa *n.* лисица *fox*
lisitsa *n.* лисица *vixen*
list *n.* лист *leaf*
list *n.* лист *sheet*
listat *a.* листат *leafy*
literator *n.* литератор *litterateur*
literatour *a.* летературен *literary*
literatoura *n.* литература *literature*
litse *n.* лице *face*
litse *n.* лице *person*
litsemer *n.* лицемер *hypocrite*
litsemeren *a.* лицемерен *hypocritical*
litsemerie *n.* лицемерие *hypocrisy*
litsenz *n.* лиценз *licence*
litsenzant *n.* лицензант *licensee*
litsenziram *v.t.* лицензирам *license*

litsev *a.* лицев *facial*
litur *n.* литър *litre*
liturgichen *a.* литургичен *liturgical*
livada *n.* ливада *meadow*
livreya *n.* ливрея *livery*
lizane *n* лизане *lick*
lizha *v.t.* лижа *lick*
lobi *n.* лоби *lobby*
lodka *n* лодка *boat*
logaritum *n.* логаритъм *logarithm*
logichen *a.* логичен *logical*
logik *n.* логик *logician*
logika *n.* логика *logic*
lokaliziram *v.t.* локализирам *locate*
lokomotiv *n.* локомотив *locomotive*
lokva *n.* локва *puddle*
lopata *n.* лопата *oar*
lopata *n.* лопата *shovel*
lopata *n.* лопата *spade*
lord *n.* лорд *lord*
lordski *a.* лордски *lordly*
losh *a.* лош *bad*
losha slava *n.* лоша слава *disrepute*
losho *adv.* лошо *badly*
losho durzhane *n.* лошо държане *misbehaviour*
losho oupravlenie *n.* лошо управление *mal administration*
losho povedenie *n.* лошо поведение *misconduct*
losho rukovodstvo *n.* лошо ръководство *mismanagement*
losho skroen *n.* лошо скроен *misfit*

losion *n.* лосион *lotion*
lost *n.* лост *lever*
lotariya *n.* лотария *lottery*
lotous *n.* лотус *lotus*
loubrikant *n.* лубрикант *lubricant*
loud *a.* луд *crazy*
loud *a.* луд *daft*
loud *a.* луд *lunatic*
loudoriya *n.* лудория *prank*
loudost *n.* лудост *lunacy*
loudouvam *v.i.* лудувам *romp*
louk *n.* лук *onion*
louks *n.* лукс *luxury*
louksosen *a.* луксозен *luxurious*
loula *n.* лупа *bull's eye*
loumvam *v.i.* лумвам *flare*
loumvane *n.* лумване *flare*
louna *n.* луна *moon*
lounatik *n.* лунатик *lunatic*
lounen *a.* лунен *lunar*
lovdzhiya *n.* ловджия *huntsman*
lovdzhiyski rog *n.* ловджийски рог *bugle*
lovets *n.* ловец *hunter*
lovets sus sokoli *n.* ловец със соколи *hawker*
lovkost *n.* ловкост *sleight*
lovouvam *v.t.* ловувам *hunt*
lovouvam *n.* ловувам *hunt*
lovuk *a.* ловък *politic*
lovuk *a.* ловък *slick*
lovuvam *v.t.* ловувам *chase1*
lovya *v.i.* ловя *prey*
lovya riba *v.i* ловя риба *fish*
loy *n.* лой *tallow*
loyalen *a.* лоялен *loyal*
loyalist *n.* лоялист *loyalist*
loyalnost *n.* лоялност *loyalty*

loza n. лоза vine
lozoung n. лозунг watchword
luch n. лъч ray
luchist a. лъчист radiant
ludost n. лудост insanity
luk n. лък bow
lukatousha v.t. лъкатуша wind
luskav a. лъскав glossy
luskav a. лъскав lustrous
luskav a. лъскав shiny
luskavina n. лъскавина gloss
luskavina n. лъскавина lustre
luv n. лъв Leo
luv n. лъв lion
luvitsa n. лъвица lioness
luvski a лъвски leonine
luzha v.i. лъжа lie
luzha n. лъжа lie
luzhesvidetelstvouvam v.i. лъжесвидетелствувам perjure
luzhesvidetelstvouvouvane n. лъжесвидетелствуване perjury
luzhets n. лъжец liar
luzhitsa n. лъжица spoon
luzhliv a. лъжлив mendacious
lyagam si v.i. лягам си roost
lyastovitsa n. лястовица swallow
lyato n. лято summer
lyav a. ляв left
lyubesht a. любещ loving
lyubezno adv. любезно kindly
lyubim a. любим beloved
lyubim a. любим favourite
lyubimets n. любимец darling
lyubimets n. любимец favourite
lyubopiten a. любопитен curious
lyubopiten a. любопитен nosey

lyubopitstvo n. любопитство curiosity
lyubov n. любов amour
lyubov n. любов love
lyuboven adj. любовен amatory
lyubovnik n. любовник lover
lyubovnik n. любовник paramour
lyuboznatelen a. любознателен inquisitive
lyubveobilen a. любвеобилен fond
lyuleene n. люлеене sway
lyuleya v.t. люлея rock
lyuleya v.i. люлея vacillate
lyuleya se v.i. люлея се sway
lyulka n. люлка cradle
lyulyak n. люляк lilac
lyupilo n. люпило brood
lyushkam se v.i. люшкам се swing
lyushkane n. люшкане swing
lyushtya v.t. лющя shell
lyushtya se v.t. лющя се scale
lyuspa n. люспа husk
lyuspa n. люспа scale
lyuspest a. люспест husky
lyutnya n. лютня lute
lyutserna n. люцерна lucerne

M

machkam v.t. мачкам crimple
machkam v.t мачкам maul
machkam v.t. мачкам squash
machta n. мачта mast
madyosnichestvo n. магьосничество witchcraft
magare n. магаре ass

magare n. магаре donkey
magareshki bodil n. магарешки бодил thistle
magazin n. магазин shop
magicheski a. магически magical
magistrala n. магистрала highway
magistrat n. магистрат magistrate
magiya n. магия sorcery
magiya n. магия spell
magnat n. магнат magnate
magnetichen a. магнетичен magnetic
magnetit n. магнетит loadstone
magnetizum n. магнетизъм magnetism
magnit n. магнит magnet

magyoosnik n. магьосник magician
magyoosnik n. магьосник sorcerer
magyosnichestvo n. магьосничество witchery
magyosnik n. магьосник wizard
magyosnitsa n. магьосница witch
mahagon n. махагон mahogany
mahalo n. махало pendulum
mahvam v.t. махвам beckon
makar conj. макар albeit
makar che conj. макар че notwithstanding
makara n. макара reel
maksima n. максима maxim
maksimalen a. максимален maximum
maksimiziram v.t. максимизирам maximize

maksimoum n. максимум maximum
malariya n. малария malaria
malcinstvo n. малцинство minority
malka korona n. малка корона coronet
malko a. малко any
malko adv. малко awhile
malko a. малко few
malko adv. малко little
malko n. малко little
malko pron. малко some
malko adv. малко somewhat
malko kolichestvo n. малко количество modicum
malochislenost n. малочисленост paucity
maloleten n. малолетен infant
malotsennost n. малоценност inferiority
maltretiram v.t. малтретирам bully
maltretiram d. малтретирам mistreat
maltretirane n. малтретиране mal-treatment
malts n. малц malt
maltsov otset n. малцов оцет alegar
maluk a. малък little
maluk a. малък slight
maluk a. малък small
maluk a. малък tiny
malvaziya n. малвазия malmsey
mama n. мама matma
mama n. мама mum
mama n. мама mummy
mamon n. мамон mammon
mamout n. мамут mammoth

mamya v.t. мамя *deceive*
mamya v.t. мамя *hoodwink*
mamya v.t. мамя *rook*
manastir n. манастир *convent*
manastir n. манастир *monastery*
mandat n. мандат *mandate*
mandra n. мандра *dairy*
maneken n. манекен *mannequin*
manerka n. манерка *flask*
manevra n. маневра *manoeuvre*
manevriram v.i. маневрирам *manoeuvre*
mangan n. манган *manganese*
mango n. манго *mango*
mangousta n. мангуста *mongoose*
maniernost n. маниерност *mannerism*
manifaktourist n. манифактурист *draper*
manifest n. манифест *manifesto*
manikyur n. маникюр *manicure*
manipouliram v.t. манипулирам *manipulate*
manipouliram n. манипулация *manipulation*
maniya n. мания *craze*
maniya n. мания *mania*
maniya n. мания *obsession*
maniyak n. маниак *maniac*
manna n. манна *manna*
manshet n. маншет *cuff*
mantiya n. мантия *cloak*
mantiya n. мантия *mantle*
maranta n. маранта *arrowroot*
maraton n. маратон *marathon*

margarin n. маргарин *margarine*
margaritka n. маргаритка *daisy*
marginalen a. маргинален *marginal*
marinovam v.t. мариновам *condite*
marinovam v.t. мариновам *pickle*
marionetka n. марионетка *marionette*
marka n. марка *brand*
marker n. маркер *marker*
markiram v.t. маркирам *tag*
markouch n. маркуч *hose*
marmalad n. мармалад *marmalade*
maroder n. мародер *marauder*
maroderstvam v.i. мародерствам *maraud*
Mars n. Марс *Mars*
marshal n. маршал *marshal*
marshrut n. маршрут *route*
marzh n. марж *margin*
masa n. маса *mass*
masa n. маса *table*
masazh n. масаж *massage*
masazhiram v.t. масажирам *massage*
masazhist n. масажист *masseur*
mashinen a. машинен *mechanical*
mashinopisets n. машинописец *typist*
mashtabiram v.i. мащабирам *zoom*
masiven a. масивен *massive*
maska n. маска *mask*
maskarad n. маскарад *masquerade*

maskiram v.t. маскирам bemask
maskiram v.t. маскирам disguise
maskiram v.t. маскирам mask
maskirane n. маскиране disguise
maslina n. маслина olive
maslo n. масло butter
mason n. масон mason
mastilo n. мастило ink
mastourbiram v.i. мастурбирам masturbate
mat n. мат mate
matador n. матадор matador
matematichen a. математичен mathematical
matematik n. математик mathematician
matematika n. математика mathematics
material n. материал material
material n. материал stuff
materialen a. материален material
materialen a. материален worldly
materialist n. материалист worldling
materializiram v.t. материализирам materialize
materializum n. материализъм materialism
materinski a. майчински motherly
materiya n. материя matter
matine n. матине matinee
matiram v. матирам checkmate
matiram v.t. матирам mate
matka n. матка womb
matriarh n. матриарх matriarch
matritsa n. матрица die

matritsa n. матрица matrix
matrona n. матрона matron
matsvam v.i. мацвам dabble
mavzoley n. мавзолей mausoleum
may n. май May
may pron. мой mine
maya n. мая yeast
mayak n. маяк beacon
maychin a. майчин maternal
maychinski a. майчински motherlike
maychinstvam v.t. майчинствам mother
maychinstvo n. майчинство maternity
maychinstvo n. майчинство motherhood
mayka n. майка mother
maykooubiystven a. майкоубийствен matricidal
maykooubiystvo n. майкоубийство matricide
maymouna n. маймуна ape
maymouna n. маймуна monkey
maymounski a. маймунски apish
maystor n. майстор master
maystorski a. майсторски masterly
maystorstvo n. майсторство workmanship
mazem a. мазен oily
mazen a. мазен greasy
mazha v.t. мажа plaster
mazilka n. мазилка daub
mazilka n. мазилка plaster
maznina n. мазнина fat
mebel n. мебел furniture
mech n. меч sword
mecheshki a. мечешки borne

mechka *n.* мечка *bear*
mechta *n.* мечта *dream*
mechtatel *n.* мечатател
   visionary
med *n.* мед *copper*
med *n.* мед *honey*
medal *n.* медал *medal*
medalist *n.* медалист *medallist*
medalyoon *n.* медальон *locket*
meden mesets *n.* меден месец
   honeymoon
medikament *n.* медикамент
   medicament
meditsina *n.* медицина
   medicine
meditsinska sestra *n.*
   медицинска сестра *nurse*
meditsinski *a.* медицински
   medical
medium *n.* медиум *medium*
medovina *n.* медовина *mead*
megafon *n.* мегафон
   megaphone
megalit *n.* мегалит *megalith*
megaliten *a.* мегалитен
   megalithic
mehanichen *a.* механичен
   mechanic
mehanichna deynost *n.*
   механична дейност *rote*
mehanik *n.* механик *mechanic*
mehanika *n.* механика
   mechanics
mehanizum *n.* механизъм *gear*
mehanizum *n.* механизъм
   mechanism
mehlem *n.* мехлем *balm*
mehlem *n.* мехлем *ointment*
mehour *n.* мехур *bladder*
mehour *n.* мехур *bubble*
mehourche *n.* мехурче *bleb*

mek *a.* мек *mild*
mek *a.* мек *soft*
mekoushav *a* мекушав
   effeminate
melanholichen *a.*
   меланхоличен *melancholic*
melanholiya *n.* меланхолия
   melancholia
melasa *n.* меласа *molasses*
mele *n.* меле *melee*
melez *a* мелез *mongrel*
melnichka *n.* мелничка *grinder*
melnitchar *n.* мелничар *miller*
melnitsa *n.* мелница *mill*
melodichen *a.* мелодичен
   melodious
melodiya *n.* мелодия *melody*
melodiya *n.* мелодия *tune*
melodrama *n.* мелодрама
   melodrama
melodramatichen *a.*
   мелодраматичен
   melodramatic
melya *v.i.* меля *grind*
melya *v.t.* меля *mill*
membrana *n.* мембрана
   membrane
memoar *n.* мемоар *memoir*
memorandoum *n.* меморандум
   memorandum
men *pron.* мен *me*
menidzhur *n.* мениджър
   manager
meningit *n.* менингит
   meningitis
menopaouza *n.* менопауза
   menopause
menstroualen *a.* менструален
   menstrual
menstrouatsiya *n.* менструация
   menstruation

mentor n. ментор mentor
menyu n. меню menu
menzis n. мензис menses
mergel n. мергел marl
meridian a. меридиан meridian
merkantilen a. меркантилен mercantile
merseriziram v.t. мерсеризирам mercerise
merya v.t меря measure
merzavets n. мерзавец miscreant
mesechen a. месечен monthly
mesechno adv. месечно monthly
mesechno spisanie n. месечно списание monthly
mesets n. месец month
mesing n. месинг brass
mesiya n. месия messiah
mesmerizum n. месмеризъм mesmerism
meso n. месо meat
mesten a. местен indigenous
mesten a. местен local
mesten a. местен resident
mesten zakon n. местен закон bylaw, bye-law
mesten zhitel n. местен жител native
mestnost n. местност locality
mestoimenie n. местоимение pronoun
mestopolozhenie n. местоположение location
mestozhitelstvo n. местожителство domicile
mestozhitelstvo n. местожителство residence
mestya se v.t. местя се move
mesya v.t. меся puddle
mesya se v.i. меся се meddle
metabolizum n. метаболизъм metabolism
metafizicheski a. метафизически metaphysical
metafizika n. метафизика metaphysics
metafora n. метафора metaphor
metal n. метал metal
metalen a. метален metallic
metalourgiya n. металургия metallurgy
metamorfoza n. метаморфоза metamorphosis
metatelen a. метателен projectile
meteor n. метеор meteor
meteoriten a. метеоритен meteoric
meteorolog n. метеоролог meteorologist
meteorologiya n. метеорология meteorology
metezh n. метеж mutiny
metezhen a. метежен mutinous
metla n. метла broom
metod n. метод method
metodichen a. методичен methodical
metoh n. метох nunnery
metrichen a. метричен metric
metropolis n. метрополис metropolis
metrov a. метров metrical
metsanin n. мецанин mezzanine
metur n. метър metre
mezhdinen a. междинен intermediate
mezhdinen a междинен medium

mezhdou *prep.* между *among*
mezhdou *prep* между *between*
mezhdouvremenno *adv.*
  междувременно *meanwhile*
mezhynaron *a.* международен
  international
mialgiya *n.* миалгия *myalgia*
miene *n.* миене *wash*
mig *n.* миг *instant*
migam *v.t. & i* мигам *blink*
migam *v.i.* мигам *wink*
migane *n.* мигане *wink*
migla *n.* мигла *eyelash*
mignoven *a.* мигновен
  instantaneous
mignovenno *adv.* мигновено
  instantly
migrena *n.* мигрена *migraine*
mikrob *n.* микроб *germ*
mikrofilm *n.* микрофилм
  microfilm
mikrofon *n.* микрофон
  microphone
mikrologiya *n.* микрология
  micrology
mikrometur *n.* микрометър
  micrometer
mikroskop *n.* микроскоп
  microscope
mikroskopichen *a.*
  микроскопичен *microscopic*
mikrovulna *n.* микровълна
  microwave
mil *a.* мил *kind*
miliard *n.* милиард *billion*
miliardi *n.* милиарди *myriad*
milion *n.* милион *million*
milioner *n.* милионер
  millionaire
militsiya *n.* милиция *militia*
milost *n.* милост *mercy*

milost *n.* милост *pity*
milostiv *a.* милостив *merciful*
milvam *v.t.* милвам *caress*
milvam *v.t* милвам *fondle*
milvam *v.t.* милвам *stroke*
milvane *n.* милване *stroke*
milya *n.* миля *mile*
mim *n.* мим *mime*
mimicheski *a.* мимически
  mimic
mimik *v.i.* мимик съм *mime*
mimikriya *n.* мимикрия *mimesis*
mimikriya *n.* мимикрия *mimicry*
mimoleten *a.* мимолетен
  transitory
minal *a.* минал *past*
minalo *n.* минало *past*
minare *n.* минаре *minaret*
minare *n.* мина *mine*
minavam *v.t.* минавам *elapse*
minavam *v.i.* минавам *pass*
minavam *v.i.* минавам *sweep*
mineral *n.* минерал *mineral*
mineralen *a.* минерален *mineral*
minerolog *n.* минеролог
  mineralogist
minerologiya *n.* минерология
  mineralogy
minimalen *a.* минимален
  minimal
minimalen *a.* минимален
  minimum
minimiziram *v.t.* минимизирам
  minimize
minimoum *n.* минимум
  minimum
ministerstvo *n.* министерство
  ministry
ministur *n.* министър *minister*

miniyatyura n. миниатюра
miniature
miniyatyuren a. миниатюрен
miniature
minous prep. минус *minus*
minous n. минус *minus*
minouskoul a. минускул
minuscule
minouta n. минута *minute*
minyoon n. миньон *minion*
minyoor n. миньор *miner*
minyoor n. миньор *pitman*
mir n. мир *peace*
mirazh n. мираж *mirage*
miren a. мирен *peaceful*
miris n. мирис *smell*
mirisha v.t. мириша *nose*
mirisha v.t. мириша *smell*
mirolyubiv a. миролюбив
peaceable
mirta n. мирта *myrtle*
mishka n. мишка *mouse*
misioner n. мисионер
missionary
misis n. мисис *missis, missus*
misiya n. мисия *mission*
mislitel n. мислител *thinker*
mislya v.t. мисля *think*
misteriozen a. мистериозен
mysterious
misteriya n. мистерия *mystery*
mistichen a. мистичен *mystic*
mistika n. мистика *mystic*
mistitsizum n. мистицизъм
mysticism
mistriya n. мистрия *trowel*
mistur n. мистър *mister*
misul n. мисъл *thought*
mit n. мит *myth*
mitichen a. митичен *mythical*

mitologichen a. митологичен
mythological
mitologiya n. митология
mythology
mitra n. митра *mitre*
mivka n. мивка *sink*
miya v.t. мия *shampoo*
miya v.t. мия *wash*
miyach n. мияч *washer*
mizantrop n. мизантроп
misanthrope
mizeren a. мизерен *squalid*
mizeriya n. мизерия *squalor*
mlad a. млад *young*
mladezh n. младеж *young*
mladezhki a. младежки
adolescent
mladezhki a. младежки
youthful
mladost n. младост
adolescence
mladost n. младост *youth*
mladozhenets n. младоженец
bridegroom
mladozhenets n. младоженец
groom
mladshi a. младши *junior*
mladshi n. младши *junior*
mlechen a. млечен *milky*
mlekomer n. млекомер
lactometer
mlyako n. мляко *milk*
mlyaskam v.t. мляскам *munch*
mnenie n. мнение *opinion*
mnim adj. мним *mock*
mnogo a. много *much*
mnogo adv. много *much*
mnogo a. много *very*
mnogobroen a. многоброен
many

mnogobroen *a.* многоброен *numerous*
mnogochislenost *n.* многочисленост *multiplicity*
mnogodeten *a.* многодетен *multiparous*
mnogoezichen *a.* многоезичен *polyglot2*
mnogogodishen *n.* многогодишник *perennial*
mnogokraten *a.* многократен *multiple*
mnogokratno *n.* многократ *multiped*
mnogosloven *a.* многословен *verbose*
mnogosloven *a.* многословен *wordy*
mnogoslovie *n.* многословие *verbosity*
mnogostranen *a.* многостранен *multilateral*
mnogostranen *a.* многостранен *versatile*
mnogostrannost *n.* многостранност *versatility*
mnozhestven *a.* множествен *plural*
mnozhestvenost *n.* множественост *plurality*
mnozhestvo *n.* множество *multitude*
mnozhestvo *n.* множество *plenty*
mnozhimo *n.* множимо *multiplicand*
mnozinstvo *n.* мнозинство *majority*
mobilen *a.* мобилен *mobile*
mobiliziram *v.t.* мобилизирам *mobilize*

mobilnost *n.* мобилност *mobility*
mochour *n.* мочур *marsh*
mochourliv *a.* мочурлив *marshy*
moda *n.* мода *fashion*
moda *n.* мода *vogue*
modalnost *n.* модалност *modality*
model *n.* модел *make*
model *n.* модел *model*
modeliram *v.t.* моделирам *model*
modeliram *v.t.* моделирам *mould*
moderen *a.* модерен *fashionable*
moderen *a.* модерен *modern*
moderen *a.* модерен *up-to-date*
moderniziram *v.t.* модернизирам *modernize*
modifikatsiya *n.* модификация *modification*
modifitsiram *v.t.* модифицирам *modify*
moga *v.t.* мога *can*
moga *v.* мога *may*
mogila *n.* могила *hillock*
mogila *n.* могила *mound*
mogusht *a.* могъщ *mighty*
mogusht *a.* могъщ *powerful*
mokrota *n.* мокрота *wetness*
mokrya *v.t.* мокря *water*
mokur *a.* мокър *wet*
molba *n.* молба *entreaty*
molba *n.* молба *plea*
molba *n.* молба *request*
molekoula *n.* молекула *molecule*
molekoulyaren *a.* молекулярен *molecular*

molene *n.* молене *solicitation*
molets *n.* молец *moth*
molitel *n.* молител *appellant*
molitel *n.* молител *pleader*
molitva *n.* молитва *prayer*
molitvenik *n.* молитвеник *breviary*
moliv *n.* молив *pencil*
molla *n.* молла *mullah*
molya *v.t.* моля *request*
molya *v.t.* моля *solicit*
molya se *v.i.* моля се *pray*
moma *n.* мома *lass*
moma *n.* мома *maiden*
momche *n* момче *boy*
momcheshki *a.* момчешки *puerile*
moment *n.* момент *moment*
moment *n.* момент *momentum*
momenten *a.* моментен *momentary*
momiche *n.* момиче *girl*
momiche *n.* момиче *wench*
momicheshki *a.* момичешки *girlish*
momuk *n.* момък *lad*
monah *n.* монах *votary*
monahinya *n.* монахиня *nun*
monarh *n.* монарх *monarch*
monarh *n.* монах *monk*
monarhist *n.* монархист *royalist*
monashestvo *n.* монашество *monasticism*
moneta *n.* монета *coin*
moneten *a.* монетен *monetary*
moneten dvor *n.* монетен двор *mint*
monitor *n.* монитор *monitor*
monodiya *n.* монодия *monody*
monogamen *a.* моногамен *monogynous*

monogamiya *n.* моногамия *monogamy*
monografiya *n.* монография *monograph*
monogram *n.* монограм *monogram*
monokoulyaren *a.* монокулярен *monocular*
monokul *n.* монокъл *monocle*
monolit *n.* монолит *monolith*
monolog *n.* монолог *monologue*
monolog *n.* монолог *soliloquy*
monopol *n.* монопол *monopoly*
monopolist *n.* монополист *monopolist*
monopolizum *v.t.* монополизирам *monopolize*
monoteist *n.* монотеист *monotheist*
monoteizum *n.* монотеизъм *monotheism*
monotonen *a.* монотонен *monotonous*
monotonnost *n.* монотонност *monotony*
monoumentalen *a.* монументален *monumental*
monyahinya *n.* монархия *monarchy*
moralen *a.* морален *moral*
moralen *n.* морал *moral*
moralist *n.* моралист *moralist*
moraliziram *v.t.* морализирам *moralize*
morava *n.* морава *lawn*
morbili *n.* морбили *measles*
more *n.* море *sea*
morfin *n.* морфин *morphia*
morga *n.* морга *morgue*

morganitichen *a.*
морганитичен *morganatic*
morkov *n.* морков *carrot*
morska sirena *n.* морска
сирена *mermaid*
morski *a.* морски *marine*
morski *a.* морски *maritime*
morski *a.* морски *nautic(al)*
morxh *n.* морж *walrus*
moryak *n.* моряк *mariner*
moryak *n.* моряк *sailor*
moshenicheski *a.*
мошенически *fraudulent*
moshenicheski *a.*
мошенически *roguish*
moshenichestvo *n.*
мошеничество *knavery*
moshenichestvo *n.*
мошеничество *roguery*
moshenik *n.* мошеник *knave*
moshenik *n.* мошеник *rascal*
moshenik *n.* мошеник *rogue*
moshenik *n.* мошеник *scoundrel*
moshenik *n.* мошеник *sharper*
moshenik *n.* мошеник *trickster*
mosht *n.* мощ *might*
moshten *a.* мощен *forceful*
moskovchanin *n.* московчанин
muscovite
most *n.* мост *bridge*
motel *n.* мотел *motel*
motiv *n.* мотив *motive*
motivatsiya *n.* мотивация
motivation
moto *n.* мото *motto*
motoped *n.* мотопед *scooter*
motor *n.* мотор *motor*
motorist *n.* моторист *motorist*
moucha *v.i.* муча *low*
moucha *v.i.* муча *moo*
mouden *a.* муден *sluggish*

moudouliram *v.t.* модулирам
modulate
mouha *n.* муха *fly*
mouhlyasul *a.* мухлясъл *musty*
mouhul *n.* мухъл *must*
moulat *n.* мулат *mulatto*
moule *n.* муле *mule*
moumiya *n.* мумия *mummy*
mounitsii *n.* муниции
ammunition
mounitsii *n.* муниции *munitions*
mourgav *a.* мургав *swarthy*
mouselin *n.* муселин *muslin*
moushitrunche *n.* мушитрънче
wren
moushtabel *n.* мущабел
maulstick
moushvam *v.t.* мушкам *poke*
moushvane *n.* мушване *poke*
mouska *n.* муска *mascot*
mousket *n.* мускет *musket*
mousketar *n.* мускетар
musketeer
mouskoul *n.* мускул *muscle*
mouskoulen *a.* мускулен
muscular
mouskoulest *a.* мускулест
hefty
mouskous *n.* мускус *musk*
mouson *n.* мусон *monsoon*
moustak *n.* мустак *moustache*
moustak *n.* мустак *mustache*
moustak *n.* мустак *whisker*
moustang *n.* мустанг *mustang*
moutanten *a.* мутантен
mutative
moutatsiya *n.* мутация
mutation
moutiv *n.* мотив *motif*
moutiviram *v.* мотивирам
motivate

mouza *n.* муза *muse*
mouzey *n.* музей *museum*
mouzika *n.* музика *music*
mouzikalen *a.* музикален *musical*
mouzikalen ton *n.* музикален тон *tone*
mouzikant *n.* музикант *musician*
moy *a.* мой *my*
mozayka *n.* мозайка *mosaic*
mozhe bi *adv.* може би *perhaps*
mozuk *n.* мозък *brain*
mrachen *a.* мрачен *gloomy*
mrachen *a.* мрачен *morose*
mrachen *a.* мрачен *sombre*
mrachen *a.* мрачен *sullen*
mrak *n.* мрак *dark*
mrak *n.* мрак *gloom*
mramor *n.* мрамор *marble*
mravka *n.* мравка *ant*
mraz *n.* мраз *frost*
mrazya *v.t.* мразя *hate*
mrezha *n.* мрежа *net*
mrezha *n.* мрежа *network*
mrezhoviden *a.* мрежовиден *webby*
mrusen *a.* мръсен *dirty*
mrusen *a.* мръсен *filthy*
mrusen *a.* мръсен *seamy*
mrusen *a.* мръсен *sordid*
mrushtene *n.* мръщене *scowl*
mrushtya se *v.i* мръщя се *frown*
mrushtya se *v.i.* мръщя се *scowl*
mrusnik *n.* мръсник *cad*
mrusotiya *n.* мръсотия *dirt*
mrusotiya *n.* мръсотия *filth*
mucha *v.t.* мъча *scourge*
mucha se *v.i.* мъча се *struggle*

muchenichestvo *n.* мъченичество *martyrdom*
muchenie *n.* мъчение *torment*
muchenik *n.* мъченик *martyr*
muchitelen *a.* мъчителен *trying*
mudrets *n.* мъдрец *sage*
mudrets *n.* мъдрец *wisdom-tooth*
mudrost *n.* мъдрост *wisdom*
mudur *a.* мъдър *sage*
mudur *a.* мъдър *wise*
mugla *n.* мъгла *blur*
mugla *n.* мъгла *fog*
mugla *n.* мъгла *mist*
mugliv *a.* мъглив *misty*
muglyavina *n.* мъглявина *nebula*
muh *n.* мъх *nap*
muka *n.* мъка *grief*
muka *n.* мъка *throe*
mulchaliv *a.* мълчалив *mum*
mulchaliv *a.* мълчалив *silent*
mulchaliv *a.* мълчалив *taciturn*
mulchanie *n.* мълчание *silence*
mulva *n.* мълва *bruit*
mulva *n.* мълва *hearsay*
mumrene *n.* мъмрене *rebuke*
mumrene *n.* мъмрене *reproof*
mumrya *v.t.* мъмря *rebuke*
munisto *n.* мънисто *bead*
munkam *v.i.* мънкам *mumble*
munkam *v.i.* мънкам *mutter*
muoucha *v.i.* муча *bellow*
murkam *v.i.* мъркам *purr*
murkane *n.* мъркане *purr*
murla *n.* мърла *slattern*
murmorene *n.* мърморене *murmur*
murmorya *v.t.* мърморя *murmur*
murshav *a.* мършав *meagre*

murtuv *a.* мъртъв *dead*
murzel *n.* мързел *laziness*
murzel *n.* мързел *sloth*
murzeliv *n.* мързелив *lazy*
murzeliv *n.* мързелив *slothful*
murzelivets *n.* мързеливец *sluggard*
murzelouvam *v.i.* мързелувам *laze*
mushama *n.* мушама *waterproof*
mutenitsa *n.* мътеница *buttermilk*
mutya *v.i.* мътя *incubate*
muzga *n.* мъзга *sap*
muzh *n.* мъж *male*
muzhestven *a.* мъжествен *manful*
muzhestvenost *n.* мъжественост *manhood*
muzhestvenost *n.* мъжественост *virility*
muzhkarana *n.* мъжкарана *tomboy*
muzhki *a.* мъжки *male*
muzhki *a.* мъжки *manlike*
myah *n.* мях *bellows*
myaoucha *v.i.* мяуча *mew*
myaoukane *n.* мяукане *mew*
myarka *n.* мярка *gauge*
myarka *n.* мярка *measure*
myarka *n.* мярка *measurement*
myarka *n.* мярка *rate*
myasto *n.* място *locale*
myasto *n.* място *locus*
myasto *n.* място *place*
myasto *n.* място *site*
myasto za akoustitane *n.* място за акустиране *moorings*
mygluavost *n.* мъглявост *obscurity*
myh *n.* мъх *moss*

N

na *prep.* на *on*
na *prep.* на *upon*
na borda *adv.* на борда *aboard*
na drebno *adv.* на дребно *retail*
na drebno *a.* на дребно *retail*
na gurba *adv.* на гърба *overleaf*
na iztok *adv* на изток *east*
na parcheta *adv.* на парчета *asunder*
na pruv pogled *adv.* на пръв поглед *prima facie*
na sever *adv.* на север *north*
na sousha *adv.* на суша *ashore*
na sredata *n.* на средата *mid-on*
na zapad *adv.* на запад *west*
nabeg *n.* набег *raid*
nabiram hora *v.t.* набирам хора *man*
nablizhavam *v.i.* наближавам *near*
nablizo *adv.* наблизо *anigh*
nablizo *adv.* наблизо *hereabouts*
nablizo *adv.* наблизо *nigh*
nablyagam *v.t.* наблягам *emphasize*
nablyagam *v.t* наблягам *stress*
nablyagane *n.* наблягане *emphasis*
nablyudavam *a.* наблюдателен *observant*
nablyudavam *v.t.* наблюдавам *observe*
nablyudavam *v.t.* наблюдавам *watch*

nablyudenie *n.* наблюдение
  observation
nablyudenie *n.* наблюдение
  surveillance
nabola brada *n.* набола брада
  stubble
nabor *n.* набор *frill*
nabozhen *a.* набожен *godly*
nabozhen *a.* набожен *pious*
nabruchkvam *v.t.* набръчквам
  wrinkle
nabruchkvam se *v.i.*
  набръчквам се *cockle*
nachalnik *n.* началник
  commander
nachalo *n.* начало *beginning*
nachalo *n.* начало
  commencement
nachalo *n.* начало *first*
nachalo *n.* начало *inception*
nachalo *n.* начало *offset*
nachalo *n.* начало *outset*
nachalo *n.* начало *prime*
nacheten *a.* начетен *well-read*
nachin *n.* начин *manner*
nachitam *v.t.* начитам
  surcharge
nad *prep.* над *above*
nad *prep.* над *over*
nadalech *n.* надалеч *far*
nadaren *a.* надарен *gifted*
nadbavki *n.* надбавки
  weightage
nadbyagvam se *v.i.* надбягвам
  се *race*
naddavam *v.t.* наддавам
  auction
naddavam *v.t* наддавам *bid*
naddavam nad *v.t.* наддавам
  над *outbid*

naddavane *n.* наддаване
  auction
naddavane *n.* наддаване *bid*
naddavasht *n.* наддаващ *bidder*
nadezhda *n.* надежда *hope*
nadezhden *a.* надежден
  reliable
nadezhden *a.* надежден
  trustworthy
nadezhden *n.* надежден *trusty*
nadhitryam *v.t.* надхитрям
  outwit
nadigam se *v.i.* надигам се
  surge
nadiplyam *v.t.* надиплям *ruffle*
nadir *n.* надир *nadir*
nadlezhno *adv.* надлежно *duly*
nadmenen *a.* надменен
  haughty
nadminavam *v.t.* надминавам
  outdo
nadminavam *v.t.* надминавам
  surpass
nadminavam *v.t.* надминавам
  top
nadnicham *v.i.* надничам *peep*
nadnicham *v.i.* надничам *pry*
nadolou *adv.* надолу *down*
nadolou *adv.* надолу *downward*
nadolou *adv.* надолу
  downwards
nadolou po *prep.* надолу по
  down
nadpis *n.* надпис *caption*
nadpis *n.* надпис *inscription*
nadpisvam *v.t.* надписвам
  inscribe
nadprevara *n.* надпревара *race*
nadraskvam *v.t.* надрасквам
  scrawl

nadraskvam v.t. надрасквам scribble
nadrastvam v.t. надраствам outgrow
nadsmivam se v.i надсмивам се sneer
nadtsenyavam v.t. надценявам overrate
nadvikvam a. надвиквам outcry
nadvishavam v.i. надвишавам preponderate
nadvisnal a. надвиснал imminent
nadvivam v.t. надвивам floor
nadvivam v.t. надвивам master
nadvivam v.t. надвивам worst
nadvzemam v.t. надвземам overcharge
nadyavam se v.t. надявам се hope
nadzhivyavam v.i. надживявам outlive
nadziratel n. надзирател overseer
nadziratel n. надзирател superintendent
nadziratel n. надзирател supervisor
nadziratel n. надзирател warder
nadziravam v.t. надзиравам oversee
nadziravam v.t. надзиравам superintend
nadziravam v.t. надзиравам supervise
nadzor n. надзор oversight
nadzor n. надзор superintendence
naelektriziram v. t. наелектризирам electrify

naem n. наем hire
naem n. наем lease
naem n. наем rent
naemam v.t. наемам employ
naemam v.t. наемам hire
naemam v.t. наемам lease
naemam v.t. наемам rent
naemane n. наемане tenancy
naematel n. наемател lessee
naematel n. наемател occupier
naematel n. наемател tenant
naemnik n. наемник hireling
nagazhdane n. нагаждане fit
nagazvam v.i. нагазвам wade
naglost n. наглост impertinence
naglost n. наглост insolence
nagore prep. нагоре up
nagrada n. награда award
nagrada n. награда prize
nagrada n. награда reward
nagrazhdavam v.t. награждавам award
nagrazhdavam v.t. награждавам reward
nagryavam v.t нагрявам heat
nagul a. нагъл impertinent
nagul a. нагъл insolent
nahalen a. нахален nosy
nahlouvam v.t. нахлувам invade
nahlouvam v.t. нахлувам raid
nahlouvane n. нахлуване irruption
nahodchiv a. находчив resourceful
nahvurlyam se v.t. нахвърлям се assault
naistina adv. наистина indeed
naistina adv. наистина really
naiven a. наивен naive
naivnost n. наивност naivete

naivnost *n.* наивност *naivety*
nakazanie *n.* наказание *penalty*
nakazanie *n.* наказание *punishment*
nakazatelen *a.* наказателен *penal*
nakazatelen *a.* наказателен *punitive*
nakazvam *v.t.* наказвам *castigate*
nakazvam *v.t.* наказвам *penalize*
nakazvam *v.t.* наказвам *punish*
nakisvam *v.t.* накисвам *leach*
nakisvam *v.t.* накисвам *steep*
nakisvane *n.* накисване *soak*
naklanyam se *v.i.* накланям се *tilt*
naklon *n.* наклон *lean*
naklon *n.* наклон *slant*
naklon *n.* наклон *slope*
naklon *n.* наклон *tilt*
naklonnost *n.* наклонност *aptitude*
naklonnost *n.* наклонност *inclination*
naklonnost *n.* наклонност *proclivity*
naklonyavam *v.t.* наклонявам *slant*
naklonyavam se *v.i.* наклонявам се *slope*
nakovalnya *n.* наковалня *anvil*
nakraya *adv.* накрая *eventually*
nakraya *adv.* накрая *last*
nakraya *adv.* накрая *lastly*
nakraya *adv.* накрая *ultimately*
nakude *adv.* накъде *whither*
nalagam *v.t.* налагам *belabour*
nalagam *v.t.* налагам *impose*

nalagam *v.t.* налагам *necessitate*
nalagane *n.* налагане *imposition*
nalezhasht *a.* належащ *indispensable*
nalichen *a.* наличен *available*
nalichen *a.* наличен *stock*
nalivam *v.i.* наливам *pour*
nalivane *n.* наливане *infusion*
nalozhitlen *a.* наложителен *imperative*
namalenie *n.* намаление *discount*
namalenie *n.* намаление *reduction*
namalyavam *v.t.* намалявам *decrease*
namalyavam *v.t.* намалявам *diminish*
namalyavam *v.t.* намалявам *lessen*
namalyavam *v.t.* намалявам *reduce*
namalyavam *v.t.* намалявам *subdue*
namalyavam *v.i.* намалявам *wane*
namalyavam tsena *v.t.* намалявам цена *cheapen*
namalyavane *n.* намаляване *decrement*
namalyavane *n.* намаляване *wane*
namazvam *v.t.* намазвам *anoint*
namazvam *v.t.* намазвам *smear*
nameenie *n.* намерение *intention*
namek *n.* намек *hint*
namek *n.* намек *inkling*

namek *n.* намек *insinuation*
namekvam *v.i.* намеквам *hint*
namekvam *v.t.* намеквам *insinuate*
namerenie *n.* намерение *intent*
namerenie *n.* намерение *purpose*
namesa *n.* намеса *interference*
namesto *n.* наместо *lieu*
namesvam se *v.i.* намесвам се *interfere*
nametka *n.* наметка *wrap*
namiram *v.t.* намирам *find*
namokryam *v.t.* намокрям *damp*
namokryam *v.t.* намокрям *drench*
namokryam *v.t.* намокрям *wet*
namrushtvane *n.* намръщване *frown*
namyatam *v.t.* намятам *mantle*
nanadolen *a.* нанадолен *downward*
nanagoren *a.* нанагорен *upward*
nanagoren *adv.* нанагоре *upwards*
nanasyam *v.t.* нанасям *inflict*
nanasyam sharka *v.i.* нанасям шарка *stencil*
nanovo *adv.* наново *afresh*
nanovo *adv.* наново *anew*
naokolo *adv.* наоколо *about*
naokolo *adv.* наоколо *around*
naopaki *a.* наопаки *topsy turvy*
naopaki *adv.* наопаки *topsy turvy*
naouchen *a.* научен *scientific*
naouka *n.* наука *science*
napadam *v.* нападам *assail*
napadam *v.i.* нападам *pounce*
napadenie *n.* нападение *assault*

napadenie *n.* нападане *lunge*
napadenie *n.* нападение *pounce*
napadnie *n.* нападение *onset*
napast *n.* напаст *pest*
naperena pohodka *n.* наперена походка *strut*
napisvam *v.t.* написвам *transcribe*
napitka *n.* напитка *beverage*
naplashvam *v.t.* наплашвам *overawe*
napliv *n.* наплив *influx*
napomnyam *v.t.* напомням *remind*
napomnyane *n.* напомняне *reminder*
napomnyasht *a.* напомнящ *reminiscent*
naposleduk напоследък *lately*
napoyavam *v.t.* напоявам *irrigate*
napoyavane *n.* напояване *irrigation*
napravlyavam *v.t.* направлявам *pilot*
napravo *adv.* направо *due*
napravo *adv.* направо *right*
naprazno *adv.* напразно *vainly*
naprechen *a* напречен *cross*
napred *adv.* напред *ahead*
napred *adv.* напред *forth*
napred *adv* напред *forward*
napred *a.* напред *onward*
napred *adv.* напред *onwards*
napreduk *n.* напредък *advancement*
napredvam *v.t.* напредвам *advance*
napredvam *v.i.* напредвам *progress*

napregnat *a.* напрегнат *tense*
napregnatost *n.* напрегнатост *tension*
napreki *adv.* напреки *across*
naprezhenie *n.* напрежение *strain*

naprezhenie *n.* напрежение *suspense*
naprustnik *n.* напръстник *thimble*
napryagam *v.t.* напрягам *strain*
napulnen *a.* напълнен *replete*
napulno *adv.* напълно *all*
napulno *adv.* напълно *altogether*
napulno *adv.* напълно *downright*
napulno *adv.* напълно *entirely*
napulno *adv.* напълно *full*
napulno *adv.* напълно *stark*
napulno *adv.* напълно *throughout*
napulno *adv.* напълно *utterly*
napupvam *v.i.* напъпвам *germinate*
naranyavam *v.t.* наранявам *hurt*
narastvam *v.i.* нараствам *accrue*
narechen oshte *adv.* наречен още *alias*
narechie *n.* наречие *adverb*
naredba *n.* наредба *regulation*
narezhdam *adv.* нареждам *aright*
narezhdam *v.t.* нареждам *array*
narezhdam *v.t.* нареждам *line*
narezhdam *v.t.* нареждам *row*
narezhdane *n.* нареждане *rquisition*

narezhdane *n.* нареждане *writ*
naricham *v.t.* наричам *name*
narkotik *n.* наркотик *narcotic*
narkoza *n.* наркоза *narcosis*
narochno *adv.* нарочно *purposely*
narod *n.* народ *populace*
naroushavam *v.t.* нарушавам *infringe*
naroushenie *n.* нарушение *breach*
naroushenie *n.* нарушение *infringement*
naroushenie *n.* нарушение *malpractice*
naroushenie *n.* нарушение *offence*
naroushitel *n.* нарушител *offender*
naroushvam *v.t.* нарушавам *offend*
nartsis *n.* нарцис *daffodil*
nartsis *n.* нарцис *narcissus*
nartsisizum *n.* нарцисизъм *narcissism*
naruchnik *n.* наръчник *manual*
narushavam *v.t.* нарушавам *violate*
narushavane *n.* нарушаване *violation*
narusvam *v.t.* наръсвам *bestrew*
narusvam *v.t.* наръсвам *dust*
nasam *adv.* насам *hither*
nasame *n.* насаме *tete-a-tete*
nasazhdam *v.t.* насаждам *instil*
nasekomo *n.* насекомо *insect*
naselenie *n.* население *population*
nash *pron.* наш *our*

nashestvie *n.* нашествие
  invasion
nashibvam *v. t.* нашибвам *cane*
nasichvam *v.t.* насочвам *orient*
nasilie *n.* насилие *violence*
nasilstven *a.* насилствен
  forcible
nasilstven *a.* насилствен
  violent
nasishtam *v.t.* насищам *satiate*
nasishtane *n.* насищане
  saturation
naskoro *adv.* наскоро *recently*
naskurbyavam *v.t.*
  наскърбявам *distress*
naslada *n.* наслада *delight*
naslada *n.* наслада *relish*
naslednik *n.* наследник *heir*
naslednik *n.* наследник
  successor
nasledstven *n.* наследствен
  hereditary
nasledstvenost *n.*
  наследственост *heredity*
nasledstvo *n.* наследство
  heritage
nasledstvo *n.* наследство
  inheritance
nasledstvo *n.* наследство
  patrimony
nasledyavam *a.* наследяем
  heritable
nasledyavam *v.t.* наследявам
  inherit
nasledyavane *n.* наследяване
  succession
nasmolyavam *v.t.* насмолявам
  tar
nasrochvam *v.t.* насрочвам
  appoint

nastanyavam *v.t.* настанявам
  seat
nastanyavam se *v.i.*
  настанявам се *settle*
nastanyavane *n.* настаняване
  accommodation
nastavka *n.* наставка *suffix*
nastavlenie *n.* наставление
  precept
nastavnicheski *a.*
  наставнически *monitory*
nastavnicheski *a.*
  наставнически *tutorial*
nastavnik *n.* наставник
  preceptor
nastigam *v.t.* настигам
  overtake
nastilka *n.* настилка *pavement*
nastoyatelen *a.* настоятелен
  insistent
nastoyatelnost *n.*
  настоятелност *insistence*
nastoyatelnost *n.*
  несъстоятелност *insolvency*
nastoyavam *v.t.* настоявам
  insist
nastoynik *n.* настойник
  guardian
nastrana *adv.* настрана *afield*
nastrana *adv.* настрана *aloof*
nastrana *adv.* настрана *apart*
nastrana *adv.* настрана *aside*
nastroenie *n.* настроение
  mood
nastroyvam *v.t.* настройвам *key*
nastroyvam *v.t.* настройвам
  tone
nastroyvam *v.t.* настройвам
  tune
nastupvam *v.t.* настъпвам
  tread

nasurchavam v. t. насърчавам embolden
natam adv. натам thither
natam adv. натам younder
natikvam v.t. натиквам thrust
natisk n. натиск pressure
natiskam pedal v.t. натискам педал pedal
natochvam v.t. наточвам sharpen
natoryavam v.t. наторявам manure
natouralist n. натуралист naturalist
natouraliziram v.t. натурализирам naturalize
natrapvam se v.t. натрапвам се intrude
natrapvane n. натрапване intrusion
natrosheno stuklo n. натрошено стъкло cullet
natroupvam v.t. натрупвам accumulate
natroupvam v.t. натрупвам amass
natroupvane n. натрупване accumulation
natsionalen a. национален national
natsionalist n. националист nationalist
natsionalizatsiya n. национализация nationalization
natsionaliziran v.t. национализирам nationalize
natsionalizum n. национализъм nationalism
natsionalnost n. националност nationality

natsiya n. нация nation
natuakvam v.t. натяквам nag
natupkvam v.t. натъпквам cram
naturtvane n. натъртване bruise
natuzhavam v.t. натъжавам sadden
natyakvane n. натякване nag
navehvam v.t. навехвам twist
navehvane n. навехване twist
navezhdam se v.i. навеждам се crouch
navezhdam se v.i. навеждам се duck
navigator n. навигатор navigator
navigatsiya n. навигация navigation
navigiram v.i. навигирам navigate
navik n. навик habit
navisoko adv. нависоко aloft
navivach n. навивач winder
navivam v.t. навивам convolve
navlazhnyavam v.t. навлажнявам moisten
navlicham si v.t. навличам си incur
navodnenie n. наводнение flood
navodnyavam v.t наводнявам flood
navodnyavam v.t. наводнявам swamp
navreme adv. навреме pat
navremenen a. навременен providential
navremenen a. навременен seasonable
navremenen a. навременен timely

navremenen *a.* навременен *well-timed*
navun *n.* навън *outside*
navun *adv.* навън *outside*
navun *adv.* навън *outward*
navun *adv.* навън *outwards*
navusen *a.* навъсен *moody*
navutre *adv.* навътре *inwards*
navyahvam *v.t.* навяхвам *sprain*
navyahvane *n.* навяхване *sprain*
navyn *a.* навън *outdoor*
nay blizuk *a.* най-близък *proximate*
naylon *n.* найлон *nylon*
nay-losh *a.* най-лош *worst*
nay-loshoto *n.* най-лошото *worst*
nay-malko *adv.* най-малко *least*
nay-maluk *a.* най-малък *least*
nay-mnogo *a.* най-много *most*
nay-mnogo *adv.* най-много *most*
nay-mnogo *n.* най-много *most*
nay-nisuk *a.* най-нисък *neap*
naystrashimost *n.* неустрашимост *intrepidity*
nay-vutreshen *a.* най-вътрешен *inmost*
nay-vutreshen *a.* най-вътрешен *innermost*
nazad *adv.* назад *aback*
nazad *adv.* назад *back*
nazad *adv.* назад *backward*
nazadnichav *a.* назадничав *backward*
naznachavam *v.t.* назначавам *post*
ndnichane *n.* надничане *peep*
ne *adv.* не *no*

ne *adv.* не *not*
ne davam *v.t.* не давам *withhold*
ne haresvam *v.t.* не харесвам *dislike*
ne odobryavam *v.t.* не одобрявам *disapprove*
ne oudovletvoryavam *v.t.* не удовлетворявам *dissatisfy*
ne se haresvam *v.t.* не се харесвам *displease*
ne se podchinyavam *v.t.* не се подчинявам *disobey*
ne suvpadam *v.i.* не съвпадам *disagree*
ne suvpadam *v.t.* не съвпадам *mismatch*
ne zachitam *v.i.* не зачитам *encroach*
neasimiliranost *n.* неасимилираност *indigestion*
nebe *n.* небе *sky*
nebesen *adj.* небесен *celestial*
nebesen *a.* небесен *heavenly*
nebitie *n.* небитие *nonentity*
neblagodaren *a.* неблагодарен *thankless*
neblagodarnost *n.* неблагодарност *ingratitude*
neblagopriyaten *a.* неблагоприятен *untoward*
nebrezhen *a.* небрежен *negligent*
nebrezhen *a.* небрежен *slovenly*
nebrezhnost *n.* небрежност *negligence*
nebtse *n.* небце *palate*
nechesten *a.* нечестен *unfair*
nechestiv *a.* нечестив *nefarious*

nechestnost *n.* нечестност *dishonesty*
necheten *a.* нечетен *odd*
nechetliv *a.* нечетлив *illegible*
nechetliv pocherk *n.* нечетлив почерк *scrawl*
nechetlivost *n.* нечетливост *illegibility*
nechist *a.* нечист *impure*
nechistotiya *n.* нечистотия *impurity*
nechouvstvitelen *a.* нечувствителен *insensible*
nedeen *a.* недеен *inactive*
nedelim *a.* неделим *indivisible*
nedelim *a.* неделим *inseparable*
nedelya *n.* неделя *Sunday*
nedeystvasht *a.* недействащ *inoperative*
nedeystvitelen *a.* недействителен *null*
nediskreten *a.* недискретен *indiscreet*
nediskretnost *n.* недискретност *indiscretion*
nedistsipliniranost *n.* недисциплинираност *indiscipline*
nedistsipliniranost *a.* недисциплиниран *insubordinate*
nedobor *n.pl.* недобор *arrears*
nedobrosuvesten *a.* недобросъвестен *malafide*
nedobrosuvestno *adv.* недобросъвестно *malafide*
nedodyalan *a.* недодялан *rustic*

nedoglezhdam *v.t.* недоглеждам *overlook*
nedohranvane *n.* недохранване *malnutrition*
nedolovim *a.* недоловим *inaudible*
nedopoustim *a.* недопустим *inadmissible*
nedorasoumenie *n.* недоразумение *misconception*
nedorazoumenie *n.* недоразумение *misapprehension*
nedorazoumenie *n.* недоразумение *misunderstanding*
nedostatuchen *a.* недостатъчен *deficient*
nedostatuchen *a.* недостатъчен *insufficient*
nedostatuchen *a.* недостатъчен *scant*
nedostatuk *n.* недостатък *blemish*
nedostatuk *n.* недостатък *defect*
nedostatuk *n.* недостатък *demerit*
nedostatuk *n.* недостатък *disadvantage*
nedostatuk *n.* недостатък *drawback*
nedostatuk *n.* недостатък *flaw*
nedostatuk *n.* недостатък *shortcoming*
nedostig *n.* недостиг *deficit*
nedostig *n.* недостиг *shortage*
nedostoen *a.* недостоен *base*
nedousheven *a.* недушевен *inanimate*

nedoverie *n.* недоверие *distrust*
nedoverie *n.* недоверие *mistrust*
nedovolnik *n.* недоволник *malcontent*
nedovolstvo *n.* недоволство *discontent*
nedovolstvo *n.* недоволство *displeasure*
nedovolstvo *a.* недоволство *malcontent*
nedvizhim *a.* недвижим *immovable*
nedvousmislen *a.* недвусмислен *straightforward*
neefektiven *a.* неефективен *ineffective*
nefavorit *n.* нефаворит *underdog*
nefornalen *a.* неформален *informal*
nefrit *n.* нефрит *jade*
neft *n.* неф *nave*
neft *n.* нефт *petroleum*
nego *pron.* него *him*
negodiuvam *v.t.* негодувам *resent*
negodouvanie *n.* негодувание *resentment*
negostopriemen *a.* негостоприемен *inhospitable*
negov *pron.* негов *his*
negramoten *a.* неграмотен *illiterate*
negramotnost *n.* неграмотност *illiteracy*
negurka *n.* негърка *negress*
negurka *n.* негър *negro*
negurka *n.* негър *nigger*
nein *a* неин *her*

neiskren *a.* неискрен *insincere*
neiskrenost *n.* неискреност *insincerity*
neizbezhen *a.* неизбежен *inevitable*
neizbroim *a* неизброим *myriad*
neizchislim *a.* неизчислим *incalculable*
neizmennost *n.* неизменност *permanence*
neizmerim *a.* неизмерим *immeasurable*
neizmerim *a.* неизмерим *measureless*
neizpulnim *a.* неизпълним *impracticable*
neizpulnimost *n.* неизпълнимост *impracticability*
nekompetenten *a.* некомпетентен *incompetent*
nekropol *n.* некропол *necropolis*
nektar *n.* нектар *nectar*
nelechim *a.* нелечим *incurable*
nelep *a.* нелеп *grotesque*
nelep *a.* нелеп *nonsensical*
neligitimen *a.* нелигитимен *illegitimate*
nelogichen *a.* нелогичен *illogical*
nelovuk *a.* неловък *uneasy*
nemarliv *a.* немарлив *lax*
nemarliv *a.* немарлив *slatternly*
nemarliv *a.* немарлив *slipshod*
nematerialen *a.* нематериален *immaterial*
nemirnik *n.* немирник *romp*
nemoralen *a.* неморален *immoral*

nemoralnosr n. неморалност *immorality*
nemosht n. немощ *debility*
nemosht n. немощ *infirmity*
nemoshten a. немощен *feeble*
nemoshten a. немощен *infirm*
nenadeyno adv. ненадейно *unawares*
nenadezhden a. ненадежден *unreliable*
nenaroushim a. ненарушим *inviolable*
nenasiten a. ненаситен *avid*
nenasiten a. ненаситен *insatiable*
nenasitno adv. ненаситно *avidly*
nenasitnost adv. ненаситност *avidity*
nenavist n. ненавист *odium*
nenavist n. ненавист *rancour*
nenavizhdam v.t. ненавиждам *loathe*
nenavremenen a. ненавременен *inopportune*
nenormalen a. ненормален *insane*
nenouzhen a. ненужен *needless*
nenouzhna vesht n. ненужна вещ *cast*
neobhodim a. необходим *necessary*
neobhodim a. необходим *prerequisite*
neobhodimost n. необходимост *necessary*
neobiknoven a. необикновен *extraordinary*
neobmislen a. необмислен *snap*

neobyasnim a. необясним *inexplicable*
neobyaten a. необятен *vast*
neochakvan a. неочакван *summary*
neochakvano adv. неочаквано *summarily*
neodobrenie n. неодобрение *disapproval*
neohota n. неохота *reluctance*
neohoten a. неохотен *reluctant*
neoliten a. неолитен *neolithic*
neomuzhena a. неомъжена *maiden*
neon n. неон *neon*
neopisouem a. неописуем *indescribable*
neopiten adj. неопитен *callow*
neopitnost n. неопитност *inexperience*
neopredelen a. неопределен *indefinite*
neopredelitelen chlen a. неопределителен член *a*.
neopredelitelen chlen art неопределителен член *an*
neosezaem a. неосезаем *intangible*
neosporim a. неоспорим *indisputable*
neosporim a. неоспорим *irrefutable*
neosvedomen a. неосведомен *unaware*
neotnasyasht se a. неотнасящ се *irrespective*
neouchtiv a. неучтив *discourteous*
neouchtiv a. неучтив *impolite*
neoudoben a. неудобен *inconvenient*

neoudobstvo n. неудобство
discomfort
neoudovletvorenie n.
неудовлетворение
dissatisfaction
neoukrotim a. неукротим
indomitable
neoumesten a. неуместен
improper
neoumestno n. неуместност
impropriety
neoumolim a. неумолим
relentless
neoumolin a. неумолим
inexorable
neouspeh n. неуспех *rebuff*
neoustoyka n. неустойка
default
neoustoyka n неустойка *forfeit*
neoustrashim a. неустрашим
mettlesome
neoutralen a. неутрален
neutral
neoutraliziram v.t.
неутрализирам *neutralize*
neoutron n. неутрон *neutron*
neouvazhenie n. неуважение
disrespect
nepobedim a. непобедим
invincible
nepochten a. непочтен
indecent
nepochtennost n. непочтеност
indecency
nepodchinenie n.
неподчинение
insubordination
nepodhodyasht a.
неподходящ *undue*
nepodkoupen a. неподкупен
incorruptible

nepodrazhaem a.
неподражаем *inimitable*
nepodvizhen a. неподвижен
motionless
nepodvizhen a. неподвижен
stationary
nepogreshim a. непогрешим
infallible
nepohvaten a. непохватен
awkward
nepohvaten a. непохватен
uncouth
nepokolebim a. непоколебим
steadfast
nepokutnat a. непокътнат
intact
neponosim a. непоносим
insupportable
nepopravim a. непоправим
incorrigible
neposloushen a. непослушен
naughty
neposredstven a.
непосредствен *immediate*
nepostoyanen a. непостоянен
fickle
neposveten a. непосветен
profane
nepotreben a. непотребен
waste
nepoznat n. непознат *stranger*
nepozvolen a. непозволен *illicit*
nepravda n. неправда
grievance
nepravilen a. неправилен
incorrect
nepravilen a. неправилен
wrongful
nepravilna oupotreba n.
неправилна употреба
misuse

nepravilni oukazaniya n.
,неправилни указания
misdirection
neprehoden a. непреходен
neuter
neprehoen a. *(verb)*
непреходен *intransitive*
nepreklonen a. непреклонен
inflexible
neprekusnat a. непрекъснат
continuous
neprekusnatost n.
непрекъснатост *continuity*
nepremenno adv. непременно
needs
nepreodolim a. непреодолим
insurmountable
neprestanen a. непрестанен
ceaseless
neprestanen a. непрестанен
continual
neprestoren a. непресторен
artless
neprikosnoven a.
неприкосновен *immune*
neprilozhim a. неприложим
inapplicable
neprisposobenost n.
неприспособеност *mal adjustment*
neprivetliv a. неприветлив
disagreeable
nepriyatel n. неприятел
adversary
nepriyatelski a. неприятелски
adverse
nepriyaten a. неприятен *dread*
nepriyaznen a. неприязнен
inimical
nepriyazun n. неприязън
animosity

nepriyazun n. неприязън *dislike*
neprohodim a. непроходим
impassable
nepromokaem a. непромокаем
waterproof
nepromokaem a. непромокаем
watertight
nepronitsaem a. непроницаем
impenetrable
nepronitsaem a. непроницаем
proof
neprozrachen a. непрозрачен
opaque
neprozrachnost n.
непрозрачност *opacity*
Neptoun n. Нептун *Neptune*
nepulen a. непълен *incomplete*
nepulnoleten a. непълнолетен
juvenile
nepulnoleten n. непълнолетен
minor
nerabotosposoben a.
неработоспособен *invalid*
neraven adj. неравен *bumpy*
neraven a. неравен *rugged*
neraven brak n. неравен брак
misalliance
nerazdelen a. неразделен
integral
nerazoumen a. неразумен
injudicious
nerazoumen a. неразумен
irrational
nerazpolozhen a.
неразположен *indisposed*
nerazpolozhen a.
неразположен *unwell*
nerazpolozhenie n.
неразположение *ailment*
nerazpolozhenie n.
неразположение *malaise*

neraztvorim *n.* неразтворим
insoluble
neredoven *a.* нередовен
irregular
neredovnost *n.* нередовност
irregularity
nereshitelnost *n.*
нерешителност *indecision*
nereshitelnost *n.*
нерешителност *shilly-shally*
neruzhdaem *a.* неръждаем
stainless
nerv *n.* нерв *Nerve*
nerven *a.* нервен *nervous*
neshtasten *a.* нещастен
miserable
neshtasten *a.* нещастен
unhappy
neshtasten *a.* нещастен
wretched
neshtasten slouchay *n.*
нещастен случай *causality*
neshtastie *n.* нещастие *affliction*
neshtastie *n.* нещастие *misery*
neshtastnik *n.* нещастник
wretch
neshto *n.* нещо *aught*
neshto *pron.* нещо *something*
neshto *n.* нещо *thing*
neshto kato *adv.* нещо като
something
neshto neobhodimo *n.* нещо
необходимо *must*
nesigouren *a.* несигурен
insecure
nesigournost *n.* несигурност
insecurity
nesklonen *a.* несклонен *averse*
neskonchaem *a.* нескончаем
interminable

neskromen *a.* нескромен
immodest
neskromnost *n.* нескромност
immodesty
nesmilaem *a.* несмилаем
indigestible
nesogouren *a.* несигурен
uncertain
nespokoen *a.* неспокоен
restive
nespokoystvie *n.*
неспокойствие *unrest*
nespolouchliv oudar *n.*
несполучлив удар *miss*
nesposoben *a.* неспособен
disabled
nesposoben *a.* неспособен
incapable
nesposoben *a.* неспособен
unable
nesposobnost *n.* неспособност
disability
nesposobnost *n.*
неспособност *inability*
nesposobnost *n.*
неспособност *incapacity*
nespravedliv *a.* несправедлив
unjust
nespravedlivost *n.*
несправедливост *injustice*
nesravnim *a.* несравним
incomparable
nesravnim *a.* несравним
matchless
nesravnim *a.* несравним
peerless
nestabilnost *n.* нестабилност
instability
nesuglasie *n.* несъгласие
disagreement

nesuglasie *n.* несъгласие *discord*
nesuotvetstvie *n.* несъответствие *disparity*
nesuotvetstvie *n.* несъответствие *non-alignment*
nesuvarshen *a.* несъвършен *imperfect*
nesuvmestim *a.* несъвместим *irreconcilable*
nesuvurshenstvo *n.* несъвършенство *imperfection*
nesuznatelno *adv.* несъзнателно *unwittingly*
nesvezh *a.* несвеж *stale*
nesvoystven *adj.* несвойствен *adscititious*
nesvurzan *a.* несвързан *incoherent*
neten *a.* нетен *net*
netlenen *a.* нетленен *imperishable*
netochen *a.* неточен *inaccurate*
netochen *a.* неточен *inexact*
netoleranten *a.* нетолерантен *intolerant*
netolerantnost *n.* нетолерантност *intolerance*
netraen *a.* нетраен *perishable*
neturpeliv *a.* нетърпелив *impatient*
neturpenie *n.* нетърпение *impatience*
neuspeh *n.* неуспех *failure*
neustrashim *a.* неустрашим *interpid*
nevaliden *a.* невалиден *invalid*
nevedenie *n.* неведение *nescience*

neven *n.* невен *marigold*
neveroyaten *a.* невероятен *incredible*
neveroyaten *a.* невероятен *unlikely*
nevezhestvo *n.* невежество *ignorance*
nevidim *a.* невидим *invisible*
nevinen *a.* невинен *innocent*
nevinnost *n.* невинност *innocence*
nevnimatelen *a.* невнимателен *inattentive*
nevredim *a.* невредим *scot-free*
nevrolog *n.* невролог *neurologist*

nevrolog *a.* некролог *obituary*
nevrologiya *n.* неврология *neurology*
nevroza *n.* невроза *neurosis*
nevuzmozhen *a.* невъзможен *impossible*
nevuzmozhnost *n.* невъзможност *impossibility*
nevuzpitan *a.* невъзпитан *unmannerly*
nevuzstanovim *a.* невъзстановим *irrecoverable*
neya *pron.* нея *her*
neyasen *a.* неясен *dim*
neyasen *a.* неясен *indistinct*
neyasen *a.* неясен *shadowy*
neyasen *a.* неясен *vague*
neyasnota *n.* неяснота *vagueness*
nezabaven *a.* незабавен *instant*
nezabavno *adv.* незабавно *forthwith*

nezabavno *adv.* незабавно *straightway*
nezabravka *n.* незабравка *myosis*
nezaet *a.* незает *vacant*
nezakonen *a.* незаконен *illegal*
nezakonoroden *a.* незаконороден *bastard*
nezakonorodeno *n.* незаконородено *bastard*
nezapomnen *a.* незапомнен *immemorial*
nezashtitim *a.* незащитим *indefensible*
nezavisim *a.* независим *independent*
nezavisimost *n.* независимост *independence*
nezhelaesht *a.* нежелаещ *loath*
nezhelatelen *a.* нежелателен *objectionable*
nezhen *n.* нежен *subtle*
nezhenen *n.* неженен *agamist*
nezhnost *n.* нежност *subtlety*
neznachitelen *a.* незначителен *insignificant*
neznachitelen *a.* незначителен *lowly*
neznachitelen *a.* незначителен *negligible*
neznachitelnost *n.* незначителност *insignificance*
neznachitelnost *n.* незначителност *lowliness*
neznachitelnost *n.* незначителност *smallness*
neznaesht *a.* незнаещ *ignorant*
nezryal *a.* незрял *immature*
nezryal *a.* незрял *verdant*

nezryalost *n.* незрялост *immaturity*
nihilizum *n.* нихилизъм *nihilism*
nikak *adv.* никак *none*
nikakuv *a.* никакъв *no*
nikel *n.* никел *nickel*
nikna *v.i.* никна *sprout*
niknat mi zubi *v.i.* никнат ми зъби *teethe*
niknene *n.* никнене *germination*
nikoga *adv.* никога *never*
nikotin *n.* никотин *nicotine*
nikoy *pron.* никой *nobody*
nikoy *pron.* никой *none*
nikude *adv.* никъде *nowhere*
nimfa *n.* нимфа *nymph*
nisha *n.* ниша *niche*
nisheste *n.* нишесте *starch*
nishto *adv.* нищо *nothing*
nishto *n.* нищо *nought*
nishtozhen *a.* нищожен *deplorable*
nishtozhen *a.* нищожен *paltry*
nishtozhestvo *n.* нищожество *nothing*
nisko *adv.* ниско *low*
nisko nivo *n.* ниско ниво *low*
nisuk *a.* нисък *low*
nit *n.* нит *rivet*
nito *conj.* нито *neither*
nito *conj.* нито *nor*
nivo *n.* ниво *level*
nivo *n.* ниво *tier*
nizost *n.* низост *meanness*
nizsh *a.* низш *inferior*
nizuk *a.* низък *ignoble*
nizuk *a.* низък *vile*
no *conj.* но *but*
noemvri *n.* ноември *november*
nokut *n.* нокът *claw*
nokut *n.* нокът *nail*

nomad *n.* номад *nomad*
nomadski *a.* номадски *nomadic*
nomenklatoura *n.*
　номенклатура *nomenclature*
nomerator *n.* номератор
　numerator
nomeriram *v.t.* номерирам
　page
nominalen *a.* номинален
　nominal
nominalen *a.* номинален *titular*
nominat *n.* номинат *nominee*
nominatsiya *n.* номинация
　nomination
nominiran *v.t.* номинирам
　nominate
norka *n.* норка *mink*
norma *n.* норма *norm*
normalen *a.* нормален *normal*
normaliziram *v.t.*
　нормализирам *normalize*
normalnost *n.* нормалност
　normalcy
nos *n.* нос *cape*
nos *n.* нос *nose*
nosatch *n.* носач *porter*
nosht *n.* нощ *night*
noshten *a.* нощен *nocturnal*
noshten *a.* нощен *overnight*
noshtnichka *n.* нощничка
　nightie
nosilka *n.* носилка *bier*
nosilka *n.* носилка *stretcher*
nosiya *n.* носия *garb*
nosorog *n.* носорог *rhinoceros*
nosov *a.* носов *nasal*
nosov zvouk *n* носов звук *nasal*
nostalgiya *n.* носталгия
　nostalgia
nosya *v.t.* нося *carry*
nosya *v.i.* нося *sport*

nosya *v.t.* нося *waft*
nosya *v.t.* нося *wear*
nosya se *v.i.* нося се *float*
notarius *n.* нотариус *notary*
notatsiya *n.* нотация *notation*
noudist *n.* нудист *nude*
noudizum *n.* нудизъм *nudity*
noula *n.* нула *nil*
noula *n.* нула *zero*
nouzhda *n.* нужда *necessity*
nouzhda *n.* нужда *need*
nouzhdaya se ot *v.t.* нуждая се
　от *need*
nov *a.* нов *new*
nov *a.* нов *novel*
nov chlen *n.* нов член *recruit*
novator *n.* новатор *innovator*
novina *n.* новина *news*
novo izdanie *n.* ново издание
　reprint
novost *n.* новост *modernity*
novost *n.* новост *novelty*
novovuvedenie *n.*
　нововъведение *innovation*
nozdra *n.* ноздра *nostril*
nozh *n.* нож *knife*
nozhitsa *n.* ножица *scissors*
nozhitsi *n. pl.* ножици *shears*
nozhnitsa *n.* ножница *scabbard*
nrav *n.* нрав *mettle*
nravstvenost *n.* нравственост
　morality
nvrmenen *a.* навременен
　opportune
nyakak *adv.* някак *somehow*
nyakakuv *a.* някакъв *some*
nyakoga *adv.* някога *sometime*
nyakolko *a* няколко *several*
nyakoy *pron.* някой *somebody*
nyakoy *pron.* някой *someone*

nyakude adv. някъде somewhere
nyam n. ням mute
nyamam a. ням mute
nyuans n. нюанс nuance
nyuans n. нюанс tinge

O

oazis n. оазис oasis
obache conj. обаче however
obache adv. обаче though
obache conj. обаче yet
obagryam v.t. обагрям tinge
obazhdam se v.t. обаждам се call
obazhdane n. обаждане call
obed n. обед lunch
obed n. обед midday
obedinen a. обединен incorporate
obedinyavam v.t. обединявам incorporate
obedinyavam v.t. обединявам unite
obedinyavane n. обединяване incorporation
obedinyavane n. обединяване rally
obedinyavane n. обединяване unification
obednyavam v.t. обеднявам impoverish
obektiven a. обективен objective
obem n. обем bulk
obem n. обем volume
obemist a. обемист bulky
obemist a. обемист capacious

obemist a. обемист voluminous
obeshtanie n. обещание promise
obeshtavam v.t. обещавам promise
obeshtavasht a. обещаващ hopeful
obeshtavasht a. обещаващ promising
obet n. обет vow
obezglavyavam v.t. обезглавявам behead
obezkourazhavam v.t. обезкуражавам deject
obezkourazhavam v.t. обезкуражавам discourage
obezobrazyavam v.t. обезобразявам mangle
obezpokoen a. обезпокоен anxious
obezpokoyvam v.t. обезпокоявам perturb
obezshtetenie n. обезщетение indemnity
obezshtetenie n. обезщетение recompense
obezshtetyavam v.t. обезщетявам recompense
obezsilvam v.t. обезсилвам invalidate
obezsilvam se v.i. обезсилвам се lapse
obezsmurtyavam v.t. обезсмъртявам immortalize
obezsurchavam v.t. обезсърчавам dishearten
obeztsenyavam v.t. & i. обезценявам depreciate
obeztsvetyavam v.t. & i. обезцветявам blanch
obgaryam v.t. обгарям scorch

obgradenost ot voda *n.*
обграденост от вода
circumfluence
obgrazhdam *v.t.* ограждам
enclose
obhvat *n.* обхват *range*
obhvat *n.* обхват *scope*
obich *n.* обич *endearment*
obicham *v.t.* обичам *love*
obichay *n.* обичай *convention*
obichay *n.* обичай *custom*
obichay *n* обичай *wont*
obichayen *a.* обичаен *wonted*
obichliv *a.* обичлив *lovable*
obida *n.* обида *insult*
obida *n.* обида *snub*
obidchiv *a.* обидчив *touchy*
obiden *a.* обиден *offensive*
obikalyam *v. i.* обикалям
circulate
obikalyam *v.i.* обикалям *tour*
obiknoven *a.* обикновен
commonplace
obiknoven *a.* обикновен *mere*
obiknoven *a.* обикновен
ordinary
obiknoven *a.* обикновен *simple*
obiknoven *a.* обикновен *usual*
obiknoven chovek *n.*
обикновен човек *commoner*
obiknoveno *adv.* обикновено
generally
obiknoveno *adv.* обикновено
ordinarily
obiknoveno *adv.* обикновено
usually
obikolka *n.* обиколка *circuit*
obikolka *n.* обиколка *tour*
obir *n.* обир *dacoity*
obiram *v.t.* обирам *fleece*
obiram *v.t.* обирам *pilfer*

obirdzhiya *n.* обирджия *dacoit*
obiskiram *v.t.* обискирам
ransack
obitaem *a.* обитаем *habitable*
obitaem *a.* обитаем *inhabitable*
obitatel *n.* обитател *inhabitant*
obitatel *n.* обитател *inmate*
obitavam *v.t.* обитавам *bide*
obitavam *v.i.* обитавам *dwell*
obitavam *v.t.* обитавам *inhabit*
obitavane *n.* обитаване *dwelling*
obitavane *n.* обитаване
habitation
obittel *n.* обитател *occupant*
obizhdam *v.t.* обиждам *insult*
obkousyavam *v.t.* овкусявам
season
obkovavam *v.t.* обковавам
plate
obkruzhavam *v.t.* обкръжавам
encircle
obkruzhenie *n.* обкръжение
background
oblachen *a.* облачен *cloudy*
oblagaem *a.* облагаем *taxable*
oblagam *v.t.* облагам *tax*
oblagane *n.* облагане *levy*
oblagane *n.* облагане *taxation*
oblagorodyavam *v.t.*
облагородявам *ennoble*
oblak *n.* облак *cloud*
oblast *n.* област *district*
oblekchavam *v.t.* облекчавам
alleviate
oblekchavam *v.t.* облекчавам
relieve
oblekchavam *v.t.* облекчавам
unburden
oblekchenie *n.* облекчение
alleviation

oblekchenie *n.* облекчение *relief*
obleklo *n.* облекло *apparel*
obleklo *n.* облекло *clothing*
obleklo *n.* облекло *dress*
oblicham *v.t.* обличам *apparel*
oblicham *v.t.* обличам *attire*
oblicham *v.t.* обличам *clothe*
oblicham *v.t.* обличам *garb*
oblicham *v.t.* обличам *robe*
oblicham *v.t.* обличам *vest*
oblicham se *v.t.* обличам се *dress*
oblichane *n.* обличане *dressing*
obligatsiya *n.* облигация *bond*
oblik *n.* облик *guise*
oblitsovam *v.t.* облицовам *panel*
oblog *n.* облог *wager*
oblyagam na *v.t.* облягам на *pillow*
oblyagam se *v.i.* облягам се *lean*
obmen *n.* обмен *interchange*
obmenyam *v.* обменям *interchange*
obmislyam *v.t.* обмислям *contemplate*
obmislyam *v.i.* обмислям *deliberate*
obmislyam *v.t.* обмислям *ponder*
obmislyam predvaritelno *v.t.* обмислям предварително *premeditate*
obmislyane *n.* обмисляне *consideration*
obmislyane *n.* обмисляне *deliberation*
obobshtavam *v.t.* обобщавам *summarize*

obobshtenie *n.* обобщение *summary*
obodryavasht *a.* ободряващ *tonic*
obogatyavam *v.t.* обогатявам *enrich*
oboroudvam se *v.t.* оборудеам се *outfit*
oboroudvane *n.* оборудване *outfit*
obosnovka *n.* обосновка *rationale*
obouchenie *n.* обучение *tuition*
oboushtar *n.* обущар *cobbler*
obouvam *v.t.* обувам *shoe*
obouvka *n.* обувка *shoe*
obouzdavam *v.t.* обуздавам *curb*
obozhavam *v.t.* обожавам *adore*
obrabotvam *v.t.* обработвам *cultivate*
obrabotvam *v.t.* обработвам *till*
obradvan *a.* обрадван *overjoyed*
obraten *a.* обратен *contrary*
obraten *a.* обратен *reverse*
obratim *a.* обратим *reversible*
obratno *adv.* обратно *vice-versa*
obraxets *n.* образец *paragon*
obraz *n.* образ *image*
obraz *n.* образ *semblance*
obraz *n.* образ *visage*
obrazets *n.* образец *norm*
obrazets *n.* образец *pattern*
obraznost *n.* образност *imagery*
obrazouvam dvoyka *v.t.* образувам двойка *pair*

obrazovam v.t. образовам
educate
obrazovanie n. образование
education
obred n. обред rite
obremenitelen a.
обременителен onerous
obremenyavam v.t.
обременявам encumber
obremenyavasht a.
обременяващ burdensome
obricham v.t. обричам doom
obrisouvam v.t. обрисувам
depict
obrisouvane n. обрисуване
portrayal
obrisovka n. обрисовка
portraiture
obrsouvam v.t. обрисувам
portray
obrushtam v.t. обръщам
reverse
obrushtam se v.i. обръщам се
turn
obrushtam vnimanie n.
обръщам внимание heed
obrushtam vnimanie na v.t.
обръщам внимание на mind
obrushtane n. обръщане
reversal
obrushtane n. обръщане
reverse
obsada n. обсада siege
obsazhdam v.t. обсаждам
besiege
obseg n. обсег purview
observatoriya n. обсерватория
observatory
obshiren a. обширен
comprehensive
obshivam v.t. обшивам plank

obshivka n. обшивка mantel
obsht a. общ collective
obsht a. общ common
obsht a. общ general
obsht a. общ total
obshtestven a. обществен
communal
obshtestven a. обществен
social
obshtestvena sreda n.
обществена среда milieu
obshtestvo n. общество public
obshtestvo n. общество
society
obshtina n. община
municipality
obshtinski a. общински
municipal
obshtitelen a. общителен
sociable
obshtitelnost n. общителност
sociability
obshtnost n. общност
community
obshtuvam v.t. общувам
communicate
obshtuvane n. общуване
communication
obshtuvane n. общуване
intercourse
obslouzhvam v.t. обслужвам
service
obslouzhvane n. обслужване
attendance
obslouzhvasht a. обслужващ
ministrant
obstoen a. обстоен elaborate
obstoyatelstven a.
обстоятелствен adverbial
obstoyatelstvo n.
обстоятелство circumstance

obstrouktiven a. обструктивен
obstructive
obsuzhdam v.t. обсъждам
discuss
oburkvam v.t. обърквам
confuse
oburkvam v.t. обърквам
perplex
oburkvane n. объркване
confusion
oburnat na vutre a. обърнат
навътре *inward*
obvinen n. обвинен *accused*
obvinenie n. обвинение
accusation
obvinenie n. обвинение
indictment
obvinenie n. обвинение
prosecution
obvinyaem n обвиняем *culprit*
obvinyavam v.t. обвинявам
accuse
obvinyavam v. обвинявам
arraign
obvinyavam v.t. обвинявам
blame
obvinyavam v.t. обвинявам
impeach
obvinyavam v.t. обвинявам
indict
obvivam v.t. обвивам *envelop*
obvivka n. обвивка *casing*
obvurzan n. обвързан *bound*
obvurzvane a. обвързване
binding
obyadvam v.i. обядвам *lunch*
obyasnenie n обяснение
commentary
obyasnenie n. обяснение
explanation

obyasnyavane v.t. обяснявам
explain
obyavlenie n. обявление
announcement
obyavyavam v.t. обявявам
announce
obyavyavam adv. обявявам
post
obyavyavam izvun zakona v.t.
обявявам извън закона
outlaw
obzalagam v.i. обзалагам
wager
obzemam v.t. обземам *obsess*
ochakvam v.t. очаквам *await*
ochakvam v.t. очаквам *expect*
ochakvane n. очакване
expectation
ocharovam v.t. очаровам
enamour
ocharovam v.t очаровам
fascinate
ocharovanie n. очарование
fascination
ocharovatelen a.
очарователен *winsome*
ochebien a. очебиен *flagrant*
ochebien a. очебиен *salient*
ochebiesht a. очебиещ
conspicuous
ochen a. очен *ocular*
ochen lekar n. очен лекар
oculist
ochernyam v.t. очерням
blacken
ochertanie n. очертание *outline*
ochertavam v.t. очертавам
outline
ocheviden a. очевиден
apparent
ocheviden a. очевиден *evident*

ocheviden a. очевиден *obvious*
ocheviden a. очевиден *patent*
ochila n. очила *goggles*
ochistvane n. очистване *ablution*
ochna yabulka n. очна ябълка *eyeball*
ochovechavam v.t. очовечавам *humanize*
oda n. ода *ode*
odealo n. одеало *blanket*
odezhda n. одежда *vestment*
odiram v.t одирам *skin*
odobrenie n. одобрение *acclaim*
odobrenie n. одобрение *approval*
odobrenie n. одобрение *assent*
odobryavam v.t. одобрявам *acclaim*
odobryavam v.t. одобрявам *approbate*
odobryavam v.t. одобрявам *approve*
odobryavane n. одобряване *approbation*
oerta n. оферта *offer*
ofanziva n. офанзива *offensive*
oferta n. оферта *tender*
ofeykvam v.i. офейквам *decamp*
ofis n. офис *office*
ofitsialen a. официален *ceremonial*
ofitsialen a. официален *official*
ofitsialno adv. официално *officially*
ofitsiozen a. официозен *officious*
oformyam v.t. оформям *shape*
oformyavam v.t. оформявам *frame*
ogledalo n. огледало *mirror*
ognishte n. огнище *hearth*
ognyar n. огняр *stoker*
ogolen a. оголен *bare*
ogolvam v.t. оголвам *bare*
ogolvam v.t. оголвам *denude*
ogorchavam v.t. огорчавам *afflict*
ogorchavam v.t. огорчавам *aggrieve*
ograbvam v.t. ограбвам *rob*
ograda n. ограда *fence*
ogranichavam v.t. ограничавам *confine*
ogranichavam v.t. ограничавам *limit*
ogranichavam v.t. ограничавам *localize*
ogranichavam v.t. ограничавам *restrict*
ogranichen a. ограничен *finite*
ogranichen a. органичен *organic*
ogranichenie n. ограничение *limitation*
ogranichenie a. ограничен *limited*
ogranichenie n. ограничение *restriction*
ogranichitelen a. ограничителен *restrictive*
ograzhdam v.t. ограждам *hedge*
ograzhdam v.t. ограждам *wall*
ogromen a. огромен *enormous*
ogromen a. огромен *huge*
ogromen a. огромен *tremendous*
ogun n. огън *bonfire*
ogun n. огън *fire*

ogurlitsa *n.* огърлица *necklace*
ohladitel *n.* охладител *cooler*
ohlazhdam *v.i.* охлаждам *cool*
ohlazhdam *v.t.* охлаждам *refrigerate*
ohlazhdane *n.* охлаждане *refrigeration*
ohlyuv *n.* охлюв *snail*
oholen *a.* охолен *affluent*
oholstvo *n.* охолство *affluence*
ohotno *adv.* охотно *readily*
ohrana *n.* охрана *guard*
ohranenost *n.* храненост *obesity*
okabelyavam *v.t.* окабелявам *cable*
okean *n.* океан *ocean*
okeanski *a.* океански *oceanic*
okichvam *v.t.* окичвам *adorn*
oklevetyavam *v.t.* оклеветявам *vilify*
oklevetyavam *v.t.* оклеветявам *wrong*
oko *n.* око *eye*
okolnost *n.* околност *vicinity*
okolnosti *n.* околности *surroundings*
okolo *prep.* около *around*
okolo *adv.* около *round*
okopavam *v.t.* окопавам *trench*
okoulten *a.* окултен *occult*
okourazhavam *v.t.* окуражавам *encourage*
okovavam *v.t.* оковавам *fetter*
okovavam *v.t.* оковавам *shackle*
okovi *n.* окови *fetter*
okovi *n.* окови *shackle*
okruzhavasht *a.* окръжаващ *ambient*

okruzhenie *n.* окръжение *environment*
oktava *n.* октава *octave*
oktomvri *n.* октомври *October*
oktora *n.* октроа *octroi*
okusnyal *v.t.* окъснял *benight*
oligarhiya *n.* олигархия *oligarchy*
oligavyam *v.t.* олигавям *beslaver*
olimpiada *n.* олимпиада *olympiad*
olitsetvorenie *n.* олицетворение *impersonation*
olitsetvoreniye *n.* олицетворение *byword*
olitsetvoryavam *v.t.* олицетворявам *impersonate*
olouk *n.* олук *dale*
oloven *a.* оловен *leaden*
olovo *n.* олово *lead*
oltar *n.* олтар *altar*
omagyosvam *v.t.* омагьосвам *bewitch*
omagyosvam *v.t.* омагьосвам *enchant*
omalomoshtavam *v.t.* омаломощавам *enfeeble*
omara *n.* омара *haze*
omayvam *v.t.* омайвам *charm2*
omega *n.* омега *omega*
omekotyavam *v.t.* омекотявам *soften*
omekvam *v.i.* омеквам *relent*
omlet *n.* омлет *omelette*
omraza *n.* омраза *hate*
omrazen *a.* омразен *odious*
onagledyavam *v.t.* онагледявам *visualize*
opakovam *v.t.* опаковам *pack*

opakovane n. опаковане
  packing
opal n. опал opal
opasen a. опасен dangerous
opasen a. опасен perilous
opasenie n. опасение misgiving
opashka n. опашка queue
opashka n. опашка tail
opasnost n. опасност danger
opasnost n. опасност hazard
opasnost n. опасност jeopardy
opasnost n. опасност peril
opasvam v.t. опасвам begird
opasvam v.t опасвам fringe
opasvam v.t. опасвам gird
opechalen n. опечален
  mourner
opeka n. опека wardship
opera n. опера opera
operator n. оператор operator
operatsionen a. операционен
  operative
operatsiya n. операция
  operation
operiram v.t. оперирам operate
opetnyavam v.t. опетнявам taint
opetnyavam v.t. опетнявам
  tarnish
opioum n. опиум opium
opioum n. оптимум optimum
opipvam v.t. опипвам grope
opisanie n. описание
  description
opisatelen a. описателен
  descriptive
opisvam v.t. описвам describe
opit n. опит attempt
opit n. опит experience
opit n. опит trial
opit n. опит try
opiten a опитен expert

opiten a. опитен veteran
opitomen a. опитомен tame
opitomyavam v.t. опитомявам
  tame
opitvam v.t. опитвам essay
opitvam v.i. опитвам try
opitvam se v.t. опитвам се
  attempt
oplakvam v.t. оплаквам bewail
oplakvam se v.i. оплаквам се
  complain
oplakvane n. оплакване
  complaint
opleskvam v.t. оплесквам
  bungle
opolzotvoryavam v.t.
  оползотворявам utilize
opolzotvoryavane n.
  оползотворяване utilization
oponent n. опонент opponent
opora n. опора bulwark
oporna tochka n. опорна точка
  leverage
oportyunizum n. опортюнизъм
  opportunism
opoustoshavam v.t.
  опустошавам ravage
opoustoshenie n.
  опустошение havoc
opoustoshenie n.
  опустошение ravage
opozitsiya n. опозиция
  opposition
opozoryavam v.t. опозорявам
  attaint
opozoryavam v.t. опозорявам
  dishonour
opravdan a. оправдан
  justifiable
opravdanie n. оправдание
  acquittal

opravdanie *n.* оправдаване
justification
opravdavam *v.t.* оправдавам
acquit
opravdavam *v.t.* оправдавам
justify
opravomoshtavam *v.t.*
оправомощавам enfranchise
opravomoshtavam *v.t.*
оправомощавам entitle
opredelen *a* определен definite
opredelen *a* определен set
opredelenie *n* определение
definition
opredelyam *v.t.* определям
define
opredelyam *v.t.* определям
determine
opredelyam *v.t.* определям
schedule
opredelyam *v.t.* определям
specify
opredelyam *v.t.* определям
term
oproshtavam *v.t.* опрощавам
absolve
oproshtavane *n.* опрощаване
condonation
oprostyavam *v.t.* опростявам
simplify
oprostyavane *n.* опростяване
simplification
oprovergavam *v.t.*
опровергавам confute
oprovergavam *v.t.*
опровергавам contradict
oprovergavam *v.t.*
опровергавам disprove
oprovergavam *v.t.*
опровергавам refute

oproverzhenie *n.*
опровержение contradiction
oproverzhenie *n.*
опровережение refutation
optichen *a.* оптичен optic
optik *n.* оптик optician
optimalen *a* оптимален
optimum
optimistichen *a.* оптимистичен
optimistic
optimit *n.* оптимист optimist
optimizum *n.* оптимизъм
optimism
optsionalen *a.* опционален
optional
optsiya *n.* опция option
opurlyam *v.t.* опърлям singe
opurlyane *n.* опърляне singe
ora *v.i.* ора plough
orach *n.* орач ploughman
orakoul *n.* оракул oracle
oranzhev *a.* оранжев orange
orator *n.* оратор orator
oratorski *a.* ораторски
oratorical
orbita *n.* орбита orbit
orda *n.* орда horde
ordinarets *n.* ординарец
orderly
oreh *n.* орех nut
oreh *n.* орех walnut
orel *n.* орел eagle
oreol *n.* ореол nimbus
organ *n.* орган organ
organizatsiya *n.* организация
organization
organiziram *v.t.* организирам
organize
organizirane *n.* организиране
arrangement

organizum *n.* организъм
organism
orgiya *n.* оргия *debauch*
orient *n.* ориент *orient*
orientalen *a.* ориентален
oriental
orientalets *n.* ориенталец
oriental
orientiram *v.t.* ориентирам
orientate
original *n.* оригинал *original*
originalen *a.* оригинален
original
originalnost *n.* оригиналност
originality
oriz *n.* ориз *rice*
orizishte *n.* оризище *paddy*
orkrstralen *a.* оркестрален
orchestral
orkrstur *n.* оркестър *orchestra*
orlov *adj.* орлов *accipitral*
orna *adj.* орна *arable*
ornament *n.* орнамент
ornament
ornamentalen *a.*
орнаментален *ornamental*
ortodoksalen *a.* ортодоксален
orthodox
ortodoksalnost *n.*
ортодоксалност *orthodoxy*
orudie *n.* оръдие *cannon*
orudiya *n.* оръдия *ordnance*
oruzhenosets *n.* оръженосец
henchman
oruzhie *n.* оръжие *weapon*
os *n.* ос *axis*
os *n.* ос *pivot*
osa *n.* оса *wasp*
osakatyavam *v.t.* осакатявам
lame

osakatyavam *v.t.* осакатявам
mutilate
osakatyavane *n.* осакатяване
mutilation
osedlavam *v.t.* оседлавам
saddle
osem *n.* осем *eight*
osemdeset *n.* осемдесет *eighty*
osemgodishen *a.*
осемдесетгодишен
octogenarian
osemgodishnik *n.*
осемдесетгодишник
octogenarian
osemnadeset *a.* осемнадесет
eighteen
oseyvam *v.t.* осейвам *star*
oseyvam *v.t.* осейвам *stud*
osezaem *a.* осезаем *palpable*
osezaem *a.* осезаем *tangible*
osezatelen *a.* осезателен
tactile
oshte *adv.* още *still*
oshte poveche *adv.* още
повече *moreover*
oshtetyavam *v.t.* ощетявам
injure
osigouren *a.* сигурен *secure*
osigouryavam *v.t.* осигурявам
secure
osigouryavam personal *v.t.*
осигурявам персонал *staff*
osiguryavam *v.t.* осигурявам
ensure
osinovyavam *v.t.* осиновявам
adopt
osinovyavane *n.* осиновяване
adoption
osirotyavam *v.t.* осиротявам
orphan
oskuden *a.* оскъден *scanty*

oskuden *a.* оскъден *scarce*
oskuditsa *n.* оскъдица *dearth*
oskuditsa *n.* оскъдица *scarcity*
oskurblenie *n.* оскърбление *affront*
oskurbyavam *v.t.* оскърбявам *affront*
oskvernyavam *v.t.* осквернявам *profane*
osmelyavam se *v.i.* осмелявам се *dare*
osmivam *v.t.* осмивам *ridicule*
osmivam *v.t.* осмивам *satirize*
osmougulen *a.* осмоъгълен *octangular*
osmougulnik *n.* осмоъгълник *octagon*
osnova *n.* основа *base*
osnova *n.* основа *basis*
osnovatel *n.* основател *founder*
osnovavam *v.t.* основавам *found*
osnoven *a.* основен *basal*
osnoven *a.* основен *basal*
osnoven *a.* основен *basic*
osnoven *a.* основен *essential*
osnoven *a.* основен *staple*
osoben *adj.* особен *bizarre*
osoben *a.* особен *especial*
osoben *a.* особен *peculiar*
osobenost *n.* особеност *peculiarity*
osobenost *n.* особеност *trait*
osouetyavam *v.t* осуетявам *foil*
osouetyavam *v.t.* осуетявам *frustrate*
osousheven *a.* одушевен *animate*
osrebryavam *v.t.* осребрявам *cash*
ostanki *n.* останки *remains*

ostaryal *a.* остарял *outdated*
ostatuchen *a.* остатъчен *residual*
ostatuk *n.* остатък *remainder*
ostatuk *n.* остатък *residue*
ostavam *v.i.* оставам *remain*
ostavam *v.i.* оставам *stay*
ostavka *n.* оставка *resignation*
ostavyam *v.t.* оставям *let*
ostavyam beleg *v.t.* оставям белег *scar*
ostrie *n.* острие *blade*
ostrie *n.* острие *edge*
ostrie *n.* острие *spike*
ostrilka *n.* острилка *sharpener*
ostrooumen *a.* остроумен *witty*
ostrooumie *n.* остроумие *repartee*
ostrooumie *n.* остроумие *witticism*
ostrov *n.* остров *island*
ostrov *n.* остров *isle*
ostuklyavam *v.t.* остъклявам *glaze*
ostur *a.* остър *acute*
ostur *a.* остър *sharp*
osushtestven *a.* осъществен *accomplished*
osushtestvim *a.* осъществим *practicable*
osushtestvim *a.* осъществим *viable*
osushtestvimost *n.* осъществимост *practicability*
osushtestvyavam *v.t.* осъществявам *accomplish*
osushtestvyavam *v.t.* осъществявам *implement*
osuzhdam *v.t.* осъждам *condemn*
osuzhdam *v.t.* осъждам *convict*

osuzhdam *v.t.* осъждам
  sentence
osuzhdane *n.* осъждане
  condemnation
osuzhdane *n.* осъждане
  stricture
osvedomen *a.* осведомен
  aware
osvedomenost *n.*
  осведоменост *cognizance*
osvedomyavam *v.t.*
  осведомявам *notify*
osven *prep.* освен *besides*
osven *prep.* освен *but*
osven *prep.* освен *except*
osven *prep.* освен *save*
osven *conj.* освен *unless*
osven *adv.* освен *withal*
osveshtavam *v.t.* освещавам
  consecrate
osveshtavam *v.t.* освещавам
  hallow
osveshtavam *v.t.* освещавам
  sanctify
osveshtavam *n.* освещавам
  sanctity
osveshtavane *n.* освещаване
  sanctification
osvetlyavam *v.t.* осветлявам
  enlighten
osvetyavam *v.t.* осветявам
  alluminate
osvetyavam *v.i.* осветявам
  lighten
osvezhavam *v.t.* освежавам
  refresh
osvezhavane *n.* освежаване
  refreshment
osvoboden *a.* освободен
  exempt

osvoboditel *n.* освободител
  liberator
osvobozhdavam *v. t.*
  освобождавам *bail*
osvobozhdavam *v.t.*
  освобождавам *discharge*
osvobozhdavam *v.t.*
  освобождавам *exempt*
osvobozhdavam *v.t.*
  освобождавам *free*
osvobozhdavam *v.t.*
  освобождавам *liberate*
osvobozhdavam *v.t.*
  освобождавам *manumit*
osvobozhdavam *v.t.*
  освобождавам *release*
osvobozhdavam *v.t.*
  освобождавам *vacate*
osvobozhdavam ot kontrol *v.t.*
  освобождавам от контрол
  decontrol
osvobozhdavam ouslovno *v.t.*
  освобождавам условно
  parole
osvobozhdavane *n.*
  освобождаване *conge*
osvobozhdavane *n.*
  освобождаване *liberation*
osvobozhdavane *n.*
  освобождаване *manumission*
osvobozhdenie *n.*
  освобождение *release*
ot *prep.* от *from*
ot imeto na *n.* от името на
  behalf
ot predgradiyata *a.* от
  предградията *suburban*
ot sredata *n.* от средата *mid-off*
ot touk natatuk *adv.* оттук
  нататък *hereafter*
ot tova *adv.* от това *thereby*

otbelyazvam *v.t.* отбелязвам mark
otbivam *v.t.* отбивам ablactate
otbivam *v.t.* отбивам wean
otbivane *n.* отбиване ablactation
otbluskvam *v.t.* отблъсквам avert
otbluskvam *v.t.* отблъсквам counter
otbluskvam *v.t.* отблъсквам repel
otbluskvam *v.t.* отблъсквам repulse
otbluskvane *n.* отблъскване repulse
otbluskvash *a.* отблъскващ repellent
otbluskvashto sredstvo *n.* отблъскващо средство repellent
otbranitelen *adv.* отбранителен defensive
otbyagvam *v.t.* отбягвам shun
otbyagvane *n.* отбягване evasion
otchayan *a.* отчаян desperate
otchayanie *n.* отчаяние despair
otchayanie *n.* отчаяние slough
otchayvam se *v.i.* отчайвам се despair
otchouzhdavam *v.t.* отчуждавам alienate
otdadenost *n.* отдаденост devotion
otdalech *adv.* отдалеч afar
otdel *n.* отдел department
otdel v suda *n.* отдел в съда chancery
otdelen *a.* отделен separate
otdelim *a.* отделим separable

otdelyam *v.t.* отделям abstract
otdelyam *v.t.* отделям detach
otdelyam *v.t.* отделям emit
otdelyam *v.t.* отделям segregate
otdelyam *v.t.* отделям separate
otdelyam *v.t.* отделям spare
otdelyam se *v.i.* отделям се secede
otdelyam se *v.t.* отделям се secrete
otdelyane *n.* отделяне detachment
otdelyane *n.* отделяне secession
otdolou *adv.* отдолу below
otdolou *adv.* отдолу beneath
otdolou *adv.* отдолу under
otdolou *adv.* отдолу underneath
otekvam *v.t.* отеквам echo
otekvam *v.i.* отеквам resound
otgatvam *v.i.* отгатвам riddle
otglezhdam *v.t.* отглеждам nurture
otglezhdane *n.* отглеждане nurture
otgovaryam *v.t.* отговарям account
otgovaryam *v.t.* отговарям answer
otgovaryam *v.i.* отговарям reply
otgovaryam *v.i.* отговарям respond
otgovor *n.* отговор answer
otgovor *n.* отговор rejoinder
otgovor *n.* отговор reply
otgovor *n.* отговор response
otgovoren *a.* отговорен accountable

otgovoren *a.* отговорен responsible
otgovornost *n.* отговорност liability
otgovornost *n.* отговорност responsibility
othvurlyam *v.t.* отхвърлям exclude
othvurlyam *v.t.* отхвърлям overrule
othvurlyam *v.t.* отхвърлям reject
othvurlyam *v.t.* отхвърлям spurn
othvurlyam *v.t.* отхвърлям veto
othvurlyane *n.* отхвърляне rejection
oticham *v.i.* отичам swell
otivam *v.i.* отивам go
otkaz *n.* отказ denial
otkaz *n.* отказ negative
otkaz *n.* отказ refusal
otkazvam *v.t.* отказвам negative
otkazvam *v.t.* отказвам rebuff
otkazvam *v.t.* отказвам refuse
otkazvam *v.t.* отказвам waive
otkazvam se *v.t.* отказвам cancel
otkazvam se *v.t.* отказвам се forgo
otkazvam se *v.t.* отказвам се resign
otkazvam se ot *v.t.* отказвам се от renounce
otkazvane *n.* отказване renunciation
otklonenie *n.* отклонение aberrance
otklonenie *n.* отклонение deviation

otklonyavam se *v.t. & i.* отклонявам се deflect
otklonyavam se *v.i.* отклонявам се deviate
otklonyavam se *v.t.* отклонявам се divert
otkoup *n.* откуп ransom
otkoupvam *v.t.* откупвам ransom
otkoupvam *v.t.* откупвам redeem
otkrehnat *adv.* открехнат ajar
otkrit *a.* открит outspoken
otkrit *a.* открит overt
otkritie *n.* откритие discovery
otkrito *adv.* открито openly
otkrito more *n.* открито море offing
otkrivam *v.t.* откривам discover
otkrouvenost *n.* откровеност candour
otkroven *a.* откровен candid
otkrovenie *n.* откровение revelation
otkude *adv.* откъде whereabout
otkudeto *adv.* откъдето whence
otkus *n.* откъс abstract
otlagam *v.t.* отлагам postpone
otlagam *v.t.* отлагам stall
otlagane *n.* отлагане postponement
otlichavam *v.i.* отличавам distinguish
otlichen *a.* отличен excellent
otliv *n.* отлив ebb
otlivka *n.* отливка casting
otlomki *n.* отломки debris
otluchvam *v.t.* отлъчвам excommunicate
otluchvane *n.* отлъчване ban

otluchvane *n.* отлъчване *segregation*
otmashtenie *n.* отмъщение *vengeance*
otmenyaem *a.* отменяем *revocable*
otmenyam *v.t.* отменям *abolish*
otmenyam *v.t.* отменям *countermand*
otmenyam *v.t.* отменям *repeal*
otmenyam *v.t.* отменям *revoke*
otmenyane *n.* отменяне *cancellation*
otmenyane *n.* отменяне *repeal*
otmenyane *n.* отменяне *revocation*
otmora *n.* отмора *recreation*
otmushtavam *v.t.* отмъщавам *avenge*
otmushtavam *v.t.* отмъщавам *revenge*
otmushtenie *n.* отмъщение *revenge*
otmustitelen *a.* отмъстителен *revengeful*
otmyana *v.* отмяна *abolition*
otnasyam se *v.t.* отнасям се *refer*
otnasyasht se *a.* отнасящ се *relative*
otnemam *v.t.* отнемам *evict*
otnemam stoynost *v.t.* отнемам стойност *demonetize*
otnemane *n.* отнемане *eviction*
otnoshenie *n.* отношение *bearing*
otnovo *adv.* отново *again*
otnovo izpadam *v.i.* отново изпадам *relapse*
otok *n.* оток *swell*
otomanin *n.* отоманин *ottoman*

otpadna voda *n.* отпадна вода *sewage*
otpadutsi *n.* отпадъци *garbage*
otpadutsi *n.* отпадъци *refuse*
otpechatuk *n.* отпечатък *imprint*
otpechatvam *v.t.* отпечатвам *imprint*
otpivam *v.t.* отпивам *sip*
otplashtam *v.i.* отплащам *retaliate*
otplashtam se *v.t.* отплащам се *requite*
otplata *n.* отплата *retaliation*
otplata *n.* отплата *retort*
otplavam *v.i.* отплавам *sail*
otpouskam *v.t.* отпускам *allot*
otpouskam pensiya *v.t.* отпускам пенсия *pension*
otpouskam se *v.t.* отпускам се *relax*
otpouskane *n.* отпускане *relaxation*
otpousnat *a.* отпуснат *flabby*
otpousnat *a.* отпуснат *slack*
otpousnatost *n.* отпуснатост *laxity*
otpravyam *v.t.* отправям *address*
otpravyam petitsiya *v.t.* отправям петиция *petition*
otpravyam se *v.i.* отправям се *sally*
otpredi *adv.* отпреди *beforehand*
otputouvane *n.* отпътуване *departure*
otravyam *v.t.* отравям *poison*
otrazyavam *v.t.* отразявам *mirror*

otrazyavam v.t. отразявам
reflect
otrazyavane n. отразяване
reflection
otricham v.t. отричам abnegate
otricham v.t. отричам deny
otricham v.t. отричам gainsay
otricham v.t. отричам repudiate
otricham se v.t. отричам се
forswear
otrichane n. отричане
abnegation
otrichane n. отричане
repudiation
otritsanie n. отрицание
negation
otritsanie n. отрицание no
otritsatelen a отрицателен
minus
otritsatelen a. отрицателен
negative
otritvane n. отритване avulsion
otroupvam v.t. отрупвам ply
otrova n. отрова poison
otrova n. отрова venom
otroven a. отровен poisonous
otroven a. отровен venomous
otsechena chast n. отсечена
част lop
otsega natatuk adv. отсега
нататък henceforth
otsega natatuk adv. отсега
нататък henceforward
otselyavam v.i. оцелявам
survive
otselyavane n. оцеляване
survival
otsenka n. оценка assessment
otsenka n. оценка estimate
otsenka n. оценка valuation

otsenyavam v.t. оценявам
appreciate
otsenyavam v.t. оценявам
assess
otsenyavam v.t. оценявам
evaluate
otsenyavam v.t. оценявам
price
otsenyavam v.t. оценявам rate
otsenyavane n. оценяване
appreciation
otseoubiystvo n. отцеубийство
patricide
otset n. оцет vinegar
otshelnik n. отшелник hermit
otshelnik n. отшелник recluse
otskacham v.i. отскачам
rebound
otskacham v.i. отскачам recoil
otskachane n. отскачане recoil
otskoubvam v.t. отскубвам
pluck
otslabvam v.t. отслабвам
slacken
otslabvam v.t. & i. отслабвам
weaken
otsrochka n. отсрочка
adjournment
otsrochvam v.t. отсрочвам
adjourn
otsrochvam v.t. отсрочвам
prorogue
otstranyavam v.t. отстранявам
expel
otstupka n. отстъпка rebate
otstupvam v.i. отстъпвам
backslide
otstupvam v.i. отстъпвам
comply
otstupvam v.i. отстъпвам
retreat

otstupvam *v.t.* отстъпвам surrender
otstupvane *n.* отстъпване concession
otstupvane *n.* отстъпване surrender
otsustvam *v.t.* отсъствам absent
otsustvasht *a.* отсъстващ absent
otsustvie *n.* отсъствие absence
otsuzhdam *v.t.* отсъждам adjudge
otsvetyavam *v.t.* оцветявам colour
otsvetyavam *v.t.* оцветявам tint
otsyavam *v.t.* отсявам bolt
otsyavam *v.t.* отсявам sift
otsyavam *prep.* от since
ottam *adv.* оттам thence
ottatuk *adv.* оттатък over
otteglyam se *v.i.* оттеглям се recede
otteglyam se *v.i.* оттеглям се retire
otteglyam se *v.t.* оттеглям се withdraw
otteglyane *n.* оттегляне recess
otteglyane *n.* оттегляне retirement
otteglyane *n.* оттегляне withdrawal
ottenuk *n.* оттенък tincture
ottogava *adv.* оттогава since
ottogava nasam *adv.* оттогава насам thereafter
ottseoubiets *n.* отцеубиец parricide
ottsepnik *n.* отцепник secessionist
oturvavam *v.t.* отървавам rid

otvaden *a.* отвъден ulterior
otvara *n.* отвара concoction
otvara *n.* отвара ooze
otvaryam *v.t.* отварям open
otvaryam tsip *v.t.* отварям цип zip
otvetnik *n.* ответник respondent
otvlicham *v.t.* отвличам kidnap
otvodnyavam *v.t.* отводнявам drain
otvor *n.* отвор bore
otvor *n.* отвор opening
otvor *n.* отвор vent
otvoren *a.* отговорен liable
otvoren *a.* отворен open
otvrashtavam se *v.t.* отвращавам се abhor
otvrashtenie *n.* отвращение abhorrence
otvrashtenie *n.* отвращение aversion
otvrashtenie *n.* отвращение repulsion
otvratitelen *a.* отвратителен abominable
otvratitelen *a.* отвратителен loathsome
otvratitelen *a.* отвратителен repulsive
otvrushtam *v.t.* отвръщам reciprocate
otvrushtam *v.t.* отвръщам retort
otvud *adv.* отвъд beyond
otvun *adv.* отвън without
otvurstie *n.* отвърстие aperture
otvyavam *v.t.* отвявам winnow
otyavlen *a.* отявлен rank
otzad *adv.* отзад behind

otzovavam *v.t.* отзовавам
recall
otzovavane *n.* отзоваване
recall
otzvouk *n.* отзвук *repercussion*
oubeditelen *a.* убедителен
cogent
oubeghdavam *v.t.* убеждавам
persuade
oubezhdavam *v. t* убеждавам
convince
oubezhdenie *n.* убеждение
persuasion
oubezhishte *n.* убежище *haven*
oubiets *n.* убиец *assassin*
oubiets *n.* убиец *murderer*
oubiistven *a.* убийствен
murderous
oubiistvo *n.* убийство *murder*
oubivam *v.t.* убивам
assassinate
oubivam *v.t.* убивам *kill*
oubivam *v.t.* убивам *murder*
oubivam *v.t.* убивам *slay*
oubiystvo *n.* убийство
assassination
oubiystvo *n.* убийство
homicide
oubiystvo *n.* убийство *kill*
oucha *v.i.* уча *learn*
oucha *v.i.* уча *study*
ouchasht *n.* учащ се *learner*
ouchastie *n.* участие
participation
ouchastnik *n.* участник
participant
ouchastvam *v.i.* участвам
partake
ouchastvam *v.i.* участвам
participate
ouchastvam v *v.t.* участвам в
enlist
ouchen *a.* учен *learned*
ouchen *n.* учен *scholar*
ouchen *n.* учен *scientist*
ouchene *n.* учене *learning*
ouchenik *n* ученик *disciple*
ouchenik *n.* ученик *student*
ouchetvoryavam *v.t.*
учетворявам *quadruple*
ouchilishte *n.* училище *school*
ouchitel *n.* учител *teacher*
ouchouden *v.t* учуден *astound*
ouchoudeno *adv.* учудено
agaze
ouchoudvam *v.t.* учудвам
astonish
ouchoudvam *v.t.* учудвам *baffle*
ouchoudvane *n.* учудване
astonishment
ouchrezhdenie *n.* учреждение
establishment
ouchtiv *a.* учтив *civil*
ouchtiv *a.* учтив *courteous*
ouchtiv *a.* учтив *polite*
ouchtivost *n.* учтивост *courtesy*
ouchtivost *n.* учтивост *pliteness*
oudar *n.* удар *bang*
oudar *n.* удар *beat*
oudar *n.* удар *blow*
oudar *a.* удар *crump*
oudar *n.* удар *hit*
oudar *n.* удар *impact*
oudar *n.* удар *punch*
oudar *n.* удар *stroke*
oudar *n.* удар *thump*
oudarenie *n.* ударение *stress*
oudivlenie *n.* удивление
amazement
oudivyavam *v.t.* удивявам
amaze

oudoben *a.* удобен *comfortable*
oudoben *a.* удобен *convenient*
oudobstvo *n.* удобство *convenience*
oudostoyavam *v.t.* удостоявам *dignify*
oudoushavam *v.t.* удушавам *suffocate*
oudoushavan *n.* удушаван *suffocation*
oudovletvorenie *n.pl.* удовлетворение *amends*
oudovletvorenie *n.* удовлетворение *satisfaction*
oudovletvoryavam *v.t.* удовлетворявам *satisfy*
oudovolstvie *n.* удовлоствие *pleasure*
oudryam *v.i.* удрям *bat*
oudryam *v.i.* удрям *blow*
oudryam *v.t.* удрям *hit*
oudryam *v.i.* удрям *lunge*
oudryam *v.t.* удрям *punch*
oudryam *v.t.* удрям *thump*
oudulzhavam *v.t.* удължавам *prolong*
oudvoen *a* удвоен *duplicate*
oudvoyavam *v.t.* удвоявам *double*
oudvoyavam *v.t.* удвоявам *duplicate*
oudvoyavam *v.t.* удвоявам *redouble*
ouedinenie *n.* уединение *privacy*
ouedinyavam se *v.t.* уединявам се *sequester*
ouedinyavane *n.* уединяване *rustication*
ougar *n.* угар *fallow*

ougazhdam *v.t.* угаждам *pamper*
ougodnichestvo *n.* угодничество *servility*
ougolemyavam *v.t.* уголемявам *augment*
ougolemyavane *n.* уголемяване *augmentation*
ougoshtavam *v.t.* угощавам *banquet*
ougovaryam *v.t.* уговарям *concert2*
ougovaryam *v.t.* уговарям *stipulate*
ougovaryane *n.* уговаряне *stipulation*
ougrizenie *n.* угризение *compunction*
ougrizenie *n.* угризение *remorse*
ouhanie *n.* ухание *fragrance*
ouhanie *n.* ухание *scent*
ouhapvam *v.t.* ухапвам *bite*
ouhapvane *n.* ухапване *bite*
ouhazhvam *v.t.* ухажвам *court*
ouhazhvane *n.* ухажване *courtship*
ouho *n.* ухо *ear*
ouikoum *n.* уникум *nonpareil*
ouiski *n.* уиски *whisky*
oukaz *n.* указ *decree*
oukrasa *n.* украса *decoration*
oukrasyavam *v.t.* украсявам *decorate*
oukrasyavam *v.t.* украсявам *grace*
oukrasyavam *v.t.* украсявам *jewel*
oukreplenie *n.* укрепление *rampart*
oulan *n.* улан *lancer*

oulavyam v.t. улавям capture
oulavyam v.t. улавям catch
oulavyam v.i. улавям grapple
oulavyam v kapan v.t. улавям в капан snare
oulavyane n. улавяне capture
oulesnenie n. улеснение facility
oulesnyavam v.t. улеснявам facilitate
ouley n. улей gutter
oulichnitsa n. уличница slut
oulitsa n. улица street
oulov n. улов catch
oulovka n. уловка dodge
oulovka n. уловка ruse
oultimatoum n. ултиматум ultimatum
oum n. ум mind
oum n. ум wit
oumen a. умен clever
oumen a. умен shrewd
oumenie n. умение skill
oumer a. умер smart
oumeren a. умерен moderate
oumeren a. умерен temperate
oumerenost n. умереност moderation
oumerenost n. умереност temperance
oumesten adj. уместен apposite
oumesten a. уместен pertinent
oumesten a. уместен relevant
oumestno adv. уместно appositely
oumestnost n. уместност propriety
oumestnost n. уместност relevance
oumestnost n. уместност suitability

oumilostivya v.t. умилостивя conciliate
oumiram v.i. умирам decease
oumiram v.i. умирам die
oumirasht a. умиращ alamort
oumirasht a. умиращ moribund
oumiryavam v.t. умирявам appease
oumishlen a. умишлен intentional
oumnozhavam v.t. умножавам multiply
oumnozhenie n. умножение multiplication
oumolyavam v.t. умолявам beg
oumolyavam v.t. умолявам entreat
oumolyavam v.t. умолявам implore
oumolyavane n. умоляване adjuration
oumora n. умора fatigue
oumoritelen a. уморителен weary
oumoryavam v.t. уморявам fatigue
oumoryavam v.t. & i. уморявам weary
oumstven a. умствен mental
ounasyam se v.t. унасям се maunder
ounesen a. унесен rapt
ounikalen a. уникален unique
ounil a. унил cheerless
ounil a. унил lonesome
ouninie n уние dejection
ounishtozhavam v.t. унищожавам annihilate
ounishtozhavam v.t. унищожавам destroy

ounishtozhavane n.
унищожаване consumption
ounishtozhenie n. унищожение
annihilation
ounishtozhenie n. унищожение
destruction
ounison n. унисон unison
ounivam v.i. унивам mope
ouniversalen a. универсален
universal
ouniversalnost n.
универсалност universality
ouniversitet n. университет
university
ounizhavam v.t. унижавам
abase
ounizhavam v.t. унижавам
humiliate
ounizhenie n. унижение
abasement
ounizhenie n. унижение
humiliation
ountsiya n. унция ounce
oupaduchen a. упадъчен
decadent
ouplaha n. уплаха fright
ouplaha n. уплаха scare
ouplashen a. уплашен afraid
ouplashvam v.t. уплашвам
daunt
ouplutnitel n. уплътнител
gasket
oupodobyavam v.t.
уподобявам liken
ouporit a. упорит obstinate
ouporit a. упорит persistent
ouporit a. упорит tenacious
ouporitost n. упоритост
tenacity
ouporstvam v.i. упорствувам
persist

ouporstvo n. упорство
obstinacy
ouporstvo n. упорство
persistence
oupotreba n. употреба usage
oupotrebyavam v.t.
употребявам use
oupotrebyavam nepravilno v.t.
употребявам неправилно
misuse
oupovanie n. упование reliance
oupravitel n. управител
governor
oupravitelen a. управителен
administrative
oupravitelen n. управител
administrator
oupravitelski a. управителски
managerial
oupravlenie n. управление
governance
oupravlenie n. управление
management
oupravlenie n. управление
ruling
oupravlyavam v.t. управлявам
govern
oupravlyavam v.t. управлявам
manage
oupravlyavam v.t. управлявам
steer
oupravlyavam zle n.
управлявам зле misrule
ouprazhnenie n. упражнение
exercise
ouprazhnenie n. упражнение
moot
ouprazhnyavam v.t.
упражнявам exercise
ouprek n. упрек reproach

ouprekvam *v.t.* упреквам
reproach
ouprekvam *v.t* упреквам
upbraid
oupulnomoshtavam *v.t.*
упълномощавам *authorize*
oupulnomoshtavam *v.t.*
упълномощавам *empower*
oura *interj.* ура *hurrah*
ouragan *n.* ураган *hurricane*
ouravnenie *n.* уравнение
equation
ouravnovesyavam *v.t.*
уравновесявам *balance*
ouravnovesyavam *v.t.*
уравновесявам *poise*
ouravnyavam *v.t.* уравнявам
equate
oured *n.* уред *appliance*
ourezhdam *v.t.* уреждам
arrange
ourezhdam *v.i.* уреждам *bag*
ourok *n.* урок *lesson*
ousamoteno myasto *n.*
усамотено място *snug*
ouseshtam *v.t.* усещам *sense*
ouseshtane *n.* усещане
sensation
oushen *a.* ушен *auriform*
oushna kal *n.* ушна кал
cerumen
ousilie *n.* усилие *effort*
ousilie *n.* усилие *endeavour*
ousilie *n.* усилие *struggle*
ousilvam *v.t.* усилвам *fortify*
ousilvam *v.t.* усилвам *intensify*
ouskorenie *n.* ускорение
acceleration
ouskoryavam *v.t.* ускорявам
accelerate

ouskoryavane *n.* ускоряване
antedate
ouslouga *n.* услуга *favour1*
ouslouzhliv *a.* услужлив
complaisant
ouslouzhlivost *n.* услужливост
complaisance
ouslouzhlivost *a.* услужливост
compliant
ousloven *a.* условен *conditional*
ouslovie *n.* условие *condition*
ouslovie *n.* условие *proviso*
ouslovno osuden *n.* условно
осъден *probationer*
ouslozhnenie *n.* усложнение
complication
ouslozhnyavam *v.t.*
усложнявам *complicate*
ousmihvam se *v.i.* усмихвам
се *smile*
ousmivka *n.* усмивка *smile*
ousoen *a.* усоен *dank*
ousoukan *a.* усукан *tortuous*
ouspeh *n.* успех *success*
ouspeshen *a.* успешен
successful
ouspokoitelen *adj.*
успокоителен *calmative*
ouspokoitelen *a.* успокоителен
sedative
ouspokoitelno *n.* успокоително
sedative
ouspokoyavam *v.t.* успокоявам
calm
ouspokoyavam *v.t.* успокоявам
ease
ouspokoyavam *v.t.* успокоявам
lull
ouspokoyavam *v.t.* успокоявам
pacify

ouspokoyavam v.t.
успокоявам *quiet*
ouspokoyavam v.t. успокоявам
soothe
ouspokoyavam v.t. успокоявам
tranquillize
ousporeden a. успореден
parallel
ousporednik n. успоредник
parallelogram
ousporednost n. успоредност
parallelism
ouspyavam v.i. успявам
succeed
ousta n. уста *mouth*
oustanoven sus zakon a.
установен със закон
statutory
oustanovyavam v.t.
установявам *ascertain*
oustanovyavam v.t.
установявам *establish*
ousten a. устен *oral*
ousten a. устен *verbal*
oustno adv. устно *orally*
oustno adv. устно *verbally*
oustoi n. устои *mainstay*
oustoyavam v.t. устоявам
endure
oustrem n. устрем *onrush*
oustroyvam piknik v.i.
устройвам пикник *picnic*
ousurdie n. усърдие *zeal*
ousuvurshenstvouvam v.t.
усъвършенствувам *perfect*
ousvoyavam v. усвоявам
assimilate
ousvoyavane n. усвояване
assimilation
outalozhvam v.t. уталожвам
quell

outayka n. утайка *sediment*
outeha n. утеха *comfort1*
outeha n. утеха *consolation*
outeha n. утеха *solace*
outeshavam v.t. утешавам
comfort
outeshavam v.t. утешавам
console
outeshavam v.t. утешавам
solace
outihvam v.t. утихвам *abate*
outihvam v.t. утихвам
moderate
outihvam v.i. утихвам *subside*
outihvane n. утихване
abatement
outilitaren a. утилитарен
utilitarian
outolyavam v.t. утолявам *slake*
outopia n. утопия *utopia*
outopichen a. утопичен *utopian*
outre n. утре *tomorrow*
outre adv. утре *tomorrow*
outrin n. утрин *morrow*
outro n. утро *morning*
outroba n. утроба *uterus*
outroben a. утробен *antenatal*
outroyavam v.t. утроявам *triple*
outroyavam v.t. утроявам
triplicate
outroyavane n. утрояване
triplication
outvurditelen a. утвърдителен
affirmative
ouvaghavam v.t. уважавам
honour
ouvazhavam v.t. уважавам
respect
ouvazhenie n уважение
deference

ouvazhenie *n.* уважение respect
ouvedomyavam *v.t.* уведомявам *apprise*
ouvekovechavam *v.t.* увековечавам *perpetuate*
ouvelichavam *v.t.* увеличавам *amplify*
ouvelichavam *v.t.* увеличавам *increase*
ouvelichavam *v.t.* увеличавам *magnify*
ouvelichavane *n.* увеличаване *amplification*
ouvelichenie *n.* увеличение *increase*
ouvelichitel *n.* увеличител *amplifier*
ouvenchavam *v.t.* увенчавам *garland*
ouveren *a.* уверен *confident*
ouverenost *n.* увереност *assurance*
ouverenost *n.* увереност *confidence*
ouvertyura *n.* увертюра *overture*
ouveryavam *v.t.* уверявам *assure*
ouveryavam *v.t.* уверявам *reassure*
ouveshtavam *v.t.* увещавам *admonish*
ouvi *interj.* уви *alas*
ouvisvam *v.i.* увисвам *loll*
ouvivam *v.t.* увивам *wrap*
ouvivam v savan *v.t.* увивам в саван *shroud*
ouvivno rastenie *n.* увивно растение *creeper*
ouvod *n.* увод *preliminary*

ouvolnenie *n.* уволнение *dismissal*
ouvolnyavam *v.t.* уволнявам *dismiss*
ouyazvim *a.* уязвим *vulnerable*
ouyuten *n.* уютен *cosier*
ouyuten *a.* уютен *cozy*
ouzhas *n.* ужас *horror*
ouzhas *n.* ужас *terror*
ouzhasen *a.* ужасен *awful*
ouzhasen *a.* ужасен *ghastly*
ouzhasen *a.* ужасен *horrible*
ouzhasen *a.* ужасен *terrible*
ouzhasyavam *v.t.* ужасявам *horrify*
ouzhasyavam *v.t.* ужасявам *terrify*
ouzhasyavasht *a.* ужасяващ *terrific*
ouzhilvane *n.* ужилване *sting*
ouzourpiram *v.t.* узурпирам *usurp*
ouzourpirane *n.* узурпиране *usurpation*
ouzryal *a.* узрял *mellow*
ouzryavam *v.i.* узрявам *mature*
ouzryavam *v.i.* узрявам *ripen*
ovalen *a.* овален *oval*
ovalen *n.* овал *oval*
ovatsiya *n.* овация *ovation*
ovdovyavam *v.t.* овдовявам *widow*
oven *n.* овен *aries*
oven *n.* овен *ram*
oves *n.* овес *oat*
ovesena kasha *n.* овесена каша *porridge*
ovivam *v.t.* овивам *muffle*
ovneshko *n.* овнешко месо *mutton*
ovod *n.* овод *gadfly*

ovoshtna gradina *n.* овощна градина *orchard*
ovtsa *n.* овца *ewe*
ovtsa *n.* овца *sheep*
ovurdraft *n.* овърдрафт *overdraft*
oydulzhavam *v.t.* удължавам *lengthen*
oypravlyaem *a.* управляем *manageable*
ozadachavam *v.t.* озадачавам *bewilder*
ozadachavam *v.t.* озадачавам *mystify*
ozadachavam *v.t.* озадачавам *puzzle*
ozaryavam *v.t.* озарявам *brighten*
ozbelvam se *v.i.* избелвам се *blaze*
ozhiven *a.* оживен *vivacious*
ozhivenost *n.* оживеност *vivacity*
ozhivlenie *n.* оживление *animation*
ozhivlenie *n.* оживление *uplift*
ozhivyavam *v.t.* оживявам *enliven*
ozhivyavam *v.t.* оживявам *vitalize*
oznachavam *v.i.* означавам *denote*
oznachavam *v.t.* означавам *mean*
oznachavam *v.t.* означавам *purport*

P

padam *v.i.* падам *fall*
padam ryazko *v.i.* падам рязко *slump*
padane *n.* падане *downfall*
padane *n.* падане *fall*
pagoda *n.* пагода *pagoda*
pagouben *a.* пагубен *baleful*
pagouben *a.* пагубен *maleficent*
paket *n.* пакет *pack*
paketirane *n.* пакетиране *package*
pakost *n.* пакост *mischief*
pakosten *a.* пакостен *mischievous*
pakt *n.* пакт *pact*
palankin *n.* паланкин *palanquin*
palatka *n.* палатка *tent*
palets *n.* палец *thumb*
palezh *n.* палеж *arson*
palitra *n.* палитра *palette*
palka *n.* палка *club*
palma *n.* палма *palm*
palouba *n.* палуба *deck*
palto *n.* палто *coat*
palto *n.* палто *jerkin*
palto *n.* палто *overcoat*
palya *v.t.* паля *fire*
pamet *n.* памет *memory*

pameten *a.* паметен *memorable*
pametnik *n.* паметник *memorial*
pametnik *n.* паметник *monument*
pamflet *n.* памфлет *brochure*
pamflet *n.* памфлет *lampoon*

pamflet *n.* памфлет *pamphlet*
pamfletist *n.* памфлетист *pamphleteer*
pamouk *n.* памук *cotton*
panair *n.* панаир *fair*
panatseya *n.* панацеа *panacea*
panegirik *n.* панегирик *panegyric*
panel *n.* панел *panel*
panika *n.* паника *panic*
panika *n.* паника *stampede*
panikyosvam *v.i.* паникьосвам *stampede*
panorama *n.* панорама *panorama*
pantaloni *n.* панталони *breeches*
pantaloni *n. pl.* панталони *trousers*
pantalonki *n. pl.* панталонки *shorts*
panteist *n.* пантеист *pantheist*
panteizum *n.* пантеизъм *pantheism*
pantera *n.* пантера *panther*
pantof *n.* пантоф *slipper*
pantomima *n.* пантомима *pantomime*
paoun *n.* паун *peacock*
paound *n.* паунд *pound*
paouza *n.* пауза *pause*
papa *n.* папа *pope*
papagal *n.* папагал *parrot*
papetichen *a.* патетичен *pathetic*
papski *a.* папски *papal*
papstvo *n.* папство *papacy*
para *n.* пара *steam*
parad *n.* парад *parade*
paradiram *v.t.* парадирам *parade*

paradiram *v.t.* парирам *parry*
paradoks *n.* парадокс *paradox*
paradoksalen *a.* парадоксален *paradoxical*
parafin *n.* парафин *paraffin*
parafiram *v.t.* парафирам *initial*
parafraza *n.* парафраза *paraphrase*
parafraziram *v.t.* парафразирам *paraphrase*
paragraf *n.* параграф *paragraph*
parahod *n.* параход *steamer*
paraklis *n.* параклис *chapel*
paralich *n.* паралич *palsy*
paralitichen *a.* паралитичен *paralytic*
paraliza *n.* парализа *paralysis*
paraliziram *v.t.* парализирам *paralyse*
parashout *n.* парашут *parachute*
parashoutist *n.* парашутист *parachutist*
paravan *n.* параван *screen*
parazit *n.* паразит *parasite*
parche *n.* парче *piece*
parche *n.* парче *scrap*
parche *n.* парче *slice*
parfyum *n.* парфюм *perfume*
parfyumiram *v.t.* парфюмирам *perfume*
parfyumiram *v.t.* парфюмирам *scent*
pari *n.* пари *money*
pari v broy *n.* пари в брой *cash*
parichen *a.* паричен *pecuniary*
pariram *v.t.* парирам *fend*
parirane *n.* париране *parry*
park *n.* парк *park*
parkiram *v.t.* паркирам *park*

parlament *n.* парламент *parliament*
parlamentaren *a.* парламентарен *parliamentary*
parlamentarist *n.* парламентарист *parliamentarian*
parodiram *v.t.* пародирам *parody*
parodiya *n.* пародия *parody*
parodiya *n.* пародия *skit*
paroobrazen *a.* парообразен *vaporous*
partida *n.* партида *batch*
partiya *n.* партия *party*
partizanin *n.* партизанин *guerilla*
partizanin *n.* партизанин *partisan*
partsal *n.* парцал *duster*
partsal *n.* парцал *rag*
partsel *n.* парцел *lot*
partsel *n.* парцел *parcel*
partsel *n.* парцел *plot*
parvenyu *n.* парвеню *upstart*
pasa *v.t.* паса *pasture*
pashkoul *n.* пашкул *pod*
pasishte *n.* пасище *pasture*
pasiven *a.* пасивен *passive*
pasport *n.* паспорт *passport*
pastel *n.* пастел *pastel*
pastir *n.* пастир *shepherd*
pastoralen *a.* пасторален *pastoral*
pat *n.* пат *stalemate*
patent *n.* патент *patent*
patentovam *v.t.* патентовам *patent*
pateritsa *n.* патерица *crutch*
patitsa *n.* патица *duck*

patlaszhan *n.* патладжан *brinjal*
patos *n.* патос *pathos*
patriot *n.* патриот *patriot*
patriotichen *a.* патриотичен *patriotic*
patriotizum *n.* патриотизъм *partiotism*
patron *n.* патрон *cartridge*
patron *n.* патрон *patron*
patronazh *n.* патронаж *patronage*
patroul *n.* патрул *patrol*
patrouliram *v.i.* патрулирам *patrol*
patsient *n.* пациент *patient*
pavian *n.* павиан *baboon*
pavilion *n.* павилион *pavilion*
paviram *v.t.* павирам *pave*
pay *n.* пай *quantum*
payak *n.* паяк *spider*
payazhina *n.* паяжина *cobweb*
payazhina *n.* паяжина *web*
pazach *n.* пазач *keeper*
pazach *n.* пазач *warden*
Pazar *n.* пазар *market*
pazarouvam *v.i.* пазарувам *shop*
pazarya se *v.t.* пазаря се *bargain*
pazarya se *v.i.* пазаря се *haggle*
pazya *v.i.* пазя *guard*
pazya *v.t.* пазя *keep*
pazya *v.t.* пазя *protect*
pazya dieta *v.i.* пазя диета *slim*
pazya svyato *v.t.* пазя свято *enshrine*
pchela *n.* пчела *bee*
pchelarstvo *n.* пчеларство *apiculture*
pchelin *n.* пчелин *apiary*

pdlagam v.t. предлагам offer
peavya kvadraten v.t. правя квадратен square
pechalba n. печалба gain
pechalba n. печалба lucre
pechalba n. печалба profit
pechalen a. печален grievous
pechalen a. печален lamentable
pechalen n. печален mournful
pechalen a. печален rueful
pechat n. печат print
pechat n. печат seal
pechat n. печат stamp
pechatam v.t. печатам print
pechatam v.t. печатам type
pechatna greshka n. печатна грешка misprint
pechelya v.t. печеля earn
pechelya v.t. печеля gain
pechelya v.t. печеля profit
pechelya v.t. печеля score
pechelya v.t. печеля win
pechelya obich v.t. печеля обич endear
pecheno a. печен roast
pecheno n. печено roast
pechka n. печка cooker
pechka n. печка stove
pedagog n. педагог pedagogue
pedagogika n. педагогика pedagogy
pedal n. педал pedal
pedant n. педант pedant
pedant n. педант stickler
pedantichen n. педантичен bookish
pedantichen n. педантичен pedantic
pedantichnost n. педантичност pedantry

pehota n. пехота infantry
peiodichen a. периодичен periodical
peka v.t. пека bake
peka v.t. пека roast
pekarna n пекарна bakery
pelin n. пелин wormwood
peni n. пени penny
penis n. пенис penis
pensioner n. пенсионер pensioner
pensiya n. пенсия pension
penya se v.t. пеня се foam
peon n. пеон peon
pepel n. пепел ash
peperouda n. пеперуда butterfly
pera v.t. пера launder
perachka n. перачка laundress
peralnya n. пералня laundry
percha se v.i. перча се strut
percha se v.i. перча се swagger
perchene n. перчене swagger
perde n. перде curtain
perforiram v.t. перфорирам perforate
periferiya n. периферия brim
periferiya n. периферия circumference
perifriya n. периферия periphery
perila n. перила raling
period n. период period
period n. период span
period n. период spell
periodichen a. периодичен alternate
periodichno izdanie n. периодично издание periodical
perka n. перка fin

perla *n.* перла *pearl*
permoutatsiya *n.* пермутация *permutation*
pero *n.* перо *feather*
perouka *n.* перука *wig*
perpendikoulyar *n.* перпендикуляр *perpendicular*
perpendikoulyaren *a.* перпендикулярен *perpendicular*
personal *n.* персонал *personnel*
personal *n.* персонал *staff*
personazh *n.* персонаж *personage*
personifikatsiya *n.* персонификация *personification*
personifitsiram *v.t.* персонифицирам *personify*
perspektiva *n.* перспектива *outlook*
perspektiva *n.* перспектива *perspective*
perspektiva *n.* перспектива *vista*
perspektivi *n.* перспективи *prospect*
perverziya *n.* перверзия *perversion*
perverznost *n.* перверзност *perversity*
pervezen *a.* перверзен *perverse*
pesen *n.* песен *chant*
pesen *n.* песен *song*
peshehodets *n.* пешеходец *pedestrian*
peshkom *adv.* пешком *afoot*
pesht *n.* пещ *furnace*
pesht *n.* пещ *kiln*

peshtera *n.* пещера *cave*
pesimist *n.* песимист *pessimist*
pesimistichen *a.* песимистичен *pessimistic*
pesimizum *n.* песимизъм *pessimism*
pesteliv *a.* пестелив *frugal*
pesteliv *a.* пестелив *thrifty*
pestelivost *n.* пестеливост *thrift*
pestitsd *n.* пестицид *pesticide*
pet *n.* пет *five*
peta *n.* пета *heel*
petdeset *n.* петдесет *fifty*
petel *n.* петел *cock*
petitsiya *n.* петиция *petition*
petle *n.* петле *bantam*
petnadeset *n.* петнадесет *fifteen*
petno *n.* петно *blot*
petno *n.* петно *mottle*
petno *n.* петно *smear*
petno *n.* петно *spot*
petno *n.* петно *stain*
petno *n.* петно *taint*
petougulnik *n.* петоъгълник *pentagon*
petrol *n.* петрол *oil*
petuk *n.* петък *Friday*
petuntse *n.* петънце *speck*
pevets *n.* певец *singer*
pevets *n.* певец *songster*
pevets *n.* певец *vocalist*
peya *v.i.* пея *sing*
peyka *n* пейка *bench*
peyzazh *n.* пейзаж *landscape*
peyzazh *n.* пейзаж *scenery*
pianist *n.* пианист *pianist*
piano *n.* пиано *piano*
pichur *n.* пичър *pitcher*

piedestal *n.* пиедестал *pedestal*
pigmey *n.* пигмей *pigmy*
pigmey *n.* пигмей *pygmy*
pihod *n.* приход *income*
pika *n.* пика *lance*
pikanten *a.* пикантен *piquant*
pikanten *a.* пикантен *spicy*
piknik *n.* пикник *picnic*
pikochen *a.* пикочен *urinary*
pila *n.* пила *file*
pile *n.* пиле *chicken*
pilgrim *n.* пилгрим *pilgrim*
pilot *n.* пилот *pilot*
pilotska kabina *n.* пилотска кабина *cock-pit*
pilya *v.t.* пиля *file*
pioner *n.* пионер *pioneer*
pioreya *n.* пиорея *pyorrhoea*
pipam *v.t.* пипам *finger*
piper *n.* пипер *pepper*
pipkav chovek *n.* пипкав човек *laggard*
pir *n.* пир *revel*
piramida *n.* пирамида *pyramid*
piratstvo *n.* пиратство *piracy*
piratstvo *n.* пират *pirate*
piratstvouvam *v.t.* пиратствувам *pirate*
pirouvam *v.i.* пирувам *feast*
piruvam *v.i.* пирувам *revel*
pisar *n.* писар *recorder*
pisatel *n.* писател *writer*
pisets *n.* писец *nib*
pisha *v.t.* пиша *pen*
pisha *v.t.* пиша *pencil*
pisha *v.t.* пиша *write*
pisha pamflet *v.t.* пиша памфлет *lampoon*
pisha stihove *v.t.* пиша стихове *versify*

pishtnost *n.* пищност *pomp*
pishtya *v.i.* пищя *scream*
pishtyal *n.* пищял *shin*
pishtyal *v.i.* пищя *shriek*
piskliv *a.* писклив *shrill*
pismo *n.* писмо *letter*
pisoukam *v.i.* писукам *cheep*
pisoukam *v.i.* писукам *squeak*
pistolet *n.* пистолет *pistol*
pisuk *n.* писък *scream*
pisuk *n.* писък *shriek*
pisuk *n.* писък *squeak*
pitam *v.t.* питам *ask*
pitam *v.t.* питам *question*
pitam se *v.t.* питам се *query*
pitatelen *a.* питателен *nutritive*
pitaya *v.t.* питая *foster*
pitie *n.* питие *drink*
piton *n.* питон *python*
pivivarna *n.* пивоварна *brewery*
piya *v.t.* пия *drink*
piyanitsa *n.* пияница *bibber*
piyanitsa *n.* пияница *drunkard*
piyanitsa *n.* пияница *rummy*
piyanstvam *v.i.* пиянствам *booze*
piyavitsa *n.* пиявица *leech*
piynal *a.* пийнал *tipsy*
pladne *n.* пладне *noon*
plakat *n.* плакат *poster*
plakna *v.t.* плакна *rinse*
plam *n.* плам *ardour*
plamenen *a.* пламенен *ardent*
plamnal *adv.* пламнал *ablaze*
plamnal *adv.* пламнал *aglow*
plamtyasht *adv.* пламтящ *aflame*
plamtyasht *a.* пламтящ *fiery*
plamuk *n.* пламък *blaze*
plamuk *n.* пламък *flame*
plamvam *v.i.* пламвам *flame*

plan *n.* план *plan*
planeta *n.* планета *planet*
planetaren *a.* планетарен *planetary*
planina *n.* планина *alp*
planina *n.* планина *mountain*
planinar *n.* планинар *mountaineer*
planinski *a.* планински *mountainous*
planiram *v.t.* планирам *plan*
planiram *v.i.* планирам *scheme*
plantatsiya *n.* плантация *plantation*
plasha *v.t.* плаша *scare*
plasha se *v.i.* плаша се *shy*
plashliv *a.* плашлив *timid*
plashlivost *n.* плашливост *timidity*
plashtam *v.t.* плащам *pay*
plashtam *v.t.* плащам *reimburse*
plashtam *v.t.* плащам *repay*
plashtane *n.* плащане *pay*
plashtane *n.* плащане *payment*
plashtane *n.* плащане *refund*
plashtane *n.* плащане *repayment*
plast *n.* пласт *ply*
plast *n.* пласт *stratum*
plastichen *a.* пластичен *sculptural*
plastinka *n.* пластинка *plate*
plat *n.* плат *cloth*
plat *n.* плат *jean*
platen *a.* палателен *palatal*
platezhosposoben *a.* платежоспособен *solvent*
platezhosposobnost *n.* платежоспособност *solvency*

platforma *n.* платформа *platform*
platforma *n.* платформа *scaffold*
platim *a.* платим *payable*
platno *n.* платно *canvas*
plato *n.* плато *plateau*
platonichen *a.* платоничен *platonic*
plavasht *adv.* плаващ *afloat*
plavasht pyasuk *n.* плаващ пясък *quicksand*
plavatelen *a.* плавателен *navigable*
plavatelnost *n.* плавателност *buoyancy*
plaven *a.* плавен *fluent*
plazh *n.* плаж *beach*
plebistsit *n.* плебисцит *plebiscite*
plediram *v.i.* пледирам *plead*
pleme *n.* племе *tribe*
plemenen *a.* племенен *tribal*
plemennik *n.* племенник *nephew*
plemennitsa *n.* племенница *niece*
plen *n.* плен *captivity*
plenen *a.* пленен *captive*
plennik *n.* пленник *captive*
plenyavam *v.t.* пленявам *captivate*
plesen *n.* песен *carol*
plesen *n.* плесен *mildew*
plesen *n.* плесен *mould*
plesenyasul *a.* плесенясъл *mouldy*
pleshiv *a.* плешив *bald*
plesnitsa *n.* плесница *smack*
plet *n.* плет *hedge*
pleta *v.t.* плета *knit*

plevel *n.* плевел *weed*
plevya *v.t.* плевя *weed*
plik *n.* плик *envelope*
plitchina *n.* плитчина *shoal*
plituk *a.* плитък *shallow*
plocha *n.* плоча *slab*
plocha *n.* плоча *slate*
plochka *n.* плочка *tile*
plod *n.* плод *fruit*
plodene *n.* плодене *propagation*
plodoroden *a.* плодороден *fertile*
plodorodie *n.* плодородие *fertility*
plodotvoren *a.* плодотворен *fruitful*
plodovit *a.* плодовит *prolific*
plodya se *v.t.* плодя се *propagate*
plonzh *n.* плонж *plunge*
plonzhiram *v.t.* плонжирам *plunge*
plosht *n.* площ *acreage*
ploskost *n.* плоскост *flat*
plosuk *a.* плосък *flat*
ploug *n.* плуг *plough*
plouvam *v.i.* плувам *swim*
plouvane *n.* плуване *swim*
plouvasht *a.* плуващ *natant*
plouvets *n.* плувец *swimmer*
pluh *n.* плъх *rat*
plut *n* плът *flesh*
pluzgam se *v.t.* плъзгам се *glide*
pluzgam se *v.i.* плъзгам се *skid*
pluzgam se *v.i.* плъзгам се *slide*
pluzgane *n.* плъзгане *slide*
plyachka *n.* плячка *booty*
plyachka *n.* плячка *loot*
plyachka *n.* плячка *prey*
plyachka *n.* плячка *spoil*
plyachkosvam *v.i.* плячкосвам *loot*
plyaskam *v.i.* пляскам *clap*
plyaskane *n.* пляскане *clap*
plyasvam *v.t.* плясвам *smack*
plyumazh *n.* плюмаж *aigrette*
plyunka *n.* плюнка *spit*
plyunka *n.* плюнка *spittle*
plyus *n.* плюс *plus*
plyushtene *n.* плющене *smack*
plyuvalnik *n.* плювалник *spittoon*
plyuya *v.i.* плюя *spit*
pnevmoniya пневмония *pneumonia*
po *prep.* по *per*
po neobhodimost *adv.* по необходимост *perforce*
po ranshen *a.* по-раншен *prior*
po skoro *adv.* по-скоро *rather*
po Tselziy *a.* по Целзий *centigrade*
pobeda *n.* победа *coup*
pobeda *n.* победа *victory*
pobeda *n.* победа *win*
pobeden *a.* победен *victorious*
pobeditel *n.* победител *victor*
pobeditel *n.* победител *winner*
pobelyavam *v.t.* побелявам *whiten*
pobezhdavam *v.t.* побеждавам *defeat*
pobezhdavam *v.t.* побеждавам *overpower*
poboynik *n.* побойник *bully*
pocherpka *n.* почерпка *treat*
pochervenyavam *v.t.* почервенявам *redden*
pocheten *a.* почетен *honorary*

pochit n. почит *esteem*
pochit n. почит *homage*
pochit n. почит *veneration*
pochit n. почит *worship*
pochitam v.t. почитам *esteem*
pochitam v.t. почитам *revere*
pochitam v.t. почитам *venerate*
pochitam v.t. почитам *worship*
pochitan a. почитан *venerable*
pochivam v.i. почивам *repose*
pochivam v.i. почивам *rest*
pochivka n. почивка *break*
pochivka n. почивка *repose*
pochivka n. почивка *rest*
pochten a. почтен *honourable*
pochti adv. почти *almost*
pochti adv. почти *nearly*
pochtitelen a. почтителен *respectful*
pochtitelen a. почтителен *reverent*
pochtitelen a. почтителен *reverential*
pochva n. почва *soil*
pod prep. под *below*
pod prep. под *beneath*
pod n. под *floor*
pod prep. под *under*
pod prep. под *underneath*
pod chehul a. под чехъл *henpecked*
podagra n. подагра *gout*
podaruk n. подарък *gratuity*
podaruk n. подарък *present*
podavam v.t. подавам *hand*
podavam v.t. подавам *pitch*
podavam v.t. подавам *submit*
podavane n. подаване *pitch*
podavane n. подаване *serve*
podavane n. подаване *submission*

podayanie n. подаяние *alms*
podayanie n. подаяние *pittance*
podbiram v.t. подбирам *draft*
podbiram v.i. подбирам *match*
podbor n. подбор *selection*
podbouda n. подбуда *incentive*
podbouzhdam v.t. подбуждам *foment*
podbouzhdam v.t. подбуждам *incite*
podbran a. подбран *select*
podchertavam v.t. подчертавам *underline*
podchinen n. подчинен *dependant*
podchinen a. подчинен *dependent*
podchinen a. подчинен *subject*
podchinen a. подчинен *subordinate*
podchinen n подчинен *subordinate*
podchinenie n. подчинение *obedience*
podchinenie n. подчинение *subordination*
podchinyavam v.t. подчинявам *subject*
podchinyavam v.t. подчинявам *subordinate*
podchinyavam se v.t. подчинявам се *obey*
podchinyavane n. подчиняване *subjection*
poddavam se v.i. поддавам се *succumb*
poddruzhka n. поддръжка *maintenance*
poddurzham v.t. поддържам *maintain*

poddurzham v.t поддържам uphold
poddurzhane n. поддържане upkeep
podgotovka n. подготовка preparation
podgotvitelen a. подготвителен preparatory
podgotvyam v.t. подготвям groom
podgotvyam v.t. подготвям prepare
podhluzvam se v.i. подхлъзвам се slip
podhluzvane n. подхлъзване slip
podhod n. подход approach
podhodyasht a. подходящ appropriate
podhodyasht a. подходящ suitable
podhozhdam v.t. подхождам suit
podhozhdasht a. подхождащ apposite
podhvashtam v.t. подхващам tackle
podigravam v.i. подигравам mock
podigravam se v.i. подигравам се gibe
podigravam se v.i. подигравам се jeer
podigravam se v.i. подигравам се scoff
podigravam se v.t. подигравам се taunt
podigravatelna ousmivka n. подигравателна усмивка sneer
podigravka n. подигравка gibe

podigravka n. подигравка mockery
podigravka n. подигравка scoff
podigravka n. подигравка taunt
podioum n. подиум dais
podkiselyavam v. подкиселявам acetify
podklazhdam v.t. подклаждам stoke
podkopavam v.t. подкопавам undermine
podkoup n. подкуп bribe
podkoupvam v. t. подкупвам bribe
podkrepa n. подкрепа support
podkrepyam v.t. подкрепям second
podkrepyam v.t. подкрепям support
podlagam v.t. подлагам cushion
podlezhasht na osvobozhdavane a. подлежащ на освобождаване bailable
podlizourko n. подлизурко sycophant
podlizourstvo n. подлизурство sycophancy
podloga n. подлога urinal
podloudyavam v.t. подлудявам dement
podlugvam v.t. подлъгвам beguile
podluzhichna oblast n. подлъжична област anticardium
podmazvasht se a. подмазващ се silken
podmetka n. подметка sole
podmladyavam v.t. подмладявам rejuvenate

podmladyavane n.
подмладяване *rejuvenation*
podmyatam v.t. подмятам
intimate
podmyatane n. подмятане
intimation
podnos n. поднос *tray*
podnovyavam v.t. подновявам
renew
podnovyavane n. подновяване
renewal
podnovyavane v.t. подновявам
resume
podnovyavane n. подновяване
resumption
podobavasht a. подобаващ
becoming
podobavasht a. подобаващ
meet
podoben a. подобен *alike*
podoben a. подобен *like*
podoben n подобен *match*
podoben a. подобен *similar*
podoben a. подобен *such*
podobie n. подобие *similitude*
podobno adv. подобно *alike*
podobno adv. подобно *likewise*
po-dobre adv. по-добре *better*
podobrenie n. подобрение
amelioration
podobrenie n подобрение
betterment
podobrenie n. подобрение
improvement
podobryavam v.t. подобрявам
ameliorate
podobryavam v.t. подобрявам
better
podobryavam v.t. подобрявам
improve

podobryavam v.t. подобрявам
meliorate
podobryavam v.t. подобрявам
remedy
po-dobur a. по-добър *better*
podoushvam v.t. подушвам
wind
podoziram v.t. подозирам
mistrust
podoziram v.t. подозирам
suspect
podozrenie n. подозрение
suspicion
podozritelen a. подозрителен
suspect
podozritelen a. подозрителен
suspicious
podpiram v.t. подпирам *prop*
podpis n. подпис *signature*
podpisvam se v.t. подписвам
се *endorse*
podpisvam se v.t. подписвам
се *sign*
podpisvasht n. подписващ
signatory
podplashvane n. подплашване
shy
podplata n. подплата *lining*
podpomagam v.t. подпомагам
assist
podpomagane n. подпомагане
assistance
podpora n. подпора *corbel*
podpora n. подпора *prop*
podpravka n. подправка *spice*
podpravyam v.t. подправям
forge
podpravyam v.t. подправям
spice
podpravyam v.i. подправям
tamper

podravnyavam v.t.
  подравнявам *align*
podravnyavam v. подравнявам
  aline
podravyavane n. подравняване
  alignment
podrazbirane n. подразбиране
  inference
podrazbirasht se a.
  подразбиращ се *tacit*
podrazhavam v.t. подражавам
  на *mimic*
podreden a. подреден *tidy*
podreden a. подреден *trim*
podredenost n. подреденост
  tidiness
podrezhdam v.t. подреждам
  tidy
podrezhdam v.t. подреждам
  trim
podriven a. подривен
  subversive
podrobnost n. подробност
  detail
podrobnost n. подробност
  particular
podsilvam v.t. подсилвам
  strengthen
podskacham v.i. подскачам *hop*
podskacham v.i. подскачам
  scamper
podslazhdam v.t. подслаждам
  sugar
podslazhdam v.t. подслаждам
  sweeten
podslon n. подслон *refuge*
podslon n. подслон *shelter*
podslonyavam v.t.
  подслонявам *house*
podslonyavam v.t.
  подслонявам *lodge*

podslonyavam v.t.
  подслонявам *shelter*
podsmihvam se v.i.
  подсмихвам се *chuckle*
podsmurcham v.i. подсмърчам
  sniff
podsmurchane n. подсмърчане
  sniff
podstrekatelstvo n.
  подстрекателство *abetment*
podstrekatelstvo n.
  подстрекателство *instigation*
podstrekavam v.t.
  подстрекавам *abet*
podstrekavam v.t.
  подстрекавам *instigate*
podsuden a. подсъден
  amenable
podsudim n. подсъдим
  defendant
podtik n. подтик *goad*
podtik n. подтик *urge*
podtikvam v.t. подтиквам *goad*
podtikvam v.t. подтиквам
  prompt
podtikvam v.t подтиквам *urge*
podtikvasht a. подтикващ
  suggestive
podvig n. подвиг *exploit*
podvig n. подвиг *feat*
podvizhen a. подвижен *agile*
podvizhen n. подвижен *limber*
podvizhnost n. подвижност
  agility
podvoden a. подводен
  submarine
podvodnitsa n. подводница
  submarine
podzemen a. подземен
  subterranean
poema n. поема *poem*

poet *n.* поет *poet*
poetesa *n.* поетеса *poetess*
poetichen *a.* поетичен *poetic*
poetika *n.* поетика *poetics*
poeziya *n.* поезия *poesy*
poeziya *n.* поезия *poetry*
pogled *n* поглед *gaze*
pogled *n.* поглед *glance*
pogled *n* поглед *look*
pogled *n.* поглед *stare*
pogled nazad *n.* поглед назад *retrospect*
poglezhdam *v.i.* поглеждам *glance*
poglushtam *v.t.* поглъщам *devour*
poglushtam *v.t.* поглъщам *engulf*
pogoubvam *v.t.* погубвам *decimate*
pogovorka *n.* поговорка *adage*
pogovorka *n.* поговорка *dictum*
pogrebalen *n.* погребален *mortuary*
pogrebenie *n.* погребение *funeral*
pogrebenie *n.* погребение *sepulture*
pogrebeniye *n.* погребение *burial*
pogrebvam *v.t.* погребвам *bury*
pogreshna smetka *n.* погрешна сметка *miscalculation*
pogreshno *adv.* погрешно *amiss*
pogreshno izpolsvane *n.* погрешно използване *misapplication*
pogreshno otpechatvam *v.t.* погрешно отпечатвам *misprint*
pogreshno postavyam *v.t.* погрешно поставям *misplace*
pogreshno razbiram *v.t.* погрешно разбирам *misunderstand*
pogreshno tulkouvane *v.t.* погрешно тълкувам *misconstrue*
pohapvane *n.* похапване *snack*
pohishtavam *v.t.* похищавам *abduct*
pohishtenie *n.* похищение *abduction*
pohod *n.* поход *march*
pohodka *n.* походка *gait*
pohodka *n.* походка *stalk*
pohotliv *a.* похотлив *lascivious*
pohotliv *a.* похотлив *lewd*
pohotliv *n.* похотлив *lust*
pohotliv *a.* похотлив *lustful*
pohvala *n.* похвала *boast*
pohvala *n.* похвала *commendation*
pohvala *n.* похвала *laud*
pohvala *n.* похвала *praise*
pohvalen *a.* похвален *commendable*
pohvalen *a.* похвален *creditable*
pohvalen *a.* похвален *laudable*
pohvalen *a.* похвален *meritorious*
pohvalen *a.* похвален *praiseworthy*
pokana *v.* покана *invitation*
pokazalets *n.* показалец *forefinger*
pokazaniya *n.* показания *testimony*

pokazatelen *a.* показателен *indicative*
pokazvam *v.t.* показвам *display*
pokazvam *v.t.* показвам *exhibit*
pokazvam *v.t.* показвам *manifest*
pokazvam *v.t.* показвам *show*
poklanyam se *v.t.* покланям се *bow*
poklashtam se *v.i.* поклащам се *wag*
poklon *n.* поклон *bow*
poklonnichestvo *n.* поклонничество *pilgrimage*
poklonnik *n.* поклонник *devotee*
poklonnik *n.* поклонник *gallant*
pokolenie *n.* поколение *generation*
pokolenie *n.* поклонение *monolatry*
pokoren *a.* покорен *obedient*
pokoupka *n.* покупка *purchase*
pokoy *n.* покой *ease*
pokray *adv.* покрай *along*
pokray *prep.* покрай *past*
pokraynini *n.pl.* покрайнини *outskirts*
pokrit s vosuk *a.* покрит с восък *cerated*
pokritie *n.* покритие *coating*
pokriv *n.* покрив *roof*
pokrivalo *n.* покривало *wimple*
pokrivam *v.t.* покривам *cap*
pokrivam *v.t.* покривам *cover*
pokrivam *v.t.* покривам *roof*
pokrivam *v.t.* покривам *sheet*
pokrivam *v.t.* покривам с *encase*
pokrivam s plochki *v.t.* покривам с плочки *tile*

pokrivam sus sazhdi *v.t.* покривам със сажди *soot*
pokrivam sus slama *v.t.* покривам със слама *thatch*
pokrovitelstvouvam *v.t.* покровителствувам *patronize*
pokvaren *a.* покварен *corrupt*
pokvaryavam *v.t.* покварявам *corrupt*
pola *n.* пола *skirt*
pole *n.* поле *field*
pole *n.* поле *lea*
pole *n.* поле *plain*
polegat *a.* полегат *declivous*
polegat *a.* полегат *oblique*
polen *n.* полен *pollen*
polet *n.* полет *flight*
polezen *a.* полезен *helpful*
polezen *a.* полезен *serviceable*
polezen *a.* полезен *useful*
polezen sum *v.t.* полезен съм *avail*
polichba *n.* поличба *auspice*
polichba *n.* поличба *omen*
poligamen *a.* полигамен *polygamous*
poligamiya *n.* полигамия *polygamy*
poliglot *n.* полиглот *polyglot1*
poliram *n.* полирам *buff*
poliram *v.t.* полирам *polish*
polirovka *n.* полировка *polish*

politehnika *a.* политехнически *polytechnic*
politehnika *n.* политехника *polytechnic*
politeist *n.* политеист *polytheist*
politeistichen *a.* политеистичен *polytheistic*

politeizum n. политеизъм polytheism
politicheski a. политически political
politika n. политика policy
politika n. политика politician
politika n. политика politics
politsay n. полицай constable
politsay n. полицай policeman
politseyski chas n. полицейски час curfew
politsiya n. полиция police
polk n. полк regiment
polkovnik n. полковник colonel
polo n. поло polo
polouchatel n. получател addressee
polouchatel n. получател payee
polouchatel n. получател receiver
polouchatel n. получател recipient
polouchavam v.t. получавам receive
polouchavam dohod v.t. получавам доход net
polouchavane n. получаване receipt
polouchavane n. получаване reception
poloukulbo n. полукълбо hemisphere
poloumrak n. полумрак twilight
polounosht n. полунощ midnight
polouton n. полутон undertone
polovina n. половина half
polovina a. половин half
polozhenie n. положение plight

polozhitelen a. положителен positive
poluh n. полъх puff
poluh n полъх waft
poluh n. полъх whiff
poluh n. полъх zephyr
polyana n. поляна green
polyaren n. полярен polar
polyarna zvezda n. полярна звезда loadstar
polyus n. полюс pole
polza n. полза benefit
polza n. полза sake
polza n. полза use
polza n. полза utility
pomagam v.t. помагам aid
pomagam v.t. помагам help
pomagam v.t. помагам succour
po-malko n. по-малко less
po-malko adv. по-малко less
po-maluk a. по-малък less
po-maluk a. по-малък lesser
po-maluk a. по-малък minor
pomirenie n. помирение reconciliation
pomiryavam v.t. помирявам reconcile
pomiyna yama n. помийна яма cesspool
pomosht n. помощ aid
pomosht n. помощ help
pomosht n. помощ succour
pomoshten a. помощен auxiliary
pomoshtnik n. помощник auxiliary
pompa n. помпа pump
pompam v.t. помпам pump
pompozen a. помпозен pompous

pompoznost *n.* помпозност
pomposity
pomrachavam *v.t.* помрачавам
mar
pomuten *a.* помътен *lacklustre*
pomyatam *v.i.* помятам *abort*
pomyatam *v.i.* помятам
miscarry
pomyatane *n.* помятане
abortion
pomyatane *n.* помятане
miscarriage
ponastoyashtem *adv.*
понастоящем *presently*
ponasyam *v.t.* понасям *bear*
ponasyam *v.t.* понасям *suffer*
po-natatuk *adv.* по-нататък
further
po-natatushen *a.* по-нататъшен
further
ponedelnik *n.* понеделник
Monday
poni *n.* пони *pony*
ponizhavam *v.t.* понижавам
debase
ponizhavam *v.t.* понижавам
degrade
ponizhenie *n.* понижение
decrease
ponosim *a.* поносим *endurable*
ponyakoga *adv.* понякога
occasionally
ponyakoga *adv.* понякога
sometimes
ponyaten *a.* понятен *intelligible*
ponyatie *n.* понятие *notion*
poouchitelen *a.* поучителен
didactic
popechitel *n.* попечител
custodian
popechitel *n.* попечител *trustee*

popechitelstvo *v.*
попечителство *custody*
popivam *v.t* попивам *absorb*
poplin *n.* поплин *poplin*
popoulyaren *a.* популярен
popular
popoulyariziram *v.t.*
популяризирам *popularize*
popoulyarnost *n.* популярност
popularity
popravim *a.* поправим
reparable
popravka *n.* поправка *correction*
popravka *n.* поправка *repair*
popravyam *v.t.* поправям
correct
popravyam *v.t.* поправям *mend*
popravyam *v.t.* поправям
redress
popravyam *v.t.* поправям *repair*
popravyam put *v.t.* проправям
път *pioneer*
popravyane *n.* поправяне
redress
populvam *v.t.* попълвам
replenish
pora *n.* пора *pore*
porazhdam *v.t.* пораждам *beget*
porazhenie *n.* поражение *defeat*
porazhenie *n.* поражение
overthrow
porazyavam *v.i.* поразявам
blast
porazyavam *v.t.* поразявам
plague
poreditsa *n.* поредица
sequence
poreditsa *n.* поредица *series*
poritsanie *n.* порицание
censure

poritsanie *n.* порицание reprimand
poritsavam *v.t.* порицавам censure
poritsavam *v.t.* порицавам reprimand
poriv *n.* порив blast
poriv *n.* порив gust
porobvam *v.t.* поробвам enslave
porobvam *v.t.* поробвам subjugate
porobvane *n.* поробване subjugation
porochen *a.* порочен vicious
poroda *n.* порода breed
poroen *a.* пороен torrential
porok *n.* порок vice
poroy *n.* порой downpour
poroy *n.* порой torrent
portal *n.* портал portal
portfeyl *n.* портфейл wallet
portfolio *n.* портфолио portfolio
portik *n.* портик portico
portmone *n.* портмоне purse
portokal *n.* портокал orange
portret *n.* портрет portrait
portselan *n.* порцелан bisque
portselan *n.* порцелан china
portselan *n.* порцелан porcelain
poruchitel *n.* поръчител voucher
poruchitelstvo *n.* поръчителство bail
poruchka *n.* поръчка commission
poruchka *n.* поръчка errand
porusvam *v.t.* поръсвам powder

porusvam *v.t.* поръсвам sprinkle
poryaduk *n.* порядък trim
poseshtavam *v.t.* посещавам visit
poseshtenie *n.* посещение visit
posetitel *n.* посетител caller
posetitel *n.* посетител visitor
posev *n.* посев crop
poshta *n.* поща mail
poshta *n.* поща post
poshta *n.* поща post-office
poshtalyon *n.* пощальон postman
poshtenski *a.* пощенски postal
poshtenski nachalnik *n.* пощенски началник postmaster
poshtenski raznoski *n.* пощенски разноски postage
posipvam *v.t.* посипвам pepper
poskane v hod *n.* пускане в ход launch
poslanie *n.* послание missive
poslanik *n.* посланик ambassador
posle *adv.* после afterwards
posle *adv.* после next
posleden *a.* последен final
posleden *a.* последен last1
posleden *n.* последен last
posleditsa *n.* последица upshot
posledna douma *n.* последна дума say
posledovatel *n.* последовател follower
posledovatelen *a.* последователен consecutive
posledovatelen *a.* последователен consequent

posledovatelno *adv.* последователно *consecutively*
posledstvie *n.* последствие *consequence*
posledvasht *a.* последващ *subsequent*
posloushen *a.* послушен *dutiful*
posloushnik *n.* послушник *novice*
poslovichen *a.* пословичен *proverbial*
poslovitsa *n.* пословица *proverb*
posmurten *a.* посмъртен *posthumous*
posoka *n.* посока *destination*
posoka *n.* посока *direction*
posolstvo *n.* посолство *embassy*
posrebryavam *v.t.* посребрявам *silver*
posred *prep.* посред *amid*
posrednicha *v.i.* посреднича *mediate*
posrednicha *v.t.* посреднича *umpire*
posrednichestvo *n.* посредничество *mediation*
posrednik *n.* посредник *broker*
posrednik *n.* посредник *intermediary*
posrednik *n.* посредник *mediator*
posrednik *n.* посредник *middleman*
posrednik *n.* посредник *negotiator*
posredstven *a.* посредствен *mediocre*
posredstvenost *n.* посредственост *mediocrity*
post *n.* пост *post*
postanovyavam *v.i.* постановявам *decree*
postanovyavam *v.t.* постановявам *enact*
postavyam *v.t.* поставям *lay*
postavyam *v.t.* поставям *place*
postavyam *v.t.* поставям *set*
postavyam *v.t.* поставям *station*
postavyam *v.t.* поставям *table*
postavyam na stsena *v.t.* поставям на сцена *stage*
postavyam relsi *v.t.* поставям релси *rail*
postavyam v shtepsel *v.t.* поставям в щепсел *plug*
postavyam v yama *v.t.* поставям в яма *pit*
postdatiram *v.t.* постдатирам *post-date*
postene *n.* постене *fast*
postepenen *a.* постепенен *gradual*
postigam *v.t.* постигам *achieve*
postizhenie *n.* постижение *accomplishment*
postizhenie *n.* постижение *achievement*
postkriptoum *n.* постскриптум *postscript*
postoyanen *a.* постоянен *consistent*
postoyanen *a.* постоянен *constant*
postoyanen *a.* постоянен *permanent*
postoyanstvo *n.* постоянство *perseverance*

postoyanstvouvam *v.i.* постоянствувам *persevere*
postroyavam *v.t.* построявам *construct*
postupka *n.* постъпка *act*
postupka *n.* постъпка *proceeding*
postupleniya *n.* постъпления *proceeds*
postupvam *v.i.* постъпвам *behave*
postya *v.i.* постя *fast*
posveshtavam *v.t.* посвещавам *dedicate*
posveshtavam *v.t.* посвещавам *devote*
posveshtenie *n.* посвещение *dedication*
potaen *a.* потаен *secretive*
potaen *a.* потаен *underhand*
potapyam se *v.i.* потапям се *submerge*
potapyane *n.* потапяне *dip*
potapyane *n.* потапяне *immersion*
potash *n.* поташ *potash*
poteklo *n.* потекло *ancestry*
poteklo *n.* потекло *lineage*
poteklo *n.* потекло *parentage*
potene *n.* потене *perspiration*
potenten *a.* потентен *potent*
potentsial *n.* потенциал *potential*
potentsialen *a.* потенциален *potential*
potentsialnost *n.* потенциалност *pontentiality*
potiskam *v.t.* потискам *depress*
potiskam *v.t.* потискам *oppress*
potiskam *v.t.* потискам *quench*

potiskasht *a.* потискащ *oppressive*
potisnat *adj.* потиснат *melancholy*
potisnatost *n.* потиснатост *melancholy*
potisnichestvo *n.* потисничество *oppression*
potisnik *n.* потисник *oppressor*
potoche *n.* поточе *rivulet*
potoche *n.* поточе *streamlet*
potok *n.* поток *creek*
potok *n.* поток *flow*
potok *n.* поток *stream*
potomstvo *n.* потомство *offspring*
potomstvo *n.* потомство *posterity*
potomstvo *n.* потомство *progeny*
potomuk *n.* потомък *descendant*
potopyavam *v.t.* потопявам *immerse*
potoulvane *n.* потулване *cover*
potoupvam *v.t.* потупвам *pat*
potoupvane *n.* потупване *pat*
potoushavam *v.t.* потушавам *smother*
potreben *a.* потребен *needful*
potresen *a.* потресен *aghast*
potrupvane *n.* потръпване *shudder*
potumnyavam *v.i.* потъмнявам *darkle*
potupkvam *v.t.* потъпквам *suppress*
potupkvane *n.* потъпкване *suppression*
potuvam *v.i.* потъвам *sink*

potuvam v tinya *v.t.* потъвам в тиня *mire*
potvarzhdavam *v.t.* потвърждавам *validate*
potvarzhdavam *v.t.* потвърждавам *verify*
potvarzhdenie *n.* потвърждение *verification*
potvurzhdavam *v.t.* потвърждавам *certify*
potvurzhdavam *v.t.* потвърждавам *confirm*
potvurzhdavam *v.t.* потвърждавам *corroborate*
potvurzhdenie *n.* потвърждение *confirmation*
potya se *v.i.* потя се *perspire*
potya se *v.i.* потя се *sweat*
poubertet *n.* пубертет *puberty*
poublichen *a.* публичен *public*
poublichnost *n.* публичност *publicity*
poublika *n.* публика *audience*
poublikouvam *v.t.* публикувам *publish*
poublikouvane *n.* публикуване *publication*
pouchavane *n.* поучаване *admonition*
pouding *n.* пудинг *pudding*
pouhtya *v.i.* пухтя *puff*
poukam *v.i.* пукам *pop*

pouknatina *n.* пукнатина *crack*
poukot *n.* пукот *pop*
poukvam *v.t.* пуквам *brustle*
poukvam se *v.i.* пуквам се *crack*
poulover *n.* пуловер *pullover*
poulover *n.* пуловер *sweater*
poulpa *n.* пулпа *pulp*
pouls *n.* пулс *pulse*

poulsiram *v.i.* пулсирам *palpitate*
poulsiram *v.i.* пулсирам *pulse*
poulsirane *n.* пулсиране *palpitation*
poulsirane *n.* пулсиране *pulsation*
poumpal *n.* пумпал *whirligig*
pounktiram *v.t.* пунктирам *dot*
pounktouatsiya *n.* пунктуация *punctuation*
pounktouiram *v.t.* пунктуирам *punctuate*
poura *n.* пура *cheroot*
poura *n.* пура *cigar*
pourgativ *n.* пургатив *purgative*
pourist *n.* пурист *purist*
pouritan *n.* пуритан *puritan*
pouritanski *a.* пуритански *puritanical*
pourpour *n.* пурпур *purple*
pourpouren *n.* пурпурен *crimson*
pousha *v.i.* пуша *smoke*
poushek *n.* пушек *smoke*
poushesht *a.* пушещ *smoky*
poushka *n.* пушка *gun*
poushka *n.* пушка *rifle*
pouskam para *v.i.* пускам пара *steam*
pouskam slouh *v.t.* пускам слух *rumour*
pouskam v hod *v.t.* пускам в ход *launch*
poustinya *n.* пустиня *desert*
poustosh *n.* пустош *barren*
poustosh *n.* пустош *wilderness*
pouyka *n.* пуйка *turkey*
povalen *a.* повален *prostrate*
povalyam *v.t* повалям *fell*

povalyam v.t. повалям
  overthrow
povalyam v.t. повалям
  prostrate
povalyane n. поваляне
  prostration
povdiam lost v.t. повдигам с
  лост lever
povdigam v.t. повдигам elevate
povdigam v.i. повдигам heave
povdigam v.t. повдигам lift
poveche a. повече more
poveche adv. повече more
povedenie n. поведение
  behaviour
povelitel n. повелител arbiter
poverenik n. повереник ward
poveritelen a. поверителен
  confidential
poveryavam v.t. поверявам
  consign
poveryavam v.t. поверявам
  entrust
poveryavane n. поверяване
  consignment
povest n. повест novelette
povikvam v.t. повиквам beckon
povikvane n. повикване beck
povliyavam v.t. повлиявам bias
povod n. повод rein
povreda n. повреда breakdown
povreda n. повреда damage
povrezhdam v.t. повреждам
  damage
povrushtam v.t. повръщам
  vomit
povrushtano n. повръщано
  vomit
povtaryam v.i. повтарям recur
povtaryam v.t. повтарям
  reiterate

povtaryam v.t. повтарям repeat
povtaryane n. повтаряне
  recurrence
povtaryane n. повтаряне
  reiteration
povtaryasht se a. повтарящ се
  recurrent
povtorenie n. повторение
  repetition
povtorno izdanie n. повторно
  изпадане relapse
povurhnost n. повърхност
  surface
povurhnosten a. повърхностен
  outward
povurhnosten a. повърхностен
  superficial
povurhnostnost n.
  повърхностност superficiality
po-vuzrasten a. по-възрастен
  elder
po-vuzrastniyat n. по-
  възрастният elder
poyas n. пояс girdle
poyas n. пояс waistband
poyavyavam se v.i. появявам
  се appear
poyavyavam se v.i. появявам
  се emerge
poyna ptitsa n. пойна птица
  warbler
poza n. поза pose
pozdrav n. поздрав salutation
pozdrav n. поздрав salute
pozdravlene n. поздравление
  congratulation
pozdravlyavam v.t.
  поздравявам felicitate
pozdravyavam v.t.
  поздравявам congratulate
poziram v.i. позирам pose

pozitsioniram v.t. позиционирам position
pozitsiya n. позиция position
pozitsiya n. позиция standing
poziv n. позив handbill
pozlata n. позлата gilt
pozlatyavam v.t. позлатявам gild
poznanstvo n. познанство acquaintance
poznat a. познат familiar
poznavach n. познавач adept
pozor n. позор infamy
pozoren a. позорен infamous
pozorya v. позоря asperse
pozvolenie n. позволение leave
pozvolenie n. позволение permission
pozvolyavam v.t. позволявам allow
pozvolyavam v.t. позволявам permit
pozvolyavam si v.t. позволявам си afford
pradyado n. прадядо forefather
prag n. праг threshold
pragmatichen a. прагматичен pragmatic
pragmatizum n. прагматизъм pragmatism
prah n. прах dust
prah n. прах powder
prahosnik n. прахосник spendthrift
prahosvam v.t. прахосвам lavish
prahosvam v.t. прахосвам squander
prahosvam v.t. прахосвам waste
prahosvane n. прахосване waste
praistoricheski a. праисторически prehistoric
praktichen a. практичен practical
praktika n. практика practice
praktikouvam v.t. практикувам practise
praktikouvam v.t. практикувам profess
praktikouvasht lekar n. практикуващ лекар practitioner
praroditel n. прародител ancestor
praroditelski a. прародителски ancestral
prase n. прасе pig
prashinka n. прашинка mote
prashka n. прашка sling
prashta v.i. праща sizzle
prashtam na zatochenie v.t. пращам на заточение ostracize
prashtam pismo v.t. пращам писмо post
prashtene n. пращене sizzle
prashtya n. праща bray
prashtya v.i. праща bray
prashtya v.t. праща crackle
praskova n. праскова peach
prastar a. прастар primeval
pratenik n. пратеник herald
pratenik n. пратеник messenger
pratka n. пратка packet
pratka n. пратка shipment
prav a. прав straight
prav a. прав upright
pravdiv a. правдив truthful

pravdivost *n.* правдивост
veracity
pravdopodoben *a.*
правдоподобен *credible*
pravdopodobnost *n.*
правдоподобност
verisimilitude
praveden *a.* праведен
righteous
pravilen *a* правилен *correct*
pravilen *a.* правилен *proper*
pravilen *a.* правилен *right*
pravilno *adv.* правилно *aright*
pravitelstvo *n.* правителство
government
pravo *n.* право *right*
pravo *adv.* право *straight*
pravonaroushenie *n.*
правонарушение *trespass*
pravopriemnik *n.*
правоприемник *assignee*
pravorazdavane *n.*
правораздаване *judicature*
pravougulen *a.* правоъгълен
rectangular
pravougulnik *n.* правоъгълник
rectangle
pravozudie *n.* правосъдие
justice
pravya *v.t.* правя *do*
pravya *v.t.* правя *make*
pravya gaqrgara *v.i.* правя
гаргара *gargle*
pravya karta *v.t.* правя карта
map
pravya kloup *v.t.* правя клуп
noose
pravya kompliment *v.t.* правя
комплимент *compliment*
pravya kompromis *v.t.* правя
компромис *compromise*

pravya nesposoben *v.t.* правя
неспособен *disable*
pravya otvara *v.t.* правя отвара
concoct
pravya salto *v.i.* правя салто
somersault
pravya zhleb *v.t.* правя жлеб
groove
praz louk *n.* праз лук *leek*
prazen *a.* празен *blank*
prazen *a.* празен *empty*
prazen *a.* празен *vain*
prazen *a.* празен *void*
praznenstvo *n.* празненство
feast
praznichen *a.* празничен
convivial
praznik *n.* празник *holiday*
praznina *n.* празнина *vacancy*
praznodoumets *n.*
празнодумец *windbag*
praznota *n.* празнота *lacuna*
praznota *n.* празнота *void*
praznouvam *v. t. & i.* празнувам
celebrate
praznouvane *n.* празнуване
celebration
preambyul *n.* преамбюл
preamble
prebivavam *v.i.* пребивавам
sojourn
prebivavane *n.* пребиваване
sojourn
prebroyavam povtorno *v.t.*
преброявам повторно
recount
prebroyavane na naselenieto
n. преброяване на
населението *census*
precha *v.t.* преча *retard*
precha *v.i.* преча *stem*

precha v.t. преча thwart
precha v.t. преча hinder
precha na v.t. преча на handicap
prechene n. пречене retardation
prechistvam v.t. пречиствам purify
prechistvam v.i. пречиствам rectify
prechistvam v.t. пречиствам sublimate
prechistvane n. пречистване purification
prechistvane n. пречистване rectification
prechka n. пречка handicap
prechka n. пречка hindrance
prechka n. пречка obstacle
prechka n. пречка snag
pred prep. пред afore
pred prep. пред before
predach n. предач spinner
predan a. предан stalwart
predan a. предан staunch
predan a. предан wholehearted
predanost n. преданост allegiance
predanost n. преданост fidelity
predatel n. предател traitor
predatelski a. предателски disloyal
predatelski a. предателски treacherous
predatelstvo n. предателство betrayal
predatelstvo n. предателство treachery
predavam v.t. предавам betray
predavam v.t. предавам convey
predavam v.t. предавам relay
predavam v.t. предавам telecast
predavam v.t. предавам televise
predavam v.t. предавам transmit
predavam po radio v.t. предавам по радио radio
predavane n. предаване telecast
predavane n. предаване transmission
predavatel n. предавател transmitter
predbrachen a. предбрачен antenuptial
predbrachen a. предбрачен premarital
predchouvstvam v.t. предчувствам anticipate
predchouvstvam v.t. предчувствам беда misgive
predchouvstvie n. предчувствие anticipation
predchuvstvie n. предчувствие premonition
predel n. предел march
predel n. предел utmost
predel n. предел verge
predelen a. пределен utmost
preden a. преден forward
preden a. преден front
preden krak n. преден крак foreleg
predgovor n. предговор foreword
predgovor n. предговор preface
predgradie n. предградие suburb

predhozhdam v. предхождам
precede
predi adv. преди *ago*
predi adv. преди *before*
predi adv. преди *formerly*
predi da conj. преди да *before*
predimstvo n. предимство
advantage
predimstvo n. предимство
precedence
predishen a. предишен
previous
predishnta nosht adv.
предишната нощ *overnight*
predizvikatelstvo n.
предизвикателство
challenge
predizvikatelstvo n.
предизвикателство *defiance*
predizvikvam v.t. предизвиквам
challenge
predizvikvam v.t. предизвиквам
evoke
predizvikvam v.t.
предизвиквам *induce*
predlagam v.t. предлагам
propose
predlagam v.t. предлагам
suggest
predlagam v.t. предлагам
tender
predlagane n. предлагане
offering
predlog n. предлог *preposition*
predlozhenie n. предложение
proposal
predlozhenie n. предложение
suggestion
predmet n. предмет *object*
predmet n. предмет *subject*

predna chast n. предна част
front
prednamerenost n.
преднамереност
premeditation
predobed n. предобед *forenoon*
predopredelenie n.
предопределение
predestination
predopredelyam v.t.
предопределям
predetermine
predostavyam v.i.
предоставям *provide*
predotvratyavam v.t.
предотвратявам *prevent*
predotvratyavane n.
предотвратяване *prevention*
predoubeden sum v.t.
предубеден съм *jaundice*
predoubezhenie n.
предубеждение *jaundice*
predougazhdam v.t.
предугаждам *foresee*
predougazhdam v.t.
предугаждам *forestall*
predoumishlen a.
предумишлен *deliberate*
predouprezhdavam v.t.
предупреждавам *forewarn*
predouprezhdavam v.t.
предупреждавам *warn*
predouprezhdenie n.
предупреждение *warning*
predpazen a. предпазен
precautionary
predpazliv a. предпазлив
cautious
predpazliv a. предпазлив
prudential

predpazlivost n. предпазливост
caution
predpazna myarka n.
предпазна мярка precaution
predpazvam v.t. предпазвам
caution
predpazvasht a. предпазващ
preservative
predpisanie n. предписание
prescription
predpisvam v.t. предписвам
prescribe
predplouzhnik n. предплужник
colter
predplozhenie n.
предположение
presupposition
predpochitam v.t.
предпочитам prefer
predpochitanie n.
предпочитание preference
predpolagam v.t. предполагам
assume
predpolagam v.t. предполагам
conjecture
predpolagam v.t. предполагам
imply
predpolagam v.t. предполагам
presume
predpolagam v.t. предполагам
suppose
predpolagam v.t. предполагам
surmise
predpolozhenie n.
предположение assumption
predpolozhenie n.
предположение conjecture
predpolozhenie n.
предположение supposition
predpostavka n. предпоставка
prerequisite

predpriemam v.t. предприемам
embark
predpriemam v.t. предприемам
undertake
predpriyatie n. предприятие
enterprise
predrazsuduk n. предразсъдък
prejudice
predricham v.t. предричам
auspicate
predricham v.t. предричам
foretell
predsedatel n. председател
chairman
predsedatelstvam v.i.
председателствам preside
predshestvam v.t.
предшествам antecede
predshestvane n.
предшестване antecedent
predshestvasht a.
предшестващ antecedent
predshestvenik n.
предшественик predecessor
predskazanie n. предсказание
prediction
predskazvam v.t. предсказвам
predict
predskazvane n. предсказване
foresight
predstavitel n. представител
representative
predstavitelen a.
представителен
representative
predstavka n. представка prefix
predstavyam v.t. представям
introduce
predstavyam v.t. представям
present

predstavyam v.t. представям represent
predstavyam nevyarno v.t. представям невярно misrepresent
predstavyam si v.t. представям си fancy
predstavyam si v.t. представям си figure
predstavyane n. представяне introduction
predstavyane n. представяне representation
predstoyasht a. предстоящ forthcoming
predstoyasht a. предстоящ prospective
predtecha n. предтеча forerunner
predtecha n. предтеча precursor
predvaritelen a. предварителен preliminary
predvaritelen a. предварителен tentative
predveshtavam v.t. предвещавам portend
predvid prep. предвид considering
predvidliv a. предвидлив provident
predvidlivost n. предвидливост forethought
predvizhdam v.t. предвиждам forecast
predvizhdane n. предвиждане forecast
predvizhdane n. предвиждане foreknowledge
predvizhdane n. предвиждане provision

prefekt n. префект prefect
preferentsialen a. преференциален preferential
prefinen a. префинен superfine
pregled n. преглед review
preglezhdam v.t. преглеждам overhaul
preglezhdam v.t. преглеждам review
pregrazhdam v.t. преграждам screen
pregrazhvam v.t преграждам bar
pregreshavam v.i. прегрешавам sin
pregrudka n. прегръдка embrace
pregrushtam v.t. прегръщам embrace
pregurbvam se v.i. прегърбвам се stoop
pregurbvane n. прегърбване stoop
prehod n. преход passage
prehod n. преход transition
prehoden a. преходен transitive
prehrana n. прехрана aliment
prehrana n. прехрана livelihood
prehvurlyaem a. прехвърляем transferable
prehvurlyam v.t. прехвърлям transfer
prehvurlyane n. прехвърляне transfer
preizdavam v.t. преиздавам reprint
prekalen a. прекален excess
prekalyavam v.t. прекалявам overdo
prekarvam v.t. прекарвам while

prekatourvam v.i. прекатурвам capsize
prekatourvam se v.i. прекатурвам се topple
preklonenie n. преклонение obeisance
prekratyavam v.t. прекратявам suspend
prekratyavam v.t. прекратявам terminate
prekratyavane n. прекратяване suspension
prekratyavane n. прекратяване termination
prekusvam v.t. прекъсвам discontinue
prekusvam v.t. прекъсвам interrupt
prekusvane n. прекъсване interruption
prelat n. прелат prelate
prelesten a. прелестен lovely
prelistvam v.t. прелиствам thumb
prelivam v.t преливам overrun
prelyubodeyanie n. прелюбодеяние adultery
prelyudiya n. прелюдия prelude
premahvam v.t. премахвам remove
premahvane n. премахване removal
premestvam v.t. премествам shunt
premestvane n. преместване move
premier n. премиер premier
premiera n. премиера premiere

preminal v drouga vyara n. преминал в друга вяра convert
preminavane n. преминаване crossing
preminavane n. преминаване pass
preminavane n. преминаване transit
premiya n. премия bonus
premiya n. премия premium
premyana n. премяна attire
prenasyam v.t. пренасям ferry
prenebregvam v.t. пренебрегвам disregard
prenebregvam v.t. пренебрегвам neglect
prenebregvam v.t. пренебрегвам slight
prenebregvam v.t. пренебрегвам snub
prenebregvane n. пренебрегване neglect
prenebrezhenie n. пренебрежение disregard
prenebrezhenie n. пренебрежение slight
prenosim a. непоносим intolerable
prenosim a. преносим portable
preobladanie n. преобладание predominance
preobladavam v.t. преобладавам dominate
preobladavam v.i. преобладавам predominate
preobladavane n. преобладаване domination
preobladavane n. преобладаване prevalance

preobladavasht *a.*
преобладващ *dominant*
preobladavasht *a.*
преобладващ *prevalent*
preobrazyavam *v.t.*
преобразявам *transfigure*
preobrazyavane *n.*
преобразяване
transfiguration
preobrushtam *v.t.*
преобръщам *invert*
preodolyavam *v.t.*
преодолявам *overcome*
preodolyavam *v.i.*
преодолявам *prevail*
preodolyavam *v.t.*
преодолявам *surmount*
preotdavam pod naem *v.t.*
преотдавам под наем *sublet*
preoumora *n.* преумора
overwork
preoumoryavam *v.i.*
преуморявам се *overwork*
preouvelichavam *v.t.*
преувеличавам *exaggerate*
preouvilichenie *n.*
преувеличение *exaggeration*
prepasvam *v.t.* препасвам
girdle
prepiram se *v.t.* препирам се
bicker
prepirnya *n.* препирня
altercation
prepitanie *n.* препитание
subsistence
prepitavam se *v.i.* препитавам
се *subsist*
prepitvam *v.t.* препитвам *quiz*
prepodavam *v.t.* преподавам
teach

prepodoben *a.* преподобен
reverend
prepodobie *n.* преподобие
reverence
preporuchitelen *a.*
препоръчителен *advisable*
preporuchvam *v.t.*
препоръчвам *commend*
preporuchvam *v.t.*
препоръчвам *recommend*
preporuka *n.* препоръка
recommendation
preprechvam *v.t.* препречвам
block
prepyatstvie *n.* препятствие
hurdle
prepyatstvie *n.* препятствие
obstruction
prepyatstvouvam *v.t.*
препятствувам *obstruct*
prerazhdane *n.* прераждане
rebirth
prerogativ *n.* прерогатив
prerogative
presa *n.* преса *press*
presazhdam *v.t.* пресаждам
transplant
presechka *n.* пресечка
intersection
preselenie *n.* преселение
transmigration
preselnik *n.* преселник *migrant*
preselvam se *v.i.* преселвам се
migrate
preselvam se *v.i.* преселвам се
trek
preselvane *n.* преселване
migration
preselvane *n.* преселване *trek*
presen *a.* пресен *fresh*
presicham *v.t.* пресичам *cross*

presicham v.t. пресичам
intercept
presicham v.t. пресичам
intersect
presichane n. пресичане
interception
presishtam v.t. пресищам glut
presishtane n. пресищане glut
presitenost n. преситеност
satiety
preskacham v.i. прескачам
vault
preskacham prepyatstvie v.t.
прескачам препятствие
hurdle2
presledvam v.t. преследвам
persecute
presledvam v.t. преследвам
pursue
presledvane n. преследване
persecution
presledvane n. преследване
pursuit
presmyatam v.t. пресмятам
tally
presmyatam greshno v.t.
пресмятам грешно
miscalculate
presmyatane n. пресмятане
tally
prestaravam se v.t.
престаравам се overact
prestavam v.i. преставам cease
prestilka n. престилка apron
prestilka n. престилка overall
prestilka n. престилка smock
prestizh n. престиж prestige
prestizhen a. престижен
prestigious
prestoren a. престорен sham
prestoy n. престой stay

prestrouvam se v.i.
преструвам се sham
prestrouvka n. преструвка
pretence
prestrouvka n. преструвка
sham
prestupen a. престъпен criminal
prestuplenie n. престъпление
crime
prestupnik n. престъпник
criminal
prestupvam v.t. престъпвам
transgress
prestupvam zakona v.t.
престъпвам закона outrage
prestupvane n. престъпване
transgression
presuhvam v.t. пресъхвам
parch
presyavam v.t. пресявам sieve
pretarpyavam v.t. претърпявам
undergo
pretekst n. претекст pretext
pretendiram v.t. претендирам
pretend
pretentsiozen a. претенциозен
pretentious
pretentsiya n. претенция
pretension
pretovarvam v.t. претоварвам
overburden
pretovavam v.t. претоварвам
overload
pretsedent n. прецедент
precedent
pretsenka n. преценка
estimation
pretsenyavam v.t. преценявам
appraise
pretsenyavam v.t. преценявам
estimate

pretsizen *a.* прецизен *precise*
pretsiznost *n.* прецизност
 nicety
pretsiznost *n.* прецизност
 precision
pretupkvam *v.t.* претъпквам
 throng
preturshuvam *v.i.*
 претършувам *rummage*
preturshuvane *n.*
 претършуване *rummage*
prevalyavane *n.* преваляване
 shower
prevantiven *a.* превантивен
 preventive
preves *n.* превес
 preponderance
prevezhdam *v.t.* превеждам
 translate
prevezhdam souma *v.t.*
 превеждам сума *remit*
prevezhdane na souma *n.*
 превеждане на сума
 remittance
previshavam *v.t.* превишавам
 exceed
previshavam kredita *v.t.*
 превишавам кредита
 overdraw
previvam se *v.i.* превивам се
 writhe
prevod *n.* превод *translation*
prevodach *n.* преводач
 interpreter
prevoz *n.* превоз *conveyance*
prevoz *n.* превоз *portage*
prevozen *a.* превозен *vehicular*
prevozvach *n.* превозвач *carrier*
prevratnost *n.* превратност
 vicissitude

prevrushtam *v. t* превръщам
 convert
prevrushtam *v.* превръщам
 transform
prevrushtane *n.* превръщане
 conversion
prevrushtane *n.* превръщане
 transformation
prevruzvam *n.* превръзвам
 deligate1
prevuzhoden *a.* превъзходен
 pre-eminent
prevuzhoden *a.* превъзходен
 superb
prevuzhoden *a.* превъзходен
 superlative
prevuzhoden *a.* превъзходен
 transcendent
prevuzhoditelstvo *n.*
 превъзходителство
 excellency
prevuzhodstvo *n.*
 превъзходство *excellence*
prevuzhodstvo *n.*
 превъзходство *pre-eminence*
prevuzhodstvo *n.*
 превъзходство *superiority*
prevuzhoxhdam po broy *v.t.*
 превъзхождам по брой
 outnumber
prevuzhozhdam *v.i.*
 превъзхождам *excel*
prevuzhozhdam *v.t.*
 превъзхождам *out-balance*
prevuzhozhdam *v.t.*
 превъзхождам *transcend*
prevuzhozhdasht *a.*
 превъзхождащ *superior*
prevuzmogvam *v.t.*
 превъзмогвам *vanquish*

prevuznasyam *v.t.*
превъзнасям *enthrone*
prevuznasyam *v.t.*
превъзнасям *throne*
prevzemane *n.* превземане
affectation
prevzeta zhena *n.* превзета
жена *prude*
prez *prep.* през *across*
prez *prep.* през *along*
prez *prep.* през *during*
prez *prep.* през *through*
prez *prep.* през *throughout*
prez *prep.* през *via*
prezentatsiya *n.* презентация
presentation
prezervativ *n.* презерватив
preservative
prezhadnyal *a.* прежаднял
athirst
prezhadnyal *prep.* през *athwart*
prezhda *n.* прежда *yarn*
prezhdevremenen *adv.*
преждевременен *abortive*
prezhdevremenen *a.*
преждевременен *premature*
prezhiven *a.* преживен
ruminant
prezhivno zhivotno *n.*
преживно животно *ruminant*
prezhivyam *v.i.* преживям
ruminate
prezhivyane *n.* преживяне
rumination
prezident *n.* президент
president
prezidentski *a.* президентски
presidential
preziram *v.t.* презирам *despise*
preziram *v.t.* презирам *disdain*
preziram *v.t.* презирам *scorn*

prezrenie *n.* презрение *disdain*
prezrenie *n.* презрение *scorn*
prezreniye *n.* презрение
contempt
prezritelen *a.* презрителен
contemptuous
prezryan *a.* презрян *abject*
prezumptsiya *n.* презумпция
presumption
pri *prep.* при *at*
pri koeto *conj.* при което
whereat
pribavyam *v.t.* прибавям *suffix*
pribezhishte *n.* прибежище
resort
pribiram *v.t.* прибирам *stow*
priblizhavam se *v.t.*
приближавам се *approach*
priblizitelen *a.* приблизителен
approximate
priblizitelno *adv.*
приблизително *thereabouts*
pribor *n.* прибор *utensil*
priboy *n.* прибой *surf*
priburzan *a.* прибързан *rash*
pribyagvam *v.i.* прибягвам
resort
pribyagvane do *n.* прибягване
до *recourse*
prichakvam *v.t.* причаквам
waylay
prichina *n.* причина *reason*
prichinyavam *v.t* причинявам
cause
pridatuk *n.* придатък *appendix*
pridavam *v.t.* придавам *impart*
pridobit imot *n* придобит имот
acquest
pridobivam *v.t.* придобивам
acquire

pridobivam v.t. придобивам
obtain
pridobivam v.t. придобивам
procure
pridobivane n. придобиване
acquisition
pridobivane n. придобиване
procurement
pridobivka n. придобивка
acquirement
pridoumvam v.t. придумвам
coax
pridoumvam v.t. придумвам
wheedle
pridoumvam v.t. придумвам
woo
pridurzham v.i. придържам
adhere
pridurzhane n. придържане
adherence
pridvizhvam v.t. придвижвам
further
pridvoren n. придворен courtier
priem v ouniversitet v.t.
приемам в университет
matriculate
priemam v. приемам accept
priemam v.i. приемам assent
priemam v.t. приемам
presuppose
priemane n. приемане
acceptance
priemane n. приемане
admittance
priemliv a. приемлив
acceptable
priemna n. приемна drawing-room
priemna n. приемна parlour
prigazhdam v.t. пригаждам
accommodate

priglazhdam v.t. приглаждам
smooth
prigoden a. пригоден agreeable
priizhdane n. прииждане spate
prikazka n. приказка tale
prikazliv a. приказлив talkative
priklyuchenie n. приключение
adventure
priklyuchenski a.
приключенски adventurous
prikrivam v.t. прикривам
conceal
prilagam v.t. прилагам adhibit
prilagam v.t. прилагам append
prilagam v.t. прилагам apply
prilagatelno n. прилагателно
adjective
prilep n. прилеп bat
prilepvam se v.i. прилепвам се
cling
prilepvane n. прилепване
adhesion
prilezhen a. прилежен diligent
prilezhen a. прилежен studious
prilezhnost n. прилежност
diligence
prilicham v.t. приличам
resemble
prilichen a. приличен decent
prilichie n. приличие decency
prilika n. прилика resemblance
prilika n. прилика similarity
priliv n. прилив rush
priliv n. прилив tide
priliven a. приливен tidal
prilozhenie n. приложение
appendix
prilozhenie n. приложение
enclosure
prilozhim a. приложим
applicable

primamka *n.* примамка *lure*
primamvam *v.t.* примамвам *allure*
primamvam *v.t.* примамвам *bait*
primamvam *v.t.* примамвам *entice*
primamvam *v.t.* примамвам *lure*
primer *n.* пример *example*
primer *n.* пример *instance*
primireniye *n.* примирение *acquiescence*
primirie *n.* примирие *armistice*
primirie *n.* примирие *truce*
primiryavam se *v.i.* примирявам се *acquiesce*
primitiven *a.* примитивен *primitive*
primka *n. pl.* примка *toils*
prinadlezha *v.i.* принадлежа *belong*
prinadlezhnost *n.* принадлежност *appurtenance*
prinadlezhnost *n. pl.* принадлежности *paraphernalia*
prinadlezhnosti *n.* принадлежности *belongings*
prinadlezhnosti *n.* принадлежности *tackle*
prinizyavam *v.t.* принизявам *avale*
prinos *n.* принос *contribution*
prinos *n.* принос *input*
prinouda *n* принуда *compulsion*
prinouzhdavam *v.t.* принуждавам *compel*
prinouzhdavam *v.t.* принуждавам *force*
printer *n.* принтер *printer*

prints *n.* принц *prince*
printsesa *n.* принцеса *princess*
printsip *n.* принцип *principle*
printsip *n.* принцип *tenet*
prior *n.* приор *prior*
prioritet *n.* приоритет *priority*
prioumitsa *n.* приумица *vagary*
pripadam *v.i.* припадам *faint*
pripadam *v.i.* припадам *swoon*
pripaduk *n.* припадък *swoon*
pripev *n.* припев *chorus*
pripicham *v.t.* припичам *toast*
pripisvam *v.t.* приписвам *ascribe*
pripisvam *v.t.* приписвам *attribute*
pripisvam *v.t.* приписвам *impute*
pripomnyane *n.* припомняне *recollection*
prirast *n.* прираст *accession*
prirast *n.* прираст *increment*
priroda *n.* природа *nature*
prisadka *n.* присадка *graft*
prisazhdam *v.t.* присаждам *graft*
prishka *n.* пришка *blain*
prishka *n.* пришка *blister*
prishporvam *v.t.* пришпорвам *spur*
prishtyavka *n.* прищявка *crotchet*
prishtyavka *n.* прищявка *whim*
prislouzhnitsa *n.* прислужница *maid*
prismeh *n.* присмех *ridicule*
prispivna pesen *n.* приспивна песен *lullaby*
prisposoblenie *n.* приспособление *device*

prisposobyavam v.t.
приспособявам adapt
prisposobyavane n.
приспособяване adaptation
pristanishte n. пристанище
harbour
pristanishte n. пристанище
port
pristav n. пристав bailiff
pristavam v.i. приставам elope
pristigam v.i. пристигам arrive
pristigane n. пристигане advent
pristigane n. пристигане arrival
pristrasten n. пристрастен
addict
pristrastenost n.
пристрастеност addiction
pristrastie n. пристрастие
partiality
pristrastno adv. пристрастно
ex-parte
pristrastyavam v.t.
пристрастявам addict
pristup n. пристъп bout
pristup n. пристъп onslaught
prisuda n. присъда conviction
prisuda n. присъда judgement
prisuda n. присъда sentence
prisuedinyavam v.t.
присъединявам annex
prisuedinyavam se v.t.
присъединявам се join
prisuedinyavane n.
присъединяване annexation
prisusht a. присъщ inherent
prisustvasht a. присъстващ
present
prisustvie n. присъствие
presence
prisvoyavam v.t. присвоявам
appropriate

prisvoyavane n. присвояване
appropriation
pritcha n. притча parable
pritesbyavam v.t. притеснявам
bother
pritezhanie n. притежание
possession
pritezhavam v.t. притежавам
own
pritezhavam v.t. притежавам
possess
pritiskam v.t. притискам press
pritochen a. приточен tributary
pritok n. приток tributary
pritourka n. притурка adjunct
privetliv a. приветлив affable
privetliv a. приветлив jovial
privetlivost n. приветливост
joviality
privetstvam v.t. приветствам
greet
privetstvam v.t. приветствам
salute
privetstvam v.t приветствам
welcome
privetstvan a. приветстван
welcome
privetstvie n. приветствие
welcome
privetstvouvam v.t.
приветствувам hail
privezhdam v.t. привеждам
adduce
privezhdam v sila v.t.
привеждам в сила enforce
prividen a. привиден seemly
prividenie n. привидение
spectre
priviknal a. привикнал
accustomed

privikvam v.t. привиквам
    accustom
privikvam v.t. привиквам
    habituate
privilegiya n. привилегия
    privilege
privlekatelen a. привлекателен
    attractive
privlicham v.t. привличам
    attract
privlichane n. привличане
    attraction
privurzan a. привързан
    affectionate
privurzanost n. привързаност
    affection
privurzanost n. привързаност
    attachment
privurzhenik n. привърженик
    bigot
privurzhenik n. привърженик
    stalwart
privurzvam v.t. привързвам
    attach
privurzvam v.t. привързвам
    string
priyatel n. приятел chum
priyatel n. приятел friend
priyatel n. приятел pal
priyaten a. приятен nice
priyaten a. приятен pleasant
priyut n. приют asylum
priyutyavam v.t. приютявам
    harbour
prizemyavam se v.i.
    приземявам се land
priziv n. призив invocation
priznanie n. признание
    acknowledgement
priznanie n. признание
    confession

priznatelnost n. признателност
    gratitude
priznavam v. признавам
    acknowledge
priznavam v.t. признавам admit
priznavam v.t. признавам avow
priznavam v.t. признавам
    concede
priznavam v.t. признавам
    confess
prizov n. призив appeal
prizovavam v.t. призовавам
    appeal
prizovavam v.t. призовавам
    conjure
prizovavam v.t. произовавам
    invoke
prizovavam v.t. призовавам
    summon
prizovavane n. призоваване
    habeas corpus
prizovka n. призовка summons
prizvanie n. призвание calling
prizvanie n. призвание vocation
proba n. проба sample
probatsiya n. пробация
    probation
probivam v.t. пробивам bore
probivam v.t. пробивам drill
probivam v.t. пробивам hole
problem n. проблем problem
problematichen a.
    проблематичен problematic
problyasuk n. проблясък spark
probozhdam v.t. пробождам
    spike
probyagvam v.i. пробягвам
    sprint
prochistvam v.t. прочиствам
    purge

prochistvane *n.* прочистване
    purgation
prochit *n.* прочит *perusal*
prochouvstven *a.* прочувствен
    lyrical
prochut *a* прочут *famous*
prodavach *n.* продавач *monger*
prodavach *n.* продавач
    salesman
prodavach *n.* продавач *seller*
prodavach *n.* продавач *vendor*
prodavach na knigi *n* продавач
    на книги *book-seller*
prodavaem *a.* продаваем
    salable
prodavam *v.t.* продавам *market*
prodavam *a.* продаваем
    marketable
prodavam *v.t.* продавам *retail*
prodavam *v.t.* продавам *sell*
prodazhba *n.* продажба *retail*
prodazhba *n.* продажба *sale*
prodazhen *a.* продажен *venal*
prodazhnost *n.* продажност
    venality
prodoukt *n.* продукт *product*
prodouktiven *a.* продуктивен
    productive
prodouktsiya *n.* продукция
    produce
produlgovat *a.* продълговат
    oblong
produlgovata figoura *n.*
    продълговата фигура *oblong*
produlzhavam *v.i.*
    продължавам *continue*
produlzhavam *v.i.*
    продължавам *last*
produlzhavam *v.i.*
    продължавам *proceed*

produlzhenie *n.* продължение
    continuation
produlzhenie *n.* продължение
    prolongation
produlzhenie *n.* продължение
    sequel
produlzhitelnost *n.*
    продължителност *duration*
proekt *n.* проект *project*
proektant *n.* проектант
    projector
proektiram *v.t.* проектирам
    project
proektsiya *n.* проекция
    projection
profesionalen *a.*
    професионален *professional*
profesiya *n.* професия
    profession
profesor *n.* професор *professor*
profil *n.* профил *profile*
profiliram *v.t.* профилирам
    profile
programa *n.* програма
    curriculum
programa *n.* програма
    programme
programiram *v.t.* програмирам
    programme
progres *n.* прогрес *progress*
progresiven *a.* прогресивен
    progressive
prohod *n.* проход *thoroughfare*
proizhod *n.* произход *descent*
proizhod *n.* произход *gentry*
proizhod *n.* произход *origin*
proizhozhdam *v. i.*
    произхождам *descend*
proizlizam *v.t.* произлизам
    originate

proiznasyam v.t. произнасям
 pronounce
proiznasyam v.t. произнасям
 utter
proiznasyam v.t. произнасям
 voice
proiznoshenie n.
 произношение pronunciation
proizshestvie n. произшествие
 casualty
proizticham v.i. произтичам
 ensue
proizvezhdam v.t.
 произвеждам manufacture
proizvezhdam v.t.
 произвеждам produce
proizvoditel n. производител
 grower
proizvoditel n. производител
 manufacturer
proizvoditelnost n.
 производителност
 productivity
proizvodstvo n. производство
 fabrication
proizvodstvo n. производство
 manufacture
proizvodstvo n. производство
 production
prokarvam tounel v.i.
 прокарвам тунел tunnel
prokazhen n. прокажен leper
prokazhen a. прокажен leprous
proklamatsiya n. прокламация
 proclamation
proklinam v. t проклинам curse
proklyatie n. проклятие curse
proklyatie n. проклятие
 damnation
proklyatie n. проклятие
 malediction

prokouden a. прокуден outcast
prokouror n. прокурор
 prosecutor
prokulnat a. прокълнат
 accursed
prokza n. проказа leprosy
proleten a. пролетен vernal
proliv n. пролив strait
prolog n. пролог prologue
prolouka n. пролука gap
promenliv a. променлив fitful
promenliv a. променлив shifty
promenliv a. променлив
 variable
promenyam v.t. променям
 amend
promenyam v.t. променям shift
promezhdoutuk n.
 промеждутък interim
promishlen a. промишлен
 industrial
promishlenost n.
 промишленост industry
promotsiram v.t. промоцирам
 promote
promotsiya n. промоция
 promotion
promoushvam v.t. промушвам
 stab
promukvam se v.i. промъквам
 се sneak
promyana n. промяна
 amendment
promyana n. промяна change
promyana n. промяна shift
pronikvam v.t. прониквам
 penetrate
pronikvane n. проникване
 penetration
pronitsatelen a. проницателен
 sagacious

pronitsatelnost n.
проницателност *insight*
pronitsatelnost n.
проницателност *sagacity*
pronizvam v.t. пронизвам
pierce
pronizvam v.t. пронизвам *spear*
pronizvam s pika v.t.
пронизвам с пика *lance*
proouchvam v.t. проучвам
probe
proouchvam v.t. проучвам
survey
proouchvane n. проучване
exploration
proouchvane v.t проучвам
explore
proouchvane n. проучване
survey
propadam v.i пропадам *fail*
propaganda n. пропаганда
propaganda
propagandist n. пропагандист
propagandist
propivam v.t. пропивам
saturate
proportsionalen a.
пропорционален *proportional*
proportsiya n. пропорция
proportion
propousk n. пропуск *lapse*
propousk n. пропуск *omission*
propouskam v.t. пропускам
miss
propouskam v.t. пропускам
omit
propoved n. проповед *sermon*
propovednik n. проповедник
preacher
propovyadvam v.i.
проповядвам *preach*

propovyadvam v.i.
проповядвам *sermonize*
prorocheski a. пророчески
oracular
prorocheski a. пророчески
prophetic
prorochestvo n. пророчество
prophecy
prorok n. пророк *prophet*
prorok n. пророк *seer*
prorokouvam v.t. пророкувам
prophesy
proshtavam v.t прощавам
forgive
proshtavane n. прощаване
farewell
prositel n. просител *petitioner*
proslaven a. прославен
renowned
prosledim a. проследим
traceable
prosledyavam v.t.
проследявам *retrace*
prosledyavam v.t.
проследявам *trace*
prosmoukvam se v.i.
просмуквам се *seep*
prosnat a. проснат *prone*
proso n. просо *millet*
prospekt n. проспект
prospsectus
prosperiram v.i. просперирам
prosper
prosperirane n. просперираме
prosperity
prosperirasht a. просперираш
prosperous
prosrochen a. просрочен
overdue
prostim a. простим *pardonable*

prostiram se *v.t.* простирам се extend
prostitouiram *v.t.* проституирам *prostitute*
prostitoutka *n.* проститутка *prostitute*
prostitoutka *n.* проститутка *strumpet*
prostitoutsiya *n.* проституция *prostitution*
prostoren *a.* просторен *roomy*
prostoren *a.* просторен *spacious*
prostosmurten *n.* простосмъртен *mortal*
prostota *n.* простота *rusticity*
prostota *n.* простота *simplicity*
prostranstven *a.* пространствен *spatial*
prostranstvo *n.* пространство *space*
prostranstvo *n.* пространство *tract*
prostupka *n.* простъпка *misdemeanour*
prosya *v.i.* прося *cadge*
prosyak *n.* просяк *beggar*
protagonist *n.* протагонист *protagonist*
protein *n.* протеин *protein*
protektor *n.* протектор *protector*
protent *n.* процент *percentage*
protest *n.* протест *protest*
protestatsiya *n.* протестация *protestation*
protestiram *v.i.* протестирам *protest*
protiven *a.* противен *foul*
protiven *a.* противен *nasty*
protiven *a.* противен *obnoxious*

protiven *a.* противен *repugnant*
protivno na *prep.* противно на *unlike*
protivodeystvam *v.t.* противодействам *counteract*
protivokiselinen *a.* противокиселинен *antacid*
protivootrova *n.* противоотрова *antidote*
protivootrova *n.* противоотрова *mithridate*
protivopolozhnost *n.* противоположост *contrast*
protivopolozhnosti *n.* противоположности *antipodes*
protivopostavyam *v.t.* противопоставям *contrapose*
protivopostavyam *v.t.* противопоставям *contrast*
protivopostavyam se *v.t.* противопоставям се *oppose*
protivorecha *v.i.* противореча *conflict*
protivorecha *pref.* противореча *contra*
protivorechie *n.* противоречие *controversy*
protivorechiv *adj.* противоречив *absonant*
protivovuzdushen *a.* противовъздушен *anti-aircraft*
protivya se *v.t.* противя се *demur*
protochen *a.* проточен *lengthy*
prototip *n.* прототип *prototype*
protsedoura *n.* процедура *procedure*
protsent *adv.* процент *per cent*
protses *n.* процес *process*

protsesiya *n.* процесия
pageant
protsesiya *n.* процесия
procession
protsezhdam *v.i.* процеждам
се *ooze*
proverka *n.* проверка *check*
proverka *n.* проверка *roll-call*
proveryavam *v.t.* проверявам
check
proveryavam *v.t.* проверявам
inspect
provetryavam *v.t.* проветрявам
ventilate
provetryavam *v.t.* проветрявам
weather
provetryavane *n.*
проветряване *ventilation*
provezhdam *v.t.* провеждам
wage
providenie *n.* провидение
providence
provikvam se *v.i.* провиквам се
yell
provintsialen *a.* провинциален
provincial
provintsialen *a.* провинциален
rural
provintsializum *n.*
провинциализъм
provincialism
provintsiya *n.* провинция
province
provizii *n. pl.* провизии *victuals*
provokativen *a.* провокативен
provocative
provokatsiya *n.* провокация
provocation
provokiram *v.t.* провокирам
antagonize

provokiram *v.t.* провокирам
provoke
provuzglasyavam *v.t.*
провъзгласявам *proclaim*
proyava *n.* проява
manifestation
proza *n.* проза *prose*
prozaichen *a.* прозаичен
prosaic
prozodiya *n.* прозодия *prosody*
prozorets *n.* прозорец *window*
prozrachen *a.* прозрачен
transparent
prozyavam se *v.i.* прозявам се
yawn
prozyavka *n.* прозявка *yawn*
pruhtene *n.* пръхтене *snort*
pruhtya *v.i.* пръхтя *snort*
pruska *n.* пръска *spray*
pruskam *v.t.* пръскам *spray*
pruskam se *v.i.* пръскам се
splash
pruskane *n.* пръскане *splash*
prust *n.* пръст *finger*
prust *n.* пръст *mould*
prust *n.* пръст *toe*
prusten *a.* пръстен *earthen*
prusten *n.* пръстен *ring*
prustenche *n.* пръстенче
annulet
prusvam *v.i.* пръсвам *burst*
prusvane *n* пръсване *burst*
prut *n.* прът *bar*
prut *n.* прът *perch*
prut *n.* прът *rod*
prut *n.* прът *shaft*
prut *n.* прът *stick*
pruv *a.* пръв *first*
pryak *a.* пряк *direct*
pryakor *n.* прякор *nickname*
pryam *a.* прям *downright*

pryamo *adv.* прямо *outright*
psalm *n.* псалм *psalm*

psevdonim *n.* псевдоним *alias*
psevdonim *n.* псевдоним
   pseudonym
psihiatriya *n.* психиатрия
   psychiatry
psihiatur *n.* психиатър
   psychiatrist
psihichen *a.* психичен *psychic*
psiholog *n.* психолог
   psychologist
psihologichen *a.* психологичен
   psychological
psihologiya *n.* психология
   psychology
psihopat *n.* психопат
   psychopath
psihoterapiya *n.* психотерапия
   psychotherapy
psihoza *n.* психоза *psychosis*
psoshka *n.* прошка *remission*
pticharnik *n.* птичарник *aviary*
ptichi kley *n.* птичи клей
   birdlime
ptitsa *n.* птица *bird*
ptitsa *n.* птица *fowl*
ptitselovets *n.* птицеловец
   fowler
ptuchka *n.* пръчка *withe*
pudpuduk *n.* пъдпъдък *quail*
pulen *a.* пълен *complete*
pulen *a.* пълен *full*
pulen *a.* пълен *outright*
pulen *a.* пълен *overall*
pulen *a.* пълен *stout*
pulen *a.* пълен *thorough*
pulen *a.* пълен *utter*
pulnoleten *n.* пълнолетен *major*

pulnomoshtie *n.* пълномощие
   deputation
pulnomoshtie *n.* пълномощие
   proxy
pulnota *n.* пълнота *fullness*
pulnya *v.t.* пълня *fill*
pulnya *v.t.* пълня *stuff*
pulzene *n.* пълзене *crawl*
pulzya *v.t.* пълзя *crawl*
pun *n.* пън *stub*
pun *n.* пън *stump*
pupesh *n.* пъпеш *melon*
pupka *n.* пъпка *bud*
pupka *n.* пъпка *pimple*
purgav *adj.* пъргав *alacrious*
purgav *a.* пъргав *nimble*
purgavina *n.* пъргавина *alacrity*
purhot *n.* пърхот *dandruff*
purvi *a.* първи *premier*
purviyat *pron.* първият *former*
purvo *adv.* първо *first*
purvonachalen *a.*
   първоначален *initial*
purvonachalen *a.*
   първоначален *prime*
purvostepenen *a.*
   първостепенен *primary*
purzha *v.t.* пържа *fry*
purzheno *n.* пържено *fry*
puskam filizi *n.* пускам филизи
   chit
pustur *a.* пъстър *motley*
put *n.* път *road*
put *n.* път *way*
puteka *n.* пътека *path*
puteshestvam *v.i.*
   пътешествам *voyage*
putnik *n.* пътник *passenger*
putnik *n.* пътник *traveller*
putnik *n.* пътник *voyager*
putnik *n.* пътник *wayfarer*

putno platno *n.* пътно платно lane
putouvam *v.i.* пътувам journey
putouvam *v.i.* пътувам travel
putouvam s kola *v.i.* пътувам с кола motor
putouvam s yahta *v.i.* пътувам с яхта yacht
putouvane *n.* пътуване drive
putouvane *n.* пътуване journey
putouvane *n.* пътуване travel
putouvane *n.* пътуване voyage
pyana *n.* пяна foam
pyana *n.* пяна lather
pyasuchen *a.* пясъчен sandy
pyasuk *n.* пясък sand
pyure *n.* пюре mash

R

rabolepen *a.* раболепен subservient
rabolepie *n.* раболепие subservience
rabota *n.* работа employment
rabota *n.* работа job
rabota *n.* работа occupation
rabota *n.* работа run
rabota *n.* работа work
rabotilnitsa *n.* работилница workshop
rabotliv *a.* работлив industrious
rabotni drehi *n.* работни дрехи slacks
rabotnik *n.* работник labourer
rabotnik *n.* работник worker
rabotodatel *n.* работодател employer
rabotya *v.t.* работя work

radiatsiya *n.* радиация radiation
radikalen *a.* радикален radical
radio *n.* радио radio
radioaparat *n.* радиоапарат wireless
radious *n.* радиус radius
radiy *n.* радий radium
radost *n.* радост joy
radosten *n.* радостен joyful, joyous
radvam se *v.t.* радвам gladden
radvam se na *v.t.* радвам се на enjoy
rafineriya *n.* рафинерия refinery
rafiniram *v.t.* рафинирам refine
rafinirane *n.* рафиниране refinement
rahitichen *n.* рахитизъм rickets
rahitichen *a.* рахитичен rickety
rairam *v.t.* раирам stripe
rak *n.* рак cancer
rak *n.* рак crab
rak *n.* рак lobster
raketa *n.* ракета missile
raketa *n.* ракета rocket
rakita *n.* ракита wicker
rakiya *n.* ракия brandy
rakovina *n.* раковина conch
ramka *n.* рамка frame
ramo *n.* рамо shoulder
rana *n.* рана wound
ranen *a.* ранен early
rang *n.* ранг rank
rano *adv.* рано early
ranyavam *v.t.* ранявам wound
rapira *n.* рапира rapier
rasizum *n.* расизъм racialism
raso *n.* расо frock
rasov *a.* расов racial
rasta *v.t.* раста grow

rastenie *n.* растение *plant*
rastezh *n.* растеж *growth*
rastitelen *a.* растителен *vegetable*
rastitelnost *n.* растителност *vegetation*
ratifitsiram *v.t.* ратифицирам *ratify*
ratsionalen *a.* рационален *rational*
ratsionalnolst *n.* рационалност *rationality*
raven *a.* равен *equal*
raven *n.* равен *equal*
raven *a.* равен *level*
raven *n.* равен *peer*
ravenstvo *n.* равенство *equality*
ravenstvo *n.* равенство *par*
ravenstvo *n.* равенство *parity*
ravnina *n.* равнина *plane*
ravninen *a.* равнинен *plane*
ravnodoushen *a.* равнодушен *listless*
ravnodoushen *a.* равнодушен *lukewarm*
ravnodoushie *n.* равнодушие *nonchalance*
ravnostoen *a.* равностоен *coordinate*
ravnostoen *a.* равностоен *tantamount*
ravnostranen *a.* равностранен *equilateral*
ravnoudoushen *a.* равнодушен *nonchalant*
ravnovesie *n.* равновесие *poise*
ravnyavam se *v.* равнявам се *amount*
ravnyavam se na *v.t.* равнявам се на *equal*
ray *n.* рай *heaven*

ray *n.* рай *paradise*
raye *n.* райе *stripe*
rayon *n.* район *area*
rayon *n.* район *region*
rayon *n.* район *township*
rayonen *a.* районен *regional*
razbiraem *a.* разбираем *articulate*
razbiram *v.t.* разбирам *understand*
razbirane *n.* разбиране *comprehension*
razbiratelstvo *n.* разбирателство *rapport*
razbivam *v.t.* разбивам *shatter*
razbouzhdam *v.t.* разбуждам *arouse*
razboynik *n.* разбойник *outlaw*
razburkvam *v.t.* разбърквам *jumble*
razburkvam *v.t.* разбърквам *muddle*
razchertavam *v.t.* разчертавам *line*
razchitam *v.i.* разчитам *rely*
razdavam *v.t* раздавам *mete*
razdelenie *n.* разделение *division*
razdelenie *n.* разделение *split*
razdelitel *n.* разделител *bookmark*
razdelyam *v.t.* разделям *disconnect*
razdelyam *v.t.* разделям *divide*
razdelyam *v.t.* разделям *part*
razdelyam *v.t.* разделям *sever*
razdelyam *v.t.* разделям *sunder*
razdelyam na chetiri *v.t.* разделям на четири *quarter*

razdelyam se *v.i.* разделям се
split
razdelyane *n.* разделяне
severance
razdiram *v.t.* раздирам *lacerate*
razdraznenie *n.* раздразнение
annoyance
razdraznenie *n.* раздразнение
irritation
razdraznitelen *a.*
раздразнителен *irritable*
razdraznitelen *a.*
раздразнителен *waspish*
razdrazvam *v.t.* раздразвам
annoy
razdurpvam *v.t.* раздърпвам
tatter
razdvizhen *adv.* раздвижен *astir*
razdvizhvam *v.t.* раздвижвам
limber
razdyala *n.* раздяла *separation*
razglezhdam *v.t.* разглеждам
scan
razglezhdam *v.t.* разглеждам
scrutinize
razglezhdane *n.* разглеждане
browse
razglezhdane *n.* разглеждане
scrutiny
razglezvam *v.t.* разглезвам
cocker
razgovaryam *v.i.* разговарям
confer
razgovaryam *v.t.* разговарям
converse
razgovor *n.* разговор *chat1*
razgovor *n.* разговор
conversation
razgovor *n.* разговор *talk*
razgranichenie *n.*
разграничение *demarcation*

razgrom *n.* разгром *rout*
razgromyavam *v.t.*
разгромявам *rout*
razgrushtam *v.t.* разгръщам
deploy
razguvam *v.t.* разгъвам *unfold*
razhdane *n.* раждане *birth*
razhlabitelen *a.* разхлабителен
laxative
razhlabitelno *n.* разхлабително
laxative
razhlabvam *v.t.* разхлабвам
loose
razhod *n.* разход *expenditure*
razhodka *n.* разходка *outing*
razhodka *n.* разходка *ramble*
razhodka *n.* разходка *stroll*
razhodka *n.* разходка *walk*
razhoubavyavam *v.t.*
разхубавявам *bedight*
razhozhdam se *v.t.* разхождам
се *ramble*
razhozhdam se *v.i.* разхождам
се *stroll*
razhvurlyam *v.t.* разхвърлям
clutter
razhvurlyam *v.t.* разхвърлям
litter
razhvurlyam *v.i.* разхвърлям
mess
raziskvam *v.i.* разисквам *parley*
raziskvane *v.t.* разискване
canvass
raziskvane *n.* разискване
debate
razkayan *a.* разкаян *repentant*
razkayanie *n.* разкаяние
repentance
razkayvam se *v.i.* разкайвам се
repent
razkaz *a.* разказ *narrative*

razkazvach n. разказвач
narrator
razkazvam v.t. разказвам
narrate
razkazvane n. разказване
narration
razkazvatelen n.
разказвателен narrative
razklashtane n. разклащане
shake
razkol n. разкол schism
razkosh n. разкош opulence
razkoshen a. разкошен princely
razkoshen a. разкошен
sumptuous
razkovniche n. разковниче
nostrum
razkrasyavam v.t. разкрасявам
beautify
razkrivam v.t. разкривам
disclose
razkusvam se v.t. разкъсвам
се rupture
razkusvane n. разискване
parley
razkusvane n. разкъсване
rupture
razkusvane n. разкъсване tear
razkvartirouvane n.
разквартируване cantonment
razlichavam se v.i. различавам
се differ
razlichen a. различен different
razlichen a. различен dissimilar
razlichen a. различен distinct
razlichen a. различен sundry
razlichen a. рзличен unlike
razlichie n. различие clash
razlichie n. различие distinction
razlika n. разлика difference
razliv n. разлив spill

razlivam se v.i. разливам се
spill
razlyuten a. разлютен irate
razmahvam v.t. размахвам
whisk
razmahvane n. размахване
whisk
razmenyam v.t. разменям barter
razmenyam v.t. разменям
exchange
razmer n. размер size
razmestvam v.t. размествам
displace
razmestvam v.t. рзмествам
unsettle
razmiritsi n. размирици
sedition
razmishlenie n. размишление
contemplation
razmishlyavam v.t.
размишлявам meditate
razmishlyavam v.i.
размишлявам muse
razmisul n. размисъл
meditation
razmnozhavam se v.i.
размножавам се spawn
razmuten adj. размътен addle
razmyana n. размяна barter
razmyana n. размяна exchange
razni a. разни various
raznoobrazen a. разнообразен
diverse
raznoobrazen a. разнообразен
varied
raznoobrazie n. разнообразие
variety
raznoobrazyavam v.t.
разнообразявам vary

raznorodem *a.* разнороден *manifold*
raznoroden *n.* разнороден *multiform*
raznoski *n.* разноски *expense*
raznoviden *a.* разновиден *multifarious*
raznovidnost *n.* разновидност *variation*
razocharovam *v.t.* разочаровам *disappoint*
razoruzhavam *v.t.* разоръжавам *disarm*
razoruzhavane *n.* разоръжаване *disarmament*
razoubezhdavam *v.t.* разубеждавам *dissuade*
razoultat *n.* резултат *score*
razoum *n.* разум *sensibility*
razoumen *a.* разумен *reasonable*
razoumen *a.* разумен *sensible*
razouznavach *n.* разузнавач *scout*
razouznavam *v.i.* разузнавам *scout*
razouznavatelen *a.* разузнавателен *detective*
razpadam *v.t.* разпадам *decompose*
razpadane *n.* разпадане *decomposition*
razpalvam *v.t.* разпалвам *kindle*
razparyam *v.t.* разпарям *rip*
razpisanie *n.* разписание *schedule*
razpit *n.* разпит *inquisition*
razpit *n.* разпит *interrogation*
razpitvam *v.t.* разпитвам *interrogate*

razplakan *a.* разплакан *tearful*
razpolagam *v.t.* разполагам *dispose*
razpolovyavam *v.t.* разполовявам *bisect*
razpolovyavam *v.t.* разполовявам *halvc*
razpolozhenie *n.* разположение *disposal*
razporeditel *n.* разпоредител *usher*
razporezhdane *n.* разпореждане *injunction*
razpoznavam *v.t.* разпознавам *recognize*
razpoznavane *n.* разпознаване *recognition*
razpredelyam *v.t.* разпределям *allocate*
razpredelyam *v.t.* разпределям *apportion*
razpredelyam *v.i.* разпределям *deal*
razpredelyam *v.t.* разпределям *parcel*
razpredelyane *n.* разпределяне *allocation*
razprostranen *a.* разпространен *widespread*
razprostranenie *n.* разпространение *circulation*
razprostranenie *n.* разпространение *distribution*
razprostranenie *n.* разпространение *proliferation*
razprostranenie *n.* разпространение *spread*
razprostranyavam *v.t.* разпространявам *distribute*

razprostranyavam v.t.
разпространявам ce *pervade*
razprostranyavam se v.i.
разпространявам ce
proliferate
razprostranyavam se v.i.
разпространявам ce *spread*
razpruskvam v.t. разпръсквам
scatter
razprusvam v.t. разпръсвам
disperse
razprusvam v.t. разпръсвам
strew
razpyatie n. разпятие *rood*
razrastvane na tukan n.
разрастване на тъкан
accrementition
razreden a. разреден *dilute*
razreshavam v.t. разрешавам
solve
razreshenie n. разрешение
permit
razrez n. разрез *cut*
razrez n. разрез *slash*
razrez n. разрез *slit*
razrezhdam v.t. разреждам
dilute
razrezhdam v.t. разреждам
space
razriv n. разрив *abruption*
razrouha разруха *decay*
razrouha n. разруха *wrack*
razroushavam v.t. разрушавам
disrupt
razroushavam v.t. разрушавам
ruin
razroushavam v.t. разрушавам
wreck
razroushavam se v.i.
разрушавам ce *decay*

razroushenie n. разрушение
wreck
razrushavam v.t. разрушавам
depredate
razryazvam v.t. разрязвам *slit*
razseyan a разсеян *forgetful*
razshirenie n. разширение
expansion
razshiryavam v.t. разширявам
widen
razshiryavam se v.t.
разширявам ce *expand*
razsicham v.t. разсичам *dissect*
razsicham v.t. разсичам *slash*
razsichane n разсичане
dissection
razslabitelen a. разслабителен
purgative
razsledvam v.t. разследвам
inquire
razsledvam v.t. разследвам
investigate
razsledvane n. разследване
inquiry
razsledvane n. разследване
investigation
razstoyanie n. разстояние
distance
razstroyvam v.t. разстройвам
upset
razsudlivost n. разсъдливост
sanity
razsuduk n. разсъдък *mentality*
razsuzhdavam v.i.
разсъждавам *reason*
razsuzhdavam razoumno v.t.
разсъждавам разумно
rationalize
raztakavam se v.i. разтакавам
ce *loiter*

raztochitelen *a.* разточителен
prodigal
raztochitelen *a.* разточителен
wasteful
raztochitelstvo *n.*
разточителство *prodigality*
raztovarvane *n.* разтоварване
discharge
raztrepervam *v.t.*
разтрепервам *thrill*
raztsepvam *v.t.* разцепвам
splinter
raztsepvam *v.t.* разцепвам
wedge
raztsuftyavam *v.i.*
разцъфтявам *flourish*
raztsufvam *v.i.* разцъфтявам
blossom
razturshouvam *v.t.*
разтършувам *rifle*
raztvaryam *v.t* разтварям
dissolve
raztvor *n.* разтвор *solution*
raztvorim *a.* разтворим
soluble
raztvorimost *n.* разтворимост
solubility
raztvoritel *n.* разтворител
solvent
raztyagam *n.* разтягам *wrick*
raztyagam *v.t.* разтягам
stretch
raztyagane *n* разтягане *stretch*
razubezhdavam *v.i.*
разубеждавам *dehort*
razvalina *n.* развалина *ruin*
razvalyam *v.t.* развалям *spoil*
razvalyam *v.t.* развалям *undo*
razvalyam *v.t.* развалям *vitiate*
razvet *n.* развет *heyday*

razvezhdam *v.t.* развеждам
divorce
razvitie *n.* развитие
development
razvivam *v.t.* развивам *develop*
razvivam se *v.t.* развивам се
evolve
razvod *n.* развод *divorce*
razvrashtavam *v.t.*
развращавам *debauch*
razvrat *n.* разврат *debauchery*
razvrat *n.* разврат *profligacy*
razvraten *a.* разпратен
profligate
razvratnik *n.* развратник
debauchee
razvratnik *n.* развратник
libertine
razvudnik *n.* развъдник *warren*
razvurzvam *v.t.* развързвам
loosen
razvuzhdam *v.t* развъждам
breed
razvyavam *v.t.* развявам *wave*
razvyavane *n.* развяване *flutter*
razyaryavam *v.t.* разярявам
infuriate
razyazhdam *v.t.* разяждам *fret*
razyazhdane *n.* разяждане *fret*
reabilitatsiya *n.* реабилитация
rehabilitation
reabilitiram *v.t.* реабилитирам
rehabilitate
reagiram *v.i.* реагирам *react*
reaktsionen *a.* реакционен
reactionary
reaktsiya *n.* реакция *reaction*
realist *n.* реалист *realist*
realistik *a.* реалистичен
realistic

realizatsiya n. реализация realization
realizum n. реализъм realism
realnost n. реалност reality
rebro n. ребро rib
rech n. реч oration
rech n. реч speech
rechan kamuk n. речен камък boulder
rechnik n. речник dictionary
rechnik n. речник lexicon
rechnik n. речник vocabulary
red n. ред innings
red n. ред order
red n. ред row
redaktiram v. t редактирам edit
redaktor n. редактор editor
redaktorski a. редакторски editorial
reditsa n. редица array
reditsa n. редица file
redom adv редом abreast
redouvam v.t. редувам alternate
redoven a. редовен regular
redovnost n. редовност regularity
refer n. рефер referee
referendoum n. референдум referendum
refleks n. рефлекс reflex
reflektiven a. рефлективен reflective
reflektor n. рефлектор reflector
reflektoren a. рефлекторен reflex
reforma n. реформа reform
reformator n. реформатор reformer
reformatorski a. реформаторски reformatory

reformatsiya n. реформация reformation
reformiram v.t. реформирам reform
refren n. рефрен refrain
regeneratsiya n. регенерация regeneration
regeneriram v.t. регенерирам regenerate
regeneriram v.t. регенерирам retread
regenerirana gouma n. регенерирана гума retread
registrator n. регистратор registrar
registratoura n. регистратура registry
registratsiya n. регистрация registration
registriram v.t. регистрирам file
registriram v.t. регистрирам register
registur n. регистър register
regoulator n. регулатор regulator
regouliram v.t. регулирам adjust
regouliram v.t. регулирам regulate
regoulirane n. регулиране adjustment
reka n. река river
reket n. рекет racket
reklama n реклама advertisement
reklamiram v.t. рекламирам advertise
reklamiram v.t. рекламирам publicize
rekolta n. реколта yield
rektoum n. ректум rectum

rekviem *n.* реквием *requiem*
rekviziram *v.t.* реквизирам *requisition*
rekvizit *n.* реквизит *requiste*
rele *n.* реле *relay*
religiozen *a.* религиозен *religious*
religiya *n.* религия *religion*
relikva *n.* реликва *relic*
relsa *n.* релса *rail*
remarke *n.* ремарке *trailer*
remuk *n.* ремък *strap*
renesans *n.* ренесанс *renaissance*
renome *n.* реноме *repute*
renovatsiya *n.* реновация *renovation*
renoviram *v.t.* реновирам *renovate*
rentgen *n.* рентген *x-ray*
rentgenov *a.* рентгенов *x-ray*
rentier *n.* рентиер *annuitant*
repatriram *v.t.* репатрирам *repatriate*
repatriran *n.* репатриран *repatriate*
repatrirane *n.* репатриране *repatriation*
repetiram *v.t.* репетирам *rehearse*
repetitsiya *n.* репетиция *rehearsal*
repichka *n.* репичка *radish*
replika *n.* реплика *cue*
replika *n.* реплика *replica*
reporter *n.* репортер *reporter*
repoublika *n.* република *republic*
repoublikanets *n.* републиканец *republican*

repoublikanski *a.* републикански *republican*
repoutatsiya *n.* репутация *reputation*
represiram *v.t.* репресирам *repress*
represiya *n.* репресия *repression*
reprodouktiven *a.* репродуктивен *reproductive*
reprodouktsiya *n.* репродукция *reproduction*
reshavam *v.t.* решавам *decide*
reshavam *v.t.* решавам *resolve*
reshavam chrez arbitrazh *v.t.* решавам чрез арбитраж *arbitrate*
reshavasht *a.* решаващ *crucial*
reshenie *n.* решение *decision*
reshenie *n.* решение *resolution*
reshenie *n.* решение *verdict*
reshetka *n.* решетка *grate*
reshetka *n.* решетка *lattice*
reshitelen *a.* решителен *decisive*
reshitelen *a.* решителен *manly*
reshitelen *a.* решителен *resolute*
reshitelnost *n.* решителност *determination*
resna *n.* ресна *fringe*
resours *n.* ресурс *resource*
restorant *n.* ресторант *restaurant*
retina *n.* ретина *retina*
retorika *n.* реторика *rhetoric*
retoushiram *v.t.* ретуширам *retouch*
retrospektiven *a.* ретроспективен *retrospective*

retrospektsiya n. ретроспекция retrospection
retsepta n. рецепта recipe
retsesiya n. рецесия recession
retsiprochen a. реципрочен reciprocal
retsital n. рецитал recital
retsitiram v.t. рецитирам recite
rev n. рев roar
reva v.i. рева roar
reviziram v.t. ревизирам audit
reviziram v.t. ревизирам revise
reviziya n. ревизия audit
reviziya n. ревизия overhaul
reviziya n. ревизия revision
revizor n. ревизор auditor
revmatichen a. ревматичен rheumatic
revmatizum n. ревматизъм rheumatism
revniv a. ревнив jealous
revnivost n. ревност jealousy
revolver n. револвер revolver
revolyutsionen a. революционен revolutionary
revolyutsioner n. революционер revolutionary
revolyutsiya n. революция revolution
reya se v.t. рея се plane
reyndzhur n. рейнджър ranger
reze n. резе latch
rezerva n. резерва reservation
rezervat n. резерват preserve
rezerviram v.t. резервирам book
rezervna chast n. резервна част spare
rezervoar n. резервоар rservoir
rezha v.t. режа cut
rezha v.t. режа lop
rezha v.t. режа saw
rezha v.t. режа slice
rezhim n. режим regime
rezistenten a. резистентен resistant
rezonans n. резонанс resonance
rezonanten a. резонантен resonant
rezoultat n. резултат result
rezoultiram v.i. резултирам result
rezyume n. резюме conspectus
rezyume n. резюме precis
rezyume n. резюме resume
rezyume n. резюме synopsis
rezyumiram v.i. резюмирам abstain
riba n. риба fish
ribar n. рибар fisherman
riben pasazh n. рибен пасаж shoal
ridanie n. ридание lamentation
ridanie n. ридание sob
ridaniya n. ридания wail
ridaya v.i. ридая sob
ridaya v.i. ридая wail
ridaya v.i. ридая weep
rikoshirane n. рикоширане rebound
riksha n. рикша rickshaw
rima n. рима rhyme
rimouvam v.i. римувам rhyme
riskouvam v.t. рискувам hazard
riskouvam v.t. рискувам risk
riskouvam v.t. рискувам stake
riskovan n. риск risk
riskovan a. рискован risky
riskovan a. рискован venturous
risouvam v.t. рисувам paint
ritam v.t. ритам kick

ritmichen *a.* ритмичен *rhythmic*
ritnik *n.* ритник *kick*
ritorichen *a.* риторичен *rhetorical*
ritorika *n.* риторика *oratory*
ritoual *n.* ритуал *ritual*
ritoualen *a.* ритуален *ritual*
ritsar *n.* рицар *chevalier*
ritsar *n.* рицар *knight*
ritsarski *a.* рицарски *chivalrous*
ritsarstvo *n.* рицарство *chivalry*
ritsinovo maslo *n.* рициново масло *castor oil*
ritum *b.* ритъм *rhythm*
riza *n.* риза *chemise*
riza *n.* риза *shirt*
riznitsa *n.* ризница *armour*
riznitsa *n.* ризница *mail*
rob *n.* роб *menial*
rob *n.* роб *slave*
rob *n.* роб *thrall*
roba *n.* роба *robe*
robot *n.* робот *robot*
robouvam *v.i.* робувам *slave*
robski *a.* робски *menial*
robski *a.* робски *servile*
robski *a.* робски *slavish*
robstvo *n.* робство *bondage*
robstvo *n.* робство *slavery*
robstvo *n.* робство *thralldom*
rod *n.* род *gender*
rod *n.* род *kin*
roden *v.* роден *born*
roden *a.* роден *native*
roden *a.* роден *vernacular*
roditel *n.* родител *parent*
roditelski *a.* родителски *parental*
rodnina *n.* роднина *relative*
rodninstvo *n.* роднинство *kinship*

rodoslovie *n.* родословие *pedigree*
rodstven *adj.* родствен *cognate*
rog *n.* рог *horn*
rogche *n.* рогче *cornicle*
rogonosets *n.* рогоносец *cuckold*
rogovitsa *n.* роговица *cornea*
roklya *n.* рокля *gown*
rolya *n.* роля *role*
rom *n.* ром *rum*
roman *n.* роман *novel*
romanist *n.* романист *novelist*
romans *n.* романс *romance*
romantichen *a.* романтичен *romantic*
romolya *n.* ромол *ripple*
romolya *v.t.* ромоля *ripple*
roptaya *v.i.* роптая *grumble*
rosa *n.* роса *dew*
roubin *n.* рубин *ruby*
roubla *n.* рубла *rouble*
rouchey *n.* ручей *brook*
rouda *n.* руда *ore*
rouini *n.* руини *wreckage*
rouliram *v.i.* рулирам *taxi*
roulo *n.* руло *roll*
rouno *n.* руно *fleece*
roupiya *n.* рупия *rupee*
routina *n.* рутина *routine*
routinen *a.* рутинен *routine*
rov *n.* ров *moat*
rov *n.* ров *pit*
rovya *n.* ровя *burrow*
royak *n.* рояк *swarm*
roza *n.* роза *rose*
rozarium *n.* розариум *rosary*
rozhden *a.* рожден *natal*
rozhdenie *n.* рождение *nativity*
rozhkov *n.* рожков *locust*
rozov *a.* розов *pink*

rozov *a.* розов *roseate*
rozov *a.* розов *rosy*
rozovichuk *a.* розовичък *pinkish*
rub *n.* ръб *brink*
rub *n.* ръб *rim*
ruchen *a.* ръчен *manual*
rugam *v.t.* ръгам *jab*
ruka *n.* ръка *arm*
ruka *n.* ръка *forearm*
ruka *n.* ръка *hand*
rukav *n.* ръкав *sleeve*
rukavitsa *n.* ръкавица *gauntlet*
rukavitsa *n.* ръкавица *glove*
rukavitsa *n.* ръкавица *mitten*
rukopis *n.* ръкопис *manuscript*
rukopis *n.* ръкопис *script*
rukovodene *n.* ръководене *conduct*
rukovoditel *n.* ръководител *principal*
rukovodstvo *n.* ръководство *administration*
rukovodstvo *n.* ръководство *directory*
rukovodstvo *n.* ръководство *guidance*
rukovodstvo *n.* ръководство *lead*
rukovodya *v.t.* ръководя *administer*
rukovodya *v.t.* ръководя *conduct*
rukovodya *v.t.* ръководя *direct*
rukovodya *v.t.* ръководя *guide*
rumi *v.i.*ръми *drizzle*
rumzha *v.i.* ръмжа *growl*
rumzha *v.i.* ръмжа *snarl*
rumzhene *n.* ръмжене *growl*
rumzhene *n.* ръмжене *snarl*
rust *n.* ръст *stature*

ruzh *n.* ръж *rye*
ruzhda *n.* ръжда *rust*
ruzhdiv *a.* ръждив *rusty*
ruzhdyasvam *v.i.* ръждясвам *rust*
ruzhen *a.* ръжен *wistful*
ryadko *adv.* рядко *seldom*
ryaduk *a.* рядък *rare*
ryaduk *a.* рядък *sparse*
ryapa *n.* ряпа *turnip*
ryazka *n.* рязка *notch*
ryazko padane *n.* рязко падане *slump*
ryazuk *a.* рязък *abrupt*
ryazuk *a.* рязък *harsh*

S

s *prep.* с *with*
s bogato vuobrazhenie *a.* с богато въображение *imaginative*
s neobiknoven razmer *a.* с необикновен размер *outsize*
s vkous *a.* с вкус *tasteful*
sabat *n.* сабат *sabbath*
sabotazh *n.* саботаж *sabotage*
sabotiram *v.t.* саботирам *sabotage*
sabuzhdam *v.t.* събуждам *wake*
sabya *n.* сабя *sabre*
sadist *n.* садист *sadist*
sadizum *n.* садизъм *sadism*
sadya *v.t.* садя *plant*
salamoura *n* саламура *brine*
salamoura *n.* саламура *pickle*
salata *n.* салата *salad*
salfetka *n.* салфетка *napkin*

salon *n.* салон *lounge*
salon *n.* салон *saloon*
salto *n.* салто *somersault*
sam *a.* сам *alone*
sam *a.* сам *lone*
samo *adv.* само *just*
samo *adv.* само *only*
samo che *conj.* само че *only*
samodovolen *a.* самодоволен *complacent*
samodovolen *a.* самодоволен *smug*
samohvalko *n.* самохвалко *bouncer*
samoiztukvane *n.* самоизтъкване *egotism*
samolet *n.* самолет *aeroplane*
samolet *n.* самолет *jet*
samolet *n.* самолет *plane*
samolichnost *n.* самоличност *identity*
samonadeyanost *n.* самонадеяност *conceit*
samoobladanie *n.* самообладание *composure*
samootverzhen *a.* самоотвержен *selfless*
samooubiystven *a.* самоубийствен *suicidal*
samooubiystvo *n.* самоубийство *suicide*
samota *n.* самота *loneliness*
samota *n.* самота *solitude*
samoten *a.* самотен *lonely*
samoten *a.* самотен *solitary*
samoun *n.* самун *loaf*
samovlasten *a.* самовластен *autocratic*
samozvanets *n.* самозванец *impostor*

sanatorium *n.* санаториум *sanatorium*
sandal *n.* сандал *sandal*
sandalovo durvo *n.* сандалово дърво *sandalwood*
sanduk *n.* сандък *chest*
sandvich *n.* сандвич *sandwich*
sangvinichen *a.* сангвиничен *sanguine*
sanitaren *a.* санитарен *sanitary*
sanktsioniram *v.t.* санкционирам *sanction*
sanktsiya *n.* санкция *sanction*
santimentalen *a.* сантиментален *sentimental*
sapfir *n.* сапфир *sapphire*
sapoun *n.* сапун *soap*
sapounen *a.* сапунен *soapy*
sapounisvam *v.t.* сапунисвам *soap*
sarkastichen *a.* саркастичен *sarcastic*
sarkazum *n.* сарказъм *sarcasm*
satana *n.* сатана *satan*
satelit *n.* сателит *satellite*
satira *n.* сатира *satire*
satirichen *a.* сатиричен *satirical*
satirik *n.* сатирик *satirist*
savan *n.* саван *shroud*
sazhdi *n.* сажди *soot*
sbirka *n.* сбирка *collection*
sbit *a.* сбит *compact*
sbit *a.* сбит *concise*
sbit *a.* сбит *terse*
sbluskvam se *v.t.* сблъсквам се *clash*
sbluskvam se *v.i.* сблъсквам се *collide*
sbluskvam se s *v.t.* сблъсквам се с *encounter*
sblusuk *n.* сблъсък *collision*

sblusuk *n.* сблъсък *conflict*
sbogom *interj.* сбогом *adieu*
sbogom *interj.* сбогом *farewell*
sbogouvane *n.* сбогуване *adieu*
sbor *n.* сбор *muster*
sbor *n.* сбор *total*
sborishte *n.* сборище *venue*
sboutvam *v.t.* сбутвам *jog*
sboutvam *v.t.* сбутвам *nudge*
schetovoditel *n.* счетоводител *accountant*
schetovoditel *n.* счетоводител *book-keeper*
schetovodns kniga *n.* счетоводна книга *ledger*
schetovodstvo *n.* счетоводство *accountancy*
schitam *v.t.* считам *conceive*
schitam *v.t.* считам *consider*
schitam *v.i.* считам *deem*
schitam *v.t.* считам *opine*
schitam *v.t.* считам *repute*
schitane *v.t.* считам *regard*
schoupvam *v.t.* счупвам *smash*
schoupvam *v.t.* счупвам *snap*
schoupvam se *v.t.* счупвам се *fracture*
schoupvane *n.* счупване *fracture*
schoupvane *n.* счупване *smash*
sdelka *n.* сделка *bargain*
sdelka *n.* сделка *transaction*
sdruzhavane *n.* сдружаване *affiliation*
sdurzhan *a.* сдържан *reticent*
sdurzhanost *n.* сдържаност *reticence*
sebe si *pron.* себе си *myself*
sech *n.* сеч *carnage*
sechene na pari *n.* сечене на пари *coinage*
sechivo *n.* сечиво *implement*
sedalka *n.* седалка *seat*
sedan *n.* седан *sedan*
sedem *n.* седем *seven*
sedem *a.* седем *seven*
sedemdeset *n. a.* седемдесет *seventy*
sedemdeseti *a.* седемдесети *seventieth*
sedemnadeset *n. a.* седемнадесет *seventeen*
sedemnadeseti *a.* седемнадесети *seventeenth*
sedlo *n.* седло *saddle*
sedmi *a.* седми *seventh*
sedmichen *a.* седмичен *weekly*
sedmichnik *n.* седмичник *weekly*
sedmichno *adv.* седмично *weekly*
sedmitsa *n.* седмица *week*
sednal *a.* седнал *sedentary*
sega *adv.* сега *now*
seizmichen *a.* сеизмичен *seismic*
seka *v.t.* сека *chop*
seka *v.t.* сека *hew*
seka pari *v.t.* сека пари *mint*
sekounda *n.* секунда *second*
sekretar *n.* секретар *secretary*
sekretariat *n.* секретариат *secretariat (e)*
sekretsiya *n.* секреция *secretion*
seks *n.* секс *sex*
seksapilen *n.* сексапилен *sexy*
seksualen *a.* сексуален *sexual*
seksualnost *n.* сексуалност *sexuality*
sekta *n.* секта *sect*

sektant *a.* сектант *sectarian*
sektor *n.* сектор *sector*
selekiven *a.* селективен *selective*
selishte *n.* селище *settlement*
selo *n.* село *village*
seltse *n.* селце *hamlet*
selyachestvo *n.* селячество *peasantry*
selyanin *n.* селянин *peasant*
selyanin *n.* селянин *rustic*
selyanin *n.* селянин *villager*
seme *n.* семе *seed*
semenen *a.* семенен *seminal*
semestur *n.* семестър *semester*
semeystvenost *n.* семейственост *nepotism*
semeystvo *n.* семейство *family*
seminar *n.* семинар *seminar*
senat *n.* сенат *senate*
senator *n.* сенатор *senator*
senatorski *a.* сенаторски *senatorial*
senatski *a.* сенатски *senatorial*
seno *n.* сено *hay*
senopis *n.* стенопис *mural*
senzatsionen *a.* сензационен *sensational*
sepsis *n.* сепсис *sepsis*
septemvri *n.* септември *September*
septichen *a.* септичен *septic*
seren *a.* серен *sulphuric*
sergiya *n.* сергия *stall*
serial *n.* сериал *serial*
serien *a.* сериен *serial*
seriozen *a.* сериозен *earnest*
seriozen *a.* сериозен *serious*
seriozen *a.* сериозен *staid*

serioznost *n.* сериозност *gravity*
serpentina *n.* серпентина *serpentine*
sertifikat *n.* сертификат *certificate*
scrvityor *n.* сервитьор *waiter*
servityorka *n.* сервитьорка *waitress*
serzh *n.* серж *serge*
serzhant *n.* сержант *sergeant*
sestra *n.* сестра *sister*
sestrinski *a.* сестрински *sisterly*
sestrinstvo *n.* сестринство *sisterhood*
sever *n.* север *north*
severen *a.* северен *north*
severen *a.* северен *northerly*
severen *a.* северен *northern*
seya *v.t.* сея *sow*
seyf *n.* сейф *safe*
sezon *n.* сезон *season*
sezonen *a.* сезонен *seasonal*
sfera *n.* сфера *sphere*
sferichen *a.* сферичен *spherical*
sglobka *n.* сглобка *joint*
sgodyavam *v.t.* сгодявам *betroth*
sgoushvam se *v.i.* сгушвам се *nestle*
sgrabchvam *v.t.* сграбчвам *grab*
sgrabchvam *v.t.* сграбчвам *seize*
sgrabchvane *n.* сграбчване *clutch*
sgrada *n.* сграда *building*
sgreshavam *v.i* сгрешавам *blunder*

sgustyavam v.t. сгъстявам compress
sgustyavam v.t. сгъстявам condense
sgustyavam v.i. сгъстявам thicken
sguvam v.t. сгъвам fold
shablon n. шаблон stencil
shafran n. шафран saffron
shafranov a. шафранов saffron
shah n. шах chess
shal n. шал muffler
shal n. шал scarf
shal n. шал shawl
shamandoura n. шамандура buoy
shamar n. шамар slap
shampion n. шампион champion
shampoan n. шампоан shampoo
shans n. шанс odds
shapchitsa n. шапчица coif
shapka n. шапка hat
shapkarka n. шапкарка milliner
shapkarstvo n. шапкарство millinery
sharlatanstvo n. шарлатанство quackery
shavam v. i. & n. шавам budge
shedyoovur n. шедьовър masterpiece
shef n. шеф boss
shef n. шеф seam
shega n. шега jest
shegadzhiya n. шегаджия joker
shegouvam se v.i. шегувам се jest
shegouvam se v.i. шегувам се joke

shegovitost n. шеговитост pleasantry
shema n. схема scheme
shepa n. шепа handful
shepna v.t. шепна whisper
shepot n. шепот whisper
shest n., a. шест six
shestdeset n., a. шестдесет sixty
shestdeseti a. шестдесети sixtieth
shesti a. шести sixth
shestnadeset n., a. шестнадесет sixteen
shestnadeseti a. шестнадесети sixteenth
shev n. шев stitch
shibam v.t. шибам flog
shifur, tsifra n. шифър, цифра cipher, cipher
shiling n. шилинг shilling
shimpanze n. шимпанзе chimpanzee
ship n. шип barb
ship n. шип prick
shirina n. ширина latitude
shirina n. ширина width
shirit n. ширит lace
shirok a. широк broad
shirok a. широк wide
shiroko adv. широко wide
shirota n. широта breadth
shishentse n. шишенце vial
shivach n. шивач tailor
shiya v.t. шия sew
shiya v.t. шия stitch
shiya v.t. шия tailor
shkaf n. шкаф cupboard
shkafche n. шкафче drawer
shlager n. шлагер evergreen
shlem n. шлем helmet

shlep *n.* шлеп *barge*
shlyaya se *v.t.* шляя се *saunter*
shlyuz *n.* шлюз *sluice*
shodstvo *n.* сходство *likeness*
shofyor *n.* шофьор *chauffeur*
shofyor *n.* шофьор *driver*
shok *n.* шок *shock*
shokiram *v.t.* шокирам *shock*
shokolad *n.* шоколад *chocolate*
sholastichen *a.* схоластичен *scholastic*
shose *n.* шосе *causeway*
shotlandets *n.* шотландец *Scot*
shotlandski *a.* шотландски *scotch*
shotlandsko ouiski *n.* шотландско уиски *scotch*
shou *n.* шоу *show*
shoum *n.* шум *noise*
shoum *n.* шум *row*
shouma *n.* шума *foliage*
shoumen *a.* шумен *noisy*
shoumen *n.* шумен *row*
shout *n.* шут *antic*
shout *n.* шут *buffoon*
shpanyool *n.* шпаньол *spaniel*
shpionin *n.* шпионин *spy*
shpioniram *v.i.* шпионирам *spy*
shpora *n.* шпора *spur*
shtand *n.* щанд *stand*
shtastie *n.* щастие *fortune*
shtastie *n.* щастие *happiness*
shtastliv *a.* щастлив *fortunate*
shtastliv *a.* щастлив *happy*
shtayga *n.* щайга *crate*
shtedrost *n.* щедрост *bounty*
shtedrost *n.* щедрост *generosity*
shtedrost *n.* щедрост *largesse*
shtedur *a.* щедър *bountiful*
shtedur *a.* щедър *generous*

shtedur *a.* щедър *munificent*
shtempel *n.* щемпел *cachet*
shtepsel *n.* щепсел *plug*
shtiptsi *n.* щипци *barnacles*
shtiptsi *n. pl.* щипци *tongs*
shtipya *v.t.* щипя *nip*
shtipya *v.* щипя *pinch*
shtit *n.* щит *shield*
shtourets *n.* щурец *cricket*
shtourts *n.* щурц *lintel*
shtrakane *n.* щракане *click*
shtrakvane *n.* щракване *snap*
shtraous *n.* щраус *ostrich*
shturkel *n.* щъркел *stork*
shvashtam *v.t.* схващам *apprehend*
shvashtam *v.t.* схващам *comprehend*
shvashtam *v.t.* схващам *fathom*
shvashtane *n.* схващане *apprehension*
shvatka *n.* схватка *encounter*
shvatka *n.* схватка *skirmish*
shvatliv *a.* схватлив *apprehensive*
shvatliv *a.* схватлив *docile*
shvatliv *a.* схватлив *receptive*
shveytsarets *n.* швейцарец *swiss*
shveytsarski *a.* швейцарски *swiss*
signal *n.* сигнал *signal*
signaliziram *v.t.* сигнализирам *signal*
sigouren *a.* сигурен *certain*
sigouren *a.* сигурен *sure*
sigourno *adv.* сигуно *certainly*
sigourno *adv.* сигурно *surely*
sigournost *n.* сигурност *certainty*

sigournost *n.* сигурност
security
sigournost *n.* сигурност *surety*
sila *n.* сила *force*
sila *n.* сила *potency*
sila *n.* сила *strength*
silen *a.* силен *intense*
silen *a.* силен *robust*
silen *a.* силен *strong*
silen *a.* силен *vigorous*
silouet *n.* силует *silhouette*
simetrichen *a.* симетричен
symmetrical
simetriya *n.* симетрия
symmetry
simfoniya *n.* симфония
symphony
simouliram *v.t.* симулирам *feign*
simpatiya *n.* симпатия *liking*
simpozioum *n.* симпозиум
symposium
simptom *n.* симптом *symptom*
simptomatichen *a.*
симптоматичен *symptomatic*
simvol *n.* символ *symbol*
simvol *n.* символ *token*
simvolichen *a.* символичен
symbolic
simvoliziram *v.t.*
символизирам *symbolize*
simvolizum *n.* символизъм
symbolism
sin *a.* син *blue*
sin *n.* син *son*
sin tsvyat *n.* син цвят *blue*
singul *n.* сингъл *single*
sinonim *n.* синоним *synonym*
sinonimen *a.* синонимен
synonymous
sintaksis *n.* синтаксис *syntax*

sintetichen *a.* синтетичен
synthetic
sintetichen material *n.*
синтетичен материал
synthetic
sintez *n.* синтез *synthesis*
sirak *n.* сирак *orphan*
sirena *n.* сирена *siren*
sirene *n.* сирене *cheese*
sirop *n.* сироп *syrup*
siropitalishte *n.* сиропиталище
orphanage
sistema *n.* система *system*
sistematichen *a.* систематичен
systematic
sistematiziram *v.t.*
систематизирам *systematize*
sistemen *a.* системен *orderly*
sito *n.* сито *sieve*
sitouatsiya *n.* ситуация
situation
situatsiya *n.* ситуация
conjuncture
siv *a.* сив *grey*
siyaen *a.* сияен *luminous*
siyaesht *a.* сияещ *refulgent*
siyanie *n.* сияние *radiance*
siyanie *n.* сияние *refulgence*
siyaya *v.i.* сияя *irradiate*
skacham *v.i.* скачам *jump*
skacham *v.i.* скачам *leap*
skacham *v.i.* скачам *skip*
skacham *v.i.* скачам *spring*
skala *n.* скала *rock*
skalp *n.* скалп *scalp*
skandal *n.* скандал *scandal*
skandaliziram *v.t.*
скандализирам *scandalize*
skelet *n.* скелет *skeleton*
skeptichen *a.* скептичен
sceptical

skeptik *n.* скептик *sceptic*
skeptitsizum *n.* скептицизъм *scepticism*
skilidka *n.* скилидка *clove*
skimtya *v.i.* скимтя *whimper*
skiptur *n.* скиптър *sceptre*
skitam *v.i.* скитам *roam*
skitam *v.i.* скитам *stray*
skitam *v.i.* скитам *wander*
skitam se *v.t.* скитам се *maroon*
skitnicheski *a* скитнически *vagabond*
skitnik *n.* скитник *rover*
skitnik *n.* скитник *vagabond*
skitsa *n.* скица *sketch*
skitsiram *v.t.* скицирам *sketch*
sklad *n.* склад *godown*
sklad *v.t.* склад *warehouse*
skladiram *v.t.* складирам *store*
sklonen *a.* склонен *intent*
sklonen *a.* склонен *willing*
sklonnost *n.* склонност *bias*
sklonnost *n.* склонност *tendency*
sklyuchvam *v.t.* сключвам *transact*
sklyuchvam dogovor *v.t.* сключвам договор *contract*
skoba *n.* скоба *brace*
skoba *n.* скоба *clamp*
skoba *n.* скоба *staple*
skok *n.* скок *hop*
skok *n.* скок *jump*
skok *n.* скок *leap*
skok *n.* скок *skip*
skok *n.* скок *spring*
skok *n.* скок *vault*
skoro *adv.* скоро *shortly*
skoro *adv.* скоро *soon*
skoroshen *a.* скорошен *recent*
skorost *n.* скорост *speed*

skorost *n.* скорост *velocity*
skorpion *n.* скорпион *scorpion*
skot *n* скот *brute*
skoubene *n.* скубене *pluck*
skouchen *a.* скучен *humdrum*
skouchen *n.* скучен *monostrous*
skouchen *a.* скучен *tedious*
skouka *n.* скука *tedium*
skoulptor *n.* скулптор *sculptor*
skoulptoura *n.* скулптура *sculpture*
skout *n.* скут *lap*
skrepvam *v.t.* скрепвам *affix*
skripets *n.* скрипец *pulley*
skrito techenie *n.* скрито течение *undercurrent*
skromen *a.* скромен *humble*
skromen *a.* скромен *modest*
skromnost *n.* скромност *decorum*
skromnost *n.* скромност *modesty*
skrutsvam *v.i.* скръцвам *creak*
skup *a.* скъп *costly*
skup *a.* скъп *darling*
skup *a.* скъп *dear*
skup *a.* скъп *expensive*
skupernik *n.* скъперник *miser*
skupernik *n.* скъперник *niggard*
skupotsennost *n.* скъпоценност *gem*
skupotsennost *n.* скъпоценност *jewel*
skurbya *v.t.* скърбя *grieve*
skurbya za *v.t.* скърбя за *rue*
skurpvam *v.t.* скърпвам *botch*
skurtsane *n.* скърцане *creak*
skusyavam *v.t.* скъсявам *shorten*
slab *a* слаб *faint*

slab *a.* слаб *slim*
slab *a.* слаб *weak*
slabeya *v.i.* слабея *languish*
slabini *n.* слабини *loin*
slabooumen *n.* слабоумен *moron*
slabost *n.* слабост *weakness*
sladkar *n.* сладкар *confectioner*
sladkarnitsa *n.* сладкарница *confectionery*
sladkish *n.* сладкиш *sweet*
sladnikav *a.* сладникав *mawkish*
sladnikav *a.* сладникав *saccharine*
sladost *n.* сладост *sweetness*
sladost *n.* сладост *zest*
sladostrasten *a.* сладострастен *voluptuous*
sladostrastie *n.* сладострастие *sensuality*
sladostrastnik *n.* сладострастник *sensualist*
sladuk *a.* сладък *luscious*
sladuk *a.* сладък *sweet*
slagam *v.t.* слагам *put*
slagam beleznitsi *v.t.* слагам белезници *cuff*
slagam beleznitsi *v.t.* слагам белезници *handcuff*
slagam etiket *v.t.* слагам етикет *label*
slagam kray *v.t.* слагам край *tip*
slagam na palouba *v.t.* слагам на палуба *deck*
slagam na politsa *v.t.* слагам на полица *shelve*
slagam namordnik *v.t.* слагам намордник *muzzle*
slagam po sredata *v.t.* слагам по средата *sandwich*
slagam podmetka *v.t.* слагам подметка *sole*
slagam povodi *v.t.* слагам поводи *rein*
slagam pred *v.t.* слагам пред *prefix*
slagam v dzhoba *v.t.* слагам в джоба *pocket*
slagam v torba *v.t.* слагам в торба *sack*
slamen pokriv *n.* сламен покрив *thatch*
slamka *n.* сламка *straw*
slastolyubets *n.* сластолюбец *voluptuary*
slava *n.* слава *fame*
slava *n.* слава *glory*
slava *n.* слава *renown*
slaven *a.* славен *glorious*
slavey *n.* славей *nightingale*
slavya *v.t.* славя *glorify*
sled *prep.* след *after*
sled kato *conj.* след като *after*
sled tova *conj.* след това *whereupon*
sleda *n.* следа *trace*
sleda *n.* следа *track*
sleda *n.* следа *trail*
sleda *n.* следа *vestige*
sledobedna pochivka *n.* следобедна почивка *siesta*
sledovatelno *adv.* следователно *hence*
sledovatelno *adv.* следователно *therefore*
sledsmurten *a.* следсмъртен *post-mortem*
sledstvena tayna *a.* следствена тайна *sub judice*

sledstvie n. следствие inquest
sledvam v.t. следвам follow
sledvasht a. следващ after
sledvasht a. следващ next
sledvasht a. следващ successive
sledya v.t. следя dog
sledya v.t. следя track
sledya v.t. следя trail
slepoochen a. слепоочен temporal
slepoochie n. слепоочие temple
slepota n. слепота amauriosis
slepota n. слепота blindness
slepvasht se v.t. слепващ се conglutinat
sliva n. слива plum
slivam se v.t. сливам се merge
slivane n. сливане confluence
slivane n. сливане merger
slivasht se a. сливащ се confluent
slivitsa n. сливица tonsil
slizest a. слизест mucous
slon n. слон elephant
slonova kost n. слонова кост ivory
slouchaen a. случаен accidental
slouchaen a. случаен casual
slouchaen a. случаен causal
slouchaen a. случаен haphazard
slouchaen a. случаен occasional
slouchaen a. случаен random
slouchay n. случай case
slouchay n. случай occasion
slouchaynost n. случайност contingency
slouchbam se v.t. случвам се happen

slouchka n. случка happening
slouchka n. случка occurrence
slouchvam e v.i. случвам се occur
slouchvam se v.i. случвам се become
slouga n. слуга servant
slouh n. слух rumour
slouhov a. слухов auditive
slousham v.i. слушам listen
sloushatel n. слушател listener
slouz n. слуз mucus
slouz n. слуз slime
slouzest a. слузест slimy
slouzha v.t. служа serve
slouzha voynik v.i. служа войник soldier
slouzhba n. служба service
slouzhesht n. служещ officer
slovoslagatel словослагател compositor
sloy n. слой layer
slozhen a. сложен complex
slozhen a. сложен compound
slozhen a. сложен multiplex
slozhna duma n. сложна дума compound
sluchay n. случай chance
slunchev a. слънчев solar
slunchev a. слънчев sunny
sluntse n. слънце sun
sluzhitel n. служител employee
slyap a. сляп blind
slyuda n. слюда mica
slyunka n. слюнка saliva
smachkvam v.t. смачквам crush
smalyavam se v.t. смалявам се dwindle
smaragd n. смарагд emerald
smayvam v.t. смайвам stun
smazka n. смазка lubrication

smazvam v.t. смазвам *grease*
smazvam v.t. смазвам *lubricate*
smazvam v.t. смазвам *oil*
smekchavam v.t. смекчавам *assuage*
smekchavam v.t. смекчавам *mitigate*
smekchavane n. смекчаване *mitigation*
smel a. смел *brave*
smel a. смел *courageous*
smel a. смел *daring*
smelost n. смелост *bravery*
smelost n. смелост *daring*
smelost n. смелост *hardihood*
smelost n. смелост *manliness*
smenyaem a. сменяем *removable*
smenyam v.t. сменям *change*
smenyam v.t. сменям *slough*
smenyam kozina v.t. сменям козина *shed*
smes n. смес *blend*
smes n. смес *compost*
smes n. смес *miscellany*
smes n. смес *mixture*
smesen a. смесен *miscellaneous*
smesen ezik n. смесен език *lingua franca*
smeshen a. смешен *comical*
smeshen n. смешен *funny*
smeshen a. смешен *laughable*
smeshen a. смешен *ridiculous*
smeshka n. смешка *joke*
smeshnik n. смешник *pantaloon*
smesitel n. смесител *compounder*
smesvam v.t. смесвам *blend*

smesvam v.i. смесвам *compound*
smesvam v.t. смесвам *intermingle*
smesvam v.t. смесвам *lump*
smesvam v.i. смесвам *mix*
smesvam se v.t. смесвам се *mingle*
smet n. смет *rubbish*
smetana n. сметана *cream*
smetka n. сметка *account*
smetka n. сметка *bill*
smeya se v.i. смея се *laugh*
smilam v.t. смилам *digest*
smilam v.t. смилам *pulp*
smiren a. смирен *meek*
smiren a. смирен *submissive*
smirenie n. смирение *humility*
smirna n. смирна *myrrh*
smislen a. смислен *meaningful*
smisul n. смисъл *signification*
smog n. смог *smog*
smokinya n. смокиня *banyan*
smokinya n. смокиня *fig*
smola n. смола *gum*
smotanyak n. смотаняк *jerk*
smoucha v.t. смуча *suck*
smouchene n. смучене *suck*
smoushtavam v.t. смущавам *abash*
smoushtavam v.t. смущавам *disturb*
smoushtavam v.t. смущавам *embarrass*
smoushtavam v.t. смущавам *nonplus*
smouteno adv. смутено *ablush*
smrad n. смрад *stench*
smrad n. смрад *stink*
smudene n. смъдене *smart*
smudya v.i. смъдя *smart*

smulchavam *v.t.* смълчавам *silence*
smulchavam se *v.i.* смълчавам се *hush*
smurdya *v.i.* смърдя *stink*
smurt *n.* смърт *decease*
smurten *a.* смъртен *mortal*
smurtnost *n.* смъртност *mortality*
smurtonosen *a.* смъртоносен *deadly*
smurtonosen *n.* смъртоносен *death*
smuten *a.* смътен *obscure*
smyah *n.* смях *laugh*
smyah *n.* смях *laughter*
smyatam *v.t.* смятам *reckon*
snabdyavam *v.t.* снабдявам *equip*
snabdyavam *v.t.* снабдявам *furnish*
snabdyavam *v.t.* снабдявам *stock*
snabdyavam *v.t.* снабдявам *supply*
snabdyavane *n* снабдяване *supply*
snemam na rentgen *v.t.* снемам на ренген *x-ray*
snezhen *a.* снежен *snowy*
snishavam se *v.i.* снишавам се *cower*
snishoditelen *a.* снизходителен *lenient*
snishoditelnost *n.* снизходителност *lenience, leniency*
snizhoditelnost *a.* снизходителен *indulgent*
snob *n.* сноб *snob*
snobizum *n.* снобизъм *snobbery*
snobski *a.* снобски *snobbish*
snop *n.* сноп *faggot*
snop *n.* сноп *sheaf*
snova *v.t.* снова *shuttle*
snyag *n.* сняг *snow*
sobstven *a.* собствен *own*
sobstvenicheski *a.* собственически *proprietary*
sobstvenik *n.* собственик *owner*
sobstvenik *n.* собственик *proprietor*
sobstvenost *n.* собственост *ownership*
socha *v.t.* соча *point*
sochen *a.* сочен *juicy*
sochen *a.* сочен *lush*
sodomit *n.* содомит *sodomite*
sodomiya *n.* содомия *sodomy*
sofist *n.* софист *sophist*
sofizum *n.* софизъм *sophism*
sok *n.* сок *juice*
sokol *n.* сокол *falcon*
sol *n.* сол *salt*
solen *a.* солен *saline*
solen *a.* солен *salty*
solenost *n.* соленост *salinity*
solidarnost *n.* солидарност *solidarity*
solist *n.* солист *soloist*
solo *n.* соло *solo*
solov *a.* солов *solo*
solovo *adv.* солово *solo*
solya *v.t.* соля *salt*
somnamboul *n.* сомнабул *somnambulist*
somnamboulizum *n.* сомнамбулизъм *somnambulism*

sonda *n.* сонда *probe*
sonet *n.* сонет *sonnet*
sort *n.* сорт *sort*
sortiram *v.t.* сортирам *assort*
sortiram *v.t.* сортирам *range*
sortiram *v.t* сортирам *sort*
sos *n.* сос *sauce*
sotsialist *n.* социалист *socialist*
sotsializum *n.* социализъм *socialism*
sotsiologiya *n.* социология *sociology*
soubektiven *a.* субективен *subjective*
soubsidiram *v.t.* субсидирам *subsidize*
soubsidiya *n.* субсидия *subsidy*
soueta *n.* суета *vanity*
souetene *n.* суетене *ado*
souetya se *v.t.* суетя се *bustle*
soueveren *a.* суеверен *superstitious*
soueverie *n.* суеверие *superstition*
souh *a.* сух *dry*
souma *n.* сума *amount*
souma *n.* сума *sum*
soumiram *v.t.* сумирам *sum*
soumiram *v.t.* сумирам *total*
soumrak *n.* сумрак *dusk*
soupa *n.* супа *soup*
souperlativ *n.* суперлатив *superlative*
sourov *a.* суров *raw*
sourov *a.* суров *severe*
sourovost *n.* суровост *severity*
sousha *n.* суша *draught*
sousha *n.* суша *drought*
souteren *n.* сутерен *basement*
souvenir *n.* сувенир *souvenir*
souveren *n.* суверен *sovereign*
souverenen *a.* суверенен *sovereign*
souverenitet *n.* суверенитет *sovereignty*
sovalka *n.* совалка *shuttle*
soyka *n.* сойка *jay*
spad *n.* спад *decline*
spadam *v.t.* спадам *decline*
spadam *v.i.* спадам *ebb*
spadam *v.i.* спадам *pertain*
spanak *n.* спанак *spinach*
spasenie *n.* спасение *rescue*
spasenie *n.* спасение *salvage*
spasitel *n.* спасител *saviour*
spasyavam *v.t.* спасявам *salvage*
spasyavam *v.t.* спасявам *save*
spasyavam *v.t.* спасявам *rescue*
spazma *n.* спазма *pang*
spazmatichen *a.* спазматичен *spasmodic*
spazum *n.* спазъм *spasm*
spazvasht etiketa *a.* спазващ етикета *ceremonious*
spechalvam *v.t.* спечелвам *benefit*
spekoulant *n.* спекулант *profiteer*
spekoulatsiya *n.* спекулация *speculation*
spekouliram *v.i.* спекулирам *profiteer*
spekouliram *v.i.* спекулирам *speculate*
spelouvam *v.t.* спелувам *spell*
sperma *n.* сперма *semen*
sperma *n.* сперма *sperm*
speshen *a.* спешен *urgent*

speshnost n. спешност
emergency
speshnost n. спешност
urgency
spesimen n. спесимен
specimen
spetsialen a. специален
particular
spetsialen a. специален
special
spetsialist n. специалист
specialist
spetsializatsiya n.
специализация specialization
spetsializiram v.i.
специализирам specialize
spetsialnost n. специалност
speciality
spetsifichen a. специфичен
specific
spetsifikatsiya n.
спецификация specification
spirachka n. спирачка brake
spirala n. спирала spiral
spiralen a. спирален spiral
spiram v.t. спирам brake
spiram v.t. спирам halt
spiram v.i. спирам pause
spiram v.t. спирам stop
spirane n. спиране stoppage
spiritoualist n. спиритуалист
spiritualist
spiritoualizum n.
спиритуализъм spiritualism
spirka n. спирка halt
spisuk n. списък list
spitsa n. спица spoke
spiyatelyavam se v.t.
сприятелявам се befriend
splashvam v.t. сплашвам cow

splashvam v.t. сплашвам
intimidate
splav n. сплав alloy
splitam v.t. сплитам lace
sploten adj сплотен cohesive
splotyavam se v.t. сплотявам
се rally
spodavyam v.t. сподавям
mortify
spodelyam v.t. споделям share
spokoen a. спокоен placid
spokoen a. спокоен sedate
spokoen a. спокоен serene
spokoen a. спокоен tranquil
spokoystvie n. спокойствие
calm
spokoystvie n. спокойствие
quiet
spokoystvie n. спокойствие
serenity
spokoystvie n. спокойствие
tranquility
spoletyavam v.t. сполетявам
befall
spomagam v.t. спомагам favour
spomagatelen a. спомагателен
subsidiary
spomen n. спомен keepsake
spomen n. спомен memento
spomen n. спомен
remembrance
spomen n. спомен
reminiscence
spomenavam v. споменавам
advert
spomenavam v.t. споменавам
mention
spomenavane n. споменаване
mention
spomnyam si v.t. спомням си
recollect

spomnyam si *v.t.* спомням си remember
sponsor *n.* спонсор sponsor
sponsoriram *v.t.* спонсорирам sponsor
spontanen *a.* спонтанен spontaneous
spontannost *n.* спонтанност spontaneity
spor *n.* спор argument
spor *n.* спор contention
spor *n.* спор contest
sporadichen *a.* спорадичен sporadic
sporazoumenie *n.* споразумение agreement
)orazoumenie *n.* споразумение collusion
)orazoumenie *n.* споразумение compact
)orazoumenie *n.* споразумение covenant
)oren vupros *n.* спорен въпрос shuttlecock
)ort *n.* спорт sport
)ortist *n.* спортист sportsman
)orya *v.t.* споря argue
)orya *v.t.* споря contest
)orya *v.t.* споря debate
)orya *v.i.* споря dispute
sposob *n.* способ mode
sposoben *a.* способен able
sposoben *a.* способен capable
sposoben *a.* способен efficient
sposobnost *n.* способност ability
sposobnost *n.* способност capability
sposobnost *n.* способност efficiency

sposobnost za dvizjenie *n.* способност за движение conation
spoukvam se *v.t.* спуквам се puncture
spoukvane *n.* спукване puncture
spouskam *v.t.* спускам lower
spouskam se *v.i.* спускам се swoop
spouskane *n.* спускане swoop
spousuk *n.* спусък trigger
spoyavam *v.t.* споявам solder
spoyka *n.* спойка solder
spravedliv *a.* справедлив equitable
spravedliv *a.* справедлив just
spravedlivo *adv.* справедливо justly
spravka *n.* справка reference
spravochnik *n.* справочник handbook
spravyam se *v.i.* справям се cope
spravyam se *v.t.* справям се handle
sprechkvane *n.* спречкване affray
spretnat *a.* спретнат neat
sprey *n.* спрей spray
sprihav *a.* сприхав petulant
sprihavost *n.* сприхавост petulance
sprint *n.* спринт sprint
sprintsovka *n.* спринцовка syringe
spryagam *v.t. & i.* спрягам conjugate
spunka *n.* спънка impediment
sputnik *n.* спътник sputnik
spuvam *v.t.* спъвам impede

spuvam se *v.t.* спъвам се *trip*
spuvane *n.* спъване *trip*
spya *v.i.* спя *sleep*
spya *v.i.* спя *slumber*
spyasht chovek *n.* спящ човек *sleeper*
sram *n.* срам *shame*
sramen *a.* срамен *shameful*
srasnal *a.* сраснал *adnascent*
srastvam *v.t.* срастваm *accrete*
srastvane *n.* срастване *concrescence*
sravnenie *n.* сравнение *comparison*
sravnenie *n.* сравнение *simile*
sravnitelen *a* сравнителен *comparative*
sravnyavam *v.t.* сравнявам *compare*
srazhavam se *v.t.* сражавам се *combat*
srebro *n.* сребро *silver*
srebrolyubie *n.* сребролюбие *avarice*
sreburen *a.* сребърен *silver*
sreda *n.* среда *mean*
sreda *n.* среда *middle*
sreda среда *midst*
sreda na lyatoto *n.* среда на лятото *midsummer*
sreden *a.* среден *average*
sreden *a.* среден *mean*
sreden *a.* среден *median*
sreden *a.* среден *mid*
sreden *a.* среден *middle*
sreden rod *n.* среден род *neuter*
srednoto *n.* средното *average*
srednovekoven *a.* средновековен *medieval*
srednovekovie *a.* средновековие *medievalism*
sredstvo *n.* средство *means*
sreshta *n.* среща *appointment*
sreshta *n.* среща *meeting*
sreshta *n.* среща *rendezvous*
sreshta *n.* среща *tryst*
sreshtam *v.t.* срещам *meet*
sreshtou *prep.* срещу *against*
sreshtu *a.* срещу *opposite*
sreshtu *prep.* срещу *versus*
srichka *n.* сричка *syllable*
srichkov *n.* сричков *syllabic*
srochen *a.* срочен *terminable*
sroden *a.* сроден *akin*
sroden *a.* сроден *congenial*
srok *n.* срок *term*
sroutvam *v.t.* срутвам *demolish*
sroutvam se *v.i.* срутвам се *collapse*
sroutvam se *v.i.* срутвам се *crash*
sruchen *a.* сръчен *deft*
sruchen *a.* сръчен *handy*
sruchen *a.* сръчен *skilful*
sruchnost *n.* сръчност *artifice*
sryada *n.* сряда *Wednesday*
stabilen *a.* стабилен *stable*
stabilen *a.* стабилен *steady*
stabilen *a.* стабилен *tenable*
stabiliziram *v.t.* стабилизирам *stabilize*
stabiliziram *v.t.* стабилизирам *steady*
stabilizirane *n.* стабилизиране *stabilization*
stabilnost *n.* стабилност *stability*
stabilnost *n.* стабилност *steadiness*
stachka *n.* стачка *strike*

stachkouvam v.t. стачкувам strike
stachnik n. стачник striker
stadion n. стадион stadium
stado n. стадо flock
stado n. стадо herd
stafida n. стафида currant
stafidi n. стафиди raisin
stagnatsiya n. стагнация stagnation
stan n. стан loom
standart n. стандарт standard
standarten a. стандартен standard
standartizatsiya n. стандартизация standardization
standartiziram v.t. стандартизирам standardize
stanovishte n. становище attitude
stanovishte n. становище standpoint
stantsiya n. станция station
star a. стар old
stara moma n. стара мома spinster
staratelen a. старателен painstaking
staromoden a. старомоден obsolete
staromoden a. старомоден outmoded
starouha n. старуха hag
starshi a. старши senior
starshinstvo n. старшинство seniority
start n. старт start
statichen n. статичен static
statika n. статика statics

statisticheski a. статистически statistical
statistik n. статистик statistician
statistika n. статистика statistics
statiya n. статия article
statiya n. статия editorial
statous n. статус status
statouya n. статуя statue
staya n. стая chamber
staya n. стая room
stazhant n. стажант trainee
stegnat a. стегнат tight
stemitelnost n. стремителност impetuosity
stena v.i. стена groan
stena v.i. стена moan
stena n. стена wall
stenen a. стенен mural
stenograf n. стенограф stenographer
stenografiya n. стенография stenography
step n. степ steppe
stepen n. степен degree
stepen n. степен extent
stepen n. степен grade
stepenka n. степенка rung
stepenuvam v.t. степенувам grade
stereotip n. стереотип stereotype
stereotipen a. стереотипен stereotyped
stereotipiram v.t. стереотипирам stereotype
sterilen a. стерилен sterile
sterilitet n. стерилитет sterility
steriliziram v.t. стерилизирам sterilize

sterilizirane *n.* стерилизиране *sterilization*
stesnitelen *a.* стеснителен *sheepish*
stesnitelen *a.* стеснителен *timorous*
stesnuavam *v.t.* стеснявам *narrow*
stetoskop *n.* стетоскоп *stethoscope*
stigam *v.t.* стигам *reach*
stigam *v.i.* стигам *suffice*
stigma *n.* стигма *stigma*
stih *n.* стих *verse*
stihopletets *n.* стихоплетец *poetaster*
stihopletets *n.* стихоплетец *rhymester*
stihoslozhenie *n.* стихосложение *versification*
stil *n.* стил *style*
stimoul *n.* стимул *inducement*
stimoul *n.* стимул *stimulus*
stimoulant *n.* стимулант *stimulant*
stimouliram *v.t.* стимулирам *stimulate*
stipendiya *n.* стипендия *scholarship*
stiskam *v.t.* стискам *squeeze*
stiskane *n.* стискане *grip*
stisnat *a.* стиснат *niggardly*
stisnat *a.* стиснат *stingy*
stisvam *v.t.* стисвам *grip*
sto *n.* сто *hundred*
sto godini *n.* сто години *centenary*
stogodishen *n.* стогодишен *centenarian*
stogodishen *a.* стогодишен *centennial*

stoik *n.* стоик *stoic*
stoka *n.* стока *commodity*
stoka *n.* стока *merchandise*
stokraten *n.* & *adj.* стократен *centuple*
stol *n.* стол *chair*
stolar *n.* столар *joiner*
stolichan *n.* столичан *metropolitan*
stolichen *a.* столичен *metropolitan*
stolova *n.* столова *canteen*
stomah *n.* стомах *stomach*
stomana *n.* стомана *steel*
ston *n.* стон *groan*
ston *n.* стон *moan*
stonoga *n.* стонога *millipede*
stonozhka *n.* стоножка *centipede*
stopen *a.* стопен *molten*
stopyavane *n.* стопяване *fusion*
stoud *n.* студ *chill*
stoud *n.* студ *cold*
stouden *a.* студен *cold*
stoudent *n.* студент *undergraduate*
stoudio *n.* студио *studio*
stouvam *a.* струвам *worth*
stoya *v.i.* стоя *stand*
stoyka *n.* стойка *posture*
stoynost *n.* стойност *value*
stoynost *n.* стойност *worth*
stradanie *n.* страдание *tribulation*
strah *n.* страх *dread*
strah *n.* страх *fear*
strahlivets *n.* страхливец *coward*
strahlivost *n.* страхливост *cowardice*

strahopochitanie n. страхопочитание awe
strahouvam se v.t. страхувам се dread
strahouvam se v.i. страхувам се fear
strana n. страна country
strana n. страна side
strana po delo n. страна по дело litigant
stranen a. странен rum
stranen a. странен strange
stranen a. странен weird
strannost n. странност oddity
strannost n. странност singularity
stranstvam v.t. странствам ambulate
stranstvam v.i. странствам rove
strashen a. страшен fearful
strashen a. страшен formidable
strast n. страст passion
strasten a. страстен keen
strasten a. страстен passionate
strasten a. страстен vehement
strastnost n. страстност keenness
strastnost n. страстност vehemence
strateg n. стратег strategist
strategicheski a. стратегически strategic
strategiya n. стратегия strategy
strazh n. страж sentinel
strazh n. страж watch
streanitsa n. страница page
strela n. стрела dart
strelba n. стрелба shoot
strelets n. стрелец archer
strelka n. стрелка arrow
strelyam v.t. стрелям shoot
streme n. стреме stirrup
stremezh n. стремеж aspiration
stremitelen a. стремителен impetuous
stremitelno adv. стремително headlong
stremya se v.t. стремя се aspire
stremya se v.i стремя се endeavour
stremya se v.i. стремя се strive
strida n. стрида oyster
strikten a. стриктен strict
strivam v.t стривам mash
strivam v.t. стривам pound
stroen a. строен shapely
stroen n. строен slender
strofa n. строфа stanza
strog a. строг rigorous
strog a. строг stern
strog a. строг stringent
strogost n. строгост rigour
strogost n. строгост stringency
stroitelstvo n строителство construction
stroug n. струг lathe
strougar n. стругар turner
strougovam n. стругoвам lathe
strouktoura n. структура structure
strouktouren a. структурен structural
strouvam v.t. струвам cost
strouya n струя flush
strouya n. струя spout
strouya v.i. струя spout
stroyavam v.t строявам marshal
strumen a. стръмен steep
struna n. струна chord
struv n стръв bait

stryaskam *v.t.* стряскам *startle*
stsena *n.* сцена *scene*
stsena *n.* сцена *stage*
stublo *n.* стъбло *stalk*
stublo *n.* стъбло *stem*
stuklar *n.* стъклар *glazier*
stuklenitsa *n.* стъкленица *phial*
stuklo *n.* стъкло *glass*
stuklo *n.* стъкло *pane*
stulba *n.* стълба *ladder*
stupalo *n* стъпало *foot*
stupalo *n.* стъпало *stair*
stupka *n.* стъпка *step*
stupka *n.* стъпка *tread*
stupkvam *v.t.* стъпквам
 conculcate
stupkvam *v.i.* стъпквам *stamp*
stupvam *v.i.* стъпвам *step*
sturshel *n.* стършел *hornet*
sturzha *v.t.* стържа *grate*
stvol *n.* ствол *trunk*
styagam *v.t.* стягам *tighten*
styuard *n.* стюард *steward*
subaryam *v.t.* събарям *raze*
subaryam *v.t.* събарям *subvert*
subaryane *n.* събаряне
 subversion
subesedvam *v.t.* събеседвам
 commune
subiram *v.t.* събирам *aggregate*
subiram *v.t.* събирам *assemble*
subiram *v.t.* събирам *collect*
subiram *v.t.* събирам *gather*
subiram *v.t.* събирам *muster*
subitie *n.* събитие *event*
sublaznitelen *a.* съблазнителен
 seductive
sublaznyavam *n.* съблазнявам
 seduce
sublaznyavane *n.*
 съблазняване *seduction*

sublazun *n.* съблазън
 allurement
sublyudavane *n.* съблюдаване
 observance
suboleznovanie *n.*
 съболезнование *condolence*
subor *n.* събор *wake*
subota *n.* събота *Saturday*
subouzhdam *v.t.* събуждам
 awake
subouzhdam *v.i.* събуждам
 rouse
subranie *n.* събрание *assembly*
suchetavam *v.t.* съчетавам
 combine
suchetavam se *v.t.* съчетавам
 се *mate*
suchouvstvam *v.t.* съчувствам
 commiserate
suchouvstvam *v.i.* съчувствам
 condole
suchouvstvam *v.i.* съчувствам
 sympathize
suchouvstvasht *a.* съчувстващ
 sympathetic
suchouvstvie *n.* съчувствие
 compassion
suchouvstvie *n.* съчувствие
 sympathy
sud *n.* съд *court*
sud *n.* съд *cuvette*
sud *n.* съд *vessel*
sudba *n.* съдба *destiny*
sudba *n.* съдба *doom*
sudba *n.* съдба *fate*
sudeben *a.* съдебен *judicial*
sudeben spor *n.* съдебен спор
 litigation
sudeben sustav *n.* съдебен
 състав *jury*

sudeben zasedatel *n.* съдебен заседател *juryman*
sudeystvasht *a.* съдействащ *co-operative*
sudeystvouvam *v.i.* съдействувам *minister*
sudiustvo *n.* съдийство *judiciary*
sudiya *v.i.* съдя *judge*
sudiya *n.* съдия *juror*
sudiyski *a.* съдийски *magisterial*
sudiystvo *n.* съдийство *magistracy*
sudrouzhie *n.* съдружие *alliance*
sudrouzhie *n.* съдружие *partnership*
sudrouzhnik *n.* съдружник *associate*
sudrouzhnik *n.* съдружник *co-partner*
sudrouzhnik *n.* съдружник *partner*
sudurzham *v.t.* съдържам *contain*
sudurzhanie *n.* съдържание *content*
sudurzhasht obeshtanie *a.* съдържащ обещание *promissory*
suduya *n.* съдия *judge*
sudya *v.t.* съдя *sue*
sudya se *v.t.* съдя се *litigate*
suedinenie *n.* съединение *amalgam*
suedinenie *n.* съеднение *commissure*
suedinenie *n.* съединение *compound*
suedinyavam *v.t.* съединявам *couple*
suedinyavam *v.t.* съединявам *link*
suedinyavam *v.t.* съединявам *piece*
suedinyavam se *v.t.* съединявам се *interlock*
suedinyavane *n.* съединяване *amalgamation*
suglasie *n.* съгласие *accord*
suglasie *n.* съгласие *concord*
suglasie *n.* съгласие *connivance*
suglasie *n.* съгласие *consent*
suglasna *n.* съгласна *consonant*
suglasouvam *v.t.* съгласувам *accord*
suglasouvam *v.t.* съгласувам *co-ordinate*
suglasouvam *v.t.* съгласувам *proportion*
suglasouvan *a.* съгласуван *coherent*
suglasouvane *n.* съгласуване *co-ordination*
suglasyavam se *v.i.* съгласявам се *agree*
suglasyavam se *v.i.* съгласявам се *consent*
suglasyavane *n.* съгласяване *compliance*
suhna *v.i.* съхна *dry*
suhranenie *n.* съхранение *storage*
suimennik *n.* съименник *namesake*
sukrashtavam *v.t.* съкращавам *abbreviate*
sukrashtavam *v.t.* съкращавам *abridge*

sukrashtavam *v.t.* съкращавам *curtail*
sukrashtavam *v.t.* съкращавам *retrench*
sukrashtavane *n.* съкращаване *abridgement*
sukrashtenie *n.* съкращение *abbreviation*
sukrashtenie *n.* съкращение *retrenchment*
sukrovishte *n.* съкровище *treasure*
sukrovishtnitsa *n.* съкровищница *treasury*
sulza *n.* сълза *tear*
sulzliv *a.* сълзлив *lachrymose*
sulzliv *a.* сълзлив *maudlin*
sum съм *am*
sum *v.t.* съм *be*
sumnenie *n.* съмнение *doubt*
sumnitelen *a.* съмнителен *queer*
sumnitelen *a.* съмнителен *questionable*
sumnyavam se *v.t.* съмнявам се *distrust*
sumnyavam se *v.i.* съмнявам се *doubt*
sun *n.* сън *sleep*
sun *n.* сън *slumber*
sunen *a.* сънен *sleepy*
sunliv *n.* сънлив *somnolent*
sunlivost *n.* сънливост *somnolence*
sunouvam *v.i.* сънувам *dream*
suobrazitelnost *n.* съобразителност *acumen*
suobshtenie *n.* съобщение *message*
suobshtenie *n.* съобщение *notification*

suotnoshenie *n.* съотношение *correlation*
suotnoshenie *n.* съотношение *ratio*
suotveten *a.* съответен *respective*
suotvetno *adv.* съответно *accordingly*
suotvetstvam *v.i.* съответствам *correspond*
suotvetstvam *v.t.* съответствам *fit*
suotvetstvam *v.t.* съответствувам *parallel*
suotvetstvasht *a.* съответстващ *answerable*
suotvetstvie *n.* съответствие *correspondence*
suotvetsvie *n.* съответствие *conformity*
suouchastnik *n.* съучастник *accomplice*
supernicha *v.t.* съперича с *rival*
supernicha *v.i.* съперича *vie*
supernichestvo *n.* съперничество *rivalry*
supernik *n.* съперник *rival*
supostavyam *v.t.* съпоставям *correlate*
suprotiva *n.* съпротива *resistance*
suprotivlyavam se *v.t.* съпротивявам се *resist*
suproug *n.* съпруг *consort*
suproug *n.* съпруг *helpmate*
suproug/a *n.* съпруг/а *spouse*
suprouga *n.* съпруга *wife*
suprouzheski *a.* съпружески *marital*

suprouzheski *n.* съпружески *spousal*
suprovozhdam *v.t.* съпровождам *accompany*
suprovozhdane *n.* съпровождане *accompaniment*
suprug *n.* съпруг *husband*
suputstvam *v.t.* съпътствам *attend*
suputstvasht *n.* съпътстващ *attendant*
surazmeren *a.* съразмерен *proportionate*
surbezh *n.* сърбеж *itch*
surbi me *v.i.* сърби ме *itch*
surdechen *adj.* сърдечен *cardiac*
surdechen *a.* сърдечен *cordial*
surdechno *adv.* сърдечно *heartily*
surdya *v.t.* сърдя *incense*
surevnovavam se *v t.* съревновавам се *emulate*
surma *n.* сърма *tinsel*
surna *n.* сърна *roe*
surp *n.* сърп *sickle*
surtseviden *a.* сърцевиден *cordate*
sused *n.* съсед *neighbour*
suseden *a.* съседен *adjacent*
susedstvo *n.* съседство *neighbourhood*
sushivam *v.t.* съшивам *seam*
susht *a.* същ *same*
sushtestvo *n.* същество *being*
sushtestvo *n.* същество *entity*
sushtestvouvam *v.i.* съществувам *exist*

sushtestvouvam suvmestno *v.i* съществувам съвместно *co-exist*
sushtestvouvane *n.* съществуване *existence*
sushtina *n.* същина *gist*
sushtina *n.* същина *self*
sushtinski *n.* същински *arrant*
sushtnost *n.* същност *essence*
sushto *adv.* също *also*
sushto *adv.* също *besides*
sushto *adv.* също *too*
sushtoto *n.* същото *ditto*
sushtstvitelno ime *n.* съществително име *noun*
susicham *v.t.* съсичам *sabre*
susirek *n.* съсирек *clot*
susirvam *v.t.* съсирвам *clot*
suskam *v.* съскам *assibilate*
suskam *v.i.* съскам *hiss*
suskane *n.* съскане *hiss*
sustav *n.* състав *composition*
sustaven *a.* съставен *component*
sustaven *a.* съставен *constituent*
sustavka *n.* съставка *ingredient*
sustavlyavam *v.t.* съставлявам *constitute*
sustavyam *v.t.* съставям *compile*
sustavyam *v.t.* съставям *compose*
sustavyam tablitsa *v.t.* съставям таблица *tabulate*
sustavyane *n.* съставяне *constitution*
sustezanie *n.* състезание *competition*
sustezatel *n.* състезател *agonist*

sustezavam se *v.i.* състезавам се *compete*
sustoya se *v.i.* състоя се *consist*
sustoyatelen *a.* състоятелен *well-to-do*
sutroudnicha *v.i.* сътруднича *collaborate*
sutroudnicha *v.i.* сътруднича *co-operate*
sutroudnichestvo *n.* сътрудничество *collaboration*
sutroudnichestvo *n.* сътрудничество *co-operation*
suvest *n.* съвест *conscience*
suvet *n.* съвет *advice*
suvet *n.* съвет *council*
suvet *n.* съвет *counsel*
suvet *n.* съвет *tip*
suvetnik *n.* съветник *councillor*
suvetnik *n.* съветник *counsellor*
suvetvam *v.t.* съветвам *advise*
suvetvam *v.t.* съветвам *consult*
suvetvam *v.t.* съветвам *counsel*
suvetvam *v.t.* съветвам *tip*
suvetvane *n* съветване *consultation*
suvkoupyavam se *v.i.* съвкупявам се *copulate*
suvmestimo *adv.* съвместно *jointly*
suvmestno obouchenie *n.* съвместно обучение *co-education*
suvmestno sushtestvouvane *n.* съвместно съществуване *co-existence*
suvpadam *v.i.* съвпадам *coincide*

suvremenen *a* съвременен *contemporary*
suvsem *adv.* съвсем *quite*
suvurshen *a.* съвършен *perfect*
suvurshenstvo *n.* съвършенство *perfection*
suyuz *n.* съюз *union*
suyuznik *n.* съюзник *ally*
suyuzyavam se *v.t.* съюзявам се *ally*
suzdanie *n.* създание *creature*
suzdatel *n.* създател *creator*
suzdatel *n.* създател *originator*
suzdavam *v.t.* създавам *create*
suzertsatelen *a.* съзерцателен *meditative*
suzhalenie *n.* съжаление *regret*
suzhalyavam *v.t.* съжалявам *pity*
suzhalyavam *v.i.* съжалявам *regret*
suzhalyavasht *a.* съжаляващ *sorry*
suzhitelstvam *v.t.* съжителствам *cohabit*
suzhivyavam *v.t.* съживявам *animate*
suzhivyavam *v.i.* съживявам *revive*
suzhivyavane *n.* съживяване *resurgence*
suzhivyavane *n.* съживяване *revival*
suzhivyavasht *a.* съживяващ *resurgent*
suznatelen *a.* съзнателен *conscious*
suznavam *v.t.* съзнавам *realize*
suzvezdie *n.* съзвездие *constellation*

suzvuchie n. съзвучие consonance
svada n. свада fray
svadliv a. свадлив quarrelsome
svalyam v.t. свалям down
svalyam v.t. свалям strip
svalyam ot dluzhnost v.t. свалям от длъжност depose
svatba n. сватба nuptials
svatba n. сватба wedding
svatove n. сватове in-laws
svedousht a. сведущ adept
svenliv a. свенлив bashful
svesht n. свещ candle
sveshten a. свещен sacred
sveshten a. свещен sacrosanct
sveshtenik n. свещеник priest
sveshtitsa n. свещица taper
svetilishte n. светилище sanctuary
svetilishte n. светилище shrine
svetilo n. светило luminary
svetiya n. светия saint
svetkavitsa n. светкавица lightening
svetlina n. светлина light
svetlina n. светлина shine
svetlina na scena n. светлина на сцена limelight
svetotatstven a. светотатствен sacrilegious
svetotatstvo n. светотатство sacrilege
svetski a. светски lay
svetya v.i. светя shine
svidetel n. свидетел witness
svidetelstvam v.i. свидетелствам testify
svidetelstvam v.i. свидетелствам witness
svidliv a. свидлив miserly

sviknal a. свикнал wont
svikvam v.t. свиквам convene
svikvam v.t. свиквам convoke
svikvane n. свикване convocation
svinska mas n. свинска мас lard
svinsko meso n. свинско месо pork
svinya n. свиня sow
svinya n. свиня swine
svirep a. свиреп ferocious
svirep a. свиреп fierce
svirka n. свирка whistle
svirya v.i. свиря fiddle
svirya v.i. свиря flute
svirya v.i. свиря pipe
svirya v.i. свиря whistle
svistyasht a. свистящ strident
svita n. свита retinue
svituk n. свитък scroll
svivam v.t. свивам constrict
svivam v.t. свивам furl
svivam v.t. свивам purse
svivam v.t. свивам wreathe
svivam ramene v.t. свивам рамене shrug
svivam se v.i. свивам се cringe
svivam se v.i. свивам се shrink
svivane n. свиване shrinkage
svivane n. свиване shrug
svoboda n. свобода freedom
svoboda n. свобода liberty
svoboden a. свободен free
svoboden a. свободен spare
svoboden ot rabota a свободен от работа leisure
svobodno vreme n. свободно време leisure
svod v.t. свод arch
svodnik n. сводник bawd

svoevolen *a.* своеволен
	arbitrary
svoevolen *a.* своеволен
	headstrong
svoystvo *n.* свойство *attribute*
svredel *n.* свредел *auger*
svredel *n* свредел *drill*
svruhchovek *n.* свръхчовек
	superman
svruhchoveshki *a.*
	свръхчовешки *susperhuman*
svruhdoza *n.* свръхдоза
	overdose
svruhestestven *a.*
	свръхестествен *supernatural*
svruhizobilie *n.*
	свръхизобилие
	superabundance
svruhtovar *n.* свръхтовар
	overload
svruhzvoukov *a.* свръхзвуков
	supersonic
svurshvam *v.t.* свършвам *end*
svurshvam *v.t.* свършвам *finish*
svurtalishte *n.* свърталище
	haunt
svurzan *a.* свързан *conjunct*
svurzan *a.* свързан с
	conversant
svurzan s kitkata *adj.* свързан с
	китката *carpal*
svurzvam *v.t.* свързвам *connect*
svurzvam *v.t.* свързвам *contact*
svurzvam *v.t.* свързвам *relate*
svurzvasht *a.* свързващ
	annectant
svurzvne *n.* свързване *juncture*
svyat *a.* свят *holy*
svyat *a.* свят *saintly*
svyat *n.* свят *world*

svyrzvam s zhitsa *v.t.*
	свързвам с жица *wire*
syadam *v.i.* сядам *sit*
syanka *n.* сянка *shade*
syanka *n.* сянка *shadow*
syara *n.* сяра *sulphur*
syzdanie *n.* създание *wight*

T

tabakhana *n.* табакхана
	tannery
tablet *n.* таблет *tablet*
tablichen *a.* табличен *tabular*
tablichni danni *n.* таблични
	данни *tabulation*
tabou *n.* табу *taboo*
taboulator *n.* табулатор
	tabulator
tabouretka *n.* табуретка *stool*
taen *a.* таен *clandestine*
taen *a.* таен *secret*
taka *adv.* така *so*
taka *adv.* така *that*
taka *adv.* така *thus*
taksa *n.* такса *fare*
taksa *n.* такса *toll*
taksa *n.* такса *wharfage*
taksa za prevoz *n.* такса за
	превоз *cartage*
taksi *n.* такси *cab*
taksi *n.* такси *taxi*
takt *n.* такт *tact*
taktichen *a.* тактичен *tactful*
taktik *n.* тактик *tactician*
taktika *n.* тактика *tactics*
takuv *pron.* такъв *such*
talant *n.* талант *talent*
talasum *n.* таласъм *bogle*

talaz *n.* талаз *billow*
talisman *n.* талисман *talisman*
tam *adv.* там *there*
tamarind *n.* тамаринд *tamarind*
tamoshen *a.* тамошен *younder*
tampon *n.* тампон *pad*
tamponiram *v.t.* тампонирам *pad*
tamyan *n.* тамян *incense*
tangens *n.* тангенс *tangent*
tanker *n.* танкер *tanker*
tantelen *a.* тантелен *lacy*
tants *n.* танц *dance*
tantsuvam *v.t.* танцувам *dance*
tarifa *n.* тарифа *tariff*
tate *n.* тате *dad, daddy*
tatouiram se *v.i.* татуирам се *tattoo*
tatouirovka *n.* татуировка *tattoo*
tavan *n.* таван *ceiling*
tavan *n.* таван *loft*
taya se *v.i.* тая се *lurk*
tayfoun *n.* тайфун *typhoon*
tayna *n.* тайна *secret*
taynstven *a.* тайнствен *uncanny*
taynstvenost *n.* тайнственост *secrecy*
taynstvo *n.* тайнство *sacrament*
tazi vecher *n.* тази вечер *tonight*
teatralen *a.* театрален *theatrical*
teatur *n.* театър *theatre*
tech *n.* теч *leakage*
techen *a.* течен *fluid*
techen *a.* течен *liquid*
techenie *n.* течение *current*
technost *n.* течност *liquid*

technost za ochi *n.* течност за очи *eyewash*
teglene *n.* теглене *traction*
teglo *n.* тегло *weight*
teglya *v.t.* тегля *draw*
tehen *a.* техен *their*
tehen *pron.* техен *theirs*
tehnicheska podrobnost *n.* техническа подробност *technicality*
tehnicheska terminologiya *n.* техническа терминология *technical*
tehnik *n.* техник *fitter*
tehnik *n.* техник *technician*
tehnika *n.* техника *technique*
tehnolog *n.* технолог *technologist*
tehnologichen *a.* технологичен *technological*
tehnologiya *n.* технология *technology*
teizum *n.* теизъм *theism*
teka *v.i.* тека *flow*
teka *v.i.* тека *leak*
teka *v.i.* тека *stream*
tekousht *a.* текущ *current*
tekst *n.* текст *text*
tekstil *n.* текстил *textile*
tekstilen *a.* текстилен *textile*
tekstoura *n.* текстура *texture*
tekstov *a.* текстов *textual*
tele *n.* теле *calf*
telefon *n.* телефон *phone*
telefon *n.* телефон *telephone*
telefoniram *v.t.* телефонирам *telephone*
telegraf *n.* телеграф *telegraph*
telegrafen *a.* телеграфен *telegraphic*

telegrafiram v.t. телеграфирам
 telegraph
telegrafist n. телеграфист
 telegraphist
telegrafiya n. телеграфия
 telegraphy
telegrama n. телеграма
 telegram
telekomounikatsii n.
 телекомуникации
 telecommunications
telepat n. телепат telepathist
telepatichen a. телепатичен
 telepathic
telepatiya n. телепатия
 telepathy
telesen a. телесен bodily
telesen a. телесен corporal
teleshko n. телешко beef
teleskop n. телескоп telescope
teleskopichen a. телескопичен
 telescopic
telesno adv. телесно bodily
televiziya n. телевизия
 television
teloslozhenie n. телосложение
 physique
tema n. тема topic
tema n. тема theme
tematichen a. тематичен
 thematic
temperament n. темперамент
 temperament
temperamenten a.
 темпераментен
 temperamental
temperatoura n. температура
 temperature
temperiram v.t. темперирам
 temper
ten n. тен complexion

tendentsiya n. тенденция trend
tendzhera n. тенджера pot
tenis n. тенис tennis
teokratsiya n. теокрация
 theocracy
teolog n. теолог theologian
teologichcski a. теологически
 theological
teologiya n. теология theology
teorema n. теорема theorem
teoretichen a. теоретичен
 theoretical
teoretik n. теоретик theorist
teoretiziram v.i. теоретизирам
 theorize
teoriya n. теория theory
terapiya n. терапия therapy
terasa n. тераса terrace
terier n. териер terrier
teritorialen a. териториален
 territorial
teritoriya n. територия territory
termichen a. термичен thermal
terminal n. терминал terminal
terminologichen a.
 терминологичен
 terminological
terminologiya n. терминология
 terminology
termometur n. термометър
 thermometer
termos n. термос thermos
 (flask)
terorist n. терорист terrorist
teroriziram v.t. тероризирам
 terrorize
terorizum n. тероризъм
 terrorism
terpentin n. терпентин
 turpentine
terzanie n. терзание anguish

tesen *a.* тесен *narrow*
test *n.* тест *quiz*
test *n.* тест *test*
testis *n.* тестис *testicle*
testo *n.* тесто *dough*
testo *n.* тесто *paste*
testvam *v.t.* тествам *test*
teza *n.* теза *thesis*
tezgyah *n.* тезгях *counter*
tezha *v.t.* тежа *weigh*
tezha poveche *v.t.* тежа повече от *outweigh*
tezhest *n.* тежест *burden*
tezhuk *a.* тежък *laboured*
tezhuk *a.* тежък *weighty*
tiara *n.* тиара *tiara*
ticham *v.i.* тичам *run*
tif *n.* тиф *typhus*
tigritsa *n.* тигрица *tigress*
tigur *n.* тигър *tiger*
tih *a.* тих *pacific*
tih *a.* тих *quiet*
tih *a.* тих *still*
tik *n.* тик *teak*
tikane *n* тикане *thrust*
tiktakam *v.i.* тиктакам *tick*
tikva *n.* тиква *pumpkin*
til *n.* тил *nape*
til *n.* тил *rear*
tinya *n.* тиня *mire*
tinya *n.* тиня *silt*
tip *n.* тип *type*
tipichen *a.* типичен *typical*
tirada *n.* тирада *tirade*
tiran *n.* тиран *tyrant*
tiranin *n.* тиранин *martinet*
tiraniya *n.* тирания *tyranny*
tire *n.* тире *dash*
tishina *n.* тишина *stillness*
titanichen *a.* титаничен *titanic*
titla *n.* титла *title*

titoulyar *n.* титуляр *incumbent*
tiyneydzhur *n.* тийнейджър *teenager*
tlaskam *v.t.* тласкам *boost*
tlaskam napred *v.t.* тласкам напред *propel*
tlasuk *n.* тласък *boost*
tlasuk *n.* тласък *push*
tlasuk *n.* тласък *shove*
tleya *v.i.* тлея *smoulder*
to *pron.* то *it*
toaletna *n.* тоалетна *lavatory*
toaletna *n.* тоалетна *toilet*
tocha *v.t.* точа *whet*
tochen *a.* точен *accurate*
tochen *a.* точен *exact*
tochen *a.* точен *punctual*
tochen moment *n.* точен момент *nick*
tochka *n.* точка *dot*
tochka *n.* точка *item*
tochka *n.* точка *point*
tochno *adv.* точно *sharp*
tochnost *n.* точност *accuracy*
tochnost *n.* точност *punctuality*
toga *n.* тога *toga*
togava *adv.* тогава *then*
togavashen *a* тогавашен *then*
toka *n.* тока *buckle*
toleranten *a.* толерантен *tolerant*
tolerantnost *n.* толерантност *tolerance*
toleriram *v.t.* толерирам *tolerate*
tolerirane *n.* толериране *toleration*
tom *n.* том *tome*
tomahavka *n.* томахавка *hatchet*
ton *n.* тон *ton*

ton (1000kg) *n.* тон (1000кг) *tonne*
tonik *n.* тоник *tonic*
tonzoura *n.* тонзура *tonsure*
top *n.* тор *manure*
topaz *n.* топаз *topaz*
topene *n.* топене *thaw*
topka *n.* топка *ball*
toplina *n.* топлина *heat*
toplina *n.* топлина *warmth*
topograf *n.* топограф *topographer*
topografiya *n.* топография *topography*
topografski *a.* топографски *topographical*
topola *n.* топола *poplar*
topul *a.* топъл *warm1*
topvam *v.i.* топвам *dap*
topvam *v.t.* топвам *dip*
topya *v.i.* топя *melt*
topya *v.t.* топя *smelt*
topya se *v.i.* топя се *thaw*
tor *n.* тор *dung*
tor *n.* тор *fertilizer*
torba *n.* торба *sack*
torbichka *n.* торбичка *pouch*
torf *n.* торф *turf*
tormoz *n.* тормоз *harassment*
tormozya *v.t.* тормозя *bedevil*
tormozya *v.t.* тормозя *harass*
tormozya *v.t.* тормозя *rack*
tornado *n.* торнадо *tornado*
torpedo *n.* торпедо *torpedo*
torpiliram *v.t.* торпилирам *torpedo*
torta *n.* торта *cake*
torya *v.t.* торя *fertilize*
torya *v.t.* торя *soil*
tost *n.* тост *toast*
touba *n.* туба *canister*

touberkoloza *n.* туберколоза *tuberculosis*
touchen *a.* тучен *luxuriant*
touden *a.* туден *tricky*
touhva *n.* тухла *brick*
touk *adv.* тук *here*
toumor *n.* тумор *tumour*
tounel *n.* тунел *tunnel*
touptene *n.* туптене *throb*
touptya *v.i.* туптя *throb*
toupvam *v.i.* тупвам *thud*
toupvane *n.* тупване *thud*
tourbina *n.* турбина *turbine*
tourboulenten *a.* турбулентен *turbulent*
tourboulentsiya *n.* турбуленция *turbulence*
tourist *n.* турист *tourist*
tourizum *n.* туризъм *tourism*
tournir *n.* турнир *tournament*
toutkam se *v.i.* туткам се *dawdle*
touzemen *a.* туземен *aboriginal*
touzemtsi *n. pl.* туземци *aborigines*
tovar *n.* товар *freight*
tovar *n.* товар *load*
tovarya *v.t.* товаря *burden*
tovarya *v.t.* товаря *lade*
tovarya *v.t.* товаря *load*
tovarya *v.t.* товаря *ship*
tovarya puchno *v.t.* товаря ръчно *manhandle*
toy *pron.* той *he*
toyaga *n.* тояга *cudgel*
tozi *a.* този *that*
tozi *dem. pron.* този *that*
traditsionen *a.* традиционен *classical*
traditsionen *a.* традиционен *customary*

traditsionen *a.* традиционен *traditional*
traditsiya *n.* традиция *tradition*
traen *a.* траен *abiding*
traen *a.* траен *durable*
trafik *n.* трафик *traffic*
tragediya *n.* трагедия *tragedy*
tragichen *a.* трагичен *tragic*
tragik *n.* трагик *tragedian*
trakane *n.* тракане *clack*
trakt *n.* тракт *tract*
traktat *n.* трактат *treatise*
traktor *n.* трактор *tractor*
trambovam *v.t.* трамбовам *ram*
tramvay *n.* трамвай *tram*
trans *n.* транс *trance*
transkriptsiya *n.* транскрипция *transcription*
transparant *n.* транспарант *streamer*
transport *n.* транспорт *transport*
transportiram *v.t.* транспортирам *transport*
transportirane *n.* транспортиране *transportation*
traour *n.* траур *mourning*
trap *n.* трап *pitfall*
tredoziram *v.t.* предозирам *overdose*
tremor *n.* тремор *tremor*
trening *n.* тренинг *training*
treniram *v.t.* тренирам *train*
trenyor *n.* треньор *coach*
trepene *n.* трепене *toil*
treperene *n.* трептене *oscillation*
treperene *n.* треперене *thrill*
treperliv *a.* треперлив *shaky*
treperya *v.i.* треперя *pulsate*
treperya *v.i.* треперя *quiver*
treperya *v.i.* треперя *shiver*
treperya *v.i.* треперя *thrive*
treperya *v.i.* треперя *tremble*
trepet *n.* трепет *quiver*
treptya *v.i.* трептя *oscillate*
treptya *v.i.* трептя *vibrate*
trepvam *v.i.* трепвам *wince*
trepya se *v.i.* трепя се *moil*
trepya se *v.i.* трепя се *toil*
tresa se *v.i.* треса се *quake*
tresavishte *n.* тресавище *slough*
treska *n.* треска *fever*
treska *n.* треска *splinter*
treskav *a.* трескав *agog*
treti *a.* трети *third*
tretina *n.* третина *third*
tretiram *v.t.* третирам *treat*
tretirane *n.* третиране *treatment*
treto *adv.* трето *thirdly*
treva *n.* трева *grass*
trevoga *n.* тревога *concern*
trevoga *n.* тревога *trouble*
trevoga *n.* тревога *worry*
trevozha *v.t.* тревожа *trouble*
trevozha se *v.i.* тревожа се *fuss*
trevozha se *v.i.* тревожа се *worry*
trevozhen *a.* тревожен *troublesome*
trezven *a.* трезвен *sober*
trezven *a.* трезвен *teetotal*
trezvenik *n.* трезвеник *teetotaller*
trezvenost *n.* трезвеност *sobriety*
tri *n.* три *three*
tri *a.* три *three*

tribagren *a.* трибагрен *tricolour*
tribagrenik *n.* трибагреник *tricolour*
tribouna *n.* трибуна *rostrum*
tribounal *n.* трибунал *tribunal*
trideset *a.* тридесет *thirty*
trideset *n.* тридесет *thirty*
trideseti *a.* тридесети *thirtieth*
triene *n.* триене *friction*
triene *n.* триене *rub*
trihofitiya *n.* трихофития *ringworm*
trik *n.* трик *trick*
trikolka *n.* триколка *tricycle*
trikotazh *n.* трикотаж *hosiery*
trimesechen *a.* тримесечен *quarterly*
trinadeset *n.* тринадесет *thirteen*
trinadeset *a.* тринадесет *thirteen*
trinadeseti *a.* тринадесети *thirteenth*
trinozhnik *n.* триножник *tripod*
trio *n.* трио *trio*
trion *n.* трион *saw*
trioumf *n.* триумф *triumph*
trioumfalen *a.* триумфален *triumphal*
trioumfiram *v.i.* триумфирам *triumph*
trioumfirasht *a.* триумфиращ *triumphant*
triplikat *n.* трипликат *triplicate*
tristranen *a.* тристранен *tripartite*
triton *n.* тритон *merman*
triugulen *a.* триъгълен *triangular*
triugulnik *n.* триъгълник *triangle*
trivialen *a.* тривиален *trivial*
triya *v.t.* трия *rub*
trizhdi *adv.* трижди *thrice*
troen *a.* троен *triple*
troen *a.* троен *triplicate*
trofey *n.* трофей *trophy*
trogatelen *a.* трогателен *poignant*
trogatelnost *n.* трогателност *poignacy*
troha *n.* троха *crumb*
troitsa *n.* троица *trinity*
tromav *a.* тромав *clumsy*
tromav *a.* тромав *maladroit*
tromav *a.* тромав *ungainly*
trompet *n.* тромпет *trumpet*
tron *n.* трон *throne*
tropam *v.i.* тропам *rattle*
tropicheski *a.* тропически *tropical*
tropik *n.* тропик *tropic*
tropot *n.* тропот *rattle*
troshachka *n.* трошачка *cracker*
troshachka *v. t* натрошавам *crumble*
troud *n.* труд *labour*
trouden *a.* труден *difficult*
trouden *a.* труден *hard*
troudnost *n.* трудност *difficulty*
troudnost *n.* трудност *hardship*
troudya se *v.i.* трудя се *labour*
troup *n.* труп *corpse*
troupa *n.* трупа *troupe*
troupam *v.t.* трупам *heap*
troupam *v.t.* трупам *pile*
troupam se *v.i.* трупам се *flock*
troupam se *v.i.* трупам се *mass*
truba *n.* тръба *clarion*
truba *n.* тръба *drain*
truba *n.* тръба *pipe*
truba *n.* тръба *tube*

truben *a.* тръбен *tubular*
trubya *v.i.* тръбя *trumpet*
trugvam *v.i.* тръгвам *depart*
trugvam *v.t.* тръгвам *head*
trupna *v.i.* тръпна *shudder*
trus *n.* тръс *quake*
trus *n.* тръс *trot*
trustika *n.* тръстика *cane*
tryabva *v.* трябва *must*
tsakam *v.t.* цакам *trump*
tsapam *v.t.* цапам *stain*
tsapvam *v.t.* цапвам *bang*
tsareoubiystvo *n.* цареубийство *regicide*
tsarevitsa *n.* царевица *maize*
tsarouvam *v.i.* царувам *reign*
tsarouvane *n.* царуване *reign*
tsarski *a.* царски *regal*
tsarstvo *n.* царство *realm*
tsatigradsko grozde *n.* цариградско грозде *gooseberry*
tsel *n.* цел *aim*
tsel *n.* цел *goal*
tsel *n.* цел *objective*
tsel *n.* цел *purport*
tsel *n.* цел *target*
tselesuobrazen *a.* целесъобразен *expedient*
tselesuobraznost *n.* целесъобразност *advisability*
tselibat *n.* целибат *celibacy*
tselogodishen *a.* целогодишен *perennial*
tselomudren *a.* целомъдрен *chaste*
tselomudrie *n.* целомъдрие *chastity*
tselouvam *v.t.* целувам *kiss*
tselouvka *n.* целувка *kiss*
tselya *v.i.* целя *aim*

tsena *n.* цена *cost*
tsena *n.* цена *price*
tsenen *a.* ценен *precious*
tsenen *a.* ценен *valuable*
tsent *n.* цент *cent*
tsentralen *a.* централен *central*
tsentrobezhen *a.* центробежен *centrifugal*
tsentur *n.* център *center*
tsentur *n.* център *centre*
tsenya *v.t.* ценя *cherish*
tsenya *v.t.* ценя *prize*
tsenya *v.t.* ценя *treasure*
tsenya *v.t.* ценя *value*
tsenzor *n.* цензор *censor*
tsenzoura *n.* цензура *censorship*
tsenzouriram *v.t.* цензурирам *censor*
tsepka *n.* цепка *fissure*
tsepnatina *n.* цепнатина *cleft*
tsepnatina *n.* цепнатина *rift*
tserebralen *adj.* церебрален *cerebral*
tseremoniya *n.* церемония *ceremony*
tshteslaven *a.* тщеславен *vainglorious*
tshteslavie *n.* тщеславие *vainglory*
tsiferblat *n.* циферблат *dial*
tsifra *n.* цифра *cypher cypress*
tsifra *n.* цифра *digit*
tsigara *n.* цигара *cigarette*
tsigular *n.* цигулар *violinist*
tsigulka *n.* цигулка *fiddle*
tsigulka *n.* цигулка *violin*
tsiklichen *a.* цикличен *cyclic*
tsiklon *n.* циклон *cyclone*
tsiklostil *n* циклостил *cyclostyle*

tsiklostiliram *v.t.* циклостилирам *cyclostyle*
tsikul *n.* цикъл *cycle*
tsilindur *n.* цилиндър *cylinder*
tsiment *n.* цимент *cement*
tsimentiram *v.t.* циментирам *cement*
tsinik *n.* циник *cynic*
tsink *n.* цинк *zinc*
tsinobur *n.* цинобър *vermillion*
tsip *n.* цип *zip*
tsirey *n.* цирей *boil*
tsirk *n.* цирк *circus*
tsirkoulyar *n.* циркуляр *circular*
tsisterna *n.* цистерна *tank*
tsitadela *n.* цитадела *citadel*
tsitat *n.* цитат *quotation*
tsitiram *v.t.* цитирам *cite*
tsitiram *v.t.* цитирам *quote*
tsitsa *n.* цица *teat*
tsivilen *n.* цивилен *civilian*
tsivilizatsiya *n.* цивилизация *civilization*
tsiviliziram *v.t.* цивилизирам *civilize*
tsuftezh *n.* цъфтеж *bloom*
tsuftya *v.i.* цъфтя *bloom*
tsurkoven dvor *n.* църковен двор *churchyard*
tsurkva *n.* църква *church*
tsurkva *n.* църква *minster*
tsveklo *n.* цвекло *beet*
tsvetar *n.* цветар *florist*
tsvete *n.* цвете *flower*
tsvetist *a.* цветист *flowery*
tsvilene *n.* цвилене *neigh*
tsvilya *v.i.* цвиля *neigh*
tsvurtene *n.* цвъртене *chirp*
tsvurtya *v.i.* цвъртя *chirp*
tsvyat *n.* цвят *blossom*
tsvyat *n.* цвят *colour*
tsvyat *n.* цвят *tint*
tsyal *a.* цял *entire*
tsyal *a.* цял *whole*
tsyalost *n.* цялост *integrity*
tsyalost *n.* цялост *totality*
tsyalost *n.* цялост *whole*
tuga *n.* тъга *sorrow*
tugouvam *v.i.* тъгувам *sorrow*
tugovets *n.* тъговец *trader*
tuka *v.t.* тъка *weave*
tukach *n.* тъкач *weaver*
tukan *n.* тъкан *fabric*
tukan *n.* тъкан *tissue*
tulkuvam *v.t.* тълкувам *interpret*
tulpa *n.* тълпа *crowd*
tulpa *n.* тълпа *mob*
tulpa *n.* тълпа *throng*
tulpa *n.* тълпа *troop*
tulpya se *v.t.* тълпя се *mob*
tulpya se *v.i.* тълпя се *swarm*
tulpya se *v.i.* тълпя се *troop*
tumen *a.* тъмен *dark*
tumnichar *n.* тъмничар *jailer*
tunuk *a.* тънък *thin*
tup *a.* тъп *blunt*
tup *a.* тъп *dull*
tup *a.* тъп *obtuse*
tupak *n.* тъпак *dunce*
tupak *n.* тъпак *loggerhead*
tupcha *v.t.* тъпча *trample*
turgouvam *v.i.* търгувам *trade*
turgouvam *v.i.* търгувам *traffic*
turgovets *n.* търговец *dealer*
turgovets *n.* търговец *merchant*
turgovets *n.* търговец *wholesaler*
turgovets na drebno *n.* търговец на дребно *retailer*
turgovets na kone *n.* търговец на коне *coper*

turgoviya *n.* търговия *trade*
turgoviya na edro *n.* търговия на едро *wholesale*
turgovski *a.* търговски *commercial*
turgovski *a.* търговски *wholesale*
turgovsko *adv.* търговско *wholesale*
turguvam *n.* търгувам *commerce*
turkalyam *v.i.* търкалям *roll*
turkalyam se *v.i.* търкалям се *bowl*
turpeliv *a.* търпелив *patient*
turpenie *n.* търпение *patience*
turpim *a.* търпим *tolerable*
turpya *v.t.* търпя *stomach*
tursene *n.* търсене *search*
tursya *v.t.* търся *quest*
tursya *v.t.* търся *search*
tursya *v.t.* търся *seek*
turzhestven *a.* тържествен *festive*
turzhestven *a.* тържествен *solemn*
turzhestven *a.* тържествен *stately*
turzhestvenost *n.* тържественост *festivity*
turzhestvenost *n.* тържественост *solemnity*
turzhestvenost *n.* тържественост *stateliness*
turzhishte *n.* тържище *mart*
tuten *n.* тътен *rumble*
tutrene *n.* тътрене *shuffle*
tutrya se *v.i.* тътря се *shuffle*
tuy kato *conj.* тъй като *since*
tuzhen *a.* тъжен *sad*
tuzhen *a.* тъжен *woebegone*

tvorcheski *a.* творчески *creative*
tvorenie *n.* творение *creation*
tvorets *n.* творец *maker*
tvurd *a.* твърд *adamant*
tvurd *a.* твърд *firm*
tvurd *a.* твърд *rigid*
tvurd *a.* твърд *solid*
tvurd *n.* твърд *stiff*
tvurdenie *n.* твърдение *affirmation*
tvurdenie *n.* твърдение *proposition*
tvurdo veshtestvo *n.* твърдо вещество *solid*
tvurdost *n.* твърдост *fortitude*
tvurdya *v.t.* твърдя *affirm*
tvurdya *v.t.* твърдя *assert*
tvurdya *n.* твърдя *predicate*
tya *pron.* тя *she*
tyah *pron.* тях *them*
tyalo *n.* тяло *body*
tyulen *n.* тюлен *seal*
tyurban *n.* тюрбан *turban*
tyurlyugyuvech *n.* тюрлюгювеч *hotchpotch*
tyutyun *n.* тютюн *tobacco*

U

udostoyavam *v.t.* удостоявам *vouchsafe*
udovolstvie *n.* удоволствие *enjoyment*
uglovat *a.* ъгловат *angular*
ugul *n.* ъгъл *angle*
ugul *n* ъгъл *corner*
ukazanie *n.* указание *clue*
umolyavam *v.i.* умолявам *conjure*

umouzritelen *a.* умозрителен *notional*
upoyavam *v.t.* упоявам *intoxicate*
upoyka *n.* упойка *anaesthetic*
upoyka *n.* упойка *intoxicant*
urina *n.* урина *urine*
uriniram *v.i.* уринирам *urinate*
urinirane *n.* уриниране *urination*
urna *n.* урна *urn*
usten *a.* устен *viva-voce*
usten izpit *n.* устен изпит *viva-voce*
ustna *n.* устна *lip*
ustno *adv.* устно *viva-voce*
utalozhvam *v.t.* уталожвам *allay*
uvelichavam se *v.t.* увеличавам се *enlarge*
uyuten *a.* уютен *cosy*

V

v *prep.* в *in*
v *prep.* в *into*
v chouzhbina *adv.* в чужбина *abroad*
v izobilie *adv.* в изобилие *galore*
v koeto *adv.* в което *wherein*
v pamet na *a.* в памет на *memorial*
v zastoy *a.* в застой *stagnant*
v zastoy sum *v.i.* в застой съм *stagnate*
vadya ot kariera *v.i.* вадя от кариера *quarry*
vagina *n.* вагина *vagina*

vagon *n.* вагон *carriage*
vagonetka *n.* вагонетка *bam*
vakantsiya *n.* ваканция *vacation*
vakououm *n.* вакуум *vacuum*
vaksina *n.* ваксина *vaccine*
vaksinator *n.* ваксинатор *vaccinator*
vaksinatsiya *n.* ваксинация *inoculation*
vaksinatsiya *n.* ваксинация *vaccination*
vaksiniram *v.t.* ваксинирам *inoculate*
vaksiniram *v.t.* ваксинирам *vaccinate*
val *n.* вал *axle*
vali duzhd *v.i.* вали дъжд *rain*
vali grad *v.i* вали град *hail*
vali snyag *v.i.* вали сняг *snow*
validen *a.* валиден *valid*
validnost *n.* валидност *validity*
valouta *n.* валута *currency*
valyak *n.* валяк *roller*
vana *n.* вана *bath*
vana *n.* вана *tub*
var *n.* вар *lime*
variola *n.* вариола *smallpox*
varirane *n.* вариране *variance*
variva *n.* варива *pulse*
varosvam *v.t.*варосвам *lime*
varosvam *v.t.* варосвам *whitewash*
varvarin *n.* варварин *barbarian*
varvarshtina *n.* варварщина *barbarism*
varvarski *a.* варварски *barbarian*
varvarstvo *n.* варварство *barbarity*
varya *v.t.* варя *brew*

vat *n.* ват *watt*
vatiram *v.t.* ватирам *quit*
vaya *v.t.* вая *chisel*
vazektomiya *n.* вазектомия *vasectomy*
vazelin *n.* вазелин *vaseline*
vazhen *a.* важен *grave*
vazhen *a.* важен *important*
vazhen *a.* важен *major*
vazhen *a.* важен *momentous*
vazhen chovek *n.* важен човек *somebody*
vbesyavam *v.t.* вбесявам *enrage*
vchera *n.* вчера *yesterday*
vcherashen *adv.* вчерашен *yesterday*
vdigam *v.t.* вдигам *hoist*
vdigam *v.t.* вдигам *raise*
vdigam s krik *v.t.* вдигам с крик *jack*
vdigam se *v.t.* вдигам се *rear*
vdishvam *v.i.* вдишвам *inhale*
vdlubnat *a.* вдлъбнат *concave*
vdouuglov *a.* двуъглов *biangular*
vdovets *n.* вдовец *widower*
vdovitsa *n.* вдовица *widow*
vduhnovenie *n.* вдъхновение *inspiration*
vduhnovyavam *v.t.* вдъхновявам *inspire*
vdyavam *v.t.* вдявам *thread*
veche *adv.* вече *already*
vechen *a.* вечен *eternal*
vechen *a.* вечен *perpetual*
vecher *n.* вечер *evening*
vecherya *n.* вечеря *dinner*
vecherya *n.* вечеря *supper*
vecheryam *v.t.* вечерям *dine*
vecheryam *v.i.* вечерям *sup*

vechnost *n.* вечност *eternity*
vechnozelen *a.* вечнозелен *evergreen*
vednaga *adv.* веднага *anon*
vednuzh *adv.* веднъж *once*
vegetarianets *n.* вегетарианец *vegetarian*
vegetarianski *a.* вегетариански *vegetarian*
vehna *v.i.* вехна *pine*
vehtorii *n.* вехтории *junk*
vek *n.* век *century*
velichaya *v.t.* величая *exalt*
velichestven *a.* величествен *majestic*
velichestvo *n.* величество *majesty*
velichie *n.* величие *grandeur*
velichina *n.* величина *magnitude*
velik *a.* велик *great*
velikden *n.* великден *easter*
velikodoushen *a.* великодушен *magnanimous*
velikodoushie *n.* великодушие *magnanimity*
velikolepen *a.* великолепен *gorgeous*
velikolepen *a.* великолепен *magnificent*
velikolepen *a.* великолепен *splendid*
velikolepie *n.* великолепие *splendour*
vena *n.* вена *vein*
venchavam *v.t.* венчавам *wed*
venchelistche *n.* венчелистче *petal*
venets *n.* венец *wreath*
ventilator *n.* вентилатор *ventilator*

veranda *n.* веранда *verendah*
verbouvam *v.t.* вербувам *recruit*
veren *a.* верен *faithful*
veriga *n.* верига *chain*
veroouchenie *n.* вероучение *creed*
veroyaten *a.* вероятен *likely*
veroyaten *a.* вероятен *probable*
veroyatno *adv.* вероятно *probably*
veroyatnost *n.* вероятност *likelihood*
veroyatnost *n.* вероятност *probability*
versiya *n.* версия *version*
vertep *n.* вертеп *pandemonium*
vertikalen *a.* вертикален *vertical*
veruyu *n.* верую *creed*
vesel *a.* весел *cheerful*
vesel *a.* весел *gay*
vesel *a.* весел *hilarious*
vesel *a.* весел *jolly*
vesel *a.* весел *merry*
vesel *a.* весел *mirthful*
veselba *n.* веселба *gaiety*
veselba *n.* веселба *jollity*
veselba *n.* веселба *spree*
veselie *n.* веселие *frolic*
veselie *n.* веселие *merriment*
veselie *n.* веселие *mirth*
veselost *n.* веселост *hilarity*
veselya se *v.i.* веселя се *frolic*
vesht *a.* вещ *proficient*
veshtestvo *n.* вещество *substance*
veshti *n.* вещи *movables*
veshtina *n.* вещина *proficiency*
vesti *n. pl.* вести *tidings*
vestnik *n.* вестник *gazette*

veteran *n.* ветеран *veteran*
veterinaren *a.* ветеринарен *veterinary*
veto *n.* вето *veto*
vetrovit *a.* ветровит *windy*
veya se *v.t.* вея се *flutter*
vezdesusht *a.* вездесъщ *omnipresent*
vezdesushtnost *n.* вездесъщност *omnipresence*
vglubyavam se *v.i.* вглъбявам се *introspect*
vgorchavam *v.t.* вгорчавам *embitter*
vgorchavam *v.t.* вгорчавам *sour*
vhod *n.* вход *entrance*
vhod *n.* вход *porch*
vibratsiya *n.* вибрация *vibration*
vid *n.* вид *kind*
vid *n.* вид *species*
vid treska *n.* вид треска *dengue*
videnie *n.* видение *wraith*
vidim *a.* видим *visible*
vidimost *n.* видимост *visibility*
vidra *n.* видра *otter*
vihroushka *n.* вихрушка *whirlwind*
vihur *n.* вихър *gale*
vik *n.i.* вик *bawl*
vik *n.* вик *cry*
vik *n.* вик *shout*
vik *n.* вик *yell*
vikam *v.i.* викам *clamour*
vikam *v.i.* викам *cry*
vikam *v.i.* викам *shout*
vikariy *n.* викарий *parson*
vikariy *n.* викарий *vicar*
vila *n.* вила *villa*
vime *n.* виме *udder*
vina *n.* вина *blame*

vina n. вина guilt
vinagi adv. винаги always
vinagi adv. винаги ever
vino n. вино wine
vinoven a. виновен culpable
vinoven a. виновен guilty
vint n. винт screw
violetka n. виолетка violet
virtualen a. виртуален virtual
virulenten a. вирулентен virulent
virulentnost n. вирулентност virulence
virus n. вирус virus
vishist n. висшист graduate
visochestvo n. височество Highness
visochina n. височина altitude
visochina n. височина height
visok a. висок high
visok a. висок loud
visok a. висок tall
visoka tsena n. висока цена overcharge
visoko adv. високо highly
visoulka n. висулка icicle
visyasht a. висящ pending
vitamin n. витамин vitamin
vitaya v.t. витая haunt
vitsekral n. вицекрал viceroy
viya v.t. вия howl
vizhdam v.t. виждам see
vizhdam v.t. виждам sight
vklyuchvam v.t. включвам include
vklyuchvam v.t. включвам switch
vklyuchvane n. включване inclusion
vklyuchvasht a. включващ inclusive

vkorenyavam se v.i. вкоренявам се root
vkostenyavam se v.t. вкостенявам се ossify
vkotenen a. вкоренен ingrained
vkoupom adv. вкупом aheap
vkous n. вкус flavour
vkous n. вкус savour
vkous n. вкус taste
vkousen a. вкусен delicious
vkousen a. вкусен palatable
vkousen a. вкусен tasty
vkousvam v.t. вкусвам delibate
vkousvam v.t. вкусвам savour
vkousvam v.t. вкусвам taste
vlacha v.t. влача drag
vlacha se v.i. влача се straggle
vladenie n. владение domain
vladenie n. владение tenure
vladetel n. владетел ruler
vladeya v.t. владея rule
vladeya v.t. владея wield
vlaga n. влага damp
vlaga n. влага humidity
vlaga n. влага moisture
vlagam v.t. влагам bank
vlagam v.t. влагам consign
vlagam v.t. влагам deposit
vlak n. влак train
vlast n. власт dominion
vlast n. власт power
vlast n. власт rule
vlazhen a. влажен damp
vlazhen a. влажен humid
vlazhen a. влажен moist
vlazhnost n. важност importance
vldenie n. владение occupancy
vlechenie n. влечение affinity
vlechenie n. влечение appetence

vlechenie *n.* влечение *like*
vlechougo *n.* влечуго *reptile*
vlivam *v.t.* вливам *infuse*
vliyanie *n.* влияние *influence*
vliyatelen *a.* влиятелен *influential*
vliyaya *v.t.* влияя *influence*
vlizam *v.t.* влизам *enter*
vlizam v shvatka *v.t.* влизам в схватка *skirmish*
vlizane *n.* влизане *entry*
vlog *n.* влог *deposit*
vloshavam *v.t.* влошавам *aggravate*
vloshavam *v.t.* влошавам *worsen*
vloshavane *n.* влошаване *aggravation*
vlyubchiv *a.* влюбчив *amorous*
vlyuben pogled *n.* влюбен поглед *ogle*
vmuknata douma *n.* вмъкната дума *parenthesis*
vmukvam *v.t.* вмъквам *insert*
vmukvane *n.* вмъкване *insertion*
vnasyam *v.t.* внасям *import*
vnedryavam *v.t.* внедрявам *inculcate*
vnezapen *n.* внезапен *sudden*
vnezapno *adv.* внезапно *suddenly*
vnimanie *n.* внимание *attention*
vnimanie *v.t.* внимание *heed*
vnimatelen *a.* внимателен *attentive*
vnimatelen *a.* внимателен *careful*
vnimatelen *a.* внимателен *circumspect*
vnimatelen *a.* внимателен *considerate*
vnimatelen *a.* внимателен *wary*
vnimavam *v.i.* внимавам *beware*
vnos *n.* внос *import*
vnoska *n.* вноска *instalment*
vnoushitelen *n.* внушителен *august*
vnoushtelen *a.* внушителен *imposing*
voda *n.* вода *water*
vodach *n.* водач *guide*
vodach na riksha *n.* водач на рикша *coolie*
vodach na slon *n.* водач на слон *mahout*
vodachestvo *n.* водачество *leadership*
vodna kokoshka *n.* водна кокошка *coot*
vodnist *a.* воднист *watery*
vodoem *n.* водоем *pond*
vodoley *n.* водолей *aquarius*
vodopad *n.* водопад *waterfall*
vodoprovod *n.* водопровод *aqueduct*
vodoprovodchik *n.* водопроводчик *plumber*
vodorod *n.* водород *hydrogen*
vodostok *n.* водосток *culvert*
vodovurtezh *n.* водовъртеж *whirlpool*
vodya *v.t.* водя *lead*
vodya *v.t.* водя *spearhead*
vodya *v.t.* водя *usher*
voenen *a.* военен *martial*
voenen *a.* военен *military*
vol *n.* вол *bullock*
vol *n.* вол *ox*
volt *n.* волт *volt*

voltazh n. волтаж *voltage*
volya n. воля *volition*
volya n. воля *will*
vosuchna pita n. восъчна пита *honeycomb*
vosuk n. восък *wax*
voulgaren a. вулгарен *vulgar*
voulgarnost n. вулгарност *vulgarity*
voulkan n. вулкан *volcano*
voulkanichen a. вулканичен *volcanic*
voy n. вой *howl*
voy na kouche n. вой на куче *woof*
voyn n. войн *warrior*
voyna n. война *war*
voynik n. войник *soldier*
voynolyubiv a. войнолюбив *bellicose*
voynstven a. войнствен *belligerent*
voynstven a. войнствен *militant*
voynstven a. войнствен *warlike*
voynstvenost n. войнственост *belligerency*
voyska n войска *military*
voystven a. свойствен *intrinsic*
voyuvam v.i. воювам *militate*
voyuvam v.i. воювам *war*
voyuvane n. воюване *warfare*
voyuvasht n. воюващ *belligerent*
vozhd n. вожд *chieftain*
vpechatlenie n. впечатление *impression*
vpechatlyavam v.t. впечатлявам *impress*
vpechatlyavasht a. впечатляващ *impressive*
vpisvam dulg v.t. вписвам дълг *debit*
vposledstvie adv. впоследствие *after*
vpouskam se v.i. впускам се *dash*
vprimchvam v.t. впримчвам *entrap*
vprimchvam v.t. впримчвам *mesh*
vprimchvam v.t. впримчвам *trap*
vpryagam v.t. впрягам *harness*
vpryagam s homot v.t. впрягам с хомот *yoke*
vrabche n. врабче *sparrow*
vrag n. враг *enemy*
vrana n. врана *rook*
vrat n. врат *neck*
vrata n. врата *door*
vrata n. врата *gate*
vrata n. вата *padding*
vratichka n. вратичка *wicket*
vrazhdeben a. враждебен *hostile*
vrazhdebnost n. враждебност *animus*
vrazhdebnost n. враждебност *enmity*
vrazhdebnost n. враждебност *hostility*
vreda n. вреда *harm*
vreda v.t. вредя *harm*
vreda n. вреда *injury*
vreden a. вреден *injurious*
vreditel n. вредител *wrecker*
vreditelen a. вредителен *noxious*
vreme n. време *time*
vreme n. време *weather*
vreme n. време *while*

vreme za lyagane *n.* време за лягане *bed-time*
vremenen *a.* временен *provisional*
vremenen *a.* временен *temporary*
vremenno otmenyane *n.* временно отменяне *abeyance*
vreshtya *v.i.* врещя *bleat*
vreteno *n.* вретено *spindle*
vroden *a.* вроден *inborn*
vroden *a.* вроден *innate*
vruh *n.* връх *peak*
vruh *n.* връх *summit*
vruh *n.* връх *top*
vruh na kopie *n.* връх на копие *spearhead*
vrushtam *v.i.* връщам *return*
vrushtam se *v.i.* връщам се *revert*
vrushtam se pak *v.t.* връщам се пак *rejoin*
vrushtam v zatvora *v.t.* връщам в затвора *remand*
vrushtane *n.* връщане *return*
vrushtane v zatvora *n.* връщане в затвора *remand*
vruv *n.* връв *cord*
vruv *n.* връв *string*
vruzka *n.* връзка *connection*
vruzka *n.* връзка *liaison*
vruzka *n.* връзка *link*
vruzka *n.* връзка *relation*
vruzka *n.* връзка *tie*
vruzvam *v.t.* връзвам *bind*
vruzvam *v.t.* връзвам *rope*
vruzvam vuzel *v.t.* връзвам възел *knot*
vryaskane *n.* вряскане *bleat*
vryava *n.* врява *babel*
vryava *n.* врява *clamour*
vryava *n.* врява *din*
vryava *n.* врява *uproar*
vse oshte *adv.* все още *yet*
vse pak *adv.* все пак *notwithstanding*
vscizvestnost *a.* всеизвестен *notorious*
vseki *a.* всеки *each*
vseki *pron.* всеки *each*
vseki *adv.* всеки *either*
vseki *a.* всеки *every*
vselena *n.* вселена *universe*
vsemogusht *a.* всемогъщ *almighty*
vsemogushtestvo *n.* всемогъщество *omnipotence*
vsemogushtestvo *a.* всемогъщ *omnipotent*
vsevedousht *a.* всеведущ *omniscient*
vseznanie *n.* всезнание *omniscience*
vsichki *pron.* всички *all*
vsichko *n.* всичко *all*
vstupitelen *a.* встъпителен *inaugural*
vstupitelen *a.* встъпителен *introductory*
vstupvam *v.t.* встъпвам *accede*
vstupvane v dluzhnost *n.* встъпване в длъжност *inauguration*
vsyaka nosht *adv.* всяка нощ *nightly*
vsyakakuv *a.* всякакъв *all*
vtechnyavam *v.t.* втечнявам се *liquefy*
vtorachvam se *v.i.* вторачвам се *stare*
vtori *a.* втори *latter*

vtori *a.* втори *second*
vtorichen prodoukt *n.* вторичен продукт *by-product*
vtorostepen *a.* второстепенен *middling*
vtorostepenen *a.* второстепенен *secondary*
vtourvam se *v.t.* втурвам се *rush*
vtrenchvam se *v.t.* втренчвам се *gaze*
vtrisane *n.* втрисане *ague*
vtsepenen *a.* вцепенен *numb*
vtvurdyavam *v.t.* втвърдявам *stiffen*
vtvurdyavam se *v.t.* втвърдявам се *harden*
vuaklitsanie *n.* възклицание *interjection*
vuditsa *n.* въдица *angle*
vuglerod *n.* въглерод *carbon*
vuglishta *n.* въглища *coal*
vulk *n.* вълк *wolf*
vulna *n.* вълна *surge*
vulna *n.* вълна *wave*
vulna *n.* вълна *wool*
vulnen *a.* вълнен *woollen*
vulnena dreha *n.* вълнена дреха *woollen*
vulnenie *n.* вълнение *agitation*
vulnenie *n.* вълнение *commotion*
vulnenie *n.* вълнение *emotion*
vulnenie *n.* вълнение *undulation*
vulnouvam *v.t.* вълнувам *agitate*
vulnouvam *v.t.* вълнувам *commove*
vulnouvam *v.i.* вълнувам *undulate*

vun *adv.* вън *out*
vun ot *prep.* вън от *outside*
vunshen *a.* външен *external*
vunshen *a.* външен *outer*
vunshen *a.* външен *outside*
vunshno *adv.* външно *outwardly*
vunshnost *n.* външност *appearance*
vunshnost *n.* външност *without*
vuobrazhaem *a.* въображаем *fictitious*
vuobrazhaem *a.* въображаем *imaginary*
vuobrazhaem *a.* въображаем *visionary*
vuobrazhenie *n.* въображение *imagination*
vuobrazyavam si *v.t.* въобразявам си *imagine*
vuorazhavam se *v.t* въоражавам се *forearm*
vuoruzhavam *v.t.* въоръжавам *arm*
vuoruzhenie *n.* въоръжение *armament*
vuplushtavam *v.t.* въплъщавам *incarnate*
vuplushtenie *n.* въплъщение *embodiment*
vuplushtenie *n.* въплъщение *incarnation*
vupluten *a.* въплътен *incarnate*
vuplutyavam *v.t.* въплътявам *embody*
vupreki *prep.* въпреки *notwithstanding*
vupreki che *conj.* въпреки че *although*
vupreki che *conj.* въпреки че *though*

vupreki tova *conj.* въпреки това *nevertheless*
vupreki tova *adv.* въпреки това *nonetheless*
vupros *n.* въпрос *query*
vupros *n.* въпрос *question*
vuprositelen *a.* въпросителен *interrogative*
vuprositelen *n* въпрос *interrogative*
vuprosnik *n.* въпросник *questionnaire*
vurba *n.* върба *willow*
vurgalyam se *v.i.* въргалям се *wallow*
vurhoven *n.* върховен *paramount*
vurhoven *a.* върховен *supreme*
vurhovenstvo *n.* върховенство *supremacy*
vurshach *n.* вършач *thresher*
vursheya *v.t.* вършея *thresh*
vurtene *n.* въртене *rotation*
vurtene *n.* въртене *spin*
vurtene *n.* въртене *wag*
vurtene *n.* въртене *whirl*
vurtya *v.i.* въртя *revolve*
vurtya se *v.t.* въртя се *pivot*
vurtya se *v.i.* въртя се *reel*
vurtya se *v.i.* въртя се *rotate*
vurtya se *v.i.* въртя се *spin*
vurtya se *n.i.* въртя се *whirl*
vurtyasht *a.* въртящ *rotary*
vurvya *v.i.* вървя *walk*
vurzop *n.* вързоп *bundle*
vurzvam *v.t.* вързвам *strap*
vurzvam *v.t.* вързвам *tie*
vushka *n.* въшка *louse*
vustanie *n.* въстание *insurrection*
vustanie *n.* въстание *rebellion*
vustanie *n.* въстание *revolt*
vustanie *n.* въстание *uprising*
vustanik *n.* въстаник *insurgent*
vustavam *v.i.* въставам *revolt*
vutre *adv.* вътре *indoors*
vutre *adv.* вътре *inside*
vutre *prep.* вътре *within*
vutreshen *a.* вътрешен *indoor*
vutreshen *a.* вътрешен *inland*
vutreshen *a.* вътрешен *inner*
vutreshen *a.* вътрешен *interior*
vutreshen *a.* вътрешен *internal*
vutreshna chast *n.* вътрешна част *inside*
vutreshno *adv.* вътрешно *within*
vutreshnost *n.* вътрешност *interior*
vutreshnost *n.* вътрешност *midland*
vutreshnost *n.* вътрешност *within*
vutreshnosti *n.* вътрешности *bowel*
vutreshnosti *n.* вътрешности *entrails*
vuv *prep.* във *inside*
vuvezhdam *v.t.* въвеждам *prelude*
vuvezhdam v dluzhnot *v.t.* въвеждам в длъжност *induct*
vuvezhdane v dluzhnost *n.* въвеждане в длъжност *induction*
vuvlicham *v.t.* въвличам *involve*
vuzbouditelen *a.* възбудителен *inflammatory*
vuzbouzhdam *v.t.* възбуждам *excite*

vuzdeystvam v.t. въздействам
affect
vuzdisham v.i. въздишам sigh
vuzdishka n. въздишка sigh
vuzdouh n. въздух air

vuzdouhoobrazen a.
въздухообразен aeriform
vuzdouhoplavane n.pl.
въздухоплаване aeronautics
vuzdoushen a. въздушен aerial
vuzdoushen a. въздушен airy
vuzdoushen douh n. въздушен
дух sylph
vuzdurzham v.t. въздържам
restrain
vuzdurzham se v.i. въздържам
се refrain
vuzdurzhan a. въздържан frigid
vuzel n. възел knot
vuzel n. възел node
vuzel n. възел tangle
vuzglavnichka n. възглавничка
cushion
vuzglavnitsa n. възглавница
pillow
vuzgled n. възглед conception
vuzhe n. въже rope
vuzhe n. въже tether
vuzhishtenie n. възхищение
admiration
vuzhishtenie v.t. възхищавам
admire
vuzhishtenie n. възхищение
adoration
vuzhititelen a. възхитителен
admirable
vuzhititelen a. възхитителен
adorable
vuzhvala n. възхвала
glorification

vuzhvalyavam v.t. възхвалявам
extol

vuzklikvam v.i. възкликвам
exclaim
vuzklitsanie n. възклицание
cheer
vuzklitsanie n. възклицание
exclamation
vuzlagam v.t. възлагам assign
vuzlizam na v.i. възлизам на
amount
vuzlozhen a. възложен
incumbent
vuzlyuben n. възлюбен
beloved
vuzmezdie n. възмездие
nemesis
vuzmoushtenie n. възмущение
indignation
vuzmouten a. възмутен
indignant
vuzmozhen a. възможен
possible
vuzmozhnost n. възможност
opportunity
vuzmozhnost n. възможност
possibility
vuzmuzhal a. възмъжал virile
vuznagrazhdavam v.t
възнаграждавам
compensate
vuznagrazhdavam v.t.
възнаграждавам remunerate
vuznagrazhdenie n.
възнаграждение
compensation
vuznagrazhdenie n.
възнаграждение emolument

vuznagrazhdenie *n.*
възнаграждение
remuneration
vuznagrazhdenie *n.*
възнаграждение *stipend*
vuznameryavam *v.t.*
възнамерявам *intend*
vuznameryavam *v.t.*
възнамерявам *purpose*
vuzpalen *a.* възпален *sore*
vuzpalenie *n.* възпаление *sore*
vuzpiemchiv *a.* възприемчив
perceptive
vuzpiram *v.t.* възпирам *debar*
vuzpirasht *a.* възпиращ
prohibitive
vuzpitan *a.* възпитан *mannerly*
vuzpitanik *n.* възпитаник
alumna
vuzpitatel *n.* възпитател *tutor*
vuzplamenyavam *v.t.*
възпламенявам *fuse*
vuzplamenyavam *v.t.*
възпламенявам *inflame*
vuzprepyatstvane *n.*
възпрепятстване *frustration*
vuzpriemam *v.t.* възприемам
perceive
vuzpriemane *n.* възприемане
perception
vuzpriemchiv *a.* възприемчив
apt
vuzproizvezhdam *v.t.*
възпроизвеждам *reproduce*
vuzrast *n.* възраст *age*
vuzrast mezhdou 13 i 19 godini
n. pl. възраст между 13 и 19
години *teens*
vuzrasten *a.* възрастен *adult*
vuzrasten *n.* възрастен *adult*
vuzrasten *a.* възрастен *aged*

vuzrasten *n.* възрастен *senior*
vuzrazhene *n.* възражение
objection
vuzrazyavam *v.t.* възразявам
object
vuzstanicheski *a.*
въстанически *insurgent*
vuzstanovyavam *v.t.*
възстановявам *recover*
vuzstanovyavam *v.t.*
възстановявам *restore*
vuzstanovyavam v prava *v.t.*
възстановявам в права
reinstate
vuzstanovyavane *n.*
възстановяване *reclamation*
vuzstanovyavane *n.*
възстановяване *recovery*
vuzstanovyavane *n.*
възстановяване
reinstatement
vuzstanovyavane *n.*
възстановяване *restoration*
vuzstar *a.* възстар *elderly*
vuztorg *n.* възторг *rapture*
vuzvishen *a.* възвишен *sublime*
vuzvishenie *n.* възвишение
mount
vuzvishenost *n.* възвишеност
sublimity
vuzvishenoto *n* възвишеното
sublime
vuzvraten *a.* възвратен *reflexive*
vuzvrushtam si *v.t.* възвръщам
си *retrieve*
vyal *a.* вял *nerveless*
vyara *n.* вяра *belief*
vyara *n.* вяра *faith*
vyarvam *v.t.* вярвам *believe*
vyarvasht *n.* вярващ *theist*
vyatur *n.* вятър *wind*

vyaturna melnitsa n. вятърна мелница windmill
vzaimen a. взаимен mutual
vzaimno zavisim a. взаимно зависим interdependent
vzaimodeystvie n. взаимодействие interplay
vzaimozavisimost n. взаимозависимост interdependence
vzemam v.t. вземам get
vzemam v.t вземам take
vzemam proba v.t. вземам проба sample
vzemam strana v.i. вземам страна side
vzmam danuk v.t. вземам данък levy
vzvod n. взвод platoon
vzvod n. взвод squad

Y

yabulka n. ябълка apple
yad n. яд grudge
yadene n. ядене meal
yadiven a. ядивен eatable
yadka n. ядка kernel
yadliv a. ядлив edible
yadosan a. ядосан angry
yadren a. ядрен nuclear
yadro n. ядро core
yadro n. ядро nucleus
yagoda n. ягода strawberry
yahniya n. яхния stew
yahta n. яхта yacht
yak a. як hale
yak a. як lusty
yak a. як sturdy
yak a. як tough
yak n. як yak
yaka n яка collar
yake n. яке jacket
yam v.t. ям eat
yarkocherven a. яркочервен vermillion
yarost n. ярост rage
yarosten a. яростен furious
yarosten n. ярост fury
yaruk a. ярък bright
yaruk a. ярък gaudy
yaruk a. ярък vivid
yasen a. ясен clear
yasen a. ясен lucid
yasen a. ясен plain
yasli n. ясли manger
yasli n. ясли nursery
yasno adv ясно clearly
yasnota n. яснота clarity
yastreb n. ястреб hawk
yaven a. явен manifest
yaven a. явен sheer
yavor n. явор sycamore
yaychen krem n. яйчен крем custard
yaychnik n. яйчник ovary
yaytse n. яйце egg
yazdene n. яздене mount
yazdya v.t. яздя ride
yazdya trus v.i. яздя тръс trot
yazovets n. язовец badger
yazovir n. язовир dam
yazva n. язва ulcer
yazven a. язвен ulcerous
yazvitelen a. язвителен pungent
yazvitelen a. язвителен sardonic
yazvitelnost n. язвителност acrimony

yazvitelnost *n.* язвителност
   pungency
yen *n.* йен *Yen*
yerarhiya *n.* йерархия *hierarchy*
yota *n.* йота *jot*
yubiley *n.* юбилей *jubilee*
yug *n.* юг *south*
yumrouk *n.* юмрук *fist*
yunachen *a.* юначен *masculine*
yunionist *n.* юнионист *unionist*
yunoshestvo *n.* юношество
   boyhood
yupiter *n.* юпитер *jupiter*
yurgan *n.* юрган *quilt*
yurisdiktsiya *n.* юрисдикция
   jurisdiction
yurisprudentsiya *n.*
   юриспруденция
   jurisprudence
yurist *n.* юрист *jurist*
yuta *n.* юта *jute*
yuzda *n.* юзда *bridle*
yuzda *n.* юзда *curb*
yuzhen *a.* южен *south*
yuzhen *a.* южен *southerly*
yuzhen *a.* южен *southern*
yuzhno *adv.* южно *south*

Z

za *prep* за *about*
za *prep* за *for*
za *adv.* за *on*
za da ne *conj.* за да не *lest*
za kusmet *adv.* за късмет
   luckily
za zhenene *a.* за женене
   marriageable
za zhenene *a.* за женене

nubile
zabavlenie *n.* забавление
   amusement
zabavlenie *n.* забавление
   entertainment
zabavlenie *n.* забавление
   fun
zabavlenie *n.* забвение
   oblivion
zabavlenie *n.* забавление
   pastime
zabavlyavam *v.t.* забавлявам
   amuse
zabavlyavam *v.t.* забавлявам
   entertain
zabavyam se *v.t. & i.* забавям
   се *delay*
zabavyam se *v.i.* забавям се
   slow
zabavyane *n.* забавяне
   demurrage
zabelezhim *a.* забележим
   appreciable
zabelezhitelen *a.*
   забележителен *noteworthy*
zabelezhitelen *a.*
   забележителен *remarkable*
zabelezhka *n.* забележка
   remark
zabelyazvam *v.t.* забелязвам
   behold
zabelyazvam *v.t.*
   забелязвам *note*
zabelyazvam *v.t.*
   забелязвам *notice*
zabelyazvam *v.t.*
   забелязвам *remark*
zablouda *n.* заблуда *delusion*
zablouda *n.* заблуда
   misbelief
zablouden *adv.* заблуден

astray
zablouzhdavam *n.t.*
заблуждавам *delude*
zablouzhdavam *v.t.*
заблуждавам *misguide*
zabluda *n.* заблуда *deception*
zabluda *n.* заблуда *fallacy*
zabolyavane *n.* заболяване *disease*
zaboulvam *v.t.* забулвам *veil*
zabozhdam *v.t.* забождам *pin*
zabradka *n.* забрадка *wimble*
zabrana *n.* забрана *ban*
zabrana *n.* забрана *banishment*
zabrana *n.* забрана *inhibition*
zabrana *n.* забрана *prohibition*
zabranen *a.* забранен *taboo*
zabranitelen *a.* забранителен *prohibitory*
zabranyavam *v.t.* забранявам *banish*
zabranyavam *v.t.* забранявам *forbid*
zabranyavam *v.t.* збранявам *inhibit*
zabranyavam *v.t.* забранявам *prohibit*
zabranyavam *v.t.* забранявам *taboo*
zabravil *a.* забравил *oblivious*
zabravyam *v.t.* забравям *forget*
zaburkanost *n.* забърканост *mull*
zaburkvam *v.t.* забърквам *mull*
zachatuk *n.* зачатък *rudiment*

zachitane *n.* зачитане *regard*
zad *prep* зад *behind*
zadacha *n.* задача *task*
zadavam *v.t.* задавам *task*
zadavam se *v.i.* задавам се *loom*
zadluzhnyal *a.* задлъжнял *indebted*
zadoushavam *v.t* задушавам *burke*
zadoushavam *v.t.* задушавам *stew*
zadoushavam *v.t.* задушавам *stifle*
zadoushavam *v.t.* задушавам *strangle*
zadoushavane *n.* задушаване *strangulation*
zadoushen *a.* задушен *muggy*
zadoushen *a.* задушен *stuffy*
zadovolenost *n.* задоволеност *indulgence*
zadovolim *a.* задоволим *satiable*
zadovolitelen *a.* задоволителен *satisfactory*
zadovolyavam *v.t.* задоволявам *content*
zadovolyavam *v.t.* задоволявам *indulge*
zadovolyavane *n.* задоволяване *gratification*
zadrustvam *v.t.* задръствам *jam*
zadrustvane *n.* задръстване *jam*
zaduhvam se *v.i.* задъхвам се *gasp*
zaduhvam se *v.i.* задъхвам се *pant*

zaduhvane *n.* задъхване *pant*
zadulzhavam *v.t.* задължавам *oblige*
zadulzhavam se *v.t.* задължавам се *engage*
zadulzhenie *n.* задължение *engagement*
zadulzhenie *n.* задължение *obligation*
zadulzhitelen *a.* задължителен *compulsory*
zadulzhitelen *a.* задължителен *mandatory*
zadulzhitelen *a.* задължителен *obligatory*
zadurzham *v.t.* задържам *detain*
zadurzham *v.t.* задържам *retain*
zadurzhane *n.* задържане *retention*
zadurzhasht *a.* задържащ *retentive*
zadyavam *v.t.* задявам *molest*
zadyavane *n.* задяване *molestation*
zadyavka *n.* задявка *raillery*
zaedno *adv.* заедно *together*
zaek *n.* заек *hare*
zaek *n.* заек *rabbit*
zaekvam *v.i.* заеквам *stammer*
zaekvane *n* заекване *stammer*
zaem *n.* заем *loan*
zaem *v.t.* заемам *occupy*
zaemam *v.t.* заемам *borrow*
zaemam *v.t.* заемам *loan*
zaemam myasto *v.t.* заемам място *rank*
zaet *a.* зает *busy*
zagadka *n.* загадка *conundrum*
zagadka *n.* загадка *puzzle*
zagadka *n.* загадка *riddle*
zagar *n.* загар *tan*

zagaryam *v.i.* загарям *tan*
zagatvam *v.i.* загатвам *allude*
zagatvam *v.t* загатвам *shadow*
zagatvane *n.* загатване *allusion*
zagatvasht *a.* загатващ *allusive*
zagivam *v.i.* загивам *perish*
zaglavie *n.* заглавие *heading*
zagluhvam *v.i* заглъхвам *fade*
zaglushitel *n.* заглушител *silencer*
zagouba *n.* загуба *bereavement*
zagouba *n.* загуба *loss*
zagoubvam *v.t* загубвам *forfeit*
zagoubvam si *v.i.* загубвам си *wither*
zagovornicha *v.i.* заговорнича *conspire*
zagovornitcha *v.t.* заговорнича *plot*
zagrazhdam *v.t.* заграждам *fence*
zagrazhdam s rov *v.t.* заграждам с ров *moat*
zagrebvam *v.t.* загребвам *spoon*
zagrizhen *a.* загрижен *solicitious*
zagrizhenost *n.* загриженост *solicitude*
zagrozyavam *v.t.* загрозявам *uglify*
zaguba *n.* загуба *wastage*
zahar *n.* захар *sugar*
zaharin *n.* захарин *saccharin*
zaharosvam *v.t.* захаросвам *candy*
zahlasvam *v.t.* захласвам *enrapture*
zahvurlyam *v.t.* захвърлям *discard*
zahvurlyam *v.t.* захвърлям *fling*

zainteresouvan *a.*
заинтересуван *interested*
zaintrigouvam *v.t.*
заинтригувам *intrigue*
zakacham *v.t.* закачам *dangle*
zakacham *v.i.* закачам *graze*
zakacham *v.t.* закачам *hang*
zakacham se *v.t.* закачам се
banter
zakachka *n.* закачка *banter*
zakachvane *n.* закачане *graze*
zakalyavam *v.t.* закалявам
toughen
zaklevam *v.t.* заклевам *swear*
zaklevam *v.t.* заклевам *vow*
zaklinam *v.t.* заклинам *adjure*
zakliuchavam *v.t.* заключавам
conclude
zakliuchenie *n.* заключение
conclusion
zakliuchitelen *a.* заключителен
conclusive
zaklusnyal *a.* закъснял *belated*
zaklyuchavam *v.t.* заключавам
infer
zaklyuchvam *v.t* заключвам
lock
zakon *n.* закон *law*
zakon *n.* закон *statute*
zakonen *a.* законен *lawful*
zakonen *a.* законен *legal*
zakonnost *n.* законност *legality*
zakonodatel *n.* законодател
legislator
zakonodatelen *a.*
законодателен *legislative*
zakonodatelna vlast *n.*
законодателна власт
legislature
zakonodatelstvo *n.*
законодателство *legislation*

zakonodatelstvouvam *v.i.*
законодателствувам
legislate
zakopchavam *v.t.* закопчавам
button
zakoravyal *a.* закоравял *callous*
zakoravyal *a.* закоравял
obdurate
zakoravyalost *n.* закоравялост
obduracy
zakotvyane *n.* закотвяне
anchorage
zakouska *n* закуска *breakfast*
zakovavam *v.t.* заковавам
board
zakovavam *v.t.* заковавам *toe*
zakrepvam s kol *v.t.* закрвпвам
с кол *picket*
zakrepyam s klechka *v.t.*
закрепям с клечка *peg*
zakrepyavam *v.t.* закрепявам *fix*
zakrivane *n.* закриване *closure*
zakruglyam *v.t.* закръглям
round
zakurnyavam *v.t.* закърнявам
depauperate
zala *n.* зала *hall*
zalagam *v.i.* залагам *bet*
zalagam *v.t.* залагам *pledge*
zaleden *a.* заледен *icy*
zalepvam *v.t.* залепвам *paste*
zalesyavam *v.t.* залесявам
afforest
zalichavam *v.t.* заличавам
efface
zalichavam *v.t.* заличавам
erase
zalichavam *v.t.* заличавам
obliterate
zalichavane *n.* заличаване
obliteration

zalisvam v.t. записвам enrol
zalitam v.i. залитам falter
zalitam v.i. залитам lurch
zalitam v.i. залитам stumble
zalitane n. залитане lurch
zalitane n. залитане stumble
zaliv n. залив bay
zaliv n. залив bight
zaliv n. залив gulf
zalivam v.t. заливам overwhelm
zalivam v.t. заливам whelm
zalog n. залог bet
zalog n. залог pledge
zalozhnik n. заложник hostage
zalp n. залп volley
zamah n. замах sweep
zamatsvam v.t. замацвам blot
zamayan a. замаян giddy
zamayanost n. замаяност daze
zamayvam v.t. замайвам daze
zamayvam v.t. замайвам infatuate
zamazvam v.t. замазвам daub
zamenyam v.t. заменям commute
zamenyam v.t. заменям replace
zamenyam v.t. заменям supersede
zamervam v.t. замервам stone
zamestitel n. заместител substitute
zamestvam v.t. замествам substitute
zamestvane n. заместване substitution
zamesvam v.t. замесвам implicate
zamesvane n. замесване implication
zaminavam v.t. заминавам leave

zaminavam v.t. занимавам preoccupy
zamislen a. замислен pensive
zamislen a. замислен thoughtful
zamislenost n. замисленост preoccupation
zamislyam v.t. замислям design
zamisul n. замисъл design
zamruzvam v.i. замръзвам freeze
zamuglen v.t. замъглен blear
zamuglen a. замъглен hazy
zamuglyavam v.t. замъглявам dim
zamuk n. замък castle
zamuk n. замък mansion
zamursyavam n. замърсявам defile
zamursyavam v.t. замърсявам pollute
zamursyavane n. замърсяване pollution
zamyana n. замяна replacement
zanasyane n. занасяне skid
zanayat n. занаят craft
zanayat n. занаят handicraft
zanayatchiya n. занаятчия artisan
zanayatchiya n. занаятчия craftsman
zanayatchiya n. занаятчия tradesman
zanayatchiya n. занаятчия workman
zanitvam v.t. занитвам rivet
zaobikalyam v.t. заобикалям encompass
zaobikalyam v.t. заобикалям skirt

zaobikalyam v.t. заобикалям surround
zaoblachavam a. заоблачен overcast
zaostren a. заострен cultrate
zapad n. запад west
zapaden a. западен west
zapaden a. западен westerly
zapaden a. западен western
zapadno adv. западно westerly
Zapadut n. Западът occident
zapalim a. запалим inflammable
zapalvam v.t. запалвам light
zapalvam n. запалвам lighter
zapalvane n. запалване inflammation
zapas n. запас stock
zapas n. запас store
zapazeno pravo n. запазено право lien
zapazvam v.t. запазвам conserve
zapazvam v.t. запазвам preserve
zapazvam v.t. запазвам reserve
zapazvane n. запазване preservation
zapechatvam v.t. запечатвам seal
zapek n. запек constipation
zapetaya n. запетая comma
zapisvam v.t. записвам record
zapisvam v.t. записвам tape
zapisvam v.t. записвам time
zapisvane v ouniversitet n. записване в университет matriculation
zaplaha n. заплаха menace
zaplaha n. заплаха threat

zaplashvam v.t. заплашвам menace
zaplashvam v.t. заплашвам threaten
zaplashvane n. заплашване intimidation
zaplata n. заплата salary
zaplata n. заплата wage
zapleten a. заплетен intricate
zaplitam v.t. заплитам entangle
zaplitam v.t. заплитам tangle
zapochvam n. започвам begin
zapochvam v.t. започвам commence
zapochvam v.t. започвам initiate
zapochvam v.t. започвам preface
zapochvam v.t. започвам start
zapodozryan n. заподозрян suspect
zapoushalka n. запушалка gag
zapoushvam v.t. запушвам gag
zapovyadvam v.t. заповядвам command
zapovyadvam v.t. заповядвам на order
zapoznat a запознат conversant
zapoznavam v.t. запознавам acquaint
zaprashtam v.t. запращам hurl
zaravnyavam v.t. заравнявам level
zarazen a. заразен contagious
zarazen a. заразен infectious
zarazhdasht se a. зараждащ се nascent
zarazyavam v.t. заразявам contaminate
zarazyavm v.t. заразявам infect

zarezhdam v.t. зареждам charge
zarodish n. зародиш embryo
zarove n. зарове dice
zaryad n. заряд charge
zasada n. засада ambush
zasedanie n. заседание session
zaselnik n. заселник settler
zaselvam v.t. заселвам people
zaselvam v.t. заселвам populate
zasenchvam v.t. засенчвам obscure
zasenchvam v.t. засенчвам overshadow
zasenchvam v.t. засенчвам shade
zashemetyavam v.t. зашеметявам bemuse
zashlevyavam v.t. зашлевявам slap
zashtita n. защита defence
zashtita n. защита protection
zashtitavam v.t. защитавам defend
zashtitavam v.t. защитавам shield
zashtitavam v.t. защитавам vindicate
zashtitavam v.t. защитавам ward
zashtiten a. защитен protective
zashto adv. защо why
zashtoto conj. защото because
zashtoto conj. защото for
zasicham v.t. засичам detect
zasicham v.i. засичам misfire
zaslepenie n. заслепение infatuation

zaslepyavam v.t. заслепявам dazzle
zaslepyavane n. заслепяване dazzle
zaslouga n. заслуга merit
zaslouzhavam v.t. заслужавам merit
zasluzhavam v.t. заслужавам deserve
zaspal adv. заспал asleep
zasramen a. засрамен ashamed
zasramvam v.t. засрамвам shame
zastavam sreshtu v.t. заставам срещу face
zastoy n. застой standstill
zastrahovam v.t. застраховам insure
zastrahovka n. застраховка insurance
zastrashavam v.t. застрашавам endanger
zastrashavam v.t. застрашавам jeopardize
zastunichestvo n. застъпничество vindication
zastupnichestvo n. застъпничество advocacy
zastupnik n. застъпник advocate
zastupnik n. застъпник seconder
zastupvam v.t. застъпвам се overlap
zastupvam se v.t. застъпвам се advocate
zastupvane n. застъпване overlap
zasvidetelstvam v.t. засвидетелствам attest
zasyadam v.i. засядам strand

zatishie *n.* затишие *hush*
zatishie *n.* затишие *lull*
zatlachvam *v.t.* затлачвам *silt*
zatochavam *v.t.* заточавам *exile*
zatoplyam *v.t.* затоплям *warm*
zatroudnenie *n.* затруднение *hitch*
zatroudnenie *n.* затруднение *perplexity*
zatroudnenie *n.* затруднение *predicament*
zatroudnenie *n.* затруднение *quandary*
zatroudnyavam *v.t.* затруднявам *straiten*
zatumnenie *n.* затъмнение *eclipse*
zatumnyavam *v.t.* затъмнявам *outshine*
zatupyavam *v.t.* затъпявам *dull*
zatuvam *v.i.* затъвам *bog*
zatvaryam *v.t.* затварям *close*
zatvaryam *v.t.* затварям *imprison*
zatvaryam *v.t.* затварям *shut*
zatvor *n.* затвор *confinement*
zatvor *n.* затвор *jail*
zatvor *n.* затвор *prison*
zatvornik *n.* затворник *convict*
zatvornik *n.* затворник *prisoner*
zatvurdyavam *v.t.* затвърдявам *consolidate*
zatvurdyavane *n.* затвърдяване *consolidation*
zaushki *n.* заушки *mumps*
zavarka *n.* заварка *weld*
zavaryavam *v.t.* заварявам *weld*
zaveryavam *v.t.* заверявам *countersign*
zaveshtanie *n.* завещание *legacy*
zaveshtanie *n.* завещание *testament*
zaveshtavam *v.t.* завещавам *bequeath*
zavet *n.* завет *lee*
zaviden *a.* завиден *enviable*
zavinagi *adv.* завинаги *forever*
zavintvam *v.t.* завинтвам *screw*
zaviram *v.i.* завирам *boil*
zavisimost *n.* зависимост *dependence*
zavist *n.* завист *envy*
zavistliv *a.* завистлив *envious*
zavisya *v.i.* завися *depend*
zavivam *v.t.* завивам *bend*
zavivka *n.* завивка *coverlet*
zavivki *n.* завивки *bedding*
zavizhdam *v.t.* завиждам *envy*
zavladyavam *v.t.* завладявам *engross*
zavlicham *v.t.* завличам *bilk*
zavoevanie *n.* завоевание *conquest*
zavoy *n.* завой *bend*
zavoy *n.* завой *turn*
zavoyuvam *v.t.* завоювам *conquer*
zavurshvam *v.t.* завършвам *complete*
zavurshvam *v.i.* завършвам *graduate*
zavurshvane *n.* завършване *completion*
zavurzan *v.t.* завързвам *moor*
zavurzvam *v.t.* завързвам *fasten*
zavurzvam *v.t.* завързвам *tether*

zavurzvam ochite *v.t.* завързвам очите *blindfold*
zayavlenie *n.* заявление *allegation*
zayavyavam *v.t.* заявявам *allege*
zayavyavam *v.t.* заявявам *state*
zayazhdam se *v.t.* заяждам се *cavil*
zayazhdam se *v.i.* заяждам се *quibble*
zazoryavam se *v.i.* зазорявам се *dawn*
zbrouya *n.* збруя *harness*
zdanie *n.* здание *edifice*
zdrav *a.* здрав *healthy*
zdrav *a.* здрав *sound*
zdrav *a.* здрав *wholesome*
zdrave *n.* здраве *health*
zdravomislesht *a.* здравомислещ *judicious*
zdravomislesht *a.* здравомислещ *sane*
zebra *n.* зебра *zebra*
zele *n.* зеле *cabbage*
zelen *a.* зелен *green*
zelenchuk *n.* зеленчук *vegetable*
zelenina *n.* зеленина *greenery*
zemedelets *n.* земеделец *agriculturist*
zemedelie *n.* земеделие *agriculture*
zemedelski *a.* земеделски *agricultural*
zemen *a.* земен *earthly*
zemen *a.* земен *mundane*
zemetresenie *n.* земетресение *earthquake*
zemnovoden *adj.* земноводен *amphibious*

zemya *n.* земя *earth*
zemya *n.* земя *globe*
zemya *n.* земя *ground*
zemya *n.* земя *land*
zenit *n.* зенит *zenith*
zenitsa *n.* зеница *pupil*
zestra *n.* зестра *dowry*
zeya *v.i.* зея *gape*
zhaba *n.* жаба *frog*
zhaba *n.* жаба *toad*
zhaden *a.* жаден *thirsty*
zhaden sum *v.i.* жаден съм *thirst*
zhadouvam *v.t.* жадувам *crave*
zhadouvam *v.i.* жадувам *hanker*
zhakam *v.i.* чакам *wait*
zhakane *n.* чакане *wait*
zhalba *n.* жалба *lament*
zhaleya *v.i.* жалея *lament*
zhalostiv *a.* жалостив *pitiful*
zhaluk *a.* жалък *despicable*
zhaluk *a.* жалък *piteous*
zhaluk *n.* жълтък *yolk*
zhar *n.* жар *fervour*
zharava *n.* жарава *glow*
zhargon *n.* жаргон *jargon*
zhargon *n.* жаргон *lingo*
zhargon *n.* жаргон *slang*
zharse *n.* жарсе *jersey*
zhartier *n.* жартиер *garter*
zharuk *a* жарък *fervent*
zhasmin *n.* жасмин *jasmine, jessamine*
zhazhda *n.* жажда *thirst*
zhegvam *v.t.* жегвам *nettle*
zhelaesht *a.* желаещ *desirous*
zhelaesht *a.* желаещ *eager*
zhelaesht *a.* желаещ *wishful*
zhelan *a.* желан *desirable*
zhelanie *n.* желание *appetite*

zhelanie *n.* желание *desire*
zhelanie *n.* желание *want*
zhelanie *n.* желание *wish*
zhelaya *v.t.* желая *desire*
zhelaya *v.i.* жалея *mourn*
zhelaya *v.t.* желая *will*
zhelaya *v.t.* желая *wish*
zhele *n.* желе *jelly*
zheleza *n.* жлеза *gland*
zhelezen put *n.* железен път *railway*
zhelyazo *n.* желязо *iron*
zhena *n.* жена *female*
zhena *n.* жена *woman*
zhenski *a.* женски *female*
zhenski *a.* женски *feminine*
zhenski paoun *n.* женски паун *peahen*
zhenstven *n.* женствен *womanish*
zhenya se *v.t.* женя се *marry*
zherav *n.* жерав *crane*
zhertva *n.* жертва *sacrifice*
zhertva *n.* жертва *victim*
zhertvam *v.t.* жертвам *sacrifice*
zhertven *a.* жертвен *sacrificial*
zhertvi *n.* жертви *toll*
zhertvoprinoshenie *n.* жертвоприношение *oblation*
zhest *n.* жест *gesture*
zhestok *a.* жесток *cruel*
zhestokost *n.* жестокост *cruelty*
zhezul *n.* жезъл *baton*
zhezul *n.* жезъл *wand*
zhiletka *n.* жилетка *vest*
zhiletka *n.* жилетка *waistcoat*
zhilishte *n.* жилище *abode*
zhilishte *n.* жилище *lodge*
zhilya *v.t.* жиля *sting*
zhiraf *n.* жираф *giraffe*
zhitel *n.* жител *resident*

zhitno rastenie *n.* житно растение *cereal*
zhito *n.* жито *wheat*
zhitsa *n.* жица *wire*
zhiv *a.* жив *alive*
zhiv *a.* жив *live*
zhiv *a.* жив *sprightly*
zhivachen *a.* живачен *mercurial*
zhivak *n.* живак *mercury*
zhivak *n.* живак *quicksilver*
zhiveesht *a.* живеещ *living*
zhivets *n.* живец *quick*
zhiveya *v.i.* живея *live*
zhiveya *v.i.* живея *reside*
zhiveya na selo *v.t.* живея на село *rusticate*
zhivopisen *a.* живописен *picturesque*
zhivopisen *a.* живописен *scenic*
zhivost *n.* живост *verve*
zhivot *n.* живот *life*
zhivotno *n.* животно *animal*
zhivovlyak *n.* живовляк *plantain*
zhiznen *a.* жизнен *lively*
zhiznen *a.* жизнен *vital*
zhiznenost *n.* жизненост *vitality*
zhleb *n.* жлеб *groove*
zhluchka *n.* жлъчка *bile*
zhongliram *v.t.* жонглирам *juggle*
zhonglyor *n.* жонгльор *juggler*
zhournal *n.* журнал *journal*
zhournalizum *n.* журнализъм *journalism*
zhrebets *n.* жребец *stallion*
zhrebie *n.* жребие *lot*
zhritsa *n.* жрица *priestess*
zhult *a.* жълт *yellow*
zhulta *n.* жълто *yellow*

zhultenikav *a.* жълтеникав *yellowish*
zhulteya *v.t.* жълтея *yellow*
zhulud *n.* жълъд *acorn*
zhuna *v.t.* жъна *reap*
zhutva *n.* жътва *harvest*
zhutvar *n.* жътвар *haverster*
zhutvar *n.* жътвар *reaper*
zidariya *n.* зидария *masonry*
zigzag *n.* зигзаг *zigzag*
zigzagoobrazen *a.* зигзагообразен *zigzag*
zima *n.* зима *winter*
zimen *a.* зимен *wintry*
zimouvam *v.i.* зимувам *winter*
zla zhena *n.* зла жена *shrew*
zlatar *n.* златар *goldsmith*
zlaten *a.* златен *golden*
zlato *n.* злато *gold*
zle *adv.* зле *ill*
zle osvedomen *v.t.* зле осведомявам *misdirect*
zle pretsenyavam *v.t.* зле преценявам *misjudge*
zle razbiram *v.t.* зле разбирам *misapprehend*
zle razbiram *v.t.* зле разбирам *misconceive*
zlepostavyam *v.t.* злепоставям *calumniate*
zlepostavyam *v.t.* злепоставям *malign*
zlo *n.* зло *evil*
zlo *n.* зло *ill*
zloba *n.* злоба *malice*
zloba *n.* злоба *spite*
zloben *a.* злобен *malicious*
zlochest *a.* злочест *unfortunate*
zlochestina *n.* злочестина *woe*
zlochestina *n.* злочестина *woeful*

zlodey *n.* злодей *malefactor*
zlodey *n.* злодей *villain*
zlodeyanie *n.* злодеяние *misdeed*
zlokoben *a.* злокобен *inauspicious*
zlokoben *a.* злокобен *ominous*
zlooupotrebyavam *v.t.* злоупотребявам *misappropriate*
zlopolouka *n.* злополука *accident*
zlopolouka *n.* злополука *misadventure*
zloshtastie *n.* злощастие *adversity*
zloslovya *v.t.* злословя *backbite*
zlosten *a* злостен *malign*
zlostnost *n.* злостност *malignity*
zloupolouka *n.* злополука *mischance*
zloupolouka *n.* злополука *mishap*
zloupotreba *n.* злоупотреба *misappropriation*
zlo'upotreba *n* злоупотреба *abuse*
zlo'upotrebyavam *v.t.* злоупотребявам *abuse*
zlo'upotrebyavasht *a.* злоупотребяващ *abusive*
zlovesht *a.* зловещ *dire*
zlovesht *a.* зловещ *sinister*
zlovidi mi se *v.t.* зловиди ми се *grudge*
zlovreden *a.* зловреден *malignant*
zlovrednost *n.* зловредност *malignancy*
zmiya *n.* змия *serpent*

zmiya n. змия snake
znachenie n. значение meaning
znachenie n. значение significance
znachi conj. значи so
znachitelen a. значителен considerable
znachitelen a. значителен significant
znachitelen a. значителен substantial
znachitelno adv. значително substantially
znachka n. значка badge
znak n. знак mark
znak n. знак sign
znam v.t. знам know
znamenit a. знаменит prominent
znamenitost n. знаменитост celebrity
znamenitost n. знаменитост eminance
znamenitost n. знаменитост notability
znamenitost n. знаменитост prominence
znaniya n. знания knowledge
znaniya n. знания lore
znoen a. зноен torrid
zodiak n. зодиак zodiac
zona n. зона zone
zonalen a. зонален zonal
zoolog n. зоолог zoologist
zoologicheski a. зоологически zoological
zoologiya n. зоология zoology
zoopark n. зоопарк zoo
zora n. зора aurora
zora n. зора dawn

zourla n. зурла snout
zpaden a. западен occidental
zrenie n. зрение sight
zrenie n. зрение vision
zritel n. зрител spectator
zritelen n. зрител on-looker
zritelen a. зрителен visual
zryal a. зрял mature
zryal a. зрял ripe
zryalost n. зрялост maturity
zryalost n. зрялост womanhood
zub n. зъб tooth
zubets n. зъбец cog
zubobol n. зъбобол toothache
zubolekar n. зъболекар dentist
zul a. зъл evil
zul a. зъл nefandous
zurnen a. зърнен cereal
zurno n. зърно bean
zurno n. зърно corn
zurno n. зърно grain
zurno n. зърно nipple
zurvane n. зърване glimpse
zverski a. зверски atrocious
zverski a. зверски beastly
zverstvo n. зверство atrocity
zvezda n. звезда star
zvezden a. звезден starry
zvezden a. звезден stellar
zvezdichka n. звездичка asterisk
zvezdichki n. звездички asterism
zvezdoobrazen a. звездообразен asteroid
zvooupotrebyavam v.i. злоупотребявам trespass
zvoucha v.i. звуча sound
zvouchna tselouvka n. звучна целувка smack

zvouchnost *n.* звучност *sonority*
zvouk *n.* звук *sound*
zvoukopodrazhanie *n.* звукоподражание *onomatopoeia*
zvoukov *a.* звуков *sonic*
zvunya *v.t.* звъня *ring*
zvunya *v.t.* звъня *toll*
zvyar *n.* звяр *beast*
zvynets *n.* звънец *bell*
zyapnal *adv.* зяпнал *agape*